FINAL

박문각 이준현 채움팀

핵심요약정리

LOGOS 형사소송법

제1편 서론

제1장 형사소송법 일반 ········· 6
　제1절　형사소송법의 의의와 성격 ········· 6
　제2절　형사소송법의 법원과 적용범위 ········· 7

제2장 형사소송법의 이념과 구조 ········· 10
　제1절　형사소송의 지도이념 ········· 10
　제2절　형사소송의 기본구조 ········· 12

제3장 소송절차의 본질과 절차이분론 ········· 14
　제1절　소송절차의 본질 ········· 14
　제2절　소송절차이분론 ········· 14

제2편 소송의 주체와 소송행위

제1장 소송의 주체 ········· 18
　제1절　소송의 주체에 있어서 기본개념 ········· 18
　제2절　법원(法院) ········· 18
　제3절　검사(檢事) ········· 32
　제4절　피고인(被告人) ········· 34
　제5절　변호인(辯護人) ········· 44

제2장 소송행위 ········· 56
　제1절　소송행위의 의의와 종류 ········· 56
　제2절　소송행위의 일반적 요소 ········· 57
　제3절　소송행위에 대한 가치판단 ········· 68
　제4절　소송조건(訴訟條件) ········· 70

제3편 수사와 공소

제1장 수사 ········· 74
　제1절　총설 ········· 74
　제2절　수사의 개시(단서) ········· 83
　제3절　수사의 일반원칙 ········· 100
　제4절　임의수사 ········· 101

제2장 강제처분과 강제수사 ········· 114
　제1절　서설 ········· 114
　제2절　대인적 강제처분(인신구속제도) ········· 115
　제3절　대물적 강제처분(압수·수색·검증) ········· 149
　제4절　수사상의 증거보전(수임판사에 대한 강제처분의 청구) ········· 174

제3장 수사의 종결 ········· 178
　제1절　검사의 수사종결 ········· 178
　제2절　공소제기 후의 수사 ········· 182

제4장 공소제기 ········· 185
　제1절　공소와 공소권이론 ········· 185
　제2절　공소제기의 기본원칙 ········· 187
　제3절　공소제기의 방식 ········· 190
　제4절　공소제기의 효과 ········· 197
　제5절　기소강제절차(재정신청에 이은 공소제기절차) ········· 200
　제6절　공소시효 ········· 207

제4편 공판

제1장 공판절차 ································· 216
    제1절 공판절차의 기본원칙 ················ 216
    제2절 공판준비절차 ···························· 218
    제3절 증거개시제도(證據開示制度, discovery)
                  ··· 225
    제4절 공판기일의 절차 ······················· 228
    제5절 공판정(公判廷)의 심리(審理) ········ 237
    제6절 공판심리의 범위 ······················· 246
    제7절 증인신문 및 감정과 검증 ········· 258
    제8절 공판절차의 특칙 ······················· 275
    제9절 국민참여재판의 공판절차 ········· 279

제2장 증거 ·· 287
    제1절 증거의 의의와 종류 ·················· 287
    제2절 증거법의 기본원칙 ··················· 290
    제3절 자백배제법칙 ···························· 297
    제4절 위법수집증거배제법칙 ·············· 300
    제5절 전문법칙 ··································· 304
    제6절 당사자의 증거동의와 증거능력 ······ 325
    제7절 탄핵증거 ··································· 328
    제8절 자백의 보강법칙 ······················· 330
    제9절 공판조서의 증명력 ··················· 334

제3장 재판 ·· 336
    제1절 재판의 종류 ······························ 336
    제2절 재판의 성립과 방식 ·················· 337
    제3절 유죄의 판결 ······························ 340
    제4절 무죄판결 ··································· 343
    제5절 관할위반의 판결 ······················· 346
    제6절 공소기각의 재판 ······················· 347
    제7절 면소판결(免訴判決) ····················· 349
    제8절 종국재판의 부수효과 ··············· 352
    제9절 재판의 확정 ······························ 353
    제10절 소송비용(訴訟費用) ··················· 358

제5편 상소, 비상구제절차, 특별형사절차

제1장 상소 ·· 362
    제1절 상소 일반 ································ 362
    제2절 항소(抗訴) ································· 379
    제3절 상고(上告) ································· 389
    제4절 항고(抗告) ································· 397

제2장 비상구제절차 ··························· 402
    제1절 재심(再審) ································· 402
    제2절 비상상고(非常上告) ····················· 412

제3장 재판의 집행과 형사보상 ············ 415
    제1절 재판의 집행 ······························ 415
    제2절 형사보상(刑事補償) ····················· 421

제4장 특별형사절차 ··························· 425
    제1절 약식절차 ··································· 425
    제2절 즉결심판절차 ···························· 428
    제3절 소년에 대한 형사절차 ············· 431
    제4절 배상명령절차 ···························· 434
    제5절 국가에 의한 범죄피해자구조제도 ···· 436

이준현 교수 / **형사소송법**

CORE SUMMARY

PART

01

서론

제1장 형사소송법 일반
제2장 형사소송법의 이념과 구조
제3장 소송절차의 본질과 절차이분론

CHAPTER 01 형사소송법 일반

CORE SUMMARY

01 형사소송법의 의의와 성격

I 형사소송법의 의의

II 형사소송법의 성격

(1) 절차법

절차법으로서의 형사소송법	실체법으로서의 형법
① 형벌권을 실현하기 위한 절차를 규정하고 있음	① 형벌권 발생의 요건과 그 정도를 규정하고 있음
② 동적 · 발전적 · 기술적임	② 정적 · 고정적 · 윤리적임
③ 정치적 영향이 큼	③ 정치적 영향이 적음
④ 형사절차법정주의가 적용됨	④ 죄형법정주의가 적용됨

(2) 형사법

형사법으로서의 형사소송법	민사법으로서의 민사소송법
실체진실주의가 적용됨	형식적 진실주의가 적용됨
배분적 정의를 추구함	평균적 정의를 추구함
당사자 처분권주의가 적용되지 않음	당사자 처분권주의가 적용됨

(3) **사법법(司法法)** : 집행법(執行法)이나 입법법(立法法)과 구별

(4) **공법** : 사법과 구별

02 형사소송법의 법원과 적용범위

I 형사소송법의 법원(法源)과 형사절차법정주의

형사절차법정주의란 국가형벌권을 실현하는 절차에서 국민 개인의 기본적 인권 침해를 규제하기 위해서는 형사절차를 법률에 규정하여야 한다는 원칙(헌법 제12조 제1항)

II 형사소송법의 법원

(1) 헌법
① **대통령**의 형사상 불소추특권(헌법 제84조)
② **영장주의**(헌법 제12조 제3항)
③ 헌법과 법률이 정한 법관에 의한 **재판**을 받을 권리(헌법 제27조 제1항)
④ **국회의원**의 불체포특권(헌법 제44조), 국회의원의 면책특권(헌법 제45조)
⑤ **과잉금지**의 원칙(헌법 제37조 제2항)
⑥ 고문금지와 불이익한 **진술거부권**(헌법 제12조 제2항)
⑦ 체포구속이유 및 변호인선임권을 **고지**받을 권리(헌법 제12조 제5항)
⑧ 체포구속된 자의 가족 등이 체포구속이유 등을 **통지**받을 권리(헌법 제12조 제5항)
⑨ 형사**보상**청구권(헌법 제28조)
⑩ 범죄피해자의 **구조제도**(헌법 제30조)
⑪ **자백**배제법칙과 자백의 보강법칙(헌법 제12조 제7항)
⑫ 형사피해자의 공판절차**진술권**(헌법 제27조 제5항)
⑬ **변호인**의 조력을 받을 권리와 국선변호인제도(헌법 제12조 제4항)
⑭ **신**속한 공개재판을 받을 권리(헌법 제27조 제3항)
⑮ **일**사부재리의 원칙(헌법 제13조 제1항)
⑯ 형사절차**법**정주의와 적정절차의 원칙(헌법 제12조 제1항)
⑰ 체포구속**적**부심사청구권(헌법 제12조 제6항)
⑱ 피고인에 대한 무**죄**추정의 원칙(헌법 제27조 제4항)

(2) 형사소송법
① 형식적 의미의 형사소송법(1954년 제정된 「형사소송법」이란 명칭이 붙은 법전) : 법원성 인정
② 실질적 의미의 형사소송법

조직	법원조직법(※ 정부조직법은 아님), 각급법원의 설치와 관할구역에 관한법률, 검찰청법, 변호사법, 경찰관직무집행법, 사법경찰관리의 직무를 행할 자와 그 직무범위에 관한 법률
특별절차	소년법, 즉결심판에 관한 절차법(※ 경범죄처벌법은 아님), 군사법원법, 조세범처벌절차법(※ 조세범처벌법은 아님), 소송촉진 등에 관한 특례법, 가정폭력범죄의 처벌 등에 관한 특례법(※ 폭력행위등처벌에관한법률, 특정범죄가중처벌등에관한법률은 아님), 국민의 형사재판참여에 관한 법률

소송비용	형사소송비용 등에 관한 법률
기타	형행법, 형사보상 및 명예회복에 관한 법률, 사면법(※ 형의 실효 등에 관한 법률은 아님), 국가보안법(※ 군형법은 아님), 관세법

(3) **대법원규칙** : 법원성 인정
형사소송규칙, 법정좌석에 관한 규칙, 법정방청 및 촬영 등에 관한 규칙, 소년심판규칙 등

(4) **대법원예규** : 법원성 부정
법원 내부의 복무지침이나 업무처리의 통일을 위하여 대법원이 정하고 있는 것

(5) **법무부령** : 법원성 부정
수사기관 내부의 업무처리지침을 위하여 정하고 있는 것 → 검찰사건사무규칙, 검찰압수물사무규칙, 검찰집행사무규칙, 검사의 사법경찰관리에 대한 수사지휘 및 사법경찰관리의 수사준칙에 관한 규정 등

(6) **헌법재판소 결정례** : 법원성 인정
헌법재판소의 위헌결정은 물론 '위헌'의 내용이 들어가 있는 한정합헌결정, 헌법불합치결정 등

(7) **대법원판례** : 법원성 부정

(8) **국제조약(한·미행정협정 등)** : 법원성 인정

(9) **관습법** : 법원성 부정

Ⅲ 형사소송법의 적용범위

1. **인적 적용범위**
   (1) 원칙 : 대한민국의 영역 내에 있는 모든 사람에게 그 효력이 미침
   (2) 예외
      ① 국내법상의 예외
         ㉠ 대통령의 불소추특권 : 대통령은 내란 또는 외환의 죄를 범한 경우를 제외하고는 재직 중 형사상의 소추를 받지 아니한다(헌법 제84조).
         ㉡ 국회의원의 불체포특권 및 면책특권 : 국회의원은 현행범인인 경우를 제외하고 회기 중 국회의 동의 없이 체포 또는 구금되지 아니하며(헌법 제44조), 국회에서 직무상 행한 발언과 표결에 관하여 국회 외에서 책임을 지지 아니한다(헌법 제45조). → 제327조 제2호에 따른 공소기각판결

> **관련 판례**
> ❶ 국회의원 면책특권의 대상이 되는 행위의 범위 및 판단기준
>   1. … 통상적으로 부수하여 행하여지는 행위까지 포함 … (대판 2011.5.13, 2009도14442).
>   2. … 질문이나 질의 … 자료제출의 요구 … 부수하여 행하여진 것으로서 면책특권이 인정(대판 1996.11.8, 96도1742).
>   3. 국회본회의에서 질문할 원고를 사전에 배포한 행위 … 직무부수행위에 해당(대판 1992.9.22, 91도3317).
>   4. … 보도자료를 사전에 배포한 행위는 … 직무부수행위에 해당(대판 2011.5.13, 2009도14442).
> ❷ 국회의원의 면책특권에 속하는 행위에 대하여 공소가 제기된 경우 법원의 조치
>   제327조 제2호의 '공소제기의 절차가 법률의 규정에 위반하여 무효인 때' … 공소를 기각 … (대판 1992.9.22, 91도3317).

② 국제법상의 예외 : 제327조 제1호에 따른 공소기각판결
   ㉠ 외국의 원수, 그 가족 및 대한민국 국민이 아닌 수행자
   ㉡ 신임받은 외교사절과 그 직원·가족
   ㉢ 승인받고 대한민국의 영역 내에 주둔하는 외국군인(주한미군 등)

> **관련 판례**
>
> **❹ 인적 적용범위에 있어서 국제법상의 예외와 관련된 판례**
> 1. … 미군범죄에 관하여는 … 합중국이나 합중국 군대의 미구성원이나 군속 또는 그의 가족의 신체나 재산에 대한 범죄와, 공무집행 중의 작위 또는 부작위에 의한 범죄 등에 관하여는 미합중국 군당국이 재판권을 행사할 제1차적 권리 … 기타의 범죄에 관하여는 대한민국 당국이 재판권을 행사할 제차적 권리 … (대판 1980.9.9, 79도2062).
> 2. 대한민국은 미합중국 군대의 군속이 대한민국 영역 안에서 저지른 범죄로서 대한민국 법령에 의하여 처벌할 수 있는 범죄에 대한 형사재판권을 바로 행사할 수 있다(대판 2006.5.11, 2005도798).
> 3. 캐나다 시민권자인 피고인이 캐나다에서 위조사문서를 행사 … 우리나라에 재판권이 없는데도 … (대판 2011.8.25, 2011도6507).
> 4. 내국 법인의 대표자인 외국인이 내국 법인이 외국에 설립한 특수목적법인에 위탁하여 둔 자금을 정해진 목적과 용도 외에 임의로 사용 … 횡령죄의 피해자는 당해 금전을 위탁한 내국 법인 … 그 행위가 외국에서 이루어진 경우에도 … 그 외국인에 대해서도 우리 형법이 적용 … 형법 제6조 … 우리 법원에 재판권이 있다(대판 2017.3.22, 2016도17465).

2. 장소적 적용범위

(1) **원칙** : 대한민국 영토 내에서 발생한 모든 형사사건에 대하여 적용
(2) **예외** : 대한민국 영역 내라 할지라도 치외법권지역(외국대사관지역, 주한미군주둔부대지역 등)에서는 우리나라의 형사소송법이 적용되지 않음

> **관련 판례**
>
> **❹ 대한민국 내 미국문화원에서 범죄행위를 한 자에 대한 대한민국의 재판권유무 ➡ 미문화원방화사건**
> 미국문화원이 치외법권지역 … 속인주의를 채택하고 있는 우리나라의 재판권은 피고인들에게도 당연히 미친다 … 미국문화원측이 피고인들에 대한 처벌을 바라지 않았다고 하여 그 재판권이 배제되는 것도 아니다(대판 1986.6.24, 86도403).

3. 시간적 적용범위

(1) **형사소송법의 시간적 효력범위**
   ① 원칙 : 시행된 이후부터 폐지될 때까지 그 효력을 가짐
   ② 법률의 변경이 있는 경우 : 형사소송법 부칙은 공소제기시를 기준으로 하여 구법을 적용할 것인지 신법을 적용할 것인지 여부를 결정하도록 하고 있음 → 혼합주의
(2) **소급효금지원칙의 적용여부** : 소급효금지의 원칙은 그 적용이 없다는 것이 통설

> **관련 판례**
>
> **❹ 형사소송법의 시간적 적용범위 관련 판례들**
> 1. … 시행 전에 공소를 제기한 사건에는 구법을 적용하여 심판할 것 … 시행 후에 공소를 제기한 사건에는 신법을 적용하여 심판할 것(대법원 1955.8.12, 4288형상186).
> 2. 형사소송법 부칙은 … 이른바 혼합주의를 채택 … 구법 당시 진행된 소송행위의 효력은 그대로 인정하되 신법 시행 후의 소송절차에 대하여는 신법을 적용한다는 취지 … (대판 2008.10.23, 2008도2826).
> 3. 공소시효가 아직 완성되지 않은 경우라도 공소시효를 연장하는 법률은 … 개인의 신뢰와 … 공익을 비교형량하여 공익이 개인의 신뢰보호이익에 우선하는 경우에만 헌법상 정당화 … (헌재결 1996.2.16, 96헌가2).

CHAPTER 02 형사소송법의 이념과 구조

CORE SUMMARY

01 형사소송의 지도이념

Ⅰ 형사소송의 목적과 이념

(1) 형사소송의 목적
실체진실주의와 적정절차 및 신속한 재판의 원칙 → 최고의 지도이념은 실체진실의 발견

(2) 이념 상호간의 관계
적정절차와 신속한 재판의 원칙도 실체진실주의와 함께 형사소송의 목적원리로 기능하는 것으로 이해하는 이원적 목적설이 통설

Ⅱ 실체진실주의

(1) 실체진실주의의 의의
① 의의 : 소송의 실체에 관하여 객관적 진실을 발견하여 사안의 진상을 명백히 하자는 주의 → 최고의 목표이며 최고의 지도이념 → 당사자처분권주의×, 기소사실인부제도(arraignment)×
② 소송구조와의 관계 : 실체진실주의는 직권주의를 전제로 하는 것이나, 당사자주의도 실체진실주의에 모순되는 것은 아님

(2) 실체진실주의의 내용
① 적극적 실체진실주의와 소극적 실체진실주의
　㉠ 적극적 실체진실주의 : 有罪者必罰 → 주로 대륙법계의 직권주의적 소송구조에서 강조
　㉡ 소극적 실체진실주의 : 無罪者不罰 → 주로 영·미법계의 당사자주의적 소송구조에서 강조
　㉢ 양자의 관계 : 소극적 실체진실주의를 더 우선 시켜야 함[열 사람의 범인을 놓치는 한이 있더라도 한 사람의 죄 없는 사람을 벌하여서는 안 됨, 의심스러운 때는 피고인의 이익으로(in dubio pro reo)]
② 실체진실주의의 제도적 구현
　㉠ 적용범위 : 수사절차뿐만 아니라 공판절차 등 형사소송의 모든 단계에 적용
　㉡ 수사절차와 실체진실주의 : 검사의 객관의무, 변호인의 진실의무

ⓒ 공판절차와 실체진실주의
 ⓐ 직권에 의한 증거조사 : 직권증거조사는 법원의 권한이자 의무임
 ⓑ 각종의 증거법칙
 ⓒ 상소와 재심제도

(3) 실체진실주의의 한계 내지 제약
 ① 이념상의 제약 : 적정절차와 신속한 재판의 이념에 의하여 제약
 ② 사실상의 제약 : 법관도 인간으로서 인지능력의 한계가 있으므로, 범죄사실의 인정에 있어서는 합리적 의심이 없는 고도의 개연성으로 족함
 ③ 초소송법적 이익에 의한 제약

Ⅲ 적정절차의 원리

(1) 적정절차원리의 의의
공정한 법정의 절차에 의하여 국가형벌권이 실현되어야 한다는 원칙 → 영국의 Magna Charta에서 유래 → 형사절차법정주의(헌법 제12조 제1항) 등

(2) 적정절차원리의 내용
 ① 공정한 재판의 원칙
  ㉠ 공평한 법원의 구성 : 사법권의 독립, 헌법과 법률이 정한 자격이 있는 법관에 의한 법원의 구성(헌법 제27조 제1항), 법관의 제척·기피·회피제도(제17조 내지 제24조) 등
  ㉡ 피고인의 방어권보장 : 공소장부본의 송달(제266조), 제1회 공판기일의 유예기간(제269조), 공판기일변경신청권(제270조), 피고인의 진술권(제286조), 진술거부권(제289조) 등
  ㉢ 무기평등의 원칙 : 변호인의 조력을 받을 권리(제30조), 국선변호인제도(제33조), 검사의 객관의무 등
 ② 비례성의 원칙(과잉금지의 원칙) : 적합성, 필요성, 상당성
 ③ 피고인보호의 원칙 : 각종 고지의무와 통지의무 등

(3) 적정절차원리 침해에 대한 구제수단
 ① 위법수집증거의 증거능력 배제
 ② 항소이유 및 상고이유
 ③ 헌법소원 및 위헌법률심판
 ④ 국가배상청구

Ⅳ 신속한 재판의 원리

(1) 신속한 재판의 의의
 ① 의의 : 부당하게 지연된 재판이 아닐 것 → 헌법 제27조 제3항
 ② 필요성
  ㉠ 피고인의 이익보호
  ㉡ 공익의 보호 : 실체진실의 발견에 도움, 국가의 구금비용 절감, 소송경제

(2) 신속한 재판을 위한 제도
  ① 수사와 공소제기의 신속을 위한 제도 : 공소시효, 공소취소제도, 구속기간의 제한, 기소편의주의, 검사에 대한 수사권의 집중 등
  ② 공판절차의 신속을 위한 제도 : 대표변호인, 궐석재판, 소송기록 열람등사권, 기피신청에 대한 간이기각결정, 구속기간과 판결선고기간의 제한, 공판준비절차, 집중심리, 재판장의 소송지휘권 등
  ③ 상소심재판의 신속을 위한 제도 : 상소심에서의 사후심적 요소, 상소기간 등 기간제한
  ④ 재판의 신속을 위한 특수한 공판절차 : 간이공판절차, 약식절차, 즉결심판에 관한 절차법상의 즉결심판절차 등

(3) 신속한 재판의 원리에 대한 침해와 그 구제수단
  ① 신속한 재판의 원리에 대한 침해의 판단기준 : 지연의 기간, 지연의 이유, 피고인의 요구, 피고인의 불이익 등이 그 판단기준
  ② 신속한 재판의 원리에 대한 침해의 구제책 : 공소기각판결이나 면소판결 등의 형식재판은 할 수는 없고, 양형에서 고려할 수밖에 없음

> **관련 판례**
>
> ⊙ 신속한 재판의 원리에 대한 침해와 관련된 판례들
> 1. … 제1심선고 형기 경과후 2심 공판이 개정었다고 해서 … 신속한 재판을 받을 권리를 박탈한 것이라고 할 수 없다(대판 1972.5.23, 72도840).
> 2. … 법원이 5개월 가까이 되도록 그 가부에 대한 재판을 하지 않음 … 재판부 구성원의 변경, 재판의 전제성과 관련한 본안심리의 필요성 … 등으로 인한 것이라면 … 지연시켰다고 볼 수 없다(헌재결 1993.11.25, 92헌마169).
> 3. … 구속만기 25일을 앞두고 제1회 공판이 있었다 하여 … 신속한 재판을 받을 권리를 침해하였다 할 수 없다(대판 1990.6.12, 90도672).

02 형사소송의 기본구조

I 소송구조론

(1) 형사소송구조론의 의의
  소송의 주도적 지위는 누구에게 있고 소송주체 사이의 관계를 어떻게 구성할 것인가에 대한 이론 → 형사소송의 지도이념을 구현하기 위한 방법론

(2) 규문주의 소송구조와 탄핵주의 소송구조
  ① 규문주의 : 소추기관과 재판기관이 분리되어 있지 않음 → 피고인은 조사·심리의 객체
  ② 탄핵주의
    ㉠ 의의 : 재판기관과 소추기관을 분리하여 소추기관의 소추에 의하여 법원이 절차를 개시하는 주의 → 불고불리(不告不理)의 원칙
    ㉡ 유형 : 국가소추주의와 사인소추주의
    ㉢ 형사소송법의 태도 : 제246조에서는 "공소는 검사가 제기하여 수행한다."고 규정함으로써 국가소추주의에 의한 탄핵주의적 소송구조를 취하고 있음
    ㉣ 당사자주의와 직권주의 : 소송의 주도적 지위를 누구에게 인정할 것인지

Ⅱ 당사자주의와 직권주의의 이념

구분	당사자주의	직권주의
이념	적정절차의 준수와 피고인보호, 영·미법계	실체진실발견, 대륙법계
장점	① 피고인의 방어권행사가 충분히 보장 ② 당사자가 적극적으로 입증활동을 함으로써 실체적 진실발견에 효과적	① 심리의 능률과 신속, 실체진실발견에 효과적 ② 법원이 후견적 개입을 통한 피고인의 보호에 충실
단점	① 심리의 능률과 신속에 지장 초래 ② 사법(司法)의 스포츠화 초래 ③ 당사자의 타협이나 거래에 의해 좌우될 염려	① 법원의 자의나 독단에 흐를 위험 ② 피고인 방어권보장에 미흡

Ⅲ 우리 형사소송법의 기본구조

(1) 당사자주의와 직권주의의 조화

① 헌법재판소의 입장 : 기본적으로 당사자주의 소송구조를 취하고 있는 것으로 이해(헌재결 1995.11.30. 92헌마44)

② 대법원의 입장 : 기본적으로 당사자주의 소송구조를 취하고 있다고 보는 입장(대판 1984.6.12. 84도796)

③ 우리 형사소송법의 기본구조 : 당사자주의와 직권주의의 조화·절충적 구조

(2) 당사자주의와 직권주의가 조화 내지 절충된 제도

① 피고인신문 : 피고인신문자체는 직권주의적 요소, 피고인신문방식은 당사자주의적 요소

② 공소장변경제도 : 공소장변경제도 자체는 당사자주의적 요소, 법원에 의한 공소장변경 요구는 직권주의적 요소, 공소장변경 요구에 형성력이 없다는 점은 당사자주의적 요소

③ 증인신문 : 승인신문방식으로서 교호신문제도는 당사자주의적 요소, 재판장의 보충신문 및 신문순서의 변경권 및 직권증인신문 등은 직권주의적 요소

④ 증거동의 : 증거동의 자체는 당사자주의적 요소, 법원이 진정한 것으로 인정하여야만 그 효력이 발생한다는 점에서는 직권주의적 요소

⑤ 배심제도 : 국민의 형사재판 참여에 관한 법률상 국민참여재판에 있어서 배심원제도를 부분적으로 도입하고 있다는 점에서는 당사자주의적 요소, 법관이 여전히 개입하고 있다는 점과 그 배심원의 평결에 구속력이 없다는 점은 직권주의적 요소

CHAPTER 03 소송절차의 본질과 절차이분론

01 소송절차의 본질

Ⅰ 소송절차의 의의

소송절차는 동적·발전적 성격을 가지는 것으로서, 특히 절차의 안정성이라는 점이 중시

Ⅱ 형사소송에 있어서 실체면과 절차면

(1) 형사소송에 있어서 실체면과 절차면

형사소송에 있어서 실체면	내용·목적·구두주의·직권주의·실체적진실·대리가 불가능
형사소송에 있어서 절차면	형식·수단·서면주의·당사자주의·적법절차·대리 가능

(2) 실체면이 절차면에 영향을 미치는 경우 : 긴급체포의 요건, 공소시효기간, 사물관할의 표준 등

(3) 절차면이 실체면에 영향을 미치는 경우 : 각종의 증거법칙

02 소송절차이분론

Ⅰ 소송절차이분론의 의의

공판절차를 '범죄사실인정절차, 즉 유·무죄의 판단절차'와 '양형(量刑)절차'로 분리하여 진행하자는 이론 → 영·미법계 배심제도(The jury system)에서 유래 → 우리나라 형사소송에서는 아직은 이러한 소송절차이분론을 받아들이고 있지 않음 → 국민의 형사재판 참여에 관한 법률에서 부분적으로 배심제도를 도입하고 있으나 이러한 국민참여재판에서도 범죄사실의 인정절차와 양형절차가 분리된 것은 아님

Ⅱ 소송절차이분론의 장점과 단점

(1) **장점** : 범죄사실인정절차의 순화, 양형의 과학화 내지 합리화, 피고인의 인격(Privacy)보호, 변호권의 보장, 소송경제

(2) **단점** : 범죄사실과 양형사실의 구별 불능, 소송의 지연 가능성

이준현 교수 / **형사소송법**

CORE
SUMMARY

이준현 교수 / **형사소송법**

CORE
SUMMARY

PART 02

소송의 주체와 소송행위

제1장 소송의 주체
제2장 소송행위

CHAPTER 01 소송의 주체

CORE SUMMARY

01 소송의 주체에 있어서 기본개념

I 소송의 주체

법원은 재판권의 주체, 검사는 공소권의 주체, 피고인은 방어권의 주체

II 소송관계인

검사의 보조자로 사법경찰관리, 피고인의 보조자로 변호인·보조인·대리인

III 소송관여자

증인·감정인·고소인·고발인 등

02 법원(法院)

I 의의

① 국법상 의미의 법원(사법행정상의 법원, 법원조직법상의 법원, 관서의 청사 자체로서의 법원), ② 소송법상 의미의 법원(재판권을 행사하는 주체, 재판기관으로서의 법원)

II 법원의 구성

1. 단독제와 합의제

제1심법원에서는 단독제와 합의제를 병용, 상급심법원은 단독제가 없고 합의제에 의함

2. 수소법원과 재판장 등

(1) **수소법원(공판법원)** : ① 검사의 공소제기를 받은 법원, ② 검사의 약식명령의 청구를 받은 법원, ③ 경찰서장의 즉결심판의 청구를 받은 법원

(2) **수명법관** : 합의체법원이 그 구성원인 법관에게 특정한 소송행위를 하도록 명하였을 때의 법관

(3) **수탁판사** : 어느 한 법원이 다른 법원의 법관에게 일정한 소송행위를 하도록 촉탁한 경우 그 촉탁받은 법관 → 촉탁받은 법관은 다시 전촉할 수 있음(전촉을 받은 판사도 역시 수탁판사임)

(4) **수임판사**
① 수사상의 증거보전절차를 행하는 판사(제184조), ② 수사상의 증인신문절차를 행하는 판사(제221조의2), ③ 수사기관의 청구에 의해 각종 영장을 발부하는 판사(제200조의2, 제201조, 제215조 등), ④ 검사의 청구에 의하여 구속기간을 연장하는 판사(제205조), ⑤ 검사의 청구에 의하여 감정유치장(감정처분허가장)을 발부하는 판사(제221조의3, 제221조의4)

> **관련 판례**
>
> ⊙ **수임판사의 결정에 대한 불복**
> 수임판사는 수소법원이 아니므로 … 제402조, 제403조에 의하여 항고할 수 없으며, 수임판사는 재판장이나 수명법관이 아니므로 … 제416조의 준항고의 대상도 되지 않음(대법원 1997.6.16. 97모1) → 다만, 증거보전청구기각결정에 대해서는 유일하게 3일 이내에 '항고'할 수 있음(제184조 제4항)
>
> ⊙ **체포영장 또는 구속영장의 청구에 관한 수임판사의 재판 자체에 대하여 직접 항고나 준항고를 통한 불복을 허용하지 아니한 것이 헌법에 위반되는지 여부(소극)**
> … 입법자의 형성의 자유의 범위 내에서 이루어진 합리적인 정책적 선택의 결과 … (대법원 2006.12.18. 2006모646).

Ⅲ 제척 · 기피 · 회피

1. 의의 및 취지
공평한 법원을 구성하여 공정한 재판을 실현하고 나아가 적정절차의 원리를 실현하기 위한 제도

2. 제척(除斥)

(1) **의의 및 적용범위**
① **제척의 의의** : 법관이 불공평한 재판을 할 우려가 큰 경우를 법률에 유형적 내지 제한적으로 정하여 놓고 그 사유에 해당하는 법관을 직무집행에서 당연히 배제시키는 제도
② **적용범위** : 공소제기 후의 절차에서만 적용○, 공소제기 전의 증거보전절차(제184조)나 증인신문절차(제221조의2)를 행하는 법관인 수임판사에게는 그 적용×

> **제17조(제척의 원인)**
> 법관은 다음 경우에는 직무집행에서 제척된다.
> 1. 법관이 피해자인 때
> 2. 법관이 피고인 또는 피해자의 친족 또는 친족관계가 있었던 자인 때
> 3. 법관이 피고인 또는 피해자의 법정대리인, 후견감독인인 때
> 4. 법관이 사건에 관하여 증인, 감정인, 피해자의 대리인으로 된 때
> 5. 법관이 사건에 관하여 피고인의 대리인, 변호인, 보조인으로 된 때
> 6. 법관이 사건에 관하여 검사 또는 사법경찰관이 직무를 행한 때

> 7. 법관이 사건에 관하여 전심재판 또는 그 기초되는 조사, 심리에 관여한 때
> 8. 법관이 사건에 관하여 피고인의 변호인이거나 피고인·피해자의 대리인인 법무법인, 법무법인(유한), 법무조합, 법률사무소, 「외국법자문사법」 제2조 제9호에 따른 합작법무법인에서 퇴직한 날부터 2년이 지나지 아니한 때
> 9. 법관이 피고인인 법인·기관·단체에서 임원 또는 직원으로 퇴직한 날부터 2년이 지나지 아니한 때

(2) 제척의 원인(제척사유)
  ① 한정적 열거 : 제17조가 규정하고 있는 사유에 해당하여야만 제척됨
  ② 법관이 피해자인 때(제1호) : 직접피해자○, 간접피해자×(다만 기피사유가 될 수는 있음)
  ③ 법관이 피고인 또는 피해자에 대한 개인적인 밀접한 관련이 있는 때
    ㉠ 법관이 피고인 또는 피해자의 친족 또는 친족관계가 있었던 자인 때(제2호)
    ㉡ 법관이 피고인 또는 피해자의 법정대리인·후견감독인인 때(제3호)
    ㉢ 법관이 피해자의 대리인 또는 피고인의 대리인·변호인·보조인으로 된 때(제4호 후단, 제5호)
  ④ 법관이 이미 당해사건에 대해 관여하였을 때(예단배제를 위함)
    ㉠ 법관이 사건에 관하여 증인·감정인으로 된 때(제4호 전단)
      ⓐ '사건'의 의미 : 당해 형사사건만을 말함
      ⓑ '증인·감정인으로 된 때'의 의미 : 실제로 증언 또는 감정한 때를 말하며, 단순히 증인·감정인으로 소환된 것만으로는 이에 해당하지 않음
    ㉡ 법관이 사건에 관하여 검사 또는 사법경찰관의 직무를 행한 때(제6호)
    ㉢ 법관이 사건에 관하여 전심(前審)재판 또는 그 기초되는 조사·심리에 관여한 때(제7호)
      ⓐ 전심재판에 관여한 때
        ㉠ '전심재판'의 의미 : '전심'이란 상소에 의해 불복이 신청된 재판, '재판'은 종국재판만을 말함
        ㉡ '관여한 때'의 의미 : 전심재판의 내부적 성립에 실질적으로 관여한 때

> **관련 판례**
>
> ❷ 전심재판에 해당하지 아니하여 제척사유가 되지 않는다고 본 판례
>   1. 제400조에 의한 판결정정신청사건(대법원 1967.1.18, 66초67)
>   2. 구속영장을 발부한 경우(대판 1989.9.12, 89도612)
>   3. 재심청구사건(대법원 1964.6.22, 64모16)
>   4. 약식명령(또는 즉결심판)과 정식재판(대판 2002.4.12, 2002도944 ; 대판 1985.4.23, 85도281)
>   ① 약식명령을 발부한 법관이 정식재판절차의 제1심판결에 관여한 경우 제척원인에 해당하는지 여부(소극)
>   ② 약식명령을 발부하고 그 정식재판 절차의 항소심의 판결에 관여한 경우, 제척원인에 해당하는지 여부(적극)
>   5. 대법원의 파기환송 후의 재판(대판 1971.12.28, 71도1208)
>
> ❷ '관여한 때'에 해당되지 않는 경우
>   1. 재판의 선고(외부적 성립)에만 관여한 때
>   2. 공판기일을 연기하는 재판에만 관여한 때(대법원 1954.8.12, 4286형상141)
>   3. 공판에 관여한 바는 있어도 판결선고 전에 경질된 때(대판 1985.4.23, 85도281)
>   4. 다른 사건에 관여한 경우(대판 1965.4.8, 65도2)

ⓑ 전심재판의 기초되는 조사·심리에 관여한 때 : 전심재판의 내용형성에 사용될 자료의 수집조사에 관여하여 그 결과가 전심재판의 사실인정의 자료로 쓰여진 경우

> **관련 판례**
>
> ❶ 전심재판의 기초되는 조사심리에 관여한 때에 해당하여 제척사유가 되는 경우
> 1. 수탁판사로서 증거조사를 한 경우(대판 1999.10.22, 99도 3534)
> 2. 기소강제절차에서 공소제기결정을 한 법관
> 3. 제1심판결에서 피고인에 대한 유죄의 증거로 사용된 증거를 조사한 판사(대판 1999.10.22, 99도3534)
>
> ❷ 전심재판의 기초되는 조사심리에 관여한 때에 해당하지 않아 제척사유가 되지 않는 경우
> 1. 구속영장을 발부한 법관(대판 1969.7.22, 68도817)
> 2. 구속적부심사에 관여한 법관(대법원 1960.7.23, 4293형상166)
> 3. 보석허가결정에 관여한 법관
> 4. 법관이 선거관리위원장으로서 수사기관에 수사의뢰를 한 경우(대판 1999.4.13, 99도155)
> 5. 공소제기 전에 검사의 증거보전 청구에 의하여 증인신문을 한 법관(대판 1971.7.6, 71도974)
> 6. … 법관이 고발사실의 일부에 대한 재정신청사건에 관여하여 그 신청을 기각한 것이 그 나머지 부분에 대한 사건에 있어 … (대판 2014.1.16, 2013도10316).
> 7. 원심 합의부원인 법관이 원심 재판장에 대한 기피신청 사건의 심리와 기각결정에 관여한 사실이 있다고 하더라도 … (대판 2010.12.9, 2007도10121).

ⓒ 법관이 사건에 관하여 피고인의 변호인이거나 피고인·피해자의 대리인인 법무법인 등에서 퇴직한 날부터 2년이 지나지 아니한 때(제17조 제8호) → '후관예우'와 관련된 문제점을 고려한 것임

ⓓ 법관이 피고인인 법인·기관·단체에서 임원 또는 직원으로 퇴직한 날부터 2년이 지나지 아니한 때(제17조 제9호) → '후관예우'와 관련된 문제점을 고려한 것임

(3) 제척의 효과
① 당연배제
② 제척사유 있는 법관이 재판에 관여한 판결 : 항소이유나 상고이유가 됨

3. 기피(忌避)

(1) 기피의 의의 : 당사자의 신청에 의하여 법원의 결정으로 당해 법관을 직무집행에서 배제하는 제도

> **제18조(기피의 원인과 신청권자)**
> ① 검사 또는 피고인은 다음 경우에 법관의 기피를 신청할 수 있다.
>   1. 법관이 전조 각 호의 사유에 해당되는 때
>   2. 법관이 불공평한 재판을 할 염려가 있는 때
> ② 변호인은 피고인의 명시한 의사에 반하지 아니하는 때에 한하여 법관에 대한 기피를 신청할 수 있다.

(2) 기피사유(기피원인)
① 비유형적 : 비유형적이며 일반조항적
② 법관이 제척사유에 해당되는 때 : 제척사유의 존부가 불분명하거나 제척사유를 간과한 경우
③ 법관이 불공평한 재판을 할 염려가 있는 때 : 보통인의 판단 + 객관적인 사정

> **관련 판례**
>
> ❶ 기피사유에 해당하는 경우
> 1. 법관이 심리 중에 유죄를 예단하는 말을 한 경우(대법원 1974.10.16, 74모68)
> 2. 법관이 심리 중에 피고인에게 매우 모욕적인 말을 한 경우

> **❹ 기피사유에 해당하지 않는 경우**
> 1. 법관이 피고인에게 공판기일에 어김없이 출석할 것을 촉구한 경우(대법원 1969.1.6. 68모57)
> 2. 당사자의 증거신청을 채택하지 아니하거나 이미 한 증거결정을 취소한 경우(대법원 1995.4.3. 95모10).
> 3. 재판장이 피고인의 증인신문권의 본질적인 부분을 침해하였다고 볼 만한 아무런 소명자료가 없는 상황에서, 재판장이 피고인의 증인에 대한 신문을 제지한 사실이 있는 경우(대법원 1995.4.3. 95모10)
> 4. 검사의 공소장 변경 허가신청을 불허한 경우(대법원 2001.3.21. 2001모2)
> 5. 재심대상판결에 관여한 경우(대법원 1982.11.15. 82모11)

(3) 기피신청의 절차

① 기피신청권자
  ㉠ 검사와 피고인(제18조 제1항)
  ㉡ 변호인 : 명시한 의사에 반하지 않는 한 할 수 있음(제18조 제2항) → 독립대리권
  ㉢ 피의자 : 원칙적으로 기피신청권이 없음 → 다만, 재정신청에서는 가능

② 기피신청의 대상 : 개별 법관○, 재판부 자체×, 합의부 법관 전원에 대하여 별도로 기피신청○, 대법관 전원×

> **관련 판례**
> **❹ 이미 당해사건의 직무집행으로부터 배제되어 있는 법관에 대한 기피신청이 적법한지 여부(소극)**
> … 어떠한 사유에 의했건 기피의 대상으로 하고 있는 법관이 이미 당해 구체적 사건의 직무집행으로부터 배제되어 있다면 그 법관에 대한 피고인의 기피신청은 부적법 … (대법원 1986.9.24. 86모48).

③ 기피신청의 방법
  ㉠ 기피신청은 서면 또는 구술로, 단 구술로 할 때에는 조서작성(규칙 제176조)
  ㉡ 기피신청의 방법

> **제19조(기피신청의 관할)**
> ① 합의법원의 법관에 대한 기피는 그 법관의 소속법원에 신청하고 수명법관, 수탁판사 또는 단독판사에 대한 기피는 당해법관에게 신청하여야 한다.
> ② 기피사유는 신청한 날로부터 3일 이내에 서면으로 소명하여야 한다.

④ 기피신청의 시기

> **관련 판례**
> **❹ 기피신청의 시기에 관한 판례**
> … 이미 종국판결이 선고되어 버리면 기피신청은 … 부적법(대법원 1995.1.9. 94모77).
> **❹ 판결선고절차가 상당부분 진행된 단계에서 한 기피신청이 적법한지 여부(소극)**
> 피고사건의 판결선고절차가 시작되어 재판장이 이유의 요지중 상당부분을 설명하는 도중 … 법원사무관에 대한 기피신청과 동시에 선고절차의 정지를 요구하는 것은 선고절차의 중단등 소송지연만을 목적으로 한 것으로 부적법 … (대법원 1985.7.23. 85모19).

(4) 기피신청에 대한 재판

① 결정에 의한 기피신청에 대한 재판 : 즉시항고 가능(제416조의 준항고도 가능) → 단, 기피신청이 이유 있다고 인정하는 기피결정에 대하여는 불복하지 못함

> **제23조(기피신청기각과 즉시항고)**
> ① 기피신청을 기각한 결정에 대하여는 즉시항고를 할 수 있다.
> ② 제20조 제1항의 기각결정에 대한 즉시항고는 재판의 집행을 정지하는 효력이 없다.

② 기피신청의 관할 : 합의부 → 합의부를 구성하지 못하는 때에는 직근상급법원(제21조)
③ 간이기각결정

> **제20조(기피신청기각과 처리)**
> ① 기피신청이 소송의 지연을 목적으로 함이 명백하거나 제19조의 규정에 위배된 때에는 신청을 받은 법원 또는 법관은 결정으로 이를 기각한다.

> [관련 판례]
> ❷ 기피신청에 있어서 간이기각결정에 관한 제20조 제1항 중 각 "기피신청이 소송의 지연을 목적으로 함이 명백한 때"에 관한 부분이 헌법에 위반되는지 여부(소극)
> … 형사소송절차의 신속성의 실현이라는 공익을 달성하기 위한 것 … (헌재결 2009.10.29, 2008헌바124).
> ❷ 기피신청이 소송지연을 목적으로 함이 명백한 경우, 법원의 조처 및 그 해당 여부에 대한 판단방법
> … 제반 사정들을 종합하여 판단 … (대법원 2001.3.21, 2001모2).

④ 소송진행의 정지(공판절차의 정지)

> **제22조(기피신청과 소송의 정지)**
> 기피신청이 있는 때에는 제20조 제1항의 경우를 제한 외에는 소송진행을 정지하여야 한다. 단, 급속을 요하는 경우에는 예외로 한다.

> [관련 판례]
> ❷ 기피신청을 받은 법관이 소송진행을 정지하지 않고 한 소송행위의 효력(= 무효)
> 기피신청을 받은 법관이 … 본안의 소송절차를 정지하지 않은 채 그대로 소송을 진행하여서 한 소송행위는 그 효력이 없고 … 그 기피신청에 대한 기각결정이 확정되었다고 하더라도 마찬가지 … (대판 2012.10.11, 2012도8544).
> ❷ 예외적으로 소송진행이 정지되지 않는 경우
>   1. 급속을 요하는 경우(제22조 단서)
>   2. 구속기간 만료가 임박한 경우(대판 1990.6.8, 90도646)
>   3. 구속기간이 갱신절차(대법원 1987.2.3, 86모57)
>   4. 판결의 선고(대법원 1987.5.28, 87모10)
>   5. 간이기각결정의 경우(제22조)
> ❷ 법관에 대한 기피신청이 있는 경우, 정지되는 소송진행에 판결의 선고가 포함되는지 여부(소극)
> … 소송진행을 정지하지 아니하고 판결을 선고한 것은 정당 … (대판 2002.11.13, 2002도4893).

(5) 기피의 효과 : 탈퇴의 효력발생시기에 관하여 결정시설이 다수설

4. 회피(回避)

(1) 회피의 의의 : 법관이 스스로 직무집행에서 탈퇴하는 제도

(2) 절차 및 효과 : 신청시기에는 제한 없음. 회피신청에 대한 법원의 결정에 대하여는 항고할 수 없음

> **제24조(회피의 원인 등)**
> ① 법관이 제18조의 규정에 해당하는 사유가 있다고 사료한 때에는 회피하여야 한다.
> ② 회피는 소속법원에 서면으로 신청하여야 한다.
> ③ 제21조의 규정은 회피에 준용한다.

5. 법원사무관 등 및 통역인에 대한 제척·기피·회피

> **제25조(법원사무관 등에 대한 제척·기피·회피)**
> ① 본장의 규정은 제17조 제7호의 규정을 제한 외에는 법원서기관·법원사무관·법원주사 또는 법원주사보(이하 "법원사무관 등"이라 한다)와 통역인에 준용한다.
> ② 전항의 법원사무관 등과 통역인에 대한 기피재판은 그 소속법원이 결정으로 하여야 한다. 단, 제20조 제1항의 결정은 기피당한 자의 소속법관이 한다.

관련 판례

❶ 통역인이 사건에 관하여 증인으로 증언한 경우 통역인 제척사유에 해당하는지 여부(적극)
··· 제17조 제4호 ··· 제척사유가 있는 통역인이 통역한 증인의 증인신문조서는 유죄 인정의 증거로 사용할 수 없다(대판 2011.4.14, 2010도13583).

❷ 통역인이 피해자의 사실혼 배우자인 경우 통역인 제척사유에 해당하는지 여부(소극)
··· 사실혼관계에 있는 사람은 ··· 제17조 제2호의 친족에 해당하지 않으므로 ··· (대판 2011.4.14, 2010도13583).

6. 국민참여재판에서 배심원, 전문심리위원의 제척·기피

Ⅳ 법원의 관할

1. 관할의 의의

(1) 관할권과 재판권 및 사무분배의 의의

재판권	재판권이 없을 때에는 공소기각판결(제327조 제1호)
관할권	관할권이 없는 경우에는 관할위반의 판결(제319조)
사무분배	사법행정사무에 불과하여 소송법상의 문제가 발생하지 않음

(2) 관할의 종류 : 군사법원의 문제는 관할의 문제가 아니라 재판권의 문제임에 유의

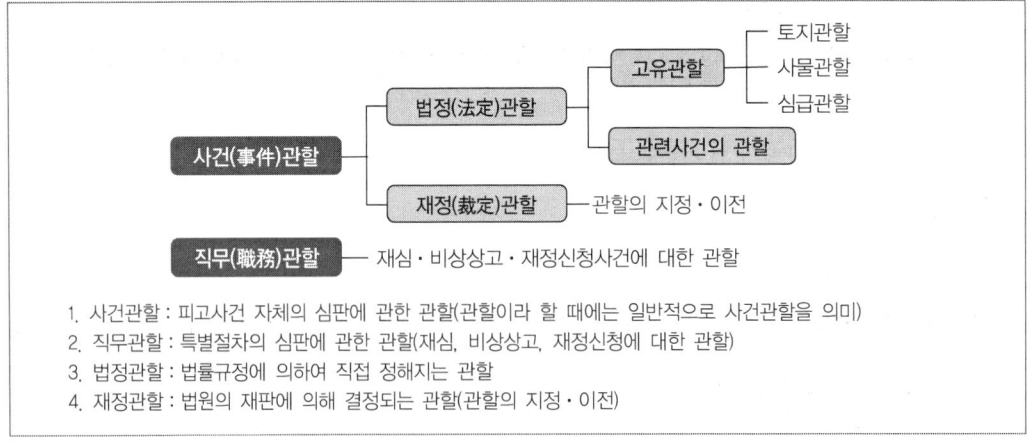

1. 사건관할 : 피고사건 자체의 심판에 관한 관할(관할이라 할 때에는 일반적으로 사건관할을 의미)
2. 직무관할 : 특별절차의 심판에 관한 관할(재심, 비상상고, 재정신청에 대한 관할)
3. 법정관할 : 법률규정에 의하여 직접 정해지는 관할
4. 재정관할 : 법원의 재판에 의해 결정되는 관할(관할의 지정·이전)

2. 법정관할

(1) 고유관할

① 사물관할

㉠ 의의 : 사건의 경중에 의한 제1심법원에서 단독판사와 합의부 사이의 관할분배

㉡ 단독판사의 관할 원칙

㉢ 합의부의 관할 사건

ⓐ 합의부에서 심판할 것으로 합의부가 결정한 사건

ⓑ 다른 법률에 의하여 지방법원합의부의 권한에 속하는 사건

ⓒ 지방법원판사에 대한 제척·기피·회피사건

ⓓ 사형·무기 또는 단기 1년 이상의 징역 또는 금고에 해당하는 사건

> **관련 판례**
>
> ❶ 사형·무기 또는 단기 1년 이상의 징역에 해당하는 사건이라도 언제나 단독판사가 관할하는 사건
> 1. 특수절도사건(형법 제331조), 상습절도사건(형법 제332조)
> 2. 보건범죄단속에관한특별조치법상 영리목적 부정의료행위에 해당하는 사건
> 3. 병역법 위반사건
> 4. 특정범죄가중처벌등에관한법률 위반사건
> 5. 폭력행위등처벌에관한법률 위반사건
> 6. 부정수표단속법상 수표 위조·변조에 해당하는 사건
>
> ❷ 상습특수절도죄를 목적으로 하는 범죄단체조직의 사물관할(지방법원 단독판사)
> 형법 제114조 "그 목적한 죄에 정한 형으로 처단한다."··· 단독판사가 심판(대판 1980.8.19, 79도1345).
>
> ❸ 상습특수상해죄에 대한 제1심 관할법원(= 지방법원과 그 지원의 합의부)
> ··· 상습특수상해죄는 법정형의 단기가 1년 이상의 유기징역에 해당하는 범죄 ··· 단기 1년 이상의 징역에 해당하는 사건에 대한 제1심 관할법원은 지방법원과 그 지원의 합의부 ··· (대판 2017.6.29, 2016도18194).

② 토지관할

㉠ 의의 : 지역적 관계에 의한 관할의 분배, 재판적(裁判籍)

㉡ 토지관할의 결정기준 : 범죄지, 피고인의 주소, 현재지 → 하나의 사건에 대하여 토지관할이 여러 개가 있을 수 있으며 이에는 우열이 없으므로, 검사는 어느 곳이나 공소제기를 할 수 있음

> **제4조(토지관할)**
> ① 토지관할은 범죄지, 피고인의 주소, 거소 또는 현재지로 한다.
> ② 국외에 있는 대한민국선박 내에서 범한 죄에 관하여는 전항에 규정한 곳 외에 선적지 또는 범죄 후의 선착지로 한다.
> ③ 전항의 규정은 국외에 있는 대한민국항공기 내에서 범한 죄에 관하여 준용한다.

㉢ 범죄지 : 범죄실행장소○, 결과발생장소○, 중간지○

ⓐ 공동정범의 경우 공모지도○

ⓑ 예비·음모를 처벌하는 경우(강도나 살인 등)에는 예비지와 음모지도○

ⓒ 교사범 및 방조범에 있어서는 정범의 실행행위 및 결과발생장소도○

ⓓ 다만, 불가벌적 사후행위지만은×

② 주소·거소
  ⓐ 공소제기시를 표준 → 공소제기 이후에 주소 등이 바뀌어도 토지관할에는 영향이 없음
  ⓑ 주소와 거소는 민법상의 개념에 따름
⑩ 현재지
  ⓐ 공소제기시를 표준으로 공소제기 당시에 피고인이 실제로 위치하고 있는 장소
  ⓑ 임의 또는 적법한 강제에 의해 피고인이 현재하는 장소만○, 불법연행된 장소는×

> **관련 판례**
> ❹ 토지관할을 규정한 형사소송법 제4조 제1항에서 '현재지'의 의미
> 제4조 제1항 … 여기서 '현재지'라고 함은 공소제기 당시 피고인이 현재한 장소로서 임의에 의한 현재지뿐만 아니라 적법한 강제에 의한 현재지도 이에 해당한다(대판 2011.12.22. 2011도12927). → 소말리아 해적 … 적법한 체포, 즉시 인도 및 적법한 구속에 의하여 공소제기 당시 국내에 구금되어 있어 현재지인 국내법원에 토지관할이 있다.

ⓗ 선박·항공기 내 범죄의 특칙(제4조 제2항, 제3항)
ⓢ 지방법원 본원과 지방법원 지원 사이의 관할의 분배

> **관련 판례**
> ❹ 지방법원 본원과 지방법원 지원 사이의 관할의 분배가 소송법상 토지관할의 분배에 해당하는지 여부(적극)
> 지방법원 본원과 지방법원 지원은 소송법상 별개의 법원이자 각각 일정한 토지관할 구역을 나누어 가지는 대등한 관계 … 지방법원 지원에 제1심 토지관할이 인정된다는 사정만으로 당연히 지방법원 본원에도 제1심 토지관할이 인정된다고 볼 수는 없다(대판 2015.10.15. 2015도1803).

③ 심급관할
  ㉠ 지방법원 본원합의부 : 단독판사의 제1심판결에 대한 항소사건
  ㉡ 고등법원 : 지방법원합의부의 제1심판결에 대한 항소사건
  ㉢ 대법원 : 고등법원(항소법원)의 제2심판결에 대한 상고사건, 제1심판결에 대한 비약적 상고사건

(2) 관련사건의 관할
 ① 관련사건의 의의
  ㉠ 관련사건 : 심리이전에는 병합관할의 문제로, 심리도중에는 병합심리의 문제로 처리
  ㉡ 형사소송법 제11조
   ⓐ 1인이 범한 수죄
   ⓑ 수인이 공동으로 범한 죄
   ⓒ 수인이 동시에 동일장소에서 범한 죄
   ⓓ 범인은닉죄, 증거인멸죄, 위증죄, 허위감정통역죄 또는 장물에 관한 죄와 그 본범의 죄

> **관련 판례**
> ❹ 형사소송법 제11조 제2호의 수인이 공동으로 범한 죄의 의미
> 공동정범, 교사범, 종범 … 필요적 공범, 합동범, 공동과실범, 상해의 동시범 등을 의미(대판 1978.10.10. 78도2225).

 ② 관련사건의 병합관할 : 심리이전(재판 전) → 결정 不要
  ㉠ 토지관할의 병합

> **제5조(토지관할의 병합)**
> 토지관할을 달리하는 수개의 사건이 관련된 때에는 1개의 사건에 관하여 관할권있는 법원은 다른 사건까지 관할할 수 있다.

> **관련 판례**
> ❸ 형사소송법 제5조에 정한 관련사건의 관할이 병합기소나 병합심리를 전제로 하는지 여부(소극)
> … 관련사건이 계속된 이상 그 후 양 사건이 병합되어 심리되지 아니한 채 고유사건에 대한 심리가 먼저 종결되었다 하더라도 관련사건에 대한 관할권은 여전히 유지 … (대판 2008.6.12, 2006도8568).

ⓛ 사물관할의 병합

> **제9조(사물관할의 병합)**
> 사물관할을 달리하는 수개의 사건이 관련된 때에는 법원합의부는 병합관할한다. 단, 결정으로 관할권 있는 법원단독판사에게 이송할 수 있다.

ⓒ 사물관할을 달리하는 경우에 제5조의 적용여부 : 사물관할을 달리하면 토지관할이 다른 경우라도 제9조에 의하여 합의부가 병합관할하게 되므로, 사물관할을 달리하는 경우에는 제5조의 적용이 없음

③ 관련사건의 병합심리(심리의 병합) : 심리도중(재판 중) → 결정 要
  ㉠ 토지관할의 병합심리

> **제6조(토지관할의 병합심리)**
> 토지관할이 다른 여러 개의 관련사건이 각각 다른 법원에 계속된 때에는 공통되는 바로 위의 상급법원은 검사나 피고인의 신청에 의하여 결정(決定)으로 한 개 법원으로 하여금 병합심리하게 할 수 있다.

  ⓐ 토지관할의 병합심리신청을 함에는 그 사유를 기재한 신청서를 공통되는 직근상급법원에 제출
  ⓑ 토지관할의 병합심리신청이 제기된 경우에는 그 신청에 대한 결정이 있기까지 소송절차를 정지
  ⓒ 토지관할의 병합심리는 항소심에서도 그 적용이 있음
  ⓓ 토지관할의 병합심리결정은 항고할 수 없음(법원의 관할에 관한 결정, 제403조 제1항)
  ⓔ 7일 이내에 소송기록과 증거물을 병합심리하게 된 법원에 송부

> **관련 판례**
> ❸ 형사소송법 제6조에 따른 토지관할에 대한 병합심리 신청사건의 관할법원에 관한 판례
> … 제6조는 … 상급법원은 … 각급법원의 설치와 관할구역에 관한 법률을 기준으로 정하여야 할 것 … 그 소속 고등법원이 같은 경우에는 그 고등법원이, 그 소속 고등법원이 다른 경우에는 대법원이 … 관할법원이 된다. → 이와 달리 … 심급관할에 따른 상급법원으로 본 … 결정 등은 이와 배치되는 범위 내에서 모두 변경 … (대법원 2006.12.5, 2006초335).

  ㉡ 사물관할의 병합심리

> **제10조(사물관할의 병합심리)**
> 사물관할을 달리하는 수개의 관련사건이 각각 법원합의부와 단독판사에 계속된 때에는 합의부는 결정으로 단독판사에 속한 사건을 병합하여 심리할 수 있다.

  ⓐ 법원합의부와 단독판사에 계속된 각 사건이 토지관할을 달리하는 경우에도 마찬가지로 적용
  ⓑ 직권으로 결정하는 것이며, 병합심리신청은 합의부의 직권발동을 촉구하는 의미밖에 없음

　　　　ⓒ 사물관할의 병합심리결정은 항고할 수 없음(법원의 관할에 관한 결정, 제403조 제1항)
　　　　ⓓ 사물관할의 병합심리는 항소심에서도 그 적용이 있음
　　　　ⓔ 5일 이내에 소송기록과 증거물을 합의부에 송부
　　　ⓒ 사물관할을 달리하는 경우에 제6조의 적용여부 : 사물관할을 달리하면 토지관할이 다른 경우라도 제10조에 의하여 합의부가 직권으로 결정에 의한 병합심리를 하여야 하며, 따라서 사물관할을 달리하는 경우에는 제6조의 적용이 없음

> **관련 판례**
> ● 관련사건이 마산지방법원 항소부와 부산고등법원에 각각 계속된 경우에 제6조에 의한 병합이 가능한지 여부(소극)
> … 직근상급법원(대법원)으로 하여금 병합심리를 하게 할 근거가 없다(대법원 1990.5.23, 90초56).

　　④ 심리의 분리

> **제7조(토지관할의 심리분리)**
> 토지관할을 달리하는 수개의 관련사건이 동일법원에 계속된 경우에 병합심리의 필요가 없는 때에는 법원은 결정으로 이를 분리하여 관할권 있는 다른 법원에 이송할 수 있다.

　(3) **고위공직자범죄사건의 제1심 재판관할** : 서울중앙지방법원의 관할 → 다만 범죄지, 증거의 소재지, 피고인의 특별한 사정 등을 고려하여 형사소송법에 따른 관할법원에 공소를 제기할 수 있음(고위공직자범죄수사처 설치 및 운영에 관한 법률 제31조)

3. 재정관할

　(1) 관할의 지정
　　① 의의

> **제14조(관할지정의 청구)**
> 검사는 다음 각 호의 경우 관계있는 제1심법원에 공통되는 바로 위의 상급법원에 관할지정을 신청하여야 한다.
> 1. 법원의 관할이 명확하지 아니한 때
> 2. 관할위반을 선고한 재판이 확정된 사건에 관하여 다른 관할법원이 없는 때

　　② 관할지정의 절차 : 관할지정의 신청이 제기된 경우에는 소송절차를 정지

> **제16조(관할의 지정 또는 이전신청의 방식)**
> ① 관할의 지정 또는 이전을 신청하려면 그 사유를 기재한 신청서를 바로 위의 상급법원에 제출하여야 한다.
> ② 공소를 제기한 후 관할의 지정 또는 이전을 신청할 때에는 즉시 공소를 접수한 법원에 통지하여야 한다.

　　③ 관할지정의 효과 : 관할지정의 결정에 대하여는 항고하지 못함(제403조 제1항)
　(2) 관할의 이전
　　① 의의 : 관할의 이전은 관할권 없는 다른 법원으로 옮기는 것이라는 점에서, 관할권 있는 법원으로 사건의 심리를 옮기는 사건의 이송과 구별

> **제15조(관할이전의 신청)**
> 검사는 다음 경우에는 직근상급법원에 관할이전을 신청하여야 한다. 피고인도 이 신청을 할 수 있다.
> 1. 관할법원이 법률상의 이유 또는 특별한 사정으로 재판권을 행할 수 없는 때
> 2. 범죄의 성질, 지방의 민심, 소송의 상황 기타 사정으로 재판의 공평을 유지하기 어려운 염려가 있는 때

② 관할이전의 사유
  ㉠ 관할법원이 법률상 이유 또는 특별한 사정으로 관할권을 행사할 수 없는 때
  ㉡ 범죄의 성질, 지방의 민심, 소송의 상황 기타 사정으로 재판의 공평을 유지하기 어려운 염려가 있는 때 : 판례에 따르면 ⓐ 검사의 공소장변경을 허용하였다는 사정만으로(대법원 1984.7.24. 84초45), ⓑ 항소심에서 유죄판결을 선고받고 이에 불복하여 상고를 제기한 피고인을 교도소 소장이 검사의 이송지휘도 없이 다른 교도소로 이송처분한 사정만으로(대법원 1983.7.5. 83초20), ⓒ 피고인이 담당법관에 대하여 기피신청을 하였고 또 위증을 한 증인에 대하여 대검찰청에서 조사하고 있는 중이라는 사실만으로(대법원 1982.12.17. 82초50)는 재판의 공평을 유지하기 어려운 염려가 있는 때에 해당하지 않는다고 함

③ 관할이전의 절차
  ㉠ 관할의 이전은 검사가 직근상급법원에 신청하여야 한다. 피고인도 신청할 수 있다(제15조).
  ㉡ 관할이전의 신청이 제기된 경우에는 그 신청에 대한 결정이 있기까지 소송절차를 정지

④ 관할이전의 효과 : 관할이전의 결정에 대하여는 항고하지 못함(제403조 제1항)

4. 관할의 경합

(1) 관할의 경합의 의의 : 동일사건에 대해 2 이상의 법원이 관할권을 가지는 경우 → 법원의 관할권에는 원칙적으로 우열이 없기 때문에 검사는 어느 법원에나 공소를 제기할 수 있음 → 이중기소금지의 원칙과도 관련되는 문제 → 1개의 사건을 전제로 한다는 점에서 수개의 사건을 전제로 하는 관련사건의 관할과 다름

(2) 합의부 우선의 원칙
  ① 의의

> **제12조(동일사건과 수개의 소송계속)**
> 동일사건이 사물관할을 달리하는 수개의 법원에 계속된 때에는 법원합의부가 심판한다.

  ② 내용 : 공소기각결정으로 처리(제328조 제1항 제3호) → 만일 한 법원이 먼저 판결을 하고 그 판결이 확정되었다면 면소판결(제326조 제1호)

(3) 선착수 우선의 원칙
  ① 의의

> **제13조(관할의 경합)**
> 같은 사건이 사물관할이 같은 여러 개의 법원에 계속된 때에는 먼저 공소를 받은 법원이 심판한다. 다만, 각 법원에 공통되는 바로 위의 상급법원은 검사나 피고인의 신청에 의하여 결정으로 뒤에 공소를 받은 법원으로 하여금 심판하게 할 수 있다.

② 내용 : 공소기각결정으로 처리(제328조 제1항 제3호) → 만일 한 법원이 먼저 판결을 하고 그 판결이 확정되었다면 면소판결(제326 제1호)

5. 관할의 조사와 관할권 부존재의 효과

(1) 관할의 조사 : 법원은 직권으로 관할을 조사하여야 한다(제1조).

(2) 관할권 부존재의 효과
   ① 관할위반판결
      ㉠ 관할위반의 판결(제319조)
      ㉡ 관할권 존재의 결정시기 : 토지관할은 공소제기시를 표준, 사물관할은 공소제기시부터 재판종결시까지 심리의 전 과정에 존재
   ② 소송행위의 효력 : 소송행위는 관할위반인 경우에도 그 효력에 영향이 없다(제2조).

(3) 특별규정
   ① 토지관할의 위반(제320조) : 자세한 내용은 후술함
   ② 공소장변경에 의한 이송(제8조 제2항) : 자세한 내용은 후술함
   ③ 관할구역 외에서의 직무 : 법원은 사실발견을 위하여 필요하거나 긴급을 요하는 때에는 관할구역 외에서 직무를 행하거나 사실조사에 필요한 처분을 할 수 있다(제3조).

6. 사건의 이송

(1) 사건이송의 의의 : 이송받은 법원은 반송이나 전송이 불가능 → 사건의 이송결정은 법원의 관할에 관한 결정이므로 항고는 허용되지 않음(제403조 제1항) → 이송은 관할권 있는 법원으로 소송계속을 이전하는 것이란 점에서 관할권 없는 법원으로 사건을 이전하는 관할의 이전과는 구별

(2) 관할과 관련된 사건이송
   ① 병합심리에 의한 이송

토지관할의 병합심리	결정등본을 송부받은 날로부터 7일 이내에 소송기록과 증거물을 송부(규칙 제3조)
사물관할의 병합심리	결정등본을 송부받은 날로부터 5일 이내에 소송기록과 증거물을 송부(규칙 제4조)

   ② 관할의 지정·이전에 의한 이송 : 공소제기된 사건에 대하여 관할의 지정·이전의 결정이 있는 때에는 법원은 지체 없이 소송기록과 증거물을 관할의 지정 또는 이전을 받은 법원에 송부(규칙 제6조)
   ③ 사건의 직권이송

> **제8조(사건의 직권이송)**
> ① 법원은 피고인이 그 관할구역 내에 현재하지 아니하는 경우에 특별한 사정이 있으면 결정으로 사건을 피고인의 현재지를 관할하는 동급법원에 이송할 수 있다.
> ② 단독판사의 관할사건이 공소장변경에 의하여 합의부 관할사건으로 변경된 경우에 법원은 결정으로 관할권이 있는 법원에 이송한다.

> **관련 판례**
>
> ❹ 단독사건이 항소심인 지방법원 본원합의부에서 심리 중 공소장이 변경되어 합의부관할사건이 된 경우에도 제8조 제2항을 적용할 수 있는지 여부(적극)
> … 제8조 제2항을 적용하여 고등법원으로 이송하여야 한다(대판 1997.12.12, 97도2463).
>
> ❺ 단독판사 관할 피고사건의 항소사건이 지방법원 합의부에 계속중일 때 치료감호가 청구된 경우, '치료감호사건'과 '피고사건'의 관할법원(고등법원)
> … 치료감호사건의 관할법원은 고등법원이고, 피고사건의 관할법원도 치료감호사건의 관할을 따라 고등법원이 된다
> … 합의부는 치료감호사건과 피고사건을 모두 고등법원에 이송하여야 한다(대판 2009.11.12, 2009도6946).
>
> ❻ 제1심에서 합의부 관할사건에 관하여 단독판사 관할사건으로 죄명, 적용법조를 변경하는 공소장변경허가신청서가 제출된 경우 착오배당을 이유로 사건을 단독판사에게 재배당할 수 있는지 여부(소극)
> … 제8조 제2항에서 단독판사의 관할사건이 공소장변경에 의하여 합의부 관할사건으로 변경된 경우 합의부로 이송하도록 규정하고 있을 뿐 그 반대의 경우에 관하여는 규정하고 있지 아니하며 … (대판 2013.4.25, 2013도1658).

(3) 관할과 관련이 없는 사건이송

① 사건의 군사법원 이송

> **제16조의2(사건의 군사법원 이송)**
> 법원은 공소가 제기된 사건에 대하여 군사법원이 재판권을 가지게 되었거나 재판권을 가졌음이 판명된 때에는 결정으로 사건을 재판권이 있는 같은 심급의 군사법원으로 이송한다. 이 경우에 이송 전에 행한 소송행위는 이송 후에도 그 효력에 영향이 없다.

> **관련 판례**
>
> ❶ 형사소송법 제16조의2와 관련된 판례
> … 군인임이 인정되면 군사법원에 이송해야지 공소기각판결을 선고해서는 안 된다(대판 1973.7.24, 73도1296).
>
> ❷ 군사법원이 군사법원법 제2조 제1항 제1호에 의하여 군형법 제1조 제4항 각 호에 정한 죄를 범한 일반 국민에 대하여 신분적 재판권을 가지는 경우, 이전 또는 이후에 범한 다른 일반 범죄에 대해서도 재판권을 가지는지 여부(소극)
> … 일반 국민이 특정 군사범죄를 범하였다 하여 그 전에 범한 다른 일반 범죄에 대해서까지 군사법원이 재판권을 가진다고 볼 것은 아니다 … 군사법원이 특정 군사범죄를 범한 일반 국민에 대하여 신분적 재판권을 가지더라도 … 이전 또는 이후에 범한 다른 일반 범죄에 대해서까지 재판권을 가지는 것은 아니다(대법원 2016.6.16, 2016초기318).
>
> ❸ 일반 국민이 범한 수 개의 죄 가운데 특정 군사범죄와 그 밖의 일반 범죄가 형법 제37조 전단의 경합범 관계에 있다고 보아 하나의 사건으로 기소된 경우, 재판권의 소재(= 특정 군사범죄는 군사법원, 일반 범죄는 일반 법원)
> … 특정 군사범죄에 대하여는 군사법원이 전속적인 재판권을 가지므로 일반 법원은 이에 대하여 재판권을 행사할 수 없다 … 그 밖의 일반 범죄에 대하여 군사법원이 재판권을 행사하는 것도 허용될 수 없다 … 기소된 사건 전부에 대하여 재판권을 가지지 아니한 일반 법원이나 군사법원은 사건 전부를 심판할 수 없다(대법원 2016.6.16, 2016초기318).

② 소년부송치 : 법원은 소년에 대한 피고사건을 심리한 결과 보호처분에 해당할 사유(벌금 이하의 형×)가 있다고 인정하면 결정으로써 사건을 관할 소년부에 송치하여야 한다(소년법 제50조).

03 검사(檢事)

I 서설

1. **검사의 의의**
   검찰권을 행사하는 국가기관 : 직급은 검찰총장과 검사로 구분

2. **검사의 성격**
   (1) 준사법기관(準司法機關) : 검사는 행정기관인 동시에 사법기관인 이중성격을 가진 기관으로서 오로지 진실과 정의에 따라야 할 의무(객관의무)를 가지고 있는 준사법기관임

   > **관련 판례**
   > ❷ 검사의 성격에 관한 헌법재판소의 입장
   > 검사는 행정기관이면서도 동시에 사법기관인 이중의 성격을 가진 기관… 오로지 진실과 법령에 따라 직무를 수행하여야 할 의무를 가지고 있는 준사법기관… (헌재결 1995.6.29, 93헌바45).

   (2) 단독제의 관청 : 항상 1인제가 채택되어 있고, 합의제는 존재하지 않음

II 검사동일체(檢事同一體)원칙

1. **의의**
   검찰총장을 정점으로 하는 피라미드형의 계층적 조직체, 일체불가분의 유기적 통일체 → 검찰권 행사의 공정성 확보와 범죄수사를 위한 전국적으로 통일된 수사망의 확보를 위함

2. **구체적 내용**
   (1) 지휘·감독관계
   ① 내용 : 소속 상급자의 지휘·감독에 따름, 종전의 상명하복관계를 전제
   ② 한계 : 적법한 검찰사무의 처리를 위한 상사의 지휘·감독만 따름
   ③ 이의제기권 : 지휘·감독의 적법성 또는 정당성 여부에 대하여 이견이 있는 때

   (2) 직무승계와 이전의 권한
   ① 내용
      ㉠ 직무승계권한 : 검찰총장과 검사장 또는 지청장이 소속 검사의 직무를 자신이 처리함
      ㉡ 직무이전권한 : 검찰총장과 검사장 또는 지청장이 다른 검사로 하여금 처리하게 함
   ② 권한행사자 : 검찰총장·검사장·지청장만
   ③ 법무부장관과 검사동일체원칙 : 법무부장관은 검사동일체원칙의 외부에 자리잡고 있기 때문에 직무승계이전과 이전권이 없음 → 한편 법무부장관은 검사에 대하여 일반적인 지휘·감독은 할 수 있지만 구체적 사건에 대하여는 검찰총장만을 지휘·감독할 수 있음

   (3) 직무대리권 : 차장검사는 소속장에 사고가 있을 때에는 특별한 수권 없이도 그 직무를 대리

3. 검사동일체원칙의 효과

(1) 검사교체의 효과 : 수사절차나 공판절차를 갱신할 필요가 없음

(2) 검사에 대한 제척·기피 : 부정하는 견해가 다수설

> **관련 판례**
>
> ◎ 범죄 피해자인 검사 또는 압수·수색영장의 집행에 참여한 검사가 관여한 수사의 적법 여부
> … 피해자인 검사가 그 사건의 수사에 관여 … 압수·수색영장의 집행에 참여한 검사가 다시 수사에 관여하였다는 이유만으로 … 그 수사가 위법하다거나 … 임의성이 없다고 볼 수는 없다(대판 2013.9.12, 2011도12918).

4. 검사동일체 원칙과 관련된 고위공직자범죄수사처 설치 및 운영에 관한 법률의 주요내용

(1) **처장의 직무와 권한** : 수사처의 사무를 통할하고 소속 직원을 지휘·감독하며, 수사처검사의 직을 겸함(고위공직자범죄수사처 설치 및 운영에 관한 법률 제17조)

(2) **차장의 직무와 권한** : 처장을 보좌하고 부득이한 경우 처장의 직무를 대행하며, 수사처검사의 직을 겸함(고위공직자범죄수사처 설치 및 운영에 관한 법률 제18조)

(3) **수사처검사 직무의 위임·이전 및 승계** : 처장은 수사처검사로 하여금 그 권한에 속하는 직무의 일부를 처리하게 할 수 있으며, 처장은 수사처검사의 직무를 자신이 처리하거나 다른 수사처검사로 하여금 처리하게 할 수 있음(고위공직자범죄수사처 설치 및 운영에 관한 법률 제19조)

(4) **수사처검사의 직무와 권한** : 수사처검사는 처장의 지휘·감독에 따르며, 수사처수사관을 지휘·감독함 → 수사처검사는 구체적 사건과 관련된 지휘·감독의 적법성 또는 정당성에 대하여 이견이 있을 때에는 이의를 제기할 수 있음(고위공직자범죄수사처 설치 및 운영에 관한 법률 제20조)

Ⅲ 검사의 소송법상 지위

1. 수사의 주재자로서의 지위

(1) 수사개시권

① 검사의 수사 : 검사는 특정한 범죄혐의를 인지하면 수사를 개시하여야 함(제196조)

② 검사가 수사를 직접 개시할 수 있는 범죄

㉠ **부패범죄와 경제범죄** : 2022년 검찰청법 개정을 통하여 검사가 수사를 개시할 수 있는 범죄의 범위에서 공직자범죄, 선거범죄, 방위사업범죄, 대형참사 등 4개 범죄를 제외하여, 검사가 직접 수사를 개시할 수 있는 범죄를 부패범죄와 경제범죄로 한정하고 있음(검찰청법 제4조 제1항 제1호 가목)

㉡ **경찰공무원이 범한 범죄** : 경찰공무원이 범한 범죄는 검사가 직접 수사를 개시할 수 있음(검찰청법 제4조 제1항 제1호 나목)

㉢ **수사가능 범죄와 직접 관련성이 있는 범죄** : 위의 범죄 및 사법경찰관이 송치한 범죄와 관련하여 인지한 각 해당 범죄와 직접 관련성이 있는 범죄도 검사가 수사를 개시할 수 있음(검찰청법 제4조 제1항 제1호 다목)

㉣ **수사개시한 범죄에 대한 공소제기의 제한** : 검사는 사법경찰관이 송치한 범죄를 제외하고 자신이 수사개시한 범죄에 대하여는 공소를 제기할 수 없음(검찰청법 제4조 제2항)

(2) 수사협력 및 수사지휘권
  ① **사법경찰관리와의 상호협력관계** : 검사와 사법경찰관은 수사, 공소제기 및 공소유지에 관하여 서로 협력하여야 함(제195조 제1항) → 2020년 2월 개정을 통하여 60년 넘게 유지해왔던 검사와 사법경찰관리의 지휘·감독관계를 상호협력관계로 바꿈
  ② **특별사법경찰관리에 대한 수사지휘권** : 특별사법경찰관은 모든 수사에 관하여 검사의 지휘를 받음(제245조의10)
  ③ **현재에도 유지되고 있는 수사지휘권의 구체적 내용** : 수사중지명령권 및 교체임명요구권(검찰청법 제54조), 체포·구속장소 감찰권(제198조의2), 영장신청의 검사경유(제200조의2, 제201조, 제215조), 긴급체포시 사후승인(제200조의3), 압수물의 처분에 대한 검사의 지휘권(제218조의2 제4항 단서) 등

(3) **수사종결권** : 공소의 제기여부를 결정하는 수사종결권은 원칙적으로 검사에게만 인정됨 → 대법원장 및 대법관, 검찰총장, 판사 및 검사, 경무관 이상 경찰공무원에 해당하는 고위공직자의 범죄에 대한 수사종결권은 고위공직자범죄수사처의 검사에게 인정됨(고위공직자범죄수사처 설치 및 운영에 관한 법률 제3조)

2. 공소권의 주체

(1) **공소제기의 독점자** : 기소독점주의(제246조), 기소편의주의(제247조), 기소변경주의(제255조)

(2) **공소수행의 담당자** : 공소수행의 담당자로서 피고인과 대등한 지위에서 형사소송을 형성

(3) **검사의 객관의무**
  ① **객관의무의 의의** : 공익의 대표자로서 피고인의 정당한 이익을 옹호해야 할 의무
  ② **객관의무의 근거** : 제242조(이익되는 사실 진실기회부여), 제424조(이익재심청구), 제228조(지정고소권자) 등

> **관련 판례**
> ❷ **검사의 객관의무에 관한 헌법재판소의 입장**
> 검사는 … 피고인에게 불리한 증거에 대하여는 상대방에게 방어의 기회를 부여하고, 피고인에게 유리한 증거에 대하여는 이를 상대방이 이용할 수 있도록 하여 주어야 한다(헌재결 1997.11.27, 94헌마60).

3. 재판의 집행기관(제460조)

04 피고인(被告人)

I 피고인의 의의

1. 의의
① 검사에 의하여 형사책임을 져야 할 자로 공소제기된 자
② 검사에 의하여 약식명령이 청구된 자
③ 경찰서장에 의하여 즉결심판이 청구된 자
④ 피고인이란 공소가 제기된 자이면 충분하고, 진범인지 여부, 당사자능력의 유무나 소송능력의 유무 또는 공소제기의 유효성 등은 문제되지 않음

2. 공동피고인

동일한 소송절차에서 공동으로 심판받는 수인의 피고인을 공동피고인이라고 하는데, 이에는 공범인 공동피고인과 공범 아닌 공동피고인이 있음 → 자세한 것은 후술함

Ⅱ 피고인의 특정(성명모용과 위장출석)

1. 피고인특정의 의의

(1) **공소장의 필요적 기재사항(공소제기의 적법요건)** : 검사가 공소를 제기함에는 공소장에 피고인의 성명 기타 피고인을 특정할 수 있는 사항을 기재하여야 하며(제254조 제3항 제1호), 공소장에 피고인이 특정되지 아니한 경우에는 제327조 제2호에 의하여 공소기각판결을 하여야 함

(2) **성명모용이나 위장출석의 경우** : 피고인의 특정은 주로 피고인의 성명이 모용된 경우나 위장출석한 경우에 문제됨

(3) **위장자수의 경우** : 위장자수인만이 피고인이 될 뿐이며, 피고인특정의 문제는 발생하지 않으며, 위장자수인에 대하여 무죄판결을 선고하여야 함 → 단, 범인은닉죄는 별도로 성립할 가능성이 있음

2. 성명모용(姓名冒用)의 경우

(1) **성명모용의 의의** : 모용자(甲)가 피모용자(乙)의 성명을 모용한 결과 검사가 피모용자(乙) 명의로 공소를 제기한 경우

(2) **피고인의 특정(피고인이 되는 자)**
① 모용자만이 출석한 경우에는 모용자만 피고인
② 피모용자도 출석한 경우에는 모용자는 실질적 피고인이 되며 피모용자는 형식적 피고인이 됨

> **관련 판례**
> ❶ **성명모용의 경우 피고인이 되는 자**
> … 모용자가 피고인이 되고 피모용자에게 공소의 효력이 미친다고는 할 수 없다(대판 1997.11.28, 97도2215).
> ❷ **성명모용의 경우 공소제기의 효력이 미치는 인적 범위(피고인의 특정)**
> … 명의를 사칭한 자에 대해서만 미치고 명의를 모용당한 자에 대하여는 미치지 않는 것 … (대판 1992.4.24, 92도490).

(3) **모용관계를 바로잡는 방법(검사의 조치)** : 공소장변경은 필요없고 공소장표시정정절차에 의해 바로 잡아야 함 → 공소장표시정정은 법원의 허가를 필요로 하지 않음

> **관련 판례**
> ❶ **성명모용의 경우 검사가 모용관계를 바로잡는 방법**
> … 검사는 공소장의 인적 사항의 기재를 정정하여 피고인의 표시를 바로잡아야 하는 것 … 공소장을 변경하는 것이 아니므로 … 법원의 허가도 필요로 하지 아니한다(대판 1993.1.19, 92도2554).

(4) **법원의 조치**
① 검사가 모용관계를 바로잡은 경우(표시정정을 한 경우)
  ㉠ 모용자에 대한 조치 : 공소장부본과 피고인표시정정결정을 송달하고 소환하여 공판절차를 진행
  ㉡ 피모용자에 대한 조치

> **관련 판례**
> ❺ **피모용자가 공판에 관여한 사실이 없는 경우 법원의 조치**
>   … 피모용자 乙은 위 모용관계가 바로잡혀 피고인의 지위에 있지 않게 되었다 … 공소기각의 판결을 하였음은 … 기소되지 아니한 사람에 대하여 심판한 위법을 범하였다 할 것 … (대판 1984.9.25, 84도1610)
> ❺ **피모용자가 공판에 관여한 경우 법원의 조치**
>   … 형식상 또는 외관상 피고인의 지위를 갖는 경우에는 공소기각의 판결을 해야 할 것 … (대판 1984.9.25, 84도1610)

② 검사가 모용관계를 바로잡지 않은 경우(표시정정을 하지 않은 경우)

> **관련 판례**
> ❺ **검사의 피고인 표시 정정여부에 따른 법원의 조치**
>   검사가 공소장의 피고인 표시를 정정하여 모용관계를 바로잡지 아니한 경우에는 … 공소기각의 판결을 선고하여야 하고 … 검사가 피고인 표시를 바로잡은 경우에는 … 법원은 모용자에 대하여 심리하고 재판 … (대판 1993.1.19, 92도2554).

(5) 피모용자가 약식명령에 대하여 정식재판청구를 한 경우 법원의 조치

> **관련 판례**
> ❺ **피모용자가 약식명령에 대하여 정식재판청구를 한 경우 모용자와 피모용자에 대한 법원의 조치**
>   … 피모용자에게는 … 제327조 제2호 … 공소기각의 판결을 함 … 모용자에게는 … 약식명령의 피고인 표시를 정정하여 본래의 약식명령과 함께 이 경정결정을 모용자인 피고인에게 송달 … (대판 1997.11.28, 97도2215).

(6) 판결확정 후에 성명모용사실이 판명된 경우
  ① 피모용자의 구제방법 : 전과말소설이 타당
  ② 모용자에 대한 형의 집행방법 : 형사소송규칙 제25조의 '재판서의 오기 기타 이에 유사한 오류가 있는 경우'에 해당되어 판결의 경정결정을 하고 모용자에 대하여 판결을 집행

3. 위장출석(僞裝出席)의 경우
(1) 피고인의 특정(피고인이 되는 자) : 피고인은 甲(실질적 피고인)이 되고, 위장출석자 乙은 형식적 피고인
(2) 위장출석의 경우 법원의 조치
  ① 甲(실질적 피고인)에 대한 조치 : 甲에 대한 절차는 제1심부터 다시 시작하며, 甲에 대한 새로운 공소제기는 요하지 않음
  ② 乙(위장출석자, 형식적 피고인)에 대한 조치
    ㉠ 공판에서의 배제 : 형식적 피고인인 乙은 공판절차에서 배제시킴
    ㉡ 인정신문단계 : 공소기각판결을 할 필요가 없이 乙을 퇴정시킴
    ㉢ 사실심리단계 : 공소기각판결로 배제(제327조 제2호)

Ⅲ 피고인의 소송법상 지위

1. 소송구조와 피고인의 지위
(1) 규문주의에서의 피고인 : 조사의 객체이며, 고문의 대상
(2) 탄핵주의에서의 피고인
  ① 당사자주의에서의 피고인 : 검사와 대등한 당사자의 지위
  ② 직권주의에서의 피고인 : 소송의 주체일 뿐, 검사와 대등한 당사자의 지위는 ×

2. 피고인의 소송법상 지위

(1) 당사자로서의 지위
   ① 수동적 방어의 당사자로서의 지위
   ② 피고인의 방어권
      ㉠ 방어준비를 위한 권리 : 공소장변경절차(제298조), 제1회 공판기일의 유예기간(제269조), 공소장부본을 송달받을 권리(제266조), 공판기일변경신청권(제270조) 등
      ㉡ 진술권과 진술거부권 : 방어권 그 자체
   ③ 피고인의 참여권

(2) 증거방법으로서의 지위
   ① 인적 증거방법으로서의 지위 : 피고인신문(제296조의2)
   ② 물적 증거방법으로서의 지위 : 검증(제139조)이나 감정(제172조 제3항)의 대상

(3) 절차의 대상으로서의 지위

Ⅳ 무죄추정(無罪推定)의 원칙

1. 무죄추정원칙의 의의

형사피고인은 유죄의 판결이 확정될 때까지는 무죄로 추정된다(헌법 제27조 제4항).

> **제275조의2(피고인의 무죄추정)**
> 피고인은 유죄의 판결이 확정될 때까지는 무죄로 추정된다.

관련 판례

❶ 무죄추정의 원칙의 의의에 관한 판례
… 유죄의 판결이 확정될 때까지는 무죄로 추정 … (헌법 제27조 제4항, 형사소송법 제275조의2) … 수사를 하는 단계뿐만 아니라 판결이 확정될 때까지 형사절차와 형사재판 전반을 이끄는 대원칙 … '의심스러우면 피고인의 이익으로'라는 오래된 법언에 내포 … (대판 2017.10.31. 2016도21231).

2. 무죄추정원칙의 적용범위

(1) 인적 범위 : 헌법과 형사소송법은 피고인에 대하여만 무죄추정을 규정하고 있지만, 피고인의 전(前) 단계에 있는 피의자도 또한 피내사자도 당연히 무죄로 추정됨

(2) 시간적 범위
   ① 유죄판결의 확정 : '유죄판결'에는 형선고의 판결, 집행유예, 형 면제의 판결, 선고유예의 판결이 포함
      → 그러나 면소·공소기각 또는 관할위반의 판결이 확정된 때에는 무죄의 추정이 그대로 유지됨
   ② 재심청구사건 : 무죄추정원칙이 적용되지 않는다는 것이 다수설

3. 무죄추정원칙의 내용

(1) 인신구속의 제한
   ① 불구속수사·재판의 원칙 : 필요적 보석(제95조)과 체포·구속적부심사청구(제214조의2) 등
   ② 불필요한 고통의 금지

(2) 의심스러운 때에는 피고인의 이익으로 → 거증책임은 검사가 부담
(3) 불이익처우의 금지
① 예단배제의 원칙 : 공소장일본주의(규칙 제118조 제2항) 등
② 진술거부권의 보장(제244조의3, 제283조의2)
③ 부당한 대우의 금지

> **관련 판례**
>
> **❶ 무죄추정의 원칙에 관한 구체적 내용**
> 1. … 거증책임을 검사에게 부담 … 보석 및 구속석부심 등 인신구속의 제한을 위한 제도 … 피의자 및 피고인에 대한 부당한 대우금지 등 … (헌재결 2001.11.29, 2001헌바41).
> 2. … 신체구속을 당한 사람의 변호인의 조력을 받을 권리는 … (헌재결 1992.1.28, 91헌마111).
> 3. … 피고인의 주장이 불합리하다고 하더라도 … 피고인에게 불리하게 판단할 수는 없다(대판 2006.12.22, 2004도7232).
>
> **❷ 무죄추정의 원칙 등 헌법에 위배된다고 본 판례들**
> 1. 수사 및 재판단계에서 유죄가 확정되지 아니한 미결수용자에게 재소자용 의류를 입게 하는 것 … 무죄추정의 원칙에 반하고 … (헌재결 1999.5.27, 97헌마137·98헌마5).
> 2. … 피의자신문을 받는 동안 교도관이 수갑과 포승으로 계속 청구인의 신체를 결박해 둔 행위는 피의자의 신체의 자유를 침해한 것이므로 위헌 … (헌재결 2005.5.26, 2004헌마49).
> 3. 관세법상 몰수할 것으로 인정되는 물품을 압수한 경우 … 별도의 재판이나 처분없이 국고에 귀속한다고 규정하고 있는 이 사건 법률조항은 … 무죄추정의 원칙에 위배 … (헌재결 1997.5.29, 96헌가17).
> 4. 지방자치단체의 장이 금고 이상의 형을 선고받고 그 형이 확정되지 아니한 경우 부단체장이 그 권한을 대행하도록 규정한 지방자치법 … 무죄추정의 원칙을 침해하는 것 … (헌재결 2010.9.2, 2010헌마418).
> 5. 금치처분을 받은 수형자에 대하여 금치 기간 중 운동을 금지하는 … 침해하는 것 … (헌재결 2004.12.16, 2002헌마478).
> 6. 형사사건으로 기소되기만 하면 … 당해 공무원에게 일률적으로 직위해제처분을 하지 않을 수 없도록 한 이 사건 규정은 … 무죄추정의 원칙에도 위반 … (헌재결 1998.5.28, 96헌가12). → 이에 따라 국가공무원법이 개정되었음 – 형사사건으로 기소된 자에게는 직위를 부여하지 아니할 수 있다(국가공무원법 제73조의3 제1항 제4호).
>
> **❸ 무죄추정의 원칙 등 헌법에 위배되지 않는다고 본 판례들**
> 1. … 파기환송 판결에 의하여 사건을 환송받은 법원은 … 2월의 구속기간 … 2차에 한하여 결정으로 구속기간을 갱신할 수 있는 것 … 무죄추정의 원칙에 위배되는 것이라고 할 수는 없다(대판 2001.11.30, 2001도5225).
> 2. … 구속된 피의자의 도주, 항거 등을 억제하는데 … 필요한 한도 내에서 포승이나 수갑을 사용할 수 있는 것 … 무죄추정의 원칙에 위배되는 것이라고 할 수는 없다(대판 1996.5.14, 96도561).
> 3. … 수사담당 경찰공무원이라 하더라도 증인의 지위에 있을 수 있음 … 이 사건 법률조항인 형사소송법 제146조(증인의 자격)는 무죄추정의 원칙에 반하지 아니한다(헌재결 2001.11.29, 2001헌바41).
> 4. 치료감호를 사회보호위원회가 종료여부를 결정하도록 규정 … 침해된 것이 아니다(헌재결 2005.2.3, 2003헌바1).
> 5. 징계혐의 사실의 인정은 형사재판의 유죄확정 여부와는 무관한 것이므로 형사재판 절차에서 유죄의 확정판결을 받기 전이라도 징계혐의 사실은 인정될 수 있는 것 … 무죄추정에 … 저촉된다고 볼 수 없다(대법원 1986.6.10, 85누407).
> 6. … 제314조 중 외국거주에 관한 부분은 무죄추정의 원칙에 위배되지 않는다 … (헌재결 2005.12.22, 2004헌바45).
> 7. 교도소에 수용된 때에는 국민건강보험급여를 정지하도록 한 국민건강보험법 … 무죄추정의 원칙에 위반된다고 할 수 없다(헌재결 2005.2.24, 2003헌마31).
> 8. 수용자를 교정시설에 수용할 때마다 전자영상 검사기를 이용하여 수용자의 항문 부위에 대한 신체검사를 하는 것 … 무죄추정의 원칙에 위반된다고 할 수 없다(헌재결 2011.5.26, 2010헌마775).
> 9. 금치 처분을 받은 수형자에 대하여 금치 기간 중 접견, 서신수발을 금지하고 있는 행형법시행령 … 침해하는 것으로 볼 수는 없다(헌재결 2004.12.16, 2002헌마478).
> 10. 경찰청장이 … 지문정보를 보관·전산화하고 이를 범죄수사목적에 이용하는 행위는 … 무죄추정의 원칙에 위배되지 않는다(헌재결 2005.5.26, 99헌마513).

Ⅴ 진술거부권

1. 진술거부권의 의의
(1) 의의 : 피고인 또는 피의자가 공판절차 또는 수사절차에서 그 진술을 거부할 수 있는 권리
(2) 유래 : 영·미법상의 자기부죄거부(自己負罪拒否)의 특권에서 유래
(3) 근거
   ① 이론적 근거 : 무죄추정의 원칙
   ② 실정법적 근거 : 헌법 제12조 제2항, 피의자에 대하여는 제244조의3, 피고인에 대하여는 제283조의2

> **헌법 제12조**
> ② 모든 국민은 고문을 받지 아니하며, 형사상 자기에게 불리한 진술을 강요당하지 아니한다.
>
> **제283조의2(피고인의 진술거부권)**
> ① 피고인은 진술하지 아니하거나 개개의 질문에 대하여 진술을 거부할 수 있다.
> ② 재판장은 피고인에게 제1항과 같이 진술을 거부할 수 있음을 고지하여야 한다.
>
> **제244조의3(진술거부권 등의 고지)**
> ① 검사 또는 사법경찰관은 피의자를 신문하기 전에 다음 각 호의 사항을 알려주어야 한다.
>   1. 일체의 진술을 하지 아니하거나 개개의 질문에 대하여 진술을 하지 아니할 수 있다는 것
>   2. 진술을 하지 아니하더라도 불이익을 받지 아니한다는 것
>   3. 진술을 거부할 권리를 포기하고 행한 진술은 법정에서 유죄의 증거로 사용될 수 있다는 것
>   4. 신문을 받을 때에는 변호인을 참여하게 하는 등 변호인의 조력을 받을 수 있다는 것
> ② 검사 또는 사법경찰관은 제1항에 따라 알려 준 때에는 피의자가 진술을 거부할 권리와 변호인의 조력을 받을 권리를 행사할 것인지의 여부를 질문하고, 이에 대한 피의자의 답변을 조서에 기재하여야 한다. 이 경우 피의자의 답변은 피의자로 하여금 자필로 기재하게 하거나 검사 또는 사법경찰관이 피의자의 답변을 기재한 부분에 기명날인 또는 서명하게 하여야 한다.

2. 진술거부권의 내용
(1) 진술거부권의 주체 : 헌법 제12조 제2항은 '모든 국민'에게 진술거부권을 보장하고 있음
   → 피고인·피의자○, 피고인·피의자가 의사무능력자인 경우에는 그 대리인○, 법인인 경우에는 그 법인의 대표자○, 외국인○ → 증인의 경우에는 증언거부권
(2) 진술거부권의 범위
   ① 진술강요의 금지
      ㉠ 진술의 개념 : 진술이란 생각이나 지식, 경험사실을 정신작용의 일환인 언어를 통하여 표출하는 것을 말하는 것으로 구두나 서면을 불문함 → 지문과 족형의 채취×, 신체의 측정×, 사진촬영×, 신체검사×
      ㉡ 거짓말탐지기에 의한 검사 : 진술거부권이 인정된다는 것이 다수설
      ㉢ 마취분석 : 허용되지 않음
      ㉣ 피고인의 동일성을 판단하기 위한 성문검사(聲問檢査) : 진술거부권이 인정
      ㉤ 음주측정거부

> [관련 판례]
>
> ❶ **호흡측정기에 의한 음주측정이 진술거부권의 범위에 포함되는지 여부**
> … 호흡측정기에 입을 대고 호흡을 불어 넣음 … 진술이라고 할 수 없다(헌재결 1997.3.27, 96헌가11).
>
> ❷ **호흡측정기 등에 의한 음주측정에 관한 기타 중요 판례들**
> 1. … 특별한 이유없이 호흡측정기에 의한 측정에 불응하는 운전자에게 경찰공무원이 혈액채취에 의한 측정방법이 있음을 고지하고 그 선택여부를 물어야 할 의무가 있다고는 할 수 없다(대판 2002.10.25, 2002도4220).
> 2. … 운전자가 정당한 사유없이 호흡측정기에 의한 음주측정에 불응한 이상 그로써 음주측정불응의 죄는 성립하는 것 … 경찰이 혈액채취의 방법으로 음주여부를 조사하지 않았다고 하여 마찬가지 … (대판 2000.4.21, 99도5210).
> 3. … 음주측정결과는 … 측정결과의 정확성과 객관성이 담보될 수 있는 공정한 방법과 절차에 따라 이루어져야 하고 … 이러한 방법과 절차에 의하여 얻어진 것이 아니라면 … 유죄의 증거로 삼아서는 안된다(대판 2008.8.21, 2008도5531).
> 4. … 운전자의 신체 이상 … 숨을 불어넣지 못한 결과 호흡측정기에 의한 음주측정이 제대로 되지 아니하였다고 하더라도 음주측정에 불응한 것으로 볼 수는 없다(대판 2010.7.15, 2010도2935).
> 5. 운전자가 주취운전을 했다고 인정할 만한 상당한 이유가 있다 하더라도 위법한 체포상태에서 음주측정요구가 이루어진 경우 … 거부하더라도 음주측정거부죄로 처벌할 수 없다(대판 2006.11.9, 2004도8404).
> 6. … 운전자의 요구에 따라 곧바로 채혈을 실시하지 않은 채 호흡측정기에 의한 음주측정을 하고 1시간 12분이 경과한 후에야 채혈을 하였다는 사정 … 권익이 현저하게 침해되었다고 단정하기 어렵다(대판 2008.4.24, 2006다32132).
> 7. … 약 2시간 후, 집에 있던 피고인을 임의동행하여 음주측정을 요구당시에도 피고인은 상당히 술에 취한 것으로 보이는 상황이었다면 그 음주측정요구는 적법 … (대판 1997.6.13, 96도3069).
> 8. … 음주측정을 요구할 수 있고, 당해 운전자가 이에 불응한 경우에는 … 음주측정불응죄가 성립 … 이와 같은 법리는 당해 운전자가 … 보호조치된 사람이라고 하여 달리 볼 것이 아니므로 … (대판 2012.2.9, 2011도4328).
> 9. … 특별한 사정이 없는 한, 혈액검사에 의한 음주측정치가 호흡측정기에 의한 음주측정치보다 측정 당시의 혈중알콜농도에 더 근접한 음주측정치라고 보는 것이 경험칙에 부합 … (대판 2004.2.13, 2003도6905).
> 10. 역추산 방식에 의하여 … 시간당 0.008%는 피고인에게 가장 유리한 수치 … 이 수치를 적용하여 산출된 결과는 운전 당시의 혈중 알코올농도를 증명하는 자료로서 증명력이 충분 … (대판 2005.2.25, 2004도8387).
> 11. … 음주감지기 시험에서 음주반응이 나왔다고 할지라도 그것만으로 바로 … 혈중알코올농도 0.05% 이상의 술에 취한 상태에 있다고 인정할 만한 상당한 이유가 있다고 볼 수는 없다(대판 2003.1.24, 2002도6632).
> 12. … 음주측정은 이미 행하여진 주취운전이라는 범죄행위에 대한 증거 수집을 위한 수사절차로서 의미 … 도로교통법상 규정들이 음주측정을 위한 강제처분의 근거가 될 수 없으므로 … 음주측정을 위하여 운전자를 강제로 연행하기 위해서는 수사상 강제처분에 관한 형사소송법상 절차에 따라야 … (대판 2012.12.13, 2012도11162).
> 13. … 1차 측정에만 불응하였을 뿐 곧이어 이어진 2차 측정에 응한 경우와 같이 측정거부가 일시적인 것에 불과한 경우까지 … 음주측정불응죄가 성립한다고 볼 것은 아니다 … (대판 2015.12.24, 2013도8481).
> 14. … 경찰공무원이 음주 여부나 주취 정도를 측정하는 경우 … 측정 방법이나 측정 횟수에 관하여 어느 정도 재량 … 따라서 경찰공무원은 … 운전자에게 음주측정기를 면전에 제시하면서 호흡을 불어넣을 것을 요구하는 것 이외에도 그 사전절차로서 음주측정기에 의한 측정과 밀접한 관련이 있는 검사 방법인 음주감지기에 의한 시험도 요구할 수 있다(대판 2017.6.8, 2016도16121).

② **진술거부권이 인정되는 진술의 범위** : 헌법 제12조 제2항은 형사상 자기에게 '불리한 진술'의 강요를 금지 → 형사소송법 제244조의3, 제283조의2는 '이익·불이익'을 불문 → 헌법보다 형사소송법이 진술거부권이 인정되는 범위를 더 넓히고 있음

> [관련 판례]
>
> ❶ **진술거부권에 관한 헌법재판소의 입장**
> 진술거부권은 형사절차에서만 보장되는 것이 아니고, 행정절차이거나 국회에서의 질문 등 어디에서나 그 진술이 자기에게 형사상 불리한 경우에는 … (헌재결 2001.11.29, 2001헌바41).

③ **인정신문과 진술거부권** : 규칙에 의하면 인정신문을 하기 전에 피고인에게 진술을 하지 아니하거나 개개의 질문에 대하여 진술을 거부할 수 있고, 이익 되는 사실을 진술할 수 있다는 취지를 알려 주어야 함(규칙 제127조)

④ 진술거부권의 행사여부에 대한 질문 및 그 답변에 대한 조서의 기재(제244조의3 제2항)

> **관련 판례**
>
> ● 진술거부권 행사 여부에 대한 피의자의 답변이 형사소송법 제244조의3 제2항에 규정한 방식에 위배된 경우, 사법경찰관 작성 피의자신문조서의 증거능력 유무(소극)
> … 진술거부권 행사 여부에 대한 피의자의 답변이 자필로 기재되어 있지 아니하거나 그 답변 부분에 피의자의 기명날인 또는 서명이 되어 있지 아니한 사법경찰관 작성의 피의자신문조서는 … 제312조 제3항에서 정한 '적법한 절차와 방식'에 따라 작성된 조서라 할 수 없으므로 그 증거능력을 인정할 수 없다(대판 2013.3.28, 2010도3359).

3. 진술거부권의 고지

(1) 사전고지의무

① 피고인에 대한 진술거부권의 고지(제283조의2, 규칙 제127조)
② 피의자에 대한 진술거부권의 고지(제244조의3)

> **관련 판례**
>
> ● 진술거부권을 고지받을 권리가 헌법 제12조 제2항에 의하여 바로 도출되는지 여부(소극)
> 헌법 제12조 … 제2항에서 … 진술거부권을 국민의 기본적 권리로 보장 … 진술거부권을 고지받을 권리가 헌법 제12조 제2항에 의하여 바로 도출된다고 할 수는 없고 … 입법적 뒷받침이 필요 … (대판 2014.1.16, 2013도5441).

(2) 고지의 방법 : 적극적·명시적으로 고지하여야 함

(3) 불고지의 효과

① 피의자에 대한 불고지의 효과 : 판례는 위법수집증거배제법칙적용설의 입장
② 피고인에 대한 불고지의 효과 : 그 증거능력도 부정하여야 한다는 것이 통설

> **관련 판례**
>
> ● 진술거부권을 고지하지 않은 상태에서 얻어낸 피의자진술의 증거능력
> 1. … 피의자에게 미리 진술거부권을 고지하지 않은 때에는 그 피의자의 진술은 위법하게 수집된 증거로써 진술의 임의성이 인정되는 경우라도 증거능력이 부인 … (대판 1992.6.23, 92도682).
> 2. … 진술의 임의성이 인정되는 경우라도 미리 피의자에게 진술거부권을 고지하지 않았다면 위법수집증거에 해당하므로, 유죄인정의 증거로 사용할 수 없다(대판 2009.8.20, 2008도8213).
> 3. 수사기관에 의한 진술거부권 고지의 대상이 되는 피의자의 지위는 … 조사대상자에 대하여 범죄의 혐의가 있다고 보아 실질적으로 수사를 개시하는 행위를 한 때에 인정 … 단순히 제3자의 범죄에 관한 경우가 아니라 자신과 제3자에게 공동으로 관련된 범죄에 관한 것이거나 제3자의 피의사실뿐만 아니라 자신의 피의사실에 관한 것이기도 하여 실질이 피의자신문조서의 성격을 가지는 경우 … 미리 진술거부권을 고지하여야 한다(대판 2015.10.29, 2014도5939).
>
> ● 검사가 실질적으로는 피의자로 소환하여 조사를 하면서 참고인진술조서를 작성한 경우 진술거부권을 고지하지 않았다는 이유로 증거능력이 부인되는지 여부(적극)
> … 미리 진술거부권을 고지하지 않은 때에는 그 피의자의 진술은 위법하게 수집된 증거로서 진술의 임의성이 인정되는 경우라도 증거능력이 부인 … (대판 2011.11.10, 2010도8294).
>
> ● 피의자 지위에 있지 아니한 자에게 진술거부권이 고지되지 아니한 경우 그 진술의 증거능력 유무(적극)
> … 피의자 지위에 있지 아니한 자에 대하여는 진술거부권이 고지되지 아니하였더라도 진술의 증거능력을 부정할 것은 아니다(대판 2011.11.10, 2011도8125).
>
> ● 피조사자의 진술거부권 고지를 규정하기 전의 구 공직선거법 시행 당시 선거관리위원회 위원·직원이 선거범죄 조사와 관련하여 관계자에게 질문을 하면서 미리 진술거부권을 고지하지 않은 경우, 조사절차가 위법한지 여부(소극)
> … 미리 진술거부권을 고지하지 않았다고 하여 … 그 조사절차가 위법하다거나 그 과정에서 작성·수집된 선거관리위원회 문답서의 증거능력이 당연히 부정된다고 할 수는 없다(대판 2014.1.16, 2013도5441).

4. 진술거부권의 포기
    (1) 진술거부권포기의 인정여부 : 포기 불가 → 제244조의3 제1항 제3호에 의한 진술거부권의 '포기'라는 용어는 진술거부권의 '불행사'로 해석하는 것이 타당
    (2) 진술거부권의 포기가 문제되는 경우
        ① 피고인의 증인적격 : 피고인의 증인적격은 부정
        ② 도로교통법상 교통사고 신고의무의 위헌성

    > **관련 판례**
    >
    > ❶ 도로교통법상 교통사고 신고의무의 위헌성(한정합헌)
    > … 형사책임과 관련된 사항에 적용되지 않는 것으로 해석하는 한 헌법에 위반되지 아니 … (헌재결 1990.8.27, 89헌가118).
    >
    > ❷ 새마을금고 임직원이 장차 특정경제범죄 가중처벌 등에 관한 법률에 규정된 죄로 처벌받을 수도 있는 사항에 관한 질문을 받고 거짓 진술을 한 경우, 구 새마을금고법 제85조 제2항 제9호의 처벌규정이 적용되는지 여부(소극)
    > … 이러한 경우까지 항상 처벌규정으로 처벌될 수 있다고 본다면 … 수사기관 앞에서 자신의 형사책임을 자인하도록 강요하는 것과 다르지 않기 때문 … (대판 2015.5.28, 2015도3136).

5. 진술거부권의 효과
    (1) 진술거부권 침해의 효과 : 진술거부권을 고지하지 않은 것 등 → 증거능력 부정
    (2) 진술거부권 행사의 효과
        ① 피고인에 불리한 심증형성의 금지 : 자유심증주의의 예외
        ② 양형에서 고려여부

    > **관련 판례**
    >
    > ❶ 진술거부권 행사를 가중적 양형의 조건으로 삼을 수 있는지 여부
    > … 단순히 부인 … 가중적 양형의 조건으로 삼는 것은 … 허용될 수 없다 … 객관적이고 명백한 증거가 있음에도 … 적극적으로 숨기거나 법원을 오도하는 경우 … 가중적 양형의 조건으로 참작될 수 있다(대판 2001.3.9, 2001도192).

Ⅵ 당사자능력과 소송능력

1. 당사자능력
    (1) 의의 : 소송법상 당사자가 될 수 있는 일반적·추상적 능력 → 민법상의 권리능력과 유사
    (2) 당사자능력이 있는 자
        ① 자연인 : 자연인은 생존만 하면○, 태아×, 사자(死者)×
        ② 법인 기타 단체
            ㉠ 법인을 처벌하는 규정이 있는 경우 : 당사자능력○
            ㉡ 법인을 처벌하는 규정이 없는 경우 : 당사자능력○ → 다만 법원은 무죄판결을 선고

    > **제27조(법인과 소송행위의 대표)**
    > ① 피고인 또는 피의자가 법인인 때에는 그 대표자가 소송행위를 대표한다.
    > ② 수인이 공동하여 법인을 대표하는 경우에도 소송행위에 관하여는 각자가 대표한다.

(3) 당사자능력의 소멸
    ① 자연인 : 사망에 의하여 당사자능력이 소멸
    ② 법인 : 합병하거나 해산 및 청산절차를 밟은 경우에는 당사자능력이 소멸

> **관련 판례**
>
> ❷ 법인의 해산 또는 청산종결 등기 이전에 있었던 업무나 재산에 관한 위반행위에 대하여 법인에 대한 청산종결 등기가 된 이후 수사가 개시되거나 공소가 제기된 경우, 법인에 형사소송법상 당사자능력이 존속하는지 여부(적극)
> … 청산종결 등기가 되었더라도 청산사무가 종결되지 않는 한 그 범위 내에서는 청산법인으로 존속 … 청산종결 등기 이전에 업무나 재산에 관한 위반행위가 있는 경우에는 청산종결 등기가 된 이후 위반행위에 대한 수사가 개시되거나 공소가 제기되더라도 그에 따른 수사나 재판을 받는 일은 법인의 청산사무에 포함 … 그 사건이 종결될 때까지 … 당사자능력도 그대로 존속 … (대판 2021.6.30. 2018도14261).

(4) 당사자능력 흠결의 효과
    ① 공소제기 후 피고인이 당사자능력을 상실한 경우 : 제328조 제1항 제2호에 따라 공소기각결정 → 당사자능력의 존부는 소송조건으로서, 이는 직권으로 조사하여야 함
    ② 공소제기 당시에 이미 당사자능력이 부존재한 경우(死者에 대한 공소제기) : 제328조 제1항 제2호를 유추적용하여 공소기각결정을 함이 타당

2. 소송능력

(1) 의의 : 피고인으로서 유효하게 소송행위를 할 수 있는 능력 → 민법상의 행위능력과 유사

(2) 소송능력 흠결의 효과
    ① 소송행위의 무효 : 소송능력은 소송조건은 아니고 소송행위의 유효요건임
    ② 공판절차의 정지(제306조)
    ③ 법정대리인에 의한 대리

> **제26조(의사무능력자와 소송행위의 대리)**
> 「형법」 제9조 내지 제11조의 규정의 적용을 받지 아니하는 범죄사건에 관하여 피고인 또는 피의자가 의사능력이 없는 때에는 그 법정대리인이 소송행위를 대리한다.
>
> **제28조(소송행위의 특별대리인)**
> ① 전2조의 규정에 의하여 피고인을 대리 또는 대표할 자가 없는 때에는 법원은 직권 또는 검사의 청구에 의하여 특별대리인을 선임하여야 하며 피의자를 대리 또는 대표할 자가 없는 때에는 법원은 검사 또는 이해관계인의 청구에 의하여 특별대리인을 선임하여야 한다.
> ② 특별대리인은 피고인 또는 피의자를 대리 또는 대표하여 소송행위를 할 자가 있을 때까지 그 임무를 행한다.

> **관련 판례**
>
> ❷ 반의사불벌죄에서 피해자가 처벌불원여부 등의 의사표시를 하는 데에 법정대리인의 동의가 필요한지 여부(소극)
> … 소송능력이라 함은 … 유효하게 소송행위를 할 수 있는 능력 … 의사능력이 있으면 소송능력이 있다는 원칙은 피해자 등 제3자가 소송행위를 하는 경우에도 마찬가지 … 반의사불벌죄에 있어서 … 처벌을 희망하지 않는다는 의사표시 또는 처벌을 희망하는 의사표시의 철회는 … 소송능력에 관한 일반원칙에 따라, 의사능력이 있는 피해자가 단독으로 이를 할 수 있고, 거기에 법정대리인의 동의가 있어야 한다거나 법정대리인에 의해 대리되어야만 한다고 볼 것은 아니다 … (대판 2009.11.19. 2009도6058).

> ❷ 반의사불벌죄에서 성년후견인이 명문의 규정 없이 의사무능력자인 피해자를 대리하여 피고인 또는 피의자에 대하여 처벌을 희망하지 않는다는 의사를 결정하거나 처벌을 희망하는 의사표시를 철회하는 행위를 할 수 있는지 여부(소극)
> 반의사불벌죄에서 성년후견인은 명문의 규정이 없는 한 의사무능력자인 피해자를 대리하여 피고인 또는 피의자에 대하여 처벌을 희망하지 않는다는 의사를 결정하거나 처벌을 희망하는 의사표시를 철회하는 행위를 할 수 없다 … 이는 성년후견인의 법정대리권 범위에 통상적인 소송행위가 포함되어 있거나 성년후견개시심판에서 정하는 바에 따라 성년후견인이 소송행위를 할 때 가정법원의 허가를 얻었더라도 마찬가지 … 반의사불벌죄에서 피고인 또는 피의자에 대하여 처벌을 원하지 않거나 처벌희망의 의사표시를 철회하는 의사결정 그 자체는 … 피해자 본인이 하여야 … 처벌불원 의사는 피해자의 진실한 의사에 기한 것이어야 … (대판 2023.7.17, 2021도11126).
>
> ❸ 음주운전과 관련한 도로교통법 위반죄의 범죄수사를 위하여 미성년자인 피의자의 혈액채취가 필요한 경우, 법정대리인이 의사능력 없는 피의자를 대리하여 채혈에 관한 동의를 할 수 있는지 여부(소극)
> … 피의자에게 의사능력이 있으면 직접 소송행위를 하는 것이 원칙이고, 피의자에게 의사능력이 없는 경우에는 … 예외적으로 법정대리인이 소송행위를 대리 … 미성년자인 피의자의 혈액채취가 필요한 경우에도 피의자에게 의사능력이 있다면 피의자 본인만이 혈액채취에 관한 유효한 동의를 할 수 있고, 피의자에게 의사능력이 없는 경우에도 명문의 규정이 없는 이상 법정대리인이 피의자를 대리하여 동의할 수는 없다(대판 2014.11.13, 2013도1228).

05 변호인(辯護人)

Ⅰ 변호인의 의의

변호인에 의한 변호를 형식적 변호, 법원이나 검사가 공익적 견지에서 담당하는 변호적 기능을 실질적 변호 → 일반적으로 변호라 함은 형식적 변호를 말함

관련 판례

> ❶ 헌법상 변호인의 조력을 받을 권리의 내용
> … 변호인의 '충분한 조력'을 받을 권리를 의미하므로 … 단순히 국선변호인을 선정하여 주는 데 그치지 않고 … 피고인이 국선변호인의 실질적인 조력을 받을 수 있도록 … (대법원 2012.2.16, 2009모1044).

Ⅱ 변호인의 선임

1. **사선(私選)변호인**

   (1) 의의 : 피고인 또는 피의자가 선임한 변호인

   (2) 변호인선임권자

   > 제30조(변호인선임권자)
   > ① 피고인 또는 피의자는 변호인을 선임할 수 있다.
   > ② 피고인 또는 피의자의 법정대리인, 배우자, 직계친족과 형제자매는 독립하여 변호인을 선임할 수 있다.

   ① 고유의 선임권자 : 피고인·피의자
   ② 선임대리권자 : 법정대리인·배우자·직계친족·형제자매 → 본인의 명시·묵시의 의사에 반하여도 변호인을 선임할 수 있다는 의미 → 신분관계를 소명하는 서면제출(규칙 제12조)

③ 변호인선임권이 없는 자에 의한 변호인 선임은 그 효력이 없음(대법원 1994.10.28, 94모25)

> **관련 판례**
>
> ● 피고인 및 피의자로부터 그 선임권을 위임받은 자가 변호인을 선임할 수 있는지 여부
> … 변호인을 선임할 수 있는 자는 피고인 및 피의자와 형사소송법 제30조 제2항에 규정된 자에 한정되는 것 … 그 선임권을 위임받은 자가 … 변호인을 선임할 수는 없는 것 … (대법원 1994.10.28, 94모25).

(3) 피선임자(변호인이 되는 자)

① 변호인의 자격 : 변호인은 변호사 중에서 선임하여야 하나, 대법원 이외의 법원은 특별한 사정이 있으면 변호사 아닌 자를 변호인으로 선임함을 허가할 수 있음(제31조)

② 변호인의 수와 대표변호인제도

㉠ 변호인의 수 : 제한이 없음

㉡ 대표변호인 제도

ⓐ 의의 : 피고인에게 수인의 변호인이 있을 때 재판장은 신청 또는 직권으로 대표변호인을 지정
ⓑ 신청의 방식 : 사유를 기재한 서면으로, 단 공판기일에는 구술로 가능
ⓒ 대표변호인의 지정 등의 통지 : 대표변호인의 지정, 지정의 철회 또는 변경은 이를 통지하여야 함
ⓓ 피의자에게 수인의 변호인이 있는 경우 : 검사가 대표변호인을 지정할 수 있고, 이 대표변호인 지정은 기소 후에도 그 효력이 있음

> **제32조의2(대표변호인)**
> ① 수인의 변호인이 있는 때에는 재판장은 피고인·피의자 또는 변호인의 신청에 의하여 대표변호인을 지정할 수 있고 그 지정을 철회 또는 변경할 수 있다.
> ② 제1항의 신청이 없는 때에는 재판장은 직권으로 대표변호인을 지정할 수 있고 그 지정을 철회 또는 변경할 수 있다.
> ③ 대표변호인은 3인을 초과할 수 없다.
> ④ 대표변호인에 대한 통지 또는 서류의 송달은 변호인 전원에 대하여 효력이 있다.
> ⑤ 제1항 내지 제4항의 규정은 피의자에게 수인의 변호인이 있는 때에 검사가 대표변호인을 지정하는 경우에 이를 준용한다.

(4) 변호인선임의 방법

> **제32조(변호인선임의 효력)**
> ① 변호인의 선임은 심급마다 변호인과 연명날인한 서면으로 제출하여야 한다.
> ② 공소제기 전의 변호인 선임은 제1심에도 그 효력이 있다.

> **관련 판례**
>
> ● 변호인선임신고서를 사본으로 제출할 수 있는지 여부(소극)
> … 특별한 사정이 없는 한 원본을 의미한다 … 사본은 이에 해당하지 않는다 … (대법원 2005.1.20, 2003모429).
>
> ● 피고인이 스스로 선임한 변호인에게 변호사법 제31조 제1호의 수임제한 규정을 위반한 위법이 있는 경우 피고인의 변호인의 조력을 받을 권리가 침해되었다거나 그 소송절차가 무효에 해당하는지 여부(소극)
> … 제1심 변호인에게 변호사법 제31조 제1호의 수임제한 규정을 위반한 위법이 있다 하여도, 피고인들 스스로 위 변호사를 변호인으로 선임한 이 사건에 있어서 … 위와 같은 위법으로 인하여 변호인의 조력을 받을 피고인들의 권리가 침해되었다거나 그 소송절차가 무효로 된다고 볼 수는 없다(대판 2009.2.26, 2008도9812).

(5) 변호인선임의 효과
① 변호인의 권리·의무 발생시기 : 변호인선임서(변호인선임계)를 제출한 때에 비로소 발생

> **관련 판례**
>
> ❶ **변호인의 선임에 있어서 보정적 추완의 부정**
> 1. 변호인선임신고서를 제출하지 아니한 변호인이 ⋯ 정식재판청구서만 제출하고 ⋯ 정식재판청구기간 경과 후 변호인선임신고서를 제출한 경우 ⋯ 적법·유효한 정식재판청구로서의 효력이 없다 ⋯ (대법원 2005.1.20, 2003모429).
> 2. 상소이유서 제출기간 후에 변호인선임계가 제출 ⋯ 상소이유서로서의 효력이 없다(대법원 1969.10.4, 69모68).
> 3. ⋯ 제32조 제1항에서 변호인의 선임은 심급마다 변호인과 연명날인한 서면으로 제출하여야 한다고 규정 ⋯ 변호인선임신고서를 제출하지 않은 변호인이 변호인 명의로 재항고장을 제출한 경우 ⋯ 재항고장은 적법·유효한 재항고로서의 효력이 없다(대법원 2017.7.27, 2017모1377).

② 민법상 위임계약과의 관계 : 민법상의 위임계약이 무효 또는 취소되더라도 변호인선임의 효력에는 영향이 없음
③ 변호인선임과 심급과의 관계
  ㉠ 효력범위(심급대리원칙) : 당해 심급의 종국판결선고시가 아니라 상소에 의해 이심(移審)의 효력이 발생할 때까지 변호인선임의 효력이 있다는 의미임
  ㉡ 변호인선임과 심급과의 관계에서의 특칙
    ⓐ 공소제기 전의 변호인선임은 제1심에도 그 효력이 있다(제32조 제2항).
    ⓑ 원심의 변호인에게도 상소권이 있다(제341조 제1항).
    ⓒ 원심의 변호인선임은 파기환송 또는 파기이송이 있은 후에도 효력이 있다(규칙 제158조).
④ 변호인선임과 사건과의 관계
  ㉠ 원칙 : 공소사실의 동일성이 인정되는 사건 전부에 미치는 것이 원칙
  ㉡ 예외
    ⓐ 사건의 일부에 대한 변호인선임의 효력 : 구속적부심사청구 등 일부에만 변호인선임의 효력이 한정된다는 의사를 명백하게 표시한 경우에는 그 부분만 효력이 발생
    ⓑ 다수의 사건과 변호인선임의 효력 : 하나의 사건에 관하여 한 변호인선임은 동일법원의 동일 피고인에 대하여 병합된 다른 사건에 관하여도 그 효력이 있음(규칙 제13조) → 단, 피고인 또는 변호인이 다른 의사표시를 한 때에는 예외

2. **국선(國選)변호인**
  (1) 의의 : 법원에 의하여 선임된 변호인 → 헌법 제12조 제4항 단서 → 사선변호인이 있으면 선정할 수 없음
  (2) 국선변호인의 종류 : 직권에 의해 선정되는 경우와 청구에 의해 선정되는 경우(청구국선)가 있는데, 청구국선은 제33조 제2항의 빈곤 그 밖의 사유가 있는 경우에 한하여 인정됨

(3) 국선변호인의 선정
  ① 선정사유
    ㉠ 형사소송법 제33조

> **제33조(국선변호인)**
> ① 다음 각 호의 어느 하나에 해당하는 경우에 변호인이 없는 때에는 법원은 직권으로 변호인을 선정하여야 한다.
>   1. 피고인이 구속된 때
>   2. 피고인이 미성년자인 때
>   3. 피고인이 70세 이상인 때
>   4. 피고인이 듣거나 말하는 데 모두 장애가 있는 사람인 때
>   5. 피고인이 심신장애가 있는 것으로 의심되는 때
>   6. 피고인이 사형, 무기 또는 단기 3년 이상의 징역이나 금고에 해당하는 사건으로 기소된 때
> ② 법원은 피고인이 빈곤이나 그 밖의 사유로 변호인을 선임할 수 없는 경우에 피고인이 청구하면 변호인을 선정하여야 한다.
> ③ 법원은 피고인의 나이·지능 및 교육 정도 등을 참작하여 권리보호를 위하여 필요하다고 인정하면 피고인의 명시적 의사에 반하지 아니하는 범위에서 변호인을 선정하여야 한다.

  ⓐ 피고인이 미성년자인 때, 70세 이상인 때, 듣거나 말하는 데 모두 장애가 있는 사람인 때, 심신장애가 있는 것으로 의심되는 때

> **[관련 판례]**
> ❷ 법원이 국선변호인을 반드시 선정해야 하는 사유로 형사소송법 제33조 제1항 제5호에서 정한 '피고인이 심신장애의 의심이 있는 때'의 의미
> … 제33조는 … 변호인의 조력을 받을 권리가 공판심리절차에서 효과적으로 실현될 수 있도록 … 법원의 국선변호인 선정의무를 규정 … 법원이 국선변호인을 반드시 선정해야 하는 사유로 형사소송법 제33조 제1항 제5호에서 정한 '피고인이 심신장애의 의심이 있는 때'란 진단서나 정신감정 등 객관적인 자료에 의하여 피고인의 심신장애 상태를 확신할 수 있거나 그러한 상태로 추단할 수 있는 근거가 있는 경우는 물론 … 소송기록과 소명자료에 드러난 제반 사정에 비추어 피고인의 의식상태나 사물에 대한 변별능력, 행위통제능력이 결여되거나 저하된 상태로 의심되어 피고인이 공판심리단계에서 효과적으로 방어권을 행사하지 못할 우려가 있다고 인정되는 경우를 포함 … (대판 2019.9.26, 2019도8531).

  ⓑ 피고인이 구속된 때

> **[관련 판례]**
> ❷ 형사소송법 제33조 제1항 제1호에 정한 '피고인이 구속된 때'의 의미
> … 피고인이 당해 형사사건에서 구속되어 재판을 받고 있는 경우를 의미 … 별건으로 구속되어 있거나 다른 형사사건에서 유죄로 확정되어 수형중인 경우는 이에 해당하지 아니한다(대판 2009.5.28, 2009도579).
>
> ❷ 변호인 없는 불구속 피고인에 대하여 국선변호인을 선정하지 않은 채 판결을 선고한 다음 법정구속한 것이 형사소송법 제33조 제1항 제1호를 위반한 것인지 여부(소극)
> … 구속되기 이전까지는 위 규정이 적용된다고 볼 수 없다(대판 2011.3.10, 2010도17353).

  ⓒ 피고인이 사형·무기 또는 단기 3년 이상의 징역이나 금고에 해당하는 사건으로 기소된 때
  ⓓ 피고인의 연령·지능 및 교육 정도 등을 참작하여 권리보호를 위하여 필요하다고 인정하는 때 : 단, 피고인의 명시적 의사에 반하지 아니하는 범위 안에서(제33조 제3항)

> [관련 판례]
>
> ❶ **피고인이 2급 시각장애인인 경우 형사소송법 제33조 제3항의 규정을 준용하여 국선변호인 선정절차를 취하여야 하는지 여부(적극)**
>   … 시각장애인 피고인의 경우에는 … 효과적인 방어권을 행사하지 못할 가능성이 높다 … 법원으로서는 형사소송법 제33조 제3항의 규정을 준용하여 … 시각장애인인 피고인의 명시적 의사에 반하지 아니하는 범위 안에서 국선변호인을 선정하여 … 줄 필요가 있다(대판 2014.8.28, 2014도4496 ; 대판 2010.4.29, 2010도881).
>
> ❷ **피고인이 3급 청각장애인인 경우 국선변호인을 선정할 필요가 있는지 여부(적극)**
>   … 제33조 제3항의 규정을 준용하여 … 청각장애인 피고인의 명시적 의사에 반하지 아니하는 범위 안에서 국선변호인을 선정하여 방어권을 보장해 줄 필요가 있다 할 것 … (대판 2010.6.10, 2010도4629).
>
> ❸ **형사소송법 제33조 제1항 각 호에 해당하지 않는 경우, 법원이 권리보호를 위하여 필요하다고 인정하지 않으면 국선변호인을 선정하지 아니할 수 있는지 여부(적극)**
>   … 제33조 제1항에 해당하는 경우가 아닌 한 권리보호를 위하여 필요하다고 인정하지 않으면 국선변호인을 선정하지 아니할 수 있을 뿐만 아니라, 국선변호인의 선정 없이 공판심리를 하더라도 피고인의 방어권이 침해되어 판결에 영향을 미쳤다고 인정되지 않는 경우 … 제33조 제3항을 위반한 위법이 있다고 볼 수 없다(대판 2013.5.9, 2013도1886).
>
> ❹ **제1심법원이 집행유예를 선고하였으나 검사만이 양형부당을 이유로 항소한 사안에서 항소심이 변호인이 선임되지 않은 피고인에 대하여 검사의 항소를 받아들여 형을 선고하는 경우, 바람직한 국선변호인 선정 방법**
>   … 판결 선고 후 피고인을 법정구속한 뒤에 비로소 국선변호인을 선정하는 것보다는, 피고인의 권리보호를 위해 판결 선고 전 공판심리 단계에서부터 … 제33조 제3항에 따라 피고인의 명시적 의사에 반하지 아니하는 범위 안에서 국선변호인을 선정해 주는 것이 바람직 … (대판 2016.11.10, 2016도7622).

ⓔ 피고인이 빈곤이나 그 밖의 사유로 변호인을 선임할 수 없는 경우 : 청구가 있는 때에 한하며(제33조 제2항), 재판장은 국선변호인의 선정을 청구할 수 있다는 취지를 서면으로 고지하여야 함(규칙 제17조)

> [관련 판례]
>
> ❶ **국선변호인의 선정청구에 관한 판례**
>   1. … 제33조 제2항에 의하여 빈곤 그 밖의 사유 … 국선변호인 선정을 청구한 일이 없다면 국선변호인을 선정함이 없이 진행한 공판절차는 위법이라고 할 수 없다(대판 1983.10.11, 83도2117).
>   2. … 경제적 어려움을 이유로 한 국선변호인 선임신청에 대하여 아무런 결정을 하지 아니한 것은 위법 … (대판 1995.2.28, 94도2880).
>   3. 국선변호인 선정청구를 기각한 결정은 판결 전의 소송절차 … 재항고도 할 수 없다(대법원 1993.12.3, 92모49).
>   4. … 피고인이 빈곤 기타 사유로 … 법원으로서는 피고인에게 … 국선변호인 선정청구를 할 수 있음을 고지하여야 할 의무가 있는 것도 아니다(대판 1994.10.25, 94도1467).
>
> ❷ **피고인이 지체(척추)4급 장애인으로서 국민기초생활수급자에 해당한다는 소명자료를 첨부하여 국선변호인 선정청구를 한 경우 법원은 국선변호인을 선정하여야 하는지 여부(적극)**
>   … 국민기초생활수급자 … 국선변호인 선정청구 … 빈곤으로 인하여 변호인을 선임할 수 없는 경우에 해당 … 국선변호인 선정결정을 하여 그 변호인으로 하여금 공판심리에 참여하도록 했어야 함 … (대판 2011.3.24, 2010도18103).
>
> ❸ **빈곤을 사유로 한 국선변호인 선정청구를 하였는데, 법원이 이에 대해 아무런 결정도 하지 않고 공판기일을 진행하여 실질적 변론과 심리를 마치고서야 국선변호인 선정청구를 기각한 것이 위법인지 여부(적극)**
>   … 빈곤을 사유로 한 국선변호인 선정청구를 하였고 … 아무런 결정도 하지 아니한 채 변호인 없이 피고인만 출석한 상태에서 공판기일을 진행하여 실질적 변론과 심리를 모두 마치고 난 뒤에야 국선변호인 선정청구를 기각하는 결정을 고지한 원심의 조치는 … 규정을 위반한 잘못이 있다 … (대판 2013.7.11, 2012도16334).
>
> ❹ **제1심에서 국선변호인이 선정되어 공판이 진행된 경우, 국선변호인 선정과 관련한 항소법원의 조치**
>   … 제1심에서 피고인의 청구 또는 직권으로 국선변호인이 선정되어 공판이 진행된 경우에는 항소법원은 특별한 사정변경이 없는 한 국선변호인을 선정함이 바람직 … (대판 2013.7.11, 2013도351).

    ⓒ **구속영장실질심사(구속 전 피의자심문제도)** : 심문할 피의자에게 변호인이 없는 때에는 지방법원판사는 직권으로 변호인을 선정하여야 하며, 이 경우 변호인의 선정은 피의자에 대한 구속영장 청구가 기각되어 효력이 소멸한 경우를 제외하고는 제1심까지 효력이 있음(제201조의2 제8항)

    ⓓ **체포·구속적부심사** : 체포·구속적부심사를 청구한 체포 또는 구속된 피의자에게 변호인이 없는 때에는 제33조의 규정을 준용(제214조의2 제10항)

    ⓔ **필요적 변호사건**(제282조, 제283조) : 자세한 것은 후술함

    ⓕ **재심사건**(제438조 제2항·제4항) : 자세한 것은 후술함

> **관련 판례**
> ❶ 공판절차가 아닌 재심개시결정 전의 절차에서 국선변호인선임청구를 할 수 있는지 여부(소극)
> … 국선변호인 선임청구를 할 수는 없다(대법원 1993.12.3, 92모49).

    ⓖ **즉결심판에 대한 정식재판청구**

> **관련 판례**
> ❶ 즉결심판에 대한 정식재판청구를 함으로서 공판절차가 개시된 경우에도 국선변호인의 선정에 관한 형사소송법 제283조의 규정이 적용되는지 여부(적극)
> … 통상의 공판절차와 마찬가지로 국선변호인의 선정에 관한 … 제283조의 규정이 적용 … (대판 1997.2.14, 96도3059).

    ⓗ **군사법원관할 사건** : 모든 사건

    ⓘ **국민의 형사재판 참여에 관한 법률에 의한 국민참여재판** : 자세한 것은 후술함

    ⓙ **공판준비기일이 지정된 사건**(제266조의8 제4항) : 자세한 것은 후술함

② **선정절차**

    ㉠ **공소제기 전의 국선변호인 선정** : 영장실질심사(제201조의2), 체포구속적부심사(제214조의2)에 있어서 심문할 피의자에게 변호인이 없는 때에는 법원 또는 지방법원판사는 지체없이 국선변호인을 선정하고, 피의자 및 변호인에게 그 뜻을 고지하여야 함(규칙 제16조)

    ㉡ **공소제기 후의 국선변호인 선정** : 재판장은 공소제기가 있는 때에는 변호인 없는 피고인에게, 국선변호인을 선정하게 된다는 취지 및 빈곤 등의 사유가 있는 때에는 법원에 대하여 국선변호인 선정을 청구할 수 있다는 취지를 서면으로 고지하여야 함(규칙 제17조)

    ㉢ **국선변호인 선정청구사유의 소명**(규칙 제17조의2)

    ㉣ **법정에서의 선정** : 필요적 변호사건의 경우 이미 선임된 변호인 또는 선정된 국선변호인이 출석하지 아니하거나 퇴정한 경우에 부득이한 때에는 피고인 또는 피의자의 의견을 들어 재정 중인 변호사 등을 국선변호인으로 선정할 수 있음(규칙 제19조)

③ **선정의 법적 성질** : 국선변호인선정에 국선변호인의 동의가 필요 없으며, 사임에는 법원의 허가가 필요하다고 보는 재판설이 다수설 → 형사소송규칙도 국선변호인의 사임에는 법원의 허가가 필요하다고 규정함으로써 재판설을 뒷받침(규칙 제20조)

④ **국선변호인의 자격과 수**

    ㉠ **국선변호인의 자격** : 법원의 관할구역에 사무소를 둔 변호사 또는 사법연수생 또는 공익법무관 중에서 선정 → 그 변호사 등이 없거나 기타 부득이한 때에는 인접한 법원의 관할구역 안에 사무소를 둔 변호사 등 중에서 이를 선정 → 이러한 변호사 등도 없는 때에는 법원의 관할구역 안에서 거주하는 변호사 아닌 자 중에서 이를 선정함(규칙 제14조)

> **관련 판례**
>
> ❹ 변호사 아닌 법원사무관을 국선변호인으로 선임할 수 있는지 여부
> … 국선변호인으로 변호사 아닌 법원사무관을 변호인으로 선임하였다 하여 위법됨이 없을 뿐만 아니라 … (대판 1974.8.30, 74도1965 ; 대판 1985.2.28, 94도2880).

ⓒ 국선변호인의 수 : 피고인 또는 피의자마다 1인 → 수인의 선정도 가능(규칙 제15조 제1항) → 한편 피고인 또는 피의자 수인 간에 이해가 상반되지 아니할 때에는 그 수인의 피고인 또는 피의자를 위하여 동일한 국선변호인을 선정할 수 있음(규칙 제15조 제2항)

> **관련 판례**
>
> ❹ 형사소송규칙 제15조 제2항의 '피고인 수인간에 이해가 상반되지 아니할 때'의 의미
> … 어느 피고인에 대한 유리한 변론이 다른 피고인에 대하여는 불리한 결과를 초래하는 사건에 있어서는 공동피고인들 사이에 이해가 상반된다고 할 것 … (대판 2000.11.24, 2000도4398).
>
> ❹ 이해가 상반된 피고인들 중 어느 피고인이 법무법인을 변호인으로 선임하고, 법무법인이 담당변호사를 지정하였는데 법원이 담당변호사 중 1인 또는 수인을 다른 피고인을 위한 국선변호인으로 선정한 경우, 국선변호인의 조력을 받을 피고인의 권리를 침해하는지 여부(적극)
> … 국선변호인의 조력을 받을 피고인의 권리를 침해하는 것이다(대판 2015.12.23, 2015도9951).

ⓒ 국선전담변호사 및 국선변호인 예정자명부(규칙 제15조의2, 규칙 제16조의2)
⑤ 선정의 취소와 사임
  ㉠ 국선변호인 선정의 취소
    ⓐ 필요적 취소 : 사선변호인이 선임된 때, 자격을 상실한 때, 사임을 허가한 때(규칙 제18조 제1항)
    ⓑ 임의적 취소 : 직무를 성실하게 수행하지 아니하는 등의 경우(규칙 제18조 제2항)
  ㉡ 국선변호인의 사임 : 법원 또는 지방법원판사의 허가를 얻어 사임할 수 있음(규칙 제20조)

Ⅲ 변호인의 소송법상 지위

1. **보호자적 지위**(기본적 지위)
포괄대리권, 독립대리권 및 고유권 등을 인정, 피고인이 유죄임을 아는 경우에도 이를 법원에 고지할 의무는 없음(비밀유지의무)

2. **공익적 지위**
   (1) 변호인의 진실의무 : 진실과 정의에 따라 그 직무를 행해야 된다는 의무
   (2) 진실의무의 구체적 내용
      ① 법적 조언○
      ② 진술거부권, 증언거부권 등 소송법상의 권리행사 권고○
      ③ 변호인의 증거수집○
      ④ 변호인이 피고인의 유죄임을 안 경우에 입증부족이나 미비를 이유로 한 무죄변론○
      ⑤ 변호인이 고소인이나 피해자를 만나 고소의 취소를 시도하는 행위○
      ⑥ 피고인에게 불리한 증거의 제출×
      ⑦ 위증을 교사하거나 증거인멸의 지시×
      ⑧ 허위진술의 권유나 도망의 권유×
      ⑨ 임의의 자백의 철회 지시×

> 관련 판례
>
> ❸ 변호인이 진술거부권이 있음을 알려 주는 행위가 진실의무에 위배되는 것인지 여부(소극)
> … 진술거부권이 있음을 알려 주는 것 … 진실의무에 위배되는 것이라고는 할 수 없다(대법원 2007.1.31, 2006모656).
> ❸ 변호인이 의뢰인의 요청에 따른 변론행위라는 명목으로 수사기관이나 법원에 대하여 적극적으로 허위진술을 하거나 피고인 또는 피의자로 하여금 허위진술을 하도록 하는 것이 허용되는지 여부(소극)
> … 허위진술을 하도록 하는 것은 허용되지 않는다(대판 2012.8.30, 2012도6027).

Ⅳ 변호인의 권한과 의무

1. 변호인의 권한

변호인의 대리권	종속대리권		• **관할이전**의 신청(제15조), **관할위반**의 신청(제320조) • **상소취하**(제349조) • **정식재판청구**의 취하(제458조, 제351조)
	독립 대리권	명시적 의사에 반하여도 행사 가능한 권한	• **보석**의 청구(제94조) • 공판기일**변**경신청(제270조) • 증거조사에 대한 **이**의신청(제296조) • 증거보**전**의 청구(제184조) • **구속취소**의 청구(제93조), **구속적부심사청구**(제214조의2)
		묵시적 의사에 반하여 행사 가능한 권한	• **기**피신청(제18조) • **상소제기**(제341조) • 증거**동**의(제318조) → 판례는 명시의 의사에 반하지 않는 한 피고인을 대리하여 동의할 수 있다고 하여 독립대리권으로 본다(대판 1988.11.8, 88도1682). • **정**식재판의 청구(종속대리권으로 보는 견해도 있음)

(1) 변호인의 관계서류 또는 증거물 열람·등사권

① 의의

[형사소송법상 열람·등사권의 총정리]

피고인의 열람·등사권	• 공판조서에 대한 열람·등사권 : 제55조 • 소송계속 중의 관계서류 또는 증거물에 대한 열람·등사권 : 제35조 • 증거개시제도로서의 열람·등사권 : 제266조의3 • 증거보전절차에서 작성·수집된 서류나 증거물에 대한 열람·등사권 : 제185조 • 공판준비기일에서의 열람·등사권 : 규칙 제123조의5
변호인의 열람·등사권	• 소송계속 중의 관계서류 또는 증거물에 대한 열람·등사권 : 제35조 • 증거개시제도로서의 열람·등사권 : 제266조의3 • 증거보전절차에서 작성·수집된 서류나 증거물에 대한 열람·등사권 : 제185조 • 공판준비기일에서의 열람·등사권 : 규칙 제123조의5 • 공소제기 전 구속영장실질심사와 체포구속적부심사절차에서 수사기록에 대한 열람·등사권 : 규칙 제96조의21

검사의 열람·등사권	• 증거개시제도로서의 열람·등사권 : 제266조의11 • 증거보전절차에서 작성·수집된 서류나 증거물에 대한 열람·등사권 : 제185조 • 공판준비기일에서의 열람·등사권 : 규칙 제123조의5
기타의 열람·등사권	• 범죄피해자의 공판기록에 대한 열람·등사권 : 제294조의4 • 국민일반의 재판확정기록에 대한 열람·등사권 : 제59조의2, 제59조의3 • 긴급체포 후 석방된 자의 열람·등사권 : 제200조의4 제5항 • 재정신청에 있어서 예외적인 경우의 열람·등사권 : 제262조의2 단서 • 증인신문조서의 열람·등사권 : 규칙 제84조의2

② 피고인의 열람·등사권

㉠ 피고인의 소송계속 중 관계서류·증거물의 열람·등사권

> **제35조(서류·증거물의 열람·복사)**
> ① 피고인과 변호인은 소송계속 중의 관계서류 또는 증거물을 열람하거나 등사할 수 있다.
> ② 피고인의 법정대리인, 제28조에 따른 특별대리인, 제29조에 따른 보조인 또는 피고인의 배우자·직계친족·형제자매로서 피고인의 위임장 및 신분관계를 증명하는 문서를 제출한 자도 같다.
> ③ 재판장은 피해자, 증인 등 사건관계인의 생명 또는 신체의 안전을 현저히 해칠 우려가 있는 경우에는 제1항 및 제2항에 따른 열람·복사에 앞서 사건관계인의 성명 등 개인정보가 공개되지 아니하도록 보호조치를 할 수 있다.
> ④ 제3항에 따른 개인정보 보호조치의 방법과 절차, 그 밖에 필요한 사항은 대법원규칙으로 정한다.

㉡ 피고인의 공판조서에 대한 열람·등사권 : 변호인의 존재유무를 불문하고 인정

> **제55조(피고인의 공판조서열람권 등)**
> ① 피고인은 공판조서의 열람 또는 등사를 청구할 수 있다.
> ② 피고인이 공판조서를 읽지 못하는 때에는 공판조서의 낭독을 청구할 수 있다.
> ③ 전2항의 청구에 응하지 아니한 때에는 그 공판조서를 유죄의 증거로 할 수 없다.
>
> **규칙 제30조(공판조서의 낭독)**
> 피고인의 낭독청구가 있는 때에는 재판장의 명에 의하여 법원사무관 등이 낭독한다.

[관련 판례]

🔺 피고인의 공판조서에 대한 열람 또는 등사청구권이 침해된 경우, 공판조서에 기재된 당해 피고인이나 증인의 진술 자체를 증거로 할 수 있는지 여부(소극)
1. … 열람, 등사청구에 법원이 불응하여 피고인의 열람, 등사청구권이 침해된 경우 … 공판조서를 유죄의 증거로 할 수 없을 뿐만 아니라, 공판조서에 기재된 피고인이나 증인의 진술도 증거로 할 수 없다(대판 2003.10.10, 2003도3282).
2. … 다만 … 다른 증거들만에 의하더라도 범죄사실을 인정하기에 충분하고 … 피고인의 방어권이나 변호인의 변호권을 본질적으로 침해한 정도에 이르지는 않은 경우 … 판결에서 공판조서 등을 증거로 사용하였다고 하더라도 그러한 잘못이 판결에 영향을 미친 위법이라고 할 수는 없다(대판 2012.12.27, 2011도15869).

🔺 피고인이 원하는 시기에 공판조서를 열람·등사하지 못하였더라도 변론종결 전에는 이를 하였던 경우 위 공판조서의 증거능력 유무(적극)
… 그 열람·등사가 늦어짐으로 인하여 피고인의 방어권 행사에 지장이 있었다는 등의 특별한 사정이 없는 한 … 그 공판조서를 유죄의 증거로 할 수 있다고 보아야 한다(대판 2007.7.26, 2007도3906).

㉢ 증거개시제도로서의 열람·등사권(제266조의3) : 자세한 것은 후술함

    ㉣ 증거보전절차에서 작성·수집된 서류·증거물(제185조) : 자세한 것은 후술함
    ㉤ 공판준비기일에서의 열람·등사(규칙 제123조의5) : 자세한 것은 후술함
  ③ 변호인의 열람·등사권
    ㉠ 소송계속 중 관계서류·증거물의 열람·등사권(제35조)
    ㉡ 증거개시제도로서의 열람·등사권(제266조의3)
    ㉢ 증거보전절차에서 작성·수집된 서류·증거물(제185조)
    ㉣ 공판준비기일에서의 열람·등사(규칙 제123조의5)
    ㉤ 공소제기 전 수사기록에 대한 열람·등사권 인정여부
      ⓐ 헌법재판소의 입장 : 원칙적으로 수사기밀의 누설 등으로 국가형벌권의 행사가 현저히 방해를 받을 수 있다는 이유로 부정하고 있는 입장이나, 예외적으로 구속적부심사청구를 의뢰받은 변호인의 경찰서장에 대한 고소장 및 피의자신문조서의 열람·등사권은 인정하고 있음(헌재결 2003.3.27, 2000헌마474)
      ⓑ 형사소송규칙 : 구속영장실질심사절차와 체포구속적부심사절차에서 변호인의 수사기록에 대한 열람·등사권을 인정하고 있음 → 피의자심문에 참여할 변호인은 지방법원판사에게 제출된 구속영장청구서 및 그에 첨부된 고소·고발장, 피의자의 진술을 기재한 서류와 피의자가 제출한 서류를 열람할 수 있다(규칙 제96조의21, 제104조의2).
  ④ 검사의 열람·등사권
    ㉠ 증거개시제도로서의 열람·등사권(제266조의11)
    ㉡ 공판준비기일에서의 열람·등사(규칙 제123조의5)
    ㉢ 증거보전절차에서 작성·수집된 서류·증거물(제185조)

(2) 변호인의 피의자신문에 대한 참여권
  ① 예전의 논의 : 명문으로 규정하지 않아서 그 인정여부에 관하여 상당히 논란이 있었음

  > **관련 판례**
  >
  > ❷ 변호인의 피의자신문에 대한 참여권 인정여부(적극)
  > … 피의자신문을 받음에 있어 변호인의 참여를 요구할 수 있고 그러한 경우 수사기관은 이를 거절할 수 없는 것 …(대법원 2003.11.11, 2003모402).

  ② 현행법의 입장

  > **제243조의2(변호인의 참여 등)**
  > ① 검사 또는 사법경찰관은 피의자 또는 그 변호인·법정대리인·배우자·직계친족·형제자매의 신청에 따라 변호인을 피의자와 접견하게 하거나 정당한 사유가 없는 한 피의자에 대한 신문에 참여하게 하여야 한다.
  > ② 신문에 참여하고자 하는 변호인이 2인 이상인 때에는 피의자가 신문에 참여할 변호인 1인을 지정한다. 지정이 없는 경우에는 검사 또는 사법경찰관이 이를 지정할 수 있다.
  > ③ 신문에 참여한 변호인은 신문 후 의견을 진술할 수 있다. 다만, 신문 중이라도 부당한 신문방법에 대하여 이의를 제기할 수 있고, 검사 또는 사법경찰관의 승인을 얻어 의견을 진술할 수 있다.
  > ④ 제3항에 따른 변호인의 의견이 기재된 피의자신문조서는 변호인에게 열람하게 한 후 변호인으로 하여금 그 조서에 기명날인 또는 서명하게 하여야 한다.
  > ⑤ 검사 또는 사법경찰관은 변호인의 신문참여 및 그 제한에 관한 사항을 피의자신문조서에 기재하여야 한다.

> **관련 판례**
>
> ❸ 형사소송법 제243조의2 제1항에 정한 '정당한 사유'의 의미와 변호인의 피의자신문 참여권의 제한
>   … 변호인이 피의자신문을 방해하거나 수사기밀을 누설할 염려가 있음이 객관적으로 명백한 경우 등 … 정당한 사유가 없는데도 … 변호인의 피의자신문 참여권을 제한하는 것은 허용될 수 없다(대법원 2008.9.12, 2008모793).
>
> ❹ 형사소송법 제243조의2 제1항에서 정한 '정당한 사유'의 의미 및 검사 또는 사법경찰관이 단지 변호인이 피의자신문 중에 부당한 신문방법에 대한 이의제기를 하였다는 이유만으로 변호인을 조사실에서 퇴거시키는 조치가 정당한 사유 없이 변호인의 피의자신문 참여권을 제한하는 것인지 여부(적극)
>   … 제243조의2 제3항 단서는 피의자신문에 참여한 변호인은 신문 중이라도 부당한 신문방법에 대하여 이의를 제기할 수 있다고 규정 … 검사 또는 사법경찰관의 부당한 신문방법에 대한 이의제기는 … 원칙적으로 변호인에게 인정된 권리의 행사에 해당하며, 신문을 방해하는 행위로는 볼 수 없다 … (대법원 2020.3.17, 2015모2357).
>
> ❺ 피의자가 변호인 참여를 원하는 의사를 표시하였는데도 수사기관이 정당한 사유 없이 변호인을 참여하게 하지 아니한 채 피의자를 신문하여 작성한 피의자신문조서의 증거능력 유무(소극)
>   … 제312조에 정한 '적법한 절차와 방식'에 위반된 증거일 뿐만 아니라 … 제308조의2에서 정한 '적법한 절차에 따르지 아니하고 수집한 증거'에 해당하므로 이를 증거로 할 수 없다(대판 2013.3.28, 2010도3359).

> **'변호인의 피의자신문 참여권'과 관련된 '검사와 사법경찰관의 상호협력과 일반적 수사준칙에 관한 규정'의 내용**
>
> 1. 변호인의 피의자신문 참여·조력권의 보장
>   ① 검사 또는 사법경찰관은 피의자신문에 참여한 변호인이 피의자의 옆자리 등 실질적인 조력을 할 수 있는 위치에 앉도록 해야 하고, 정당한 사유가 없으면 피의자에 대한 법적인 조언·상담을 보장해야 하며, 법적인 조언·상담을 위한 변호인의 메모를 허용해야 한다(동규정 제13조 제1항).
>   ② 검사 또는 사법경찰관은 피의자에 대한 신문이 아닌 단순 면담 등이라는 이유로 변호인의 참여·조력을 제한해서는 안 된다(동규정 제13조 제2항).
>   ③ 이는 검사 또는 사법경찰관의 사건관계인에 대한 조사·면담 등의 경우에도 적용한다(동규정 제13조 제3항).
>
> 2. 피의자신문에 참여한 변호인의 의견진술
>   ① 피의자신문에 참여한 변호인은 검사 또는 사법경찰관의 신문 후 조서를 열람하고 의견을 진술할 수 있으며, 이 경우 변호인은 별도의 서면으로 의견을 제출할 수 있고, 검사 또는 사법경찰관은 해당 서면을 사건기록에 편철한다(동규정 제14조 제1항).
>   ② 피의자신문에 참여한 변호인은 신문 중이라도 검사 또는 사법경찰관의 승인을 받아 의견을 진술할 수 있으며, 이 경우 검사 또는 사법경찰관은 정당한 사유가 있는 경우를 제외하고는 변호인의 의견진술요청을 승인해야 한다(동규정 제14조 제2항).
>   ③ 피의자신문에 참여한 변호인은 부당한 신문방법에 대해서는 검사 또는 사법경찰관의 승인 없이 이의를 제기할 수 있다(동규정 제14조 제3항).
>   ④ 검사 또는 사법경찰관은 위에 따른 의견진술 또는 이의제기가 있는 경우 해당 내용을 조서에 적어야 한다(동규정 제14조 제4항).

2. 변호인의 의무 : 재판장의 소송지휘권이나 법정경찰권에 복종할 의무, 진실의무 등

Ⅴ 보조인

1. 보조인의 의의

피고인 또는 피의자와 일정한 신분관계에 있는 자로서 피고인 또는 피의자의 이익을 보호하는 자

> **제29조(보조인)**
> ① 피고인 또는 피의자의 법정대리인, 배우자, 직계친족과 형제자매는 보조인이 될 수 있다.
> ② 보조인이 될 수 있는 자가 없거나 장애 등의 사유로 보조인으로서 역할을 할 수 없는 경우에는 피고인 또는 피의자와 신뢰관계 있는 자가 보조인이 될 수 있다.
> ③ 보조인이 되고자 하는 자는 심급별로 그 취지를 신고하여야 한다.
> ④ 보조인은 독립하여 피고인 또는 피의자의 명시한 의사에 반하지 아니하는 소송행위를 할 수 있다. 단, 법률에 다른 규정이 있는 때에는 예외로 한다.

2. 보조인의 자격

(1) 보조인이 될 수 있는 자(제29조 제1항, 제2항)

> **관련 판례**
>
> ❸ **형사소송법상 보조인이 될 수 있는 자의 범위**
> … 제29조 제1항 소정의 사람에 한하여 … 그 이외의 사람 … 보조인이 될 수 없다(대판 1979.5.22. 79도446).

(2) 보조인의 신고

① 서면신고 요건 삭제 : 보조인은 변호인과 같이 '선임'되는 것이 아니라 심급별로 그 취지를 '신고'함으로써 그 자격이 주어짐(제29조 제2항) → 현행법에서는 '서면신고 요건'을 삭제함으로써 보조인 신고는 반드시 서면으로 신고할 필요는 없음 → 다만 신분관계를 소명하는 서면을 첨부하여야 함(규칙 제11조 제1항)

② 심급별 신고 : 보조인이 되고자 하는 자는 '심급별'로 그 취지를 신고하여야 하며(제29조 제3항), 따라서 보조인의 신고도 그 심급에 한하여 효력이 있음 → 공소제기 전의 보조인 신고는 제1심에도 그 효력이 있음(규칙 제11조 제2항)

3. 보조인의 권한

피고인 또는 피의자의 명시한 의사에 반하지 아니하는 소송행위만 할 수 있음. 보조인에게 변호인선임권한도 있음

CHAPTER 02 소송행위

CORE SUMMARY

01 소송행위의 의의와 종류

I. 소송행위의 의의

소송절차를 조성하는 행위로서 일정한 소송법상의 효과가 인정되는 행위

II. 소송행위의 종류

1. 주체에 의한 분류

법원의 소송행위	심리와 재판 및 강제처분과 증거조사도 포함, 조서의 작성과 같은 법원사무관의 행위도 포함
당사자의 소송행위	검사와 피고인의 소송행위 및 피고인의 변호인·대리인·보조인 등이 행하는 소송행위도 포함 → 청구·신청, 입증, 진술 등
제3자의 소송행위	고소·고발, 증언, 감정 등

2. 기능에 의한 분류

취효적 소송행위 (효과요구적 소송행위)	기피신청·관할위반신청·공소제기·증거신청 등과 같이 행위 자체만으로 소송법상 효과가 발생하지 않고 법원의 재판 등이 있어야 비로소 소송법상 효과가 발생하는 소송행위
여효적 소송행위 (효과부여적 소송행위)	상소취하·상소포기·고소취소·정식재판청구권의 취하 등과 같이 행위 그 자체만으로 일정한 소송법적 효과가 발생하는 소송행위

3. 성질에 의한 분류

법률행위적 소송행위	공소제기·재판의 선고·영장의 청구 및 발부·고소·기피신청 등과 같이 일정한 소송법적 효과를 목적으로 하는 행위자의 의사표시가 포함되어 있고 그에 상응하는 효과가 부여되는 소송행위	
사실행위적 소송행위	표시행위	논고·구형·증언·변론·감정 등
	순수한 사실행위	영장의 집행, 피고인의 퇴정 등
복합적 소송행위	영장에 의한 강제처분(체포·구속·압수·수색) 등과 같이 법률행위적 소송행위와 사실행위적 소송행위가 복합된 소송행위 → 영장의 청구 및 발부는 법률행위적 소송행위, 영장의 집행은 순수한 사실행위	

※ 자수와 자복 등 소송법상 효과뿐만 아니라 실체법상의 효과가 인정되는 행위를 이중기능적 소송행위라고 함

4. 목적에 의한 분류

실체형성행위	실체면의 형성에 직접 영향을 주는 소송행위
절차형성행위	절차면의 형성에 역할을 담당하는 소송행위

02 소송행위의 일반적 요소

I 소송행위의 주체

1. 소송행위적격

소송행위주체가 그의 이름으로 소송행위를 할 수 있는 자격 → 소송행위의 개념요소로 일정한 주체가 특정되어 있는 경우에는 행위적격 없는 자의 소송행위는 소송행위로서 성립하지 않음

2. 소송행위의 대리

(1) 대리의 의의 : 피고인 또는 제3자의 소송행위에 대하여만 문제됨 → 법원과 검사의 소송행위는 대리를 인정할 여지가 없음

(2) 대리의 허용범위

> **관련 판례**
>
> ⓐ 대리를 허용하는 명문의 규정이 없는 경우에도 대리가 허용되는지 여부(소극)
> … 본법상 특별한 규정이 있는 경우에 한하여 대리인에 의하여 소송행위를 할 수 있고 … (대법원 1953.6.9, 4286형항3).

명문규정이 있는 경우	포괄적 대리	의사무능력자에 대한 **법**정대리인의 대리(제26조), 법인의 대표자의 대리(제27조), 특별대리인(제28조), **변**호인·보조인에 의한 소송행위의 대리(제36조, 제29조), **경**미사건에 대한 피고인의 대리(제277조)
	개별적 대리	**적**부심사청구의 대리(제214조의2), **상**소의 대리(제341조), 변호인**선**임의 대리(제30조), **재**정신청의 대리(제264조), **고**소 또는 고소취소의 대리(제236조)
명문규정이 없는 경우		견해대립이 있으나, 판례는 부정설의 입장(대법원 1953.6.9, 4286형항3)

Ⅱ 소송행위의 방식

1. **구두주의와 서면주의** : 법원의 용어로는 국어를 사용(법원조직법 제62조)

구두주의	선고, 각종의 신문, 진술, 고지 등
서면주의	공소제기(제254조), 약식명령청구(제449조), 정식재판청구(제453조), 상소제기(제343조), 재정신청(제260조), 재심청구(규칙 제166조), 공소장변경신청(규칙 제142조), 보석청구(규칙 제53조), 영장청구(규칙 제9조), 영장발부(제75조), 변호인선임신고(제32조 제1항), 관할이전 및 지정신청(제16조), 토지관할 병합심리신청(규칙 제2조), 판결정정신청(제400조), 불기소통지 및 이유통지(제258조, 제259조), 증거보전청구(규칙 제92조)

2. **소송서류**
   (1) 소송서류의 비공개 원칙 : 소송에 관한 서류는 공판의 개정 전에는 공익상 필요 기타 상당한 이유가 없으면 공개하지 못함(제47조)
   (2) 소송서류의 종류
      ① 의사표시적 문서와 보고적 문서

의사표시적 문서	공소장·고소장·고발장·상소장, 변호인선임계, 재판서 등 → 증거능력이 없음 (단, 무고죄에 있어서 고소장은 증거로 사용 가능)
보고적 문서	공판조서, 검증조서, 각종 신문조서 등 → 일정한 요건하에 증거능력이 있음

   ② 공무원의 서류와 비공무원의 서류
      ㉠ 공무원의 서류

> **제57조(공무원의 서류)**
> ① 공무원이 작성하는 서류에는 법률에 다른 규정이 없는 때에는 작성 연월일과 소속공무소를 기재하고 기명날인 또는 서명하여야 한다.
> ② 서류에는 간인하거나 이에 준하는 조치를 하여야 한다.
>
> **제58조(공무원의 서류)**
> ① 공무원이 서류를 작성함에는 문자를 변개하지 못한다.
> ② 삽입, 삭제 또는 난외기재를 할 때에는 이 기재한 곳에 날인하고 그 자수를 기재하여야 한다. 단, 삭제한 부분은 해득할 수 있도록 자체를 존치하여야 한다.

관련 판례

🔹 검찰사건사무규칙이 형사소송법 제57조의 적용을 배제하기 위한 '법률의 다른 규정'인지 여부(소극)
   검찰사건사무규칙은 … 검찰 내부의 업무처리지침으로서의 성격을 가지는 것 … (대판 2007.10.25, 2007도4961).

🔹 기명날인 또는 서명과 관련된 판례들
   1. 서명없이 검사의 기명날인만 되어 있는 공소장에 의한 공소제기가 적법한지 여부(적극)
      … 법률이 정한 형식을 갖추지 못한 것으로 볼 수 없을 뿐만 아니라 … (대판 2007.10.25, 2007도4961).
   2. 검사의 기명날인 또는 서명이 누락된 공소장이 관할법원에 제출된 경우, 공소제기의 효력(무효)
      … 그 절차가 법률의 규정에 위반하여 무효인 때(제327조 제2호)에 해당 … 다만 … 기명날인 또는 서명을 추완하는 등의 방법에 의하여 공소의 제기가 유효하게 될 수 있다(대판 2012.9.27, 2010도17052).

3. 검사가 기명날인 또는 서명이 없는 상태로 공소장을 관할법원에 제출한 경우, 공소제기의 효력(무효)

… 여기서 '공무원이 작성하는 서류'에는 검사가 작성하는 공소장이 포함 … 검사가 기명날인 또는 서명이 없는 상태로 공소장을 관할법원에 제출하는 것은 … 제57조 제1항에 위반 … 공소제기의 절차가 법률의 규정을 위반하여 무효인 때(형사소송법 제327조 제2호)에 해당 … 다만, 검사가 공소장에 기명날인 또는 서명을 추후 보완하는 등의 방법으로 공소제기가 유효하게 될 수 있다(대판 2021.12.16, 2019도17150).

❷ **공소장에 검사의 간인이 없으나 공소장의 형식과 내용이 연속된 것으로 일체성이 인정되고 동일한 검사가 작성하였다고 인정되는 경우, 공소장이 유효한지 여부(적극)**

… '간인'은 서류작성자의 간인으로서 1개의 서류가 여러 장으로 되어 있는 경우 그 서류의 각 장 사이에 겹쳐서 날인하는 것 … 서류의 일부가 누락되거나 교체되지 않았다는 사실을 담보하기 위한 것 … 공소장에 검사의 간인이 없더라도 그 공소장의 형식과 내용이 연속된 것으로 일체성이 인정되고 동일한 검사가 작성하였다고 인정되는 한 그 공소장을 형사소송법 제57조 제2항에 위반되어 효력이 없는 서류라고 할 수 없다 … 그 절차가 법률의 규정에 위반하여 무효인 때(형사소송법 제327조 제2호)에 해당한다고 할 수 없다(대판 2021.12.30, 2019도16259).

ⓒ **비공무원의 서류** : 공무원 아닌 자가 작성하는 서류에는 연월일을 기재하고 기명날인 또는 서명하여야 하며, 인장이 없으면 지장으로 함(제59조) → 공무원이 아닌 자가 서명날인을 하여야 할 경우에 서명을 할 수 없으면 타인이 대서함(규칙 제41조)

관련 판례

❶ **정식재판청구서에 청구인의 기명날인이나 서명이 없음에도 이에 대한 보정을 구하지 아니하고 적법한 청구가 있는 것으로 오인하여 청구서를 접수한 경우, 법원이 취하여야 할 조치(= 기각결정) 및 이때 적법한 정식재판청구가 제기된 것으로 신뢰한 피고인이 정식재판청구기간을 넘기게 된 경우의 구제 방법(= 정식재판청구권회복청구)**

약식명령에 대한 정식재판의 청구는 서면으로 … 공무원 아닌 사람이 작성하는 서류에는 연월일을 기재하고 기명날인 또는 서명하여야 … 따라서 정식재판청구서에 청구인의 기명날인 또는 서명이 없다면 법령상의 방식을 위반한 것으로서 그 청구를 결정으로 기각 … 이는 법원공무원이 청구인의 기명날인이나 서명이 없음에도 불구하고 이에 대한 보정을 구하지 아니하고 적법한 청구가 있는 것으로 오인하여 청구서를 접수한 경우에도 마찬가지 … 그러나 법원공무원의 위와 같은 잘못으로 인하여 … 정식재판청구권의 회복을 구할 수 있다(대법원 2023.2.13, 2022모1872).

❷ **청구인의 기명날인이 없는 정식재판청구서를 적법한 것으로 오인하여 접수한 경우, 법원이 취하여야 할 조치(기각결정) 및 위와 같은 사유로 정식재판청구기간를 넘긴 피고인의 구제방법**

약식명령에 대한 정식재판의 청구는 서면으로 … 공무원 아닌 자가 작성하는 서류에는 연월일을 기재하고 기명날인(인장이 없으면 지장을 사용)하여야 … 정식재판청구서에 청구인의 기명날인이 없는 경우에는 정식재판의 청구가 법령상의 방식을 위반한 것으로서 그 청구를 결정으로 기각 … 이는 … 법원공무원이 청구인의 기명날인이 없는데도 이에 대한 보정을 구하지 아니하고 적법한 청구가 있는 것으로 오인하여 청구서를 접수한 경우에도 마찬가지 … 다만, 피고인은 자기의 '책임질 수 없는 사유'에 의하여 청구기간 내에 정식재판을 청구하지 못한 때에 해당하여 정식재판청구권의 회복을 구할 수 있을 뿐이다 (대법원 2008.7.11, 2008모605).

❸ **피고인이 즉결심판에 대하여 제출한 정식재판청구서에 피고인의 자필로 보이는 이름이 기재되어 있고 그 옆에 서명이 되어 있는 경우, 정식재판청구가 적법한지 여부(적극)**

… 여기에서 '기명날인'은 공무원 아닌 사람이 작성하는 서류에 관하여 그 서류가 작성자 본인의 진정한 의사에 따라 작성되었다는 것을 확인하는 표식으로서 형사소송절차의 명확성과 안정성을 도모하기 위한 것 … 피고인의 자필로 보이는 이름이 기재되어 있고 그 옆에 서명이 되어 있어 위 서류가 작성자 본인인 피고인의 진정한 의사에 따라 작성되었다는 것을 명백하게 확인할 수 있으며 … 정식재판청구는 적법하다 … 피고인의 인장이나 지장이 찍혀 있지 않다고 해서 이와 달리 볼 것이 아니다(대법원 2019.11.29, 2017모3458).

(3) 조서
  ① 각종 조서의 작성방법과 기재요건
    ㉠ 각종의 신문조서의 작성방법

> **제48조(조서의 작성방법)**
> ① 피고인, 피의자, 증인, 감정인, 통역인 또는 번역인을 신문(訊問)하는 때에는 신문에 참여한 법원사무관등이 조서를 작성하여야 한다.
> ② 조서에는 다음 각 호의 사항을 기재하여야 한다.
>   1. 피고인, 피의자, 증인, 감정인, 통역인 또는 번역인의 진술
>   2. 증인, 감정인, 통역인 또는 번역인이 선서를 하지 아니한 때에는 그 사유
> ③ 조서는 진술자에게 읽어주거나 열람하게 하여 기재내용이 정확한지를 물어야 한다.
> ④ 진술자가 조서에 대하여 추가, 삭제 또는 변경의 청구를 한 때에는 그 진술내용을 조서에 기재하여야 한다.
> ⑤ 신문에 참여한 검사, 피고인, 피의자 또는 변호인이 조서 기재 내용의 정확성에 대하여 이의(異議)를 진술한 때에는 그 진술의 요지를 조서에 기재하여야 한다.
> ⑥ 제5항의 경우 재판장이나 신문한 법관은 그 진술에 대한 의견을 기재하게 할 수 있다.
> ⑦ 조서에는 진술자로 하여금 간인(間印)한 후 서명날인하게 하여야 한다. 다만, 진술자가 서명날인을 거부한 때에는 그 사유를 기재하여야 한다.

    ㉡ 검증조서 · 압수조서

> **제49조(검증 등의 조서)**
> ① 검증, 압수 또는 수색에 관하여는 조서를 작성하여야 한다.
> ② 검증조서에는 검증목적물의 현상을 명확하게 하기 위하여 도화나 사진을 첨부할 수 있다.
> ③ 압수조서에는 품종, 외형상의 특징과 수량을 기재하여야 한다.

    ㉢ 각종 조서의 기재요건 : 조사 또는 처분의 연월일시와 장소를 기재, 기명날인 또는 서명(제50조)
  ② 공판조서
    ㉠ 공판조서의 기재사항 : 피고인의 태도, 변호인의 출석여부, 공소를 제기한 검사나 피고인 가족의 출석여부, 피고인의 서명날인 등은 공판조서의 필요적 기재사항이 아님에 유의

> **제51조(공판조서의 기재요건)**
> ① 공판기일의 소송절차에 관하여는 참여한 법원사무관 등이 공판조서를 작성하여야 한다.
> ② 공판조서에는 다음 사항 기타 모든 소송절차를 기재하여야 한다.
>   1. 공판을 행한 일시와 법원
>   2. 법관, 검사, 법원사무관 등의 관직, 성명
>   3. 피고인, 대리인, 대표자, 변호인, 보조인과 통역인의 성명
>   4. 피고인의 출석여부
>   5. 공개의 여부와 공개를 금한 때에는 그 이유
>   ···
>   10. 공판정에서 행한 검증 또는 압수
>   11. 변론의 요지
>   ···
>   14. 판결 기타의 재판을 선고 또는 고지한 사실

ⓛ **공판조서작성상의 특례**: 조서의 독문·열람, 증감변경진술의 기재, 참여자 등의 이의진술과 그에 대한 법관의 의견 기재, 조서의 진술자 간인과 서명날인 등의 적용은 없음

> **제52조(공판조서작성상의 특례)**
> 공판조서 및 공판기일 외의 증인신문조서에는 제48조 제3항 내지 제7항의 규정에 의하지 아니한다. 단, 진술자의 청구가 있는 때에는 그 진술에 관한 부분을 읽어주고 증감변경의 청구가 있는 때에는 그 진술을 기재하여야 한다.

ⓒ **공판조서의 기명날인 또는 서명**

> **제53조(공판조서의 서명 등)**
> ① 공판조서에는 재판장과 참여한 법원사무관 등이 기명날인 또는 서명하여야 한다.
> ② 재판장이 기명날인 또는 서명할 수 없는 때에는 다른 법관이 그 사유를 부기하고 기명날인 또는 서명하여야 하며 법관 전원이 기명날인 또는 서명할 수 없는 때에는 참여한 법원사무관 등이 그 사유를 부기하고 기명날인 또는 서명하여야 한다.
> ③ 법원사무관 등이 기명날인 또는 서명할 수 없는 때에는 재판장 또는 다른 법관이 그 사유를 부기하고 기명날인 또는 서명하여야 한다.

ⓔ **공판조서의 정리**

> **제54조(공판조서의 정리 등)**
> ① 공판조서는 각 공판기일 후 신속히 정리하여야 한다.
> ② 다음 회의 공판기일에 있어서는 전회의 공판심리에 관한 주요사항의 요지를 조서에 의하여 고지하여야 한다. 다만, 다음 회의 공판기일까지 전회의 공판조서가 정리되지 아니한 때에는 조서에 의하지 아니하고 고지할 수 있다.
> ③ 검사, 피고인 또는 변호인은 공판조서의 기재에 대하여 변경을 청구하거나 이의를 제기할 수 있다.
> ④ 제3항에 따른 청구나 이의가 있는 때에는 그 취지와 이에 대한 재판장의 의견을 기재한 조서를 당해 공판조서에 첨부하여야 한다.

ⓜ **피고인의 공판조서의 열람·등사권(제55조)**: 전술함
ⓗ **공판조서의 절대적 증명력(제56조)**: 후술함
ⓢ **공판정에서의 속기와 녹취 및 영상녹화**

> **제56조의2(공판정에서의 속기·녹음 및 영상녹화)**
> ① 법원은 검사, 피고인 또는 변호인의 신청이 있는 때에는 특별한 사정이 없는 한 공판정에서의 심리의 전부 또는 일부를 속기사로 하여금 속기하게 하거나 녹음장치 또는 영상녹화장치를 사용하여 녹음 또는 영상녹화(녹음이 포함된 것을 말한다. 이하 같다)하여야 하며, 필요하다고 인정하는 때에는 직권으로 이를 명할 수 있다.
> ② 법원은 속기록·녹음물 또는 영상녹화물을 공판조서와 별도로 보관하여야 한다.
> ③ 검사, 피고인 또는 변호인은 비용을 부담하고 제2항에 따른 속기록·녹음물 또는 영상녹화물의 사본을 청구할 수 있다.

> **규칙 제30조의2(속기 등의 신청)**
> ① 속기, 녹음 또는 영상녹화(녹음이 포함된 것을 말한다. 다음부터 같다)의 신청은 공판기일·공판준비기일을 열기 전까지 하여야 한다.
> ② 피고인, 변호인 또는 검사의 신청이 있음에도 불구하고 특별한 사정이 있는 때에는 속기, 녹음 또는 영상녹화를 하지 아니하거나 신청하는 것과 다른 방법으로 속기, 녹음 또는 영상녹화를 할 수 있다. 다만, 이 경우 재판장은 공판기일에 그 취지를 고지하여야 한다.
>
> **규칙 제39조(속기록 등의 보관과 폐기)**
> 속기록, 녹음물, 영상녹화물 또는 녹취서는 전자적 형태로 이를 보관할 수 있으며, 재판이 확정되면 폐기한다. 다만, 속기록, 녹음물, 영상녹화물 또는 녹취서가 조서의 일부가 된 경우에는 그러하지 아니하다.
>
> **규칙 제38조의2(속기록, 녹음물 또는 영상녹화물의 사본 교부)**
> ① 재판장은 법 제56조의2 제3항에도 불구하고 피해자 또는 그 밖의 소송관계인의 사생활에 관한 비밀보호 또는 신변에 대한 위해 방지 등을 위하여 필요하다고 인정하는 경우에는 속기록, 녹음물 또는 영상녹화물의 사본의 교부를 불허하거나 그 범위를 제한할 수 있다.
> ② 법 제56조의2 제3항에 따라 속기록, 녹음물 또는 영상녹화물의 사본을 교부받은 사람은 그 사본을 당해 사건 또는 관련 소송의 수행과 관계없는 용도로 사용하여서는 아니 된다.
>
> **규칙 제33조(속기록에 대한 조치)**
> 속기를 하게 한 경우에 재판장은 법원사무관 등으로 하여금 속기록의 전부 또는 일부를 조서에 인용하고 소송기록에 첨부하여 조서의 일부로 하게 할 수 있다.

> **관련 판례**
>
> ❶ 검사가 사전에 공판정에서의 녹음을 신청한 사실이 없고, 법원이 직권으로 녹음을 명한 바도 없으나 조서 작성의 편의를 위한 녹음이 이루어진 경우, 검사가 녹음물의 사본을 청구할 수 있는지 여부(소극)
> … 제56조의2 제1항에 근거하여 이루어진 공판정에서의 심리에 관한 녹음이 있다고 할 수 없으므로 검사는 녹음물의 사본을 청구할 수 없다고 할 것 … (대법원 2012.4.20. 2012모459).
>
> ❷ 공판조서의 유·무효에 관한 판례
> 1. 공판에 관여한 법관의 성명이 전혀 기재되어 있지 않은 경우에는 무효 … (대판 1970.9.22. 70도1312).
> 2. 당해 공판기일에 열석하지 아니한 판사가 재판장으로서 서명날인한 공판조서는 무효 … (대판 1983.2.8. 82도2940).
> 3. 공판조서의 일부가 된 변호인의 피고인에 대한 신문사항을 기재한 별지가 공판조서에 첨부되지 않은 사실만으로는 그 공판조서가 무효라고 볼 수 없다(대판 1999.11.26. 98도3040).

③ 구속 전 피의자심문조서(영장심문조서) 및 적부심사심문조서(제201조의2 제6항, 제214조의2 제14항) : 후술함
④ 공판준비기일조서(제266조의10) : 후술함

(4) 재판확정기록에 대한 열람·등사권
① 재판확정기록에 대한 검찰청에서의 열람·등사

> **제59조의2(재판확정기록의 열람·등사)**
> ① 누구든지 권리구제·학술연구 또는 공익적 목적으로 재판이 확정된 사건의 소송기록을 보관하고 있는 검찰청에 그 소송기록의 열람 또는 등사를 신청할 수 있다.
> ② 검사는 다음 각 호의 어느 하나에 해당하는 경우에는 소송기록의 전부 또는 일부의 열람 또는 등사를 제한할 수 있다. 다만, 소송관계인이나 이해관계 있는 제3자가 열람 또는 등사에 관하여 정당한 사유가 있다고 인정되는 경우에는 그러하지 아니하다.

1. 심리가 비공개로 진행된 경우
2. 소송기록의 공개로 인하여 국가의 안전보장, 선량한 풍속, 공공의 질서유지 또는 공공복리를 현저히 해할 우려가 있는 경우
3. 소송기록의 공개로 인하여 사건관계인의 명예나 사생활의 비밀 또는 생명·신체의 안전이나 생활의 평온을 현저히 해할 우려가 있는 경우
4. 소송기록의 공개로 인하여 공범관계에 있는 자 등의 증거인멸 또는 도주를 용이하게 하거나 관련 사건의 재판에 중대한 영향을 초래할 우려가 있는 경우
5. 소송기록의 공개로 인하여 피고인의 개선이나 갱생에 현저한 지장을 초래할 우려가 있는 경우
6. 소송기록의 공개로 인하여 사건관계인의 영업비밀(「부정경쟁방지 및 영업비밀보호에 관한 법률」 제2조 제2호의 영업비밀을 말한다)이 현저하게 침해될 우려가 있는 경우
7. 소송기록의 공개에 대하여 당해 소송관계인이 동의하지 아니하는 경우

③ 검사는 제2항에 따라 소송기록의 열람 또는 등사를 제한하는 경우에는 신청인에게 그 사유를 명시하여 통지하여야 한다.
④ 검사는 소송기록의 보존을 위하여 필요하다고 인정하는 경우에는 그 소송기록의 등본을 열람 또는 등사하게 할 수 있다. 다만, 원본의 열람 또는 등사가 필요한 경우에는 그러하지 아니하다.
⑤ 소송기록을 열람 또는 등사한 자는 열람 또는 등사에 의하여 알게 된 사항을 이용하여 공공의 질서 또는 선량한 풍속을 해하거나 피고인의 개선 및 갱생을 방해하거나 사건관계인의 명예 또는 생활의 평온을 해하는 행위를 하여서는 아니 된다.
⑥ 제1항에 따라 소송기록의 열람 또는 등사를 신청한 자는 열람 또는 등사에 관한 검사의 처분에 불복하는 경우에는 당해 기록을 보관하고 있는 검찰청에 대응한 법원에 그 처분의 취소 또는 변경을 신청할 수 있다.

관련 판례

❶ 형사소송법 제59조의2에 따른 형사재판확정기록에 대한 열람·등사신청과 정보공개법에 따른 정보공개청구에 관한 판례들

1. … 형사소송법 제59조의2는 형사재판확정기록의 공개 여부나 공개범위, 불복절차 등에 대하여 정보공개법과 달리 규정하고 있는 것 … 형사재판확정기록의 공개에 관하여는 정보공개법에 의한 공개청구가 허용되지 아니한다(대판 2016.12.15, 2013두20882).
2. … 형사재판확정기록의 공개에 관하여는 정보공개법에 의한 공개청구가 허용되지 않는다 … 형사재판확정기록에 관해서는 형사소송법 제59조의2에 따른 열람·등사신청이 허용되고 그 거부나 제한 등에 대한 불복은 준항고에 의하며, 형사재판확정기록이 아닌 불기소처분으로 종결된 기록에 관해서는 정보공개법에 따른 정보공개청구가 허용되고 그 거부나 제한 등에 대한 불복은 항고소송절차에 의한다(대법원 2022.2.11, 2021모3175).
3. 형사소송법 제59조의2의 '재판이 확정된 사건의 소송기록'이란 특정 형사사건에 관하여 법원이 작성하거나 검사, 피고인 등 소송관계인이 작성하여 법원에 제출한 서류들로서 재판확정 후 담당 기관이 소정의 방식에 따라 보관하고 있는 서면의 총체 … 위와 같은 방식과 절차에 따라 보관되고 있는 이상 해당 형사사건에서 증거로 채택되지 아니하였거나 그 범죄사실과 직접 관련되지 아니한 서류라고 하여 재판확정기록에 포함되지 않는다고 볼 것은 아니다(대법원 2022.2.11, 2021모3175).

② 확정판결서 등에 대한 법원에서의 인터넷 등을 통한 열람·복사

제59조의3(확정판결서 등의 열람·복사)
① 누구든지 판결이 확정된 사건의 판결서 또는 그 등본, 증거목록 또는 그 등본, 그 밖에 검사나 피고인 또는 변호인이 법원에 제출한 서류·물건의 명칭·목록 또는 이에 해당하는 정보(이하 "판결서등"이라 한다)를 보관하는 법원에서 해당 판결서등을 열람 및 복사(인터넷, 그 밖의 전산정보처리시스템을 통한 전자적 방법을 포함한다. 이하 이 조에서 같다)할 수 있다. 다만, 다음 각 호의 어느 하나에 해당하는 경우에는 판결서등의 열람 및 복사를 제한할 수 있다.
1. 심리가 비공개로 진행된 경우

2. 「소년법」 제2조에 따른 소년에 관한 사건인 경우
3. 공범관계에 있는 자 등의 증거인멸 또는 도주를 용이하게 하거나 관련 사건의 재판에 중대한 영향을 초래할 우려가 있는 경우
4. 국가의 안전보장을 현저히 해할 우려가 명백하게 있는 경우
5. 제59조의2 제2항 제3호 또는 제6호의 사유가 있는 경우. 다만, 소송관계인의 신청이 있는 경우에 한정한다.

② 법원사무관등이나 그 밖의 법원공무원은 제1항에 따른 열람 및 복사에 앞서 판결서등에 기재된 성명 등 개인정보가 공개되지 아니하도록 대법원규칙으로 정하는 보호조치를 하여야 한다.
③ 제2항에 따른 개인정보 보호조치를 한 법원사무관등이나 그 밖의 법원공무원은 고의 또는 중대한 과실로 인한 것이 아니면 제1항에 따른 열람 및 복사와 관련하여 민사상·형사상 책임을 지지 아니한다.
④ 열람 및 복사에 관하여 정당한 사유가 있는 소송관계인이나 이해관계 있는 제3자는 제1항 단서에도 불구하고 제1항 본문에 따른 법원의 법원사무관등이나 그 밖의 법원공무원에게 판결서등의 열람 및 복사를 신청할 수 있다. 이 경우 법원사무관등이나 그 밖의 법원공무원의 열람 및 복사에 관한 처분에 불복하는 경우에는 제1항 본문에 따른 법원에 처분의 취소 또는 변경을 신청할 수 있다.
⑤ 제4항의 불복신청에 대하여는 제417조 및 제418조를 준용한다.
⑥ 판결서등의 열람 및 복사의 방법과 절차, 개인정보 보호조치의 방법과 절차, 그 밖에 필요한 사항은 대법원규칙으로 정한다.

(5) 소송서류의 송달

① 민사소송법의 준용(제65조)
② 검사에 대한 송달 : 소속검찰청에 송부하여야 함(제62조)
③ 송달받기 위한 신고(송달영수인의 신고)

제60조(송달받기 위한 신고)
① 피고인, 대리인, 대표자, 변호인 또는 보조인이 법원소재지에 서류의 송달을 받을 수 있는 주거 또는 사무소를 두지 아니한 때에는 법원 소재지에 주거 또는 사무소있는 자를 송달영수인으로 선임하여 연명한 서면으로 신고하여야 한다.
② 송달영수인은 송달에 관하여 본인으로 간주하고 그 주거 또는 사무소는 본인의 주거 또는 사무소로 간주한다.
③ 송달영수인의 선임은 같은 지역에 있는 각 심급법원에 대하여 효력이 있다.
④ 전3항의 규정은 신체구속을 당한 자에게 적용하지 아니한다.

[관련 판례]
> **형사소송법 제60조 제4항의 의미에 관한 판례**
> … 제60조 제4항이 규정한 신체구속을 당한 자라 함은 그 사건에서 신체를 구속당한 자를 가리키는 것이요 다른 사건으로 신체구속을 당한 자는 여기에 해당되지 아니한다 … (대법원 1976.11.10, 76모69).

④ 우체에 부치는 송달

제61조(우체에 부치는 송달)
① 주거, 사무소 또는 송달영수인의 선임을 신고하여야 할 자가 그 신고를 하지 아니하는 때에는 법원사무관 등은 서류를 우체에 부치거나 기타 적당한 방법에 의하여 송달할 수 있다.
② 서류를 우체에 부친 경우에는 도달된 때에 송달된 것으로 간주한다.

⑤ 공시송달
  ㉠ 공시송달의 원인

> **제63조(공시송달의 원인)**
> ① 피고인의 주거, 사무소와 현재지를 알 수 없는 때에는 공시송달을 할 수 있다.
> ② 피고인이 재판권이 미치지 아니하는 장소에 있는 경우에 다른 방법으로 송달할 수 없는 때에도 전항과 같다.

  ㉡ 공시송달의 방식 및 효력

> **제64조(공시송달의 방식)**
> ① 공시송달은 대법원규칙의 정하는 바에 의하여 법원이 명한 때에 한하여 할 수 있다.
> ② 공시송달은 법원사무관 등이 송달할 서류를 보관하고 그 사유를 법원게시장에 공시하여야 한다.
> ③ 법원은 전항의 사유를 관보나 신문지상에 공고할 것을 명할 수 있다.
> ④ 최초의 공시송달은 제2항의 공시를 한 날로부터 2주일을 경과하면 그 효력이 생긴다. 단, 제2회 이후의 공시송달은 5일을 경과하면 그 효력이 생긴다.
>
> **규칙 제43조(공시송달을 명하는 재판)**
> 법원은 공시송달의 사유가 있다고 인정한 때에는 직권으로 결정에 의하여 공시송달을 명한다.

[관련 판례]

❶ **형사소송에서의 공시송달의 특징**
  형사소송에서의 공시송달은 재판장이 아니라 법원의 명령이 있는 때에 시행한다는 점, 공시송달신청권이 없고 법원이 직권으로 행한다는 점, 2주일 및 5일이 경과하여야 효력이 발생한다는 점에서 민사소송에서의 공시송달과 다름

❷ **공시송달에 관한 주요 판례들**
  1. 공시송달은 … 피고인의 주거, 현재지 등이 기록상 나타나 있는 경우에는 이를 할 수 없다(대법원 1986.2.27. 85모6).
  2. … 직장과 사택 및 핸드폰 전화번호를 기재하였음에도 … 폐문부재 … 소재탐지 불능이라는 회보를 받자 곧바로 공시송달 방법에 의한 송달을 하여 피고인 진술없이 판결을 한 것은 … 위배된다(대판 2002.9.24. 2002도2520).
  3. 공시송달은 … 피고인의 사무소와 현재지가 기록상 명백한 경우에는 이를 할 수 없다 할 것 … 우편집배원이 2회에 걸쳐 주소지에 갔으나 그때마다 수취인이 부재하였다는 사유만으로는 … 어렵다(대법원 1984.11.8. 84모31).
  4. … 기록에 나타나는 피고인의 주거 등을 파악하기 위해 필요한 조치를 취하지 아니한 채 곧바로 공시송달의 방법에 의한 송달을 하고 피고인의 진술 없이 판결을 하는 것은 … 허용되지 아니한다 … (대판 2015.2.12. 2014도16822).
  5. 공판기일소환장 등이 송달불능되었다고 하더라도 그것만으로는 공시송달의 요건인 피고인의 주거를 알 수 없는 때에 해당한다고 단정하기 어렵고 … 아무런 조치도 취하지 아니한 채 … 위배 … (대판 1997.9.26. 97도1371).
  6. … 피고인의 사무소 주소가 기재되어 있음에도 … 송달불능되자 곧바로 공시송달 … 위법(대법원 1996.8.22. 96모59).
  7. … 송달장소를 확인하는 등의 시도를 하지 아니한 채 단순히 공판기일에 출석할 것을 통지하는 데 그친 경우 … 공시송달의 방법으로 공소장 부본 등을 송달한 제1심의 조치는 위법 … (대판 2012.1.12. 2011도15236).
  8. 기록상 피고인의 집 전화번호 또는 휴대 전화번호 등이 나타나 있는 경우 … 위 전화번호로 연락하여 송달받을 장소를 확인하여 보는 등의 시도를 해보아야 하고, 그러한 조치를 취하지 아니한 채 곧바로 공시송달의 방법에 의한 송달을 하고 피고인의 진술없이 판결을 하는 것은 … 제63조 제1항, 제365조에 위배 … 이러한 법리는 피고인이 제1심판결에 대하여 항소를 하여 소송이 계속된 사실을 알면서 법원에 거주지 변경신고를 하지 않은 잘못을 저질러서 그로 인하여 송달이 되지 아니하자 법원이 공시송달의 방법에 의한 송달을 하게 된 경우에도 마찬가지 … (대판 2007.7.12. 2006도3892).

9. 피고인이 구치소나 교도소 등에 수감 중에 있는 경우 … '피고인의 주거, 사무소, 현재지를 알 수 없는 때'나 '피고인의 소재를 확인할 수 없는 경우'에 해당한다고 할 수 없으므로 … 수감 중인 피고인에 대하여 … 종전 주소지 등으로 송달한 경우는 물론 공시송달의 방법으로 송달하였더라도 이는 위법하다 … (대판 2013.6.27. 2013도2714).
10. 공시송달에 있어 … 관보나 신문지상에 공고할 것을 명할 수 있을 뿐, 반드시 이를 명하여야 하는 것이 아니고 … 법원의 재량에 속하는 것 … 공고가 없었다 하더라도 … 부적법이라 할 수 없다(대판 1966.7.26. 66도599).
11. 공시송달 방법에 의한 피고인 소환이 부적법하여 피고인이 공판기일에 출석하지 않은 가운데 진행된 제1심의 절차가 위법 … 항소심으로서는 다시 적법한 절차에 의하여 소송행위를 새로이 한 후 항소심에서의 진술과 증거조사 등 심리 결과에 기초하여 다시 판결하여야 한다(대판 2012.4.26. 2012도986).

❹ 송달에 관한 기타의 주요 판례들

1. 구속된 자에 대한 송달
① … 그 소장에게 송달하면 구속된 자에게 전달된 여부에 관계없이 효력이 생긴다(대판 1995.1.12. 94도2687).
② … 수감된 사람에게 할 송달을 교도소·구치소 또는 국가경찰관서의 장에게 하지 아니하고 수감되기 전의 종전 주·거소에 하였다면 부적법하여 무효 … 법원이 피고인의 수감 사실을 모른 채 종전 주·거소에 송달하였다고 하여도 마찬가지 … (대법원 2017.11.7. 2017모2162).
③ 수감자에 대한 약식명령의 송달을 교도소 등의 소장에게 하지 아니하고 수감되기 전의 종전 주·거소에 하였다면 부적법하여 무효 … 약식명령이 고지된 사실을 다른 방법으로 알았다고 하더라도 송달의 효력은 여전히 발생하지 않는다(대법원 1995.6.14. 95모14).
④ … 재감자에 대한 재심기각결정의 송달을 교도소 등의 장에게 하지 아니하였다면 부적법하여 무효 … 재감자인 피고인이 재심기각결정이 고지된 사실을 다른 방법으로 알았다고 하더라도 송달의 효력은 여전히 발생하지 않는다 … 송달받을 사람을 구치소장이 아닌 재감자로 하여 송달한 것은 부적법하여 무효 … (대법원 2009.8.20. 2008모630).
⑤ … 재감자에 대한 송달을 교도소 등의 장에게 하지 아니하였다면 그 송달은 부적법하여 무효 … 항소심법원이 구치소로 소송기록접수통지서를 송달하면서 송달받을 사람을 구치소의 장이 아닌 재항고인으로 하였고 구치소 서무계원이 이를 수령한 경우 그 소송기록접수의 통지는 효력이 없다(대법원 2017.9.22. 2017모1680).
⑥ 송달명의인이 체포 또는 구속된 날 소송기록접수통지서 등의 송달서류가 송달명의인의 종전 주·거소에 송달되었다면 송달의 효력 발생 여부는 체포 또는 구속된 시각과 송달된 시각의 선후에 의하여 결정 … 선후관계가 명백하지 않다면 송달의 효력은 발생하지 않는 것 … (대법원 2017.11.7. 2017모2162).

2. 보충송달
① … 동거가족에게 서류가 교부되고 그 동거가족이 사리를 변식할 지능이 있는 이상 … 송달의 취지를 이해하고 영수한 서류를 수송달자에게 교부하는 것을 기대할 수 있는 정도의 능력 … (대법원 2000.2.14. 99모225).
② 8세 4월 정도의 여자 어린이 … 송달 자체의 취지를 이해하고 영수한 서류를 수송달자인 아버지에게 교부하는 것을 기대할 수 있는 능력 정도는 있다(대법원 1995.8.16. 95모20).
③ … 동거자로서 … 어머니가 문맹이고 관절염, 골다공증으로 인하여 거동이 불편하다 하더라도 그것만으로 사리를 변식할 능력이 없다고 할 수 없으므로 위 송달은 적법한 보충송달 … (대법원 2000.2.14. 99모225).
④ 피고인이 제1심판결에 항소를 제기한 후 타처로 전입하여 … 법원이 종전의 주거지로 송달하여 피고인의 모가 이를 수령한 경우 … 동거자라고도 할 수 없으므로, 위 송달은 그 효력이 없다(대판 1997.6.10. 96도2814).
⑤ 피수용자 甲의 인신보호법상 구제신청에 대한 제1심법원의 기각결정이 甲이 수용되어 있는 병원에서 병원 직원으로 보이는 乙에게 송달 … 乙이 … 사무원, 피용자 또는 동거인에 해당한다고 단정할 수도 없다 … 적법한 것으로 볼 수 없다(대법원 2011.6.14. 2011마1).

3. 기타의 경우
① 항소한 검사에게 소송기록접수통지를 하지 않고 원심에 대응하는 고등검찰청 검사에게 그 접수통지를 보내었다 하더라도 검사동일체의 원칙에 따라 그 통지는 적법 … (대판 1966.12.27. 66도1488).
② … 피고인이 변호인으로 선임한 甲 변호사의 사무소로 송달을 원하고 있음을 확인하고 피고인의 주소를 甲 변호사 사무소로 기재한 주소보정서를 원심에 제출 … 그 후 甲 변호사가 사임하고 새로이 乙 변호사가 변호인으로 선임된 사안 … 검사가 피고인의 주소로서 보정한 甲 변호사 사무소는 … 적법한 송달장소에 해당한다고 볼 자료가 없으므로 … 피고인에 대한 공판기일소환장 등을 甲 변호사 사무소로 발송하여 그 사무소 직원이 수령하였더라도 … 적법한 방법으로 피고인의 소환이 이루어졌다고 볼 수 없다(대판 2018.11.29. 2018도13377).

Ⅲ 소송행위의 일시

1. 기간의 종류

(1) 행위기간과 불행위기간

행위기간	고소기간, 상소기간, 즉시항고 제출기간, 상고이유서 제출기간 등
불행위기간	제1회 공판기일의 유예기간, 소환장송달의 유예기간 등

(2) 법정기간과 재정기간

법정기간	구속기간, 상소제기기간 등
재정기간	구속기간의 연장, 7일을 넘는 영장유효기간, 감정유치기간 등

(3) 불변기간과 훈시기간

불변기간	고소기간, 재정신청기간, 상소제기기간 등
훈시기간	고소, 고발사건의 처리기간, 재정결정기간, 공판조서 정리기간 등

2. 기간의 계산방법

> **제66조(기간의 계산)**
> ① 기간의 계산에 관하여는 시(時)로 계산하는 것은 즉시(卽時)부터 기산하고 일(日), 월(月) 또는 연(年)으로 계산하는 것은 초일을 산입하지 아니한다. 다만, 시효(時效)와 구속기간의 초일은 시간을 계산하지 아니하고 1일로 산정한다.
> ② 연 또는 월로 정한 기간은 연 또는 월 단위로 계산한다.
> ③ 기간의 말일이 공휴일이거나 토요일이면 그날은 기간에 산입하지 아니한다. 다만, 시효와 구속기간에 관하여는 예외로 한다.

관련 판례

🔵 항소이유서 제출기간 및 기간의 말일이 공휴일 또는 토요일에 해당하는 경우, 그 날을 항소이유서 제출기간에 산입하는지 여부(소극) 및 '관공서의 공휴일에 관한 규정' 제2조 제11호에서 정한 '기타 정부에서 수시 지정하는 날'인 임시공휴일이 공휴일에 해당하는지 여부(적극)
… 제361조의2와 제361조의3 … 통지를 받은 날로부터 20일 이내에 항소이유서를 제출하도록 … 제66조 제3항에 의하면, 시효와 구속의 기간을 제외하고는 기간의 말일이 공휴일 또는 토요일에 해당하는 날은 항소이유서 제출기간에 산입하지 아니하도록 … 기간의 말일이 공휴일인지 여부는 '공휴일'에 관하여 규정하고 있는 '관공서의 공휴일에 관한 규정' 제2조 각 호에 해당하는지에 따라 결정 … '기타 정부에서 수시 지정하는 날'인 임시공휴일 역시 공휴일에 해당 … (대법원 2021.1.14. 2020모3694)

3. 법정기간의 연장

법정기간은 소송행위를 할 자의 주거 또는 사무소의 소재지와 법원 또는 검찰청 소재지와의 거리 및 교통통신의 불편정도에 따라 대법원규칙으로 이를 연장할 수 있음(제67조)

→ 주거 또는 사무소의 소재지와 법원 또는 검찰청 소재지와의 거리에 따라 해로는 100킬로미터, 육로는 200킬로미터마다 각 1일을 부가하며, 그 거리의 전부 또는 잔여가 기준에 미달할지라도 50킬로미터 이상이면 1일을 부가(규칙 제44조 제1항)

→ 소송행위를 할 자가 외국에 있는 경우의 법정기간에는 아시아주 및 오세아니아주는 15일, 북아메리카주 및 유럽주는 20일, 중남아메리카주 및 아프리카주는 30일을 부가(규칙 제44조 제2항)

03 소송행위에 대한 가치판단

I 소송행위의 성립·불성립

소송행위가 불성립한 경우에는 무시·방치

II 소송행위의 유효·무효

1. 유효·무효의 의의

무효인 소송행위는 소송행위의 본래적 효력을 인정하지 않는 것에 불과하며 어떠한 법적 효과도 발생하지 않는다는 의미는 아님 → 예컨대, 무효인 공소제기라도 공소제기의 본래적 효력인 소송계속은 발생하지 않지만, 공소시효정지의 효력은 인정됨

2. 무효의 원인

(1) 주체에 관한 무효의 원인
   ① 행위능력·행위적격·대리권 등의 흠결 : 무효원인이 됨
   ② 착오·사기·강박 등에 의하여 의사표시를 한 경우
      ㉠ 실체형성행위 : 착오·사기·강박 등이 있더라도 무효원인이 될 수는 없음
      ㉡ 절차형성행위 : 판례는 일정한 요건 하에 무효로 할 수 있다고 함

> **관련 판례**
>
> 🔹 **착오에 의한 소송행위가 무효로 되기 위한 요건**
> 1. … 첫째 통상인의 판단을 기준으로 하여 … 중요한 점(동기를 포함)에 관하여 착오 … 둘째 착오가 행위자 또는 대리인이 책임질 수 없는 사유로 인하여 발생 … 셋째 그 행위를 유효로 하는 것이 현저히 정의에 반한다고 인정될 것 등 세 가지 요건을 필요 … (대법원 1992.3.13, 92모1).
> 2. 교도관이 내어 주는 상소권포기서를 항소장으로 잘못 믿은 나머지 이를 확인하여 보지도 않고 서명 무인한 경우, 항소포기가 유효 … (대법원 1995.8.17, 95모49).

(2) 내용 및 방식의 하자 : 무효원인이 됨

3. 무효의 치유

(1) 소송행위의 추완
   ① 단순추완
      ㉠ 명문규정이 있는 경우 : 상소권회복(제345조), 약식명령에 대한 정식재판청구권의 회복(제458조)
      ㉡ 명문규정이 없는 경우 : 소송경제와 절차유지를 근거로 긍정하는 적극설과 형사소송의 형식적 확실성을 강조하여 부정하는 소극설 등의 견해대립
   ② 보정적 추완
      ㉠ 변호인선임의 추완(변호인선임 이전에 변호인으로서 한 소송행위가 변호인선임신고서 제출에 의하여 유효하게 될 수 있는지의 문제)

> [관련 판례]
> ❸ **변호인 선임에 있어서 보정적 추완의 부정**
> 1. … 정식재판청구기간 경과 후에 비로소 변호인선임신고서를 제출한 경우 … 적법·유효한 정식재판청구로서의 효력이 없다고 할 것 … (대법원 2005.1.20, 2003모429).
> 2. 상소이유서 제출기간 후에 변호인선임계가 제출된 때에는 그 기간 전에 상소이유서를 제출하였다고 하더라도 변호인의 상소이유서로서의 효력이 없다(대법원 1969.10.4, 69모68).

　　ⓒ 공소사실의 추완(공소사실을 특정하지 않은 공소제기는 무효이나, 공소사실의 추완에 의하여 그 무효인 공소제기가 유효하게 될 수 있는지의 문제)
　　　ⓐ 전부불명의 경우(전혀 특정되지 않은 경우) : 추완 부정 → 공소기각판결(제327조 제2호)
　　　ⓑ 일부불명의 경우(기재되었으나 불명확한 경우) : 추완 내지 보정 인정

> [관련 판례]
> ❸ **공소사실의 일부불명의 경우 법원에 석명권 행사의 의무가 있는지 여부(적극)**
> 1. 법원은 검사에게 석명을 구하여 만약 이를 명확하게 하지 아니한 경우에 공소사실의 불특정을 이유로 공소기각을 할 것이고 이에 이르지 않고 바로 공소기각의 판결을 하였음은 심리미진의 위법이 있다(대판 1983.6.14, 83도293).
> 2. … 법원은 형사소송규칙 제141조의 규정에 의하여 검사에게 석명을 구한 다음, 그래도 검사가 이를 명확하게 하지 않은 때에야 … 공소를 기각함이 상당 … (대판 2006.5.11, 2004도5972).
> ❸ **검사의 기명날인 또는 서명이 누락된 공소장이 관할법원에 제출된 후 검사가 공소장에 기명날인 또는 서명을 추완한 경우 공소제기의 효력(유효)**
> … 그 절차가 법률의 규정에 위반하여 무효인 때(제327조 제2호)에 해당 … 다만 … 검사가 공소장에 기명날인 또는 서명을 추완하는 등의 방법에 의하여 공소의 제기가 유효하게 될 수 있다(대판 2012.9.27, 2010도17052).

　　ⓒ 고소의 추완(친고죄에서 고소없이 공소를 제기한 경우에 공소제기 후에 행한 고소에 의하여 무효인 공소제기가 유효하게 되는지의 문제) : 소송경제를 근거로 긍정하는 적극설과 피고인의 조기해방과 형사소송의 형식적 확실성을 강조하여 부정하는 소극설 등의 견해가 대립하나, 판례는 친고죄에 있어서 고소의 추완에 대하여 부정적인 입장(대판 1982.9.14, 82도1504)

> [관련 판례]
> ❸ **고소의 추완 및 고발의 추완을 부정한 판례**
> 1. 친고죄 … 기소 이후의 고소의 추완은 허용되지 아니한다 할 것 … 비친고죄로 기소되었다가 친고죄로 공소장이 변경되는 경우에도 동일 … (대판 1982.9.14, 82도1504).
> 2. 세무공무원의 고발없이 조세범칙사건의 공소가 제기된 후에 세무공무원이 그 고발을 하였다 하여도 그 공소절차의 무효가 치유된다고는 볼 수 없다(대판 1970.7.28, 70도942).

(2) 공격·방어방법의 소멸에 의한 하자의 치유
　① 모두진술 이후의 토지관할에 대한 관할위반(제320조 제2항)
　② 이의권(책문권)의 포기로 인하여 무효가 치유되는 경우
　　ⓐ 공소장부본송달의 하자(제266조)
　　ⓑ 공판기일지정의 하자(제267조)
　　ⓒ 제1회 공판기일유예의 하자(제269조)

> **관련 판례**
>
> ❸ **책문권(이의권)의 포기로 무효인 하자가 치유될 수 있다는 판례들**
> 1. … 증인신문의 시일과 장소를 미리 통지함이 없이 증인들의 신문을 시행하였음은 위법 … 피고인이나 변호인이 이의를 하지 않았다면 위의 하자는 책문권의 포기로 치유 … (대판 1974.1.15, 73도2967).
> 2. … 제297조의 규정 … 피고인을 퇴정하게 하고 … 피고인에게 실질적인 반대신문의 기회를 부여하지 아니한 채 이루어진 증인의 법정진술은 위법한 증거로서 증거능력이 없다 … 피고인이 '변경할 점과 이의할 점이 없다.'고 진술하여 책문권 포기 의사를 명시함으로써 그 하자가 치유되었다고 볼 것 … (대판 2010.1.14, 2009도9344).
> 3. 주신문을 하면서 … 허용되지 않는 유도신문 … 피고인과 변호인이 '변경할 점과 이의할 점이 없다.'고 진술한 경우, 피고인이 책문권 포기 의사를 명시함으로써 그 주신문의 하자가 치유되었다 … (대판 2012.7.26, 2012도2937).

04 소송조건(訴訟條件)

I. 소송조건의 의의

사건의 실체에 대하여 심판할 수 있는 실체심리의 전제조건 → 흠결시 형식재판으로 종결

II. 소송조건의 종류

1. 일반적 소송조건과 특별 소송조건

일반적 소송조건	일반사건에 공통으로 필요한 소송조건(예 재판권, 관할권 등)
특별 소송조건	특수한 사건에 대하여만 필요한 소송조건(예 친고죄에 있어서의 고소 등)

2. 절대적 소송조건과 상대적 소송조건

절대적 소송조건	법원이 직권으로 조사하여야 하는 소송행위(대부분의 소송조건이 이에 해당)
상대적 소송조건	당사자의 신청이 있어야만 조사할 수 있는 소송조건(예 토지관할)

3. 적극적 소송조건과 소극적 소송조건

적극적 소송조건	일정한 사실의 존재가 소송조건이 되는 것(예 관할권·재판권의 존재, 당사자능력의 존재 등)
소극적 소송조건	일정한 사실의 부존재가 소송조건이 되는 것(예 동일사건에 관하여 확정판결이 없을 것, 이중의 공소제기가 없을 것, 공소시효기간이 완성되지 않았을 것 등)

4. 형식적 소송조건과 실체적 소송조건

형식적 소송조건	절차면에 관한 사유를 소송조건으로 하는 것(예 공소기각재판이나 관할위반판결 사유)
실체적 소송조건	실체면에 관한 사유를 소송조건으로 하는 것(예 면소판결사유)

Ⅲ 소송조건의 조사

1. 직권조사원칙
상대적 소송조건의 경우를 제외하고는 원칙적으로 직권으로 조사하여야 함 → 자유로운 증명

2. 소송조건의 판단기준과 판단시점
소송조건은 공소제기시뿐만 아니라 판결시에도 존재하여야 함

Ⅳ 소송조건 흠결의 효과

1. 형식재판에 의한 종결(실체심리 내지 실체판결을 할 수 없음)
(1) 형식적 소송조건이 흠결된 경우 : 공소기각결정(제328조), 공소기각판결(제327조), 관할위반판결(제319조) 등으로 종결

(2) 실체적 소송조건이 흠결된 경우 : 면소판결(제326조)로 종결

> **관련 판례**
> ❸ 무죄의 제1심판결에 대하여 검사가 항소하였으나 공소기각 사유가 있다고 인정될 경우, 항소심법원이 직권으로 제1심판결을 파기하고 공소기각판결을 선고할 것인지의 여부
> 무죄의 제1심판결에 대하여 … 항소하였으나 공소기각사유가 있다고 인정될 경우, 항소심법원은 직권으로 판단하여 제1심판결을 파기하고 … 무죄라는 판단을 하기에 앞서 공소기각의 판결을 선고하여야 … (대판 1994.10.14. 94도1818).

2. 소송조건 흠결의 경합
① 공소기각결정 → ② 공소기각판결 → ③ 관할위반판결 → ④ 면소판결

Ⅴ 소송조건의 추완
주로 친고죄에 있어서 고소의 추완을 인정할 것인지 여부를 중심으로 논의됨 → 전술함

이준현 교수 / **형사소송법**

CORE SUMMARY

PART
03

수사와 공소

제1장 수사
제2장 강제처분과 강제수사
제3장 수사의 종결
제4장 공소제기

CHAPTER 01 수사

CORE SUMMARY

01 총설

I 서설

1. 수사의 의의
범죄의 혐의유무를 명백히 하여 공소의 제기와 유지여부를 결정하기 위하여 범인을 발견·확보하고 증거를 수집·보전하는 수사기관의 활동(대판 1999.12.7, 98도3329)

> **관련 판례**
>
> **❷ 내사사건의 종결처분에 대한 헌법소원 여부(소극)**
> … 내사사건의 종결처분에 대하여 … 재정신청이나 헌법소원을 제기할 수 없다(헌재결 1998.2.27, 94헌마77).

2. 수사의 시간적 범위
원칙적으로 공소제기 이전에 → 공소제기 후에도 공소유지여부를 결정하기 위하여 수사 가능

II 수사기관과 피의자

1. 수사기관
(1) 수사기관의 의의 : 법률상 범죄수사의 권한이 인정되어 있는 국가기관

(2) 수사기관의 종류

① 검사(檢事)

㉠ 검찰청의 검사

ⓐ 검사의 수사

> **제196조(검사의 수사)**
> ① 검사는 범죄의 혐의가 있다고 사료하는 때에는 범인, 범죄사실과 증거를 수사한다.
> ② 검사는 제197조의3 제6항(시정조치요구에 이은 사건의 송치), 제198조의2 제2항(체포·구속장소 감찰에 따른 사건의 송치) 및 제245조의7 제2항(불송치결정에 대한 고소인의 이의신청에 따른 사건의 송치)에 따라 사법경찰관으로부터 송치받은 사건에 관하여는 해당 사건과 동일성을 해치지 아니하는 범위 내에서 수사할 수 있다.

ⓑ 검사의 수사개시가 가능한 범죄
　　ⓘ 부패범죄와 경제범죄 : 2022년 검찰청법 개정을 통하여 검사가 수사를 개시할 수 있는 범죄의 범위에서 공직자범죄, 선거범죄, 방위사업범죄, 대형참사 등 4개 범죄를 제외하여, 검사가 직접 수사를 개시할 수 있는 범죄를 부패범죄와 경제범죄로 한정하고 있음(검찰청법 제4조 제1항 제1호 가목)
　　ⓘⓘ 경찰공무원이 범한 범죄 : 경찰공무원이 범한 범죄는 검사가 직접 수사를 개시할 수 있음 (검찰청법 제4조 제1항 제1호 나목)

ⓒ 고위공직자범죄수사처의 검사
　ⓐ 고위공직자범죄수사처의 권한
　　ⓘ 고위공직자범죄 등에 관한 수사 : 대통령, 국회의장 및 국회의원, 헌법재판소장 및 헌법재판관, 대법원장 및 대법관, 국무총리, 검찰총장, 판사 및 검사, 경무관 이상 경찰공무원 등 고위공직자범죄 등에 관한 수사의 직무를 독립하여 수행함(고위공직자범죄수사처 설치 및 운영에 관한 법률 제3조)
　　ⓘⓘ 고위공직자범죄의 공소제기 및 유지 : 대법원장 및 대법관, 검찰총장, 판사 및 검사, 경무관 이상 경찰공무원에 해당하는 고위공직자로 재직 중에 본인 또는 본인의 가족이 범한 고위공직자범죄 및 관련범죄의 공소제기와 그 유지의 직무를 독립하여 수행함(고위공직자범죄수사처 설치 및 운영에 관한 법률 제3조)
　ⓑ 수사처검사의 직무와 권한 : 고위공직자범죄수사처의 검사는 고위공직자범죄 등에 관한 수사와 공소의 제기 및 유지에 필요한 행위를 하며, 고위공직자범죄의 혐의가 있다고 사료하는 때에는 범인, 범죄사실과 증거를 수사하여야 함(고위공직자범죄수사처 설치 및 운영에 관한 법률 제20조 및 제23조)

② 사법경찰관리
　㉠ 형사소송법상 사법경찰관리
　　ⓐ 일반사법경찰관리(권한이 일반적이고 보편적, 범죄수사대상사건에 제한 없음)

> **제197조(사법경찰관리)**
> ① 경무관, 총경, 경정, 경감, 경위는 사법경찰관으로서 범죄의 혐의가 있다고 사료하는 때에는 범인, 범죄사실과 증거를 수사한다.
> ② 경사, 경장, 순경은 사법경찰리로서 수사의 보조를 하여야 한다.

　　　관련 판례
　　　❸ **사법경찰관사무취급이 작성한 조서가 권한 없는 자에 의하여 작성된 조서인지의 여부(소극)**
　　　　사법경찰관사무취급이 작성한 피의자신문조서 … 권한없는 자가 작성한 조서라고 할 수 없다(대판 1981.6.9, 81도1357).

　　ⓑ 특별사법경찰관리(권한이 사항적 또는 지역적으로 제한, 특수분야에 한정) : 교도소장, 세관공무원, 산림공무원, 근로감독관 등이 이에 속함 → 일반사법경찰관리에 관한 제197조의2(보완수사요구), 제197조의3(시정조치요구 등), 제197조의4(수사의 경합), 제221조의5(사법경찰관이 신청한 영장의 청구 여부에 대한 심의), 제245조의5(사법경찰관의 사건송치 등), 제245조의6(고소인 등에 대한 송부통지), 제245조의7(고소인 등의 이의신청), 제245조의8(재수사요청 등)의 규정을 적용하지 않음

> **제245조의10(특별사법경찰관리)**
> ① 삼림, 해사, 전매, 세무, 군수사기관 기타 특별한 사항에 관하여 사법경찰관리의 직무를 행할 특별사법경찰관리와 그 직무의 범위는 법률로 정한다.
> ② 특별사법경찰관은 모든 수사에 관하여 검사의 지휘를 받는다.
> ③ 특별사법경찰관은 범죄의 혐의가 있다고 인식하는 때에는 범인, 범죄사실과 증거에 관하여 수사를 개시·진행하여야 한다.
> ④ 특별사법경찰관리는 검사의 지휘가 있는 때에는 이에 따라야 한다. 검사의 지휘에 관한 구체적 사항은 법무부령으로 정한다.
> ⑤ 특별사법경찰관은 범죄를 수사한 때에는 지체 없이 검사에게 사건을 송치하고, 관계 서류와 증거물을 송부하여야 한다.
> ⑥ 특별사법경찰관리에 대하여는 제197조의2부터 제197조의4까지, 제221조의5, 제245조의5부터 제245조의8까지의 규정을 적용하지 아니한다.

관련 판례

❶ **근로감독관이 특별사법경찰관으로서 중대재해와 관련한 산업안전보건법 위반 내지 근로기준법 위반을 수사하는 절차가 형사소송법 등에 따른 절차인지 여부(적극)**
… 중대재해가 발생하여 근로감독관이 그 발생원인 등을 조사하는 것은 산업안전보건법 및 그 하위법령에 따른 절차 … 근로감독관이 특별사법경찰관으로서 중대재해와 관련한 산업안전보건법 위반 내지 근로기준법 위반을 수사하는 경우 … 그 수사절차는 형사소송법, 사법경찰직무법, 구 특별사법경찰관리 집무규칙에 따른 절차라고 보는 것이 타당 … (대판 2022.1.13, 2015도6326).

❷ **특별사법경찰관리가 범죄수사를 위하여 영업소에 출입하는 경우 식품위생법 제22조 제3항의 권한을 표시하는 증표 및 조사기간 등이 기재된 서류 등 제시의무를 준수하여야 하는지 여부(소극)**
… 식품위생법 제22조 제3항에 따라 권한을 표시하는 증표 및 조사기간 등이 기재된 서류를 제시하여야 하는 경우는 … 영업소에 출입하여 식품 등 또는 영업시설 등에 대하여 검사하거나, 식품 등의 무상 수거, 장부 또는 서류를 열람하는 등의 행정조사를 하려는 경우에 한정 … 따라서 … 특별사법경찰관리로 지명된 공무원이 범죄수사를 위하여 음식점 등 영업소에 출입하여 증거수집 등 수사를 하는 경우에는 식품위생법 제22조 제3항이 정한 절차를 준수하지 않았다고 하여 위법하다고 할 수 없다(대판 2023.7.13, 2021도10763).

❸ **소관 업무의 성질이 수사업무와 유사하거나 이에 준하는 경우, 그 업무를 담당하는 공무원을 사법경찰관리 또는 특별사법경찰관리에 해당한다고 해석할 수 있는지 여부(소극)**
… 소관 업무의 성질이 수사업무와 유사하거나 이에 준하는 경우에도 명문의 규정이 없는 한 함부로 그 업무를 담당하는 공무원을 사법경찰관리 또는 특별사법경찰관리에 해당한다고 해석할 수 없다 … 세무 분야에 관하여 특별사법경찰관리의 직무를 행할 자와 그 직무의 범위를 법률로써 정한다고 규정 … 이에 따라 '관세법에 따라 관세범의 조사 업무에 종사하는 세관공무원'만 명시하였을 뿐 … '조세범칙조사를 담당하는 세무공무원'을 포함시키지 않았다(대판 2022.12.15, 2022도8824).

ⓒ 검찰청법상의 사법경찰관리 : 검찰총장 및 각급 검찰청검사장의 지명을 받은 자로서, 검찰주사·마약수사주사·검찰주사보 및 마약수사주사보는 사법경찰관의 직무를, 검찰서기·마약수사서기·검찰서기보 및 마약수사서기보는 사법경찰리의 직무를 행함(검찰청법 제47조) → 일반사법경찰관리에 관한 제197조의2(보완수사요구), 제197조의3(시정조치요구 등), 제197조의4(수사의 경합), 제221조의5(사법경찰관이 신청한 영장의 청구 여부에 대한 심의), 제245조의5(사법경찰관의 사건송치 등), 제245조의6(고소인 등에 대한 송부통지), 제245조의7(고소인 등의 이의신청), 제245조의8(재수사요청 등)의 규정을 적용하지 않음(제245조의9 제4항)

> **제245조의9(검찰청 직원)**
> ① 검찰청 직원으로서 사법경찰관리의 직무를 행하는 자와 그 직무의 범위는 법률로 정한다.
> ② 사법경찰관의 직무를 행하는 검찰청 직원은 검사의 지휘를 받아 수사하여야 한다.
> ③ 사법경찰리의 직무를 행하는 검찰청 직원은 검사 또는 사법경찰관의 직무를 행하는 검찰청 직원의 수사를 보조하여야 한다.
> ④ 사법경찰관리의 직무를 행하는 검찰청 직원에 대하여는 제197조의2부터 제197조의4까지, 제221조의5, 제245조의5부터 제245조의8까지의 규정을 적용하지 아니한다.

ⓒ 고위공직자범죄수사처의 수사관 : 수사처검사의 지휘·감독을 받아 직무를 수행하며, 고위공직자범죄 등에 대한 수사에 관하여 형사소송법 제197조 제1항에 따른 사법경찰관의 직무를 수행함 (고위공직자범죄수사처 설치 및 운영에 관한 법률 제21조)

(3) 검사와 사법경찰관리의 관계

① 상호협력관계

> **제195조(검사와 사법경찰관의 관계 등)**
> ① 검사와 사법경찰관은 수사, 공소제기 및 공소유지에 관하여 서로 협력하여야 한다.
> ② 제1항에 따른 수사를 위하여 준수하여야 하는 일반적 수사준칙에 관한 사항을 대통령령으로 정한다.

② 상호협력관계의 구체적 내용
　ⓐ 상호협력관계의 명문화(제195조 제1항)
　ⓑ 검사작성과 사법경찰관작성 피의자신문조서의 증거능력 요건의 동일화(제312조)
　ⓒ 검사가 사법경찰관이 신청한 영장을 기각한 경우 고등검찰청에 영장청구 여부에 대한 심의 신청 (제221조의5 제1항)
　ⓓ 사법경찰관의 사건불송치 처분 가능(제245조의5)

③ 상호협력관계의 보완
　ⓐ 검사의 보완수사요구

> **제197조의2(보완수사요구)**
> ① 검사는 다음 각 호의 어느 하나에 해당하는 경우에 사법경찰관에게 보완수사를 요구할 수 있다.
> 　1. 송치사건의 공소제기 여부 결정 또는 공소의 유지에 관하여 필요한 경우
> 　2. 사법경찰관이 신청한 영장의 청구 여부 결정에 관하여 필요한 경우
> ② 사법경찰관은 제1항의 요구가 있는 때에는 정당한 이유가 없는 한 지체없이 이를 이행하고, 그 결과를 검사에게 통보하여야 한다.
> ③ 검찰총장 또는 각급 검찰청 검사장은 사법경찰관이 정당한 이유 없이 제1항의 요구에 따르지 아니하는 때에는 권한 있는 사람에게 해당 사법경찰관의 직무배제 또는 징계를 요구할 수 있고, 그 징계 절차는 「공무원 징계령」 또는 「경찰공무원 징계령」에 따른다.

　ⓑ 검사의 시정조치요구 및 사건송치요구

> **제197조의3(시정조치요구 등)**
> ① 검사는 사법경찰관리의 수사과정에서 법령위반, 인권침해 또는 현저한 수사권 남용이 의심되는 사실의 신고가 있거나 그러한 사실을 인식하게 된 경우에는 사법경찰관에게 사건기록 등본의 송부를 요구할 수 있다.
> ② 제1항의 송부 요구를 받은 사법경찰관은 지체 없이 검사에게 사건기록 등본을 송부하여야 한다.

③ 제2항의 송부를 받은 검사는 필요하다고 인정되는 경우에는 사법경찰관에게 시정조치를 요구할 수 있다.
④ 사법경찰관은 제3항의 시정조치 요구가 있는 때에는 정당한 이유가 없으면 지체 없이 이를 이행하고, 그 결과를 검사에게 통보하여야 한다.
⑤ 제4항의 통보를 받은 검사는 제3항에 따른 시정조치 요구가 정당한 이유 없이 이행되지 않았다고 인정되는 경우에는 사법경찰관에게 사건을 송치할 것을 요구할 수 있다.
⑥ 제5항의 송치 요구를 받은 사법경찰관은 검사에게 사건을 송치하여야 한다.
⑦ 검찰총장 또는 각급 검찰청 검사장은 사법경찰관리의 수사과정에서 법령위반, 인권침해 또는 현저한 수사권 남용이 있었던 때에는 권한 있는 사람에게 해당 사법경찰관리의 징계를 요구할 수 있고, 그 징계 절차는 「공무원 징계령」 또는 「경찰공무원 징계령」에 따른다.
⑧ 사법경찰관은 피의자를 신문하기 전에 수사과정에서 법령위반, 인권침해 또는 현저한 수사권 남용이 있는 경우 검사에게 구제를 신청할 수 있음을 피의자에게 알려주어야 한다.

ⓒ 수사의 경합에 따른 검사의 사건송치요구

제197조의4(수사의 경합)
① 검사는 사법경찰관과 동일한 범죄사실을 수사하게 된 때에는 사법경찰관에게 사건을 송치할 것을 요구할 수 있다.
② 제1항의 요구를 받은 사법경찰관은 지체 없이 검사에게 사건을 송치하여야 한다. 다만, 검사가 영장을 청구하기 전에 동일한 범죄사실에 관하여 사법경찰관이 영장을 신청한 경우에는 해당 영장에 기재된 범죄사실을 계속 수사할 수 있다.

ⓔ 검사의 재수사요청

제245조의8(재수사요청 등)
① 검사는 제245조의5 제2호의 경우에 사법경찰관이 사건을 송치하지 아니한 것이 위법 또는 부당한 때에는 그 이유를 문서로 명시하여 사법경찰관에게 재수사를 요청할 수 있다.
② 사법경찰관은 제1항의 요청이 있는 때에는 사건을 재수사하여야 한다.

ⓜ 검사에게로의 사건송치
  ⓐ 범죄혐의가 있는 경우의 사건송치

제245조의5(사법경찰관의 사건송치 등)
사법경찰관은 고소·고발 사건을 포함하여 범죄를 수사한 때에는 다음 각 호의 구분에 따른다.
1. 범죄의 혐의가 있다고 인정되는 경우에는 지체 없이 검사에게 사건을 송치하고, 관계 서류와 증거물을 검사에게 송부하여야 한다.
2. 그 밖의 경우에는 그 이유를 명시한 서면과 함께 관계 서류와 증거물을 지체 없이 검사에게 송부하여야 한다. 이 경우 검사는 송부받은 날로부터 90일 이내에 사법경찰관에게 반환하여야 한다.

  ⓑ 고소인 등의 이의신청에 따른 사건의 송치

제245조의6(고소인 등에 대한 송부통지)
사법경찰관은 제245조의5 제2호의 경우에는 그 송부한 날로부터 7일 이내에 서면으로 고소인·고발인·피해자 또는 그 법정대리인(피해자가 사망한 경우에는 그 배우자·직계친족·형제자매를 포함한다.)에게 사건을 검사에게 송치하지 아니하는 취지와 그 이유를 통지하여야 한다.

> **제245조의7(고소인 등의 이의신청)**
> ① 제245조의6의 통지를 받은 사람(고발인을 제외한다)은 해당 사법경찰관의 소속 관서의 장에게 이의를 신청할 수 있다.
> ② 사법경찰관은 제1항의 신청이 있는 때에는 지체 없이 검사에게 사건을 송치하고 관계 서류와 증거물을 송부하여야 하며, 처리결과와 그 이유를 제1항의 신청인에게 통지하여야 한다.

   ⓒ 시정조치요구에 이은 사건의 송치(제197조의3 제5항 및 제6항)
   ⓓ 수사의 경합과 사건의 송치(제197조의4 제1항 및 제2항)
   ⓔ 체포·구속장소 감찰에 따른 사건의 송치(제198조의2)
  ④ 현재에도 유지되고 있는 지휘·감독관계
   ㉠ 교체임명요구, 수사중지명령권(검찰청법 제54조) : 검사의 교체임명요구는 서장이 아닌 경정 이하의 사법경찰관리만 할 수 있음
   ㉡ 검사의 체포·구속장소감찰권(제198조의2)
   ㉢ 영장신청의 검사경유제도(제200조의2, 제201조, 제215조)
   ㉣ 긴급체포시 검사의 사후승인제도(제200조의3 제2항)
   ㉤ 압수물의 처리에 대한 지휘권(제218조의2 제4항 단서)
   ㉥ 사법경찰관리의 관할구역 외 수사의 보고의무(제210조)

(4) 수사기관의 관할구역
  ① 검사 : 관할구역 외에서도 직무를 행할 수 있음
  ② 사법경찰관리 : 사법경찰관리가 관할구역 외에서 수사하거나 관할구역 외의 사법경찰관리의 촉탁을 받아 수사할 때에는 관할지방검찰청 검사장 또는 지청장에게 보고하여야 함(제210조)

(5) 전문수사자문위원
  ① 의의

> **제245조의2(전문수사자문위원의 참여)**
> ① 검사는 공소제기여부와 관련된 사실관계를 분명하게 하기 위하여 필요한 경우에는 직권이나 피의자 또는 변호인의 신청에 의하여 전문수사자문위원을 지정하여 수사절차에 참여하게 하고 자문을 들을 수 있다.
> ② 전문수사자문위원은 전문적인 지식에 의한 설명 또는 의견을 기재한 서면을 제출하거나 전문적인 지식에 의하여 설명이나 의견을 진술할 수 있다.
> ③ 검사는 제2항에 따라 전문수사자문위원이 제출한 서면이나 전문수사자문위원의 설명 또는 의견의 진술에 관하여 피의자 또는 변호인에게 구술 또는 서면에 의한 의견진술의 기회를 주어야 한다.

  ② 전문수사자문위원의 지위 및 권한

> **제245조의4(준용규정)**
> 제279조의7, 제279조의8의 규정은 검사의 전문수사자문위원에게 준용한다.
>
> **제279조의7(비밀누설죄)**
> 전문심리위원 또는 전문심리위원이었던 자가 그 직무수행 중에 알게 된 다른 사람의 비밀을 누설한 때에는 2년 이하의 징역이나 금고 또는 1천만원 이하의 벌금에 처한다.
>
> **제279조의8(벌칙적용에 있어서의 공무원의제)**
> 전문심리위원은 「형법」 제129조부터 제132조까지의 규정의 적용에 있어서는 공무원으로 본다.

③ 전문수사자문위원의 지정 등

> **제245조의3(전문수사자문위원 지정 등)**
> ① 제245조의2 제1항에 따라 전문수사자문위원을 수사절차에 참여시키는 경우 검사는 각 사건마다 1인 이상의 전문수사자문위원을 지정한다.
> ② 검사는 상당하다고 인정하는 때에는 전문수사자문위원의 지정을 취소할 수 있다.
> ③ 피의자 또는 변호인은 검사의 전문수사자문위원 지정에 대하여 관할고등검찰청 검사장에게 이의를 제기할 수 있다.
> ④ 전문수사자문위원에게는 수당을 지급하고, 필요한 경우에는 그 밖의 여비, 일당 및 숙박료를 지급할 수 있다.
> ⑤ 전문수사자문위원의 지정 및 지정취소, 이의제기 절차 및 방법, 수당지급 그 밖에 필요한 사항은 법무부령으로 정한다.

전문수사자문위원운영규칙의 주요내용
1. 피성년후견인 또는 피한정후견인, 파산선고를 받고 복권되지 아니한 자, 금고 이상의 형을 받은 자 중 일정한 자, 자격이 상실되거나 정지된 자, 공무원으로서 파면이나 해임의 징계처분을 받은 일정한 자 등은 전문수사자문위원이 될 수 없다(전문수사자문위원 운영규칙 제4조).
2. 검사는 전문수사자문위원이 위의 결격사유에 해당하거나 직무상 알게 된 비밀을 누설한 경우에는 전문수사자문위원 지정을 취소하여야 한다(전문수사자문위원운영규칙 제5조 제1항). 한편 검사는 전문수사자문위원이 심신상의 장애로 직무집행을 할 수 없다고 인정될 때, 정당한 이유 없이 검사의 수사절차 참여요청에 2회 이상 응하지 아니할 때, 직무상 의무 위반행위나 그 밖에 전문수사자문위원으로서 부적절한 행위를 하였을 때, 불공정한 의견을 진술할 염려가 있거나 그 밖에 공정한 직무집행이 어렵다고 인정되는 상당한 이유가 있을 때에는 그 지정을 취소할 수 있다(전문수사자문위원운영규칙 제5조 제2항).

2. 피의자

(1) 피의자의 의의

① 피의자의 시기 : 피의자로서의 지위는 수사기관이 수사를 개시한 때에 시작됨

> **관련 판례**
> **❶ 피의자의 지위가 인정되는 시기**
> 1. … 수사기관에 의한 진술거부권 고지 대상이 되는 피의자 지위는 수사기관이 조사대상자에 대한 범죄혐의를 인정하여 수사를 개시하는 행위를 한 때 인정되는 것으로 보아야 한다(대판 2011.11.10, 2011도8125).
> 2. … 피의자의 지위는 수사기관이 범죄인지서를 작성하는 등의 형식적인 사건수리 절차를 거치기 전이라도 … 범죄의 혐의가 있다고 보아 실질적으로 수사를 개시하는 행위를 한 때에 인정 … 단순히 제3자의 범죄에 관한 경우가 아니라 자신과 제3자에게 공동으로 관련된 범죄에 관한 것이거나 제3자의 피의사실뿐만 아니라 자신의 피의사실에 관한 것이기도 하여 실질이 피의자신문조서의 성격을 가지는 경우 … 미리 진술거부권을 고지하여야 한다(대판 2015.10.29, 2014도5939).
> 3. … 검사의 범죄인지서 작성 및 사법경찰관의 범죄인지보고서 작성 등 … 행정의 편의를 위한 사무처리절차규정에 불과 … (대판 1989.6.20, 89도648).
> 4. 검찰사건사무규칙 … 범죄인지서를 작성하여 사건을 수리하는 절차를 거치도록 … 그와 같은 절차를 거치기 전에 범죄의 혐의가 있다고 보아 수사를 개시하는 행위를 한 때에는 이 때에 범죄를 인지한 것 … 그 뒤 범죄인지서를 작성하여 사건수리 절차를 밟은 때에 비로소 범죄를 인지하였다고 볼 것이 아니며, 이러한 인지절차를 밟기 전에 수사를 하였다고 하더라도, 그 수사가 장차 인지의 가능성이 전혀 없는 상태하에서 행해졌다는 등의 특별한 사정이 없는 한, 인지절차가 이루어지기 전에 수사를 하였다는 이유만으로 그 수사가 위법하다고 볼 수는 없고 … (대판 2001.10.26, 2000도2968).

② 피의자의 종기 : 공소제기처분이나 불기소처분의 확정에 의하여 피의자로서의 지위는 소멸

(2) 피의자의 소송법상 지위
　① 수사의 대상으로서의 지위
　② 준당사자로서의 지위
　③ 증거방법으로서의 지위

(3) 피의자의 소송법상 권리
　① 피의자의 소송법상 권리
　② 피의자에게 인정되지 않는 권리 : 보석청구권, 수사상의 증인신문청구권, 기피신청권, 수사중지청구권, 수사재기신청권, 수사서류등사요구권

III 수사구조론

1. 규문적(糾問的) 수사관
수사기관과 피의자의 불평등한 수직관계 → 수사기관 중심의 수사관 → 영장은 검사의 자연적 자유를 회복시켜주는 허가장의 성질 → 피의자신문을 위한 강제구인도 허용

2. 탄핵적(彈劾的) 수사관
수사를 공판을 위한 준비절차로 파악 → 법원 중심의 수사관 → 영장은 명령장의 성질 → 피의자신문을 위한 강제구인은 허용되지 않음

3. 소송적(訴訟的) 수사관
수사를 공판과는 별개의 절차로 파악하여, '검사를 종국적 판단자'로 하는 사법경찰관리와 피의자가 대립하는 독자적인 소송적 구조로 파악 → 피의자의 지위는 수사의 주체로서 당사자의 지위를 가짐

IV 수사의 조건

1. 수사의 규제로서의 수사의 조건
수사는 인권침해의 위험을 수반하므로 규제 내지 통제할 필요 → 수사의 필요성과 수사의 상당성이 요구

2. 수사의 필요성

(1) 범죄혐의의 인지 : 구체적 사실에 근거를 둔 수사기관의 주관적 혐의

(2) 공소제기의 가능성(소송조건과 수사)
　① 수사의 조건으로서 공소제기의 가능성 : 공소제기의 가능성이 없는 경우 수사가 허용되지 않음
　② 친고죄(즉고발사건)에 있어서 고소(고발) 전 수사의 허용여부

> **관련 판례**
> ◐ 친고죄나 즉고발사건에 있어서 고소나 고발이 있기 전에 행해진 수사의 허용여부(제한적 허용설)
> 1. … 장차 고소나 고발이 있을 가능성이 없는 상태에서 행해졌다는 등의 특단의 사정이 없는 한, 고소나 고발이 있기 전에 수사를 하였다는 이유만으로 그 수사가 위법하다고 볼 수는 없다(대판 1995.2.24, 44도252).
> 2. … 고소 또는 고발은 … 소추조건에 불과하고 당해 범죄의 성립요건이나 수사의 조건은 아니므로 … 장차 고소나 고발의 가능성이 없는 상태하에서 행해졌다는 등의 특단의 사정이 없는 한, 고소나 고발이 있기 전에 수사를 하였다는 이유만으로 그 수사가 위법하게 되는 것은 아니다 … (대판 2011.3.10, 2008도7724).

> ❹ 범죄인지서를 작성하여 사건수리 절차를 밟기 전의 수사과정에서 작성된 피의자신문조서나 진술조서의 증거능력 유무(적극)
> 검찰사건사무규칙 … 범죄인지서를 작성하여 사건을 수리하는 절차를 거치도록 되어 있으므로 … 범죄의 인지는 실질적인 개념이고, 이 규칙의 규정은 검찰행정의 편의를 위한 사무처리절차 규정 … 범죄의 혐의가 있다고 보아 수사를 개시하는 행위를 한 때에는 이 때에 범죄를 인지한 것 … 이러한 인지절차를 밟기 전에 수사를 하였다고 하더라도, 그 수사가 장차 인지의 가능성이 전혀 없는 상태하에서 행해졌다는 등의 특별한 사정이 없는 한, 인지절차가 이루어지기 전에 수사를 하였다는 이유만으로 그 수사가 위법하다고 볼 수는 없고 … 그 수사과정에서 작성된 피의자신문조서나 진술조서 등의 증거능력도 이를 부인할 수 없다(대판 2001.10.26, 2000도2968).

3. 수사의 상당성

(1) 수사의 신의칙 : 이와 관련하여 함정수사가 문제됨

(2) 수사비례의 원칙 : 추구하는 목적에 적합, 목적달성을 위한 필요 최소한, 수사로서 달성하려는 공익과 수사로 인하여 침해되는 피의자의 법익 사이에 균형이 이루어져야 한다는 원칙 → 수사개시의 상당성 및 수사방법의 상당성

(3) 수사의 신의칙과 함정수사
  ① 함정수사의 의의 : 수사기관이 사술이나 계략 등을 써서 범죄를 교사하여 그 범죄의 실행을 기다렸다가 범인을 체포하는 수사방법
  ② 함정수사의 유형
    ㉠ 기회제공형 함정수사 : 이미 범의를 가진 자에 대하여 범행의 기회를 주거나 범행을 용이하게 한 것에 불과한 함정수사
    ㉡ 범의유발형 함정수사 : 범의를 가지지 아니한 자에 대하여 수사기관이 사술이나 계략 등을 써서 범의를 유발하게 하는 함정수사

> [관련 판례]
> ❹ 기회제공형 함정수사는 함정수사가 아니라는 판례
> … 범의를 가진 자에 대하여 범행의 기회를 주거나 범행을 용이하게 한 것에 불과한 경우에는 함정수사라고 말할 수 없다(대판 2004.5.14, 2004도1066).

  ③ 함정수사의 위법성(허용성) 여부
    ㉠ 기회제공형 함정수사의 위법성 여부 : 적법(허용)
    ㉡ 범의유발형 함정수사의 위법성 여부 : 위법

> [관련 판례]
> ❹ 범의유발형 함정수사는 위법하지만, 기회제공형 함정수사는 위법하지 않다는 판례
> 본래 범의를 가지지 아니한 자에 대하여 수사기관이 사술이나 계략 등을 써서 범의를 유발케 하여 범죄인을 검거하는 함정수사는 위법 … 범의를 가진 자에 대하여 단순히 범행의 기회를 제공하거나 범행을 용이하게 하는 것에 불과한 경우에는 위법한 함정수사라고 단정할 수 없다(대판 2007.5.31, 2007도1903).
>
> ❹ 함정수사와 관련된 기타의 판례들
> 1. 수사기관과 직접 관련이 있는 유인자가 … 위법한 함정수사에 해당하여 허용되지 아니한다 할 것 … 유인자가 수사기관과 직접적인 관련을 맺지 아니한 상태에 … 위법한 함정수사에 해당하지 아니한다(대판 2007.7.12, 2006도2339).
> 2. … 부축빼기 절도범 … 위법한 함정수사에 기한 공소제기라고 볼 수 없다(대판 2007.5.31, 2007도1903).

> 3. 피고인의 범죄사실을 인지하고도 피고인을 바로 체포하지 않고 추가 범행을 지켜보고 있다가 범죄사실이 많이 늘어난 뒤에야 체포하였다는 사정만으로 … 위법한 함정수사에 해당한다고 할 수 없다(대판 2007.6.29, 2007도3164).
> 4. … 이미 범행을 저지른 피고인을 검거하기 위하여 수사기관이 정보원을 이용하여 피고인을 검거장소로 유인한 것에 불과 … 이 사건 범행이 함정수사에 의한 것으로 볼 수도 없다(대판 2007.7.26, 2007도4532).
> 5. 甲이 수사기관에 체포된 동거남의 석방을 위한 공적을 쌓기 위하여 … 수사기관과 직접적인 관련이 없이 독자적으로 丁을 유인한 것으로서 위법한 함정수사에 해당하지 않는다(대판 2007.11.29, 2007도7680).
> 6. … 물품반출업무담당자가 소속회사에 밀반출행위를 사전에 알리고 그 정확한 증거를 확보하기 위하여 피고인의 밀반출행위를 묵인하였다는 것은 이른바 함정수사에 비유할 수는 없다(대판 1987.6.9, 87도915).
> 7. 경찰관들이 단속 실적을 올리기 위하여 손님을 가장하고 들어가 도우미를 불러 줄 것을 요구 … 피고인측은 평소 자신들이 손님들에게 도우미를 불러 준 적도 없으며 … 수사기관이 사술이나 계략 등을 써서 피고인의 범의를 유발케 한 것으로서 위법 … (대판 2008.10.23, 2008도7362).
> 8. 피고인의 뇌물수수가 공여자들의 함정교사에 의한 것이기는 하나 … 뇌물공여자들의 함정교사라는 사정은 피고인의 책임을 면하게 하는 사유가 될 수 없다(대판 2008.3.13, 2007도10804).

④ 위법한 함정수사의 소송법상 효과
  ㉠ 함정수사에 이은 체포·구속에 미치는 영향 : 체포·구속적부심사청구를 할 수 있음
  ㉡ 공소제기에 미치는 영향

> **관련 판례**
> ❾ **위법한 범의유발형 함정수사에 이은 공소제기가 무효라는 판례**
> … 이러한 함정수사에 기한 공소제기는 법률의 규정에 위반하여 무효인 때에 해당 … (대판 2005.10.28, 2005도1247).

  ㉢ 증거의 증거능력에 미치는 영향 : 위법수집증거배제법칙에 의하여 그 증거능력이 부정

02 수사의 개시(단서)

I 수사의 개시 내지 단서

1. 의의
형사소송법은 변사자검시(제222조), 현행범인의 체포(제212조), 고소(제223조), 고발(제234조), 자수(제240조) 등을 명문으로 규정 → 그러나 수사의 개시 내지 단서는 비유형적임

2. 유형
(1) 수사기관 자신의 체험에 의한 경우
  ① 변사자검시(제222조)
  ② 현행범인의 체포(제212조)
  ③ 불심검문(경찰관직무집행법 제3조)
  ④ 기타의 경우(타 사건 수사 중 범죄발견, 신문, 방송, 광고 등 언론의 보도 등)

(2) 타인의 체험의 청취에 의한 경우
  ① 고소(제223조)
  ② 고발(제234조)

③ 자수(제240조)
④ 기타의 경우[진정(내사), 익명의 신고·투서·밀고 등)]

II 변사자의 검시

1. 변사자검시의 의의
변사자검시는 수사의 단서로서 수사 이전의 처분에 불과하므로, 수사상의 처분인 검증과는 구별

> **제222조(변사자의 검시)**
> ① 변사자 또는 변사의 의심 있는 사체가 있는 때에는 그 소재지를 관할하는 지방검찰청검사가 검시하여야 한다.
> ② 전항의 검시로 범죄의 혐의를 인정하고 긴급을 요할 때에는 영장없이 검증할 수 있다.
> ③ 검사는 사법경찰관에게 전2항의 처분을 명할 수 있다.

2. 변사자검시의 절차
(1) 주체 : 지방검찰청검사 → 사법경찰관에게 명할 수 있음
(2) 대상 : 범죄로 인한 사망의 의심이 있는 사체인 변사자(變死者)
(3) 변사자검시와 영장의 필요성 여부
① 변사자검시는 수사의 개시 내지 단서에 불과하므로 영장을 요하지 않음
② 변사자검시 결과 범죄혐의가 인정되면 '검증'이라는 강제수사절차로 이행하게 되며, 원칙적으로 영장주의가 적용되나 긴급을 요하는 경우에는 영장 없이 검증을 할 수 있음(제222조 제2항)

III 불심검문

1. 불심검문의 의의
거동불심자에 대하여 이를 정지시켜 질문조사하는 것(경찰관직무집행법 제3조) → 수사의 개시 내지 단서에 불과하므로 행정경찰작용(보안경찰작용)임

2. 불심검문의 대상
거동불심자 → 죄를 범하였거나 범하려 하고 있다고 의심할 만한 상당한 이유가 있는 자 또는 이미 행하여진 범죄나 행하여지려고 하는 범죄행위에 관하여 그 사실을 안다고 인정되는 자

> **관련 판례**
> ❶ 경찰관이 불심검문의 대상자에 해당되는지 여부를 판단하는 기준
> ⋯ 등에 기초하여 불심검문 대상자인지를 객관적·합리적인 기준에 따라 판단 ⋯ 반드시 불심검문 대상자에게 형사소송법상 체포나 구속에 이를 정도의 혐의가 있을 것을 요한다고 할 수는 없다(대판 2014.2.27, 2011도13999).

3. 불심검문의 방법
(1) 불심검문의 방법 : 정지와 질문 및 질문을 위한 동행요구 → 정지와 관련하여 자동차검문이, 질문과 관련하여 소지품검사가 허용될 것인지 여부가 문제됨

(2) 정지
① 질문을 위한 선행수단으로서의 정지 : 강제로 정지시키는 것은 허용되지 않음
② 정지요구에 불응하거나 질문 도중에 떠나는 경우 실력행사의 허용여부 : 강제에 이르지 않는 정도의 유형력의 행사는 허용됨(몸에 손을 대는 정도, 앞에서 가로 막는 경우, 배후에서 어깨에 손을 대는 정도, 자전거 핸들이나 짐받이를 잡는 정도 등)

관련 판례

🔵 **불심검문에서 정지요구에 불응하는 경우의 조치**
… 목적 달성에 필요한 최소한의 범위 내에서 사회통념상 용인될 수 있는 상당한 방법으로 대상자를 정지시킬 수 있고 질문에 수반하여 흉기의 소지 여부도 조사할 수 있다 … 자전거를 이용한 날치기 사건 범인과 흡사한 인상착의 … 정지를 요구하였으나 멈추지 않아, 앞을 가로막고 소속과 성명을 고지한 후 검문에 협조해 달라는 취지로 말하였음에도 불응 … 따라가서 재차 앞을 막고 검문에 응하라고 요구 … (대판 2012.9.13, 2010도6203).

(3) 질문
① 불심검문의 핵심으로서의 질문
② 절차 : 신분을 표시하는 증표를 제시하면서 소속과 성명을 밝히고 목적과 이유를 설명하여야 함
③ 임의수단으로서의 질문 : 답변을 강요당하지 않음

관련 판례

🔵 **경찰관이 신분증을 제시하지 않고 불심검문을 하였으나, 검문하는 사람이 경찰관이고 검문하는 이유가 범죄행위에 관한 것임을 피고인이 알고 있었던 경우, 그 불심검문이 위법한 공무집행인지 여부(소극)**
… 그 불심검문이 위법한 공무집행이라고 할 수 없다(대판 2014.12.11, 2014도7976).

(4) 동행의 요구(임의동행의 원칙)
① 질문을 위한 수단으로서의 동행요구 : 당해인에게 불리하거나 교통의 방해가 된다고 인정되는 때에 한하여 허용 → 동행요구를 거절할 수 있음
② 절차
  ㉠ 자신의 신분을 표시하는 증표를 제시하면서 소속과 성명을 밝히고 그 목적과 이유를 설명하여야 하며 동행 장소를 밝혀야 함
  ㉡ 가족 또는 친지에게 즉시 연락할 수 있는 기회를 부여하여야 함
  ㉢ 변호인의 조력을 받을 권리가 있음을 고지하여야 함
③ 한계 : 6시간을 초과하여 당해인을 경찰관서에 머무르게 할 수는 없음(경찰관직무집행법 제3조 제6항)

관련 판례

🔵 **경찰관직무집행법 제3조 제6항이 임의동행한 자를 6시간 동안 경찰관서에 구금하는 것을 허용하는 것인지 여부(소극)**
… 임의동행한 자를 6시간 동안 경찰관서에 구금하는 것을 허용하는 것은 아니다(대판 1997.8.22, 97도1240).

🔵 **경찰관직무집행법 제4조 제1항에 따른 경찰관의 보호조치를 필요로 하는 피구호자에 해당하는지 판단하는 기준**
… 피구호자의 가족 등에게 피구호자를 인계할 수 있다면 특별한 사정이 없는 한 경찰관서에서 피구호자를 보호하는 것은 허용되지 않는다(대판 2012.12.13, 2012도11162).

🔵 **경찰관직무집행법에 따라 범죄를 예방하기 위한 경찰관의 제지 조치가 적법한 직무집행으로 평가되기 위한 요건**
1. … 범죄를 예방하기 위한 경찰관의 제지 조치가 적법한 직무집행으로 평가될 수 있기 위해서는 형사처벌의 대상이 되는 행위가 눈앞에서 막 이루어지려고 하는 것이 객관적으로 인정될 수 있는 상황 … 당장 제지하지 않으면 곧 생명·신체에 위해를 미치거나 재산에 중대한 손해를 끼칠 우려가 있는 상황 … 직접 제지하는 방법 외에는 위와 같은 결과를 막을 수 없는 절박한 사태 … (대판 2017.3.15, 2013도2168).

2. … 형사처벌의 대상이 되는 행위가 눈앞에서 막 이루어지려고 하는 것이 객관적으로 인정될 수 있는 상황 … 그 행위를 당장 제지하지 않으면 곧 인명·신체에 위해를 미치거나 재산에 중대한 손해를 끼칠 우려가 있는 상황 … 직접 제지하는 방법 외에는 위와 같은 결과를 막을 수 없는 절박한 사태 … 경찰관의 제지 조치가 적법한지는 제지 조치 당시의 구체적 상황을 기초로 판단하여야 하고 사후적으로 순수한 객관적 기준에서 판단할 것은 아니다(대판 2018.12.13, 2016도19417).

❹ **경찰관이 경찰관직무집행법에 따라 경범죄에 해당하는 행위를 예방·진압·수사하고, 필요한 경우 제지할 수 있는지 여부(적극) 및 그 제지로서 피고인의 집으로 통하는 전기를 일시적으로 차단하는 것도 가능한지 여부(적극)**
… 피고인이 자정에 가까운 한밤중에 음악을 크게 켜놓거나 소리를 지른 것은 경범죄처벌법 … 에서 금지하는 인근소란행위에 해당 … 신고를 받고 출동하여 … 피고인은 문조차 열어주지 않고 소란행위를 멈추지 않았던 상황이라면 … 피고인의 집으로 통하는 전기를 일시적으로 차단한 것은 피고인을 집 밖으로 나오도록 유도한 것 … 적법한 직무집행으로 보아야 … (대판 2018.12.13, 2016도19417).

❺ **경찰관이 불법적인 농성을 진압하는 과정에서 특정한 경찰장비를 필요한 최소한의 범위를 넘어 관계 법령에서 정한 통상의 용법과 달리 사용함으로써 타인의 생명·신체에 위해를 가한 경우, 그 직무수행은 위법하다고 보아야 하는지 여부(적극)**
… 직무수행 중 특정한 경찰장비를 필요한 최소한의 범위를 넘어 관계 법령에서 정한 통상의 용법과 달리 사용함으로써 타인의 생명·신체에 위해를 가하였다면 … 그 직무수행은 위법 … 경찰관이 농성 진압의 과정에서 경찰장비를 위법하게 사용함으로써 그 직무수행이 적법한 범위를 벗어난 것으로 볼 수밖에 없다면 … 대항하는 과정에서 경찰장비를 손상시켰더라도 이는 위법한 공무집행으로 인한 신체에 대한 현재의 부당한 침해에서 벗어나기 위한 행위로서 정당방위에 해당 … (대판 2022.11.30, 2016다26662).

4. 소지품 검사

(1) 소지품 검사의 허용여부
① 경찰관직무집행법 제3조 제3항 : 경찰관직무집행법에서는 흉기조사에 대해서만 명문으로 규정하고 있을 뿐, 흉기 이외의 일반소지품검사에 대하여는 명문의 규정이 없음
② 일반 소지품 검사의 허용여부 : 불심검문자의 안전과 질문의 실효성을 유지하기 위한 부수적 처분으로서 허용된다고 보는 것이 다수설

(2) 소지품 검사의 한계[Stop(정지) and Frisk(외표검사)]
① 외부에서 관찰
② 소지품 내용에 대한 질문
③ 외부에서 손으로 가볍게 만지면서 질문(外表檢査)
④ 소지품의 내용 개시 요구
⑤ 개시된 소지품의 검사

5. 자동차검문

① 교통검문(행정경찰작용) : 도로교통법 제43조(일시정지권)
② 경계검문(보안경찰작용) : 경찰관직무집행법 제3조
③ 긴급수배검문(사법경찰작용) : 임의수사규정(제199조)에 근거

Ⅳ 고소

1. 고소의 의의 및 기능

(1) 고소의 의의

① 고소의 개념 : 범죄의 피해자 또는 그와 일정한 관계에 있는 자가 수사기관에 대하여 범죄사실을 신고하여 범인의 처벌을 구하는 의사표시(법률행위적 소송행위)

② 범죄의 피해자 또는 그와 일정한 관계에 있는 자의 신고 : 고발 또는 자수와 구별

③ 수사기관에 대한 신고

> **관련 판례**
>
> ❶ 법원에 진정서를 제출한 경우 고소로서의 효력 유무(소극)
> … 이는 고소로서의 효력이 없다(대판 1984.6.26, 84도709).

④ 특정 범죄사실의 신고

> **관련 판례**
>
> ❶ 고소에 있어서 범죄사실 특정의 정도
> 1. … 고소한 범죄사실이 특정되어야 할 것 … 고소인의 의사가 구체적으로 어떤 범죄사실을 지정하여 범인의 처벌을 구하고 있는 것인가를 확정할 수만 있으면 되는 것 … 일시, 장소와 방법 등까지 구체적으로 상세히 지적하여 그 범죄사실을 특정할 필요까지는 없다(대판 1999.3.26, 97도1769).
> 2. 범죄사실을 특정한 고소가 없는 경우에는 공소사실에 대해 적법한 고소가 없으므로 … (대판 1984.3.13, 84도270).
> 3. … 범인이 누구인지 나아가 범인 중 처벌을 구하는 자가 누구인지를 적시할 필요도 없는바 … (대판 1996.3.12, 94도2423).

⑤ 범인의 처벌을 구하는 의사표시

> **관련 판례**
>
> ❶ 단순한 피해사실의 신고나 조사의 촉구만으로 고소라고 볼 수 있는지 여부(소극)
> 1. … 단순한 피해사실의 신고는 소추·처벌을 구하는 의사표시가 아니므로 고소가 아니라고 할 것 … 고소장을 제출하여 처벌을 희망하는 의사를 분명히 표시한 후 고소를 취소한 바 없다면 비록 고소 전에 피해자가 처벌을 원치 않았다 하더라도 그 후에 한 피해자의 고소는 유효 … 현장에 출동한 경찰관에게 고소상을 교부하였다고 하더라도, 경찰서에 도착하여 최종적으로 고소장을 접수시키지 아니하기로 결심하고 고소장을 반환받은 것이라면 … 고소의 효력이 발생되었다고 할 수 없다(대판 2008.11.27, 2007도4977).
> 2. … 피해자가 경찰청 인터넷 홈페이지에 민원을 접수하는 형태로 피고인에 대한 조사를 촉구하는 의사표시만을 한 경우는 형사소송법에 따른 적법한 고소가 아니라고 보아야 한다(대판 2012.2.23, 2010도9524).

⑥ 고소능력

> **관련 판례**
>
> ❶ 고소를 위한 고소능력의 정도(= 사실상의 의사능력)
> … 사실상의 의사능력으로 충분 … 민법상의 행위능력이 없는 자라도 위와 같은 능력을 갖춘 자에게는 고소능력이 인정된다고 할 것 … (대판 1999.2.9, 98도2074).

(2) 고소의 기능

① 친고죄의 경우 : 수사의 개시 내지 단서 + 소송조건

② 비친고죄의 경우 : 수사의 개시 내지 단서로서 기능

> 관련 판례
>
> ❺ **법원이 친고죄에서 소송조건이 되는 고소가 유효하게 존재하는지 직권으로 조사·심리하여야 하는지 여부(적극)**
>   법원은 검사가 공소를 제기한 범죄사실을 심판하는 것이지 고소권자가 고소한 내용을 심판하는 것이 아니므로… 법원으로서는 친고죄에서 소송조건이 되는 고소가 유효하게 존재하는지를 직권으로 조사·심리하여야 한다(대판 2015.11.17, 2013도7987).
>
> ❺ **비친고죄에서 고소의 기능**
>   … 비친고죄에 있어서 고소는 단순한 수사의 단서가 됨에 지나지 아니하므로 …(대판 1987.11.10, 87도2020).
>
> ❺ **고소가 어떠한 사항에 관한 것인지 여부의 판단기준**
>   고소가 어떠한 사항에 관한 것인가의 여부는 고소장에 붙인 죄명에 구애될 것이 아니라 고소의 내용에 의하여 결정하여야 할 것 … 명예훼손죄의 죄명을 붙이고 그 죄에 관한 사실을 적었으나 그 사실이 명예훼손죄를 구성하지 않고 모욕죄를 구성하는 경우에는 위 고소는 모욕죄에 대한 고소로서의 효력을 갖는다(대판 1981.6.23, 81도1250).

2. 고소의 절차

(1) 고소권자

① 범죄로 인한 피해자

㉠ 고유의 고소권자로서의 피해자 : 직접피해자○, 간접피해자×(妻가 강간당한 경우 夫는 피해자로서 고소할 수 없음)

> **제223조(고소권자)**
>   범죄로 인한 피해자는 고소할 수 있다.

㉡ 일신전속적 권리로서의 고소권 : 양도·상속× → 다만, 저작권이나 특허권 등의 경우에는 그 권리의 이전에 따라 고소권도 이전할 수 있음

> 관련 판례
>
> ❺ **상표권 침해와 고소권의 승계(적극)**
>   상표권을 이전등록받은 승계인은 … 피해자인 지위를 승계한다(대판 1995.9.26, 94도2196).
>
> ❺ **저작재산권 침해에 있어서 저작권을 양도받았으나 저작권양도등록을 하지 아니한 자의 고소가 적법한지 여부(적극)**
>   … 그 양도에 관한 등록 여부에 관계없이 … 고소할 수 있다(대판 2002.11.26, 2002도4849).

② 피해자 이외의 고소권자

㉠ 피해자의 법정대리인 : 친권자○, 후견인○, 재산관리인×, 파산관재인×

> **제225조(비피해자인 고소권자)**
>   ① 피해자의 법정대리인은 독립하여 고소할 수 있다.

> 관련 판례
>
> ❺ **법정대리인의 고소권이 고유권이라는 판례**
>   1. … 무능력자의 보호를 위하여 법정대리인에게 주어진 고유권 … 피해자의 명시한 의사에 반하여도 행사할 수 있다(대판 1999.12.24, 99도3784).
>   2. … 피해자의 고소권 소멸여부에 관계없이 고소할 수 있는 것 … 법정대리인의 고소기간은 법정대리인 자신이 범인을 알게 된 날로부터 진행한다(대판 1987.6.9, 87도857).

> ❹ 법원이 선임한 부재자 재산관리인이 그 관리대상인 부재자의 재산에 대한 범죄행위에 관하여 법원으로부터 고소권 행사에 관한 허가를 얻은 경우, 형사소송법 제225조 제1항에서 정한 법정대리인으로서 적법한 고소권자에 해당하는지 여부(적극)
> … 법원이 선임한 부재자 재산관리인은 … 부재자의 법정대리인에 해당 … 부재자 재산관리인은 관리대상이 아닌 사항에 관해서는 고소권이 없겠지만, 관리대상 재산에 관한 범죄행위에 대하여 법원으로부터 고소권 행사 허가를 받은 경우에는 독립하여 고소권을 가지는 법정대리인에 해당 … (대판 2022.5.26, 2021도2488).

ⓛ 피해자의 법정대리인이 피의자인 경우

> **제226조(동전)**
> 피해자의 법정대리인이 피의자이거나 법정대리인의 친족이 피의자인 때에는 피해자의 친족은 독립하여 고소할 수 있다.

> [관련 판례]
> ❹ 형사소송법 제226조에 의한 것으로 유효한 고소라고 판단한 판례
> 이혼한 생모라도 … 독립하여 고소할 수 있다(대판 1987.9.22, 87도1707).

ⓒ 피해자가 사망한 경우

> **제225조(비피해자인 고소권자)**
> ② 피해자가 사망한 때에는 그 배우자, 직계친족 또는 형제자매는 고소할 수 있다. 단, 피해자의 명시한 의사에 반하지 못한다.

> [관련 판례]
> ❹ 피해자 사망 후 고소의 적법성에 관한 판례
> 1. … 그 母가 … 고소를 제기하였다면 그 공소제기는 적법 … (대판 1967.12.19, 67도1181).
> 2. … 그의 형제자매도 적법한 고소권자가 될 수 있고 … (대판 1967.8.29, 67도878).

ⓔ 사자 명예훼손의 경우

> **제227조(동전)**
> 사자의 명예를 훼손한 범죄에 대하여는 그 친족 또는 자손은 고소할 수 있다.

③ 지정고소권자

> **제228조(고소권자의 지정)**
> 친고죄에 대하여 고소할 자가 없는 경우에 이해관계인의 신청이 있으면 검사는 10일 이내에 고소할 수 있는 자를 지정하여야 한다.
>
> **규칙 제116조(고소인의 신분관계 자료제출)**
> ② 법 제228조의 규정에 의하여 검사의 지정을 받은 고소인이 고소할 때에는 그 지정받은 사실을 소명하는 서면을 제출하여야 한다.

(2) 고소의 방법
   ① 서면 또는 구술

   > **제237조(고소, 고발의 방식)**
   > ① 고소 또는 고발은 서면 또는 구술로써 검사 또는 사법경찰관에게 하여야 한다.
   > ② 검사 또는 사법경찰관이 구술에 의한 고소 또는 고발을 받은 때에는 조서를 작성하여야 한다.

   관련 판례
   > ❸ 수사기관이 고소권자를 참고인으로 조사하여 참고인진술조서에 기재한 경우 유효한 고소라는 판례
   > … 구술에 의한 고소를 받은 검사 또는 사법경찰관은 조서를 작성하여야 하지만 그 조서가 독립된 조서일 필요는 없으며 … 고소는 적법하게 이루어진 것이다(대판 1985.3.12, 85도190).

   ② 검사의 사건처리

   > **제257조(고소 등에 의한 사건의 처리)**
   > 검사가 고소 또는 고발에 의하여 범죄를 수사할 때에는 고소 또는 고발을 수리한 날로부터 3월 이내에 수사를 완료하여 공소제기여부를 결정하여야 한다.

   ③ 사법경찰관의 사건처리

   > **제238조(고소, 고발과 사법경찰관의 조치)**
   > 사법경찰관이 고소 또는 고발을 받은 때에는 신속히 조사하여 관계서류와 증거물을 검사에게 송부하여야 한다.
   >
   > **제245조의5(사법경찰관의 사건송치 등)**
   > 사법경찰관은 고소·고발 사건을 포함하여 범죄를 수사한 때에는 다음 각 호의 구분에 따른다.
   > 1. 범죄의 혐의가 있다고 인정되는 경우에는 지체 없이 검사에게 사건을 송치하고, 관계 서류와 증거물을 검사에게 송부하여야 한다.
   > 2. 그 밖의 경우에는 그 이유를 명시한 서면과 함께 관계 서류와 증거물을 지체 없이 검사에게 송부하여야 한다. 이 경우 검사는 송부받은 날로부터 90일 이내에 사법경찰관에게 반환하여야 한다.
   >
   > **제245조의6(고소인 등에 대한 송부통지)**
   > 사법경찰관은 제245조의5 제2호의 경우에는 그 송부한 날로부터 7일 이내에 서면으로 고소인·고발인·피해자 또는 그 법정대리인(피해자가 사망한 경우에는 그 배우자·직계친족·형제자매를 포함한다.)에게 사건을 검사에게 송치하지 아니하는 취지와 그 이유를 통지하여야 한다.
   >
   > **제245조의7(고소인 등의 이의신청)**
   > ① 제245조의6의 통지를 받은 사람(고발인을 제외한다)은 해당 사법경찰관의 소속 관서의 장에게 이의를 신청할 수 있다.
   > ② 사법경찰관은 제1항의 신청이 있는 때에는 지체 없이 검사에게 사건을 송치하고 관계 서류와 증거물을 송부하여야 하며, 처리결과와 그 이유를 제1항의 신청인에게 통지하여야 한다.

   ④ 고소 및 고소취소의 대리 : 임의대리인

   > **제236조(대리고소)**
   > 고소 또는 그 취소는 대리인으로 하여금 하게 할 수 있다.

> [관련 판례]
>
> ❷ **대리인에 의한 고소의 방식 및 고소기간의 산정 기준**
> 1. … 대리권이 정당한 고소권자에 의하여 수여되었음이 실질적으로 증명되면 충분하고 그 방식에 특별한 제한은 없다고 할 것 … 대리인은 수사기관에 구술에 의한 방식으로 고소를 제기할 수도 있다(대판 2002.6.14, 2000도4595).
> 2. … 고소를 할 때 반드시 위임장을 제출한다거나 '대리'라는 표시를 하여야 하는 것은 아니고 … (대판 2001.9.4, 2001도3081).
>
> ❷ **반의사불벌죄에서 피해자의 처벌불원의사에 관하여 대리가 허용되는지 여부(소극)**
> … 반의사불벌죄에서 피해자의 처벌불원의사에 관하여 대리가 가능하다거나 법정대리인의 대리권에 피해자의 처벌불원 의사표시가 포함된다는 규정을 두고 있지 아니하다 … 따라서 반의사불벌죄의 처벌불원의사는 원칙적으로 대리가 허용되지 않는다 … 반의사불벌죄에서 피고인 또는 피의자에 대하여 처벌을 원하지 않거나 처벌희망의 의사표시를 철회하는 의사결정 그 자체는 … 피해자 본인이 하여야 … 형사소송법 제232조 제3항에서 … 고소취소의 시한과 재고소의 금지에 관한 규정을 준용하는 규정 하나만을 두었을 뿐 … 대리에 의한 고소 및 고소취소에 관한 형사소송법 제236조를 준용하는 근거규정도 두지 않았다(대판 2023.7.17, 2021도11126).

(3) 고소의 기간

① 비친고죄의 경우 : 고소기간의 제한이 없음

② 친고죄의 경우

> **제230조(고소기간)**
> ① 친고죄에 대하여는 범인을 알게 된 날로부터 6월을 경과하면 고소하지 못한다. 단, 고소할 수 없는 불가항력의 사유가 있는 때에는 그 사유가 없어진 날로부터 기산한다.

㉠ 범인을 알게 된 날로부터 6월

> [관련 판례]
>
> ❷ **성폭력범죄에 대한 친고죄의 전면 폐지**
> 1. 간죄 등 성범죄에 관하여 고소가 있어야 공소를 제기할 수 있도록 한 규정을 삭제
> 2. 성폭력범죄의 처벌 등에 관한 특례법상의 친고죄 조항 삭제
> 3. 아동·청소년의 성보호에 관한 법률상의 반의사불벌죄 조항 삭제
>
> ❷ **성폭력범죄 중 친고죄의 고소기간 특례규정(고소기간 1년)이 삭제되기 이전에 저지른 범행에 대하여 그 특례규정 삭제 후 고소가 이루어진 경우에 고소기간이 형사소송법 제230조 제1항에 따라 6월로 단축되는지 여부(소극)**
> … 개정 성폭력범죄의 처벌 등에 관한 특례법은 부칙에서 이 사건 특례조항 삭제에 관련된 경과규정을 두고 있지 않아 그 시행일 이전에 저지른 친고죄인 성폭력범죄의 고소기간에 이 사건 특례조항이 적용되는지 여부가 문제 … 개정 성폭력범죄의 처벌 등에 관한 특례법 시행일 이전에 저지른 친고죄인 성폭력범죄의 고소기간은 이 사건 특례조항에 따라서 '범인을 알게 된 날부터 1년'이라고 보는 것이 타당 … (대판 2018.6.28, 2014도13504).

㉡ '범인을 알게 된 날'의 의미 : 공범이 수인인 경우에는 그 중 1인을 아는 것으로 충분

> [관련 판례]
>
> ❷ **제230조 제1항 소정의 '범인을 알게 된 날'의 의미**
> 1. … 범인을 알게 된다 함은 범인이 누구인지 특정할 수 있을 정도로 알게 된다는 것을 의미 … 범인의 성명, 주소, 연령 등까지 알 필요는 없다(대판 1999.4.23, 99도576).
> 2. … 제230조 제1항 본문 … 범인을 알게 된다 함은 통상인의 입장에서 보아 고소권자가 고소를 할 수 있을 정도로 범죄사실과 범인을 아는 것을 의미 … 범죄사실을 안다는 것은 고소권자가 친고죄에 해당하는 범죄의 피해가 있었다는 사실관계에 관하여 확정적인 인식이 있음 … (대판 2010.7.15, 2010도4680).
> 3. … '범인을 알게 된 날'이란 범죄행위가 종료된 후에 범인을 알게 된 날을 가리키는 것 … 범죄행위가 계속되는 도중에 범인을 알았다 하여도 그 날부터 곧바로 위 조항에서 정한 친고죄의 고소기간이 진행된다고는 볼 수 없고, 이러한 경우 고소기간은 범죄행위가 종료된 때부터 계산 … 영업범 등 포괄일죄의 경우에는 최후의 범죄행위가 종료된 때에 전체 범죄행위가 종료된 것으로 보아야 한다(대판 2004.10.28, 2004도5014).

> **❷ 대리인에 의한 고소의 경우 고소기간의 산정기준**
> 1. … 법정대리인의 고소권은 무능력자의 보호를 위하여 법정대리인에게 주어진 고유권 … 법정대리인의 고소기간은 법정대리인 자신이 범인을 알게 된 날로부터 진행한다(대판 1987.6.9, 87도857).
> 2. … 제236조의 대리인에 의한 고소의 경우 … 고소기간은 대리고소인이 아니라 정당한 고소권자를 기준으로 고소권자가 범인을 알게 된 날부터 기산 … (대판 2001.9.4, 2001도3081).

ⓒ 고소기간의 기산일에 관한 특칙 : 고소할 수 없는 불가항력의 사유가 있는 경우

> [관련 판례]
> **❷ 고소할 수 없는 불가항력의 사유에 관한 판례**
> 1. … 피고소인의 주거를 알지 못하여 새로운 고소를 알 수 없는 상태에 있거나, 해고될 것이 두려워 고소를 하지 않는 것만으로는 불가항력의 사유에 해당하지 아니한다(대판 1985.9.10, 85도1273).
> 2. … 고소능력이 없던 피해자가 그 후에 비로소 고소능력이 생겼다면 그 고소기간은 고소능력이 생긴 때로부터 기산 … (대판 2007.10.11, 2007도4962).
> 3. … 11세의 소년에 불과하여 고소능력이 없었다가 고소 당시에 비로소 고소능력이 생겼다면, 그 고소기간은 고소능력이 생긴 때로부터 기산 … (대판 1995.5.9, 95도696).

ⓓ 고소할 수 있는 자가 수인인 경우

> **제231조(수인의 고소권자)**
> 고소할 수 있는 자가 수인인 경우에는 1인의 기간의 해태는 타인의 고소에 영향이 없다.

(4) 고소의 제한

① 직계존속에 대한 고소의 제한 : 다만, 성폭력범죄나 가정폭력범죄는 고소할 수 있음

> **제224조(고소의 제한)**
> 자기 또는 배우자의 직계존속을 고소하지 못한다.

② 간통죄에 있어서 고소의 제한

> **제229조(배우자의 고소)**
> ① 「형법」 제241조의 경우에는 혼인이 해소되거나 이혼소송을 제기한 후가 아니면 고소할 수 없다.
> ② 전항의 경우에 다시 혼인을 하거나 이혼소송을 취하한 때에는 고소는 취소된 것으로 간주한다.

> [관련 판례]
> **❷ 형법 제241조(간통)가 헌법에 위반되는지 여부(적극)**
> … 형법 제241조는 과잉금지원칙에 위배하여 국민의 성적 자기결정권 및 사생활의 비밀과 자유를 침해하는 것 … 책임과 형벌간 비례의 원칙에 위배되어 헌법에 위반된다(헌재결 2015.2.26, 2009헌바17).

3. 고소불가분의 원칙(고소의 효력범위)

(1) 고소불가분의 원칙의 의의

① 형사소송법의 규정 태도 : 형사소송법은 주관적 불가분의 원칙에 대하여만 규정하고 있으나(제233조), 객관적 불가분의 원칙도 이론상 당연히 인정된다는 것이 통설의 입장

> **제233조(고소의 불가분)**
> 친고죄의 공범 중 그 1인 또는 수인에 대한 고소 또는 그 취소는 다른 공범자에 대하여도 효력이 있다.

② 적용범위 : 친고죄의 고소에 대하여만 적용○, 비친고죄의 경우에는 적용×
(2) 객관적 불가분의 원칙(범죄사실의 불가분)
① 의의 : 친고죄의 경우 한 개의 범죄사실의 일부분에 대한 고소 또는 그 취소는 그 전부에 대하여 효력이 발생한다는 원칙 → 명문의 규정은 없으나 이론상 당연히 인정된다는 것이 통설의 입장
② 적용범위
  ㉠ 단순1죄의 경우 : 단순1죄의 경우에는 객관적 불가분의 원칙이 적용○

  > **관련 판례**
  > ❹ 일죄의 일부에 대한 고소의 효력이 미치는 범위
  > 일죄의 관계에 있는 범죄사실 일부에 대한 고소의 효력은 일죄 전부에 대하여 미친다. → 당시 피해자는 11세 남짓한 초등학교 6학년생으로서 피해입은 사실을 이해하고 고소에 따른 사회생활상의 이해관계를 알아차릴 수 있는 사실상의 의사능력이 있었던 것으로 보이고… (대판 2011.6.24, 2011도4451).

  ㉡ 과형상 1죄(상상적 경합)의 경우
    ⓐ 각 부분이 모두 친고죄인 경우
      ⅰ) 피해자가 동일한 경우 : 객관적 불가분의 원칙이 적용○(의사 甲이 환자 A에 대하여 욕을 하면서 진료 중 알게된 A에 대한 비밀을 누설한 경우, 모욕행위에 대한 A의 고소는 업무상 비밀누설행위에 대하여도 미침)
      ⅱ) 피해자가 다른 경우 : 객관적 불가분의 원칙이 적용×(甲이 하나의 문서로 A·B·C에 대해 모욕한 경우 A의 고소는 B·C에 대한 모욕사실에는 미치지 않음)
    ⓑ 일부분은 친고죄, 나머지는 비친고죄인 경우 : 객관적 불가분의 원칙이 적용×(변호사 甲이 업무상 알게 된 비밀을 누설하는 방법으로 A의 명예를 훼손한 경우, 명예훼손행위에 대한 A의 고소는 업무상 비밀누설행위에 대하여는 미치지 않음)

    > **관련 판례**
    > ❹ 강간미수와 감금의 상상적 경합의 경우 불가분의 원칙이 적용되지 않는다는 판례 – 조개트럭사건
    > 강간미수죄가… 고소가 취소… 감금죄에 대하여는 아무런 영향을 미치지 않는다(대판 1983.4.26, 83도323).

  ㉢ 수죄(실체적 경합)의 경우 : 객관적 불가분의 원칙이 적용×

(3) 주관적 불가분의 원칙(범인의 불가분)
① 의의 : 친고죄의 공범 중 그 1인 또는 수인에 대한 고소 또는 그 취소는 다른 공범자에 대하여도 효력이 있음(제233조) → 여기에서 공범에는 형법총칙상의 공범(임의적 공범)뿐만 아니라 필요적 공범도 포함 → 친고죄의 경우에 있어서 행위자의 범죄에 대한 고소가 있으면 족하고 나아가 양벌규정에 의하여 처벌받는 자에 대하여 별도의 고소를 요한다고 할 수는 없음(대판 1996.3.12, 94도2423).
② 적용범위
  ㉠ 친고죄의 경우
    ⓐ 절대적 친고죄 : 주관적 불가분의 원칙이 적용○

    > **관련 판례**
    > ❹ 친고죄에서 피고인과 공범관계에 있는 사람에 대한 적법한 고소취소의 효력이 피고인에 대하여 미치는지 여부(적극)
    > … 제233조… 피고인과 공범관계에 있는 사람에 대한 적법한 고소취소가 있다면 고소취소의 효력은 피고인에 대하여 미친다(대판 2015.11.17, 2013도7987).

> ❹ 친고죄에서 공범 중 일부에 대하여만 처벌을 구하고 나머지에 대하여는 처벌불원의 의사를 표시한 고소의 적법성(소극) 및 이때 법원이 취하여야 할 조치(= 공소기각)
> 고소불가분의 원칙상 공범 중 일부에 대하여만 처벌을 구하고 나머지에 대하여는 처벌을 원하지 않는 내용의 고소는 적법한 고소라고 할 수 없고… (대판 2009.1.30, 2008도7462).

ⓑ 상대적 친고죄(형법 제328조의 친족상도례)
　ⓘ 공범 전원이 신분관계가 있는 경우 : 주관적 불가분의 원칙이 적용○ (甲의 사촌동생인 A와 B가 甲의 시계를 훔친 경우, 甲이 A에게 대해서만 고소하여도 B에게 고소의 효력이 미치고 실체판결 가능)
　ⓘⓘ 일부는 신분자이고 일부는 비신분자인 경우 : 주관적 불가분의 원칙이 적용× (甲의 사촌동생인 A와 그 친구 B가 甲의 시계를 훔친 경우, 비신분자인 B에 대한 고소의 효력은 신분관계 있는 A에게는 미치지 않으며 신분자인 A에 대한 고소취소는 비신분자인 B에게는 효력이 없음)

> [관련 판례]
> ❹ 상대적 친고죄에 있어서의 신분자에 대한 고소취소는 비신분자인 공범에게는 그 효력이 미치지 않는다는 판례
> … 친족관계 없는 공범자에게는 그 효력이 미치지 아니한다(대판 1964.12.15, 64도481).

ⓒ 반의사불벌죄의 경우 : 주관적 불가분의 원칙이 적용×

> [관련 판례]
> ❹ 친고죄에 있어서 고소불가분의 원칙을 규정한 제233조의 규정이 반의사불벌죄에 준용되는지 여부(소극)
> … 제233조 … 반의사불벌죄에 이를 준용하는 규정을 두지 아니한 것 … 친고죄와는 달리 공범자간에 불가분의 원칙을 적용하지 아니하고자 함에 있다고 볼 것이지, 입법의 불비로 볼 것은 아니다(대판 1994.4.26, 93도1689).

ⓒ 즉시고발사건의 경우 : 주관적 불가분의 원칙이 적용×

> [관련 판례]
> ❹ 즉시고발사건의 경우 주관적 불가분의 원칙이 적용되지 않는다는 판례
> 1. 조세범처벌절차법 … 고소·고발 불가분의 원칙은 적용될 수 없다(대판 1962.1.11, 60도883).
> 2. 관세법 … 고소·고발 불가분의 원칙이 적용될 여지가 없다(대판 1971.11.23, 71도1106).
> 3. 독점규제 및 공정거래에 관한 법률 … 제233조 … 고발에 준용된다고 볼 아무런 명문의 근거가 없으며 … 위반행위자 중 일부에 대하여 공정거래위원회의 고발이 있다고 하여 나머지 위반행위자에 대하여도 위 고발의 효력이 미친다고 볼 수 없고 … 양벌규정에 따라 처벌되는 법인이나 개인에 대한 고발의 효력이 그 대표자나 대리인, 사용인 등으로서 행위자인 사람에게까지 미친다고 볼 수도 없다(대판 2011.7.28, 2008도5757).

ⓓ 일부 공범자에 대한 제1심 판결선고 후의 고소취소 : 고소취소를 할 수 없음

> [관련 판례]
> ❹ 일부 공범자에 대한 제1심 판결이 선고된 후의 고소취소
> 친고죄의 공범 중 그 일부에 대하여 제1심 판결이 선고된 후에는 제1심 판결선고 전의 다른 공범자에 대하여는 그 고소를 취소할 수 없고… (대판 1985.11.12, 85도1940).

4. 고소의 취소와 고소권의 포기

(1) **고소취소의 의의** : 일단 제기된 고소를 철회하는 고소권자의 법률행위적 소송행위

(2) **고소의 취소권자** : 고소의 대리행사자는 고유의 고소권자가 제기한 고소를 취소할 수 없으며, 고소의 대리행사자가 한 고소는 고유의 고소권자가 취소할 수 있음

> **관련 판례**
> **❷ 고소의 취소권자에 관한 판례**
> 피해자의 부친이 피해자 사망 후에 ⋯ 그 피해자가 이미 하였던 고소를 취소하더라도 이는 적법한 고소취소라 할 수 없다 (대판 1969.4.29, 69도376).

(3) 고소취소의 방식

① **고소취소의 방식** : 고소취소는 서면 또는 구술로써 공소제기 전에는 수사기관에 대하여, 공소제기 후에는 법원에 대하여 함(제239조)

> **관련 판례**
> **❷ 친고죄에서 고소를 취소하거나 반의사불벌죄에서 처벌을 희망하는 의사표시를 철회할 수 있는 상대방**
> 고소의 취소나 처벌을 희망하는 의사표시의 철회는 수사기관 또는 법원에 대한 법률행위적 소송행위 ⋯ 공소제기 전에는 고소사건을 담당하는 수사기관에, 공소제기 후에는 고소사건의 수소법원에 대하여 ⋯ (대판 2012.2.23, 2011도17264).

② **고소취소의 의사표시** : 수사기관이나 법원에 대하여 명시적이고 임의적으로 행하여져야 함

> **관련 판례**
> **❷ 판례상 고소취소로 본 사례와 고소취소로 보지 않은 사례**
> 1. ⋯ 합의서가 경찰에 제출되었다면 ⋯ 고소를 취소한 것으로 봄이 상당 ⋯ (대판 2002.7.12, 2001도6777).
> 2. ⋯ 합의서 및 ⋯ 탄원서가 제1심법원에 제출되었다면 이는 결국 고소취소가 있은 것 ⋯ (대판 1981.11.10, 81도1171).
> 3. ⋯ 고소권자가 ⋯ 피해자진술조서 작성시 고소를 취소하겠다고 명백히 하고 ⋯ 그 고소는 적법하게 취소되었다 할 것 ⋯ (대판 1983.7.26, 83도1431).
> 4. ⋯ 합의서가 제1심 법원에 제출되었으나, 고소인이 제1심에서 고소취소의 의사가 없다고 증언하였다면 ⋯ 고소취소의 효력이 발생하지 아니한다(대판 1981.10.6, 81도1968).
> 5. ⋯ 법대로 처벌하되 관대한 처분을 바란다는 취지 ⋯ 이를 고소취소로 볼 것은 아니다(대판 1981.1.13, 80도2210).
> 6. ⋯ 합의서를 피고에게 작성하여준 것만으로는 고소가 취소된 것으로 볼 수 없다(대판 1983.9.27, 83도516).
> 7. 형사고소를 취소하기로 하는 조항이 포함된 내용의 임의조정이 성립된 사정만으로 위 고소인이 고소취소의 의사표시를 한 것으로 보기 어렵다(대판 2008.11.27, 2008도2493).
> 8. 피해자가 고소장을 제출하여 처벌을 희망하는 의사를 분명히 표시한 후 고소를 취소한 바 없다면 비록 피해자가 고소 전에는 처벌을 원치 않았다 하더라도 그 후에 한 피해자의 고소는 여전히 유효(대판 1993.10.22, 93도1620).
>
> **❷ 고소권자의 고소취소 의사표시의 방법 및 효력**
> 친고죄에서 처벌을 구하는 의사표시의 철회는 수사기관이나 법원에 대한 공법상의 의사표시로서 내심의 조건부 의사표시는 허용되지 않는 것 ⋯ (대판 2007.4.13, 2007도425).

③ **고소취소의 대리**(제236조)

(4) 고소취소의 시기

① **친고죄의 경우** : 제1심 판결선고 전까지만 가능(제232조 제1항)

> **제232조(고소의 취소)**
> ① 고소는 제1심 판결선고 전까지 취소할 수 있다.
> ② 고소를 취소한 자는 다시 고소할 수 없다.
> ③ 피해자의 명시한 의사에 반하여 공소를 제기할 수 없는 사건에서 처벌을 원하는 의사표시를 철회한 경우에도 제1항과 제2항을 준용한다.

> 관련 판례
>
> ❶ **친고죄에 있어서 제1심 판결선고 후에 한 고소취소의 효력(소극)**
>   1. … 제1심 판결선고 후에 고소가 취소된 경우에는 그 취소의 효력이 없으므로 같은 법 제327조 제5호의 공소기각의 재판을 할 수 없다(대판 1985.2.8, 84도2682).
>   2. … 항소심을 제1심이라 할 수는 없는 것이므로, 항소심에 이르러 비로소 고소인이 고소를 취소하였다면 이는 친고죄에 대한 고소취소로서의 효력은 없다(대판 1999.4.15, 96도1922).
>
> ❷ **친고죄의 상소심에서 법률 위반을 이유로 제1심 공소기각판결을 파기하고 사건을 제1심법원에 환송하였는데 환송 후의 제1심 판결선고 전 친고죄의 고소가 취소된 경우, 법원이 취하여야 할 조치(= 공소기각판결)**
>   … 파기하고 사건을 제1심법원에 환송함에 따라 다시 제1심 절차가 진행된 경우, 종전의 제1심 판결은 이미 파기되어 그 효력을 상실하였으므로 제1심 판결선고가 없는 경우에 해당 … (대판 2011.8.25, 2009도9112).

② 반의사불벌죄의 경우 : 제1심 판결선고 전까지만 철회나 불원이 가능(제232조 제3항)

> 관련 판례
>
> ❶ **반의사불벌죄의 경우 항소심에서 한 처벌을 희망하는 의사표시의 철회와 처벌불원의 의사표시의 효력(소극)**
>   1. … 처벌을 희망하지 않는다는 취지의 취하서를 제1심 판결선고 후인 항소심 계속 중에 제출한 경우에는 … 제327조 제6호 공소기각의 판결사유에 해당되지 아니한다(대판 1983.7.26, 83도1399).
>   2. … 처벌을 희망하지 아니하는 의사의 명시는 … 제1심판결 선고 전까지 할 수 있다(대판 1985.11.12, 85도1940).
>   3. … 항소심에 이르러 비로소 반의사불벌죄가 아닌 죄에서 반의사불벌죄로 공소장변경이 있었다 하여 항소심인 제2심을 제1심으로 볼 수는 없다(대판 1988.3.8, 85도2518).
>   4. … 제1심 법원이 반의사불벌죄로 기소된 피고인에 대하여 소송촉진 등에 관한 특례법(이하 '소송촉진법'이라고 한다) 제23조에 따라 피고인의 진술 없이 유죄를 선고하여 판결이 확정된 경우, 만일 피고인이 책임을 질 수 없는 사유로 공판절차에 출석할 수 없었음을 이유로 소송촉진법 제23조의2에 따라 제1심 법원에 재심을 청구하여 재심개시결정이 내려졌다면 피해자는 재심의 제1심 판결 선고 전까지 처벌을 희망하는 의사표시를 철회할 수 있다. 그러나 피고인이 제1심 법원에 … 재심을 청구하는 대신 항소권회복청구를 함으로써 항소심 재판을 받게 되었다면 항소심을 제1심이라고 할 수 없는 이상 항소심 절차에서는 처벌을 희망하는 의사표시를 철회할 수 없다(대판 2016.11.25, 2016도94700).
>
> ❷ **반의사불벌죄와 관련된 기타의 판례들**
>   1. … 처벌을 희망하지 않는다는 의사표시 또는 처벌을 희망하는 의사표시의 철회는 … 소송능력에 관한 일반원칙에 따라, 의사능력이 있는 피해자가 단독으로 이를 할 수 있고, 거기에 법정대리인의 동의가 있어야 한다거나 법정대리인에 의해 대리되어야만 한다고 볼 것은 아니다 … (대판 2009.11.19, 2009도6058).
>   2. 폭행죄는 … 반의사불벌죄로서 처벌불원의 의사표시는 의사능력이 있는 피해자가 단독으로 할 수 있는 것 … 피해자가 사망한 후 그 상속인이 피해자를 대신하여 처벌불원의 의사표시를 할 수는 없다 … (대판 2010.5.27, 2010도2680).
>   3. … 처벌불원의 의사표시의 부존재는 소극적 소송조건으로서 직권조사사항 … (대판 2005.10.28, 2005도4462).
>   4. … 처벌을 희망하지 아니하는 의사표시나 처벌을 희망하는 의사표시의 철회 … 피해자의 진실한 의사가 명백하고 믿을 수 있는 방법으로 표현되어야 한다(대판 2001.6.15, 2001도1809).
>   5. … 피해자에 대한 진술조서기재 … '법대로 처벌하여 주기 바랍니다.'로 되어 있고 이어서 '더 할 말이 있는 가요?'라는 물음에 대하여 '젊은 사람들이니 한번 기회를 주시면 감사하겠습니다.'로 기재 … 피해자의 진술취지는 법대로 처벌하되 관대한 처분을 바란다는 취지로 보아야 하고 처벌의사를 철회한 것으로 볼 것이 아니다(대판 1981.1.13, 80도2210).
>   6. … 근로기준법 위반죄가 반의사불벌죄로 개정 … 피해자는 이미 공소제기 전에 피고인에 대한 처벌을 원하지 아니한다고 진술 … 제327조 제2호에 따라 공소제기의 절차가 법률의 규정에 위반된다고 하여 공소기각의 판결을 선고하여야 할 것이다(대판 2005.10.28, 2005도4462).
>   7. … 처벌을 희망하지 않는다는 의사표시 또는 처벌희망 의사표시 철회의 유무나 그 효력 여부에 관한 사실은 엄격한 증명의 대상이 아니라 … 자유로운 증명의 대상(대판 2010.10.14, 2010도5610).
>   8. … 협박죄 … 반의사불벌죄에 해당 … 처벌불원의 의사표시의 부존재는 소극적 소송조건으로서 직권조사사항에 해당하므로 당사자가 항소이유로 주장하지 않았더라도 … 이를 직권으로 조사·판단 … 한편 성폭력범죄의 처벌 등에 관한 특례법 제27조는 성폭력범죄 피해자에 대한 변호사 선임의 특례를 정하고 있는데 … 피해자의 변호사는 피해자를 대리하여 피고인에 대한 처벌을 희망하는 의사표시를 철회하거나 처벌을 희망하지 않는 의사표시를 할 수 있다(대판 2019.12.13, 2019도10678).

9. 반의사불벌죄의 피해자는 피의자나 피고인 및 그들의 변호인에게 자신을 대리하여 … 자신의 처벌불원의사를 표시할 수 있는 권한을 수여할 수 있다(대판 2017.9.7, 2017도8989).
10. 반의사불벌죄에서 성년후견인은 명문의 규정이 없는 한 의사무능력자인 피해자를 대리하여 피고인 또는 피의자에 대하여 처벌을 희망하지 않는다는 의사를 결정하거나 처벌을 희망하는 의사표시를 철회하는 행위를 할 수 없다 … 반의사불벌죄의 처벌불원의사는 원칙적으로 대리가 허용되지 않는다 … 반의사불벌죄에서 피고인 또는 피의자에 대하여 처벌을 원하지 않거나 처벌희망의 의사표시를 철회하는 의사결정 그 자체는 … 피해자 본인이 하여야 … 처벌불원의사는 피해자의 진실한 의사에 기한 것이어야 … 성년후견인이 의사무능력인 피해자를 대리하여 피고인 또는 피의자와 합의를 한 경우에는 이를 반의사불벌죄에서의 소극적 소송조건이 아니라 양형요소로 고려하면 충분 … (대판 2023.7.17, 2021도11126).

③ 즉시고발사건의 경우 : 제1심 선고 전까지 고발의 취소가 가능

관련 판례

❹ 즉시고발사건의 경우 고발취소의 시기
조세범처벌법 위반 사건 … 고발취소는 제1심판결 선고 전에 한하여 취소할 수 있다(대법원 1957.3.29, 4290형상58).

④ 비친고죄의 경우 : 고소취소의 시기적 제한이 없음

(5) 고소취소의 효과

① 고소권의 소멸

② 재고소의 금지 : 고소를 취소한 자는 다시 고소하지 못함(제232조 제2항) → 고소권자가 서면 또는 구술로써 수사기관 또는 법원에 고소를 취소하는 의사표시를 하였다고 보여지는 이상 그 고소는 적법하게 취소되었다고 할 것이고, 그 후 고소취소를 철회하는 의사표시를 다시 하였다고 하여도 그것은 효력이 없다 할 것(대판 2009.9.24, 2009도6779)

③ 친고죄에서 고소취소의 효과
  ㉠ 공소제기 전에 고소취소된 경우 : 공소권 없음의 불기소처분
  ㉡ 공소제기 후에 고소취소된 경우 : 제327조 제5호에 의한 공소기각판결

④ 비친고죄에서 고소취소의 효과 : 양형의 자료가 됨에 불과

⑤ 고소취소의 효력이 미치는 범위 : 불가분의 원칙이 적용

(6) 고소권의 포기

관련 판례

❺ 고소권의 포기를 인정할 수 없다는 판례
… 고소권은 공법상의 권리 … 고소 전에 고소권을 포기할 수 없다 … (대판 1967.5.23, 67도471).

V 고발

1. 고발의 의의 및 기능

제3자가 수사기관에 범죄사실을 신고하여 범인의 처벌을 구하는 의사표시 → 원칙적으로 수사의 개시 내지 단서에 불과하지만, 다만 즉시고발사건에서는 소송조건이 됨

2. 고발할 수 있는 자

> **제234조(고발)**
> ① 누구든지 범죄가 있다고 사료하는 때에는 고발할 수 있다.
> ② 공무원은 그 직무를 행함에 있어 범죄가 있다고 사료하는 때에는 고발하여야 한다.

3. 고발의 제한

자기 또는 배우자의 직계존속은 고발하지 못함(제235조, 제224조)

4. 고발의 절차와 방식

고발의 절차는 고소의 절차와 동일함

[고소와 고발의 구별]

구분		고소	고발
다른점	주체	피해자 또는 일정한 관계에 있는 자	일반 제3자
	대리의 가부	대리행사 가능	대리행사 불가
	기간의 제한	친고죄는 범인을 안 날로부터 6월 (단, 비친고죄는 무제한)	무제한
	취소시기의 제한	제1심판결 선고 전까지 제한 (단, 비친고죄는 무제한)	무제한(단, 즉시고발사건은 제1심판결 선고 전까지 제한)
	재고소·재고발	취소 후 재고소 금지(제232조 제2항)	취소 후 재고발 가능
	헌법소원	헌법소원의 보충성으로 불인정 (2007년 개정 전에는 인정되었음)	자기관련성의 결여로 불인정

> **관련 판례**
>
> **❷ 고발과 관련된 중요 판례들**
> 1. 고발이란 … 범인을 지적할 필요가 없는 것 … 고발에서 지정한 범인이 진범인이 아니더라도 고발의 효력에는 영향이 없는 것 … 농지전용행위를 한 사람을 甲으로 잘못 알고 甲을 피고발인으로 하여 고발하였다고 하더라도 乙이 농지전용행위를 한 이상 乙에 대하여도 고발의 효력이 미친다(대판 1994.5.13, 94도458).
> 2. 고발은 … 그 효력은 고발장에 기재된 범죄사실과 동일성이 인정되는 사실 모두에 미치므로 … 한 개의 범칙사실의 일부에 대한 고발은 그 전부에 대하여 효력이 생기므로, 동일한 부가가치세의 과세기간 내에 행하여진 조세포탈기간이나 포탈액수의 일부에 대한 조세포탈죄의 고발이 있는 경우 그 고발의 효력은 그 과세기간 내의 조세포탈기간 및 포탈액수 전부에 미친다(대판 2009.7.23, 2009도3282).
> 3. 고발은 … 그 효력은 고발장에 기재된 범죄사실과 동일성이 인정되는 사실 모두에 미치므로 … 한 개의 범칙사실의 일부에 대한 고발은 전부에 대하여 효력이 생긴다 … 범칙사실과 동일성이 인정되지 않는 다른 범칙사실에 대해서까지 고발의 효력이 미칠 수는 없다(대판 2014.10.15, 2013도5650).
> 4. 조세범처벌법에 의한 고발은 고발장에 범칙사실의 기재가 없거나 특정이 되지 아니할 때에는 부적법하나, 반드시 공소장 기재요건과 동일한 범죄의 일시·장소를 표시하여 사건의 동일성을 특정할 수 있을 정도로 표시하여야 하는 것은 아니고 … (대판 2009.7.23, 2009도3282).
> 5. … 조세범칙사건에 대하여 관계 세무공무원의 즉시고발이 있으면 고발사유를 명기하지 않더라도 그로써 소추의 요건은 충족되는 것이고, 법원은 본안에 대하여 심판하면 되는 것이지 즉시고발 사유에 대하여 심사할 수 없다(대판 2014.10.15, 2013도5650).

6. … 일단 불기소처분을 한 후에도 … 언제라도 공소를 제기할 수 있으므로 … 조세범처벌법 위반죄에 관하여 일단 불기소처분이 있었더라도 세무공무원 등이 종전에 한 고발은 여전히 유효 … 나중에 공소를 제기함에 있어 세무공무원 등의 새로운 고발이 있어야 하는 것은 아니다(대판 2009.10.29, 2009도6614).
7. 조세범처벌법 … 세무공무원의 고발취소는 제1심판결 선고 전에 한하여 … (대법원 1957.3.29, 4290형상58).
8. 조세범처벌법 … 공소제기 전에 고발이 있은 이상 조세범처벌법 위반사건 피고인에 대한 공소제기의 절차가 법률의 규정에 위반하여 무효라고 할 수 없다(대판 1995.3.10, 94도3373).
9. … 고발인에 불과한 자 … 헌법소원을 제기할 심판청구인으로서의 자격이 없다(헌재결 1997.2.20, 95헌마295).
10. … 관세청장 또는 세관장이 관세범에 대하여 통고처분을 하지 아니한 채 고발하였다는 것만으로는 그 고발 및 이에 기한 공소의 제기가 부적법하게 되는 것은 아니다(대판 2007.5.11, 2006도1993).
11. … 조세범칙사건에 대한 통고처분은 … 형사절차의 사전절차로서의 성격 … 조세범칙사건에 대한 세무서장의 고발은 … 수사기관에 대하여 조세범칙사실을 신고함으로써 형사사건으로 처리할 것을 요구하는 의사표시 … 통고처분을 거치지 아니하고 즉시 고발하였다면 이로써 조세범칙사건에 대한 조사 및 처분 절차는 종료되고 형사사건 절차로 이행 … 세무서장으로서는 동일한 조세범칙행위에 대하여 더 이상 통고처분을 할 권한이 없다 … 세무서장이 조세범칙행위에 대하여 고발을 한 후에 동일한 조세범칙행위에 대하여 통고처분을 하였다 하더라도 … 그 효력이 없고, 일사부재리의 원칙이 적용될 수 없다(대판 2016.9.28, 2014도10748).
12. … 조세범칙조사의 법적 성질은 기본적으로 행정절차에 해당 … 조세범칙조사를 담당하는 세무공무원에게 압수·수색 및 혐의자 또는 참고인에 대한 심문권한이 부여되어 있어 그 업무의 내용과 실질이 수사절차와 유사한 점이 있고, 이를 기초로 수사기관에 고발하는 경우에는 형사절차로 이행되는 측면이 있다 하여도 … 이를 형사절차의 일환으로 볼 수는 없다(대판 2022.12.15, 2022도8824).
13. … 일반사법경찰관리가 출입국사범을 입건한 때에는 지체없이 사무소장 등에게 인계하도록 규정 … 이는 사무소장 등의 전속적 고발권 행사의 편의 등을 위한 것이라고 봄이 상당 … 이를 위반한 일반사법경찰관리의 수사가 소급하여 위법하게 되는 것은 아니다(대판 2011.3.10, 2008도7724).

Ⅵ 자수

1. 자수의 의의 및 기능

범인 스스로 수사기관에 대하여 자신의 범죄사실을 신고하여 자신에 대한 처벌을 희망하는 의사표시 → 형사소송법상 자수는 수사의 개시 내지 단서이며, 실체법상(형법)으로는 임의적 감면사유가 됨 → 고소·고발과 구별, 자복 또는 자백과 구별

2. 자수의 절차와 방식 : 고소·고발에 관한 규정이 준용됨(제240조)

> **관련 판례**
>
> **❹ 자수와 관련된 중요 판례들**
> 1. … 제3자를 통하여서도 이를 할 수 있다(대판 1964.8.31, 64도252).
> 2. … 발각된 후라 하더라도 … 자수로 보아야 한다(대판 1965.10.5, 65도597).
> 3. … 내심으로 자수할 것을 결심한 바 있었다 하여 자수로 볼 수 없다(대판 1986.6.10, 86도792).
> 4. … 친지에게 전화로 자수의사를 전달하였더라도 그것만으로는 자수로 볼 수 없다(대판 1985.9.24, 85도1489).
> 5. 일부에 관하여만 자수한 경우에는 그 부분 범죄사실에 대하여만 … (대판 1994.10.14, 94도2130).
> 6. … 일부라도 수사기관에 자진 신고한 이상 … 동기가 투명치 않고 그 후 공범을 두둔하더라도 그 자수한 부분 범죄사실에 대하여는 자수의 효력이 있다(대판 1969.7.22, 69도779).
> 7. … 자진출석하여 범죄사실을 자백한 경우는 형법상 자수에 해당한다(대판 1994.5.10, 94도659).
> 8. … 자진출석하여 사실을 밝히고 처벌을 받고자 담당 검사에게 전화를 걸어 조사를 받게 해달라고 요청하여 … 범죄사실을 자수한 것으로 보아야 한다(대판 1994.9.9, 94도619).
> 9. 자수라 함은 … 범인이 스스로 … 자발적으로 신고 … 수사기관의 직무상의 질문 또는 조사에 응하여 범죄사실을 진술하는 것은 자백일 뿐 자수로는 되지 않는다(대판 1992.8.14, 92도962).
> 10. … 세관 검색원의 추궁에 의하여 대마 수입 범행을 시인 … 자수에 해당하지 않는다(대판 1999.4.13, 98도4560).

11. … 범죄사실을 부인하거나 죄의 뉘우침이 없는 자수는 그 외형은 자수일지라도 법률상 형의 감경사유가 되는 진정한 자수라고는 할 수 없다(대판 1994.10.14, 94도2130).
12. 일단 자수가 성립한 이상 자수의 효력은 확정적으로 발생 … 그 후에 범인이 번복하여 수사기관이나 법정에서 범행을 부인한다고 하더라도 일단 발생한 자수의 효력이 소멸하는 것은 아니라고 할 것이다(대판 1999.7.9, 99도1695).
13. … 자수의 효력이 발생하였다면, 그 후에 검찰이나 법정에서 범죄사실을 일부 부인하였다고 하더라도 일단 발생한 자수의 효력이 소멸하는 것은 아니다(대판 2002.8.23, 2002도46).
14. … 요건을 완전히 갖춘 범죄행위라고 적극적으로 인식하고 있을 필요까지는 없다(대판 1995.6.30, 94도1017).
15. … 신고가 자발적이라고 하더라도 그 신고의 내용이 자기의 범행을 명백히 부인하는 등의 내용으로 자기의 범행으로서 범죄성립요건을 갖추지 아니한 사실일 경우에는 자수는 성립하지 않고, 수사과정이 아닌 그 후의 재판과정에서 범행을 시인하였다고 하더라도 새롭게 자수가 성립할 여지는 없다고 할 것 … (대판 1999.9.21, 99도2443).
16. … 뇌물수수의 범죄사실을 자발적으로 신고하였으나 그 수뢰액을 실제보다 적게 신고함으로써 적용법조와 법정형이 달라지게 된 경우에는 자수가 성립하였다고 할 수 없다(대판 2004.6.24, 2004도2003).

03 수사의 일반원칙

I 직권수사 및 밀행성(비공개)의 원칙

제199조(수사와 필요한 조사)
① 수사에 관하여는 그 목적을 달성하기 위하여 필요한 조사를 할 수 있다. 다만, 강제처분은 이 법률에 특별한 규정이 있는 경우에 한하며, 필요한 최소한도의 범위 안에서만 하여야 한다.
② 수사에 관하여는 공무소 기타 공사단체에 조회하여 필요한 사항의 보고를 요구할 수 있다.

II 불구속수사의 원칙 및 별건수사금지

제198조(준수사항)
① 피의자에 대한 수사는 불구속 상태에서 함을 원칙으로 한다.
② 검사·사법경찰관리와 그 밖에 직무상 수사에 관계 있는 자는 피의자 또는 다른 사람의 인권을 존중하고 수사과정에서 취득한 비밀을 엄수하며 수사에 방해되는 일이 없도록 하여야 한다.
③ 검사·사법경찰관리와 그 밖에 직무상 수사에 관계있는 자는 수사과정에서 수사와 관련하여 작성하거나 취득한 서류 또는 물건에 대한 목록을 빠짐없이 작성하여야 한다.
④ 수사기관은 수사 중인 사건의 범죄 혐의를 밝히기 위한 목적으로 합리적인 근거 없이 별개의 사건을 부당하게 수사하여서는 아니 되고, 다른 사건의 수사를 통해 확보된 증거 또는 자료를 내세워 관련 없는 사건에 대한 자백이나 진술을 강요하여서도 아니 된다.

[관련 판례]

🔹 **수사기관이 범죄수사를 하면서 지켜야 할 법규상 또는 조리상의 한계를 위반한 것이 '법령 위반'에 해당하는지 여부(적극)**
… 수사기관은 … 국민의 인권을 존중하고 … 실체적 진실을 발견하기 위하여 노력하여야 할 법규상 또는 조리상의 의무 … 피의자가 소년 등 사회적 약자인 경우에는 수사과정에서 방어권 행사에 불이익이 발생하지 않도록 더욱 세심하게 배려 … 고의 또는 과실로 위 직무상 의무를 위반하여 피의자신문조서를 작성함으로써 피의자의 방어권이 실질적으로 침해되었다고 인정된다면, 국가는 … 손해를 배상하여야 … (대판 2020.4.29, 2015다224797).

Ⅲ 임의수사의 원칙

원칙적으로 임의수사에 의하고 강제수사는 예외적으로만 허용(제199조 제1항 단서)

Ⅳ 강제수사(강제처분)를 규제하는 원칙

1. **강제수사(강제처분)법정주의**(제199조 제1항 단서)

2. **영장주의** : 이 경우 영장은 원칙적으로 '사전영장'을 말하는 것

3. **비례성의 원칙**(제199조 제1항 단서)

04 임의수사

Ⅰ 서설

1. **임의수사의 의의** : 자유의사에 의한 승낙을 전제 → 수사는 원칙적으로 임의수사에 의함

2. **임의수사와 강제수사의 구별기준** : 실질설

Ⅱ 임의수사의 적법성의 한계

1. **현행 형사소송법이 규정하고 있는 임의수사**
   (1) 피의자신문(제200조)
   (2) 참고인조사(제221조 제1항)
   (3) 감정·통역·번역의 위촉(제221조 제2항)
   (4) 공무소 등에의 사실조회(제199조 제2항)

2. **임의수사의 적법성이 문제되는 경우**
   (1) 임의동행
   ① 임의동행의 의의 : 수사기관이 범죄용의자나 피의자의 동의를 전제로 수사관서까지 이들과 함께 가는 수사방법 → 형소법에는 명문의 규정이 없음
   ② 임의동행의 임의수사성 여부 : 판례는 임의동행을 임의수사로서 허용하는 듯한 입장

> [관련 판례]
>
> **❷ 수사상의 임의동행에 대한 판례의 입장**
> 1. 임의동행에 있어서의 임의성의 판단은 동행의 시간과 장소, 동행의 방법과 동행거부의사의 유무 … 여러 사정을 종합하여 객관적인 상황을 기준으로 하여야 한다(대판 1993.11.23. 93다35155).
> 2. 수사관이 동행에 앞서 피의자에게 동행을 거부할 수 있음을 알려 주었거나 … 언제든지 자유로이 … 퇴거할 수 있었음이 인정되는 등 오로지 피의자의 자발적인 의사에 의하여 수사관서 등에의 동행이 이루어졌음이 객관적인 사정에 의하여 명백하게 입증된 경우에 한하여 그 적법성이 인정되는 것 … (대판 2006.7.6. 2005도6810).
> 3. 임의동행은 경찰관직무집행법 … 행정경찰 목적의 경찰활동으로 행하여지는 것 외에도 형사소송법 제199조 제1항에 따라 범죄 수사를 위하여 … 오로지 피의자의 자발적인 의사에 의하여 이루어진 경우에도 가능 … 피고인의 마약류 투약 혐의가 상당하다고 판단하여 경찰서로 임의동행을 요구 … 동행장소인 경찰서에서 피고인에게 미약류 투약 혐의를 밝힐 수 있는 소변과 모발의 임의제출을 요구 … 피고인에 대한 임의동행은 마약류 투약 혐의에 대한 수사를 위한 것이어서 형사소송법 제199조 제1항에 따른 임의동행에 해당 … (대판 2020.5.14. 2020도398).
> 4. 사법경찰관이 피고인을 수사관서까지 동행한 것 … 사실상의 강제연행, 즉 불법체포에 해당 … 사법경찰관이 그로부터 6시간 상당이 경과한 이후에 비로소 피고인에 대하여 긴급체포의 절차를 밟았다고 하더라도 … 불법체포에 기하여 사후적으로 취해진 것에 불과 … 위법하다고 아니할 수 없다(대판 2006.7.6. 2005도6810).
> 5. 피의자가 동행을 거부하는 의사를 표시하였음에도 불구하고 경찰관들이 영장에 의하지 아니하고 피의자를 강제로 연행한 행위는 … 위법한 체포에 해당 … 이와 같이 위법한 체포상태에서 마약 투약 혐의를 확인하기 위한 채뇨 요구가 이루어진 경우 … 위법한 채뇨 요구가 있었던 것으로 볼 수밖에 없다(대판 2013.3.14. 2012도13611).
> 6. … 주취운전을 하였다고 인정할 만한 상당한 이유가 있다는 이유만으로 이루어지는 음주측정은 이미 행하여진 주취운전이라는 범죄행위에 대한 증거 수집을 위한 수사절차로서 의미 … 도로교통법상 규정들이 음주측정을 위한 강제처분의 근거가 될 수 없으므로 … 음주측정을 위하여 운전자를 강제로 연행하기 위해서는 수사상 강제처분에 관한 형사소송법상 절차에 따라야 … 무시한 채 이루어진 강제연행은 위법한 체포 … (대판 2012.12.13. 2012도11162).

(2) **보호실유치**
　① **보호실유치의 유형** : 승낙유치와 강제유치가 있음
　② **보호실유치의 적법성** : 강제유치는 물론이고 승낙유치도 실질적으로 구속에 해당하므로, 영장에 의하지 않으면 허용될 수 없음

> [관련 판례]
>
> **❷ 보호실유치의 적법성에 관한 판례**
> 1. … 영장주의에 위배되는 위법한 구금 … 적법한 공무수행이라고 볼 수 없다(대판 1994.3.11. 93도958).
> 2. … 피의자를 경찰서 보호실에 강제 유치시키려는 것 … 불법감금죄에 해당한다(대판 1997.6.13. 97도877).

(3) **승낙수색 및 승낙검증** : 형사소송법상 수색과 검증은 원칙적으로 강제수사이지만(제215조), 승낙수색 및 승낙검증은 자유의사에 의한 승낙이 있는 이상 임의수사로서 허용됨 → 실황조사도 그 실질은 승낙검증이며 임의수사로 취급됨

> [관련 판례]
>
> **❷ 수사기관이 영장 없이 음식점에 출입하여 위법행위를 확인하는 것이 위법한지 여부(소극)**
> 수사기관이 범죄를 수사하면서 불특정, 다수의 출입이 가능한 장소에 통상적인 방법으로 출입하여 아무런 물리력이나 강제력을 행사하지 않고 통상적인 방법으로 위법행위를 확인하는 것은 … 임의수사의 한 방법으로서 허용되므로 영장 없이 이루어졌다고 하여 위법하다고 할 수 없다 … (대판 2023.7.13. 2019도7891).

(4) **거짓말탐지기에 의한 수사** : 피검사자의 자율적 의사에 의한 동의 내지 적극적인 요청이 있는 경우에는 임의수사로서 허용됨
(5) **마취분석** : 동의여부를 불문하고 허용되지 않음

3. 임의수사와 강제수사의 한계

(1) 전기통신의 감청

① 의의 : 수사기관이 타인의 대화를 본인의 부지중에 청취하는 것

② 임의수사인지 강제수사인지 여부 : 개인의 사생활(privacy)을 중대하게 침해할 수 있다는 점에서 강제수사로 보아야 한다는 견해가 다수설이며, 통신비밀보호법도 일정한 요건하에 허가를 얻어 전기통신의 감청을 행하도록 규정하고 있어 강제수사의 일종으로 보고 있음

③ 통신비밀보호법에 의한 통신제한조치에 관한 주요내용

　㉠ 범죄수사를 위한 통신제한조치(통신비밀보호법 제6조)

　　ⓐ 통신비밀보호법에 의한 통신제한조치의 대상범죄 : 내란, 외환, 공무원의 직무에 관한 죄, 방화와 실화, 통화, 살인, 협박, 강간, 절도와 강도, 공갈, 경매입찰방해, 군형법, 국가보안법, 마약류관리에 관한 법률, 폭력행위 등 처벌에 관한 법률, 특정범죄가중처벌 등에 관한 법률, 특정경제범죄가중처벌 등에 관한 법률에 규정된 범죄 등 → 사기죄만은 제외

　　ⓑ 검사(사법경찰관은 검사에게 신청)가 각 피의자별 또는 각 피내사자별로 통신제한조치를 허가하여 줄 것을 통신당사자의 쌍방 또는 일방의 주소지·소재지, 범죄지 등을 관할하는 지방법원에 대하여 청구

　　ⓒ 범죄수사를 위한 통신제한조치의 기간 : 범죄수사를 위한 통신제한조치의 기간은 2개월로 하며, 그 통신제한조치의 허가요건이 존속하는 경우에는 소명자료를 첨부하여 2개월의 범위에서 통신제한조치기간의 연장을 청구할 수 있음 → 총 연장기간은 1년을 초과할 수 없음

> **관련 판례**
> ❹ **통신비밀보호법상 통신제한조치기간의 연장을 허가함에 있어 총기간 내지 총연장횟수의 제한을 두지 않은 것이 위헌인지 여부(헌법불합치)**
> 통신비밀보호법 제6조 제7항 단서 … '통신제한조치기간의 연장'에 관한 부분은 헌법에 합치하지 아니한다(헌재결 2010.12.28, 2009헌가30). → 늦어도 2011. 12. 31. 까지는 새 입법을 마련하여야 할 것

　㉡ 국가안보를 위한 통신제한조치(통신비밀보호법 제7조)

　　ⓐ 정보수사기관의 장은 ⓘ 통신의 일방 또는 쌍방당사자가 내국인인 때에는 고등법원 수석부장판사의 허가를 받아서, ⓘⓘ 적대국가나 반국가활동의 혐의가 있는 외국의 기관·단체와 외국인 등의 경우에는 대통령의 승인을 얻어서 통신제한조치를 할 수 있음

　　ⓑ 국가안보를 위한 통신제한조치의 기간 : 국가안보를 위한 통신제한조치의 기간은 4개월을 초과하지 못하고, 그 통신제한조치의 허가요건이 존속하는 경우에는 소명자료를 첨부하여 4개월의 범위 이내에서 통신제한조치의 기간을 연장할 수 있음 → 총 연장기간은 3년을 초과할 수 없음

　㉢ 긴급통신제한조치(통신비밀보호법 제8조) : 긴급통신제한조치를 한 때부터 36시간 이내에 법원의 허가를 받아야 함

　㉣ 인터넷회선 감청(패킷감청)으로 취득한 자료의 관리(통신비밀보호법 제12조의2)

　　ⓐ 인터넷회선 감청에 대한 헌법불합치결정(헌재결 2018.8.30, 2016헌마263)

> [관련 판례]
> ❹ 통신비밀보호법 제5조 제2항에 의한 '패킷감청'의 방식으로 이루어지는 인터넷회선 감청이 헌법에 위반되는지 여부(= 헌법불합치)
> '패킷감청'의 방식으로 이루어지는 인터넷회선 감청은 … 다른 통신제한조치에 비하여 감청 집행을 통해 수사기관이 취득하는 자료가 비교할 수 없을 정도로 매우 방대 … 인터넷회선 감청이 감청 범위의 포괄성 면에서 다른 전기통신 감청과 본질적인 차이 … 수사기관의 권한 남용을 방지하고 이로 인한 관련 기본권 침해를 최소화하기 위하여 … 감독 내지 통제할 법적 장치가 강하게 요구 … 단순위헌결정을 하는 대신 헌법불합치결정을 선고하되, 2020. 3. 31.을 시한으로 입법자가 이 사건 법률조항의 위헌성을 제거 … (헌재결 2018.8.30, 2016헌마263).

ⓑ 인터넷회선에 대한 통신제한조치로 취득한 자료의 관리
  ⓘ 검사는 인터넷회선을 통하여 송신·수신하는 전기통신을 대상으로 통신제한조치를 집행한 경우, 범죄수사나 소추 등에 사용하거나 보관하고자 하는 때에는 집행종료일부터 14일 이내에 통신제한조치를 허가한 법원에 보관 등의 승인을 청구하여야 함(통신비밀보호법 제12조의2 제1항).
  ⓘⓘ 사법경찰관은 인터넷 회선을 통하여 송신·수신하는 전기통신을 대상으로 통신제한조치를 집행한 경우, 보관 등을 하고자 하는 때에는 집행종료일부터 14일 이내에 검사에게 보관 등의 승인을 신청하고, 검사는 신청일부터 7일 이내에 통신제한조치를 허가한 법원에 그 승인을 청구할 수 있음(통신비밀보호법 제12조의2 제2항).
  ⓘⓘⓘ 검사 또는 사법경찰관은 승인청구나 승인신청을 하지 않은 경우에는 집행종료일부터 14일(검사가 사법경찰관의 신청을 기각한 경우에는 그 날부터 7일) 이내에 폐기하여야 하고, 법원에 승인청구를 한 경우에는 승인서를 발부받거나 청구기각의 통지를 받은 날부터 7일 이내에 승인을 받지 못한 전기통신을 폐기하여야 함(통신비밀보호법 제12조의2 제5항) → 검사 또는 사법경찰관은 폐기한 때에는 폐기결과보고서를 작성하여 피의자의 수사기록에 첨부하여, 폐기일부터 7일 이내에 통신제한조치를 허가한 법원에 송부하여야 함(통신비밀보호법 제12조의2 제6항).
ⓒ 불법감청에 의한 전기통신내용의 증거사용 금지 : 통신비밀보호법의 규정에 위반한 불법검열이나 불법감청에 의하여 지득 또는 채록된 전기통신의 내용은 증거로 사용할 수 없음(통신비밀보호법 제4조).

> [관련 판례]
> ❹ 통신비밀보호법상 통신제한조치와 관련된 판례들
> 1. … 통신비밀보호법에서 보호하는 타인 간의 '대화'는 원칙적으로 현장에 있는 당사자들이 육성으로 말을 주고받는 의사소통행위 … 사람의 육성이 아닌 사물에서 발생하는 음향은 타인 간의 '대화'에 해당하지 않는다 … 사람의 목소리라고 하더라도 상대방에게 의사를 전달하는 말이 아닌 단순한 비명소리나 탄식 등은 타인과 의사소통을 하기 위한 것이 아니라면 … 타인 간의 '대화'에 해당한다고 볼 수 없다(대판 2017.3.15, 2016도19843).
> 2. … 통신비밀보호법상 '감청'이란 대상이 되는 전기통신의 송·수신과 동시에 이루어지는 경우만을 의미 … 이미 수신이 완료된 전기통신의 내용을 지득하는 등의 행위는 포함되지 않는다(대판 2012.10.25, 2012도4644).
> 3. '전기통신의 감청'은 … 전기통신이 이루어지고 있는 상황에서 실시간으로 그 전기통신의 내용을 지득·채록하는 경우와 통신의 송·수신을 직접적으로 방해하는 경우를 의미하는 것 … 이미 수신이 완료된 전기통신에 관하여 남아 있는 기록이나 내용을 열어보는 등의 행위는 포함하지 않는다 … 통신제한조치허가서에 기재된 사항을 준수하지 아니한 채 통신제한조치를 집행하였다면 … 적법한 절차를 따르지 아니하고 수집한 증거에 해당하므로 이는 유죄 인정의 증거로 할 수 없다(대판 2016.10.13, 2016도8137).

> 4. 통신비밀보호법에서는 … 통신과 대화로 분류 … 통신을 다시 우편물과 전기통신으로 나눈 다음 … 무전기와 같은 무선전화기를 이용한 통화 … 전기통신에 해당함이 명백하므로 이를 … '타인간의 대화'에 포함된다고 할 수 없다(대판 2003.11.13, 2001도6213).
> 5. … 허가된 통신제한조치가 '전기통신 감청 및 우편물 검열'뿐인 경우 그 후 연장결정서에 당초 허가 내용에 없던 '대화녹음'이 기재되어 있다 하더라도 이는 대화녹음의 적법한 근거가 되지 못한다(대판 1999.9.3, 99도2317).
> 6. 인터넷 통신망을 통한 송·수신 … '전기통신'에 해당 … 인터넷 통신망을 통하여 흐르는 전기신호 형태의 이른바 '패킷 감청' … 요건을 갖추는 경우 … 허용된다고 할 것 … (대판 2012.10.11, 2012도7455).
> 7. … 인터넷개인방송은 … 전기통신에 해당 … 인터넷개인방송의 방송자가 비밀번호를 설정하는 등 그 수신 범위를 한정하는 비공개 조치를 취하지 않고 방송을 송출하는 경우 … 시청자가 방송 내용을 지득·채록하는 것은 통신비밀보호법에서 정한 감청에 해당하지 않는다… 그러나 인터넷개인방송의 방송자가 비밀번호를 설정하는 등으로 비공개 조치를 취한 후 방송을 송출하는 경우에는 … 통신비밀보호법상의 감청에 해당할 수 있다(대판 2022.10.27, 2022도9877).
> 8. … 통신사실확인자료를 범죄의 수사·소추를 위하여 사용하는 경우 대상 범죄는 통신사실확인자료 제공요청의 목적이 된 범죄 및 이와 관련된 범죄에 한정되어야 … 혐의사실과 객관적 관련성 … 피의자 사이에 인적 관련성 … 혐의사실과의 객관적 관련성은, 통신사실 확인자료제공요청 허가서에 기재된 혐의사실 자체 또는 그와 기본적 사실관계가 동일한 범행과 직접 관련되어 있는 경우는 물론, … 간접증거나 정황증거 등으로 사용될 수 있는 경우에도 인정 … 그러나 혐의사실과 단순히 동종 또는 유사 범행이라는 사유만으로 관련성이 있는 것은 아니다 … 피의자와 사이의 인적 관련성은 … 공동정범이나 교사범 등 공범이나 간접정범은 물론 필요적 공범 등에 대한 피고사건에 대해서도 인정 … (대판 2017.1.25, 2016도13489).
> 9. 甲의 국가보안법위반죄에 대한 증거의 수집을 위하여 발부된 통신제한조치허가서에 의하여 … 통신제한조치의 목적이 된 甲의 국가보안법위반죄나 그와 관련된 범죄를 위하여 사용되어야 한다(대판 2002.10.22, 2000도5461).

④ 불법감청으로 인한 비밀녹음의 증거능력
   ㉠ **수사기관에 의한 비밀녹음** : 수사기관에 의한 비밀녹음은 대화당사자 쌍방의 동의가 없는 경우는 물론이고 일방의 동의가 있는 경우라도 증거능력 부정
   ㉡ **사인(私人)에 의한 비밀녹음**
      ⓐ **제3자의 녹음** : 일반 사인인 제3자가 비밀녹음한 경우에는 대화당사자 쌍방의 동의가 없는 경우는 물론이고 일방의 동의가 있는 경우라도 증거능력 부정
      ⓑ **대화당사자 일방의 녹음** : 대화당사자 일방이 타방 모르게 녹음하거나 3인 간의 대화에 있어서 그 중 한 사람이 그 대화내용을 녹음하는 경우에는 그 증거능력이 인정

> **관련 판례**
>
> ❶ 전화통화 당사자의 일방이 상대방 모르게 통화 내용을 녹음하는 행위가 '전기통신의 감청'에 해당하는지 여부(소극) 및 제3자가 전화통화 당사자 중 일방만의 동의를 받고 통화 내용을 녹음한 행위가 '전기통신의 감청'에 해당하는지 여부(적극)
>   … 전기통신의 감청은 제3자가 전기통신의 당사자인 송신인과 수신인의 동의를 받지 아니하고 전기통신 내용을 녹음하는 등의 행위를 하는 것만을 말한다 … 전화통화 당사자의 일방이 상대방 모르게 통화 내용을 녹음하는 것은 여기의 감청에 해당하지 않는다 … 그러나 제3자의 경우는 설령 전화통화 당사자 일방의 동의를 받고 그 통화 내용을 녹음하였다 하더라도 그 상대방의 동의가 없었던 이상, 이는 여기의 감청에 해당하여 통신비밀보호법 제3조 제1항 위반 … (대판 2021.8.26, 2021도236999).
>
> ❷ 제3자가 전화통화자 중 일방만의 동의를 얻어 통화내용을 녹음한 경우가 통신비밀보호법 위반인지 여부(적극)
>   1. 제3자의 경우는 설령 전화통화 당사자 일방의 동의를 받고 그 통화내용을 녹음하였다 하더라도 그 상대방의 동의가 없었던 이상 … 통신비밀보호법의 취지에 비추어 이는 동법 제3조 제1항 위반 … (대판 2002.10.8, 2002도123).
>   2. … 전기통신의 당사자의 일방이 상대방 모르게 통신의 음향·영상 등을 청취하거나 녹음하는 것은 여기의 감청에 해당하지 아니하지만 … 제3자의 경우는 설령 당사자 일방의 동의를 받고 그 통신의 음향·영상을 청취하거나 녹음하였다 하더라도 그 상대방의 동의가 없었던 이상 … 통신비밀보호법 제3조 제1항 위반 … (대판 2022.10.27, 2022도9877).

3. 수사기관이 ⋯ 구속수감되어 있던 甲에게 그의 압수된 휴대전화를 제공하여 피고인과 통화하고 ⋯ 통화 내용을 녹음하게 한 행위는 불법감청에 해당 ⋯ 증거동의에 상관없이 그 증거능력이 없다(대판 2010.10.14. 2010도9016).

❹ 대화에 원래부터 참여하지 않는 제3자가 일반 공중이 알 수 있도록 공개되지 않은 타인 간의 발언을 녹음하거나 전자장치 또는 기계적 수단을 이용하여 청취하는 것이 통신비밀보호법 제3조 제1항에 위반되는지 여부 (적극)

⋯ 대화에 원래부터 참여하지 않는 제3자가 일반 공중이 알 수 있도록 공개되지 않은 타인 간의 발언을 녹음하거나 전자장치 또는 기계적 수단을 이용하여 청취하는 것은 ⋯ 제3조 제1항에 위반 ⋯ '공개되지 않았다.'는 것은 반드시 비밀과 동일한 의미는 아니고 ⋯ (대판 2022.8.31. 2020도1007).

❹ 대화당사자 일방이 비밀녹음한 경우 증거능력을 인정한 판례
  1. 피고인이 강간범행 후 피해자에게 전화를 걸어오자 피해자가 그 전화를 녹음한 경우 ⋯ 이를 위법하게 수집된 증거라고 할 수 없다(대판 1997.3.28. 96도2417).
  2. 동료교사인 사인이 ⋯ 학생들과의 대화내용을 학생들 몰래 녹음한 경우라고 할지라도 이것만으로 위법수집증거로서 증거능력이 배제된다고 할 수 없다(대판 1999.3.9. 98도3169).
  3. 전화통화 당사자의 일방이 상대방 몰래 통화내용을 녹음하더라도 ⋯ 통신비밀보호법 제3조 제1항 위반이 되지 아니한다(대판 2002.10.8. 2002도123).

❹ 3인 간의 대화에 있어서 그 중 한 사람이 그 대화내용을 녹음하는 경우가 통신비밀보호법에 위배되는지 여부 (소극)

⋯ 3인 간의 대화에 있어서 그 중 한 사람이 그 대화를 녹음하는 경우에 ⋯ '타인 간의 대화'라고 할 수 없으므로, 이와 같은 녹음행위가 통신비밀보호법 제3조 제1항에 위배된다고 볼 수는 없다(대판 2006.10.12. 2006도4981).

(2) 사진촬영 : privacy권 중 초상권을 침해할 우려가 있다는 점에서 강제수사라고 보는 견해가 다수설 → 성질상 검증에 해당

관련 판례

❹ 수사기관이 범죄를 수사하면서 현재 범행이 행하여지고 있거나 행하여진 직후이고, 증거보전의 필요성 및 긴급성이 있으며, 일반적으로 허용되는 상당한 방법으로 촬영한 경우, 위 촬영이 영장 없이 이루어졌더라도 적법한지 여부(적극)

⋯ 현재 범행이 행하여지고 있거나 행하여진 직후 ⋯ 증거보전의 필요성 및 긴급성 ⋯ 상당한 방법 ⋯ 영장 없이 이루어졌다 하여 이를 위법하다고 할 수 없다 ⋯ (대판 2023.4.27. 2018도8161).

❹ 무인장비에 의하여 제한속도 위반차량의 차량번호 등을 촬영한 사진의 증거능력 유무(적극)

⋯ 범죄가 현재 행하여지고 있고 ⋯ 긴급하게 증거보전을 할 필요가 있는 상태 ⋯ 상당한 방법에 의한 것이라고 판단 ⋯ 촬영한 사진을 두고 위법하게 수집된 증거로서 증거능력이 없다고 말할 수 없다(대판 1999.12.7. 98도3329).

III 형사소송법상 임의수사의 방법

1. 피의자신문

(1) 피의자신문의 의의

> **제200조(피의자의 출석요구)**
> 검사 또는 사법경찰관은 수사에 필요한 때에는 피의자의 출석을 요구하여 진술을 들을 수 있다.

(2) 피의자신문의 방법
  ① 출석요구
    ㉠ 출석요구의 방법 : 출석요구의 방법에는 제한이 없음 → 출석요구서의 발부○, 전화·구두·인편○, 수사기관이 직접 가는 방법○, 임의동행에 의한 출석요구○ → 피의자신문을 위한 구인×
    ㉡ 출석요구에 대한 거부 : 피의자는 출석의무가 없음 → 다만, 정당한 이유없이 출석을 거부한 경우에는 영장에 의한 체포가 가능(제200조의2)

> **관련 판례**
>
> ❶ 구속영장 발부에 의하여 적법하게 구금된 피의자가 피의자신문을 위한 출석요구에 응하지 아니하면서 수사기관 조사실에 출석을 거부할 경우, 수사기관이 구속영장의 효력에 의하여 피의자를 조사실로 구인할 수 있는지 여부 (적극)
> … 구속영장은 기본적으로 장차 공판정에의 출석이나 형의 집행을 담보하기 위한 것 … 피의자신문의 방식으로 구속된 피의자를 조사하는 등 적정한 방법으로 범죄를 수사하는 것도 예정 … 구속영장 발부에 의하여 적법하게 구금된 피의자가 피의자신문을 위한 출석요구에 응하지 아니하면서 수사기관 조사실에 출석을 거부한다면 수사기관은 그 구속영장의 효력에 의하여 피의자를 조사실로 구인할 수 있다 … 다만 이러한 경우에도 그 피의자신문 절차는 … 임의수사의 한 방법으로 진행되어야 … 피의자는 … 진술을 거부할 수 있고, 수사기관은 피의자를 신문하기 전에 그와 같은 권리를 알려주어야 한다(대법원 2013.7.1. 2013모160).

> **'피의자신문을 위한 출석요구'와 관련된 '검사와 사법경찰관의 상호협력과 일반적 수사준칙에 관한 규정'의 내용**
>
> 1. 피의자와 조사의 일시·장소에 관한 협의
>   검사 또는 사법경찰관은 피의자에게 출석요구를 하려는 경우 피의자와 조사의 일시·장소에 관하여 협의해야 하며, 이 경우 변호인이 있는 경우에는 변호인과도 협의해야 한다(동규정 제19조 제2항).
> 2. 출석요구의 방법
>   ① 검사 또는 사법경찰관은 피의자에게 출석요구를 하려는 경우 피의사실의 요지 등 출석요구의 취지를 구체적으로 적은 출석요구서를 발송해야 하지만, 신속한 출석요구가 필요한 경우 등 부득이한 사정이 있는 경우에는 전화, 문자메시지, 그 밖의 상당한 방법으로 출석요구를 할 수 있다(동규정 제19조 제3항).
>   ② 이 경우에는 출석요구서의 사본이나 그 취지를 적은 수사보고서를 각각 사건기록에 편철한다(동규정 제19조 제4항).
> 3. 참고인에 대한 출석요구에 준용
>   위의 내용은 피의자 외의 사람에 대한 출석요구의 경우에도 적용한다(동규정 제19조 제6항).

  ② 진술거부권 등의 고지
    ㉠ 진술거부권의 사전고지 : 전술함
    ㉡ 구제신청권의 사전고지 : 전술함
  ③ 인정신문 : 검사 또는 사법경찰관이 피의자를 신문함에는 먼저 그 성명, 연령, 등록기준지, 주거와 직업을 물어 피의자임에 틀림없음을 확인하여야 함(제241조)
  ④ 신문사항 및 신문방법

> **제242조(피의자신문사항)**
> 검사 또는 사법경찰관은 피의자에 대하여 범죄사실과 정상에 관한 필요사항을 신문하여야 하며 그 이익되는 사실을 진술할 기회를 주어야 한다.
>
> **제245조(참고인과의 대질)**
> 검사 또는 사법경찰관이 사실을 발견함에 필요한 때에는 피의자와 다른 피의자 또는 피의자 아닌 자와 대질하게 할 수 있다.

> 관련 판례

❶ 검사의 피의자신문의 범위
··· 검사는 피의자를 신문함에 있어서 범죄사실에 관한 사항으로 범행의 일시, 장소, 수단과 방법, 객체, 결과뿐만 아니라, 그 동기와 공범관계, 범행에 이르게 된 경과 등 범행 전후의 여러 정황도 함께 신문··· (대판 2007.11.30, 2005다40907).

❷ 범인식별절차와 관련된 판례들
1. 범죄 발생 직후 목격자의 기억이 생생하게 살아있는 상황에서 현장이나 그 부근에서 범인식별 절차를 실시하는 경우··· 용의자와 목격자의 일대일 대면도 허용··· (대판 2009.6.11, 2008도12111).
2. ··· 범인의 인상착의 등에 관한 목격자의 진술 내지 묘사를 사전에 상세히 기록화한 다음, 용의자를 포함하여 그와 인상착의가 비슷한 여러 사람을 동시에 목격자와 대면시켜 범인을 지목하도록··· 용의자와 목격자 및 비교대상자들이 상호 사전에 접촉하지 못하도록··· (대판 2008.7.10, 2006도2520 ; 대판 2008.1.17, 2007도5201).
3. ··· 범인식별절차에서 용의자 한 사람을 단독으로 목격자와 대질시키거나 용의자의 사진 한 장만을 목격자에게 제시하여 범인 여부를 확인하게 하는 것은··· 그 신빙성이 낮다(대판 2008.1.17, 2007도5201).
4. ··· 범인식별절차에서 수사기관이 피해자에게 피고인 한 사람만을 촬영한 동영상을 보여주거나 피고인 한 사람만을 직접 보여주어 피해자로부터 범인이 맞다는 진술을 받고··· 신빙성이 낮다(대판 2008.1.17, 2007도5201).

❸ 피의자에게 수사기관에 대하여 진실만을 진술하여야 할 의무가 있는지 여부(소극)
··· 피의자는 진술거부권 및 자기에게 유리한 진술을 할 권리와 유리한 증거를 제출할 권리를 가질 뿐··· 수사기관에 대하여 진실만을 진술하여야 할 의무가 있는 것은 아니다··· 피의자 등이 수사기관에 대하여 허위사실을 진술하거나 피의사실 인정에 필요한 증거를 감추고 허위의 증거를 제출하였더라도, 수사기관이 충분한 수사를 하지 않은 채 이와 같은 허위의 진술과 증거만으로 증거의 수집·조사를 마쳤다면··· 위계에 의한 공무집행방해죄가 성립된다고 할 수 없다··· 피의자 등이 적극적으로 허위의 증거를 조작하여 제출하고 그 증거 조작의 결과 수사기관이 그 진위에 관하여 나름대로 충실한 수사를 하더라도 제출된 증거가 허위임을 발견하지 못할 정도에 이르렀다면··· 위계공무집행방해죄가 성립··· (대판 2019.3.14, 2018도18646).

❹ 검사가 조사실에서 피의자를 신문할 때 피의자에게 도주, 자해, 다른 사람에 대한 위해 등과 같은 특별한 사정이 없는 이상 교도관에게 보호장비의 해제를 요청할 의무가 있고, 교도관은 이에 응하여야 하는지 여부(적극)
··· 피의자에 대한 수사는 불구속 상태에서 함을 원칙··· 피의자의 인권을 존중··· 무죄추정의 원칙··· 검사가 조사실에서 피의자를 신문할 때··· 피의자에게 보호장비를 사용하지 말아야 하는 것이 원칙··· 다만 도주, 자해, 다른 사람에 대한 위해 등··· 위험이 분명하고 구체적으로 드러나는 경우에만 예외적으로 보호장비를 사용하여야··· (대법원 2020.3.17, 2015모2357).

❺ 검사 또는 사법경찰관이 구금된 피의자를 신문할 때 피의자 또는 변호인으로부터 보호장비를 해제해 달라는 요구를 받고도 거부한 조치가 형사소송법 제417조에서 정한 '구금에 관한 처분'에 해당하는지 여부(적극)
검사 또는 사법경찰관이 보호장비 사용을 정당화할 예외적 사정이 존재하지 않음에도 구금된 피의자에 대한 교도관의 보호장비 사용을 용인한 채 그 해제를 요청하지 않는 경우··· 제417조에서 정한 '구금에 관한 처분'··· (대법원 2020.3.17, 2015모2357).

'피의자신문의 방법'과 관련된 '검사와 사법경찰관의 상호협력과 일반적 수사준칙에 관한 규정'의 내용

1. 수사관서 외의 장소에서의 조사
    검사 또는 사법경찰관은 피의자가 치료 등 수사관서에 출석하여 조사를 받는 것이 현저히 곤란한 사정이 있는 경우에는 수사관서 외의 장소에서 조사할 수 있다(동규정 제19조 제5항).

2. 심야조사의 제한
    ① 검사 또는 사법경찰관은 조사, 신문, 면담 등 그 명칭을 불문하고 피의자나 사건관계인에 대해 오후 9시부터 오전 6시까지 사이에 조사를 해서는 안 되며, 다만 이미 작성된 조서의 열람을 위한 절차는 자정 이전까지 진행할 수 있다(동규정 제21조 제1항).
    ② 예외적으로 ⊙ 피의자를 체포한 후 48시간 이내에 구속영장의 청구 또는 신청 여부를 판단하기 위해 불가피한 경우, ⓒ 공소시효가 임박한 경우, ⓒ 피의자나 사건관계인이 출국, 입원, 원거리 거주, 직업상 사유 등 재출석이 곤란한 구체적인 사유를 들어 심야조사를 요청한 경우(변호인이 심야조사에 동의하지 않는다는 의사를 명시한 경우는 제외)로서 해당 요청에 상당한 이유가 있다고 인정되는 경우, ② 그 밖에 사건의 성질 등을 고려할 때 심야조사가 불가피하다고 판단되는 경우 등 법무부장관, 경찰청장 또는 해양경찰청장이 정하는 경우로서 검사 또는 사법경찰관의 소속 기관의 장이 지정하는 인권보호 책임자의 허가 등을 받은 경우에는 심야조사를 할 수 있는데, 이 경우 심야조사의 사유를 조서에 명확하게 적어야 한다(동규정 제21조 제2항).

3. 조사시간의 제한
  ① 검사 또는 사법경찰관은 조사, 신문, 면담 등 그 명칭을 불문하고 피의자나 사건관계인을 조사하는 경우에는 대기시간, 휴식시간, 식사시간 등 모든 시간을 합산한 조사시간이 12시간을 초과하지 않도록 해야 한다(동규정 제22조 제1항 본문). 다만, ㉠ 피의자를 체포한 후 48시간 이내에 구속영장의 청구 또는 신청 여부를 판단하기 위해 불가피한 경우, ㉡ 공소시효가 임박한 경우, ㉢ 피의자나 사건관계인의 서면 요청에 따라 조서를 열람하는 경우에는 예외로 한다(동규정 제22조 제1항 단서).
  ② 검사 또는 사법경찰관은 특별한 사정이 없으면 총조사시간 중 식사시간, 휴식시간 및 조서의 열람시간 등을 제외한 실제 조사시간이 8시간을 초과하지 않도록 해야 한다(동규정 제22조 제2항).
  ③ 검사 또는 사법경찰관은 피의자나 사건관계인에 대한 조사를 마친 때부터 8시간이 지나기 전에는 다시 조사할 수 없다(동규정 제22조 제3항).
  ④ 검사 또는 사법경찰관은 조사에 상당한 시간이 소요되는 경우에는 특별한 사정이 없으면 피의자 또는 사건관계인에게 조사 도중에 최소한 2시간마다 10분 이상의 휴식시간을 주어야 하며, 검사 또는 사법경찰관은 조사 도중 피의자, 사건관계인 또는 그 변호인으로부터 휴식시간의 부여를 요청받았을 때에는 그때까지 조사에 소요된 시간, 피의자 또는 사건관계인의 건강상태 등을 고려해 적정하다고 판단될 경우 휴식시간을 주어야 한다(동규정 제23조 제1항 및 제2항).

⑤ 피의자신문의 주체 : 검사와 사법경찰관 → 다만, 사법경찰리도 사법경찰관사무취급인 경우 가능
⑥ 피의자신문과 참여자
  ㉠ 피의자신문시 참여자

  > 제243조(피의자신문과 참여자)
  > 검사가 피의자를 신문함에는 검찰청수사관 또는 서기관이나 서기를 참여하게 하여야 하고 사법경찰관이 피의자를 신문함에는 사법경찰관리를 참여하게 하여야 한다.

  ㉡ 변호인의 피의자신문에 대한 참여권 : 전술함
⑦ 신뢰관계에 있는 자 동석제도

  > 제244조의5(장애인 등 특별히 보호를 요하는 자에 대한 특칙)
  > 검사 또는 사법경찰관은 피의자를 신문하는 경우 다음 각 호의 어느 하나에 해당하는 때에는 직권 또는 피의자·법정대리인의 신청에 따라 피의자와 신뢰관계에 있는 자를 동석하게 할 수 있다.
  >   1. 피의자가 신체적 또는 정신적 장애로 사물을 변별하거나 의사를 결정·전달할 능력이 미약한 때
  >   2. 피의자의 연령·성별·국적 등의 사정을 고려하여 그 심리적 안정의 도모와 원활한 의사소통을 위하여 필요한 경우

관련 판례

❹ 형사소송법 제244조의5에서 정한 '피의자신문시 동석제도'의 취지 및 동석자가 한 진술의 성격
… 재량에 따라 … 이를 허락하는 경우에도 동석한 사람으로 하여금 피의자를 대신하여 진술하도록 하여서는 안 된다. 만약 동석한 사람이 피의자를 대신하여 진술한 부분이 조서에 기재되어 있다면 … 피의자의 진술을 기재한 것이 아니라 동석한 사람의 진술을 기재한 조서에 해당 … 그 사람에 대한 진술조서로서의 증거능력을 취득하기 위한 요건을 충족하지 못하는 한 이를 유죄 인정의 증거로 사용할 수 없다(대판 2009.6.23. 2009도1322).

'피의자신문에서 신뢰관계 있는 자의 동석제도'와 관련된 '검사와 사법경찰관의 상호협력과 일반적 수사준칙에 관한 규정'의 내용

1. 동석할 수 있는 신뢰관계에 있는 사람
  법 제244조의5에 따라 피의자와 동석할 수 있는 신뢰관계에 있는 사람과 법 제221조 제3항에서 준용하는 법 제163조의2에 따라 피해자와 동석할 수 있는 신뢰관계에 있는 사람은 피의자 또는 피해자의 직계친족, 형제자매, 배우자, 가족, 동거인, 보호·교육시설의 보호·교육담당자 등 피의자 또는 피해자의 심리적 안정과 원활한 의사소통에 도움을 줄 수 있는 사람으로 한다(동규정 제24조 제1항).
2. 동석신청서의 제출
  피의자, 피해자 또는 그 법정대리인이 신뢰관계에 있는 사람의 동석을 신청한 경우 검사 또는 사법경찰관은 그 관계를 적은 동석신청서를 제출받거나 조서 또는 수사보고서에 그 관계를 적어야 한다(동규정 제24조 제2항).

(3) 피의자신문과정의 기록

> **제244조의4(수사과정의 기록)**
> ① 검사 또는 사법경찰관은 피의자가 조사장소에 도착한 시각, 조사를 시작하고 마친 시각, 그 밖에 조사과정의 진행경과를 확인하기 위하여 필요한 사항을 피의자신문조서에 기록하거나 별도의 서면에 기록한 후 수사기록에 편철하여야 한다.
> ② 제244조 제2항 및 제3항은 제1항의 조서 또는 서면에 관하여 준용한다.
> ③ 제1항 및 제2항은 피의자가 아닌 자를 조사하는 경우에 준용한다.

(4) 피의자진술의 영상녹화 : 이러한 영상녹화물은 범죄사실에 대한 본증이나 일반적인 탄핵증거로는 사용하지 못하며, 다만 피고인이 아닌 피의자의 진술조서의 증거능력 인정의 요건으로서의 실질적 진정성립을 증명하기 위한 자료로 사용될 수 있으며(제312조 제4항), 피고인이 진술함에 있어서 기억이 명백하지 아니한 사항에 관하여 기억의 환기용으로 재생하여 시청하게 할 수 있음(제318조의2 제2항)

> **제244조의2(피의자진술의 영상녹화)**
> ① 피의자의 진술은 영상녹화할 수 있다. 이 경우 미리 영상녹화사실을 알려주어야 하며, 조사의 개시부터 종료까지의 전 과정 및 객관적 정황을 영상녹화하여야 한다.
> ② 제1항에 따른 영상녹화가 완료된 때에는 피의자 또는 변호인 앞에서 지체없이 그 원본을 봉인하고 피의자로 하여금 기명날인 또는 서명하게 하여야 한다.
> ③ 제2항의 경우에 피의자 또는 변호인의 요구가 있는 때에는 영상녹화물을 재생하여 시청하게 하여야 한다. 이 경우 그 내용에 대하여 이의를 진술하는 때에는 그 취지를 기재한 서면을 첨부하여야 한다.

[관련 판례]

❶ 피의자의 진술을 영상녹화하는 경우, 형사소송법 및 형사소송규칙에서 조사 전 과정이 영상녹화되는 것을 요구하는 취지 및 수회의 조사가 이루어진 경우, 최초의 조사부터 모든 조사 과정을 빠짐없이 영상녹화하여야 하는지 여부(소극)
… 진술 과정에서 연출이나 조작을 방지하고자 하는 데 있다 … 여기서 조사가 개시된 시점부터 조사가 종료되어 조서에 기명날인 또는 서명을 마치는 시점까지라 함은 기명날인 또는 서명의 대상인 조서가 작성된 개별 조사에서의 시점을 의미 … 수회의 조사가 이루어진 경우에도 최초의 조사부터 모든 조사 과정을 빠짐없이 영상녹화하여야 한다고 볼 수 없고, 같은 날 이루어진 수회의 조사라 하더라도 특별한 사정이 없는 한 조사 과정 전부를 영상녹화하여야 하는 것도 아니다 (대판 2022.7.14. 2020도13957).

❷ 형사소송법 및 형사소송규칙에서 영상녹화물에 대한 봉인절차를 둔 취지
… 영상녹화물의 조작가능성을 원천적으로 봉쇄하여 영상녹화물 원본과의 동일성과 무결성을 담보하기 위한 것 … (대판 2022.7.14. 2020도13957).

(5) 피의자신문조서의 작성 및 증거능력

① 피의자신문조서의 작성(제244조 제1항)

> **제244조(피의자신문조서의 작성)**
> ① 피의자의 진술은 조서에 기재하여야 한다.
> ② 제1항의 조서는 피의자에게 열람하게 하거나 읽어 들려주어야 하며, 진술한 대로 기재되지 아니하였거나 사실과 다른 부분의 유무를 물어 피의자가 증감 또는 변경의 청구 등 이의를 제기하거나 의견을 진술한 때에는 이를 조서에 추가로 기재하여야 한다. 이 경우 피의자가 이의를 제기하였던 부분은 읽을 수 있도록 남겨두어야 한다.
> ③ 피의자가 조서에 대하여 이의나 의견이 없음을 진술한 때에는 피의자로 하여금 그 취지를 자필로 기재하게 하고 조서에 간인한 후 기명날인 또는 서명하게 한다.

② 열람·낭독 및 증감·변경의 청구 등(제244조 제2항)

> **관련 판례**
> ❸ 제244조 제2항에 따른 열람·낭독이 행해지지 않은 것만으로는 증거능력을 부정할 수 없다는 판례 - 개정 전의 판례임(현행법에 따르면 증거능력이 부정될 수 있음)
> … 그것만으로 그 피의자신문조서가 증거능력이 없게 된다고는 할 수 없고 … (대판 1988.5.10, 87도2716).

③ 자필기재 및 기명날인 또는 서명(제244조 제3항)

> **관련 판례**
> ❸ 제244조 제3항에 따른 기명만 있고 날인이나 간인이 없는 검사작성의 피의자신문조서의 증거능력 유무(소극)
> … 증거능력이 없다고 할 것 … (대판 1999.4.13, 99도237).

④ 피의자신문조서의 증거능력 : 후술함(제312조 제1항~제3항)

2. 참고인조사

(1) 참고인조사의 의의

> **제221조(제3자의 출석요구 등)**
> ① 검사 또는 사법경찰관은 수사에 필요한 때에는 피의자가 아닌 자의 출석을 요구하여 진술을 들을 수 있다. 이 경우 그의 동의를 받아 영상녹화할 수 있다.
> ② 검사 또는 사법경찰관은 수사에 필요한 때에는 감정·통역 또는 번역을 위촉할 수 있다.
> ③ 제163조의2 제1항부터 제3항까지는 검사 또는 사법경찰관이 범죄로 인한 피해자를 조사하는 경우에 준용한다.

[증인과 참고인의 구별]

참고인	증인
수사기관에 대하여 진술	법원 또는 법관에 대하여 진술
강제로 소환당하거나 신문당하지 않음	구인 가능
의무 없음	출석·선서·증언의무 있음
제재 없음	과태료의 제재 있음

(2) 참고인조사의 방법
① 임의수사 : 참고인은 강제로 소환당하거나 신문당하지 않음
② 참고인에 대한 출석요구 등 : 다만, 참고인에 대하여는 진술거부권을 고지할 필요가 없음
③ 참고인이 출석을 거부하거나 진술을 거부하는 경우 : 검사는 제1회 공판기일 전에 한하여 수임판사에게 그 증인신문을 청구할 수 있음(제221조의2)

(3) 참고인진술의 영상녹화(제221조 제1항) : 이러한 '영상녹화물'은 범죄사실에 대한 본증이나 일반적인 탄핵증거로는 사용하지 못하지만, 피고인 아닌 자가 진술함에 있어서 기억이 명백하지 아니한 사항에 관하여 기억의 환기용으로 재생하여 시청하게 하거나(제318조의2 제2항), 참고인진술조서의 증거능력 인정의 요건으로서의 실질적 진정성립을 증명하기 위한 자료로 사용될 수 있음(제312조 제4항)

> **관련 판례**
>
> ❶ 참고인을 조사하는 과정에서 작성한 영상녹화물을 공소사실을 입증하는 본증으로 사용할 수 있는지 여부(소극)
> … 수사기관이 참고인을 조사하는 과정에서 형사소송법 제221조 제1항에 따라 작성한 영상녹화물은, 다른 법률에서 달리 규정하고 있는 등의 특별한 사정이 없는 한, 공소사실을 직접 증명할 수 있는 독립적인 증거로 사용될 수는 없다고 해석함이 타당 … (대판 2014.7.10, 2012도5041).
>
> ❷ 성폭력범죄 피해자 및 아동·청소년대상 성범죄 피해자의 진술내용과 조사과정에 대한 영상물의 촬영·보존 등
> ① 성폭력범죄의 피해자가 19세 미만이거나 신체적인 또는 정신적인 장애로 사물을 변별하거나 의사를 결정할 능력이 미약한 경우에는 피해자의 진술내용과 조사과정을 비디오녹화기 등 영상물 녹화장치로 촬영·보존하여야 한다(성폭력범죄의 처벌 등에 관한 특례법 제30조). 또한 아동·청소년대상 성범죄 피해자의 진술내용과 조사과정도 비디오녹화기 등 영상물 녹화장치로 촬영·보존하여야 한다(아동·청소년의 성보호에 관한 법률 제26조). 다만 이에 따른 영상물 녹화는 피해자 또는 법정대리인이 이를 원하지 아니하는 의사를 표시한 경우에는 촬영을 하여서는 아니 된다.
> ② 이에 따라 촬영한 영상물에 수록된 피해자의 진술은 공판준비기일 또는 공판기일에 피해자나 조사과정에 동석하였던 신뢰관계에 있는 사람 또는 진술조력인의 진술에 의하여 그 성립의 진정함이 인정된 경우에 증거로 할 수 있다(성폭력범죄의 처벌 등에 관한 특례법 제30조 제6항). 그러나 최근 헌법재판소는 '19세 미만 성폭력범죄 피해자'에 관한 부분에 대해서 피고인의 반대신문권을 보장하지 않았다는 이유로 위헌결정을 내린바 있다(헌법결 2021.12.23, 2018헌바524). 따라서 영상물에 수록된 '19세 미만 성폭력범죄 피해자의 진술'은 그 성립의 진정함이 인정된 경우라도 유죄의 증거로 할 수 없다.
>
> ❸ 영상물에 수록된 '19세 미만 성폭력범죄 피해자'의 진술에 관하여 조사 과정에 동석하였던 신뢰관계인 내지 진술조력인의 법정진술에 의하여 그 성립의 진정함이 인정된 경우에 그 증거능력을 인정할 수 있도록 정한 '성폭력범죄의 처벌 등에 관한 특례법' 제30조 제6항이 과잉금지원칙을 위반하여 공정한 재판을 받을 권리를 침해하는지 여부(적극) – 위헌결정
> … 심판대상조항은 진술증거의 오류를 탄핵할 수 있는 효과적인 방법인 피고인의 반대신문권을 보장하지 않고 있다 … 피고인의 반대신문권을 일률적으로 제한하지 않더라도 … 비디오 등 중계장치에 의한 증인신문 등 미성년 피해자가 증언과정에서 받을 수 있는 2차 피해를 방지할 수 있는 여러 조화적인 제도를 적극 활용함으로써 위 조항의 목적을 달성할 수 있다 … 심판대상조항은 과잉금지원칙을 위반하여 공정한 재판을 받을 권리를 침해한다(헌법결 2021.12.23, 2018헌바524).
>
> ❹ 피고인이 수사기관에서 피해자의 진술과 조사과정을 촬영한 영상물과 속기록을 증거로 함에 동의하지 않았고, 조사과정에 동석하였던 신뢰관계인에 대한 증인신문이 이루어졌을 뿐 원진술자인 13세 미만 미성년자인 피해자에 대한 증인신문이 이루어지지 않은 경우, 위 영상물과 속기록을 중요한 증거로 삼아 유죄로 판결한 것이 적법한지 여부(소극)
> 피고인이 위력으로써 13세 미만 미성년자인 피해자 갑(녀, 12세)에게 유사성행위와 추행을 하였다는 … 공소사실에 대하여 … 갑의 진술과 조사 과정을 촬영한 영상물과 속기록을 중요한 증거로 삼아 유죄로 인정하였는데 … 헌법재판소는 … 19세 미만 성폭력범죄 피해자의 진술을 촬영한 영상물의 증거능력을 규정한 부분에 대해 과잉금지 원칙 위반 등을 이유로 위헌결정 … 갑을 증인으로 소환하여 진술을 듣고 피고인에게 반대신문권을 행사할 기회를 부여할 필요가 있는지 여부 등에 관하여 심리·판단하였어야 한다 … (대판 2022.4.14, 2021도14530).

(4) 참고인 조사과정의 기록(제244조의4 제1항 및 제3항)

> **관련 판례**
>
> ❶ 피고인이 아닌 자가 수사과정에서 진술서를 작성하였으나 수사기관이 그에 대한 조사과정을 기록하지 아니하여 형사소송법 제244조의4 제3항, 제1항에서 정한 절차를 위반한 경우, 그 진술서의 증거능력 유무(소극)
> … 특별한 사정이 없는 한 '적법한 절차와 방식'에 따라 수사과정에서 진술서가 작성되었다 할 수 없으므로 증거능력을 인정할 수 없다(대판 2015.4.23, 2013도3790).

(5) 범죄피해자 조사과정에서 신뢰관계 있는 자의 동석제도(제163조의2 제1항, 제221조 제3항) : 후술함

(6) 참고인진술조서의 작성 : 참고인의 진술은 진술조서에 적어야 하며, 조서 끝부분에 참고인으로부터 기명날인 또는 서명을 받아야 함 → 다만, 검사 또는 사법경찰관은 범죄신고 등과 관련하여 조서나 그 밖의 서류를 작성할 때 범죄신고자 등이나 그 친족 등이 보복을 당할 우려가 있는 경우에는 그 취지를 조서 등에 기재하고 범죄신고자 등의 성명·연령·주소·직업 등 신원을 알 수 있는 사항은 기재하지 아

니하며, 이렇게 조서 등에 성명을 기재하지 아니하는 경우에는 범죄신고자 등으로 하여금 조서 등에 서명은 가명으로, 간인 및 날인은 무인으로 하게 하여야 함(특정범죄신고자 등 보호법 제7조)

(7) **성폭력범죄의 특칙**
① **전담조사제** : 검찰총장은 각 지방검찰청 검사장으로 하여금 성폭력범죄 전담 검사를 지정, 경찰청장은 각 경찰서장으로 하여금 성폭력범죄 전담 사법경찰관을 지정하도록 하여 피해자를 조사하게 함(성폭력범죄의 처벌 등에 관한 특례법 제26조)
② **전문가의 의견 조회** : 피해자가 13세 미만이거나 신체적인 또는 정신적인 장애로 사물을 변별하거나 의사를 결정할 능력이 미약한 경우에는 관련 전문가에게 의견을 조회하여야 함(성폭력범죄의 처벌 등에 관한 특례법 제33조)
③ **성폭력범죄의 피해자 등에 대한 변호사** : 검사는 피해자에게 변호사가 없는 경우 국선변호사를 선정하여 형사절차에서 피해자의 권익을 보호할 수 있으며, 성폭력범죄 피해자의 변호사는 형사절차에서 피해자등의 대리가 허용될 수 있는 모든 소송행위에 대한 포괄적인 대리권을 가짐(성폭력범죄의 처벌 등에 관한 특례법 제27조)
④ **진술조력인** : 의사소통 및 의사표현에 어려움이 있는 성폭력범죄의 피해자에 대한 형사사법절차에서의 조력을 위함(성폭력범죄의 처벌 등에 관한 특례법 제35조)

3. 감정 · 통역 · 번역의 위촉
수사상 감정의 위촉을 받은 자를 감정수탁자라 함(법원으로부터 감정의 명을 받은 자를 감정인이라 함)

4. 공무소 등에 사실조회
수사에 관하여 공무소 기타 공사단체에 조회하여 필요한 사항의 보고를 요구할 수 있음(제199조 제2항)

CHAPTER 02 강제처분과 강제수사

CORE SUMMARY

01 서설

Ⅰ 강제처분의 의의

보통 강제처분이라 함은 협의의 강제처분을 의미하며 강제의 요소를 포함하는 형사절차상의 일체의 처분 중에서 증거조사에 관한 처분, 즉 증인신문, 감정, 통역, 법원의 검증 등을 제외한 처분을 의미

Ⅱ 강제처분과 인권보장

1. **강제처분법정주의와 영장주의**
   (1) 강제처분(강제수사)법정주의
   (2) 영장주의
      ① **영장주의의 원칙** : 원칙적으로 '사전영장'을 의미 → 수사단계에서의 영장은 검사의 청구(사법경찰관은 검사에게 신청)에 의하여 수임판사가 발부하며, 공판단계에서의 영장은 수소법원이 직권으로 발부함(검사의 청구 不要)
      ② **영장주의의 예외** : 체포에서 2가지 경우, 압수·수색·검증에서 7가지 경우 → 다만 '구속'에 있어서는 영장주의의 예외가 존재하지 않음
      ③ **영장주의위반의 효과**
         ㉠ 대인적 강제처분이 영장주의에 위반한 경우 : 구속취소(제93조), 구속적부심사(제214조) 등
         ㉡ 대물적 강제처분이 영장주의에 위반한 경우 : 판례는 원칙적으로 그 증거능력을 부정하고 있음

> **관련 판례**
>
> ➋ **영장주의와 관련된 판례들**
> 1. … 지문채취에 불응하는 경우 형사처벌을 통하여 지문채취를 강제 … 영장주의의 원칙에 위배되지 않는다(헌재결 2004.9.23, 2002헌가17).
> 2. 마약류 관련 수형자에 대하여 마약류반응검사를 위하여 소변을 받아 제출하게 한 것 … 영장주의의 원칙에 위배되지 않는다(헌재결 2006.7.27, 2005헌마277).

2. 강제처분으로부터 기본적 인권을 보장하기 위한 제도
   (1) 사전적 구제제도 : 강제처분법정주의, 영장주의, 변호인제도, 구속 전 피의자심문제도, 진술거부권제도, 비례성의 원칙, 무죄추정의 원칙, 재구속·재체포의 제한, 자백배제법칙, 자백의 보강법칙 등
   (2) 사후적 구제제도 : 적부심사제도, 구속취소, 보석, 구속집행정지, 준항고, 국가배상, 형사보상제도 등

02 대인적 강제처분(인신구속제도)

I 피의자의 체포

1. **통상체포**(영장에 의한 체포)
   (1) 통상체포의 의의

   > **관련 판례**
   >
   > ❷ 형사소송법의 인신구속제도
   > 체포와 구속으로 이원화되어 있다. 구속은 피고인에 대한 구속과 피의자에 대한 구속으로 나누어진다. 피의자에게는 체포와 구속이 모두 인정되지만, 피고인에게는 구속만 인정된다. → 체포전치주의 불채택

   > **제200조의2(영장에 의한 체포)**
   > ① 피의자가 죄를 범하였다고 의심할 만한 상당한 이유가 있고, 정당한 이유없이 제200조의 규정에 의한 출석요구에 응하지 아니하거나 응하지 아니할 우려가 있는 때에는 검사는 관할지방법원판사에게 청구하여 체포영장을 발부받아 피의자를 체포할 수 있고, 사법경찰관은 검사에게 신청하여 검사의 청구로 관할지방법원판사의 체포영장을 발부받아 피의자를 체포할 수 있다. 다만, 다액 50만원 이하의 벌금, 구류 또는 과료에 해당하는 사건에 관하여는 피의자가 일정한 주거가 없는 경우 또는 정당한 이유없이 제200조의 규정에 의한 출석요구에 응하지 아니한 경우에 한한다.
   > ② 제1항의 청구를 받은 지방법원판사는 상당하다고 인정할 때에는 체포영장을 발부한다. 다만, 명백히 체포의 필요가 인정되지 아니하는 경우에는 그러하지 아니하다.
   > ③ 제1항의 청구를 받은 지방법원판사가 체포영장을 발부하지 아니할 때에는 청구서에 그 취지 및 이유를 기재하고 서명날인하여 청구한 검사에게 교부한다.
   > ④ 검사가 제1항의 청구를 함에 있어서 동일한 범죄사실에 관하여 그 피의자에 대하여 전에 체포영장을 청구하였거나 발부받은 사실이 있는 때에는 다시 체포영장을 청구하는 취지 및 이유를 기재하여야 한다.
   > ⑤ 체포한 피의자를 구속하고자 할 때에는 체포한 때부터 48시간 이내에 제201조의 규정에 의하여 구속영장을 청구하여야 하고, 그 기간 내에 구속영장을 청구하지 아니하는 때에는 피의자를 즉시 석방하여야 한다.

   (2) 통상체포의 요건
   ① **범죄혐의의 상당성** : 객관적 혐의 + 상당한 혐의(유죄판결에 대한 고도의 개연성)
   ② **체포사유** : 피의자신문에 있어서 정당한 이유 없이 출석요구에 불응하거나 불응할 우려
   ③ **체포의 필요성** : 소극적 요건에 불과
   ④ **경미사건** : 출석요구에 대한 '불응우려'는 이에 해당하지 않음에 유의

(3) 통상체포의 절차
　① 체포영장의 청구
　　㉠ 검사의 체포영장청구 : 검사의 청구에 의하여 관할지방법원 판사(수임판사)가 발부한 체포영장에 의함 → 영장의 청구는 서면으로 하여야 함(규칙 제93조) → 체포영장의 청구에는 체포의 사유 및 필요를 인정할 수 있는 자료를 제출하여야 함(규칙 제96조)
　　㉡ 재체포영장의 청구(제200조의2 제4항)
　　㉢ 사법경찰관의 영장신청 및 영장심의신청

> **제221조의5(사법경찰관이 신청한 영장의 청구 여부에 대한 심의)**
> ① 검사가 사법경찰관이 신청한 영장을 정당한 이유 없이 판사에게 청구하지 아니한 경우 사법경찰관은 그 검사 소속의 지방검찰청 소재지를 관할하는 고등검찰청에 영장 청구 여부에 대한 심의를 신청할 수 있다.
> ② 제1항에 관한 사항을 심의하기 위하여 각 고등검찰청에 영장심의위원회(이하 이 조에서 "심의위원회"라 한다)를 둔다.
> ③ 심의위원회는 위원장 1명을 포함한 10명 이내의 외부 위원으로 구성하고, 위원은 각 고등검찰청 검사장이 위촉한다.
> ④ 사법경찰관은 심의위원회에 출석하여 의견을 개진할 수 있다.
> ⑤ 심의위원회의 구성 및 운영 등 그 밖에 필요한 사항은 법무부령으로 정한다.

　② 체포영장의 발부
　　㉠ 체포영장을 발부하는 경우

> **제75조(구속영장의 방식)**
> ① 구속영장에는 피고인의 성명, 주거, 죄명, 공소사실의 요지, 인치구금할 장소, 발부연월일, 그 유효기간과 그 기간을 경과하면 집행에 착수하지 못하며 영장을 반환하여야 할 취지를 기재하고 재판장 또는 수명법관이 서명날인하여야 한다.
> ② 피고인의 성명이 분명하지 아니한 때에는 인상, 체격 기타 피고인을 특정할 수 있는 사항으로 피고인을 표시할 수 있다.
> ③ 피고인의 주거가 분명하지 아니한 때에는 그 주거의 기재를 생략할 수 있다.
>
> **제82조(수통의 구속영장의 작성)**
> ① 구속영장은 수통을 작성하여 사법경찰관리 수인에게 교부할 수 있다.
> ② 전항의 경우에는 그 사유를 구속영장에 기재하여야 한다.

> **규칙 제178조(영장의 유효기간)**
> 영장의 유효기간은 7일로 한다. 다만, 법원 또는 법관이 상당하다고 인정하는 때에는 7일을 넘는 기간을 정할 수 있다.
>
> **규칙 제96조의4(체포영장의 갱신)**
> 검사는 체포영장의 유효기간을 연장할 필요가 있다고 인정하는 때에는 그 사유를 소명하여 다시 체포영장을 청구하여야 한다.

　　㉡ 영장실질심사제도는 없음

ⓒ 항고나 준항고의 허용여부

> **관련판례**
>
> ❶ 검사의 체포영장 청구에 대한 지방법원판사의 재판이 항고나 준항고의 대상이 되는지 여부(소극)
> … 제402조에 의하여 항고의 대상이 되는 '법원의 결정'에 해당하지 아니하고, 제416조 제1항에 의하여 준항고의 대상이 되는 '재판장 또는 수명법관의 구금 등에 관한 재판'에도 해당하지 아니한다(대법원 2006.12.18, 2006모646).

③ 체포영장의 집행

㉠ 체포영장의 집행

ⓐ 구속영장의 집행에 관한 규정 준용

> **제81조(구속영장의 집행)**
> ① 구속영장은 검사의 지휘에 의하여 사법경찰관리가 집행한다. 단, 급속을 요하는 경우에는 재판장, 수명법관 또는 수탁판사가 그 집행을 지휘할 수 있다.
> ② 제1항 단서의 경우에는 법원사무관 등에게 그 집행을 명할 수 있다. 이 경우에 법원사무관 등은 그 집행에 관하여 필요한 때에는 사법경찰관리·교도관 또는 법원경위에게 보조를 요구할 수 있으며 관할구역 외에서도 집행할 수 있다.
> ③ 교도소 또는 구치소에 있는 피고인에 대하여 발부된 구속영장은 검사의 지휘에 의하여 교도관이 집행한다.
>
> **제85조(구속영장의 집행절차)**
> ① 구속영장을 집행함에는 피고인에게 반드시 이를 제시하고 그 사본을 교부하여야 하며 신속히 지정된 법원 기타 장소에 인치하여야 한다.
> ② 제77조 제3항의 구속영장에 관하여는 이를 발부한 판사에게 인치하여야 한다.
> ③ 구속영장을 소지하지 아니한 경우에 급속을 요하는 때에는 피고인에 대하여 공소사실의 요지와 영장이 발부되었음을 고하고 집행할 수 있다.
> ④ 전항의 집행을 완료한 후에는 신속히 구속영장을 제시하고 그 사본을 교부하여야 한다.

> **관련판례**
>
> ❶ 사법경찰관 등이 체포영장을 소지하고 피의자를 체포하는 경우, 체포영장의 제시나 고지 등을 하여야 하는 시기
> … 체포영장을 피의자에게 제시 … 피의사실의 요지, 체포의 이유와 변호인을 선임할 수 있음을 말하고 변명할 기회를 주어야 한다 … 체포영장의 제시나 고지 등은 체포를 위한 실력행사에 들어가기 이전에 미리 하여야 하는 것이 원칙 … 폭력으로 대항하는 피의자를 실력으로 제압하는 경우에는 붙들거나 제압하는 과정에서 하거나 … 여의치 않은 경우에는 일단 붙들거나 제압한 후에 지체 없이 … 도망가려는 태도를 보이거나 먼저 폭력을 행사하며 대항한 바 없는 등 경찰관들이 체포를 위한 실력행사에 나아가기 전에 체포영장을 제시하고 미란다 원칙을 고지할 여유가 있었음에도 … 미란다 원칙을 체포 후에 고지할 생각으로 먼저 체포행위에 나선 행위는 적법한 공무집행이라고 보기 어렵다(대판 2017.9.21, 2017도10866).

ⓑ 체포와 피의사실 등의 고지

> **제200조의5(체포와 피의사실 등의 고지)**
> 검사 또는 사법경찰관은 피의자를 체포하는 경우에는 피의사실의 요지, 체포의 이유와 변호인을 선임할 수 있음을 말하고 변명할 기회를 주어야 한다.

> **관련 판례**
>
> ❹ **수사기관이 이른바 '미란다 원칙'을 고지하지 않은 채 피고인을 강제로 연행한 조치의 위법 여부(적극)**
> … 위법한 체포에 해당 … 위법한 체포 상태에서 이루어진 음주측정요구 … 그 측정결과는 제308조의2 규정된 '적법한 절차에 따르지 아니하고 수집한 증거'에 해당하여 증거능력을 인정할 수 없다(대판 2013.3.14, 2010도2094).
>
> ❺ **경찰관이 적법절차를 준수하지 않은 채 실력으로 피의자를 체포하려고 한 행위가 적법한 공무집행인지 여부(소극)**
> … 경찰관이 적법절차를 준수하지 않은 채 실력으로 피의자를 체포하려고 하였다면 적법한 공무집행이라고 할 수 없다 … 적법한 공무집행을 벗어나 불법하게 체포한 것으로 볼 수밖에 없다면, 피의자가 그 체포를 면하려고 반항하는 과정에서 경찰관에게 상해를 가한 것은 … 정당방위에 해당 … (대판 2017.9.21, 2017도10866).
>
> ❻ **외국인을 체포·구속하는 경우 지체 없이 외국인에게 영사통보권 등이 있음을 고지하고, 외국인의 요청이 있는 경우 영사기관에 체포·구금 사실을 통보하도록 정한 취지 및 수사기관이 외국인을 체포하거나 구속하면서 지체없이 그 외국인에게 영사통보권 등이 있음을 고지하지 않은 경우, 체포나 구속 절차가 위법한지 여부(적극)**
> 영사관계에 관한 비엔나협약(Vienna Convention on Consular Relations) … 외국인의 본국이 자국민의 보호를 위한 조치를 취할 수 있도록 협조하기 위한 것 … 따라서 수사기관이 외국인을 체포하거나 구속하면서 지체 없이 영사통보권 등이 있음을 고지하지 않았다면 체포나 구속 절차는 국내법과 같은 효력을 가지는 협약을 … 위반한 것으로 위법 … 그러나 … 수사기관이 피고인에게 영사통보권 등을 고지하지 않았더라도 그로 인해 피고인에게 실질적인 불이익이 초래되었다고 볼 수 없어 … 이후 공판절차에 상당한 영향을 미쳤다고 보기 어려우므로 … 체포나 구속 이후 수집된 증거와 이에 기초한 증거들은 유죄 인정의 증거로 사용할 수 있다(대판 2022.4.28, 2021도17103).

'미란다 고지'와 관련된 '검사와 사법경찰관의 상호협력과 일반적 수사준칙에 관한 규정'의 내용

1. 고지해야 할 사항
   검사 또는 사법경찰관은 피의자를 체포하거나 구속할 때에는 법 제200조의5에 따라 피의자에게 피의사실의 요지, 체포·구속의 이유와 변호인을 선임할 수 있음을 말하고, 변명할 기회를 주어야 하며, 진술거부권을 알려주어야 한다(동규정 제32조 제1항). 이 경우 피의자에게 알려주어야 하는 진술거부권의 내용은 법 제244조의3 제1항 제1호부터 제3호까지의 사항으로 한다(동규정 제32조 제2항).
2. 권리고지확인서
   위에 따라 검사와 사법경찰관이 피의자에게 그 권리를 알려준 경우에는 피의자로부터 권리고지확인서를 받아 사건기록에 편철한다(동규정 제32조 제3항).

ⓒ 호송 중의 가유치 : 체포영장의 집행을 받은 피의자를 호송할 경우에 필요하면 가장 가까운 교도소 또는 구치소에 임시로 유치할 수 있음(제86조, 제200조의6)

ⓛ 체포에 수반하는 강제처분(제216조 제1항) : 자세한 것은 후술함

(4) 통상체포 후의 조치

① 체포영장집행 후의 절차

㉠ 체포의 통지

> **제87조(구속의 통지)**
> ① 피고인을 구속한 때에는 변호인이 있는 경우에는 변호인에게, 변호인이 없는 경우에는 제30조 제2항에 규정한 자 중 피고인이 지정한 자에게 피고사건명, 구속일시·장소, 범죄사실의 요지, 구속의 이유와 변호인을 선임할 수 있는 취지를 알려야 한다.
> ② 제1항의 통지는 지체없이 서면으로 하여야 한다.

> **규칙 제51조(구속의 통지)**
> ② 구속의 통지는 구속을 한 때로부터 늦어도 24시간 이내에 서면으로 하여야 한다. 제1항에 규정한 자가 없어 통지를 하지 못한 경우에는 그 취지를 기재한 서면을 기록에 철하여야 한다.
> ③ 급속을 요하는 경우에는 구속되었다는 취지 및 구속의 일시·장소를 전화 또는 모사전송기 기타 상당한 방법에 의하여 통지할 수 있다. 다만, 이 경우에도 구속통지는 다시 서면으로 하여야 한다.

> [관련 판례]
> ◉ **형사소송법상 통지의 방법 및 효력 발생 시기(= 통지의 대상자에게 도달한 때)**
> … 통지는 … 서면 이외에 구술·전화·모사전송·전자우편·휴대전화 문자전송 그 밖에 적당한 방법으로도 할 수 있고, 통지의 대상자에게 도달됨으로써 효력이 발생 … (대법원 2017.9.22, 2017모1680).

　　　ⓒ 변호인선임의 의뢰 : 구속된 피고인은 법원, 교도소장 또는 구치소장 또는 그 대리자에게 변호사를 지정하여 변호인의 선임을 의뢰할 수 있음(제90조)
　② 영장을 발부받은 후 피의자를 체포하지 아니한 경우 : 체포영장 또는 구속영장의 발부를 받은 후 피의자를 체포 또는 구속하지 아니하거나 체포 또는 구속한 피의자를 석방한 때에는 지체없이 검사는 영장을 발부한 법원에 그 사유를 서면으로 통지하여야 함(제204조)
　③ 구속영장청구 또는 석방 : 체포한 피의자를 구속하고자 할 때에는 체포한 때부터 48시간 이내에 구속영장을 청구하여야 하고, 그 기간 내에 구속영장을 청구하지 아니하는 때에는 피의자를 즉시 석방하여야 함 → 체포한 때부터 48시간 내에 구속영장을 '청구'하면 족하며 반드시 구속영장이 '발부'될 것을 요하는 것은 아님 → 체포기간은 법정화되어 있는 것이 아니고, 따라서 체포기간의 연장제도는 없음

(5) 통상체포된 자의 지위
　① 체포적부심사청구(제214조의2 제1항)
　② 구속기간에의 산입(제203조의2)
　③ 접견교통권의 보장(제200조의6, 제89조)

2. 긴급체포

(1) 긴급체포의 의의(헌법 제12조 제3항, 제200조의3)

> **제200조의3(긴급체포)**
> ① 검사 또는 사법경찰관은 피의자가 사형·무기 또는 장기 3년 이상의 징역이나 금고에 해당하는 죄를 범하였다고 의심할 만한 상당한 이유가 있고, 다음 각 호의 어느 하나에 해당하는 사유가 있는 경우에 긴급을 요하여 지방법원판사의 체포영장을 받을 수 없는 때에는 그 사유를 알리고 영장없이 피의자를 체포할 수 있다. 이 경우 긴급을 요한다 함은 피의자를 우연히 발견한 경우 등과 같이 체포영장을 받을 시간적 여유가 없는 때를 말한다.
>   1. 피의자가 증거를 인멸할 염려가 있는 때
>   2. 피의자가 도망하거나 도망할 우려가 있는 때
> ② 사법경찰관이 제1항의 규정에 의하여 피의자를 체포한 경우에는 즉시 검사의 승인을 얻어야 한다.
> ③ 검사 또는 사법경찰관은 제1항의 규정에 의하여 피의자를 체포한 경우에는 즉시 긴급체포서를 작성하여야 한다.
> ④ 제3항의 규정에 의한 긴급체포서에는 범죄사실의 요지, 긴급체포의 사유 등을 기재하여야 한다.

(2) 긴급체포의 요건
① 범죄의 중대성 : 사형·무기 또는 장기 3년 이상의 징역이나 금고 → 법정형을 의미
② 체포의 필요성 : 증거를 인멸할 염려가 있거나 도망하거나 도망할 우려 → 주거부정은 제외
③ 체포의 긴급성 : 피의자를 우연히 발견한 경우 등 체포영장을 받을 시간적 여유가 없는 때

> **관련 판례**
>
> ❷ 긴급체포의 판단기준
> 1. … 요건을 갖추지 못한 긴급체포는 법적 근거에 의하지 아니한 영장없는 체포로서 위법한 체포에 해당 … 긴급체포의 요건을 갖추었는지 여부는 사후에 밝혀진 사정을 기초로 판단하는 것이 아니라 체포 당시의 상황을 기초로 판단 … 검사나 사법경찰관 등 수사주체의 판단에는 상당한 재량의 여지가 있다고 할 것 … (대판 2006.9.8, 2006도148).
> 2. … 위법한 체포에 의한 유치 중에 작성된 피의자신문조서는 위법하게 수집된 증거로서 특별한 사정이 없는 한 이를 유죄의 증거로 할 수 없다(대판 2002.6.11, 2000도5701).
>
> ❷ 긴급체포의 적법성과 관련된 기타의 판례들
> 1. … 사실상의 강제연행 … 사법경찰관이 그로부터 6시간 상당이 경과한 이후에 비로소 피고인에 대하여 긴급체포의 절차를 밟았다고 하더라도 … 위법하다고 아니할 수 없다(대판 2006.7.6, 2005도6810).
> 2. 검사가 수사기관에 자진출석한 사람을 긴급체포의 요건을 갖추지 못하였음에도 실력으로 체포하려고 하였다면 적법한 공무집행이라고 할 수 없고 … 공무집행방해죄가 성립하는 것은 아니다 … 합리적 근거 없이 긴급체포하자 그 변호사가 이를 제지하는 과정에서 상해를 가한 것은 정당방위에 해당한다(대판 2006.9.8, 2006도148).
> 3. … 경찰관이 제보의 정확성을 사전에 확인한 후에 제보자를 불러 조사하기 위하여 피고인의 주거지를 방문하였다가, 그곳에서 피고인을 발견하고 피고인의 전화번호로 전화를 하여 나오라고 하였으나 응하지 않자 피고인의 집 문을 강제로 열고 들어가 피고인을 긴급체포한 경우 … 위법 … (대판 2016.10.13, 2016도5814).

(3) 긴급체포의 절차
① 긴급체포의 주체 : 검사 또는 사법경찰관
② 긴급체포의 방법 : 피의사실의 요지 및 긴급체포이유와 변호인을 선임할 수 있음을 말하고 변명의 기회를 주어야 함(제200조의5)

> **관련 판례**
>
> ❷ 긴급체포를 하는 경우 반드시 미란다 원칙을 고지하여야 하는지 여부(적극) 및 고지의 시기
> 1. … 체포를 위한 실력행사에 들어가기 전에 미리 하여야 하는 것이 원칙 … 폭력으로 대항하는 피의자를 실력으로 제압하는 경우에는 붙들거나 제압하는 과정에서 하거나, 그것이 여의치 않은 경우에는 일단 붙들거나 제압한 후에 지체없이 하여야 한다(대판 2010.6.24, 2008도11226).
> 2. 피고인 본인이 맞는지를 먼저 확인한 후에 미란다 원칙을 고지하여야 하는 것 … 미란다 원칙의 고지사항을 전부 고지하지 않은 채로 신원확인절차에 나아갔다고 해서 부적법하다고 볼 수는 없다(대판 2007.11.29, 2007도7961).

③ 긴급체포에 수반한 강제처분(제216조 제1항 제2호, 제217조 제1항) : 후술함

'사법경찰관의 긴급체포에 대한 검사의 승인'과 관련된 '검사와 사법경찰관의 상호협력과 일반적 수사준칙에 관한 규정'의 내용

1. 12시간 내 승인요청
사법경찰관은 법 제200조의3 제2항에 따라 긴급체포 후 12시간 내에 검사에게 긴급체포의 승인을 요청해야 하며, 다만 수사중지 결정 또는 기소중지 결정이 된 피의자를 소속 경찰관서가 위치하는 특별시·광역시·특별자치시·도 또는 특별자치도 외의 지역이나 바다에서 긴급체포한 경우에는 긴급체포 후 24시간 이내에 긴급체포의 승인을 요청해야 한다(동규정 제27조 제1항).

2. 긴급체포 승인요청서
사법경찰관이 긴급체포의 승인을 요청할 때에는 범죄사실의 요지, 긴급체포의 일시·장소, 긴급체포의 사유, 체포를 계속해야 하는 사유 등을 적은 긴급체포 승인요청서로 요청해야 하며, 다만 긴급한 경우에는「형사사법절차 전자화 촉진법」제2조 제4호에 따른 형사사법정보시스템 또는 팩스를 이용하여 긴급체포의 승인을 요청할 수 있다(동규정 제27조 제2항).

3. 긴급체포승인서의 송부 또는 불승인 통보
검사는 사법경찰관의 긴급체포 승인 요청이 이유 있다고 인정하는 경우에는 지체 없이 긴급체포 승인서를 사법경찰관에게 송부해야 한다(동규정 제27조 제3항). 한편 검사는 사법경찰관의 긴급체포 승인 요청이 이유 없다고 인정하는 경우에는 지체 없이 사법경찰관에게 불승인 통보를 해야 하며, 이 경우 사법경찰관은 긴급체포된 피의자를 즉시 석방하고 그 석방 일시와 사유 등을 검사에게 통보해야 한다(동규정 제27조 제4항).

(4) 긴급체포 후의 절차

> **제200조의4(긴급체포와 영장청구기간)**
> ① 검사 또는 사법경찰관이 제200조의3의 규정에 의하여 피의자를 체포한 경우 피의자를 구속하고자 할 때에는 지체없이 검사는 관할지방법원판사에게 구속영장을 청구하여야 하고, 사법경찰관은 검사에게 신청하여 검사의 청구로 관할지방법원판사에게 구속영장을 청구하여야 한다. 이 경우 구속영장은 피의자를 체포한 때부터 48시간 이내에 청구하여야 하며, 제200조의3 제3항에 따른 긴급체포서를 첨부하여야 한다.
> ② 제1항의 규정에 의하여 구속영장을 청구하지 아니하거나 발부받지 못한 때에는 피의자를 즉시 석방하여야 한다.
> ③ 제2항의 규정에 의하여 석방된 자는 영장없이는 동일한 범죄사실에 관하여 체포하지 못한다.
> ④ 검사는 제1항에 따른 구속영장을 청구하지 아니하고 피의자를 석방한 경우에는 석방한 날부터 30일 이내에 서면으로 다음 각 호의 사항을 법원에 통지하여야 한다. 이 경우 긴급체포서의 사본을 첨부하여야 한다.
>   1. 긴급체포 후 석방된 자의 인적 사항
>   2. 긴급체포의 일시·장소와 긴급체포하게 된 구체적 이유
>   3. 석방의 일시·장소 및 사유
>   4. 긴급체포 및 석방한 검사 또는 사법경찰관의 성명
> ⑤ 긴급체포 후 석방된 자 또는 그 변호인·법정대리인·배우자·직계친족·형제자매는 통지서 및 관련 서류를 열람하거나 등사할 수 있다.
> ⑥ 사법경찰관은 긴급체포한 피의자에 대하여 구속영장을 신청하지 아니하고 석방한 경우에는 즉시 검사에게 보고하여야 한다.

① **지체 없는 구속영장의 청구** : 피의자를 긴급체포한 경우 피의자를 구속하고자 할 때에는 '지체 없이' 검사는 관할지방법원판사에게 구속영장을 청구하여야 함 → 다만, 최장시한을 '48시간'으로 설정

② **석방 후 재체포의 제한(제200조의4 제3항)** : 긴급체포되었다가 석방된 자는 영장 없이는 동일한 범죄사실로 다시 체포하지 못함

> [관련 판례]
> ➋ 긴급체포되었다가 수사기관이 석방시킨 후 법원이 발부한 구속영장에 의한 구속의 적법여부
> … 위법한 구속이라고 볼 수 없다(대판 2001.9.28, 2001도4291).

③ 피의자를 석방한 경우 검사의 법원에 대한 통지의무(제200조의4 제4항 및 제6항)

> [관련 판례]
> ➋ 긴급체포된 피의자가 석방된 후 사후에 석방통지가 법에 따라 이루어지지 않았다는 사정만으로 그 긴급체포에 의한 유치 중에 작성된 피의자에 대한 피의자신문조서들의 작성이 소급하여 위법하게 된다고 볼 수 있는지 여부(소극)
> … 피의자가 … 긴급체포되어 조사를 받고 구속영장이 청구되지 아니하여 … 석방되었음에도 검사가 그로부터 30일 이내에 … 제200조의4에 따른 석방통지를 법원에 하지 않았다고 하더라도, 피의자에 대한 긴급체포 당시의 상황과 경위, 긴급체포 후 조사 과정 등에 특별한 위법이 있다고 볼 수 없는 이상 … 사후에 석방통지가 법에 따라 이루어지지 않았다는 사정만으로 … 피의자신문조서들의 작성이 소급하여 위법하게 된다고 볼 수는 없다(대판 2014.8.26, 2011도6035).

④ 긴급체포 후 석방된 자 등의 열람·등사권(제200조의4 제5항)

(5) 긴급체포된 자의 지위
① 체포적부심사청구(제214조의2 제1항)
② 구속기간에의 산입(제203조의2)
③ 접견교통권의 보장(제200조의6, 제89조)

3. 현행범인의 체포

(1) 현행범체포의 의의(헌법 제12조 제3항, 제211조, 제212조)

> **제212조(현행범인의 체포)**
> 현행범인은 누구든지 영장 없이 체포할 수 있다.

(2) 현행범체포의 요건
① 현행범인과 준현행범인

> **제211조(현행범인과 준현행범인)**
> ① 범죄를 실행하고 있거나 실행하고 난 직후의 사람을 현행범인이라 한다.
> ② 다음 각 호의 어느 하나에 해당하는 사람은 현행범인으로 본다.
>   1. 범인으로 불리며 추적되고 있을 때
>   2. 장물이나 범죄에 사용되었다고 인정하기에 충분한 흉기나 그 밖의 물건을 소지하고 있을 때
>   3. 신체나 의복류에 증거가 될 만한 뚜렷한 흔적이 있을 때
>   4. 누구냐고 묻자 도망하려고 할 때

㉠ 고유한 의미의 현행범인(제211조 제1항)

[관련 판례]

● 제211조 '범죄의 실행의 즉후인 자'의 의미에 관한 중요 판례들
1. … 범죄의 실행행위를 종료한 직후의 범인이라는 것이 체포하는 자의 입장에서 볼 때 명백한 경우를 일컫는 것 … 범죄행위를 실행하여 끝마친 순간 또는 이에 아주 접착된 시간적 단계를 의미 … 시간적으로나 장소적으로 보아 체포를 당하는 자가 방금 범죄를 실행한 범인이라는 점에 관한 죄증이 명백히 존재하는 것으로 인정되는 경우에만 … (대판 2002.5.10, 2001도300).
2. 경찰관이 현장에 도착했을 때 이미 싸움이 끝난 상태였다면 … 해당하지 않으므로 … (대판 1989.12.12, 89도1934).
3. … 교장실에 들어가 약 5분 동안 식칼을 휘두르며 소란을 피운 후 40분여 정도가 지나 경찰관들이 출동하여 교장실이 아닌 서무실에서 그를 연행 … 현행범인에 관한 법리오해의 위법이 있다(대판 1991.9.24, 91도1314).
4. 음주운전을 종료한 후 40분 이상이 경과한 시점에서 … 운전자를 술냄새가 난다는 점만을 근거로 음주운전의 현행범으로 체포한 것은 적법한 공무집행으로 볼 수 없다(대판 2007.4.13, 2007도1249).
5. 무학여고 앞길 … 범행을 한 지 겨우 10분 후 … 그 장소도 범행 현장에 인접한 위 학교의 운동장 … 현행범인에 해당한다(대판 1993.8.13, 93도926).

㉡ 준현행범인(제211조 제2항)

[관련 판례]

● 제211조 제2항 제2호에 해당한다고 본 판례
… 범퍼 등의 파손상태로 보아 사고차량으로 인정되는 차량에서 내리는 사람을 발견한 경우, 제211조 제2항 제2호에 해당 … (대판 2000.7.4, 99도4341).

② **범죄 및 범인의 명백성** : 위법성조각사유 등이 있음이 명백한 경우에는 체포할 수 없음
③ **체포의 필요성** : 체포의 필요성, 즉 '도망 또는 증거인멸의 염려가 있을 것'을 요함

> **관련 판례**
>
> ❸ **현행범인을 체포하기 위하여 '체포의 필요성'이 있어야 하는지 여부(적극)**
> 1. … 행위의 가벌성, 범죄의 현행성·시간적 접착성, 범인·범죄의 명백성 이외에 체포의 필요성, 즉 도망 또는 증거 인멸의 염려가 있어야 하고, 이러한 요건을 갖추지 못한 현행범인 체포는 … 영장 없는 체포로서 위법한 체포에 해당 … 현행범인 체포의 요건을 갖추었는지는 체포 당시 상황을 기초로 판단 … 검사나 사법경찰관 등 수사주체의 판단에는 상당한 재량 여지 … 검사나 사법경찰관 등의 판단이 경험칙에 비추어 현저히 합리성을 잃은 경우에는 그 체포는 위법 … (대판 2011.5.26, 2011도3682).
> 2. … 112 신고를 받고 출동한 경찰관 을이 갑을 때리려는 피고인을 제지하자 자신만 제지를 당한 데 화가 나서 손으로 을의 가슴을 1회 밀치고, 계속하여 욕설을 하면서 피고인을 현행범으로 체포하며 순찰차 뒷좌석에 태우려고 하는 을의 정강이 부분을 양발로 2회 걷어차는 등 폭행으로써 … 공무집행방해죄에서 정한 폭행에 해당하며, 피고인이 체포될 당시 도망 또는 증거인멸의 염려가 없었다고 할 수 없어 체포의 필요성이 인정 … (대판 2018.3.29, 2017도21537).
> 3. 피고인이 경찰관의 불심검문을 받아 운전면허증을 교부한 후 경찰관에게 큰 소리로 욕설 … 경찰관이 모욕죄의 현행범으로 체포하겠다고 고지한 후 피고인의 오른쪽 어깨를 붙잡자 반항하면서 경찰관에게 상해를 가한 사안 … 피고인이 도망하거나 증거를 인멸할 염려가 있다고 보기는 어렵고, … 즉시 범인을 체포할 급박한 사정이 있다고 보기도 어려우므로, 경찰관이 피고인을 체포한 행위는 적법한 공무집행이라고 볼 수 없고, 피고인이 체포를 면하려고 반항하는 과정에서 상해를 가한 것은 … 정당방위에 해당한다(대판 2011.5.26, 2011도3682).
>
> ❹ **현행범체포의 요건과 관련된 판례들**
> 1. 현행범인으로서의 요건을 갖추고 있었다고 인정되지 않는 상황에서 경찰관들이 … 체포하거나 강제로 연행하려고 하였다면, 이는 적법한 공무집행이라고 볼 수 없고 … 정당방위에 해당 … (대판 2002.5.10, 2001도300).
> 2. 경찰관이 적법절차를 준수하지 않은 채 실력으로 피의자를 체포하려고 하였다면 적법한 공무집행이라고 할 수 없다. … 적법한 공무집행을 벗어나 불법하게 체포한 것으로 볼 수밖에 없다면, 피의자가 그 체포를 면하려고 반항하는 과정에서 경찰관에게 상해를 가한 것은 … 정당방위에 해당 … (대판 2017.9.21, 2017도10866).
> 3. … 현행범 체포의 적법성은 체포 당시의 구체적 상황을 기초로 객관적으로 판단하여야 하고, 사후에 범인으로 인정되었는지에 의할 것은 아니다(대판 2013.8.23, 2011도4763).
> 4. … 현행범인체포서와 범죄사실의 기재에 다소 차이가 있더라도 … 장소적·시간적 동일성이 인정되는 범위 내라면 그 체포행위가 공무집행방해죄의 요건인 적법한 공무집행에 해당 … (대판 2008.10.9, 2008도3640).
> 5. … 현행범인체포서에 기재된 죄명은 범죄행위의 동일성이 유지되는 범위 안에서 체포 후에 얼마든지 변경할 수 있는 것 … 죄명에 의해 체포 사유가 한정된다고 볼 수는 없다(대판 2006.9.28, 2005도6461).
> 6. … 공무집행방해죄는 공무원의 직무집행이 적법한 경우에 한하여 성립 … 경찰관이 적법절차를 준수하지 않은 채 실력으로 현행범인을 연행하려 하였다면 적법한 공무집행이라고 할 수 없다(대판 2017.3.15, 2013도2168).
> 7. … 사법경찰관으로서 체포 당시 상황을 고려하여 경험칙에 비추어 현저하게 합리성을 잃지 않은 채 판단하면 체포 요건이 충족되지 아니함을 충분히 알 수 있었는데도, 자신의 재량 범위를 벗어난다는 사실을 인식하고 그와 같은 결과를 용인한 채 사람을 체포하여 권리행사를 방해하였다면, 직권남용체포죄와 직권남용권리행사방해죄가 성립 … (대판 2017.3.9, 2013도16162).

④ **비례성의 원칙** : 경미사건의 경우

> **제214조(경미사건과 현행범인의 체포)**
> 다액 50만원 이하의 벌금, 구류 또는 과료에 해당하는 죄의 현행범인에 대하여는 범인의 주거가 분명하지 아니한 때에 한하여 제212조 내지 제213조의 규정을 적용한다.

> **관련 판례**
>
> ❺ **경미사건과 현행범체포에 관한 판례**
> … 비록 그가 현행범인이라고 하더라도 영장 없이 체포할 수는 없고 … (대판 1992.5.22, 92도506).

(3) 현행범체포의 절차

① 현행범체포의 주체

㉠ 일반사인

ⓐ 체포할 권한이 있을 뿐이며 체포할 의무가 있는 것은 아님
ⓑ 체포한 현행범인을 인도하지 않고 석방하는 것은 허용되지 않음
ⓒ 현행범인을 체포하기 위하여 타인의 주거에 들어갈 수는 없음
ⓓ 압수·수색하는 것은 허용되지 않음

㉡ 수사기관 : 피의사실의 요지 및 체포이유와 변호인을 선임할 수 있음을 고지하고 변명할 기회를 준 후가 아니면 체포할 수 없음(제213조의2, 제200조의5)

> **제213조의2(준용규정)**
> 제87조, 제89조, 제90조, 제200조의2 제5항 및 제200조의5의 규정은 검사 또는 사법경찰관리가 현행범인을 체포하거나 현행범인을 인도받은 경우에 이를 준용한다.

[관련 판례]

❷ 현행범체포를 하는 경우 반드시 미란다 원칙을 고지하여야 하는지 여부(적극) 및 고지의 시기

1. … 체포를 위한 실력행사에 들어가기 전에 미리 하여야 하는 것이 원칙 … 폭력으로 대항하는 피의자를 실력으로 제압하는 경우에는 붙들거나 제압하는 과정에서 하거나, 그것이 여의치 않은 경우에는 일단 붙들거나 제압한 후에 지체없이 하여야 한다(대판 2010.6.24, 2008도11226).
2. 경찰이 … 집회·참가자에 대한 체포에 나서 9명을 현행범으로 체포 … 피고인이 … 호송버스에 탑승하게 되면서 경찰관 乙로부터 … 고지받았다면 … 고지가 적법하게 이루어졌다고 볼 것이다(대판 2012.2.9, 2011도7193).
3. … 체포하는 과정에서 체포의 이유 등을 제대로 고지하지 않다가 30~40분이 지난 후 피고인 등의 항의를 받고 나서야 비로소 체포의 이유 등을 고지한 것은 … 현행범인 체포의 적법한 절차를 준수한 것이 아니므로 적법한 공무집행이라고 볼 수 없다(대판 2017.3.15, 2013도2168).
4. … 경찰관들이 … 체포사유 및 변호인선임권을 고지하지 아니하였음에도 불구하고, ' … 고지 후 현행범인 체포한 것임'이라는 내용의 허위의 현행범인체포서 … 허위공문서작성죄가 성립 … (대판 2010.6.24, 2008도11226).

② 실력행사 : 사회통념상 체포를 위하여 필요하고 상당하다고 인정되는 범위에서 허용

(4) 현행범체포 후의 조치

① 체포한 때부터 48시간 이내 구속영장의 청구(제213조의2, 제200조의2 제5항)
② 현행범인의 인도

> **제213조(체포된 현행범인의 인도)**
> ① 검사 또는 사법경찰관리 아닌 자가 현행범인을 체포한 때에는 즉시 검사 또는 사법경찰관리에게 인도하여야 한다.
> ② 사법경찰관리가 현행범인의 인도를 받은 때에는 체포자의 성명, 주거, 체포의 사유를 물어야 하고 필요한 때에는 체포자에 대하여 경찰관서에 동행함을 요구할 수 있다.

> **관련 판례**
>
> ❷ 형사소송법 제213조 제1항에서 '즉시'의 의미
> … 반드시 체포시점과 시간적으로 밀착된 시점이어야 하는 것은 아니고, '정당한 이유 없이 인도를 지연하거나 체포를 계속하는 등으로 불필요한 지체를 함이 없이'라는 뜻으로 볼 것이다(대판 2011.12.22. 2011도12927).
>
> ❷ 검사 또는 사법경찰관리 아닌 자에 의하여 현행범인이 체포된 후 불필요한 지체 없이 검사 또는 사법경찰관리에게 인도된 경우 구속영장 청구기간인 48시간의 기산점(= 검사 또는 사법경찰관리가 현행범인을 인도받은 때)
> … 48시간의 기산점은 체포시가 아니라 검사 등이 현행범인을 인도받은 때라고 할 것이다(대판 2011.12.22. 2011도12927). → 소말리아 해적 판례

(5) **현행범체포된 자의 지위** : 체포적부심사청구(제214조의2 제1항), 구속기간에의 산입(제203조의2), 접견교통권의 보장(제200조의6, 제89조)

Ⅱ 피의자와 피고인의 구속

1. 구속의 의의

(1) **구속의 개념** : 언제나 사전영장에 의해서만 가능

(2) **피의자 구속과 피고인 구속**
① **피의자 구속** : 검사의 청구(사법경찰관은 검사에게 신청)에 의하여 관할 지방법원판사(수임판사)가 구속영장을 발부하여 피의자를 구속 → 피의자 구속의 권한은 검사 또는 사법경찰관에게 있음
② **피고인 구속** : 법원이 직권으로 구속영장을 발부하여 피고인을 구속 → 피고인 구속의 권한은 수소법원에게 있음

(3) **구인과 구금**
① **구속의 정의** : 구인과 구금을 포함(제69조)
② **구인**
㉠ **의의** : 구인한 피고인을 법원에 인치한 경우에 구금할 필요가 없다고 인정한 때에는 그 인치한 때로부터 24시간 내에 석방하여야 함(제71조)
㉡ **구인 후의 유치** : 법원은 인치받은 피고인을 유치할 필요가 있는 때에는 교도소·구치소 또는 경찰서 유치장에 유치할 수 있으며, 유치기간은 인치한 때부터 24시간을 초과할 수 없음(제71조의2)
③ **구금** : 피고인 또는 피의자를 교도소 또는 구치소에 감금하는 처분

2. 구속의 요건

> **제70조(구속의 사유)**
> ① 법원은 피고인이 죄를 범하였다고 의심할 만한 상당한 이유가 있고 다음 각 호의 1에 해당하는 사유가 있는 경우에는 피고인을 구속할 수 있다.
>   1. 피고인이 일정한 주거가 없는 때
>   2. 피고인이 증거를 인멸할 염려가 있는 때
>   3. 피고인이 도망하거나 도망할 염려가 있는 때
> ② 법원은 제1항의 구속사유를 심사함에 있어서 범죄의 중대성, 재범의 위험성, 피해자 및 중요 참고인 등에 대한 위해우려 등을 고려하여야 한다.
> ③ 다액 50만원 이하의 벌금, 구류 또는 과료에 해당하는 사건에 관하여는 제1항 제1호의 경우를 제한 외에는 구속할 수 없다.

(1) 범죄혐의의 상당성 : 객관적 혐의 + 상당한 혐의(유죄판결에 대한 고도의 개연성)
(2) 구속사유
① 주거부정 : 경미사건에 있어서 유일한 구속사유가 된다는 점에서 독자적 의미를 가짐
② 증거인멸의 염려
③ 도망 또는 도망할 염려
④ 구속사유 판단시의 일반적 고려사항 : 범죄의 중대성, 재범의 위험성, 피해자·중요 참고인 등에 대한 위해우려 등을 고려 → 기존의 구속사유(주거부정, 증거인멸 염려, 도망)를 확대하지는 않음
(3) 비례성의 원칙
① 보충성의 원칙
② 경미사건

[경미사건(다액 50만원의 벌금·구류 또는 과료에 해당하는 사건)의 정리]

통상체포	주거부정 또는 정당한 이유없이 출석요구 불응(제200조의2 제1항 단서)
긴급체포	없음
현행범체포	주거부정(제214조)
구속	주거부정(제70조 제3항, 제201조 제1항 단서)

3. 구속의 절차

(1) 피고인에 대한 구속영장 : 법원이 직권으로 발부한 영장 → 명령장의 성질 → 검사에 의한 구속영장의 청구는 필요 없음

> **관련 판례**
> ❶ 법원이 피고인에 대하여 구속영장을 발부하는 경우에도 검사의 신청이 있어야 하는지 여부(소극)
> … 검사의 신청이 있어야 한다고 볼 수는 없다(대법원 1996.8.12, 96모46).

(2) 피의자에 대한 구속영장의 청구

> **제201조(구속)**
> ① 피의자가 죄를 범하였다고 의심할 만한 상당한 이유가 있고 제70조 제1항 각 호의 1에 해당하는 사유가 있을 때에는 검사는 관할지방법원판사에게 청구하여 구속영장을 받아 피의자를 구속할 수 있고 사법경찰관은 검사에게 신청하여 검사의 청구로 관할지방법원판사의 구속영장을 받아 피의자를 구속할 수 있다. 다만, 다액 50만원 이하의 벌금, 구류 또는 과료에 해당하는 범죄에 관하여는 피의자가 일정한 주거가 없는 경우에 한한다.
> ② 구속영장의 청구에는 구속의 필요를 인정할 수 있는 자료를 제출하여야 한다.
> ③ 제1항의 청구를 받은 지방법원판사는 신속히 구속영장의 발부여부를 결정하여야 한다.
> ④ 제1항의 청구를 받은 지방법원판사는 상당하다고 인정할 때에는 구속영장을 발부한다. 이를 발부하지 아니할 때에는 청구서에 그 취지 및 이유를 기재하고 서명날인하여 청구한 검사에게 교부한다.
> ⑤ 검사가 제1항의 청구를 함에 있어서 동일한 범죄사실에 관하여 그 피의자에 대하여 전에 구속영장을 청구하거나 발부받은 사실이 있을 때에는 다시 구속영장을 청구하는 취지 및 이유를 기재하여야 한다.

① 검사(사법경찰관은 검사에게 신청)가 관할 지방법원판사(수임판사)에게 청구하여 구속영장을 발부받아 피의자를 구속함(제201조 제1항) → 구속영장청구는 서면으로 함(규칙 제93조 제1항) → 피의자도 구속영장청구를 받은 판사에게 유리한 자료를 제출할 수 있음(규칙 제96조 제3항)
② 재구속영장의 청구(제201조 제5항)
③ 수임판사의 결정 : 구속영장발부를 기각한 수임판사의 결정에 대하여는 항고나 준항고가 허용되지 않음(대법원 2006.12.18, 2006모646)
④ 사법경찰관의 영장신청 및 영장심의신청(제221조의5 제1항) : 전술함
⑤ 지방법원 또는 지원의 장은 구속영장청구에 대한 심사를 위한 영장전담법관을 지정할 수 있음

관련 판례

❸ 검사가 구속영장청구 전에 피의자를 대면조사할 권한이 있는지 여부(적극)
사법경찰관이 검사에게 긴급체포된 피의자에 대한 긴급체포 승인 건의와 함께 구속영장을 신청한 경우… 검사의 구속영장청구 전 피의자 대면 조사는 긴급체포의 적법성을 의심할 만한 사유가… 예외적인 경우에 한하여 허용될 뿐, 긴급체포의 합당성이나… 보강하기 위한 목적으로 실시되어서는 아니된다… 피의자 대면조사는 강제수사가 아니므로 피의자는… 응할 의무가 없고, 피의자가 검사의 출석요구에 동의한 때에 한하여… (대판 2010.10.28, 2008도11999).

'구속영장의 청구나 신청'과 관련된 '검사와 사법경찰관의 상호협력과 일반적 수사준칙에 관한 규정'의 내용

1. 제70조 제2항의 필요적 고려사항
   검사 또는 사법경찰관은 구속영장을 청구하거나 신청하는 경우 법 제209조에서 준용하는 법 제70조 제2항의 필요적 고려사항이 있을 때에는 구속영장청구서 또는 신청서에 그 내용을 적어야 한다(동규정 제29조 제1항).
2. 체포영장, 긴급체포서, 현행범인체포서의 첨부
   검사 또는 사법경찰관은 체포한 피의자에 대해 구속영장을 청구하거나 신청할 때에는 구속영장 청구서 또는 신청서에 체포영장, 긴급체포서, 현행범인체포서 또는 현행범인인수서를 첨부해야 한다(동규정 제29조 제2항).

(3) 구속 전 피의자심문제도(영장실질심사제도)
   ① 의의 및 취지 : 법관의 대면권을 보장, 영장주의의 실효성을 확보
   ② 필요적 피의자심문제도
      ㉠ 예전의 임의적 피의자심문 : 예전에는 심문여부가 판사의 재량사항이었음 → 판사가 피의자를 신문함이 없이 영장을 발부하였다고 하더라도 위법이 있다고 할 수 없다는 것이 판례의 입장이었음(대판 1998.8.20, 99도2029)
      ㉡ 필요적 심문제도의 도입

> **제201조의2(구속영장 청구와 피의자 심문)**
> ① 제200조의2, 제200조의3 또는 제212조에 따라 체포된 피의자에 대하여 구속영장을 청구받은 판사는 지체 없이 피의자를 심문하여야 한다. 이 경우 특별한 사정이 없는 한 구속영장이 청구된 날의 다음날까지 심문하여야 한다.
> ② 제1항 외의 피의자에 대하여 구속영장을 청구받은 판사는 피의자가 죄를 범하였다고 의심할 만한 이유가 있는 경우에 구인을 위한 구속영장을 발부하여 피의자를 구인한 후 심문하여야 한다. 다만, 피의자가 도망하는 등의 사유로 심문할 수 없는 경우에는 그러하지 아니하다.
> ③ 판사는 제1항의 경우에는 즉시, 제2항의 경우에는 피의자를 인치한 후 즉시 검사, 피의자 및 변호인에게 심문기일과 장소를 통지하여야 한다. 이 경우 검사는 피의자가 체포되어 있는 때에는 심문기일에 피의자를 출석시켜야 한다.
> ④ 검사와 변호인은 제3항에 따른 심문기일에 출석하여 의견을 진술할 수 있다.

⑤ 판사는 제1항 또는 제2항에 따라 심문하는 때에는 공범의 분리심문이나 그 밖에 수사상의 비밀보호를 위하여 필요한 조치를 하여야 한다.
⑥ 제1항 또는 제2항에 따라 피의자를 심문하는 경우 법원사무관 등은 심문의 요지 등을 조서로 작성하여야 한다.
⑦ 피의자심문을 하는 경우 법원이 구속영장청구서·수사관계 서류 및 증거물을 접수한 날부터 구속영장을 발부하여 검찰청에 반환한 날까지의 기간은 제202조 및 제203조의 적용에 있어서 그 구속기간에 이를 산입하지 아니한다.
⑧ 심문할 피의자에게 변호인이 없는 때에는 지방법원판사는 직권으로 변호인을 선정하여야 한다. 이 경우 변호인의 선정은 피의자에 대한 구속영장 청구가 기각되어 효력이 소멸한 경우를 제외하고는 제1심까지 효력이 있다.
⑨ 법원은 변호인의 사정이나 그 밖의 사유로 변호인 선정결정이 취소되어 변호인이 없게 된 때에는 직권으로 변호인을 다시 선정할 수 있다.
⑩ 제71조, 제71조의2, 제75조, 제81조부터 제83조까지, 제85조 제1항·제3항·제4항, 제86조, 제87조 제1항, 제89조부터 제91조까지 및 제200조의5는 제2항에 따라 구인을 하는 경우에 준용하고, 제48조, 제51조, 제53조, 제56조의2 및 제276조의2는 피의자에 대한 심문의 경우에 준용한다.

③ **유형**
  ㉠ 체포된 피의자의 경우(제201조의2 제1항)
  ㉡ 체포되지 아니한 피의자의 경우(제201조의2 제2항)
④ **구속 전 피의자심문의 절차**
  ㉠ 심문의 주체 : 구속영장의 청구를 받은 관할 지방법원판사
  ㉡ 피의자의 인치
    ⓐ 체포된 피의자 : 체포의 효력을 이용하여 법원에 인치하여 심문
    ⓑ 체포되지 아니한 피의자 : 구인을 위한 구속영장을 발부하여 피의자를 구인한 후 심문
  ㉢ 심문기일의 지정 및 변경
    ⓐ 체포된 피의자 외의 피의자에 대한 심문기일은 관계인에 대한 심문기일의 통지 및 그 출석에 소요되는 시간 등을 고려하여 피의자가 법원에 인치된 때로부터 가능한 한 빠른 일시로 지정하여야 하며, 심문기일의 통지는 서면 이외에 구술·전화·모사전송·전자우편·휴대전화 문자전송 그 밖에 적당한 방법으로 신속하게 하여야 함(규칙 제96조의12)
    ⓑ 판사는 지정된 심문기일에 피의자를 심문할 수 없는 특별한 사정이 있는 경우에는 그 심문기일을 변경할 수 있음(규칙 제96조의22)
  ㉣ 심문기일의 절차
    ⓐ 심문기일에 판사는 구속사유를 판단하기 위하여 피의자를 심문하고, 검사와 변호인은 심문기일에 출석하여 의견을 진술할 수 있음(제201조의2 제4항)
    ⓑ 판사는 피의자가 심문기일에 출석을 거부하거나 질병 그 밖의 사유로 출석이 현저하게 곤란한 때에는 피의자의 출석없이 심문절차를 진행할 수 있음(규칙 제96조의13)
    ⓒ 심문은 법원청사 내에서 하여야 하나 피의자가 출석을 거부하거나 출석할 수 없는 때에는 경찰서, 구치소 기타 적당한 장소에서 할 수 있음(규칙 제96조의15)
    ⓓ 피의자에 대한 심문절차는 공개하지 아니하며(규칙 제96조의14), 지방법원판사는 공범의 분리심문 그 밖에 수사상의 비밀보호를 위하여 필요한 조치를 하여야 함(제201조의2 제5항) → 다만, 판사는 상당하다고 인정하는 경우 피의자의 친족, 피해자 등 이해관계인의 방청을 허가할 수 있음

ⓔ 심문기일의 절차
ⓘ 판사는 피의자에게 일체의 진술을 하지 아니하거나 개개의 질문에 대하여 진술을 거부할 수 있으며, 이익되는 사실을 진술할 수 있음을 알려주어야 함(규칙 제96조의16 제1항)
ⓘⓘ 판사는 구속여부를 판단하기 위하여 필요한 사항에 관하여 신속하고 간결하게 심문하여야 함(규칙 제96조의16 제2항)
ⓘⓘⓘ 검사와 변호인은 판사의 심문이 끝난 후에 의견을 진술할 수 있으며, 다만 필요한 경우에는 심문 도중에도 판사의 허가를 얻어 의견을 진술할 수 있음(규칙 제96조의16 제3항)
ⓘⓥ 피의자는 판사의 심문 도중에도 변호인에게 조력을 구할 수 있음(규칙 제96조의16 제4항) → 변호인은 구속영장이 청구된 피의자에 대한 심문시작 전에 피의자와 접견할 수 있음
ⓥ 판사는 심문장소에 출석한 피해자 그 밖의 제3자를 심문할 수 있으며, 한편 피의자의 법정대리인, 배우자, 직계친족, 형제자매나 가족, 동거인 또는 고용주는 판사의 허가를 얻어 사건에 관한 의견을 진술할 수 있음(규칙 제96조의16)
ⓕ 국선변호인제도(제201조의2 제8항·제9항)와 변호인의 기록열람권
ⓖ 기타의 절차 : 법원사무관 등은 구속영장에 접수한 시각과 이를 반환한 시각을 기재하여야 함
ⓗ 구속 전 피의자심문조서(영장심문조서) 작성(제201조의2 제6항)
⑤ 구속기간의 불산입 : 접수한 날부터 반환한 날까지의 기간은 구속기간에 산입하지 아니함

(4) 구속영장의 방식
① **구속영장의 기재사항**(제75조) : 전술함 → 이외에도 피고인의 주민등록번호·직업 및 구속의 사유를 기재하여야 함(규칙 제46조)
② **영장을 청구한 검사의 성명 등** : 검사의 청구에 의하여 발부하는 영장에는 그 영장을 청구한 검사의 성명과 그 검사의 청구에 의하여 발부한다는 취지를 기재하여야 함(규칙 제94조) → 다만, 피고인구속영장에서는 기재사항이 아님
③ **수통의 작성** : 구속영장은 수통을 작성하여 사법경찰관 수인에게 교부할 수 있음(제82조)
④ **영장의 유효기간** : 영장의 유효기간은 7일로 하며, 다만 법원 또는 법관이 상당하다고 인정하는 때에는 7일을 넘는 기간을 정할 수 있음(규칙 제178조)

(5) 구속영장의 집행
① **구속영장집행의 절차**(제81조, 제85조) : 전술함 → 검사의 지휘에 의하여 구속영장을 집행하는 경우에는 구속영장을 발부한 법원이 그 원본을 검사에게 송부하여야 함(규칙 제48조)

> **관련 판례**
> ❹ 피의자에 대한 구속영장의 제시와 집행이 그 발부 시로부터 정당한 사유 없이 시간이 지체되어 이루어진 경우, 구속영장의 유효기간 내에 집행되었다고 하더라도 위 기간 동안의 체포 내지 구금 상태는 위법한지 여부(적극)
> … 체포된 피의자의 구금을 위한 구속영장을 발부하면 검사와 사법경찰관리는 지체 없이 신속하게 구속영장을 집행하여야 … 피의자에 대한 구속영장의 제시와 집행이 그 발부 시로부터 정당한 사유 없이 시간이 지체되어 이루어졌다면, 구속영장이 그 유효기간 내에 집행되었다고 하더라도 … 위법 … (대판 2021.4.29, 2020도16438).

② **관할구역 외에서의 구속영장의 집행** : 검사는 필요에 의하여 관할구역 외에서 구속영장의 집행을 지휘할 수 있고 사법경찰관리는 필요에 의하여 관할구역 외에서 구속영장을 집행할 수 있음(제83조)

③ 구속과 이유의 고지
  ㉠ 피고인에 대한 사전고지

> **제72조(구속과 이유의 고지)**
> 피고인에 대하여 범죄사실의 요지, 구속의 이유와 변호인을 선임할 수 있음을 말하고 변명할 기회를 준 후가 아니면 구속할 수 없다. 다만, 피고인이 도망한 경우에는 그러하지 아니하다.
>
> **제72조의2(고지의 방법)**
> ① 법원은 합의부원으로 하여금 제72조의 절차를 이행하게 할 수 있다.
> ② 법원은 피고인이 출석하기 어려운 특별한 사정이 있고 상당하다고 인정하는 때에는 검사와 변호인의 의견을 들어 비디오 등 중계장치에 의한 중계시설을 통하여 제72조의 절차를 진행할 수 있다.
>
> **규칙 제52조(구속과 범죄사실 등의 고지)**
> 법원 또는 법관은 법 제72조 및 법 제88조의 규정에 의한 고지를 할 때에는 법원사무관 등을 참여시켜 조서를 작성하게 하거나 피고인 또는 피의자로 하여금 확인서 기타 서면을 작성하게 하여야 한다.

[관련 판례]

❷ **법원이 사전에 형사소송법 제72조에 따른 절차를 거치지 아니한 채 피고인에 대하여 구속영장을 발부한 경우, 발부결정이 위법한지 여부(적극)**
  1. … 피고인을 구속함에 있어 법관에 의한 사전청문절차를 규정한 것 … 집행기관이 취하여야 하는 절차가 아니라 구속영장 발부함에 있어 수소법원 등 법관이 취하여야 하는 절차라 할 것 … 사전에 위 규정에 따른 절차를 거치지 아니한 채 구속영장을 발부하였다면 그 발부결정은 위법하다고 할 것 … (대법원 2000.11.10, 2000모134).
  2. … 위 규정에 따른 절차를 거치지 아니한 채 피고인에 대하여 구속영장을 발부하였다면 발부결정은 위법… 이미 변호인을 선정하여 공판절차에서 변명과 증거의 제출을 다하고 그의 변호 아래 판결을 선고받은 경우… 절차적 권리가 실질적으로 보장되었다고 볼 수 있는 경우 … 절차의 전부 또는 일부를 거치지 아니한 채 구속영장을 발부하였더라도 이러한 점만으로 발부결정을 위법하다고 볼 것은 아니다(대법원 2016.6.14, 2015모1032).

  ㉡ 피의자에 대한 사전고지 : 체포에서의 고지에 관한 제200조의5를 준용(제209조) → 전술함
④ 구속영장집행 후의 절차
  ㉠ 피의사실 등의 사후고지의무
    ⓐ 피고인에 대한 사후고지

> **제88조(구속과 공소사실 등의 고지)**
> 피고인을 구속한 때에는 즉시 공소사실의 요지와 변호인을 선임할 수 있음을 알려야 한다.

[관련 판례]

❷ **형사소송법 제88조의 취지 및 위 규정을 위반한 경우 구속영장의 효력 상실 여부(소극)**
  … 이는 사후청문절차에 관한 규정으로서 이를 위반하였다 하여 구속영장의 효력에 어떠한 영향을 미치는 것은 아니다(대법원 2000.11.10, 2000모134).

    ⓑ 피의자에 대한 사후고지 : 사후고지조항이 없음
  ㉡ 구속통지의무(제87조) : 전술함
  ㉢ 변호인선임 의뢰(제90조) : 전술함
  ㉣ 구속영장등본교부청구 : 피고인, 변호인, 피고인의 법정대리인(특별대리인), 배우자, 직계친족과 형제자매는 구속영장을 발부한 법원에 구속영장의 등본의 교부를 청구할 수 있음(규칙 제50조)
  ㉤ 구속영장집행 후의 조치 : 구속영장 집행사무를 담당한 자가 구속영장을 집행한 때에는 구속영장에 집행일시와 장소를, 집행할 수 없었을 때에는 그 사유를 각 기재하고 기명날인하여야 하며(규

칙 제49조 제1항), 구속영장의 집행에 관한 서류는 집행을 지휘한 검사 또는 수탁판사를 경유하여 구속영장을 발부한 법원에 이를 제출하여야 함(규칙 제49조 제2항).

(6) 영장발부와 법원에 대한 통지(제204조) → 전술함

(7) 재구속의 제한

> **제208조(재구속의 제한)**
> ① 검사 또는 사법경찰관에 의하여 구속되었다가 석방된 자는 다른 중요한 증거를 발견한 경우를 제외하고는 동일한 범죄사실에 관하여 재차 구속하지 못한다.
> ② 전항의 경우에는 1개의 목적을 위하여 동시 또는 수단결과의 관계에서 행하여진 행위는 동일한 범죄사실로 간주한다.

관련 판례

● 재구속의 제한에 관한 판례
1. … 검사 또는 사법경찰관이 피의자를 구속하는 경우에만 적용될 뿐이며, 법원이 피고인을 구속하는 경우에는 적용되지 않는다(대판 1969.5.27, 69도509).
2. 항소법원은 항소피고사건의 심리 중 또는 판결선고 후 상고제기 또는 판결확정에 이르기까지 수소법원으로서 … 불구속 피고인을 구속할 수 있고 … 수소법원의 구속에 관하여는 … 제208조의 규정은 적용되지 아니하므로 구속기간의 만료로 피고인에 대한 구속의 효력이 상실된 후 항소법원이 피고인에 대한 판결을 선고하면서 피고인을 구속하였다 하여 … 제208조의 규정에 위배되는 재구속 또는 이중구속이라 할 수 없다(대법원 1985.7.23, 85모12).
3. 제208조 소정의 '구속되었다가 석방된 자'라 함은 구속영장에 의하여 구속되었다가 석방된 경우를 말하는 것 … 긴급체포나 현행범으로 체포되었다가 사후 영장발부 전에 석방된 경우는 포함되지 않는다 할 것 … (대판 2001.9.28, 2001도4291).
4. 재구속의 제한은 … 공소제기의 효력에는 영향을 미치지 않으므로 재구속제한에 위반하더라도 공소제기 자체가 무효로 되는 것은 아니다(대판 1966.11.22, 66도1288).

[재체포 내지 재구속의 제한 정리]

긴급체포	긴급체포되었다가 석방된 자는 영장없이는 동일한 범죄사실로 다시 체포하지 못한다(제200조의4 제3항).
구속	구속되었다가 석방된 자는 다른 중요한 증거를 발견한 경우를 제외하고는 동일한 범죄사실에 대하여 재구속하지 못한다(제208조 제1항).
적부심에서 석방	구속적부심에 의하여 석방된 피의자는 도망한 경우, 증거를 인멸한 경우를 제외하고는 동일 범죄사실로 다시 구속하지 못한다(제214조의3 제1항).
적부심에서 보증금납입 조건부 피의자석방	도망한 때, 도망하거나 죄증을 인멸할 염려가 있다고 믿을만한 충분한 이유가 있는 때, 출석요구를 받고 정당한 이유없이 출석하지 아니한 때, 주거의 제한 기타 법원이 정한 조건을 위반한 때를 제외하고는 동일한 범죄사실에 관하여 재차체포 또는 구속하지 못한다(제214조의3 제2항).

4. 구속기간의 제한

(1) **구속기간의 계산방법** : 기간계산의 일반원칙에 대한 특칙(제66조)을 규정하고 있음

(2) **구속기간의 기산점 및 불산입**
  ① 구속기간의 기산점 : 피의자를 체포 또는 구인한 날부터 기산(제203조의2)
  ② 구속기간에의 불산입

㉠ 공판절차가 정지된 기간(제92조 제3항)
㉡ 영장실질심사에 있어서 접수한 날로부터 반환한 날까지의 기간(제201조의2 제7항)
㉢ 감정유치기간(제172조의2, 제221조의3)
㉣ 보석기간
㉤ 도주기간
㉥ 구속집행정지기간
㉦ 체포·구속적부심사에 있어서 접수한 날로부터 반환한 날까지의 기간(제214조의2 제13항)
㉧ 공소제기 전, 즉 수사절차에서의 체포·구인·구금기간(제92조 제3항)

(3) 수사기관의 구속기간
① 원칙적 구속기간
㉠ 사법경찰관 : 10일 이내에 피의자를 검사에게 인치하지 아니하면 석방하여야 함(제202조)
㉡ 검사 : 10일 이내에 공소를 제기하지 아니하면 석방하여야 함(제203조)
② 구속기간의 연장

> **제205조(구속기간의 연장)**
> ① 지방법원판사는 검사의 신청에 의하여 수사를 계속함에 상당한 이유가 있다고 인정한 때에는 10일을 초과하지 아니하는 한도에서 제203조의 구속기간의 연장을 1차에 한하여 허가할 수 있다.
> ② 전항의 신청에는 구속기간의 연장의 필요를 인정할 수 있는 자료를 제출하여야 한다.

㉠ 사법경찰관의 구속기간 : 연장이 허용되지 않음 → 다만 국가보안법 위반사건의 경우에는 1차에 한하여 연장이 허용(제7조의 찬양고무죄와 제10조의 불고지죄는 제외)
㉡ 검사의 구속기간 : 1차에 한하여 10일을 초과하지 아니하는 한도에서 연장이 허용 → 다만, 국가보안법 위반사건의 경우에는 2차에 걸쳐 연장이 허용(제7조의 찬양고무죄와 제10조의 불고지죄는 제외)
㉢ 구속기간의 연장신청과 그 허가여부 : 구속기간연장의 신청은 서면으로 하여야 하며(규칙 제97조), 그 허가여부는 수임판사의 재량임
㉣ 구속기간 연장기간의 기산점 : 법정구속기간 만료 다음날로부터 기산(규칙 제98조)

> **관련 판례**
> ❶ **국가보안법 제19조의 위헌 여부(위헌)**
> 국가보안법 제7조(찬양·고무) 및 제10조(불고지)의 죄 … 수사기관에 의한 피의자 구속기간 30일보다 20일이나 많은 50일을 인정한 것은 … 침해한 것이다(헌재결 1992.4.14, 90헌마82).
> ❷ **구속기간의 연장결정에 대한 불복(소극)**
> … 제402조, 제403조가 정하는 항고의 방법으로는 불복할 수 없고 … 제416조가 정하는 준항고의 대상이 되지도 않는다(대법원 1997.6.16, 97모1).
> ❸ **군사법경찰관의 구속기간의 연장을 허용해야 할 사정이 인정되는지 여부(소극)**
> … 군사법경찰관의 구속기간을 연장까지 하면서 이러한 목적을 달성하려는 것은 부적절한 방식에 의한 과도한 기본권의 제한 … (헌재결 2003.11.27, 2002헌마193).

[수사기관의 최장 구속기간]

일반형사사건	최장 30일
국가보안법 위반사건	최장 50일(단, 찬양고무와 불고지죄는 최장 30일)

(4) 수소법원의 구속기간
  ① 원칙적 구속기간

> **제92조(구속기간과 갱신)**
> ① 구속기간은 2개월로 한다.
> ② 제1항에도 불구하고 특히 구속을 계속할 필요가 있는 경우에는 심급마다 2개월 단위로 2차에 한하여 결정으로 갱신할 수 있다. 다만, 상소심은 피고인 또는 변호인이 신청한 증거의 조사, 상소이유를 보충하는 서면의 제출 등으로 추가심리가 필요한 부득이한 경우에는 3차에 한하여 갱신할 수 있다.
> ③ 제22조, 제298조 제4항, 제306조 제1항 및 제2항의 규정에 의하여 공판절차가 정지된 기간 및 공소제기 전의 체포·구인·구금 기간은 제1항 및 제2항의 기간에 산입하지 아니한다.

  ② 구속기간의 갱신(제92조 제2항)

> **관련 판례**
> ❶ 제92조 소정의 구속기간의 의미
>   … '구속기간'은 '법원이 피고인을 구속한 상태에서 재판할 수 있는 기간'을 의미하는 것이지 … 법원의 재판기간 내지 심리기간 자체를 제한하려는 규정이라 할 수는 없다(헌재결 2001.6.28, 99헌가14).
> ❷ 파기환송사건에 있어서 환송받은 법원도 구속기간을 갱신할 수 있는지 여부(적극)
>   파기환송 판결에 의하여 사건을 환송받은 법원은 … 2월의 구속기간 … 2차에 한하여 결정으로 구속기간을 갱신할 수 있는 것 … 무죄추정의 원칙에 위배되는 것이라고 할 수는 없다(대판 2001.11.30, 2001도5225).
> ❸ 상소기간 중 또는 상소 중의 사건에 관한 피고인의 구속을 소송기록이 상소법원에 도달하기까지는 원심법원이 하도록 규정한 형사소송규칙 제57조 제1항의 규정이 형사소송법 제105조의 규정에 저촉되는지 여부(소극)
>   … 저촉된다고 보기는 어렵다 … 피고인에 대하여 제1심법원이 소송기록이 항소심법원에 도달하기 전에 구속영장을 발부한 것이 적법하다(대법원 2007.7.10, 2007모460).

(5) 구속기간의 만료 : 즉시 피의자나 피고인을 석방

> **관련 판례**
> ❶ 구속기간 만료의 경우 구속영장이 실효되는지 여부(소극)
>   … 구속영장의 효력이 당연히 상실되는 것은 아니다(대판 1964.11.17, 64도428).

5. 관련문제

(1) 구속영장의 성질과 효력
  ① 구속영장의 성질
    ㉠ 피고인에 대한 구속영장 : 명령장의 성질
    ㉡ 피의자에 대한 구속영장 : 허가장의 성질
  ② 구속영장의 효력범위
    ㉠ 인단위설 : 피고인 또는 피의자를 기준으로 하여 그에게 혐의가 가해지는 모든 사건에 대하여 구속영장의 효력이 미침 → 별건구속○, 이중구속×
    ㉡ 사건단위설 : 구속영장에 기재된 범죄사실에만 구속영장의 효력이 미침 → 별건구속×, 이중구속○

> **관련 판례**
> ❶ 구속영장의 효력범위에 관한 판례
>   … 원칙적으로 위 방식에 따라 작성된 구속영장에 기재된 범죄사실에만 미치는 것 … (대법원 2000.11.10, 2000모134).

③ 이중구속의 허용여부

> **관련 판례**
> ❹ 이중구속을 허용하고 있는 판례
> … 구속기간이 만료될 무렵에 종전 구속영장에 기재된 범죄사실과 다른 범죄사실로 피고인을 구속하였다는 사정만으로는 피고인에 대한 구속이 위법하다고 할 수 없다(대법원 2000.11.10, 2000모134).

④ 별건구속의 허용여부 : 위법설이 통설(사건단위설) → 단, 판례는 별건구속을 허용하는 듯한 입장

> **관련 판례**
> ❹ 별건구속을 허용하는 듯한 판례
> 별건구속기간을 본건 범행사실의 수사에 실질상 이용하였다 하더라도 … (대판 1990.12.11, 90도2337).

(2) 검사의 체포·구속장소 감찰

> **제198조의2(검사의 체포·구속장소 감찰)**
> ① 지방검찰청 검사장 또는 지청장은 불법체포·구속의 유무를 조사하기 위하여 검사로 하여금 매월 1회 이상 관하 수사관서의 피의자의 체포·구속 장소를 감찰하게 하여야 한다. 감찰하는 검사는 체포 또는 구속된 자를 심문하고 관련서류를 조사하여야 한다.
> ② 검사는 적법한 절차에 의하지 아니하고 체포 또는 구속된 것이라고 의심할 만한 상당한 이유가 있는 경우에는 즉시 체포 또는 구속된 자를 석방하거나 사건을 검찰에 송치할 것을 명하여야 한다.

Ⅲ 피고인과 피의자의 접견교통권

1. 서설

(1) 접견교통권의 의의 : 체포 또는 구속된 피고인 또는 피의자가 변호인이나 가족·친지 등의 타인과 접견하고 서류 또는 물건을 수수하며 의사의 진료를 받는 권리

(2) 접견교통권의 법적 근거

> **제89조(구속된 피고인의 접견·진료)**
> 구속된 피고인은 관련 법률이 정한 범위에서 타인과 접견하고 서류나 물건을 수수하며 의사의 진료를 받을 수 있다.
>
> **제34조(피고인·피의자와의 접견, 교통, 진료)**
> 변호인이나 변호인이 되려는 자는 신체가 구속된 피고인 또는 피의자와 접견하고 서류나 물건을 수수(授受)할 수 있으며 의사로 하여금 피고인이나 피의자를 진료하게 할 수 있다.
>
> **제91조(변호인 아닌 자와의 접견·교통)**
> 법원은 도망하거나 범죄의 증거를 인멸할 염려가 있다고 인정할 만한 상당한 이유가 있는 때에는 직권 또는 검사의 청구에 의하여 결정으로 구속된 피고인과 제34조에 규정한 외의 타인과의 접견을 금지할 수 있고, 서류나 그 밖의 물건을 수수하지 못하게 하거나 검열 또는 압수할 수 있다. 다만, 의류·양식·의료품은 수수를 금지하거나 압수할 수 없다.
>
> **제243조의2(변호인의 참여 등)**
> ① 검사 또는 사법경찰관은 피의자 또는 그 변호인·법정대리인·배우자·직계친족·형제자매의 신청에 따라 변호인을 피의자와 접견하게 하거나 정당한 사유가 없는 한 피의자에 대한 신문에 참여하게 하여야 한다.

① 피고인 또는 피의자의 권리로서 변호인과의 접견교통권 : 헌법 제12조 제4항의 변호인의 조력을 받을 권리, 형사소송법 제89조
② 피고인 또는 피의자의 권리로서 가족·친지 등 비변호인과의 접견교통권 : 헌법 제10조의 행복추구권, 형사소송법 제89조 및 제91조
③ 변호인의 권리로서 피고인 또는 피의자와의 접견교통권 : 헌법 제12조 제4항의 변호인의 조력을 받을 권리와 표리일체(다만, 대법원은 헌법상의 권리로 보지 않음), 형사소송법 제34조
④ 가족·친지 등의 권리로서 피고인 또는 피의자와의 접견교통권 : 헌법 제10조의 인간의 존엄과 가치 및 행복추구권

> **관련 판례**
>
> **❹ 접견교통권의 헌법적 근거(헌법상의 기본권인지 여부)**
>
> 1. **체포·구속된 피고인·피의자의 권리로서 변호인과의 접견교통권**
>   … 헌법상의 변호인의 조력을 받을 권리의 가장 중요한 내용 … (헌재결 2003.11.27, 2002헌마193).
> 2. **체포·구속된 피고인·피의자의 권리로서 가족·친지 등 비변호인과의 접견교통권**
>   … 헌법 제10조의 행복추구권으로부터 나온다고 보아야 할 것 … (헌재결 2003.11.27, 2002헌마193).
> 3. **변호인의 권리로서 체포·구속된 피고인·피의자와의 접견교통권**
>   ① 헌법재판소의 입장 : … 피의자·피고인이 가지는 '변호인이 되려는 자'와의 접견교통권은 헌법상 기본권으로 보호 … '변호인이 되려는 자'의 접견교통권은 피의자 등이 변호인을 선임하여 그로부터 조력을 받을 권리를 공고히 하기 위한 것으로서, 그것이 보장되지 않으면 … 변호인으로부터 충분한 조력을 받는다는 것이 유명무실 … '변호인이 되려는 자'의 접견교통권은 피의자 등을 조력하기 위한 핵심적인 부분으로서, 피의자 등이 가지는 헌법상의 기본권인 '변호인이 되려는 자'와의 접견교통권과 표리의 관계 … 피의자 등이 가지는 '변호인이 되려는 자'의 조력을 받을 권리가 실질적으로 확보되기 위해서는 '변호인이 되려는 자'의 접견교통권 역시 헌법상 기본권으로서 보장 … (헌재결 2019.2.28, 2015헌마1204).
>   ② 대법원의 입장 : 변호인의 구속된 피고인 또는 피의자와의 접견교통권은 피고인 또는 피의자 자신이 가지는 변호인과의 접견교통권과는 성질을 달리하는 것 … 헌법상 보장된 권리라고는 할 수 없고, 형사소송법 제34조에 의하여 비로소 보장되는 권리 … (대법원 2002.5.6, 2000모112).
> 4. **가족·친지 등의 권리로서 피고인 또는 피의자와의 접견교통권**
>   … 헌법 제10조가 보장하고 있는 헌법상의 기본권이라고 보아야 할 것 … (헌재결 2003.11.27, 2002헌마193).

(3) **접견교통권의 주체** : 체포나 구속된 피고인 또는 피의자○, 구금되어 있지 않은 피의자○, 수형자×

> **관련 판례**
>
> **❹ 변호인과의 접견교통권의 주체에 관한 판례**
> 1. 임의동행의 형식으로 수사기관에 연행된 피의자에게도 … 접견교통권은 당연히 인정 … 임의동행의 형식으로 연행된 피내사자에게도 이는 마찬가지 … (대법원 1996.6.3, 96모18).
> 2. … 형 집행 중에 있는 수형자에 대한 … 재심청구절차에는 그대로 적용될 수 없다(대판 1998.4.28, 96도48831).

2. 피고인과 피의자의 변호인과의 접견교통권

(1) 접견교통권의 주체와 상대방
   ① 접견교통권의 주체 : 구속된 자, 체포된 자, 감정유치된 자, 임의동행의 형식으로 연행된 자 등
   ② 접견교통권의 상대방 : 변호인뿐만 아니라 변호인이 되려는 자도 포함

(2) 접견신청의 장소와 상대방
   ① 접견신청의 장소 : 구속영장에 기재된 구속된 자의 현재지
   ② 접견신청의 상대방 : 구속된 자의 신병에 일정한 권한과 책임이 있는 기관과 공무원

(3) 변호인과의 접견교통권의 내용
　① 접견의 비밀보장 : 입회나 감시는 절대로 허용되지 않음 → 다만, 구속장소의 질서유지를 위한 일반적인 시간제한과 보이는 거리에서의 관찰은 허용됨
　② 서류 또는 물건의 수수 : 검열과 물건의 압수는 허용되지 않음

(4) 변호인과의 접견교통권의 제한가능여부
　① 헌법재판소의 입장

> **관련 판례**
>
> **❹ 변호인과의 접견교통권의 제한에 관한 헌법재판소의 입장**
> … 접견이 실제로 이루어지는 경우에 있어서의 '자유로운 접견', 즉 '대화내용에 대하여 비밀이 완전히 보장되고 어떠한 제한, 영향, 압력 또는 부당한 간섭 없이 자유롭게 대화할 수 있는 접견'을 제한할 수 없다는 것이지, 변호인과의 접견 자체에 대해 아무런 제한도 가할 수 없다는 것을 의미하는 것이 아니다 … 변호인의 조력을 받을 권리 역시 다른 모든 헌법상 기본권과 마찬가지로 국가안전보장·질서유지 또는 공공복리를 위하여 필요한 경우에는 법률로써 제한할 수 있는 것 … 미결수용자의 변호인 접견권 역시 국가안전보장·질서유지 또는 공공복리를 위해 필요한 경우에는 법률로써 제한될 수 있음은 당연하다(헌재결 2011.5.26, 2009헌마341).

　② 대법원의 입장

> **관련 판례**
>
> **❹ 변호인과의 접견교통권의 제한에 관한 대법원의 입장**
> 1. 수사기관의 처분 등에 의하여 이를 제한할 수 없고 … 법령에 의하여서만 제한이 가능(대법원 2002.5.6, 2000모112).
> 2. … 법령에 의한 제한이 없는 한 수사기관의 처분은 물론 법원의 결정으로도 이를 제한할 수 없는 것이다(대법원 1990.2.13, 89모37).
> 3. … 수사기관의 처분 등으로 이를 제한할 수 없고, 다만 법령에 의해서만 제한할 수 있다. 수사기관이 법령에 의하지 않고는 변호인의 접견교통권을 제한할 수 없다는 것은 대법원이 오래전부터 선언해 온 확고한 법리 … 이러한 법리에 반하여 변호인의 접견신청을 허용하지 않고 변호인의 접견교통권을 침해한 경우에는 접견 불허결정을 한 공무원에게 고의나 과실이 있다고 볼 수 있다(대판 2018.12.27, 2016다266736).
> 4. 행형법시행령 제176조는 … 변호인의 수진권행사에 대한 법령상의 제한에 해당한다고 보아야 할 것 … 경찰서 유치장에 구금되어 있던 피의자에 대하여 의사의 진료를 받게 할 것을 신청한 변호인에게 국가정보원이 추천하는 의사의 참여를 요구한 것은 행형법시행령 제176조의 규정에 근거한 것으로서 적법 … (대법원 2002.5.6, 2000모112).
> 5. … 신체구속을 당한 사람이 그 변호인을 자신의 범죄행위에 공범으로 가담시키려고 하였다는 등의 사정만으로 그 변호인의 신체구속을 당한 사람과의 접견교통을 금지하는 것이 정당화될 수는 없다 … 어느 변호인의 접견교통권의 행사가 그 한계를 일탈한 것인지의 여부는 해당 변호인을 기준으로 하여 개별적으로 판단하여야 할 것 … (대법원 2007.1.31, 2006모657).
>
> **❹ 변호인이 되려는 의사를 표시한 자가 객관적으로 변호인이 될 가능성이 있는 경우, 신체구속을 당한 피고인 또는 피의자와 접견하지 못하도록 제한할 수 있는지 여부(소극)**
> … 제34조 … 변호인이 되려는 의사를 표시한 자가 객관적으로 변호인이 될 가능성이 있다고 인정되는데도 … 제34조에서 정한 '변호인 또는 변호인이 되려는 자'가 아니라고 보아 신체구속을 당한 피고인 또는 피의자와 접견하지 못하도록 제한하여서는 아니 된다(대판 2017.3.9, 2013도16162).
>
> **❹ 변호인 또는 변호인이 되려는 자의 접견교통권 행사의 한계**
> … 변호인 또는 변호인이 되려는 자의 접견교통권은 신체구속제도 본래의 목적을 침해하지 아니하는 범위 내에서 행사되어야 … 변호인 또는 변호인이 되려는 자가 구체적인 시간적·장소적 상황에 비추어 현실적으로 보장할 수 있는 한계를 벗어나 피고인 또는 피의자를 접견하려고 하는 것은 정당한 접견교통권의 행사에 해당하지 아니하여 허용될 수 없다 … (대판 2017.3.9, 2013도16162).

(5) 구금되어 있지 않은 피의자의 변호인과의 접견교통권 : 명문으로 신설함(제243조의2 제1항)

3. **피고인과 피의자의 비변호인과의 접견교통권**

   (1) 법령에 의한 제한

   (2) 법원 또는 수사기관의 결정에 의한 비변호인과의 접견교통권의 제한(제91조)

4. **접견교통권의 침해에 대한 구제**

   (1) 접견교통권의 침해 : ① 변호인과의 접견교통권을 제한하거나 ② 의류, 양식, 의료품의 수수를 금지 또는 압수하는 경우 등

   > **관련 판례**
   >
   > **❶ 접견교통권의 침해로 본 판례들**
   > 1. 사실상의 구금장소의 임의적 변경은 접견교통권의 행사에 중대한 장애를 초래 … 위법(대법원 1996.5.15, 95모94).
   > 2. … 접견신청일이 경과하도록 접견이 이루어지지 아니한 것은 접견불허가처분이 있는 것과 동일 … (대법원 1991.3.28, 91모24).
   > 3. … 피의자 등이 … 기본권의 의미와 범위를 정확히 이해하면서도 이성적 판단에 따라 자발적으로 그 권리를 포기한 경우까지 피의자 등의 의사에 반하여 변호인의 접견이 강제될 수 있는 것은 아니다 … 그러나 변호인이 피의자 등에 대한 접견신청을 하였을 때 위와 같은 요건이 갖추어지지 않았는데도 수사기관이 접견을 허용하지 않는 것, 즉 피의자가 변호인과의 접견을 거절하였지만 그 의사에 임의성 또는 진정성이 없다고 볼 만한 사정이 있는데도 접견을 불허한 것은 변호인의 접견교통권을 침해하는 것 … 이 경우 국가는 변호인이 입은 정신적 고통을 배상할 책임 … (대판 2018.12.27, 2016다266736).
   >
   > **❷ 접견교통권(변호인의 조력을 받을 권리)의 침해가 아니라는 판례들**
   > 1. **미결수용자 등이 원하는 특정한 시점의 접견불허가처분이 변호인의 조력을 받을 권리를 침해하는지 여부(소극)**
   >   … 미결수용자 또는 변호인이 원하는 특정한 시점에 접견이 이루어지지 못하였다 하더라도 … 곧바로 변호인의 조력을 받을 권리가 침해되었다고 단정할 수는 없는 것 … 침해되었다고 하기 위해서는 … 피의자 또는 피고인의 방어권 행사에 어느 정도는 불이익이 초래되었다고 인정할 수 있어야만 … 미결수용자가 방어권을 행사하기 위해 변호인의 조력을 받을 기회가 충분히 보장되었다고 인정될 수 있는 경우에는 … 침해되었다고 할 수 없다(헌재결 2011.5.26, 2009헌마341).
   > 2. **구치소장이 변호인접견실에 CCTV를 설치하여 미결수용자와 변호인 간의 접견을 관찰한 행위가 변호인의 조력을 받을 권리를 침해하는지 여부(소극)**
   >   형집행법 시행규칙 제160조 … CCTV를 변호인접견실에 설치할 수 있도록 … 금지물품의 수수나 교정사고를 방지하거나 이에 적절하게 대처하기 위한 것 … 변호인접견실에 설치된 CCTV는 교도관이 CCTV를 통해 미결수용자와 변호인 간의 접견을 관찰하더라도 접견내용의 비밀이 침해되거나 접견교통에 방해가 되지 않도록 조치를 취하고 있는 점 … CCTV 관찰행위가 청구인의 변호인의 조력을 받을 권리를 침해한다고 할 수 없다(헌재결 2016.4.28, 2015헌마243).
   > 3. **교도관이 미결수용자와 변호인 간에 주고받는 서류를 확인하고, 소송관계서류처리부에 그 제목을 기재하여 등재한 행위가 변호인의 조력을 받을 권리와 개인정보자기결정권을 침해하는지 여부(소극)**
   >   … 서류 확인 및 등재행위는 구금시설의 안전과 질서를 유지하고, 금지물품이 외부로부터 반입 또는 외부로 반출되는 것을 차단하기 위한 것 … 서류 확인 및 등재행위는 청구인의 변호인의 조력을 받을 권리를 침해한다고 할 수 없다(헌재결 2016.4.28, 2015헌마243).

   (2) 수소법원에 의한 접견교통권의 침해(피고인에 대한 접견교통권의 침해) : 보통항고로 불복할 수 있음(제403조 제2항) → 준항고의 대상은 아님

   (3) 검사 또는 사법경찰관의 접견교통권의 침해(피의자에 대한 접견교통권의 침해) : 제417조의 준항고로 불복할 수 있음

   (4) 행형당국(교도소 또는 구치소)에 의한 접견교통권의 침해 : 행정심판 내지 행정소송이나 국가배상

(5) 접견교통권을 제한한 상태에서 얻어낸 자백의 증거능력

① 변호인과의 접견교통권을 제한한 상태에서 얻은 자백 : 증거능력을 부정

> **관련 판례**
>
> ❶ **변호인과의 접견교통권과 자백의 증거능력**
> 1. 변호인과의 접견교통권을 침해하여 얻은 자백은 … 위법절차에 의하여 얻은 자백으로서 증거능력을 부정하여야 한다(대판 1990.8.24, 90도1285).
> 2. 헌법상 보장된 변호인과의 접견교통권이 위법하게 제한된 상태에서 얻어진 피의자의 자백은 … 유죄의 증거에서 실질적이고 완전하게 배제하여야 하는 것이다(대판 1990.9.25, 90도1586).
> 3. 변호인접견 전에 작성된 피의자신문조서가 증거능력이 없다고 할 수 없다(대판 1990.9.25, 90도1613).

② 비변호인과의 접견교통권을 제한한 상태에서 얻은 자백 : 증거능력이 없다고 할 수는 없음

> **관련 판례**
>
> ❶ **비변호인과의 접견이 제한된 상태에서 얻어낸 자백의 증거능력**
> 비변호인과의 접견을 금지한 결정으로 피고인들의 접견이 제한을 받았고, 그러한 상황하에서 피의자 신문조서가 작성되었다는 사실만으로 바로 … 임의성이 없다고는 볼 수 없다(대판 1984.7.10, 84도846).

(6) 헌법소원 : 접견교통권이 헌법상의 기본권의 하나로 보장되는 것이라면 헌법소원의 제기도 가능

Ⅳ 체포 · 구속적부심사제도

1. 서설

(1) 체포 · 구속적부심사제도의 의의 : 체포 또는 구속의 적법여부와 그 필요성을 심사하여 체포 또는 구속이 불법 · 부당한 경우에 피의자를 석방시키는 제도 → 영장에 대한 재심절차 내지 항고적 성격

> **제214조의2(체포와 구속의 적부심사)**
> ① 체포되거나 구속된 피의자 또는 그 변호인, 법정대리인, 배우자, 직계친족, 형제자매나 가족, 동거인 또는 고용주는 관할법원에 체포 또는 구속의 적부심사(適否審査)를 청구할 수 있다.
> ② 피의자를 체포하거나 구속한 검사 또는 사법경찰관은 체포되거나 구속된 피의자와 제1항에 규정된 사람 중에서 피의자가 지정하는 사람에게 제1항에 따른 적부심사를 청구할 수 있음을 알려야 한다.
> ③ 법원은 제1항에 따른 청구가 다음 각 호의 어느 하나에 해당하는 때에는 제4항에 따른 심문 없이 결정으로 청구를 기각할 수 있다.
>   1. 청구권자 아닌 사람이 청구하거나 동일한 체포영장 또는 구속영장의 발부에 대하여 재청구한 때
>   2. 공범이나 공동피의자의 순차청구(順次請求)가 수사 방해를 목적으로 하고 있음이 명백한 때
> ④ 제1항의 청구를 받은 법원은 청구서가 접수된 때부터 48시간 이내에 체포되거나 구속된 피의자를 심문하고 수사 관계 서류와 증거물을 조사하여 그 청구가 이유 없다고 인정한 경우에는 결정으로 기각하고, 이유 있다고 인정한 경우에는 결정으로 체포되거나 구속된 피의자의 석방을 명하여야 한다. 심사 청구 후 피의자에 대하여 공소제기가 있는 경우에도 또한 같다.
> ⑤ 법원은 구속된 피의자(심사청구 후 공소제기된 사람을 포함한다)에 대하여 피의자의 출석을 보증할 만한 보증금의 납입을 조건으로 하여 결정으로 제4항의 석방을 명할 수 있다. 다만, 다음 각 호에 해당하는 경우에는 그러하지 아니하다.
>   1. 범죄의 증거를 인멸할 염려가 있다고 믿을 만한 충분한 이유가 있는 때
>   2. 피해자, 당해 사건의 재판에 필요한 사실을 알고 있다고 인정되는 사람 또는 그 친족의 생명 · 신체나 재산에 해를 가하거나 가할 염려가 있다고 믿을 만한 충분한 이유가 있는 때

⑥ 제5항의 석방 결정을 하는 경우에는 주거의 제한, 법원 또는 검사가 지정하는 일시·장소에 출석할 의무, 그 밖의 적당한 조건을 부가할 수 있다.
⑦ 제5항에 따라 보증금 납입을 조건으로 석방을 하는 경우에는 제99조와 제100조를 준용한다.
⑧ 제3항과 제4항의 결정에 대해서는 항고할 수 없다.
⑨ 검사·변호인·청구인은 제4항의 심문기일에 출석하여 의견을 진술할 수 있다.
⑩ 체포되거나 구속된 피의자에게 변호인이 없는 때에는 제33조를 준용한다.
⑪ 법원은 제4항의 심문을 하는 경우 공범의 분리심문이나 그 밖에 수사상의 비밀보호를 위한 적절한 조치를 하여야 한다.
⑫ 체포영장이나 구속영장을 발부한 법관은 제4항부터 제6항까지의 심문·조사·결정에 관여할 수 없다. 다만, 체포영장이나 구속영장을 발부한 법관 외에는 심문·조사·결정을 할 판사가 없는 경우에는 그러하지 아니하다.
⑬ 법원이 수사 관계 서류와 증거물을 접수한 때부터 결정 후 검찰청에 반환된 때까지의 기간은 제200조의2 제5항(제213조의2에 따라 준용되는 경우를 포함한다) 및 제200조의4 제1항을 적용할 때에는 그 제한기간에 산입하지 아니하고, 제202조·제203조 및 제205조를 적용할 때에는 그 구속기간에 산입하지 아니한다.
⑭ 제4항에 따라 피의자를 심문하는 경우에는 제201조의2 제6항을 준용한다.

(2) 체포·구속적부심사제도의 연혁

① 유래 : 영·미법상의 인신보호영장제도(Habeas Corpus Act)에서 유래한 제도
② 헌법상의 연혁
  ㉠ 미군정법령 제176호에 의하여 도입 → 제헌헌법에 명문화
  ㉡ 1972년 유신헌법에 의하여 폐지되었다가, 1980년 제5공화국 헌법에 의하여 다시 부활
  ㉢ 현행 헌법은 제12조 제6항에서 "누구든지 체포·구속을 당한 때에는 적부의 심사를 법원에 청구할 권리를 가진다."고 규정

2. 체포·구속적부심사의 청구

(1) 심사청구권자

① 체포되거나 구속된 피의자, 그 피의자의 변호인·법정대리인·배우자·직계친족·형제자매·가족이나 동거인 또는 고용주 : 피고인은 심사청구권자가 아님 → 검사가 전격적으로 기소하는 경우 피의자의 신분이 피고인으로 바뀌어 법원으로서는 청구를 기각할 수밖에 없게 되어 피의자는 체포·구속의 적부심사를 박탈당하는 결과가 발생한다는 이유로 헌법재판소에 의한 헌법불합치결정이 있었고(헌재결 2004.3.25, 2002헌마104), 이에 따라 심사청구 후 검사가 전격기소한 자에 대하여도 적부심사를 할 수 있는 근거규정을 마련함
② 체포영장 또는 구속영장에 의하지 아니하고 체포 또는 구속된 피의자

> **관련 판례**
>
> ● 긴급체포된 피의자에게 체포적부심사청구권이 있는지 여부(적극)
> … 긴급체포 등 체포영장에 의하지 아니하고 체포된 피의자의 경우에도 … 적부심사를 청구할 권리를 가진다(대법원 1997.8.27, 97모21).

(2) 심사청구권의 고지(제214조의2 제2항)

> **'적부심사청구권의 고지'와 관련된 '검사와 사법경찰관의 상호협력과 일반적 수사준칙에 관한 규정'의 내용**
>
> 1. 적부심사청구권의 통지
>   법 제214조의2 제2항에 따라 검사 또는 사법경찰관은 같은 조 제1항에 따른 자 중에서 피의자가 지정한 자에게 24시간 이내에 서면으로 체포 또는 구속의 적부심사를 청구할 수 있음을 통지해야 한다(동규정 제33조 제1항 및 제3항).
> 2. 통지서 사본 등의 편철
>   검사 또는 사법경찰관은 위에 따른 통지를 하였을 때에는 그 통지서 사본을 사건기록에 편철하며, 다만 그 통지를 할 수 없을 때에는 그 취지를 수사보고서에 적어 사건기록에 편철한다(동규정 제33조 제1항 및 제2항).

(3) 심사청구사유 : 적법성뿐만 아니라 부당성 내지 필요성도 심사 → 심사시를 기준으로 판단

(4) 심사청구의 방법 : 서면(체포 · 구속적부심사청구서)으로 함

3. 법원의 체포 · 구속적부심사

(1) 심사법원 : 피의자를 수사 중인 검사의 소속검찰청에 대응하는 법원(지방법원 합의부 또는 단독판사) → 반드시 영장을 발부한 법원일 필요는 없음

(2) 심문기일의 지정 및 통지
   ① 심문기일의 지정 : 법원은 지체없이 심문기일을 지정
   ② 심문기일의 통지 : 법원은 즉시 청구인, 변호인, 검사 및 피의자를 구금하고 있는 관서의 장에게 심문기일과 장소를 통지해야 한다(규칙 제104조).

(3) 법원의 심사
   ① 피의자심문 등 : 청구서가 접수된 때부터 48시간 이내에 심문하고 조사하여야 함
   ② 의견진술, 구속영장등본교부청구, 서류의 열람 등
      ㉠ 검사 · 변호인 · 청구인은 관할법원의 심문기일에 출석하여 의견을 진술할 수 있다(제214조의2 제9항). 이 경우 심문기일에 출석한 검사 · 변호인 · 청구인은 법원의 심문이 끝난 후 의견을 진술할 수 있으며, 체포 또는 구속된 피의자, 변호인, 청구인은 피의자에게 유리한 자료를 낼 수 있다(규칙 제105조).
      ㉡ 긴급체포서, 현행범인체포서, 체포영장, 구속영장 또는 그 청구서를 보관하고 있는 검사, 사법경찰관 또는 법원사무관 등에게 그 등본의 교부를 청구할 수 있다(규칙 제101조).
      ㉢ 적부심사에 참여할 변호인은 지방법원 판사에게 제출된 구속영장청구서 및 그에 첨부된 고소 · 고발장, 피의자의 진술을 기재한 서류와 피의자가 제출한 서류를 열람할 수 있다(규칙 제104조의2).
   ③ 국선변호인의 선정(제214조의2 제10항)
   ④ 심문조서의 작성(제214조의2 제14항, 제201조의2 제6항)

> **관련 판례**
>
> **❹ 구속적부심문조서의 증거능력 유무(적극)**
> … 제311조가 규정한 문서에는 해당하지 않는다 할 것이나, 특히 신용할 만한 정황에 의하여 작성된 문서라고 할 것 … 제315조 제3호에 의하여 당연히 그 증거능력이 인정된다(대판 2004.1.16, 2003도5693).

4. 법원의 결정

(1) **법원의 결정** : 심문이 종료된 때로부터 24시간 이내에 결정을 하여야 함(규칙 제106조)

(2) **기각결정**
① 심문 후의 기각결정 : 청구가 이유 없다고 인정하는 때(제214조의2 제4항)
② 심문 없이 하는 기각결정(제214조의2 제3항) → '기각할 수 있다'는 것에 유의

(3) **석방결정**
① 석방결정 : 청구가 이유 있다고 인정하는 때(제214조의2 제4항)
② 재체포 및 재구속의 제한 : 도망하거나 죄증을 인멸하는 경우를 제외하고는 동일한 범죄사실에 관하여 재차 체포하거나 구속하지 못함(제214조의3 제1항)

(4) **보증금납입조건부 피의자석방결정**(피의자보석, 기소 전 보석, 제214조의2 제5항)
① 보증금납입조건부 피의자석방의 내용
　㉠ 직권·재량보석 : 피의자의 보석청구권×
　㉡ '체포'된 피의자에 대하여 허용되는지 여부

> **관련 판례**
> **⊙ 체포적부심사절차에서 피의자에 대하여 보증금 납입을 조건으로 석방할 수 있는지 여부(소극)**
> … 체포와 구속을 명백히 구별 … 기소 전 보증금 납입을 조건으로 한 석방의 대상자가 '구속된 피의자'라고 명시 … 현행법상 체포된 피의자에 대하여는 보증금 납입을 조건으로 한 석방이 허용되지 않는다(대법원 1997.8.27, 97모21).

　㉢ 피의자보석의 제외사유(제214조의2 제5항) : 인, 해
　㉣ 보증금과 조건 : 피고인 보석에 관한 규정이 준용(제214조의2 제7항)
② 재체포 및 재구속의 제한 : 도망한 때, 죄증을 인멸할 염려가 있다고 믿을 만한 충분한 이유가 있는 때, 출석요구를 받고 정당한 이유없이 출석하지 아니한 때, 주거의 제한 기타 법원이 정한 조건을 위반한 때를 제외하고는 동일한 범죄사실에 관하여 재차 체포 또는 구속하지 못함(제214조의3 제2항)
③ 보증금의 몰수

> **제214조의4 (보증금의 몰수)**
> ① 법원은 다음 각 호의 1의 경우에 직권 또는 검사의 청구에 의하여 결정으로 제214조의2 제5항에 따라 납입된 보증금의 전부 또는 일부를 몰수할 수 있다.
> 　1. 제214조의2 제5항에 따라 석방된 자를 제214조의3 제2항에 열거된 사유로 재차 구속할 때
> 　2. 공소가 제기된 후 법원이 제214조의2 제5항에 따라 석방된 자를 동일한 범죄사실에 관하여 재차 구속할 때
> ② 법원은 제214조의2 제5항에 따라 석방된 자가 동일한 범죄사실에 관하여 형의 선고를 받고 그 판결이 확정된 후, 집행하기 위한 소환을 받고 정당한 이유없이 출석하지 아니하거나 도망한 때에는 직권 또는 검사의 청구에 의하여 결정으로 보증금의 전부 또는 일부를 몰수하여야 한다.

5. 불복방법

(1) **기각결정과 석방결정** : 기각결정과 석방결정에 대하여는 항고하지 못함(제214조의2 제8항)

(2) **보증금납입조건부 피의자석방결정**

> **관련 판례**
>
> ❷ 보증금납입조건부 피의자석방결정에 대하여 항고할 수 있는지 여부(적극)
> … 제214조의2 제8항은 제3항과 제4항의 기각결정 및 석방결정에 대하여 항고하지 못하는 것으로 규정하고 있을 뿐 … 제214조의2 제5항의 석방결정에 대하여는 피의자나 검사가 그 취소의 실익이 있는 한 같은 법 제402조에 의하여 항고할 수 있다(대법원 1997.8.27. 97모21).

6. 구속기간에의 불산입(제214조의2 제13항)

Ⅴ 구속상태의 해제

1. 보석

    (1) 보석의 의의 : 보증금의 납입 또는 서약서의 제출 등 법원이 정한 조건을 이행 내지 이행할 것을 조건으로 구속의 집행을 정지하여 구속된 피고인을 석방하는 제도

    (2) 보석의 종류

    ① 청구보석과 직권보석 : 청구보석(제95조, 제96조)이 원칙, 직권보석(제96조)은 보충적

    ② 필요적 보석(권리보석)과 임의적 보석(재량보석) : 필요적 보석은 청구보석에 대하여만 인정되는 것이며, 임의적 보석은 청구보석·직권보석에 모두에 인정됨

    > **제95조(필요적 보석)**
    > 보석의 청구가 있는 때에는 다음 이외의 경우에는 보석을 허가하여야 한다.
    > 1. 피고인이 사형, 무기 또는 장기 10년이 넘는 징역이나 금고에 해당하는 죄를 범한 때
    > 2. 피고인이 누범에 해당하거나 상습범인 죄를 범한 때
    > 3. 피고인이 죄증을 인멸하거나 인멸할 염려가 있다고 믿을 만한 충분한 이유가 있는 때
    > 4. 피고인이 도망하거나 도망할 염려가 있다고 믿을 만한 충분한 이유가 있는 때
    > 5. 피고인의 주거가 분명하지 아니한 때
    > 6. 피고인이 피해자, 당해 사건의 재판에 필요한 사실을 알고 있다고 인정되는 자 또는 그 친족의 생명·신체나 재산에 해를 가하거나 가할 염려가 있다고 믿을 만한 충분한 이유가 있는 때
    >
    > **제96조(임의적 보석)**
    > 법원은 제95조의 규정에 불구하고 상당한 이유가 있는 때에는 직권 또는 제94조에 규정한 자의 청구에 의하여 결정으로 보석을 허가할 수 있다.

    ③ 피고인보석과 피의자보석

피고인보석	임의적 보석(재량보석)○, 필요적 보석(권리보석)○, 직권보석○, 청구보석○, 보석취소규정○, 보증금환부규정○
피의자보석	임의적 보석(재량보석)○, 필요적 보석(권리보석)×, 직권보석○, 청구보석(피의자청구권)×, 보석취소규정×, 보증금환부규정×

    (3) 보석의 절차

    ① 보석의 청구

    ㉠ 보석청구권자 : 피고인, 피고인의 변호인·법정대리인·배우자·직계친족·형제자매·가족·동거인 또는 고용주는 법원에 구속된 피고인의 보석을 청구할 수 있음(제94조) → 피의자는×

ⓒ **보석청구의 방법** : 서면(보석청구서)에 의하여야 함 → 공소제기 후 재판의 확정 전까지는 심급을 불문하고 청구할 수 있음(상소기간 중에도 가능) → 보석의 청구인은 의견을 밝히고 이에 관한 소명자료를 낼 수 있으며, 자력 또는 자산 정도에 관한 서면을 제출하여야 함(규칙 제53조의2)

> **제105조(상소와 구속에 관한 결정)**
> 상소기간 중 또는 상소 중의 사건에 관하여 구속기간의 갱신, 구속의 취소, 보석, 구속의 집행정지와 그 정지의 취소에 대한 결정은 소송기록이 원심법원에 있는 때에는 원심법원이 하여야 한다.

② 검사의 의견청취

> **제97조(보석·구속의 취소와 검사의 의견)**
> ① 재판장은 보석에 관한 결정을 하기 전에 검사의 의견을 물어야 한다.
> ② 구속의 취소에 관한 결정을 함에 있어서도 검사의 청구에 의하거나 급속을 요하는 경우 외에는 제1항과 같다.
> ③ 검사는 제1항 및 제2항에 따른 의견요청에 대하여 지체없이 의견을 표명하여야 한다.
> ④ 구속을 취소하는 결정에 대하여는 검사는 즉시항고를 할 수 있다.

관련 판례

❷ 검사의 의견청취절차를 거치지 아니한 보석허가결정의 효력
검사의 의견청취의 절차는 보석에 관한 결정의 본질적 부분이 되는 것은 아니므로 … 검사의 의견을 듣지 아니한 채 보석에 관한 결정을 하였다고 하더라도 그 결정이 적정한 이상 … 그 결정을 취소할 수는 없다(대법원 1997.11.27. 97모88).

③ 법원의 심문(보석의 심리)
ⓐ 법원은 지체 없이 심문기일을 정하여 구속된 피고인을 심문하여야 함(규칙 제54조의2)
ⓑ 법원은 즉시 심문기일과 장소를 통지하여야 하고, 피고인을 구금하고 있는 관서의 장은 위 심문기일에 피고인을 출석시켜야 함(규칙 제54조의2 제2항)
ⓒ 피고인, 변호인, 보석청구인은 피고인에게 유리한 자료를 낼 수 있으며, 검사, 변호인, 보석청구인은 심문기일에 출석하여 의견을 진술할 수 있음(규칙 제54조의2 제4항 및 제5항)
ⓓ 법원도 필요한 자료의 제출을 요구할 수 있음(규칙 제54조의2 제6항)

④ 법원의 결정
ⓐ **법원의 결정기한** : 보석의 청구를 받은 날부터 7일 이내에 결정을 함(규칙 제55조)
ⓑ **보석청구기각결정** : 보석의 청구가 부적법하거나 이유가 없는 경우 → 보석을 허가하지 아니하는 결정을 하는 때에는 그 결정이유에 보석의 제외사유 중 어느 사유에 해당하는지를 명시하여야 함(규칙 제55조의2)
ⓒ **보석허가결정**(구속의 집행이 정지되는 것일 뿐 구속영장의 효력이 실효되는 것은 아님)
  ⓐ **구속영장의 효력유지** : 보석허가결정이 있는 경우라도 구속영장의 효력은 상실되지 않음 → 다만, 피의자보석의 경우에는 구속영장의 효력이 상실됨
  ⓑ 보석의 조건

> **제98조(보석의 조건)**
> 법원은 보석을 허가하는 경우에는 필요하고 상당한 범위 안에서 다음 각 호의 조건 중 하나 이상의 조건을 정하여야 한다.
> 1. 법원이 지정하는 일시·장소에 출석하고 증거를 인멸하지 아니하겠다는 서약서를 제출할 것
> 2. 법원이 정하는 보증금에 해당하는 금액을 납입할 것을 약속하는 약정서를 제출할 것

3. 법원이 지정하는 장소로 주거를 제한하고 주거를 변경할 필요가 있는 경우에는 법원의 허가를 받는 등 도주를 방지하기 위하여 행하는 조치를 받아들일 것
4. 피해자, 당해 사건의 재판에 필요한 사실을 알고 있다고 인정되는 사람 또는 그 친족의 생명·신체·재산에 해를 가하는 행위를 하지 아니하고 주거·직장 등 그 주변에 접근하지 아니할 것
5. 피고인 아닌 자가 작성한 출석보증서를 제출할 것
6. 법원의 허가 없이 외국으로 출국하지 아니할 것을 서약할 것
7. 법원이 지정하는 방법으로 피해자의 권리 회복에 필요한 금전을 공탁하거나 그에 상당하는 담보를 제공할 것
8. 피고인이나 법원이 지정하는 자가 보증금을 납입하거나 담보를 제공할 것
9. 그 밖에 피고인의 출석을 보증하기 위하여 법원이 정하는 적당한 조건을 이행할 것

ⓒ 보석조건의 결정시 고려사항

제99조(보석조건의 결정시 고려사항)
① 법원은 제98조의 조건을 정할 때 다음 각 호의 사항을 고려하여야 한다.
  1. 범죄의 성질 및 죄상(罪狀)
  2. 증거의 증명력
  3. 피고인의 전과(前科)·성격·환경 및 자산
  4. 피해자에 대한 배상 등 범행 후의 정황에 관련된 사항
② 법원은 피고인의 자금능력 또는 자산 정도로는 이행할 수 없는 조건을 정할 수 없다.

관련 판례
➊ 집행유예기간 중에 있는 피고인에 대한 보석가부(적극)
… 집행유예의 기간 중 … 집행유예의 결격자라고 하여 보석을 허가할 수 없는 것은 아니고 … (대법원 1990.4.18, 90모22).

⑤ 보석허가결정에 대한 불복방법
㉠ 즉시항고 : 헌법재판소의 위헌결정(헌재결 1993.12.23, 93헌가2)으로 즉시항고를 할 수는 없음
㉡ 보통항고 : 제403조 제2항에 의한 보통항고는 허용됨

관련 판례
➊ 보석허가결정에 대한 불복방법(보통항고)
… 보석허가결정에 대한 검사의 즉시항고권을 삭제하였으나 … 제403조 제2항에 의한 보통항고의 방법으로 보석허가결정에 대하여 불복하는 것은 허용 … (대법원 1997.4.18, 97모26).

⑥ 보석의 집행

제100조(보석집행의 절차)
① 제98조 제1호·제2호·제5호·제7호 및 제8호의 조건은 이를 이행한 후가 아니면 보석허가결정을 집행하지 못하며, 법원은 필요하다고 인정하는 때에는 다른 조건에 관하여도 그 이행 이후 보석허가결정을 집행하도록 정할 수 있다.
② 법원은 보석청구자 이외의 자에게 보증금의 납입을 허가할 수 있다.
③ 법원은 유가증권 또는 피고인 외의 자가 제출한 보증서로써 보증금에 갈음함을 허가할 수 있다.
④ 전항의 보증서에는 보증금액을 언제든지 납입할 것을 기재하여야 한다.
⑤ 법원은 보석허가결정에 따라 석방된 피고인이 보석조건을 준수하는데 필요한 범위 안에서 관공서나 그 밖의 공사단체에 대하여 적절한 조치를 취할 것을 요구할 수 있다.

(4) 보석조건의 변경과 보석의 취소

① **보석조건의 변경과 이행유예** : 보석의 조건을 변경하거나 보석조건의 이행을 유예하는 결정을 한 경우에는 그 취지를 검사에게 지체 없이 통지하여야 함(규칙 제55조의4)

> **제102조(보석조건의 변경과 취소 등)**
> ① 법원은 직권 또는 제94조에 규정된 자의 신청에 따라 결정으로 피고인의 보석조건을 변경하거나 일정 기간 동안 당해 조건의 이행을 유예할 수 있다.

② **보석의 취소** : 법원의 재량 → 보석취소 또는 구속집행정지취소의 결정이 있는 때 또는 기간을 정한 구속집행 정지결정의 기간이 만료된 때에는 검사는 그 취소결정의 등본 또는 기간을 정한 구속집행 정지결정의 등본에 의하여 피고인을 재구금하여야 함(규칙 제56조)

> **제102조(보석조건의 변경과 취소 등)**
> ② 법원은 피고인이 다음 각 호의 어느 하나에 해당하는 경우에는 직권 또는 검사의 청구에 따라 결정으로 보석 또는 구속의 집행정지를 취소할 수 있다. 다만, 제101조 제4항에 따른 구속영장의 집행정지는 그 회기 중 취소하지 못한다.
> 1. 도망한 때
> 2. 도망하거나 죄증을 인멸할 염려가 있다고 믿을 만한 충분한 이유가 있는 때
> 3. 소환을 받고 정당한 사유없이 출석하지 아니한 때
> 4. 피해자, 당해 사건의 재판에 필요한 사실을 알고 있다고 인정되는 자 또는 그 친족의 생명·신체·재산에 해를 가하거나 가할 염려가 있다고 믿을 만한 충분한 이유가 있는 때
> 5. 법원이 정한 조건을 위반한 때

관련 판례

🔹 **보석취소결정의 집행시 그 결정등본의 피고인에의 송달 요부(소극)**
… 취소결정을 고지하거나 결정법원에 대응하는 검찰청 검사에게 결정서를 교부 또는 송달함으로써 즉시 집행할 수 있는 것 … 결정등본이 피고인에게 송달(또는 고지)되어야 집행할 수 있는 것은 아니다(대법원 1983.4.21, 83모19).

(5) 보석조건 위반시의 제재

① **피고인에 대한 과태료 내지 감치 결정** : 보석허가결정의 취소 여부와는 무관하게 부과됨 → 보석허가결정의 취소와 선택적 또는 병과도 가능함

> **제102조(보석조건의 변경과 취소 등)**
> ③ 법원은 피고인이 정당한 사유없이 보석조건을 위반한 경우에는 결정으로 피고인에 대하여 1천만원 이하의 과태료를 부과하거나 20일 이내의 감치에 처할 수 있다.
> ④ 제3항의 결정에 대하여는 즉시항고를 할 수 있다.
>
> **규칙 제55조의5(보석조건의 위반과 피고인에 대한 과태료 등)**
> ② 법 제102조 제3항에 따른 감치재판절차는 법원의 감치재판개시결정에 따라 개시된다. 이 경우 감치사유가 있은 날부터 20일이 지난 때에는 감치재판개시결정을 할 수 없다.
> ③ 법원은 감치재판절차를 개시한 이후에도 감치에 처함이 상당하지 아니하다고 인정되는 때에는 불처벌의 결정을 할 수 있다.
> ④ 제2항의 감치재판개시결정과 제3항의 불처벌결정에 대하여는 불복할 수 없다.

② 출석보증인에 대한 과태료

> **제100조의2(출석보증인에 대한 과태료)**
> ① 법원은 제98조 제5호의 조건을 정한 보석허가결정에 따라 석방된 피고인이 정당한 사유없이 기일에 불출석하는 경우에는 결정으로 그 출석보증인에 대하여 500만원 이하의 과태료를 부과할 수 있다.
> ② 제1항의 결정에 대하여는 즉시항고를 할 수 있다.

(6) 보증금의 몰수와 환부

① 보증금의 몰수

> **제103조(보증금 등의 몰취)**
> ① 법원은 보석을 취소하는 때에는 직권 또는 검사의 청구에 따라 결정으로 보증금 또는 담보의 전부 또는 일부를 몰취할 수 있다.
> ② 법원은 보증금의 납입 또는 담보제공을 조건으로 석방된 피고인이 동일한 범죄사실에 관하여 형의 선고를 받고 그 판결이 확정된 후 집행하기 위한 소환을 받고 정당한 사유없이 출석하지 아니하거나 도망한 때에는 직권 또는 검사의 청구에 따라 결정으로 보증금 또는 담보의 전부 또는 일부를 몰취하여야 한다.

관련 판례

❶ 보증금몰수결정은 반드시 보석취소와 동시에 하여야만 하는지 여부(소극)
··· 반드시 보석취소와 동시에 하여야만 가능한 것이 아니라 보석취소 후에 별도로 보증금몰수결정을 할 수도 있다(대법원 2001.5.29, 2000모22).

❷ 판결확정 전에 보석이 취소된 자가 형사소송법 제103조 소정의 '보석된 자'에 포함되는지 여부(적극)
··· 제103조에서 규정하는 '보석된 자'란 보석허가결정에 의하여 석방된 사람 모두를 가리키는 것 ··· 판결확정 전에 그 보석이 취소되었으나 ··· 여기서 제외할 이유가 없다(대법원 2002.5.17, 2001모53).

❸ 보석보증금몰수신청사건의 관할
··· 보증금몰수사건은 그 성질상 당해 형사본안 사건의 기록이 존재하는 법원 또는 그 기록을 보관하는 검찰청에 대응하는 법원의 토지관할에 속하고 ··· 사물관할은 ··· 지방법원 단독판사에게 속하는 것이지 ··· 보석허가결정 또는 그 취소결정 등을 본안 관할법원인 제1심 합의부 또는 항소심인 합의부에서 한 바 있었다고 하여 그러한 법원이 사물관할을 갖게 되는 것은 아니다(대법원 2002.5.17, 2001모53).

② 보증금의 환부 : 구속 또는 보석을 취소하거나 구속영장의 효력이 소멸된 때에는 몰취하지 아니한 보증금 또는 담보를 청구한 날로부터 7일 이내에 환부하여야 함(제104조)

(7) 보석조건의 실효

> **제104조의2(보석조건의 효력상실 등)**
> ① 구속영장의 효력이 소멸한 때에는 보석조건은 즉시 그 효력을 상실한다.
> ② 보석이 취소된 경우에도 제1항과 같다. 다만, 제98조 제8호의 조건은 예외로 한다.

2. 구속의 집행정지

(1) 구속집행정지의 의의

> **제101조(구속의 집행정지)**
> ① 법원은 상당한 이유가 있는 때에는 결정으로 구속된 피고인을 친족·보호단체 기타 적당한 자에게 부탁하거나 피고인의 주거를 제한하여 구속의 집행을 정지할 수 있다.
> ② 전항의 결정을 함에는 검사의 의견을 물어야 한다. 단, 급속을 요하는 경우에는 그러하지 아니하다.
> ③ 〈삭제〉
> ④ 헌법 제44조에 의하여 구속된 국회의원에 대한 석방요구가 있으면 당연히 구속영장의 집행이 정지된다.
> ⑤ 전항의 석방요구의 통고를 받은 검찰총장은 즉시 석방을 지휘하고 그 사유를 수소법원에 통지하여야 한다.

관련 판례

❶ **법원의 구속집행정지결정에 대한 검사의 즉시항고를 규정한 형사소송법 제101조 제3항의 위헌여부(위헌)**
… 헌법상 영장주의와 적법절차 원칙 및 과잉금지원칙에 위배된다(헌재결 2012.6.27. 2011헌가36).

❷ **군사법원법상 전자장치의 부착을 피고인에 대한 구속집행정지의 조건으로 부가할 수 있는지 여부(적극)**
… 구속집행정지 제도의 취지에 부합한다면 피고인의 도주 방지 및 출석을 확보하기 위하여 예컨대, 전자장치의 부착을 구속집행정지의 조건으로 부가할 수도 있다 … 일정한 조건을 부가하더라도 구속집행을 정지하는 것이 피고인에게 더 유리하기 때문 … (대법원 2022.11.22. 2022모1799).

(2) 구속집행정지의 절차

(3) 구속집행정지의 효과 : 구속영장의 효력은 그대로 유지

(4) 구속집행정지의 취소 : 보석의 취소와 동일함

3. 구속의 취소

(1) 구속취소의 의의

> **제93조(구속의 취소)**
> 구속의 사유가 없거나 소멸된 때에는 법원은 직권 또는 검사, 피고인, 변호인과 제30조 제2항에 규정한 자의 청구에 의하여 결정으로 구속을 취소하여야 한다.

(2) 구속취소의 사유 : 구속의 사유가 없거나 소멸된 때

(3) 구속취소의 청구 : 일정한 사항을 기재한 서면(구속취소청구서)으로 하여야 하며(규칙 제53조 제1항), 검사 아닌 자가 구속취소의 청구를 할 때에는 청구서의 부본을 첨부하여야 함(규칙 제53조 제2항)

(4) 구속취소의 절차(구속취소를 청구받은 날부터 7일 이내에 그에 관한 결정을 하여야 함)

> **제97조(보석·구속의 취소와 검사의 의견)**
> ② 구속의 취소에 관한 결정을 함에 있어서도 검사의 청구에 의하거나 급속을 요하는 경우 외에는 제1항과 같다.
> ③ 검사는 제1항 및 제2항에 따른 의견요청에 대하여 지체없이 의견을 표명하여야 한다.
> ④ 구속을 취소하는 결정에 대하여는 검사는 즉시항고를 할 수 있다.

> **관련 판례**
> ❶ 법원의 구속취소결정에 대하여 피고인의 즉시항고권을 인정하지 않은 것이 위헌인지 여부(소극)
> … 구속취소청구 기각결정에 대한 피고인의 즉시항고권을 형사소송법 제97조 제3항에 규정하지 않은 입법부작위 … 위헌을 주장하는 것으로 받아들일 수는 없다(헌재결 2004.2.26, 2003헌바31).

(5) 구속취소의 효과 : 구속영장의 효력이 소멸됨

> **관련 판례**
> ❶ 구속취소에 관한 중요 판례들
> 1. 구속의 취소는 … 구속영장이 실효되므로, 구속영장의 효력이 존속하고 있음을 전제로 하는 것 … 다른 사유로 이미 구속영장이 실효된 경우에는 … 구속의 취소결정을 할 수 없다 … 구속 중인 피고인에 대하여 자유형(실형)의 판결이 확정된 때에는 구속영장은 실효되므로 … 자유형이 선고된 유죄 부분이 확정되면 그 때에 구속영장은 실효 … 구속영장이 이미 실효된 이상 법원이 … 구속의 취소 결정을 할 수는 없다(대판 1999.9.7, 99도3454).
> 2. 체포, 구금당시에 … 등을 고지받지 못하였고, 그 후의 구금기간 중 면회거부 등의 처분을 받았다 하더라도 이와 같은 사유는 형사소송법 제93조 소정의 구속취소사유에는 해당하지 아니한다(대법원 1991.12.30, 91모76).
> 3. 피고인에 대한 형이 그대로 확정된다고 하더라도 잔여형기가 8일 이내이고 또한 피고인의 주거가 일정할 뿐 아니라, 증거인멸이나 도망의 염려도 없어 보인다면 … 구속취소 신청은 이유있다(대법원 1983.8.18, 83모42).
>
> ❷ 형사소송법상 검사의 의견을 물어야 하는 경우
> 1. 구속집행정지결정을 할 경우(제101조 제2항)
> 2. 심신상실로 인한 공판절차정지결정을 할 경우(제306조 제1항)
> 3. 간이공판절차의 결정을 취소한 경우(제286조의3)
> 4. 보석에 관한 결정을 할 경우(제97조 제1항)
> 5. 구속을 취소할 경우(제97조 제2항)
>
> ❸ 형사소송법상 검사의 의견을 물어야 하는 경우에 대한 예외
> 1. 보석에는 예외조항은 없음
> 2. 구속취소결정에는 검사의 청구에 의하거나 급속을 요하는 경우의 예외(제97조 제2항)
> 3. 구속집행정지결정에는 급속을 요하는 경우의 예외(제101조 제2항)

4. 구속의 당연실효

(1) 구속기간의 만료 : 단, 판례는 구속기간이 만료되더라도 구속영장의 효력이 당연히 상실되는 것은 아니라는 입장임(대판 1964.11.17, 64도428)

(2) 무죄 등의 선고

> **제331조(무죄 등 선고와 구속영장의 효력)**
> 무죄, 면소, 형의 면제, 형의 선고유예, 형의 집행유예, 공소기각 또는 벌금이나 과료를 과하는 판결이 선고된 때에는 구속영장은 효력을 잃는다.

(3) 사형·자유형의 확정

(4) 체포·구속적부심사에 의한 석방결정 : 보증금납입조건부 피의자석방결정 포함

※ 참고사항
피고인보석의 경우 구속영장의 효력은 상실되지 않지만, 피의자보석의 경우 구속영장의 효력이 상실된다(적부심사결과 석방결정의 형태이므로). 따라서 보증금납입조건부로 석방된 피의자는 일정한 사유가 있으면 재차 체포구속할 수 있는데, 이 경우 체포구속영장을 다시 발부받아야 한다.

[구속상태 해제제도의 비교]

구분	보석	구속취소	체포·구속적부심	구속의 집행정지
대상	피고인	피의자·피고인	피의자	피의자·피고인
주체	법원	• 피의자 → 검사, 사법경찰관 • 피고인 → 법원	법원	• 피의자 → 검사, 사법경찰관 • 피고인 → 법원
사유	필요적 보석 원칙, 상당한 이유가 있는 때	구속사유가 없거나 소멸된 때	체포·구속의 불법·부당	상당한 이유가 있는 때
절차	청구·직권	청구·직권	청구	직권
청구권자	피고인, 변호인, 법정대리인, 배우자, 직계친족, 형제자매, 가족, 동거인, 고용주	검사, 피고인, 변호인, 법정대리인, 배우자, 직계친족, 형제자매	피의자, 변호인, 법정대리인, 배우자, 직계친족, 형제자매, 가족, 동거인, 고용주	
검사의 의견	검사의 의견을 물어야 함 → 예외 없음	검사의 의견을 물어야 함 → 예외 2가지		검사의 의견을 물어야 함 → 예외 1가지
구속영장의 효력	유지	소멸	소멸	유지
불복	즉시항고× 보통항고○	즉시항고○	항고× → 단, 피의자보석은 보통항고○	즉시항고× 보통항고○

03 대물적 강제처분(압수·수색·검증)

I 대물적 강제처분

1. 대물적 강제처분의 의의
압수·수색·검증 → 다만, 법원이 행하는 검증은 증거조사의 일종이므로 제외

2. 대물적 강제처분의 요건

(1) 범죄의 혐의 : 객관적 혐의 + 최초의 혐의 또는 단순한 범죄혐의

(2) 강제처분의 필요성 : 강제처분으로서 압수를 행하지 않으면 수사의 목적을 달성할 수 없는 경우

(3) 영장주의
① 영장주의의 원칙 : 원칙적으로 사전영장
② 영장주의의 예외 : 넓은 범위에서 영장주의 예외가 인정

Ⅱ 압수·수색

1. 압수·수색의 의의

(1) 압수의 의의 : 압류, 영치, 제출명령(단, 수사기관에 의한 독자적인 제출명령은 인정되지 않음)

> **제106조(압수)**
> ① 법원은 필요한 때에는 피고사건과 관계가 있다고 인정할 수 있는 것에 한정하여 증거물 또는 몰수할 것으로 사료하는 물건을 압수할 수 있다. 단, 법률에 다른 규정이 있는 때에는 예외로 한다.
> ② 법원은 압수할 물건을 지정하여 소유자, 소지자 또는 보관자에게 제출을 명할 수 있다.
> ③ 법원은 압수의 목적물이 컴퓨터용디스크, 그 밖에 이와 비슷한 정보저장매체(이하 이 항에서 "정보저장매체등"이라 한다)인 경우에는 기억된 정보의 범위를 정하여 출력하거나 복제하여 제출받아야 한다. 다만, 범위를 정하여 출력 또는 복제하는 방법이 불가능하거나 압수의 목적을 달성하기에 현저히 곤란하다고 인정되는 때에는 정보저장매체등을 압수할 수 있다.
> ④ 법원은 제3항에 따라 정보를 제공받은 경우 「개인정보보호법」 제2조 제3호에 따른 정보주체에게 해당 사실을 지체 없이 알려야 한다.

(2) 수색의 의의

> **제109조(수색)**
> ① 법원은 필요한 때에는 피고사건과 관계가 있다고 인정할 수 있는 것에 한정하여 피고인의 신체, 물건 또는 주거, 그 밖의 장소를 수색할 수 있다.
> ② 피고인 아닌 자의 신체, 물건, 주거 기타 장소에 관하여는 압수할 물건이 있음을 인정할 수 있는 경우에 한하여 수색할 수 있다.

2. 압수·수색의 목적물

(1) 압수의 목적물
① 증거물 또는 몰수물(제106조 제1항)
② 정보저장매체 또는 전자정보(제106조 제3항 및 제4항)

> **관련 판례**
>
> **❸ 전자정보에 대한 압수·수색과 관련된 판례들**
> **1. 전자정보에 대한 압수·수색영장 집행의 방법 및 이러한 영장의 집행이 적법성을 갖추기 위한 요건**
> … 원칙적으로 영장발부의 사유인 혐의사실과 관련된 부분만을 문서 출력물로 수집하거나 수사기관이 휴대한 저장매체에 해당 파일을 복사하는 방식으로 이루어져야 하고 … 위와 같은 방식에 의한 집행이 불가능하거나 현저히 곤란한 부득이한 사정이 존재하더라도 저장매체 자체를 직접 혹은 하드카피나 이미징 등 형태로 수사기관 사무실 등 외부로 반출하여 해당 파일을 압수·수색할 수 있도록 영장에 기재 … 한하여 위 방법이 예외적으로 허용 … 저장매체 자체를 수사기관 사무실 등으로 옮긴 후 영장에 기재된 범죄혐의관련 전자정보를 탐색하여 해당 전자정보를 문서로 출력하거나 파일을 복사하는 과정 역시 전체적으로 압수·수색영장 집행의 일환에 포함 … 문서출력 또는 파일복사 대상 역시 혐의사실과 관련된 부분으로 한정되어야 하는 것 … 수사기관 사무실 등으로 옮긴 저장매체에서 범죄 혐의 관련성에 대한 구분 없이 저장된 전자정보 중 임의로 문서출력 혹은 파일복사를 하는 행위는 위법한 집행 … 전자정보가 담긴 저장매체 자체를 수사기관 사무실 등으로 옮겨 이를 열람 혹은 복사하게 되는 경우에도 … 당사자나 변호인의 계속적인 참여권 보장 등 … 적절한 조치가 이루어져야만 집행절차가 적법 … (대법원 2011.5.26. 2009모1190).
> **2. 수사기관의 전자정보에 대한 압수·수색은 원칙적으로 범죄혐의사실과 관련된 부분만을 문서 출력물로 수집하거나 수사기관이 휴대한 정보저장매체에 해당 파일을 복제하는 방식으로 이루어져야 하고, 정보저장매체 자체를 직접 반출하는 방식으로 압수·수색하는 것은 범위를 정하여 출력 또는 복제하는 방법이 불가능하거나 현저히 곤란하다**

고 인정되는 때에 한하여 예외적으로 허용되는 법리가 정보저장매체에 해당하는 임의제출물의 압수(형사소송법 제218조)에도 적용되는지 여부(적극)

··· 전자정보가 수록된 정보저장매체를 임의제출받아 그 안에 저장된 전자정보를 압수하는 경우 그 동기가 된 범죄혐의사실과 관련된 전자정보의 출력물 등을 임의제출받아 압수하는 것이 원칙 ··· 범위를 정하여 출력 또는 복제하는 방법이 불가능하거나 압수의 목적을 달성하기에 현저히 곤란하다고 인정되는 때에 한하여 예외적으로 정보저장매체 자체나 복제본을 임의제출받아 압수할 수 있다(대판 2021.11.18. 2016도348).

3. 전자정보가 담긴 저장매체 또는 복제본을 수사기관 사무실 등으로 옮겨 복제·탐색·출력하는 경우, 피압수자나 변호인에게 참여 기회를 보장하고 혐의사실과 무관한 전자정보의 임의적인 복제 등을 막기 위한 적절한 조치를 취하지 않은 경우, 압수·수색이 적법한지 여부(소극)

··· 저장매체에 대한 압수·수색 과정에서 범위를 정하여 출력·복제하는 방법이 불가능하거나 압수의 목적을 달성하기에 현저히 곤란한 예외적인 사정이 인정되어 전자정보가 담긴 저장매체 ··· 를 수사기관 사무실 등으로 옮겨 복제·탐색·출력하는 경우에도, 피압수자나 변호인에게 참여 기회를 보장하고 혐의사실과 무관한 전자정보의 임의적인 복제 등을 막기 위한 적절한 조치를 취하는 등 영장주의 원칙과 적법절차를 준수하여야 한다 ··· 그러한 조치를 취하지 않았다면 압수·수색이 적법하다고 평가할 수 없다 ··· 다만 피압수자 측이 위와 같은 절차나 과정에 참여하지 않는다는 의사를 명시적으로 표시하였거나 ··· 피압수자에게 절차 참여를 보장한 취지가 실질적으로 침해되었다고 볼 수 없는 경우에는 압수·수색의 적법성을 부정할 수 없다 ··· (대판 2019.7.11. 2018도20504).

4. 압수의 대상이 되는 전자정보와 그렇지 않은 전자정보가 혼재된 정보저장매체나 복제본을 임의제출받은 수사기관이 정보저장매체 등을 수사기관 사무실 등으로 옮겨 탐색·복제·출력하는 일련의 과정에서, 피압수자 측에 참여의 기회를 보장하는 등의 적절한 조치를 취하지 않은 경우, 압수·수색의 적법 여부(소극)

··· 피압수·수색 당사자(이하 '피압수자'라 한다)나 그 변호인에게 참여의 기회를 보장하고 압수된 전자정보의 파일 명세가 특정된 압수목록을 작성·교부 ··· 범죄혐의사실과 무관한 전자정보의 임의적인 복제 등을 막기 위한 적절한 조치 ··· 만약 그러한 조치가 취해지지 않았다면 피압수자 측이 참여하지 아니한다는 의사를 명시적으로 표시하였거나 ··· 피압수자 측에 절차 참여를 보장한 취지가 실질적으로 침해되었다고 볼 수 없을 정도에 해당한다는 등의 특별한 사정이 없는 이상 압수·수색이 적법하다고 평가할 수 없고 ··· 비록 수사기관이 정보저장매체 또는 복제본에서 범죄혐의사실과 관련된 전자정보만을 복제·출력하였다 하더라도 달리 볼 것은 아니다(대판 2022.1.27. 2021도11170).

5. 수사기관이 피의자로부터 범죄혐의사실과 관련된 전자정보와 그렇지 않은 전자정보가 섞인 매체를 임의제출 받아 사무실 등지에서 정보를 탐색·복제·출력하는 경우, 피의자 측에 참여의 기회를 보장하고 압수된 전자정보가 특정된 목록을 교부해야 하는지 여부(적극)

··· 전자정보를 담은 매체를 피의자로부터 임의제출 받아 압수하면서 거기에 담긴 정보 중 무엇을 제출하는지 명확히 확인하지 않은 경우 ··· 임의제출의 동기가 된 범죄혐의사실과 관련되고 이를 증명할 수 있는 최소한의 가치가 있는 정보여야 ··· 간접증거나 정황증거로 사용될 수 있는 정보도 그에 포함 ··· 수사기관이 피의자로부터 범죄혐의사실과 관련된 전자정보와 그렇지 않은 전자정보가 섞인 매체를 임의제출 받아 사무실 등지에서 정보를 탐색·복제·출력하는 경우 피의자나 변호인에게 참여의 기회를 보장하고 압수된 전자정보가 특정된 목록을 교부해야 하나, 그러한 조치를 하지 않았더라도 ··· 피의자의 절차상 권리가 실질적으로 침해되지 않았다면 압수·수색이 위법하다고 볼 것은 아니다(대판 2022.2.17. 2019도4938).

6. 피해자 등 제3자가 피의자의 소유·관리에 속하는 정보저장매체를 영장에 의하지 않고 임의제출한 경우, 실질적 피압수자인 피의자에게 참여권을 보장하고 압수한 전자정보 목록을 교부하는 등 피의자의 절차적 권리를 보장하기 위한 적절한 조치가 이루어져야 하는지 여부(적극)

피해자 등 제3자가 피의자의 소유·관리에 속하는 정보저장매체를 영장에 의하지 않고 임의제출한 경우에는 ··· 피의자가 수사기관으로 하여금 그 전자정보 전부를 무제한 탐색하는 데 동의한 것으로 보기 어려울 뿐만 아니라 피의자 스스로 임의제출한 경우 피의자의 참여권 등이 보장되어야 하는 것과 견주어 보더라도 ··· 피의자에게 참여권을 보장하고 압수한 전자정보 목록을 교부하는 등 피의자의 절차적 권리를 보장하기 위한 적절한 조치가 이루어져야 한다(대판 2022.1.27. 2021도11170).

7. 정보저장매체를 임의제출한 피압수자에 더하여 임의제출자 아닌 피의자에게도 참여권이 보장되어야 하는 '피의자의 소유·관리에 속하는 정보저장매체'의 의미

피해자 등 제3자가 피의자의 소유·관리에 속하는 정보저장매체를 임의제출한 경우에는 ··· 피의자에게 참여권을 보장하고 압수한 전자정보 목록을 교부하는 등 피의자의 절차적 권리를 보장하기 위한 적절한 조치가 이루어져야 ··· 임의제출자 아닌 피의자에게도 참여권이 보장되어야 하는 '피의자의 소유·관리에 속하는 정보저장매체'란, 피

의자가 압수·수색 당시 또는 이와 시간적으로 근접한 시기까지 해당 정보저장매체를 현실적으로 지배·관리… 단지 피의자나 그 밖의 제3자가 과거 그 정보저장매체의 이용 내지 개별 전자정보의 생성·이용 등에 관여한 사실이 있다거나 그 과정에서 생성된 전자정보에 의해 식별되는 정보주체에 해당한다는 사정만으로 그들을 실질적으로 압수·수색을 받는 당사자로 취급하여야 하는 것은 아니다(대판 2023.9.18, 2022도7453).

8. **수사기관이 정보저장매체에 기억된 정보 중에서 범죄 혐의사실과 관련 있는 정보를 선별한 다음 이미지 파일을 제출받아 압수한 경우, 수사기관 사무실에서 위와 같이 압수된 이미지 파일을 탐색·복제·출력하는 과정에서도 피의자 등에게 참여의 기회를 보장하여야 하는지 여부(소극)**

…수사기관이 정보저장매체에 기억된 정보 중에서 … 범죄 혐의사실과 관련 있는 정보를 선별한 다음 정보저장매체와 동일하게 비트열 방식으로 복제하여 생성한 파일(이하 '이미지 파일'이라 한다)을 제출받아 압수하였다면 이로써 압수의 목적물에 대한 압수·수색 절차는 종료된 것이므로 … 수사기관 사무실에서 위와 같이 압수된 이미지 파일을 탐색·복제·출력하는 과정에서도 피의자 등에게 참여의 기회를 보장하여야 하는 것은 아니다(대판 2018.2.8, 2017도13263).

9. **혐의사실과 관련된 전자정보를 탐색하는 과정에서 별도의 범죄혐의와 관련된 전자정보를 발견한 경우 수사기관이 이를 적법하게 압수할 수 있는 요건**

… 혐의사실과 관련된 전자정보를 적법하게 탐색하는 과정에서 별도의 범죄혐의와 관련된 전자정보를 우연히 발견한 경우라면 … 법원으로부터 별도의 범죄혐의에 대한 압수·수색 영장을 발부받은 경우에 한하여 그러한 정보에 대하여도 적법하게 압수·수색을 할 수 있다고 할 것 … 별도의 압수·수색 절차는 최초의 압수·수색 절차와 구별되는 별개의 절차이고 … 그 피압수자에게 … 참여권을 보장하는 등 적절한 조치가 이루어져야 할 것이다(대법원 2015.7.16, 2011모1839).

10. **전자정보를 압수하고자 하는 수사기관이 정보저장매체와 거기에 저장된 전자정보를 임의제출의 방식으로 압수할 때 임의제출자의 의사에 따른 전자정보 압수의 대상과 범위가 명확하지 않거나 이를 알 수 없는 경우, 임의제출에 따른 압수의 동기가 된 범죄혐의사실과 관련되고 이를 증명할 수 있는 최소한의 가치가 있는 전자정보에 한하여 압수의 대상이 되는지 여부(적극)**

… 수사기관이 제출자의 의사를 쉽게 확인할 수 있음에도 이를 확인하지 않은 채 특정 범죄혐의사실과 관련된 전자정보와 그렇지 않은 전자정보가 혼재된 정보저장매체를 임의제출받은 경우, 그 정보저장매체에 저장된 전자정보 전부가 임의제출되어 압수된 것으로 취급할 수는 없다 … 임의제출자의 의사에 따른 전자정보 압수의 대상과 범위가 명확하지 않거나 이를 알 수 없는 경우에는 임의제출에 따른 압수의 동기가 된 범죄혐의사실과 관련되고 이를 증명할 수 있는 최소한의 가치가 있는 전자정보에 한하여 압수의 대상 … 범죄혐의사실과 관련된 전자정보에는 범죄혐의사실 그 자체 또는 그와 기본적 사실관계가 동일한 범행과 직접 관련되어 있는 것은 물론 … 간접증거나 정황증거 등으로 사용될 수 있는 것도 포함 … 구체적·개별적 연관관계가 있는 경우에만 인정되고, 범죄혐의사실과 단순히 동종 또는 유사 범행이라는 사유만으로 관련성이 있다고 할 것은 아니다(대판 2022.1.27, 2021도11170).

11. **휴대전화를 이용한 불법촬영 범죄의 경우, 그 안에 저장되어 있는 같은 유형의 전자정보에서 발견되는 간접증거나 정황증거는 범죄혐의사실과 구체적·개별적 연관관계가 인정될 수 있는지 여부(적극)**

특히 카메라의 기능과 정보저장매체의 기능을 함께 갖춘 휴대전화인 스마트폰을 이용한 불법촬영 범죄 … 범행의 직접증거가 스마트폰 안에 이미지 파일이나 동영상 파일의 형태로 남아 있을 개연성이 있는 경우에는 그 안에 저장되어 있는 같은 유형의 전자정보에서 그와 관련한 유력한 간접증거나 정황증거가 발견될 가능성이 높다는 점에서 이러한 간접증거나 정황증거는 범죄혐의사실과 구체적·개별적 연관관계를 인정 … 임의제출된 휴대전화에서 해당 전자정보를 신속히 압수·수색하여 불법촬영물의 유통 가능성을 적시에 차단함으로써 피해자를 보호할 필요성이 크다 … (대판 2021.11.18, 2016도348).

12. **피의자가 소유·관리하는 정보저장매체를 피의자 아닌 피해자 등 제3자가 임의제출하는 경우, 임의제출의 동기가 된 범죄혐의사실과 구체적·개별적 연관관계가 있는 전자정보에 한하여 압수의 대상이 되는 것으로 더욱 제한적으로 해석하여야 하는지 여부(적극)**

피의자가 소유·관리하는 정보저장매체를 피의자 아닌 피해자 등 제3자가 임의제출하는 경우에는 … 그 임의제출 및 그에 따른 수사기관의 압수가 적법하더라도 임의제출의 동기가 된 범죄혐의사실과 구체적·개별적 연관관계가 있는 전자정보에 한하여 압수의 대상이 되는 것으로 더욱 제한적으로 해석 … 인격적 법익에 관한 모든 것이 저장되어 있어 제한 없이 압수·수색이 허용될 경우 피의자의 인격적 법익이 현저히 침해될 우려가 있기 때문이다(대판 2021.11.18, 2016도348).

13. **수사기관이 하드카피나 이미징 등 형태(복제본)에 담긴 전자정보를 탐색하여 혐의사실과 관련된 정보를 선별하여 출력하거나 다른 저장매체에 저장하는 등으로 압수를 완료한 경우, 혐의사실과 관련 없는 전자정보(무관정보)를 삭제·폐기하여야 하는지 여부(적극)**

··· 하드카피나 이미징 등 형태(이하 '복제본'이라 한다)에 담긴 전자정보를 탐색하여 혐의사실과 관련된 정보(이하 '유관정보'라 한다)를 선별하여 출력하거나 다른 저장매체에 저장하는 등으로 압수를 완료하면 혐의사실과 관련 없는 전자정보(이하 '무관정보'라 한다)를 삭제·폐기하여야 ··· 새로운 범죄 혐의의 수사를 위하여 무관정보가 남아 있는 복제본을 열람하는 것은 압수·수색영장으로 압수되지 않은 전자정보를 영장 없이 수색하는 것과 다르지 않다 ··· 새로운 범죄 혐의의 수사를 위하여 필요한 경우에도 유관정보만을 출력하거나 복제한 기존 압수·수색의 결과물을 열람할 수 있을 뿐 ··· (대판 2023.6.1. 2018도19782).

14. 수사기관이 범죄 혐의사실과 관련 있는 정보를 선별하여 압수한 후에도 그와 관련이 없는 나머지 정보를 삭제·폐기·반환하지 아니한 채 그대로 보관하고 있는 경우, 범죄 혐의사실과 관련이 없는 부분에 대한 압수가 위법한지 여부(적극)

··· 수사기관이 범죄 혐의사실과 관련 있는 정보를 선별하여 압수한 후에도 그와 관련이 없는 나머지 정보를 삭제·폐기·반환하지 아니한 채 그대로 보관하고 있다면 범죄 혐의사실과 관련이 없는 부분에 대하여는 ··· 영장 없이 압수·수색하여 취득한 것이어서 위법 ··· 사후에 법원으로부터 압수·수색영장이 발부되었다거나 피고인이나 변호인이 이를 증거로 함에 동의하였다고 하여 그 위법성이 치유된다고 볼 수 없다(대법원 2022.1.14. 2021모1586).

15. 수사기관이 압수·수색영장에 기재된 범죄혐의사실과의 관련성에 대한 구분 없이 임의로 전체의 전자정보를 복제·출력하여 이를 보관하여 두고, 이에 대해 구체적인 개별파일명세를 특정하여 상세목록을 작성하지 않고 포괄적인 압축파일만을 기재한 후 이를 전자정보 상세목록이라고 하면서 피압수자 등에게 교부한 경우, 정보 전체에 대한 압수가 위법한지 여부(적극)

··· 범죄 혐의사실과의 관련성에 대한 구분 없이 임의로 전체의 전자정보를 복제·출력하여 이를 보관하여 두고, 그와 같이 선별되지 않은 전자정보에 대해 구체적인 개별 파일 명세를 특정하여 상세목록을 작성하지 않고 ··· 포괄적인 압축파일만을 기재한 후 이를 전자정보 상세목록이라고 하면서 피압수자 등에게 교부함으로써 범죄 혐의사실과 관련성 없는 정보에 대한 삭제·폐기·반환 등의 조치도 취하지 아니하였다면 ··· 영장주의와 적법절차의 원칙을 중대하게 위반한 것 ··· 그 압수는 위법한 것 ··· 사후에 법원으로부터 그와 같이 수사기관이 취득하여 보관하고 있는 전자정보 자체에 대해 다시 압수·수색영장이 발부되었다고 하여 달리 볼 수 없다(대법원 2022.1.14. 2021모1586).

16. 임의제출된 정보저장매체에서 압수의 대상이 되는 전자정보의 범위를 넘어서는 전자정보에 대해 수사기관이 영장 없이 압수·수색하여 취득한 증거가 위법수집증거에 해당하는지 여부(적극)

임의제출된 정보저장매체에서 압수의 대상이 되는 전자정보의 범위를 초과하여 수사기관이 임의로 전자정보를 탐색·복제·출력하는 것은 원칙적으로 위법한 압수·수색에 해당 ··· 임의제출된 정보저장매체에서 압수의 대상이 되는 전자정보의 범위를 넘어서는 전자정보에 대해 수사기관이 영장 없이 압수·수색하여 취득한 증거는 위법수집증거에 해당 ··· 사후에 법원으로부터 영장이 발부되었다거나 피고인이나 변호인이 이를 증거로 함에 동의하였다고 하여 그 위법성이 치유되는 것도 아니다(대판 2021.11.18. 2016도348).

17. 압수의 대상이 되는 전자정보와 그렇지 않은 전자정보가 혼재된 정보저장매체나 그 복제본을 압수·수색한 수사기관이 정보저장매체 등을 수사기관 사무실 등으로 옮겨 탐색·복제·출력하는 일련의 과정에서 피압수자 측에 참여의 기회를 보장하고 압수된 전자정보의 파일 명세가 특정된 압수목록을 작성·교부하는 등의 조치를 취하지 않은 경우, 압수·수색의 적법 여부(소극)

··· 피압수·수색 당사자나 변호인에게 참여의 기회를 보장하고 압수된 전자정보의 파일 명세가 특정된 압수목록을 작성·교부하여야 ··· 만약 그러한 조치가 취해지지 않았다면 피압수자 측이 참여하지 아니한다는 의사를 명시적으로 표시하였거나 ··· 피압수자 측에 절차 참여를 보장한 취지가 실질적으로 침해되었다고 볼 수 없을 정도에 해당한다는 등의 특별한 사정이 없는 이상 압수·수색이 적법하다고 평가할 수 없고 ··· 수사기관이 정보저장매체 또는 복제본에서 범죄혐의사실과 관련된 전자정보만을 복제·출력하였다 하더라도 달리 볼 것은 아니다 ··· 위법수집증거에 해당 ··· 사후에 법원으로부터 영장이 발부되었다거나 피고인이나 변호인이 이를 증거로 함에 동의하였다고 하여 위법성이 치유되는 것도 아니다(대판 2022.7.28. 2022도2960).

18. 피의자의 이메일 계정에 대한 접근권한에 갈음하여 발부받은 압수·수색영장에 따라 원격지의 저장매체에 적법하게 접속하여 내려받거나 현출된 전자정보를 대상으로 하여 범죄 혐의사실과 관련된 부분에 대하여 압수·수색하는 것이 허용되는지 여부(적극)

··· 인터넷서비스이용자인 피의자를 상대로 피의자의 컴퓨터 등 정보처리장치 내에 저장되어 있는 이메일 등 전자정보를 압수·수색하는 것은 ··· 형사소송법의 해석상 허용 ··· 나아가 ··· 그 정보처리장치와 정보통신망으로 연결되어 제3자가 관리하는 원격지의 서버 등 저장매체에 저장되어 있는 경우에도 ··· 피의자가 접근하는 통상적인 방법에 따라 원격지의 저장매체에 접속하고 그곳에 저장되어 있는 피의자의 이메일 관련 전자정보를 수색장소의 정보처리장치로 내려받거나 ··· 위와 달리 볼 필요가 없다 ··· 원격지의 저장매체가 국외에 있는 경우라 하더라도 그 사정만으로 달리 볼 것은 아니다(대판 2017.11.29. 2017도9747).

19. 피의자가 휴대전화를 임의제출하면서 원격지에 저장되어 있는 전자정보를 수사기관에 제출한다는 의사로 수사기관에게 클라우드 등에 접속하기 위한 아이디와 비밀번호를 임의로 제공한 경우 위 클라우드 등에 저장된 전자정보를 임의제출 하는 것으로 볼 수 있는지 여부(적극)

··· 정보처리장치와 정보통신망으로 연결되어 제3자가 관리하는 원격지의 서버 등 저장매체에 저장되어 있는 경우에도 ··· 피의자의 이메일 계정에 대한 접근권한에 갈음하여 발부받은 영장에 따라 영장 기재 수색장소에 있는 컴퓨터 등 정보처리장치를 이용하여 적법하게 취득한 피의자의 이메일 계정 아이디와 비밀번호를 입력하는 등 피의자가 접근하는 통상적인 방법에 따라 그 원격지의 저장매체에 접속하고 ··· 수색장소의 정보처리장치로 내려 받거나 그 화면에 현출시키는 것 역시 ··· 허용 ··· 휴대전화를 임의제출하면서 ··· 수사기관에게 클라우드 등에 접속하기 위한 아이디와 비밀번호를 임의로 제공하였다면 위 클라우드 등에 저장된 전자정보를 임의제출하는 것으로 볼 수 있다(대판 2021.7.29, 2020도14654).

20. 수사기관이 압수·수색영장에 적힌 '수색할 장소'에 있는 컴퓨터 등 정보처리장치에 저장된 전자정보 외에 원격지 서버에 저장된 전자정보를 압수·수색하기 위해서는 압수·수색영장에 적힌 '압수할 물건'에 별도로 원격지 서버 저장 전자정보가 특정되어 있어야 하는지 여부(적극)

··· 원격지 서버에 저장된 전자정보를 압수·수색하기 위해서는 컴퓨터 등 정보처리장치를 이용하여 정보통신망을 통해 원격지 서버에 접속하고 그곳에 저장되어 있는 전자정보를 컴퓨터 등 정보처리장치로 내려 받거나 화면에 현출시키는 절차가 필요 ··· 원격지 서버에 저장되어 있는 전자정보와 컴퓨터 등 정보처리장치에 저장되어 있는 전자정보는 그 내용이나 질이 다르므로 ··· 압수·수색영장에 적힌 '수색할 장소'에 있는 컴퓨터 등 정보처리장치에 저장된 전자정보 외에 원격지 서버에 저장된 전자정보를 압수·수색하기 위해서는 압수·수색영장에 적힌 '압수할 물건'에 별도로 원격지 서버 저장 전자정보가 특정되어 있어야 ··· 압수·수색영장에 적힌 '압수할 물건'에 컴퓨터 등 정보처리장치 저장 전자정보만 기재되어 있다면 컴퓨터 등 정보처리장치를 이용하여 원격지 서버 저장 전자정보를 압수할 수는 없다(대법원 2022.6.30, 2020모735).

21. 수사기관이 피의자에 대하여 발부받은 압수·수색영장에 기하여 인터넷서비스업체인 甲주식회사를 상대로 甲회사의 본사 서버에 저장되어 있는 피의자의 전자정보인 카카오톡 대화내용 등에 대하여 압수·수색을 실시하였는데, 이때 피의자가 수사기관이 압수·수색 과정에서 참여권을 보장하지 않는 등의 위법이 있다는 이유로 준항고를 통한 압수·수색의 취소를 청구하는 경우, 압수·수색에서 나타난 위법이 압수·수색절차 전체를 위법하게 할 정도로 중대하다고 보아 압수·수색을 취소할 수 있는지 여부(적극)

··· 갑 회사에 영장을 팩스로 송부하였을 뿐 영장 원본을 제시하지 않은 점 ··· 준항고인에게 미리 집행의 일시와 장소를 통지하지 않았고, 갑 회사로부터 준항고인의 카카오톡 대화내용을 취득한 뒤 전자정보를 탐색·출력하는 과정에서도 준항고인에게 참여 기회를 부여하지 않았으며 ··· 서비스이용자로서 실질적 피압수자이자 피의자인 준항고인에게 참여권을 보장하지 않은 위법과 압수한 전자정보 목록을 교부하지 않은 위법 ··· 압수·수색절차 전체를 위법하게 할 정도로 중대 ··· (대법원 2022.5.31, 2016모587).

③ 우체물 또는 전기통신관련물건의 압수

제107조(우체물의 압수)
① 법원은 필요한 때에는 피고사건과 관계가 있다고 인정할 수 있는 것에 한정하여 우체물 또는 「통신비밀보호법」 제2조 제3호에 따른 전기통신(이하 "전기통신"이라 한다)에 관한 것으로서 체신관서, 그 밖의 관련 기관 등이 소지 또는 보관하는 물건의 제출을 명하거나 압수를 할 수 있다.
② 〈삭제〉
③ 제1항에 따른 처분을 할 때에는 발신인이나 수신인에게 그 취지를 통지하여야 한다. 단, 심리에 방해될 염려가 있는 경우에는 예외로 한다.

관련 판례

❶ 우편물 통관검사절차에서 압수·수색영장 없이 진행된 우편물의 개봉, 시료채취, 성분분석 등 검사의 적법 여부(적극)
··· 우편물 통관검사절차에서 이루어지는 우편물의 개봉, 시료채취, 성분분석 등의 검사는 ··· 행정조사의 성격을 가지는 것 ··· 수사기관의 강제처분이라고 할 수 없으므로 ··· 위법하다고 볼 수 없다(대판 2013.9.26, 2013도7718).

❷ 수출입물품을 검사하는 과정에서 마약류가 감추어져 있다고 밝혀지거나 그러한 의심이 드는 경우, 마약류 불법거래 방지에 관한 특례법 제4조 제1항에 따라 검사의 요청으로 세관장이 행하는 조치에 영장주의 원칙이 적용되는지 여부(적극)
··· 수출입물품 통관검사절차에서 이루어지는 물품의 개봉, 시료채취, 성분분석 등의 검사는 ··· 이를 수사기관의 강

처분이라고 할 수 없으므로, 세관공무원은 압수·수색영장 없이 이러한 검사를 진행할 수 있다… 그 러나 세관공무원이 수출입물품을 검사하는 과정에서 마약류가 감추어져 있다고 밝혀지거나 그러한 의심이 드는 경우… 이러한 조치가 수사기관에 의한 압수·수색에 해당하는 경우에는 영장주의 원칙이 적용… 마약류 불법거래 방지에 관한 특례법… 특정한 수출입물품을 개봉하여 검사하고 그 내용물의 점유를 취득한 행위는… 범죄수사인 압수 또는 수색에 해당하여 사전 또는 사후에 영장을 받아야… (대판 2017.7.18, 2014도8719).

❷ 출판내용에 범죄혐의가 있는 경우, 출판 직전에 증거물 또는 몰수할 물건으로서 압수할 수 있는지 여부(적극)
… 사법적 규제와 관련된 것이어서 행정적인 규제로서의 사전검열과 같이 볼 수 없고… (대법원 1991.2.26, 91모1).

④ 비밀과 압수의 제한
㉠ 군사상 비밀과 압수

> **제110조(군사상 비밀과 압수)**
> ① 군사상 비밀을 요하는 장소는 그 책임자의 승낙없이는 압수 또는 수색할 수 없다.
> ② 전항의 책임자는 국가의 중대한 이익을 해하는 경우를 제외하고는 승낙을 거부하지 못한다.

㉡ 공무상 비밀과 압수

> **제111조(공무상 비밀과 압수)**
> ① 공무원 또는 공무원이었던 자가 소지 또는 보관하는 물건에 관하여는 본인 또는 그 해당공무소가 직무상의 비밀에 관한 것임을 신고한 때에는 그 소속공무소 또는 당해 감독관공서의 승낙없이는 압수하지 못한다.
> ② 소속공무소 또는 당해 감독관공서는 국가의 중대한 이익을 해하는 경우를 제외하고는 승낙을 거부하지 못한다.

㉢ 업무상 비밀과 압수

> **제112조(업무상 비밀과 압수)**
> 변호사, 변리사, 공증인, 공인회계사, 세무사, 대서업자, 의사, 한의사, 치과의사, 약사, 약종상, 조산사, 간호사, 종교의 직에 있는 자 또는 이러한 직에 있던 자가 그 업무상 위탁을 받아 소지 또는 보관하는 물건으로 타인의 비밀에 관한 것은 압수를 거부할 수 있다. 단, 그 타인의 승낙이 있거나 중대한 공익상 필요가 있는 때에는 예외로 한다.

(2) 수색의 대상 : 신체·물건 또는 주거 기타 장소

3. 압수·수색의 절차

(1) 압수·수색영장의 청구 및 발부
① 수사기관에 의한 압수·수색

> **제215조(압수, 수색, 검증)**
> ① 검사는 범죄수사에 필요한 때에는 피의자가 죄를 범하였다고 의심할 만한 정황이 있고 해당 사건과 관계가 있다고 인정할 수 있는 것에 한정하여 지방법원판사에게 청구하여 발부받은 영장에 의하여 압수, 수색 또는 검증을 할 수 있다.
> ② 사법경찰관이 범죄수사에 필요한 때에는 피의자가 죄를 범하였다고 의심할 만한 정황이 있고 해당 사건과 관계가 있다고 인정할 수 있는 것에 한정하여 검사에게 신청하여 검사의 청구로 지방법원판사가 발부한 영장에 의하여 압수, 수색 또는 검증을 할 수 있다.

> **관련 판례**
>
> ❹ 영장에 의한 압수수색을 규정한 형사소송법 제215조 제1항에서 '해당 사건과 관계가 있다'는 것의 의미
> … 압수·수색영장에 기재한 혐의사실과 관련되고 이를 증명할 수 있는 최소한의 가치가 있는 것으로서 압수·수색영장의 혐의사실과 사이에 객관적, 인적 관련성이 인정되는 것 … 혐의사실과의 객관적 관련성은 … 혐의사실 자체 또는 그와 기본적 사실관계가 동일한 범행과 직접 관련되어 있는 경우 … 간접증거나 정황증거 등으로 사용될 수 있는 경우 … 구체적·개별적 연관관계가 있는 경우에만 인정 … 그러나 단순히 동종 또는 유사 범행이라는 사유만으로 객관적 관련성이 있다고 볼 수는 없다 … 그리고 피의자 또는 피고인과의 인적 관련성은 … 공동정범이나 교사범 등 공범이나 간접정범은 물론 필요적 공범 등에 대한 사건에 대해서도 인정 … (대판 2023.6.1. 2018도18866).

② 수소법원에 의한 압수·수색 : 공판정 외에서 압수 또는 수색을 함에는 영장을 발부하여 시행하여야 한다(제113조). 다만, 공판정 내에서의 압수·수색에는 영장을 요하지 않음

③ 압수·수색영장의 청구 및 방식
  ㉠ 검사의 영장청구 : 영장의 청구는 서면으로 하여야 하며(규칙 제93조), 범죄의 혐의가 있다고 인정되는 자료와 압수, 수색 또는 검증의 필요를 인정할 수 있는 자료를 제출하여야 함(규칙 제108조)
  ㉡ 사법경찰관의 영장신청 및 영장심의신청(제221조의5) : 전술함
  ㉢ 영장의 방식(제114조)

> **제114조(영장의 방식)**
> ① 압수·수색영장에는 다음 각 호의 사항을 기재하고 재판장이나 수명법관이 서명날인하여야 한다. 다만, 압수·수색할 물건이 전기통신에 관한 것인 경우에는 작성기간을 기재하여야 한다.
>   1. 피고인의 성명
>   2. 죄명
>   3. 압수할 물건
>   4. 수색할 장소·신체·물건
>   5. 영장 발부 연월일
>   6. 영장의 유효기간과 그 기간이 지나면 집행에 착수할 수 없으며 영장을 반환하여야 한다는 취지
>   7. 그 밖에 대법원규칙으로 정하는 사항
> ② 제1항의 영장에 관하여는 제75조 제2항을 준용한다.

> **관련 판례**
>
> ❺ 법관의 서명날인란에 서명만 있고 날인이 없는 영장을 적법하게 발부되었다고 볼 수 있는지 여부(소극) 및 위법수집증거를 기초로 하여 획득한 2차적 증거의 증거능력을 예외적으로 인정할 수 있는 경우
> 압수·수색영장에는 … 서명날인 … 법관의 서명날인란에 서명만 있고 날인이 없으므로 … 형사소송법이 정한 요건을 갖추지 못하여 적법하게 발부되었다고 볼 수 없다 … 그러나 이 사건 영장에는 … 판사의 의사에 기초하여 진정하게 영장이 발부되었다는 점은 외관상 분명 … 의도적으로 적법절차의 실질적인 내용을 침해한다거나 영장주의를 회피할 의도를 가지고 이 사건 영장에 따른 압수·수색을 하였다고 보기 어렵다 … 적법절차의 원칙과 실체적 진실 규명의 조화 … 이 사건 영장이 형사소송법이 정한 요건을 갖추지 못하여 적법하게 발부되지 못하였다고 하더라도, 이 사건 영장에 따라 압수한 이 사건 파일 출력물과 이에 기초하여 획득한 2차적 증거인 검사 작성의 피의자신문조서, 경찰 작성의 피의자신문조서 … 그 증거능력을 인정할 수 있다(대판 2019.7.11. 2018도20504).

  ㉣ 일반영장 금지 : 압수·수색의 대상이 특정되지 않은 일반영장은 금지됨 → 압수·수색의 대상에 대한 예비적 기재는 허용되지 않음
  ㉤ 별건압수·수색 금지 : 별건압수나 별건수색은 허용되지 않음

관련 판례

❷ 압수수색영장에 압수대상물을 압수수색 장소에 '보관 중'인 물건으로 기재한 경우, 이를 '현존하는'이라는 취지로 해석할 수 있는지 여부(소극)
··· '압수할 물건'을 특정하기 위하여 기재한 문언은 이를 엄격하게 해석··· '압수장소에 보관 중인 물건'이라고 기재하고 있는 것을 '압수장소에 현존하는 물건'으로 해석할 수는 없다(대판 2009.3.12. 2008도763).

❷ 수사기관이 압수·수색영장에 기재된 '피의자' 甲의 공직선거법 위반 범행을 영장 범죄사실로 하여 발부받은 압수·수색영장의 집행 과정에서 乙, 丙 사이의 대화가 녹음된 녹음파일을 압수하여 乙, 丙의 공직선거법 위반 혐의사실을 발견한 경우, 별도의 압수·수색영장을 발부받지 않고 압수한 위 녹음파일이 증거능력이 있는지 여부(소극)
··· 제308조의2에서 정한 '적법한 절차에 따르지 아니하고 수집한 증거'로서 증거로 쓸 수 없고 ··· 예외적으로 증거능력을 인정할 수도 없다(대판 2014.1.16. 2013도7101).

❷ 수사기관이 영장 발부의 사유로 된 범죄 혐의사실과 무관한 별개의 증거를 압수하였을 경우, 이를 유죄 인정의 증거로 사용할 수 있는지 여부(소극)
··· 범죄수사의 필요성이 있고 피의자가 죄를 범하였다고 의심할 만한 정황이 있는 경우에도 해당 사건과 관계가 있다고 인정할 수 있는 것에 한하여 ··· 영장 발부의 사유로 된 범죄 혐의사실과 관련된 증거가 아니라면 적법한 압수·수색이 아니다 ··· (대판 2018.4.26. 2018도2624).

❷ 수사기관이 영장 발부의 사유로 된 범죄 혐의사실과 관계가 없는 증거를 압수할 수 있는지 여부(소극) 및 별도의 영장을 발부받지 아니하고 압수물 또는 압수한 정보를 그 압수의 근거가 된 압수·수색영장 혐의사실과 관계가 없는 범죄의 유죄 증거로 사용할 수 있는지 여부(소극)
··· 별도의 영장을 발부받지 아니하고서는 압수물 또는 압수한 정보를 그 압수의 근거가 된 압수·수색영장 혐의사실과 관계가 없는 범죄의 유죄 증거로 사용할 수 없다(대판 2023.6.1. 2018도18866).

❷ 압수·수색의 목적이 된 범죄나 이와 관련된 범죄의 경우 그 압수·수색의 결과를 유죄의 증거로 사용할 수 있는데, 이 경우 '압수·수색영장의 범죄 혐의사실과 관계있는 범죄'의 의미 및 범위
··· 혐의사실과 객관적 관련성 ··· 대상자와 피의자 사이에 인적 관련성이 있는 범죄 ··· 객관적 관련성은 ··· 혐의사실 자체 또는 그와 기본적 사실관계가 동일한 범행과 직접 관련되어 있는 경우는 물론 ··· 간접증거나 정황증거 등으로 사용될 수 있는 경우에도 인정될 수 있다 ··· 구체적·개별적 연관관계가 있는 경우에만 인정되고 ··· 단순히 동종 또는 유사 범행이라는 사유만으로 관련성이 있다고 할 것은 아니다 ··· 인적 관련성은 ··· 대상자의 공동정범이나 교사범 등 공범이나 간접정범은 물론 필요적 공범 등에 대한 피고사건에 대해서도 인정 ··· (대판 2017.12.5. 2017도13458).

⑭ **영장의 유효기간** : 영장의 유효기간은 7일, 상당하다고 인정하는 때에는 7일을 넘는 기간을 정할 수 있음

관련 판례

❷ 수사기관이 압수·수색영장을 제시하고 집행에 착수하여 압수·수색을 실시하고 그 집행을 종료한 후 그 압수·수색영장의 유효기간 내에 동일한 장소 또는 목적물에 대하여 다시 압수·수색할 필요가 있는 경우 종전의 압수·수색영장을 제시하고 다시 압수·수색할 수 있는지 여부(소극)
1. ··· 압수·수색영장을 제시하고 집행에 착수하여 압수·수색을 실시하고 그 집행을 종료하였다면 이미 그 영장은 목적을 달성하여 효력이 상실되는 것 ··· 앞서 발부받은 압수·수색영장의 유효기간이 남아 있다고 하여 이를 제시하고 다시 압수·수색을 할 수는 없다(대법원 1999.12.1. 99모161).
2. ··· '압수·수색·검증할 장소 및 신체'란에 피고인의 주거지와 피고인의 신체 등이 기재되어 있는 경우 ··· 피고인의 신체에 대한 압수·수색이 종료되었다고 하더라도 피고인의 주거지에 대한 압수·수색은 아직 집행에 착수하였다고 볼 수 없으므로 ··· 위 영장에 의하여 피고인의 주거지에 대한 압수·수색을 집행한 조치는 위법한 것이 아니다(대판 2013.7.26. 2013도2511).

ⓈⓈ 불복여부 : 압수·수색영장 발부의 재판에 대하여는 불복할 수 없음

> [관련 판례]
> ❶ 수임판사가 한 압수영장발부의 재판에 대하여 준항고나 항고로 불복할 수 있는지 여부(소극)
> … 준항고로 불복할 수 없고, … 항고의 방법으로도 불복할 수 없다(대법원 1997.9.29, 97모66).
>
> ❷ 검사가 압수·수색영장의 청구 등 강제처분을 위한 조치를 취하지 아니한 것을 형사소송법 제417조 소정의 '압수에 관한 처분'으로 보아 준항고로 불복할 수 있는지 여부(소극)
> … 준항고로써 불복할 수는 없다 … (대법원 2007.5.25, 2007모82).

(2) 압수·수색영장의 집행

① 영장의 집행기관

> **제115조(영장의 집행)**
> ① 압수·수색영장은 검사의 지휘에 의하여 사법경찰관리가 집행한다. 단, 필요한 경우에는 재판장은 법원사무관 등에게 그 집행을 명할 수 있다.
> ② 제83조의 규정은 압수·수색영장의 집행에 준용한다.
>
> **제117조(집행의 보조)**
> 법원사무관 등은 사법경찰관리에게 보조를 구할 수 있다.

② 영장의 집행방법

㉠ 영장의 제시와 사본교부 : 사후제시의 방법에 의한 긴급집행은 인정되지 않음

> **제118조(영장의 제시와 사본교부)**
> 압수·수색영장은 처분을 받는 자에게 반드시 제시하여야 하고, 처분을 받는 자가 피고인인 경우에는 그 사본을 교부하여야 한다. 다만, 처분을 받는 자가 현장에 없는 등 영장의 제시나 그 사본의 교부가 현실적으로 불가능한 경우 또는 처분을 받는 자가 영장의 제시나 사본의 교부를 거부한 때에는 예외로 한다.

> [관련 판례]
> ❶ 형사소송법이 압수·수색영장을 집행하는 경우에 피압수자에게 반드시 압수·수색영장을 제시하도록 규정한 취지 및 압수·수색영장의 제시 범위
> … 피압수자로 하여금 법관이 발부한 영장에 의한 압수·수색이라는 사실을 확인함과 동시에 형사소송법이 압수·수색영장에 필요적으로 기재하도록 정한 사항이나 그와 일체를 이루는 사항을 충분히 알 수 있도록 압수·수색영장을 제시 … 피압수자에게 압수·수색영장을 제시함에 있어 표지에 해당하는 첫 페이지와 피압수자의 혐의사실이 기재된 부분만을 보여 주고, 나머지 압수·수색영장의 기재 내용 … 을 확인하지 못하게 한 경우 … 피압수자로 하여금 그 내용을 충분히 알 수 있도록 제시한 것으로 보기 어렵다 … 이에 따라 압수된 서류나 휴대전화 역시 적법한 절차에 따라 수집된 증거라고 보기 어렵다(대판 2017.9.21, 2015도12400).
>
> ❷ 수사기관이 甲의 휴대전화 등을 압수할 당시 甲에게 압수·수색영장을 제시하였는데 甲이 영장의 구체적인 확인을 요구하였으나 수사기관이 영장의 범죄사실 기재 부분을 보여주지 않은 경우, 적법한 압수·수색영장의 제시인지 여부(소극)
> … 수사기관이 압수처분 당시 甲으로부터 영장 내용의 구체적인 확인을 요구받았음에도 압수·수색영장의 내용을 보여주지 않았던 것으로 보이므로 … 제118조에 따른 적법한 압수·수색영장의 제시라고 인정하기 어렵다 … 압수처분 당시 수사기관이 … 甲에게 압수·수색영장을 제시하였는지 여부를 판단하지 아니한 채 변호인이 조사에 참여할 당시 영장을 확인하였다는 사정을 들어 압수처분이 위법하지 않다고 본 원심결정은 … 잘못이 있다 … (대법원 2020.4.16, 2019모3526).

- ❶ 압수수색을 개시할 때 압수수색장소 관리책임자에게 압수수색영장을 제시하였다고 하더라도 실제 압수를 당하는 사람에게 따로 압수수색영장을 제시하여야 하는지 여부(적극)
    압수·수색을 당하는 사람이 여러 명일 경우에는 그 사람들 모두에게 개별적으로 영장을 제시해야 하는 것 … 그 장소의 관리책임자에게 영장을 제시하였다고 하더라도 물건을 소지하고 있는 다른 사람으로부터 이를 압수하고자 하는 때에는 그 사람에게 따로 영장을 제시 … (대판 2009.3.12, 2008도763).
  - ❷ 압수·수색영장의 제시가 현실적으로 불가능한 경우, 영장제시 없이 이루어진 압수·수색의 적법 여부(적극)
    … 피처분자가 현장에 없거나 현장에서 그를 발견할 수 없는 경우 등 영장제시가 현실적으로 불가능한 경우에는 영장을 제시하지 아니한 채 압수·수색을 하더라도 위법하다고 볼 수 없다(대판 2015.1.22, 2014도10978).
  - ❸ 금융계좌추적용 압수·수색영장의 집행에서 수사기관이 금융기관으로부터 금융거래자료를 수신하기에 앞서 금융기관에 영장원본을 사전에 제시하지 않은 경우, 적법한 집행방법인지 여부(소극)
    … 영장의 원본은 처분을 받는 자에게 반드시 제시 … 금융계좌추적용 압수·수색영장의 집행에 있어서도 … 금융기관에 영장 원본을 사전에 제시하지 않았다면 원칙적으로 적법한 집행 방법이라고 볼 수는 없다 … (대판 2022.1.27, 2021도11170).

ⓒ 집행 중의 출입금지 : 압수·수색영장의 집행 중에는 타인의 출입을 금지할 수 있으며, 이에 위배한 자에게는 퇴거하게 하거나 집행종료시까지 간수자를 붙일 수 있음(제119조)

ⓒ 집행과 필요한 처분 : 압수·수색영장의 집행에 있어서는 건정을 열거나 개봉 기타 필요한 처분을 할 수 있음(제120조) → 이는 강제채혈이나 강제채뇨와 관련됨

ⓔ 주의사항 : 타인의 비밀을 보호, 처분받은 자의 명예를 해하지 아니하도록 주의(제116조)

③ 당사자·책임자 등의 참여
  ㉠ 영장집행과 당사자의 참여

> **제121조(영장집행과 당사자의 참여)**
> 검사, 피고인 또는 변호인은 압수·수색영장의 집행에 참여할 수 있다.
>
> **제122조(영장집행과 참여권자에의 통지)**
> 압수·수색영장을 집행함에는 미리 집행의 일시와 장소를 전조에 규정한 자에게 통지하여야 한다. 단, 전조에 규정한 자가 참여하지 아니한다는 의사를 명시한 때 또는 급속을 요하는 때에는 예외로 한다.

관련 판례

- ❶ 형사소송법 제122조 단서에서 '급속을 요하는 때'의 의미 및 위 규정이 명확성 원칙 등에 반하여 위헌인지 여부(소극)
    … 제122조 단서 … '급속을 요하는 때'라고 함은 압수·수색영장 집행 사실을 미리 알려주면 증거물을 은닉할 염려 등이 있어 압수·수색의 실효를 거두기 어려울 경우 … 위헌이라고 볼 수 없다(대판 2012.10.11, 2012도7455).
- ❷ 형사소송법 제219조, 제121조에서 규정한 변호인의 참여권이 피압수자의 보호를 위하여 변호인에게 주어진 고유권인지 여부(적극)
    … 변호인의 참여권은 피압수자의 보호를 위하여 변호인에게 주어진 고유권 … 설령 피압수자가 수사기관에 압수·수색영장의 집행에 참여하지 않는다는 의사를 명시하였다고 하더라도 … 그 변호인에게는 … 미리 집행의 일시와 장소를 통지하는 등으로 압수·수색영장의 집행에 참여할 기회를 별도로 보장하여야 … (대판 2020.11.26, 2020도10729).
- ❸ 수사기관이 압수·수색영장의 집행기관으로서 준수하여야 할 적법절차의 내용
    … 피압수자로 하여금 법관이 발부한 영장에 의한 압수·수색이라는 강제처분이 이루어진다는 사실을 확인할 수 있도록 … 압수·수색영장에 필요적으로 기재하도록 정한 사항이나 그와 일체를 이루는 내용까지 구체적으로 충분히 인식할 수 있는 방법으로 압수·수색영장을 제시 … 그 사본까지 교부하여야 … 사전에 피의자 등에 대하여 집행 일시와 장소를 통지하여야 함은 물론 피의자 등의 참여권이 형해화되지 않도록 그 통지의무의 예외로 규정된 '피의자 등이 참여하지 아니한다는 의사를 명시한 때 또는 급속을 요하는 때'라는 사유를 엄격하게 해석 … (대판 2023.10.18, 2023도8752).

ⓒ 영장의 집행과 책임자의 참여

> **제123조(영장의 집행과 책임자의 참여)**
> ① 공무소, 군사용 항공기 또는 선박·차량 안에서 압수·수색영장을 집행하려면 그 책임자에게 참여할 것을 통지하여야 한다.
> ② 제1항에 규정한 장소 외에 타인의 주거, 간수자 있는 가옥, 건조물(建造物), 항공기 또는 선박·차량 안에서 압수·수색영장을 집행할 때에는 주거주(住居主), 간수자 또는 이에 준하는 사람을 참여하게 하여야 한다.
> ③ 제2항의 사람을 참여하게 하지 못할 때에는 이웃 사람 또는 지방공공단체의 직원을 참여하게 하여야 한다.

ⓒ 여자의 신체에 대한 수색과 참여 : 다만, 성년의 여자가 직접 수색하여야 하는 것은 아님 → 한편 여자의 신체를 검사하는 경우에는 의사나 성년의 여자를 참여하게 하여야 함(제141조 제3항)

> **제124조(여자의 수색과 참여)**
> 여자의 신체에 대하여 수색할 때에는 성년의 여자를 참여하게 하여야 한다.

④ 야간집행의 제한

> **제125조(야간집행의 제한)**
> 일출 전, 일몰 후에는 압수·수색영장에 야간집행을 할 수 있는 기재가 없으면 그 영장을 집행하기 위하여 타인의 주거, 간수자 있는 가옥, 건조물, 항공기 또는 선차 내에 들어가지 못한다.
>
> **제126조(야간집행제한의 예외)**
> 다음 장소에서 압수·수색영장을 집행함에는 전조의 제한을 받지 아니한다.
> 1. 도박 기타 풍속을 해하는 행위에 상용된다고 인정하는 장소
> 2. 여관, 음식점 기타 야간에 공중이 출입할 수 있는 장소. 단, 공개한 시간 내에 한한다.

⑤ 집행중지와 필요한 처분 : 압수·수색영장의 집행을 중지한 경우에 필요한 때에는 집행이 종료될 때까지 그 장소를 폐쇄하거나 간수자를 둘 수 있음(제127조)

⑥ 수색증명서의 교부 : 수색한 경우에 증거물 또는 몰수할 물건이 없는 때에는 그 취지의 증명서를 교부하여야 함(제128조)

⑦ 압수목록의 교부 및 압수조서의 작성

> **제129조(압수목록의 교부)**
> 압수한 경우에는 목록을 작성하여 소유자, 소지자, 보관자 기타 이에 준할 자에게 교부하여야 한다.
>
> **제49조(검증 등의 조서)**
> ① 검증, 압수 또는 수색에 관하여는 조서를 작성하여야 한다.
> ② 검증조서에는 검증목적물의 현상을 명확하게 하기 위하여 도화나 사진을 첨부할 수 있다.
> ③ 압수조서에는 품종, 외형상의 특징과 수량을 기재하여야 한다.

관련 판례

❹ **수사기관의 압수목록 작성·교부 방법 및 시기에 관한 판례들**
1. … 압수 직후 현장에서 바로 작성하여 교부해야 하는 것 … 압수·수색이 종료된 지 5개월이나 지난 뒤에 압수물 목록을 교부한 행위는 형사소송법이 정한 바에 따른 압수물 목록 작성·교부에 해당하지 않는다(대판 2009.3.12, 2008도763).

2. … 압수된 정보의 상세목록을 피의자 등에게 교부 … 준항고를 하는 등 권리행사절차를 밟는 가장 기초적인 자료가 되므로 … 이러한 권리행사에 지장이 없도록 압수 직후 현장에서 압수물 목록을 바로 작성하여 교부해야 하는 것이 원칙 … 압수된 정보의 상세목록에는 정보의 파일 명세가 특정되어 있어야 하고 … 이를 출력한 서면을 교부하거나 전자파일 형태로 복사해 주거나 이메일을 전송하는 등의 방식으로도 할 수 있다(대판 2018.2.8, 2017도13263).
3. … 대상 기관에 팩스로 영장 사본을 송신하기만 하고 영장 원본을 제시하거나 압수조서와 압수물 목록을 작성하여 피압수·수색 당사자에게 교부하지도 않은 채 … 그 압수·수색은 위법하며 위와 같은 방법으로 압수된 이메일은 증거능력이 없다(대판 2017.9.7, 2015도10648).

❹ **사법경찰관이 임의제출된 증거물을 압수한 경우 압수경위 등을 구체적으로 기재한 압수조서를 작성하도록 한 형사소송법 등 관련 규정의 취지**
… 압수절차의 경위를 기록하도록 함으로써 사후적으로 압수절차의 적법성을 심사·통제하기 위한 것 … 범죄수사규칙 제119조 제3항에 따라 피의자신문조서 등에 압수의 취지를 기재하여 압수조서를 갈음할 수 있도록 하더라도, 압수절차의 적법성 심사·통제 기능에 차이가 없다(대판 2023.6.1, 2020도2550).

❺ **수사기관의 압수·수색영장 집행에 대한 사전적·사후적 통제수단**
… 압수·수색영장 집행에 대한 사전적 통제수단으로 … 영장주의 원칙을 절차적으로 보장하고, 압수·수색영장에 기재된 물건·장소·신체에 한정 … 압수·수색영장의 집행 일시와 장소를 통지함으로써 압수·수색영장의 집행 과정에 대한 참여권을 실질적으로 보장 … 압수·수색영장 집행에 대한 사후적 통제수단으로 … 준항고 등(형사소송법 제417조)을 통한 불복의 기회 … 압수·수색영장의 집행을 종료한 직후에 압수목록을 작성·교부할 의무 … (대법원 2022.7.14, 2019모2584).

⑧ **요급처분**

> **제220조(요급처분)**
> 제216조의 규정에 의한 처분을 하는 경우에 급속을 요하는 때에는 제123조 제2항, 제125조의 규정에 의함을 요하지 아니한다.

관련 판례

❻ **하나의 압수수색 영장에 기한 압수·수색이 여러 단계를 거쳐 이루어지는 경우 단계적으로 이루어진 개별적인 처분을 취소할 수 있는지 여부(소극)**
… 압수·수색 과정을 단계적·개별적으로 구분하여 각 단계의 개별 처분의 취소를 구하더라도 … 법원으로서는 … 그 구분된 개별 처분의 위법이나 취소 여부를 판단할 것이 아니라 당해 압수·수색 과정 전체를 하나의 절차로 파악하여 … 전체적으로 그 압수·수색 처분을 취소할 것인지를 가려야 할 것 … (대법원 2015.7.16, 2011모1839).

4. 압수물의 처리

(1) 압수물의 보관

① **자청보관의 원칙** : 상실 또는 파손 등의 방지를 위하여 상당한 조치를 하여야 함(제131조)
② **위탁보관** : 다만, 사법경찰관이 위탁보관을 하는 경우에는 검사의 지휘를 받아야 함(제219조 단서)

> **제130조(압수물의 보관과 폐기)**
> ① 운반 또는 보관에 불편한 압수물에 관하여는 간수자를 두거나 소유자 또는 적당한 자의 승낙을 얻어 보관하게 할 수 있다.

관련 판례

❼ **창고업자의 승낙을 얻어 보관시킨 경우 수사기관의 임치료 지급의무(소극)**
… 임치료지급의무가 없으므로 … (대판 1968.4.16, 68다285).

③ 대가보관 내지 환가처분
　㉠ 의의

> **제132조(압수물의 대가보관)**
> ① 몰수하여야 할 압수물로서 멸실·파손·부패 또는 현저한 가치 감소의 염려가 있거나 보관하기 어려운 압수물은 매각하여 대가를 보관할 수 있다.
> ② 환부하여야 할 압수물 중 환부를 받을 자가 누구인지 알 수 없거나 그 소재가 불명한 경우로서 그 압수물의 멸실·파손·부패 또는 현저한 가치 감소의 염려가 있거나 보관하기 어려운 압수물은 매각하여 대가를 보관할 수 있다.

　㉡ 대상 : 몰수물○, 증거물×, 몰수의 대상인 압수물이 동시에 증거물인 때○, 환부불능○
　㉢ 몰수의 가부

> **관련 판례**
> ❷ 제132조에 의하여 압수물을 매각한 경우 그 대가보관금에 대한 몰수의 가부(적극)
> … 몰수와의 관계에서는 그 대가보관금을 몰수 대상인 압수물과 동일시할 수 있다(대판 1996.11.12. 96도2477).

(2) 압수물의 폐기처분

> **제130조(압수물의 보관과 폐기)**
> ② 위험발생의 염려가 있는 압수물은 폐기할 수 있다.
> ③ 법령상 생산·제조·소지·소유 또는 유통이 금지된 압수물로서 부패의 염려가 있거나 보관하기 어려운 압수물은 소유자 등 권한 있는 자의 동의를 받아 폐기할 수 있다.

> **관련 판례**
> ❷ 부패의 염려가 있거나 보관하기 어려운 압수물에 대하여 형사소송법 제130조 제3항에서 정한 요건을 갖추지 않은 폐기처분이 위법한지 여부(적극)
> 압수물은 검사의 이익을 위해서뿐만 아니라 … 무죄를 입증하고자 하는 피고인의 이익을 위해서도 존재하므로 사건종결 시까지 이를 그대로 보존할 필요성 … 부패의 염려가 있거나 보관하기 어려운 압수물이라 하더라도 법령상 생산·제조·소지·소유 또는 유통이 금지되어 있고, 권한 있는 자의 동의를 받지 못하는 한 이를 폐기할 수 없고, 만약 그러한 요건이 갖추어지지 않았음에도 폐기하였다면 이는 위법 … (대판 2022.1.14. 2019다282197).
>
> ❷ 수사기관이 형사소송법의 요건을 충족하지 않는데도 위법하게 압수물을 폐기한 이후 형사재판에서 무죄판결이 확정된 경우, 그 위법한 폐기로 인해 압수물의 환부를 받지 못한 피압수자에게 손해가 발생하는지 여부(적극)
> … 형사소송법 제130조 제2항, 제3항 및 제219조의 요건을 충족하지 아니함에도 위법하게 몰수하여야 할 압수물을 폐기한 경우 … 유죄판결이 선고·확정되었다면 … 해당 압수물에 대해서는 몰수형이 선고되었을 것이어서 피압수자에게 어떠한 손해가 발생하였다고 보기 어려울 것 … 무죄판결이 선고·확정되었다면 … 압수물 환부의무가 발생하여 압수물의 환부가 이루어졌을 것이므로 결국 위법한 폐기로 인해 압수물의 환부를 받지 못한 피압수자에게 손해가 발생 … (대판 2022.1.14. 2019다282197).

(3) 압수물의 환부와 가환부
　① 압수물의 가환부
　　㉠ 가환부의 의의 : 압수의 효력을 존속시키면서 잠정적으로 돌려주는 제도
　　㉡ 가환부의 유형
　　　ⓐ 법원에 의한 가환부 : 임의적 가환부(제133조 제1항 후단)와 필요적 가환부(제133조 제2항)

> **제133조(압수물의 환부, 가환부)**
> ① 압수를 계속할 필요가 없다고 인정되는 압수물은 피고사건 종결 전이라도 결정으로 환부하여야 하고 증거에 공할 압수물은 소유자, 소지자, 보관자 또는 제출인의 청구에 의하여 가환부할 수 있다.
> ② 증거에만 공할 목적으로 압수한 물건으로서 그 소유자 또는 소지자가 계속 사용하여야 할 물건은 사진촬영 기타 원형보존의 조치를 취하고 신속히 가환부하여야 한다.

ⓑ 수사기관에 의한 가환부 : 필요적 가환부(제218조의2 제1항)

> **제218조의2(압수물의 환부, 가환부)**
> ① 검사는 사본을 확보한 경우 등 압수를 계속할 필요가 없다고 인정되는 압수물 및 증거에 사용할 압수물에 대하여 공소제기 전이라도 소유자, 소지자, 보관자 또는 제출인의 청구가 있는 때에는 환부 또는 가환부하여야 한다.
> ② 제1항의 청구에 대하여 검사가 이를 거부하는 경우에는 신청인은 해당 검사의 소속 검찰청에 대응한 법원에 압수물의 환부 또는 가환부 결정을 청구할 수 있다.
> ③ 제2항의 청구에 대하여 법원이 환부 또는 가환부를 결정하면 검사는 신청인에게 압수물을 환부 또는 가환부하여야 한다.
> ④ 사법경찰관의 환부 또는 가환부 처분에 관하여는 제1항부터 제3항까지의 규정을 준용한다. 이 경우 사법경찰관은 검사의 지휘를 받아야 한다.

관련 판례

> ❷ 검사는 증거에 사용할 압수물에 대하여 가환부의 청구가 있는 경우 가환부에 응하여야 하는지 여부(적극)
> … 제218조의2 제1항은 … 검사는 증거에 사용할 압수물에 대하여 가환부의 청구가 있는 경우 가환부를 거부할 수 있는 특별한 사정이 없는 한 가환부에 응하여야 한다 … 특별한 사정이 있는지는 범죄의 태양, 경중, 몰수 대상인지 여부, 압수물의 증거로서의 가치 … 등 여러 사정을 검토하여 종합적으로 판단하여야 한다(대법원 2017.9.29. 2017모236).

ⓒ 가환부의 대상 : 원칙적으로 증거물에 한하고 몰수물은 가환부할 수 없음

관련 판례

> ❷ 증거에 공할 압수물의 가환부 여부의 판단기준
> … 제133조 제1항에서 규정하고 있는 증거에 공할 압수물을 가환부할 것인지의 여부는 … 여러 사정을 검토하여 종합적으로 판단하여야 할 것이다(대법원 1994.8.18. 94모42).
>
> ❷ 몰수물에 대하여 가환부할 수 있는지 여부에 관한 판례
> 1. … 몰수할 것에 해당하는 물건에 대한 압수는 … 가환부의 대상이 되지 않는다 … 본건 약속어음은 범죄행위로 인하여 생긴 위조문서로서 … 몰수가 될 뿐 환부나 가환부할 수 없고 … (대법원 1984.7.24. 84모43).
> 2. 제133조 제1항 후단이 제2항의 '증거에만 공할' 목적으로 압수할 물건과는 따로이 '증거에 공할' 압수물에 대하여 법원의 재량에 의하여 가환부할 수 있도록 규정한 것을 보면 '증거에 공할 압수물'에는 증거물로서의 성격과 몰수할 것으로 사료되는 물건으로서의 성격을 가진 압수물이 포함되어 있다고 해석함이 상당하다(대법원 1998.4.16. 97모25).
> 3. … 필요적으로 몰수할 것에 해당하거나 누구의 소유도 허용되지 아니하여 몰수할 것에 해당하는 물건 … 가환부의 대상이 되지 않지만 … 형법 제48조에 해당하는 물건에 대하여는 이를 몰수할 것인지는 법원의 재량에 맡겨진 것 … 이를 가환부함에 법률상의 지장이 없는 것으로 보아야 한다(대법원 1998.4.16. 97모25).

② 가환부의 절차

> **제135조(압수물처분과 당사자에의 통지)**
> 전3조의 결정을 함에는 검사, 피해자, 피고인 또는 변호인에게 미리 통지하여야 한다.

> **[관련 판례]**
> ❶ 제135조에 의한 통지를 하지 않은 경우의 위법여부
> … 제135조 … 압수물의 가환부에 대한 의견을 진술할 기회를 주기 위한 조치 … 피고인(재항고인)에게 의견을 진술할 기회를 부여하지 아니한 채 가환부 결정을 하였음은 위 법조에 위배하여 위법하다(대법원 1980.2.5, 80모3).

◎ 가환부의 효력
  ⓐ 압수의 효력 존속 : 압수의 효력은 지속 → 가환부를 받은 자는 보관의무와 제출의무가 있음
  ⓑ 가환부한 장물에 대해 별단의 선고가 없는 때에는 환부의 선고가 있는 것으로 간주됨(제333조 제3항)

② 압수물의 환부
  ㉠ 환부의 의의 : 압수물을 종국적으로 소유자 또는 제출인에게 반환하는 법원 또는 수사기관의 처분
  ㉡ 환부의 요건
    ⓐ 압수계속의 불필요성(제133조 제1항 전단, 제218조의2 제1항) : 환부는 의무적 → 피고사건과 아무런 관련성이 없는 압수물이나 증거로서의 가치가 전혀 없는 압수물, 불기소처분으로 수사를 종결하는 경우 등이 이에 해당됨

> **[관련 판례]**
> ❶ 기소중지 처분을 한 경우 압수계속의 불필요성에 해당한다는 판례
> 외국산 물품을 관세장물의 혐의가 있다고 보아 압수하였다 하더라도 그것이 언제, 누구에 의하여 관세포탈된 물건인지 알 수 없어 기소중지 처분을 한 경우 … 압수를 더 이상 계속할 필요도 없다(대법원 1996.8.16, 94모51).

    ⓑ 압수수색영장의 불비(제217조 제2항 및 제3항) : 후술함
  ㉢ 환부의 절차
    ⓐ 법원의 결정 또는 수사기관의 처분 : 직권 또는 청구에 의하여 행하여질 수 있음
    ⓑ 환부의 상대방

> **[관련 판례]**
> ❶ 환부의 상대방
> … 피압수자나 제출인에게 환부하는 것을 원칙 … 피해자에게 환부할 이유가 명백한 경우를 제외하고는 피압수자나 제출인 외의 누구에게도 이를 환부할 수 없다고 할 것이다(대판 1969.5.27, 68다824 ; 대법원 1996.8.16, 94모51).

    ⓒ 환부불능과 공고

> **제486조(환부불능과 공고)**
> ① 압수물의 환부를 받을 자의 소재가 불명하거나 기타 사유로 인하여 환부를 할 수 없는 경우에는 검사는 그 사유를 관보에 공고하여야 한다.
> ② 공고한 후 3월 이내에 환부의 청구가 없는 때에는 그 물건은 국고에 귀속한다.
> ③ 전항의 기간 내에도 가치없는 물건은 폐기할 수 있고 보관하기 어려운 물건은 공매하여 그 대가를 보관할 수 있다.

㉣ 환부청구권

> **관련 판례**
>
> ❶ 환부청구권에 관한 판례
> 1. … 수사기관에 대하여 환부의무를 지우고 있으므로 … 환부청구권이 인정 … 소유권을 포기하는 등에 의하여 실체법상의 권리를 상실하더라도 … 환부하여야 하는 수사기관의 의무에 어떠한 영향을 미칠 수 없고 … 환부청구권을 포기한다는 의사표시를 하더라도 그 효력이 없어 … 환부청구권이 소멸하는 것은 아니다(대법원 1996.8.16, 94모51).
> 2. 수사단계에서 소유권을 포기한 압수물에 대하여 형사재판에서 몰수형이 선고되지 않은 경우, 피압수자는 국가에 대하여 민사소송으로 그 반환을 청구할 수 있다(대판 2000.12.22, 2000다27725).

㉤ 압수장물의 환부에 관한 특칙(압수장물의 환부의 상대방은 피해자이지 피고인이나 피의자가 아님에 유의)

> **제134조(압수장물의 피해자환부)**
> 압수한 장물은 피해자에게 환부할 이유가 명백한 때에는 피고사건의 종결 전이라도 결정으로 피해자에게 환부할 수 있다.
>
> **제333조(압수장물의 환부)**
> ① 압수한 장물로서 피해자에게 환부할 이유가 명백한 것은 판결로써 피해자에게 환부하는 선고를 하여야 한다.
> ② 전항의 경우에 장물을 처분하였을 때에는 판결로써 그 대가로 취득한 것을 피해자에게 교부하는 선고를 하여야 한다.
> ③ 가환부한 장물에 대하여 별단의 선고가 없는 때에는 환부의 선고가 있는 것으로 간주한다.
> ④ 전3항의 규정은 이해관계인이 민사소송 절차에 의하여 그 권리를 주장함에 영향을 미치지 아니한다.

> **관련 판례**
>
> ❶ 제134조 소정의 '환부할 이유가 명백한 때'의 의미
> … 피해자가 그 압수된 물건의 인도를 청구할 수 있는 권리가 있음이 명백한 경우 … (대법원 1984.7.16, 84모38).

㉥ 환부의 효력
  ⓐ 압수의 해제
  ⓑ 압수해제의 간주

> **제332조(몰수의 선고와 압수물)**
> 압수한 서류 또는 물품에 대하여 몰수의 선고가 없는 때에는 압수를 해제한 것으로 간주한다.

> **관련 판례**
>
> ❶ 압수해제의 간주가 있는 경우에 물품을 재압수할 수 있는지 여부(적극)
> 압수가 해제된 것으로 간주된다고 하더라도 … 그 압수해제된 물품을 다시 압수할 수도 있다(대법원 1997.1.9, 96모34).
> ❷ 몰수의 선고가 없어 압수가 해제된 것으로 간주되는 압수물에 관한 검사의 인도거부에 대한 준항고의 가부(소극)
> … 제417조가 규정하는 준항고로 불복할 대상이 될 수 없다(대법원 1984.2.6, 84모3).
> ❸ 압수물에 대한 몰수의 선고가 포함되지 않은 판결이 선고되어 확정된 경우, 검사에게 압수물을 환부하여야 할 의무가 당연히 발생하는지 여부(적극)
> … 검사에게 압수물을 제출자나 소유자 기타 권리자에게 환부하여야 할 의무가 당연히 발생하고, 권리자의 환부신청에 대한 검사의 환부결정 등 처분에 의하여 비로소 환부의무가 발생하는 것은 아니다(대판 2022.1.14, 2019다282197).

> ❸ 형사소송법상의 압수와 형법상의 몰수와의 관계에 관한 판례들
> 1. 몰수대상 물건이 압수되어 있는지 및 적법한 절차에 의하여 압수되었는지 여부가 형법상 몰수의 요건인지 여부(소극)
>   … 몰수는 반드시 압수되어 있는 물건에 대하여서만 하는 것이 아니므로 … 물건이 압수되어 있는가 하는 점 및 적법한 절차에 의하여 압수되었는가 하는 점은 몰수의 요건이 아니다 … 이미 그 집행을 종료함으로써 효력을 상실한 압수·수색영장에 기하여 다시 압수·수색을 실시하면서 몰수대상물건을 압수한 경우, 압수 자체가 위법하게 됨은 별론으로 하더라도 그것이 위 물건의 몰수의 효력에는 영향을 미칠 수 없다(대판 2003.5.30, 2003도705).
> 2. 압수되었다가 피고인에게 환부된 물건에 대한 몰수의 가부(적극)
>   … 압수된 후 피의자에게 환부된 물건에 대하여도 수소법원은 … 몰수를 선고할 수 있다(대판 1977.5.24, 76도4001).
> 3. 관세법상 범인이 직접 또는 간접으로 점유하던 밀수출 대상 물품을 압수한 경우, 그 물품이 제3자의 소유에 속하더라도 필요적 몰수의 대상이 되는지 여부(적극)
>   관세법 … 제282조 제2항은 … 범인이 직접 또는 간접으로 점유하던 밀수출 대상 물품을 압수한 경우 … 그 물품이 제3자의 소유에 속하더라도 필요적 몰수의 대상이 된다(대법원 2017.9.29, 2017모236).
> 4. 피고인 이외의 제3자의 소유에 속하는 물건에 대하여 몰수를 선고한 판결의 효력이 그 사건에서 재판을 받지 아니한 제3자의 소유권에 영향을 미치는지 여부(소극)
>   피고인 이외의 제3자의 소유에 속하는 물건의 경우, 몰수를 선고한 판결의 효력은 원칙적으로 … 유죄의 판결을 받은 피고인에 대한 관계에서 그 물건을 소지하지 못하게 하는 데 그치고, 그 사건에서 재판을 받지 아니한 제3자의 소유권에 어떤 영향을 미치는 것은 아니다(대법원 2017.9.29, 2017모236).
> 5. 공소사실이 인정되지 않거나 공소사실에 관하여 이미 공소시효가 완성되어 유죄의 선고를 할 수 없는 경우, 몰수나 추징만을 선고할 수 있는지 여부(소극)
>   … 몰수나 추징을 선고하기 위하여서는 몰수나 추징의 요건이 공소가 제기된 공소사실과 관련되어 있어야 하고, 공소사실이 인정되지 않는 경우에 이와 별개의 공소가 제기되지 아니한 범죄사실을 법원이 인정하여 그에 관하여 몰수나 추징을 선고하는 것은 불고불리의 원칙에 위반되어 불가능 … 몰수나 추징이 공소사실과 관련이 있다 하더라도 그 공소사실에 관하여 이미 공소시효가 완성되어 유죄의 선고를 할 수 없는 경우에는 몰수나 추징도 할 수 없다(대판 1992.7.28, 92도700).
>
> ❹ 수사기관의 압수물 환부에 관한 처분의 취소를 구하는 준항고의 법적 성격(= 항고소송) 및 소송 계속 중 준항고로써 달성하고자 하는 목적이 이미 이루어졌거나 이익이 상실된 경우, 준항고가 부적법하게 되는지 여부(적극)
>   … 준항고로써 달성하고자 하는 목적이 이미 이루어졌거나 시일의 경과 또는 그 밖의 사정으로 인하여 그 이익이 상실된 경우에는 준항고는 그 이익이 없어 부적법 … (대법원 2015.10.15, 2013모1970).

5. 압수·수색에 있어서 영장주의의 예외

(1) 체포·구속목적의 피의자(피고인) 수색(제216조 제1항 제1호)

> **제216조(영장에 의하지 아니한 강제처분)**
> ① 검사 또는 사법경찰관은 제200조의2, 제200조의3, 제201조 또는 제212조의 규정에 의하여 피의자를 체포 또는 구속하는 경우에 필요한 때에는 영장없이 다음 처분을 할 수 있다.
>   1. 타인의 주거나 타인이 간수하는 가옥, 건조물, 항공기, 선차 내에서의 피의자 수색. 다만, 제200조의2 또는 제201조에 따라 피의자를 체포 또는 구속하는 경우의 피의자 수색은 미리 수색영장을 발부받기 어려운 긴급한 사정이 있는 때에 한정한다.
>
> **제137조(구속영장집행과 수색)**
> 검사, 사법경찰관리 또는 제81조 제2항의 규정에 의한 법원사무관등이 구속영장을 집행할 경우에 필요한 때에는 미리 수색영장을 발부받기 어려운 긴급한 사정이 있는 경우에 한정하여 타인의 주거, 간수자있는 가옥, 건조물, 항공기, 선차 내에 들어가 피고인을 수색할 수 있다.

① 수색의 주체 : 검사 또는 사법경찰관○, 일반 사인×
② 적용의 요건 : 피의자가 소재할 개연성과 미리 수색영장을 발부받기 어려운 긴급한 사정이 있어야 함 → 예전에는 영장을 발부받기 어려운 긴급한 사정이 있는지 여부를 구별하지 않고 피의자가 소재할 개연성만 있으면 영장 없이 타인의 주거 등을 수색할 수 있도록 허용하고 있었는데, 이에 대하여 헌법재판소의 헌법불합치결정(헌재결 2018.4.26, 2015헌바370)이 있었고 이에 따라 2019년 12월 개정을 통하여 긴급성이라는 요건이 추가됨
③ 적용범위 : 피의자체포를 위한 필요불가결한 전제이기 때문 → 피의자의 추적이 계속되고 있는 경우는 체포 또는 구속 그 자체이며 이 규정의 적용이 없음 → 체포 전임을 요함

> **관련 판례**
>
> ❶ 형사소송법 제216조 제1항 제1호 중 제200조의2에 관한 부분이 헌법에 위반되는지의 여부(헌법불합치)
> … 별도로 영장을 발부받기 어려운 긴급한 사정이 있는지 여부를 구별하지 아니하고 피의자가 소재할 개연성이 있으면 영장 없이 타인의 주거 등을 수색할 수 있도록 허용 … 피의자가 그 장소에 소재할 개연성만 인정되면 수색영장을 발부받기 어려운 긴급한 사정이 있는지 여부와 무관하게 영장주의의 예외를 인정하고 있다는 점 … 2020. 3. 31.을 시한으로 입법자가 심판대상조항의 위헌성을 제거하고 합헌적인 내용으로 법률을 개정할 때까지 심판대상조항이 계속 적용되도록 할 필요 … 그 장소를 수색하기에 앞서 별도로 수색영장을 발부받기 어려운 긴급한 사정이 있는 경우에 한하여 적용되어야 할 것 … (헌재결 2018.4.26, 2015헌바370).
>
> ❷ 헌법재판소가 구 형사소송법 제216조 제1항 제1호 중 제200조의2에 관한 부분에 대해 헌법불합치결정을 하면서 일정 시한까지 계속 적용을 명한 부분의 효력이 '피의자를 체포할 긴급한 필요가 없는 경우'에까지 미치는지 여부(소극)
> 헌법재판소는 2018. 4. 26. 선고 2015헌바370 … 헌법불합치를 선언하면서, 구법 조항은 2020. 3. 31.을 시한으로 입법자가 개정할 때까지 계속 적용된다고 결정 … (대판 2021.5.27, 2018도13458).

(2) 체포현장에서의 압수·수색·검증(제216조 제1항 제2호)

> **제216조(영장에 의하지 아니한 강제처분)**
> ① 검사 또는 사법경찰관은 제200조의2, 제200조의3, 제201조 또는 제212조의 규정에 의하여 피의자를 체포 또는 구속하는 경우에 필요한 때에는 영장없이 다음 처분을 할 수 있다.
> 2. 체포현장에서의 압수, 수색, 검증

① 근거 : 체포하는 자의 안전과 증거의 은닉을 방지하기 위한 긴급행위로서 영장 없이 허용됨
② 긴급행위설의 입장에서의 적용범위
  ㉠ 시간적 범위 : 시간적 접착성
  ㉡ 장소적 범위 : 피체포자의 신체와 그의 직접적 지배아래 있는 장소에 국한
  ㉢ 대상 : 무기 기타의 흉기, 도주수단우려 있는 물건, 증거물에 한함
③ 압수한 물건에 대한 계속 압수할 필요가 있는 경우(제217조 제2항 및 제3항)

(3) 피고인 구속현장에서의 압수·수색·검증(제216조 제2항) : 피고인에 대한 구속은 수소법원의 권한이지만, 집행현장에서의 압수·수색 또는 검증은 수사기관의 권한에 속하는 처분이므로, 그 결과를 보고하거나 제출할 필요 없음

> **제216조(영장에 의하지 아니한 강제처분)**
> ② 전항 제2호의 규정은 검사 또는 사법경찰관이 피고인에 대한 구속영장의 집행의 경우에 준용한다.

(4) 범죄장소에서의 압수·수색·검증(제216조 제3항)

> **제216조(영장에 의하지 아니한 강제처분)**
> ③ 범행 중 또는 범행 직후의 범죄 장소에서 긴급을 요하여 법원판사의 영장을 받을 수 없는 때에는 영장없이 압수, 수색 또는 검증을 할 수 있다. 이 경우에는 사후에 지체없이 영장을 받아야 한다.

① 내용 : 피의자가 범행장소에 있음을 요하지 않고 피의자에 대한 체포나 구속을 전제로 하지 않음
② 사후영장 필요 : 사후영장을 발부받지 못하면 위법함

관련 판례

❷ 제216조 제3항과 관련된 판례들
1. … 그 후 법원의 사후영장을 받은 흔적이 없다면 유죄의 증거로 쓸 수 없다(대판 1990.9.14. 90도1263).
2. 사법경찰관 사무취급이 작성한 실황조사서가 … 제216조 제3항에 의한 검증에 따라 작성된 것이라면 사후영장을 받지 않는 한 유죄의 증거로 삼을 수 없다(대판 1989.3.14. 88도1399).
3. 주취운전이라는 범죄행위로 당해 음주운전자를 구속·체포하지 아니한 경우에도 … 그 차량열쇠는 … 범죄장소에서의 압수로서 … 제216조 제3항에 의하여 영장 없이 이를 압수할 수 있다(대판 1998.5.8. 97다54482).
4. … 제216조 제3항의 요건 중 어느 하나라도 갖추지 못한 경우에 그러한 압수·수색 또는 검증은 위법 … 사후에 법원으로부터 영장을 발부받았다고 하여 그 위법성이 치유되지 아니한다(대판 2017.11.29. 2014도16080).

(5) 긴급체포된 자에 대한 압수·수색·검증(제217조 제1항)

> **제217조(영장에 의하지 아니하는 강제처분)**
> ① 검사 또는 사법경찰관은 제200조의3에 따라 체포된 자가 소유·소지 또는 보관하는 물건에 대하여 긴급히 압수할 필요가 있는 경우에는 체포한 때부터 24시간 이내에 한하여 영장없이 압수·수색 또는 검증을 할 수 있다.
> ② 검사 또는 사법경찰관은 제1항 또는 제216조 제1항 제2호에 따라 압수한 물건을 계속 압수할 필요가 있는 경우에는 지체없이 압수수색영장을 청구하여야 한다. 이 경우 압수수색영장의 청구는 체포한 때부터 48시간 이내에 하여야 한다.
> ③ 검사 또는 사법경찰관은 제2항에 따라 청구한 압수수색영장을 발부받지 못한 때에는 압수한 물건을 즉시 반환하여야 한다.

① 적용범위 : 긴급성의 요건을 갖추어야 함 → 24시간 이내에만 가능 → 체포현장이 아닌 장소에서도 가능함(대판 2017.9.12. 2017도10309)
② 압수한 물건에 대한 계속 압수할 필요가 있는 경우(제217조 제2항 및 제3항)

관련 판례

❷ 긴급체포된 자가 소유·소지 또는 보관하는 물건에 대한 긴급 압수·수색 또는 검증을 규정한 형사소송법 제217조 제1항에 따른 압수·수색 또는 검증은 체포현장이 아닌 장소에서도 긴급체포된 자가 소유·소지 또는 보관하는 물건을 대상으로 할 수 있는지 여부(적극)
… 수사기관이 피의자를 긴급체포한 상황에서 피의자가 체포되었다는 사실이 공범이나 관련자들에게 알려짐으로써 관련자들이 증거를 파괴하거나 은닉하는 것을 방지 … 증거물을 신속히 확보할 수 있도록 하기 위한 것 … 체포현장이 아닌 장소에서도 긴급체포된 자가 소유·소지 또는 보관하는 물건을 대상으로 할 수 있다(대판 2017.9.12. 2017도10309).

❷ 제217조와 관련된 기타의 판례들
1. … 제217조 제2항, 제3항에 위반하여 압수수색영장을 청구하여 이를 발부받지 아니하고도 즉시 반환하지 아니한 압수물은 이를 유죄인정의 증거로 사용할 수 없는 것 … 피고인이나 변호인이 이를 증거로 함에 동의하였다고 하더라도 달리 볼 것은 아니다(대판 2009.12.24. 2009도11401).

2. … 전화사기죄 범행의 혐의자를 긴급체포하면서 그가 보관하고 있던 다른 사람의 주민등록증, 운전면허증 등을 압수한 사안 … 제217조 제1항에서의 압수로서 적법 … (대판 2008.7.10, 2008도2245).
3. 음란물 유포의 범죄혐의를 이유로 압수수색영장을 발부받아 … 수색하는 과정에서 대마를 발견 … 마약류관리에 관한 법률 위반죄의 현행범으로 체포하면서 대마를 압수 … 다음날 피고인을 석방하고도 사후 압수수색영장을 발부받지 않았다면 … 영장주의를 위반하여 수집한 증거로서 증거능력이 부정된다(대판 2009.5.14, 2008도10914).

(6) 임의제출물의 압수(제218조, 제108조)

> **제108조(임의제출물 등의 압수)**
> 소유자, 소지자 또는 보관자가 임의로 제출한 물건 또는 유류한 물건은 영장없이 압수할 수 있다.
>
> **제218조(영장에 의하지 아니한 압수)**
> 검사, 사법경찰관은 피의자 기타인의 유류한 물건이나 소유자, 소지자 또는 보관자가 임의로 제출한 물건을 영장없이 압수할 수 있다.

[관련 판례]

❹ **현행범 체포현장이나 범죄현장에서 소지자 등이 임의로 제출하는 물건을 형사소송법 제218조에 의하여 영장 없이 압수할 수 있는지 여부(적극) 및 이때 검사나 사법경찰관은 별도로 사후에 영장을 받아야 하는지 여부(소극)**
1. … 체포현장에서 영장 없이 압수·수색·검증 … 범죄장소에서 긴급을 요하여 판사의 영장을 받을 수 없는 때에는 영장 없이 압수·수색 또는 검증 … 임의로 제출한 물건은 영장 없이 압수 … 현행범 체포현장이나 범죄장소에서도 소지자 등이 임의로 제출하는 물건은 위 조항에 의하여 영장 없이 압수할 수 있고, 이 경우에는 … 사후에 영장을 받을 필요가 없다(대판 2016.2.18, 2015도13726).
2. … 현행범 체포현장이나 범죄 현장에서도 소지자 등이 임의로 제출하는 물건은 … 제218조에 의하여 영장 없이 압수하는 것이 허용되고, 이 경우 검사나 사법경찰관은 별도로 사후에 영장을 받을 필요가 없다(대판 2019.11.14, 2019도13290).

❹ **제218조와 관련된 기타의 판례들**
1. … 제218조에 위반하여 소유자, 소지자 또는 보관자가 아닌 자로부터 제출받은 물건을 영장 없이 압수한 경우 … 이를 유죄인정의 증거로 사용할 수 없는 것 … 피고인이나 변호인이 이를 증거로 함에 동의하였다고 하더라도 달리 볼 것은 아니다(대판 2010.1.28, 2009도10092).
2. … 경찰관이 간호사로부터 진료목적으로 이미 채혈되어 있던 피고인의 혈액 중 일부를 주취운전 여부에 대한 감정을 목적으로 임의로 제출받아 이를 압수한 경우 … 그 압수절차가 피고인 또는 피고인의 가족의 동의 및 영장없이 행하여졌다고 하더라도 이에 적법절차를 위반한 위법이 있다고 할 수 없다(대판 1999.9.3, 98도968).
3. … 이 사건 보강용 강판과 페인트는 위 차량의 보관자가 감정을 위하여 임의로 제출한 물건에 각 해당 … 제218조에 의하여 영장 없이 압수할 수 있으므로 위 각 증거의 수집과정에 영장주의를 위반한 잘못이 있다 할 수 없고 … 압수 후 압수조서 및 압수목록의 작성·교부 절차가 제대로 이행되지 아니한 잘못이 있다 하더라도 … 위법수집증거의 배제법칙에 비추어 그 증거능력의 배제가 요구되는 경우에 해당한다고 볼 수는 없다(대판 2011.5.26, 2011도1902).
4. … 교도관이 재소자가 맡긴 비망록을 수사기관에 임의로 제출하였다면 … 반드시 그 재소자의 동의를 받아야 하는 것은 아니다 … 임의로 제출받아 이를 압수한 경우 … 위법이 있다고 할 수 없다(대판 2008.5.15, 2008도1097).
5. … 그 제출에 임의성이 있다는 점에 관하여는 검사가 합리적 의심을 배제할 수 있을 정도로 증명 … 임의로 제출된 것이라고 볼 수 없는 경우에는 증거능력을 인정할 수 없다(대판 2023.6.1, 2020도2550).
6. … 영장발부의 사유로 된 범죄 혐의사실과 무관한 별개의 증거를 압수하였을 경우 … 유죄인정의 증거로 사용할 수 없다. 다만 수사기관이 별개의 증거를 피압수자 등에게 환부하고 후에 임의제출받아 다시 압수하였다면 증거를 압수한 절차위반행위와 최종적인 증거수집 사이의 인과관계가 단절되었다 … (대판 2016.3.10, 2013도11233).
7. … 사법경찰관이 위 규정을 위반하여 영장없이 물건을 압수한 경우 그 압수물은 물론 이를 기초로 하여 획득한 2차적 증거 역시 유죄 인정의 증거로 사용할 수 없는 것 … 이와 같은 법리는 … 위법한 압수가 있은 직후에 피고인으로부터 작성받은 그 압수물에 대한 임의제출동의서도 … 마찬가지라고 할 것이다(대판 2010.7.22, 2009도14376).

(7) 변사자검시에 이은 검증에서 긴급한 경우(제222조 제2항) : 전술함

Ⅲ 수사상 검증

1. 검증의 의의
법관이나 수사기관의 오관(시각·청각·후각·미각·촉각)의 작용에 의하여 인식하는 처분

2. 검증의 유형(수사기관이 하는 실황조사는 그 실질은 검증과 같으나, 임의수사로서 영장을 요하지 않음)

구분	수사기관에 의한 검증 (제215조)	수소법원에 의한 검증 (제139조)	증거보전을 위한 수임판사에 의한 검증(제184조)
영장의 요부	원칙적으로 영장 필요	영장 필요 없음	영장 필요 없음
검증조서의 증거능력	일정한 요건하에 인정 (제312조 제6항)	당연히 증거능력 인정 (제311조 전단)	당연히 증거능력 인정 (제311조 후단)

3. 수사상 검증의 절차

(1) 영장주의 원칙 : 영장주의 예외도 인정됨

(2) 검증의 절차 및 필요한 처분

① 검증과 필요한 처분

> **제140조(검증과 필요한 처분)**
> 검증을 함에는 신체의 검사, 사체의 해부, 분묘의 발굴, 물건의 파괴 기타 필요한 처분을 할 수 있다.

② 야간검증의 제한

> **제143조(시각의 제한)**
> ① 일출 전, 일몰 후에는 가주, 간수자 또는 이에 준하는 자의 승낙이 없으면 검증을 하기 위하여 타인의 주거, 간수자 있는 가옥, 건조물, 항공기, 선차 내에 들어가지 못한다. 단, 일출 후에는 검증의 목적을 달성할 수 없을 염려가 있는 경우에는 예외로 한다.
> ② 일몰 전에 검증에 착수한 때에는 일몰 후라도 검증을 계속할 수 있다.
> ③ 제126조에 규정한 장소에는 제1항의 제한을 받지 아니한다.

③ 참여권 보장 : 재판장은 검증의 일시·장소를 통지하여야 하며, 다만 참여권자가 참여하지 아니한다는 의사를 명시한 때 또는 긴급을 요하는 때에는 예외로 함(제145조, 제121조, 제122조)

(3) 검증조서의 작성

① 검증조서의 작성(제49조)

② 검증조서의 증거능력
  ㉠ 법원 또는 법관의 검증조서(제311조)
  ㉡ 검사 또는 사법경찰관의 검증조서(제312조 제6항)

4. 신체검사

(1) 신체검사의 의의 : 원칙적으로 검증으로서의 성질 → 다만 혈액채취 등은 감정의 성질도 가짐

(2) 신체검사에 관한 주의

> **제141조(신체검사에 관한 주의)**
> ① 신체의 검사에 관하여는 검사를 받는 사람의 성별, 나이, 건강상태, 그 밖의 사정을 고려하여 그 사람의 건강과 명예를 해하지 아니하도록 주의하여야 한다.
> ② 피고인 아닌 사람의 신체검사는 증거가 될 만한 흔적을 확인할 수 있는 현저한 사유가 있는 경우에만 할 수 있다.
> ③ 여자의 신체를 검사하는 경우에는 의사나 성년 여자를 참여하게 하여야 한다.
> ④ 시체의 해부 또는 분묘의 발굴을 하는 때에는 예(禮)에 어긋나지 아니하도록 주의하고 미리 유족에게 통지하여야 한다.

(3) 체내신체검사
  ① 의의 : 압수수색영장이나 검증영장 및 감정처분허가장, 압수물 존재의 개연성, 필요성, 방법의 상당성, 증거로서의 중요성, 대체수단의 부존재 등의 요건이 갖추어지면 허용될 수 있음
  ② 체내강제수색
  ③ 체내강제검증
  ④ 연하물(嚥下物)의 강제배출
  ⑤ 강제채혈
  ⑥ 강제채뇨

관련 판례

❹ 채혈과 관련된 판례들
1. 음주운전과 관련한 도로교통법 위반죄의 범죄수사를 위하여 미성년자인 피의자의 혈액채취가 필요한 경우, 법정대리인이 의사능력 없는 피의자를 대리하여 채혈에 관한 동의를 할 수 있는지 여부(소극)
    … 미성년자인 피의자의 혈액채취가 필요한 경우에도 피의자에게 의사능력이 있다면 피의자 본인만이 혈액채취에 관한 유효한 동의를 할 수 있고, 피의자에게 의사능력이 없는 경우에도 명문의 규정이 없는 이상 법정대리인이 피의자를 대리하여 동의할 수는 없다(대판 2014.11.13, 2013도1228).
2. 강제채혈의 법적 성질(= 감정에 필요한 처분 또는 압수영장의 집행에 필요한 처분)
    … 감정처분허가장을 받아 … 제173조 제1항에 의한 '감정에 필요한 처분'으로도 할 수 있지만 … 압수의 방법에 의하는 경우 … 피의자의 신체로부터 혈액을 채취하는 행위는 혈액의 압수를 위한 것 … 제120조 제1항에 정한 '압수영장의 집행에 있어 필요한 처분'에 해당한다(대판 2012.11.15, 2011도15258).
3. 음주운전 중 교통사고를 내고 의식불명 상태에 빠져 병원으로 후송된 운전자에 대하여 수사기관이 영장 없이 강제채혈을 할 수 있는지 여부(적극) 및 이 경우 사후 압수영장을 받아야 하는지 여부(적극)
    … 사고현장으로부터 곧바로 후송된 병원 응급실 등의 장소는 … 제216조 제3항의 범죄 장소에 준한다 할 것 … 그 혈액을 영장 없이 압수할 수 있다 … 사후에 지체 없이 … 압수영장을 받아야 한다(대판 2012.11.15, 2011도15258).
4. 영장이나 감정처분허가장 없이 채취한 혈액을 이용한 혈중알코올농도 감정결과의 증거능력(소극)
    … 영장 또는 감정처분허가장을 발부받지 아니한 채 피의자의 동의 없이 … 혈액을 채취하고 사후에도 지체 없이 영장을 발부받지 아니한 채 … 영장주의 원칙을 위반하여 수집하거나 그에 기초하여 획득한 증거 … 피고인이나 변호인의 동의가 있더라도 유죄의 증거로 사용할 수 없다(대판 2011.4.28, 2009도2109 ; 대판 2012.11.15, 2011도15258).
5. 위법한 강제연행 상태에서 1차적으로 호흡측정 방법에 의한 음주측정이 이루어진 후 강제연행 상태로부터 시간적·장소적으로 단절되었다고 볼 수 없는 상황에서 피의자의 요구에 의하여 2차적으로 수집된 혈액채취 방법에 의한 음주측정 결과의 증거능력 유무(소극)
    … 혈액채취에 의한 측정결과 역시 유죄 인정의 증거로 쓸 수 없다고 보아야 한다 … 피고인이나 변호인이 이를 증거로 함에 동의하였다고 하여도 달리 볼 것은 아니다(대판 2013.3.14, 2010도2094).
6. 도로교통법 제44조 제2항, 제3항의 취지 및 이 규정들이 음주운전에 대한 수사방법으로서의 혈액채취에 의한 측정방법을 운전자가 호흡측정 결과에 불복하는 경우에만 한정하여 허용하려는 취지인지 여부(소극)
    … 음주운전에 대한 수사방법으로서의 혈액채취에 의한 측정의 방법을 운전자가 호흡측정 결과에 불복하는 경우에만 한정하여 허용하려는 취지의 규정이라고 해석할 수는 없다(대판 2015.7.9, 2014도16051).

7. 음주운전에 대한 수사 과정에서 호흡측정이 이루어졌으나 호흡측정 결과에 오류가 있다고 인정할 만한 객관적이고 합리적인 사정이 있는 경우, 혈액채취에 의한 측정방법으로 다시 음주측정을 하는 것이 허용되는지 여부(적극)
··· 호흡측정이 이루어진 경우에는 그에 따라 과학적이고 중립적인 호흡측정 수치가 도출된 이상 ··· 다시 음주측정을 하는 것은 원칙적으로 허용되지 아니한다 ··· 호흡측정 결과에 오류가 있는 경우라면 ··· 운전자의 자발적인 동의를 얻어 혈액채취에 의한 측정의 방법으로 다시 음주측정을 하는 것을 위법하다고 볼 수는 없다(대판 2015.7.9, 2014도16051).

❺ 채뇨와 관련된 판례들

1. **강제채뇨의 의미와 수사기관이 범죄증거수집 목적으로 하는 강제채뇨의 허용 요건과 방법**
   강제채뇨는 ··· 피의자에 대하여 강제력을 사용해서 도뇨관(catheter)을 요도를 통하여 방광에 삽입한 뒤 체내에 있는 소변을 배출시켜 소변을 취득·보관하는 행위 ··· 범죄 수사를 위해서 강제채뇨가 부득이하다고 인정되는 경우에 최후의 수단으로 적법한 절차에 따라 허용 ··· 의사, 간호사, 그 밖의 숙련된 의료인 등으로 하여금 소변 채취에 적합한 의료장비와 시설을 갖춘 곳에서 피의자의 신체와 건강을 해칠 위험이 적고 피의자의 굴욕감 등을 최소화하는 방법으로 소변을 채취하여야 ··· (대판 2018.7.12, 2018도6219).

2. **강제채뇨와 영장주의**
   수사기관이 범죄 증거를 수집할 목적으로 피의자의 동의 없이 피의자의 소변을 채취하는 것은 ··· 감정허가장을 받아 '감정에 필요한 처분'으로 할 수 있지만(피의자를 병원 등에 유치할 필요가 있는 경우에는 ··· 법원으로부터 감정유치장을 받아야 한다) ··· 압수·수색의 방법으로도 할 수 있다. 이러한 압수·수색의 경우에도 ··· 판사로부터 압수·수색영장을 적법하게 발부받아 집행해야 한다(대판 2018.7.12, 2018도6219).

3. **압수·수색의 방법으로 소변을 채취하는 경우 압수대상물인 피의자의 소변을 확보하기 위해 수사기관이 소변채취에 적합한 장소로 피의자를 데려가기 위해서 필요 최소한의 유형력을 행사하는 것이 허용되는지 여부(적극)**
   압수·수색의 방법으로 소변을 채취하는 경우 압수대상물인 피의자의 소변을 확보하기 위한 수사기관의 노력에도 불구하고, ··· 인근 병원 응급실 등 소변 채취에 적합한 장소로 이동하는 것에 동의하지 않거나 저항하는 등 임의동행을 기대할 수 없는 사정이 있는 때 ··· 수사기관으로서는 소변 채취에 적합한 장소로 피의자를 데려가기 위해서 필요 최소한의 유형력을 행사하는 것이 허용 ··· 제120조 제1항에서 정한 '압수·수색영장의 집행에 필요한 처분'에 해당 ··· (대판 2018.7.12, 2018도6219).

4. **위법한 체포상태에서 이루어진 마약 투약 혐의를 확인하기 위한 채뇨 요구가 위법한지 여부(적극)**
   ··· 위법한 체포상태에서 마약 투약 혐의를 확인하기 위한 채뇨 요구가 이루어진 경우 ··· 그 일련의 과정을 전체적으로 보아 위법한 채뇨 요구가 있었던 것으로 볼 수밖에 없다(대판 2013.3.14, 2012도13611).

5. **영장 없이 강제로 연행한 상태에서 마약투약여부의 확인을 위한 1차 채뇨절차 이후 법원이 발부한 압수영장에 기하여 이루어진 2차 채뇨절차에 의하여 수집된 소변감정서 등의 증거능력(적극)**
   ··· 2차적 증거인 위 소변감정서 등의 증거능력이 인정된다(대판 2013.3.14, 2012도13611).

Ⅳ 수사상 감정

1. 감정의 의의

특별한 전문지식이 있는 자로 하여금 그 전문지식을 적용하여 일정한 사실을 판단하도록 하는 것 → 수사기관으로부터 감정을 위촉받은 자를 감정수탁자(제221조 제2항) → 감정수탁자에게는 선서의무가 없고 허위감정죄가 성립하지 않는다는 점에서 법원에 의한 감정인과 구별

2. 수사상 감정유치

> **제172조(법원 외의 감정)**
> ① 법원은 필요한 때에는 감정인으로 하여금 법원 외에서 감정하게 할 수 있다.
> ② 전항의 경우에는 감정을 요하는 물건을 감정인에게 교부할 수 있다.
> ③ 피고인의 정신 또는 신체에 관한 감정에 필요한 때에는 법원은 기간을 정하여 병원 기타 적당한 장소에 피고인을 유치하게 할 수 있고 감정이 완료되면 즉시 유치를 해제하여야 한다.

> ④ 전항의 유치를 함에는 감정유치장을 발부하여야 한다.
> ⑤ 제3항의 유치를 함에 있어서 필요한 때에는 법원은 직권 또는 피고인을 수용할 병원 기타 장소의 관리자의 신청에 의하여 사법경찰관리에게 피고인의 간수를 명할 수 있다.
> ⑥ 법원은 필요한 때에는 유치기간을 연장하거나 단축할 수 있다.
> ⑦ 구속에 관한 규정은 이 법률에 특별한 규정이 없는 경우에는 제3항의 유치에 관하여 이를 준용한다. 단, 보석에 관한 규정은 그러하지 아니하다.
> ⑧ 제3항의 유치는 미결구금일수의 산입에 있어서는 이를 구속으로 간주한다.
>
> **제221조의3(감정의 위촉과 감정유치의 청구)**
> ① 검사는 제221조의 규정에 의하여 감정을 위촉하는 경우에 제172조 제3항의 유치처분이 필요할 때에는 판사에게 이를 청구하여야 한다.
> ② 판사는 제1항의 청구가 상당하다고 인정할 때에는 유치처분을 하여야 한다. 제172조 및 제172조의2의 규정은 이 경우에 준용한다.

(1) 수사상 감정유치의 대상 : 피의자에 한함(피고인도 법원에 의해 가능) → 제3자×

(2) 수사상 감정유치의 절차
   ① 감정유치장의 청구와 발부
   ② 감정유치장의 집행 : 구속영장의 집행에 관한 규정이 준용됨
   ③ 유치기간 : 재정기간 → 연장하거나 단축할 수 있음
   ④ 유치장소 : 병원 기타 적당한 장소

(3) 감정유치와 구속
   ① 구속에 관한 규정 준용 : 미결구금일수에 산입함
   ② 구속기간에의 불산입 : 구속 중인 피고인에 대하여 감정유치장이 집행되었을 때에는 피고인이 유치되어 있는 기간 구속은 그 집행이 정지된 것으로 간주함(제172조의2)

3. 수사상 감정에 필요한 처분

> **제173조(감정에 필요한 처분)**
> ① 감정인은 감정에 관하여 필요한 때에는 법원의 허가를 얻어 타인의 주거, 간수자 있는 가옥, 건조물, 항공기, 선차 내에 들어 갈 수 있고 신체의 검사, 사체의 해부, 분묘의 발굴, 물건의 파괴를 할 수 있다.
> ② 전항의 허가에는 피고인의 성명, 죄명, 들어갈 장소, 검사할 신체, 해부할 사체, 발굴할 분묘, 파괴할 물건, 감정인의 성명과 유효기간을 기재한 허가장을 발부하여야 한다.
> ③ 감정인은 제1항의 처분을 받는 자에게 허가장을 제시하여야 한다.
> ④ 전2항의 규정은 감정인이 공판정에서 행하는 제1항의 처분에는 적용하지 아니한다.
> ⑤ 제141조, 제143조의 규정은 제1항의 경우에 준용한다.
>
> **제221조의3(감정에 필요한 처분, 허가장)**
> ① 제221조의 규정에 의하여 감정의 위촉을 받은 자는 판사의 허가를 얻어 제173조 제1항에 규정된 처분을 할 수 있다.
> ② 제1항의 허가의 청구는 검사가 하여야 한다.
> ③ 판사는 제2항의 청구가 상당하다고 인정할 때에는 허가장을 발부하여야 한다.
> ④ 제173조 제2항, 제3항 및 제5항의 규정은 제3항의 허가장에 준용한다.

04 수사상의 증거보전(수임판사에 대한 강제처분의 청구)

I 증거보전절차

1. 증거보전절차의 의의

> **제184조(증거보전의 청구와 그 절차)**
> ① 검사, 피고인, 피의자 또는 변호인은 미리 증거를 보전하지 아니하면 그 증거를 사용하기 곤란한 사정이 있는 때에는 제1회 공판기일 전이라도 판사에게 압수, 수색, 검증, 증인신문 또는 감정을 청구할 수 있다.
> ② 전항의 청구를 받은 판사는 그 처분에 관하여 법원 또는 재판장과 동일한 권한이 있다.
> ③ 제1항의 청구를 함에는 서면으로 그 사유를 소명하여야 한다.
> ④ 제1항의 청구를 기각하는 결정에 대하여는 3일 이내에 항고할 수 있다.

2. 증거보전의 요건

(1) **증거보전의 필요성(실질적 요건)** : 미리 증거를 보전하지 아니하면 그 증거를 사용하기 곤란한 사정이 있는 경우(예컨대 증거물의 멸실, 증인의 사망·질병 등)

(2) **제1회 공판기일 전(시기적 요건)**
   ① '제1회 공판기일 전'에 한함 : 수사개시 이후부터 공소제기 후라도 제1회 공판기일 전까지는 가능 → 형사입건 이전의 내사단계×, 제1회 공판기일 이후×, 항소심×, 파기환송 후의 절차×, 재심청구 사건×
   ② '제1회 공판기일 전'의 의미 : 수소법원에 의한 증거조사가 가능하기 전을 의미하는 모두절차가 끝난 때(쟁점정리 등 절차가 끝난 때)를 의미함

> **관련 판례**
> ❷ **형사입건되기 전의 경우 증거보전절차의 허부(소극)**
> ⋯ 피고인 또는 피의자가 형사입건도 되기 전에는 청구할 수 없다(대판 1979.6.12, 79도792).
> ❷ **재심청구사건에서 증거보전절차의 허부(소극)**
> ⋯ 재심청구사건에서는 증거보전절차는 허용되지 아니한다(대법원 1984.3.29, 84모15).

3. 증거보전의 절차

(1) **증거보전의 청구**
   ① 청구권자 : 검사, 피고인, 피의자 또는 변호인(피의자나 피고인의 명시적 의사에 반해서도 청구가 가능) → 피내사자× → 사법경찰관은 검사에게 신청
   ② 청구의 방식
      ㉠ 증거보전처분을 하여야 할 법관 : 압수할 물건의 소재지, 수색 또는 검증할 장소, 신체 또는 물건의 소재지, 증인의 주거지 또는 현재지 등을 관할하는 지방법원 판사
      ㉡ 증거보전의 청구방식 : 서면(증거보전청구서)
   ③ 청구의 내용 : 압수, 수색, 검증, 증인신문, 감정○ → 피의자신문×, 피고인신문×

> **관련 판례**
>
> ❷ 피의자신문에 해당하는 사항에 대한 증거보전청구의 가부(소극)
>   피의자신문에 해당하는 사항을 증거보전방법으로 청구할 수 없다(대판 1979.6.12, 79도792).
>
> ❸ 증거보전의 방법으로 피고인신문청구의 가부(소극)
>   증거보전의 방법으로 피고인신문을 청구할 수 없다(대판 1972.11.28, 72도2104).
>
> ❹ 증거보전절차에서 필요적 공범관계에 있는 공동피고인을 증인으로 신문할 수 있는지 여부(적극)
>   … 판사에게 공동피고인을 증인으로 신문할 것을 청구할 수 있다(대판 1988.11.8, 86도1646).
>
> ❺ 증거보전절차에서 작성된 증인신문조서 중 증인에 대한 반대신문과정에서 피의자가 진술한 내용을 기재한 부분의 증거능력
>   … 제311조에 의한 증거능력을 인정할 수 없다(대판 1984.5.15, 84도508).

(2) 증거보전의 처분

　① 지방법원 판사(수임판사)의 결정 : 증거보전청구기각결정에 대하여 '3일 이내'에 '항고'할 수 있도록 함(제184조 제4항) → 수임판사의 결정에 대하여 유일하게 불복할 수 있는 경우임

　② 수임판사의 권한 : 법원 또는 재판장과 동일한 권한

　③ 당사자의 참여권 보장 : 증거보전절차에서 증인신문을 할 경우에는 검사, 피의자나 피고인 또는 변호인의 참여권을 보장하기 위하여 미리 일시와 장소를 통지하여야 함(제163조, 제184조 제2항)

> **관련 판례**
>
> ❻ 증거보전절차로서 증인신문을 하면서 그 일시와 장소를 피의자 및 변호인에게 미리 통지하지 아니하여 당사자의 참여의 기회를 주지 않은 경우의 증거능력
>   1. … 미리 통지하지 아니하여 증인신문에 참여할 수 있는 기회를 주지 아니하였고 … 증인신문조서의 증거조사에 관하여 이의신청을 하였다면, 위 증인신문조서는 증거능력이 없다 할 것 … (대판 1992.2.28, 91도2337).
>   2. … 참여의 기회를 주지 아니한 경우라도 피고인과 변호인이 증인신문조서를 증거로 할 수 있음에 동의하여 별다른 이의 없이 적법하게 증거조사를 거친 경우 … 증인신문절차가 위법하였는지의 여부에 관계없이 증거능력이 부여된다(대판 1988.11.8, 86도1646).

4. 증거보전 후의 절차

(1) 증거보전결과의 보관 : 증거보전을 한 판사가 소속한 법원에서 보관

(2) 서류와 증거물 등의 열람·등사권

> **제185조(서류의 열람 등)**
> 검사, 피고인, 피의자 또는 변호인은 판사의 허가를 얻어 전조의 처분에 관한 서류와 증거물을 열람 또는 등사할 수 있다.

(3) 증거보전절차에서 작성된 조서의 증거능력 : 법원 또는 법관의 조서로서 당연히 증거능력이 인정(제311조 후단) → 증거보전절차에 의하여 보전된 증거를 이용하려면 증거신청을 하여야 함

(4) 제척·기피의 적용여부 : 판례는 제척·기피할 수 없다는 입장임(대판 1971.7.6, 71도974)

Ⅱ 증인신문의 청구

1. 증인신문의 청구의 의의

> **제221조의2(증인신문의 청구)**
> ① 범죄의 수사에 없어서는 아니될 사실을 안다고 명백히 인정되는 자가 전조의 규정에 의한 출석 또는 진술을 거부한 경우에는 검사는 제1회 공판기일 전에 한하여 판사에게 그에 대한 증인신문을 청구할 수 있다.
> ② 삭제 〈2007.6.1〉
> ③ 제1항의 청구를 함에는 서면으로 그 사유를 소명하여야 한다.
> ④ 제1항의 청구를 받은 판사는 증인신문에 관하여 법원 또는 재판장과 동일한 권한이 있다.
> ⑤ 판사는 제1항의 청구에 따라 증인신문기일을 정한 때에는 피고인·피의자 또는 변호인에게 이를 통지하여 증인신문에 참여할 수 있도록 하여야 한다.
> ⑥ 판사는 제1항의 청구에 의한 증인신문을 한 때에는 지체없이 이에 관한 서류를 검사에게 송부하여야 한다.

2. 증인신문의 청구의 요건

(1) 증인신문의 필요성(실질적 요건)
  ① 참고인의 출석 또는 진술의 거부 : 출석거부 또는 진술거부에 정당한 이유가 있는 경우에도 이에 해당○, 일부에 대하여 진술을 거부한 경우○, 진술조서에 날인을 거부하는 경우○
  ② '진술번복염려' 조항의 삭제 : 예전에는 검사 또는 사법경찰관에게 임의의 진술을 한 자가 공판기일에 전의 진술과 다른 진술을 할 염려가 있는 경우에도 판사에게 그에 대한 증인신문을 청구할 수 있도록 하였으나, 이에 대하여 헌법재판소의 위헌결정(헌재결 1996.12.26, 94헌바1)이 있었고 이에 따라 이에 관한 제221조의2 제2항의 규정을 삭제함

> **관련 판례**
> ❹ 진술번복의 염려를 이유로 인한 증인신문의 청구에 의한 증인신문조서의 증거능력
> 진술번복의 염려를 이유로 인한 증인신문의 청구에 의한 증인신문조서는 … 공정하고 신속한 공개재판을 받을 권리를 침해하여 수집된 증거로서 증거능력이 없다(대판 1997.12.26, 97도2249).

(2) 제1회 공판기일 전(시기적 요건) : 제184조에 의한 증거보전절차와 동일함

3. 증인신문의 절차

(1) 증인신문의 청구
  ① 청구권자 : 검사만
  ② 청구의 방식 : 서면(증인신문청구서)

(2) 지방법원판사(수임판사)의 결정 : 불복할 수 없음

(3) 수임판사의 권한 : 법원 또는 재판장과 동일한 권한

(4) 당사자의 참여권 보장
  ① 신문기일 등의 통지 : 피고인, 피의자 또는 변호인에게 신문기일과 장소 및 증인신문에 참여할 수 있다는 취지를 통지하여야 함(규칙 제112조)

② **참여권의 보장** : 예전의 '참여하게 할 수 있다'는 규정에 대하여 위헌결정(헌재결 1996.12.26, 94헌바1)이 있은 후 '참여하게 하여야 한다'는 내용으로 개정됨 → '특별히 수사에 지장이 있다고 인정하는 경우'라는 예외조항도 삭제함

③ **위반시 증거능력의 부정** : 참여의 기회를 주지 아니한 증인신문절차에서 작성된 증인신문조서는 그 증거능력이 부정됨

4. 증인신문 후의 조치

(1) 검사에게 서류의 송부(제221조 제6항)

(2) 서류와 증거물 등의 열람·등사권 : 열람·등사권이 없음

(3) 증인신문절차에서 작성된 조서의 증거능력(제311조 후단) : 이 증인신문조서를 증거로 이용하려면 검사, 피고인 또는 변호인이 증거신청을 하여야 함

[증거보전절차와 증인신문청구와의 비교]

구분	증거보전(제184조)	증인신문청구(제221조의2)
청구권자	피의자·피고인, 변호인, 검사	검사
시기적 요건	제1회 공판기일 전 내사단계는 안됨	제1회 공판기일 전 내사단계는 안됨
실질적 요건	증거보전의 필요성	참고인의 출석·진술거부
내용	압수·수색·검증, 증인신문, 감정 (피의자신문과 피고인신문은 제외)	증인신문
청구의 방식	서면으로 청구, 소명	서면으로 청구, 소명
판사의 권한	수소법원 또는 재판장과 동일한 권한	수소법원 또는 재판장과 동일한 권한
참여권 보장	당사자의 참여권 보장	당사자의 참여권 철저히 보장
결과	① 증거보전을 행한 판사소속법원에서 보관 ② 당사자의 열람등사권 인정 ③ 당연히 증거능력 인정(제311조)	① 검사에게 지체없이 송부 ② 당사자의 열람등사권 부정 ③ 당연히 증거능력 인정(제311조)

CHAPTER 03 수사의 종결

CORE SUMMARY

01 검사의 수사종결

I 수사절차의 종결

1. **수사의 종결**

2. **수사종결의 주체**
   (1) 검사의 공소제기·불기소·타관송치 처분 : 자세한 것은 후술함
   (2) 경찰서장의 즉결심판청구 : 20만원 이하의 벌금, 구류, 과료
   (3) 사법경찰관의 송치·불송치 처분 : 자세한 것은 후술함

3. **수사종결 후의 수사**
   공소제기 후 공소유지여부를 결정하기 위한 수사도 가능하며, 불기소처분 후에도 불기소처분은 확정력, 즉 일사부재리의 효과가 없기 때문에 불기소처분 후의 재수사도 가능하다.

   > **관련 판례**
   >
   > ● **불기소처분과 재수사 및 재기소의 가부(적극)**
   > 1. 불기소처분은 법원의 재판이 아니므로 … 일사부재리의 효과가 인정되지 아니한다(대판 1987.11.10, 87도2020).
   > 2. 무혐의불기소처분된 사건에 대하여 다시 기소할 수 있음은 법리상 명백하여 일사부재리의 원칙에 위반된 것이라고 할 수 없고 … (대판 1966.11.22, 66도1288).
   > 3. … 기소유예의 처분을 한 것을 그 후 다시 재기하여 기소하였다 하여도 기소의 효력에 아무런 영향이 없는 것 … 일사부재리의 원칙에 반하는 것이라 할 수 없다(대판 1983.12.27, 83도2686).
   > 4. … 조세범처벌법 위반죄에 관하여 일단 불기소처분이 있었더라도 세무공무원 등이 종전에 한 고발은 여전히 유효 … 나중에 공소를 제기함에 있어 … 등의 새로운 고발이 있어야 하는 것은 아니다(대판 2009.10.29, 2009도6614).

Ⅱ 검사의 사건처리(공소제기·불기소처분·타관송치)

1. 공소제기
(1) 검사의 공소제기 : 자세한 내용은 후술함

(2) 고위공직자범죄수사처 검사의 공소제기 : 수사처의 검사는 대법원장 및 대법관, 검찰총장, 판사 및 검사, 경무관 이상 경찰공무원에 해당하는 고위공직자로 재직 중에 본인 또는 본인의 가족이 범한 범죄의 수사 결과 그 혐의가 인정되면 공소를 제기하고 그 유지에 필요한 행위를 함(고위공직자범죄수사처 설치 및 운영에 관한 법률 제3조 및 제20조)

2. 불기소처분
(1) 협의의 불기소처분
① 혐의 없음 : 피의사실이 인정되지 않거나 피의사실을 인정할 만한 충분한 증거가 없는 경우 또는 피의사실이 범죄를 구성하지 않는 경우
② 죄가 안 됨 : 위법성조각사유나 책임조각사유가 있어서 범죄를 구성하지 않는 경우
③ 공소권 없음 : 소송조건이 결여되어 있거나 형 면제 사유가 있는 경우
④ 각하결정 : 고소 또는 고발이 있는 사건에 관하여 고소인 또는 고발인의 진술이나 고소장 또는 고발장에 의하여 혐의 없음·죄가 안됨·공소권 없음의 사유에 해당함이 명백한 경우, 동일사건에 관하여 검사의 불기소처분이 있는 경우, 고소권자가 아닌 자가 고소한 경우 등

(2) 기소유예 : 검사는 형법 제51조의 사항을 참작하여 공소를 제기하지 아니할 수 있다(제247조).

(3) 공소보류 : 국가보안법상의 기소유예 → 공소보류 후 2년을 경과하면 공소제기를 할 수 없음

(4) 기소중지 : 피의자의 소재불명 등의 사유로 그 사유가 해소될 때까지 하는 잠정적 종결

3. 타관송치
(1) 일반적인 타관송치

> 제256조(타관송치)
> 검사는 사건이 그 소속검찰청에 대응한 법원의 관할에 속하지 아니한 때에는 사건을 서류와 증거물과 함께 관할법원에 대응한 검찰청검사에게 송치하여야 한다.

(2) 군검사에의 사건송치

> 제256조의2(군검사에의 사건송치)
> 검사는 사건이 군사법원의 재판권에 속하는 때에는 사건을 서류와 증거물과 함께 재판권을 가진 관할 군검찰부 군검사에게 송치하여야 한다. 이 경우에 송치 전에 행한 소송행위는 송치 후에도 그 효력에 영향이 없다.

(3) 고위공직자범죄의 서울중앙지방검찰청으로의 송치 : 수사처의 검사는 대법원장 및 대법관, 검찰총장, 판사 및 검사, 경무관 이상 경찰공무원을 제외한 고위공직자의 범죄에 관한 수사를 한 때에는 관계서류와 증거물을 지체없이 서울중앙지방검찰청 소속검사에게 송부하여야 함(고위공직자범죄수사처 설치 및 운영에 관한 법률 제26조) → 송부받은 검사는 처장에게 해당 사건의 공소제기 여부를 신속하게 통보하여야 함

(4) 소년부로의 송치 : 검사는 소년에 대한 피의사건을 수사한 결과 보호처분에 해당하는 사유가 있다고 인정한 경우에는 사건을 관할 소년부에 송치하여야 함(소년법 제49조)

Ⅲ 검사의 처분통지

1. 고소인 또는 고발인에 대한 통지의무

(1) 고소인 또는 고발인에 대한 처분통지의무

> **제258조(고소인 등에의 처분고지)**
> ① 검사는 고소 또는 고발 있는 사건에 관하여 공소를 제기하거나 제기하지 아니하는 처분, 공소의 취소 또는 제256조의 송치를 한 때에는 그 처분한 날로부터 7일 이내에 서면으로 고소인 또는 고발인에게 그 취지를 통지하여야 한다.

(2) 불기소처분에 대한 이유 고지의무

> **제259조(고소인 등에의 공소부제기 이유고지)**
> 검사는 고소 또는 고발 있는 사건에 관하여 공소를 제기하지 아니하는 처분을 한 경우에 고소인 또는 고발인의 청구가 있는 때에는 7일 이내에 고소인 또는 고발인에게 그 이유를 서면으로 설명하여야 한다.

관련 판례

◎ 검사의 고소인에 대한 고소사건 처분결과통지 또는 공소부제기 이유고지가 항고소송의 대상인 처분에 해당하는지 여부(소극)
… 제258조 제1항의 처분결과 통지는 불기소결정에 대한 항고기간의 기산점 … 제259조의 공소부제기이유고지 제도는 고소인 등으로 하여금 항고 등으로 불복할지 여부를 결정하는 데 도움을 주도록 하기 위함 … 이러한 통지 내지 고지는 불기소결정이라는 검사의 처분이 있은 후 그에 대한 불복과 관련한 절차일 뿐 그 자체가 별도의 독립한 처분이 된다고는 볼 수 없다 … 검사가 … 제258조 제1항의 처분결과 통지 의무를 이행하지 않은 경우에는 항고기간이 진행하지 않는 효과가 발생 … (대판 2018.9.28, 2017두47465).

2. 피의자에 대한 처분통지의무

> **제258조(고소인 등에의 처분고지)**
> ② 검사는 불기소 또는 제256조의 처분을 한 때에는 피의자에게 즉시 그 취지를 통지하여야 한다.

3. 범죄피해자 등에 대한 통지의무(피해자의 정보권)

> **제259조의2(피해자 등에 대한 통지)**
> 검사는 범죄로 인한 피해자 또는 그 법정대리인(피해자가 사망한 경우에는 그 배우자·직계친족·형제자매를 포함한다)의 신청이 있는 때에는 당해 사건의 공소제기여부, 공판의 일시·장소, 재판결과, 피의자·피고인의 구속·석방 등 구금에 관한 사실 등을 신속하게 통지하여야 한다.

Ⅳ 사법경찰관의 사건처리

1. 사건의 송치

사법경찰관은 고소·고발 사건을 포함하여 범죄를 수사하여 그 혐의가 있다고 인정되는 경우에는 지체없이 검사에게 사건을 송치하고, 관계 서류와 증거물을 검사에게 송부함(제245조의5 제1호)

2. 사건의 불송치

(1) **사건의 불송치 처분** : 사법경찰관은 고소·고발 사건을 포함하여 범죄를 수사하여 그 혐의가 없다고 인정되는 경우에는 그 이유를 명시한 서면과 함께 관계 서류와 증거물을 지체없이 검사에게 송부함(제245조의5 제2호) → 이 경우 검사는 송부받은 날로부터 90일 이내에 사법경찰관에게 반환함

(2) **검사의 재수사요청** : 검사는 사법경찰관의 불송치 처분의 경우에 그 사건을 송치하지 않은 것이 위법 또는 부당한 때에는 그 이유를 문서로 명시하여 재수사를 요청할 수 있으며, 이 경우 사법경찰관은 그 사건을 재수사하여야 함(제245조의8)

(3) **고소인·고발인·피해자 등에 대한 통지 및 이의신청**
  ① **고소인·고발인·피해자 등에 대한 송부통지** : 사법경찰관은 불송치 처분을 한 경우 그 관계 서류와 증거물을 검사에게 송부한 날로부터 7일 이내에 서면으로 고소인·고발인·피해자 또는 그 법정대리인(피해자가 사망한 경우에는 그 배우자·직계친족·형제자매를 포함)에게 사건을 검사에게 송치하지 아니하는 취지와 그 이유를 통지함(제245조의6)
  ② **이의신청에 의한 사건송치** : 고발인을 제외하고 위의 불송치 처분에 따른 송부통지를 받은 사람은 해당 사법경찰관의 소속관서의 장에게 이의를 신청할 수 있으며, 이 경우 사법경찰관은 지체없이 검사에게 사건을 송치하고 관계서류와 증거물을 송부함(제245조의7)

V 불기소처분에 대한 불복

1. **재정신청** : 자세한 것은 후술함

2. **검찰청법상의 항고·재항고**
검사의 불기소처분에 불복이 있는 고소인 또는 고발인은 불기소처분의 통지를 받은 날로부터 30일 이내에 그 검사가 속하는 지방검찰청 또는 지청을 거쳐 서면으로 관할 고등검찰청 검사장에게 항고할 수 있음(검찰청법 제10조) → 이 경우 지방검찰청 또는 지청의 검사는 항고가 이유 있다고 인정하는 때에는 그 처분을 경정하여야 함 → 항고를 한 자(형사소송법 제260조에 따라 재정신청을 할 수 있는 자는 제외)는 그 항고를 기각하는 처분에 대하여 다시 검찰총장에게 재항고할 수 있음

3. **헌법소원**
  (1) **헌법소원의 의의** : 공권력의 행사 또는 불행사로 인하여 헌법상의 기본권이 침해된 자가 헌법재판소에 그 권리의 구제를 청구하는 제도
  (2) **헌법소원의 대상** : 불기소처분(기소유예처분 포함)○, 공소제기처분×, 약식명령의 청구×, 수사 중인 사건×, 내사종결사건×
  (3) **헌법소원의 요건**
    ① 헌법상 보장된 자기의 기본권을 직접 그리고 현실적으로 침해당한 경우, 다른 법률에 구제절차가 있는 경우에는 그 절차를 모두 거친 후(보충성)이어야 한다.
    ② 공소시효가 완성되었을 때에는 헌법소원을 제기할 수 없다(헌재결 1989.4.17. 88헌마3).
    ③ 헌법소원을 제기할 수 있는 자 : 고소인×, 고발인×, 피의자○, 고소를 하지 않은 피해자○

> **관련 판례**
>
> ❹ 헌법소원과 관련된 형사소송법 판례
> 1. ··· 내사사건 종결처리는 ··· 헌법소원의 대상이 되는 공권력의 행사라고 할 수 없다(헌재결 1990.12.26, 89헌마277).
> 2. 현재 수사 중인 사건 ··· 이에 관한 헌법소원심판청구는 부적법하다(헌재결 1989.9.11, 89헌마169).
> 3. 군검찰관의 기소유예처분 ··· 헌법소원심판청구의 대상이 된다(헌재결 1989.10.27, 89헌마56).
> 4. 검사는 피고인을 구금하는 사실행위를 행하는 기관이라고 볼 수 없다 ··· 검사의 구속 내지 감금행위를 심판대상으로 하는 헌법소원심판청구는 부적법하다(헌재결 1997.12.24, 95헌마247).
> 5. ··· 청구인들은 별도로 고소를 제기함이 없이 곧바로 검사의 불기소처분에 대하여 헌법소원심판을 청구할 수 있다(헌재결 1997.2.20, 96헌마76).
> 6. ··· 고발인은 범죄사실에 대한 직접 피해자가 아니므로 ··· 자기관련성을 내세워 헌법소원심판을 청구하는 것은 허용될 수 없다(헌재결 1998.6.25, 95헌마100).
> 7. ··· 사전에 검찰청법 소정의 항고 및 재항고 절차를 거치지 아니하면 부적법하다(헌재결 1992.4.14, 89헌마280).
> 8. 헌법재판소의 결정에 대하여서는 불복신청이 허용될 수 없 ··· (헌재결 1990.10.12, 90헌마170).
> 9. ··· 불기소처분을 취소하는 헌법재판소의 결정이 있는 때 ··· 성실히 수사하여 결정 ··· (헌재결 1997.7.16, 95헌마290).
> 10. ··· 불기소처분이 아닌 항고·재항고결정에 대한 헌법소원심판은 청구할 수 없다(헌재결 1991.4.1, 90헌마230).

4. 불기소처분에 대한 이유고지의무(제259조)

5. 특별검사제도

6. 행정소송의 가부

판례는 검사의 불기소처분에 대하여 행정소송을 제기할 수 없다는 입장(대판 1989.10.10, 89누2271)

02 공소제기 후의 수사

I 수사의 시간적 범위

공소제기 후에도 여전히 공소유지여부를 결정하기 위한 검사의 수사의 필요성은 존재하지만, 공판중심주의·직접주의·당사자주의의 이념과 충돌할 우려가 있으므로 제한할 필요가 있음

II 공소제기 후의 강제수사

1. 대인적 강제처분 ×
   (1) 피고인 체포 ×
   (2) 피고인 구속 ×
   (3) 수사상 감정유치 ×

2. 대물적 강제처분(압수·수색·검증)

(1) 공소제기 후 검사에 의한 압수·수색·검증 ×

> **관련 판례**
>
> ❹ 검사가 공소제기 후 제215조에 의해 수소법원 외 법관으로부터 발부받은 압수·수색영장에 의해 수집한 증거의 증거능력(소극)
> … 일단 공소가 제기된 후에는 검사로서는 … 제215조에 의하여 압수·수색을 할 수 없다고 보아야 하며 … 적법한 절차에 따르지 않은 것으로서 원칙적으로 유죄의 증거로 삼을 수 없다(대판 2011.4.28, 2009도10412).

(2) 예외적으로 허용되는 경우 : 공소제기 후라도 피고인에 대한 구속영장을 집행하는 경우에 있어서의 압수·수색·검증(제216조 제2항)과 임의제출물의 압수(제108조, 제218조)는 허용됨 → 자세한 내용은 전술함

Ⅲ 공소제기 후의 임의수사

1. 피고인조사(피고인신문)

> **관련 판례**
>
> ❹ 공소제기 후 검사가 작성한 피고인에 대한 진술조서의 증거능력
> 검사작성의 피고인에 대한 진술조서가 공소제기 후에 작성된 것이라는 이유만으로는 곧 그 증거능력이 없다고 할 수 없다(대판 1984.9.25, 84도1646).

2. 증인조사(참고인조사)

(1) 일반적인 증인조사 : 원칙적으로 허용되지만, 공판기일에 증인으로 채택되어 신문할 수 있는 사람을 특별한 사정 없이 미리 수사기관에 소환하여 조사하는 방식은 허용되지 않음

> **관련 판례**
>
> ❹ 제1심에서 피고인에 대하여 무죄판결이 선고되어 검사가 항소한 후, 수사기관이 항소심 공판기일에 증인으로 신청하여 신문할 수 있는 사람을 특별한 사정 없이 미리 수사기관에 소환하여 작성한 진술조서의 증거능력 유무(소극)
> … 공소가 제기된 후에는 그 사건에 관한 형사절차의 모든 권한이 사건을 주재하는 수소법원에 속하게 되며 … 피의자는 검사와 대등한 당사자인 피고인의 지위에서 방어권을 행사 … 제1심에서 피고인에 대하여 무죄판결이 선고되어 검사가 항소한 후, 수사기관이 항소심 공판기일에 증인으로 신청하여 신문할 수 있는 사람을 특별한 사정 없이 미리 수사기관에 소환하여 작성한 진술조서는 피고인이 증거로 할 수 있음에 동의하지 않는 한 증거능력이 없다 … 위 참고인이 나중에 법정에 증인으로 출석하여 위 진술조서의 성립의 진정을 인정하고 피고인 측에 반대신문의 기회가 부여된다 하더라도 위 진술조서의 증거능력을 인정할 수 없음은 마찬가지 … (대판 2019.11.28, 2013도6825).
>
> ❺ 검사가 공판기일에 증인으로 신청하여 신문할 사람을 특별한 사정 없이 미리 수사기관에 소환하여 면담하는 절차를 거친 후 증인이 법정에서 피고인에게 불리한 내용의 진술을 한 경우, 증인신문 전 면담 과정에서 증인에 대한 회유나 압박, 답변 유도나 암시 등으로 증인의 법정진술에 영향을 미치지 않았다는 점이 담보되어야 증인의 법정진술을 신빙할 수 있는지 여부(적극)
> … 공소가 제기된 후에는 그 사건에 관한 형사절차의 모든 권한이 사건을 주재하는 수소법원에 속하게 되며 … 검사와 대등한 당사자인 피고인의 지위 … 검사가 공판기일에 증인으로 신청하여 신문할 사람을 특별한 사정 없이 미리 수사기관에 소환하여 면담하는 절차를 거친 후 증인이 법정에서 피고인에게 불리한 내용의 진술을 한 경우, 검사가 증인신문 전 면담 과정에서 증인에 대한 회유나 압박, 답변 유도나 암시 등으로 증인의 법정진술에 영향을 미치지 않았다는 점이 담보되어야 증인의 법정진술을 신빙할 수 있다고 할 것 … 검사가 … 증명하여야 … (대판 2021.6.10, 2020도15891).

(2) 이미 공판정에서 피고인에게 유리한 증언을 한 증인에 대한 번복진술방식의 조사 : 허용되지 않음

> **관련 판례**
>
> ❸ 공판준비 또는 공판기일에서 이미 증언을 마친 증인을 검사가 소환한 후 피고인에게 유리한 증언 내용을 추궁하여 이를 일방적으로 번복시키는 방식으로 작성한 '진술조서' 등의 증거능력을 인정할 수 있는지 여부(소극)
>   1. … 이러한 진술조서는 피고인이 증거로 할 수 있음에 동의하지 아니하는 한 증거능력이 없다고 할 것 … 이러한 법리는 … 진술서를 작성하도록 하여 법원에 제출한 경우에도 마찬가지로 적용 … (대판 2012.6.14. 2012도534).
>   2. … 이러한 진술조서는 피고인이 증거로 할 수 있음에 동의하지 아니하는 한 증거능력이 없고 … 원진술자인 종전 증인이 다시 법정에 출석하여 증언을 하면서 그 진술조서의 성립의 진정함을 인정하고 피고인 측에 반대신문의 기회가 부여되었다고 하더라도 … 위와 같은 진술조서의 증거능력이 없다는 결론은 달리할 것이 아니다. 이는 … 피의자신문조서의 경우도 마찬가지 … (대판 2013.8.14. 2012도13665).

3. 감정·통역·번역의 위촉

제1회 공판기일 전후를 불문하고 허용

4. 공무소 등에 사실조회

제1회 공판기일 전후를 불문하고 허용

CHAPTER 04 공소제기

CORE SUMMARY

01 공소와 공소권이론

I 공소의 의의
법원에 대하여 특정한 형사사건의 심판을 요구하는 검사의 법률행위적 소송행위 → 不告不理

II 공소권이론

1. 추상적 공소권설
구체적 사건과 관계없이 형사일반에 대해 공소를 제기할 수 있는 권한

2. 구체적 공소권설(유죄판결 청구권설)
구체적 사건에 대해 유죄의 판결을 받기 위해 공소를 제기할 수 있는 권한 → 형식적 공소권(실체재판을 받기 위한 요건)과 실체적 공소권(유죄판결을 받기 위한 요건)을 모두 갖추어야 함

3. 실체판결청구권설
구체적 사건에 대해 유죄 또는 무죄의 실체판결을 청구하는 권리로 파악

III 공소권남용이론

1. 공소권남용이론의 의의
(1) **공소권의 남용** : 검사의 공소권 행사가 형식적으로는 적법하지만 실질적으로는 부당한 경우 → 공소권의 '행사'에 관계된 것으로 공소권의 '불행사'는×, 형식적으로 부적법한 경우에도×
(2) **공소권남용이론** : 공소권이 남용된 경우에 공소기각판결이나 공소기각결정, 관할위반판결, 면소판결 등과 같은 형식재판으로 소송을 종결시켜야 한다는 이론

2. 공소권남용이론의 인정여부
(1) **학설** : 부정설(공소권남용이론의 취지에는 찬성하나 공소기각과 면소판결 등 형식재판의 사유를 엄격히 법정화하여 제한하고 있는 현행 형사소송법상으로는 받아들이기 힘들다)과 긍정설(검사의 기소재량에도 일정한 한계는 있을 수밖에 없고, 피고인을 조기에 형사절차에서 해방시킬 수 있는 장점이 있다는 것을 근거로 이 이론을 받아들이자)의 견해대립

(2) 판례 : 검사가 자의적으로 공소권을 행사하여 피고인에게 실질적으로 불이익을 줌으로써 소추재량권을 현저히 일탈하였다고 보여지는 경우에는 이를 공소권남용으로 보아 공소제기의 효력을 부인할 수 있다고 하여 일단 공소권남용이론을 일정한 한도에서는 긍정하려고 하는 입장임(대판 2001.9.7, 2001도3026)

3. 공소권남용여부에 대한 유형별 검토

(1) 혐의 없는 사건에 대한 공소제기 : 공소권남용에 해당하지 않는다는 견해가 다수설

(2) 소추재량권을 일탈한 공소제기(기소유예처분을 함이 상당한 사건에 대하여 검사가 공소를 제기한 경우)

> **관련 판례**
> ❶ 피고인과 동일한 범죄구성요건에 해당하는 행위자에 대하여 공소제기가 없었다고 하여 피고인에 대한 공소제기가 공소권남용으로 무효인지 여부(소극)
> … 불공정한 기소로서 법령에 위반되어 무효라고 주장할 수는 없다(대판 1990.10.12, 90도1744).

(3) 차별적 공소제기(범죄의 성질과 내용이 유사한 피의자 중 일부는 수사에 착수하지 않거나 기소유예로 수사를 종결하고 그 중 일부만을 선별하여 검사가 공소를 제기한 경우)

> **관련 판례**
> ❶ 차별적 공소제기가 평등권을 침해하는지 여부(소극)
> … 일부만을 기소하고 다른 일부에 대하여는 불기소처분 … 공소권을 남용하였다고 할 수 없다(대판 1990.6.8, 90도646).

(4) 위법수사에 의한 공소제기(공소제기 전 수사절차에 중대한 위법이 있는 수사에 의하여 검사가 공소를 제기한 경우)

> **관련 판례**
> ❶ 위법수사에 이은 공소제기가 무효 내지 공소권 남용이 아니라는 판례들 - 원칙
> 1. … 불법연행 등 각 위법사유가 사실이라고 하더라도 그 위법한 절차에 의하여 수집된 증거를 배제할 이유는 될지언정 공소제기의 절차자체가 위법하여 무효인 경우에 해당한다고 볼 수 없다(대판 1996.5.14, 96도561).
> 2. 재구속제한에 위반하더라도 공소제기 자체가 무효로 되는 것은 아니다(대판 1966.11.22, 66도1288).
> 3. … 수사와 기소 단계에서 정치적인 고려를 하여 공소제기하였다고 하더라도 이를 공소권 남용이라고 단정할 수 없다(대판 2004.4.27, 2004도482).
> ❷ 위법수사에 위법한 범의유발형 함정수사에 이은 공소제기가 무효라는 판례 - 예외
> … 그 절차가 법률의 규정에 위반하여 무효인 때에 해당한다(대판 2005.10.28, 2005도1247).

(5) 누락사건에 대한 추가기소(피의자가 전부 자백하여 검사가 동시에 수사하여 함께 공소를 제기함이 상당한 사건에 대하여 일부를 누락하였다가 먼저 기소한 사건에 대하여 항소심판결이 선고된 후에 그 누락사건을 추가기소하는 경우)

> **관련 판례**
> ❶ 검사의 누락사건에 대한 추가기소가 공소권남용에 해당하여 공소제기가 무효인지 여부
> … 검사가 자의적으로 공소권을 행사하여 피고인에게 실질적인 불이익을 줌으로써 소추재량권을 현저히 일탈하였다고 보여지는 경우에 이를 공소권의 남용으로 보아 공소제기의 효력을 부인할 수 있는 것 … 단순히 직무상의 과실에 의한 것만으로는 부족하고 적어도 미필적이나마 어떤 의도가 있어야 한다 … (대판 2001.9.7, 2001도3026).
> ❷ 공소권남용과 관련된 기타의 판례들
> 1. 검사가 피고인의 여러 범죄행위를 일괄하여 기소하지 아니하고 수사진행 상황에 따라 여러 번에 걸쳐 나누어 분리기소하였다고 하여 … 공소권 남용이라 볼 수 없다(대판 2007.12.27, 2007도5313).
> 2. 공소제기된 피고인의 범죄사실 중 일부에 대하여 검사의 일차 무혐의결정 … 검사가 새로이 수사를 재기하게 된 것이라 하더라도 … 이를 가리켜 공소권을 남용한 경우로서 … 볼 수는 없다(대판 1995.3.10, 94도2598).
> 3. … 피고인이 그 공소사실을 부인함으로 검사가 증거를 확보하느라고 상당한 시간이 경과 … 甲사건 공소가 공소권을 남용하여 제기된 것이라고 볼 수는 없다(대판 1996.9.24, 96도1730).

> 4. 검사가 사기죄에 대하여 약식명령의 청구를 한 다음, 피고인이 약식명령의 고지를 받고 정식재판의 청구를 하여 그 사건이 제1심법원에 계속 중 … 사기죄의 수단의 일부로 범한 사문서위조 및 동행사죄에 대하여 추가로 공소를 제기하였더라도, 일사부재리의 원칙에 위반되거나, 공소권을 남용한 것으로서 공소제기의 절차가 법률의 규정에 위반하여 무효인 때에 해당한다고 볼 수 없다(대판 1990.2.23, 89도2102).
> 5. 대한민국 정부와 프랑스공화국 정부 간의 범죄인인도조약(이하 '조약'이라고 한다) 제15조 제3호 … 공소제기된 범죄가 범죄인도청구와 보충서류에 담긴 같은 사실관계를 기초로 삼고 있고 … 인도청구범죄의 최고형과 같거나 낮은 최고형으로 처벌할 수 있는 경우 … 공소제기된 범죄로 형의 선고를 받을 수 있다고 규정 … 협약과 조약의 체계와 내용에 비추어 보면, 범죄인 인도대상 범죄와 동일한 사실관계를 기초로 하고 법정형의 상한이 더 무겁지 않은 범죄로 공소제기된 경우에는 그 공소제기가 적법하다 … (대판 2018.8.30, 2018도9385).

02 공소제기의 기본원칙

Ⅰ 국가소추주의

제246조(국가소추주의)
공소는 검사가 제기하여 수행한다.

Ⅱ 기소독점주의

1. 기소독점주의의 의의

공소권, 즉 기소권을 국가기관으로서의 검사에게만 부여하는 공소제기의 기본원칙 → 형사소송법은 제246조에서 국가소추주의와 함께 기소독점주의를 선언 → 대법원장 및 대법관, 검찰총장, 판사 및 검사, 경무관 이상 경찰공무원에 해당하는 고위공직자의 범죄에 대한 공소제기는 고위공직자범죄수사처의 검사가 하게 됨

2. 기소독점주의의 예외

경찰서장에 의한 즉결심판청구가 유일한 예외임

Ⅲ 기소편의주의

1. 기소편의주의의 의의

충분한 범죄혐의가 있고 소송조건을 갖추었음에도 불구하고 검사의 재량에 의하여 공소를 제기하지 아니할 수 있음을 인정하는 공소제기의 기본원칙(제247조) → 기소법정주의와 반대되는 개념

제247조(기소편의주의)
검사는 「형법」 제51조의 사항을 참작하여 공소를 제기하지 아니할 수 있다.

2. 기소편의주의와 기소법정주의의 비교

구분	기소편의주의	기소법정주의
장점	① 형사사법의 탄력적 운용으로 구체적 정의 실현 ② 피의자를 형사절차에서 조속히 해방 ③ 불필요한 기소억제로 소송경제에 기여	① 형사사법의 획일적 운영을 통하여 법적 안정성 유지 ② 검사의 자의와 정치적 영향 배제
단점	① 검사의 자의와 독선에 흐를 위험 ② 정치적 영향에 좌우될 위험	① 형사사법의 경직으로 구체적 정의를 잃게 함 ② 법원과 피고인에게 불필요한 절차를 강요하여 소송경제에 반함

3. 기소편의주의의 내용

(1) 기소유예

① 기소유예의 의의 : 충분한 범죄의 혐의가 있고 소송조건이 구비되어 있음에도 불구하고 형법 제51조의 사항을 참작하여 공소를 제기하지 아니하는 검사의 처분(제247조) → 기소편의주의의 본질적 내용

② 기소유예의 기준 : 형법 제51조의 사항(범인의 연령·성행·지능과 환경, 피해자에 대한 관계, 범행의 동기·수단과 결과, 범행 후의 정황 등)이 그 기준 → 이는 예시에 불과하므로, 이 사유 이외에도 범행에 대한 사회적 평가의 변화, 시간적 경과, 법령의 개폐 등의 사정도 고려의 대상이 될 수 있음 → 그러나 이에도 스스로 내재적인 한계는 있음(대판 2017.8.23, 2016도5423)

> **관련 판례**
>
> ⊙ 기소편의주의에 따른 검사의 소추재량이 내재적 한계를 가지는지 여부(적극)
> 검사는 … 공소를 제기할 수 있고 또 형법 제51조의 사항을 참작하여 공소를 제기하지 아니할 수 있는 재량이 있다…그러나 스스로 내재적인 한계를 가지는 것 … 자의적으로 공소권을 행사하여 피고인에게 실질적인 불이익을 가함으로써 소추재량을 현저히 일탈하였다고 판단되는 경우 … 공소권의 남용으로 보아 공소제기의 효력을 부인 … (대판 2017.8.23, 2016도5423).

③ 조건부 기소유예의 허용여부 : 조건부 기소유예는 허용될 수 없음이 원칙 → 가정폭력범죄의 처벌 등에 관한 특례법에 따르면 '상담조건부 기소유예'를, 소년법에 따르면 '선도조건부 기소유예'를, 성매매알선 등 행위의 처벌에 관한 법률에 따르면 '존스쿨교육이수 조건부기소유예'를 할 수 있도록 하고 있음

④ 일부기소유예의 허용여부 : 일죄의 일부에 대한 공소제기가 허용된다면, 일부기소유예도 허용됨

(2) 공소보류 : 국가보안법상의 죄에 대한 기소유예

(3) 기소변경주의로서의 공소취소의 허용 : 기소편의주의의 논리적 귀결

Ⅳ 기소변경주의

1. 기소변경주의로서 공소취소의 의의

일단 제기한 공소를 검사가 스스로 철회하는 법률행위적 소송행위 → 이러한 공소취소를 인정하는 공소제기의 기본원칙을 기소변경주의라고 함 → 제255조는 기소변경주의를 선언

> **제255조(공소의 취소)**
> ① 공소는 제1심판결의 선고 전까지 취소할 수 있다.
> ② 공소취소는 이유를 기재한 서면으로 하여야 한다. 단, 공판정에서는 구술로써 할 수 있다.

[공소취소와 공소사실의 철회와의 구별]

구분	공소취소	공소사실의 철회
법적 성질	기소변경주의의 한 내용(제255조)	공소장변경의 한 모습(제298조)
방식	서면 또는 구술	서면원칙. 단, 예외적으로 구술로도 가능
시기	제1심판결 선고 전까지	항소심에서도 가능(통설 및 판례)
공소사실의 동일성의 要否	不要(주로 실체적 경합범)	必要(주로 단순일죄, 과형상 일죄, 포괄일죄)
법원의 조치	공소기각결정(제328조 제1항)	나머지의 공소사실 그대로 심리재판
제329조의 제한	있음	없음

관련 판례

❶ **실체적 경합관계나 포괄일죄로 기소된 공소사실 중 일부에 대하여 철회하는 절차**
1. … 수개의 공소사실이 서로 동일성이 없고 실체적 경합관계에 있는 경우에 그 일부를 소추대상에서 철회하려면 공소장변경의 방식에 의할 것이 아니라 공소의 일부취소절차에 의하여야 한다(대판 1988.3.22, 88도67).
2. 공소사실의 동일성이 인정되지 아니하고 실체적 경합관계에 있는 수개의 공소사실의 전부 또는 일부를 철회하는 공소취소의 경우 … 제329조의 규정에 의하여 다른 중요한 증거가 발견되지 않는 한 재기소가 허용되지 아니하지만 … 포괄일죄로 기소된 공소사실 중 일부에 대하여 … 공소장변경의 방식으로 이루어지는 공소사실의 일부 철회의 경우에는 그러한 제한이 적용되지 아니한다(대판 2004.9.23, 2004도3203).
3. 실체적 경합관계에 있는 수개의 공소사실 중 어느 한 공소사실을 전부 철회하는 … 공소장변경신청이 있는 경우 … 그 부분의 공소를 취소하는 취지가 명백하다면 … 이를 공소취소로 보아 공소기각결정을 하여야 한다(대판 1992.4.24, 91도1438).

2. 공소취소의 사유

법률상 제한이 없음(공소제기의 방식에 중대한 하자가 있는 경우, 소송계속 중 소송조건의 흠결, 공소유지의 불가능 등)

3. 공소취소의 절차

(1) **취소권자** : 검사만 → 다만, 기소강제사건에서 지정검사는 공소를 취소할 수 없음(제264조의2)

(2) **공소취소의 방법** : 서면으로 하여야 하나, 공판정에서는 구술로 가능

(3) **공소취소의 시기** : 제1심판결 선고 전까지만 가능 → 상소심의 파기환송이나 이송판결이 있는 경우×, 재심소송절차×(대판 1976.12.28, 76도3203)

4. 공소취소의 효과

(1) **공소기각결정**(제328조 제1항 제1호)

(2) **공소취소와 재기소** : 다른 중요한 증거를 발견한 경우에 한하여 다시 공소를 제기할 수 있음(제329조) → 이에 위반하여 다시 공소가 제기되었을 경우에는 공소기각판결(제327조 제4호)

관련 판례

❶ 공소취소 후 재기소에 관한 규정인 형사소송법 제329조가 종전의 범죄사실을 변경하여 재기소하는 경우에도 적용되는지 여부(적극)
··· 제329조는 ··· 공소취소에 의한 공소기각결정이 확정된 후 다시 종전 범죄사실 그대로 재기소하는 경우뿐만 아니라 ··· 범죄사실의 내용을 추가 변경하여 재기소하는 경우에도 마찬가지로 적용 ··· (대판 2009.8.20, 2008도9634).

03 공소제기의 방식

I 공소장의 제출

1. 공소제기의 방식

> 제254조(공소제기의 방식과 공소장)
> ① 공소를 제기함에는 공소장을 관할법원에 제출하여야 한다.
> ② 공소장에는 피고인 수에 상응한 부본을 첨부하여야 한다.

관련 판례

❶ **공소제기에 현저한 방식 위반이 있는 경우 공소제기의 효력(무효)**
··· 공소장의 제출은 공소제기라는 소송행위가 성립하기 위한 본질적 요소 ··· 공소의 제기에 현저한 방식 위반이 있는 경우에는 공소제기의 절차가 법률의 규정에 위반하여 무효인 경우에 해당 ··· 피고인과 변호인이 이의를 제기하지 아니하고 변론에 응하였다고 하여 그 하자가 치유되지는 않는다(대판 2009.2.26, 2008도11813).

❷ **검사가 서면인 공소장의 제출 없이 공소를 제기한 경우, 소송행위로서 공소제기가 성립되었는지 여부(소극)**
··· 서면주의와 엄격한 요식행위를 채용 ··· 법원의 심판 대상을 명백하게 하고 피고인의 방어권을 충분히 보장하기 위한 것 ··· 서면인 공소장의 제출은 공소제기라는 소송행위가 성립하기 위한 본질적 요소 ··· 서면인 공소장의 제출 없이 공소를 제기한 경우에는 ··· 소송행위로서의 공소제기가 성립되었다고 볼 수 없다(대판 2016.12.15, 2015도3682).

❸ **검사가 공판기일에서 피고인 등이 특정되어 있지 않은 공소장변경허가신청서를 공소장에 갈음하는 것으로 구두진술한 경우, 피고인과 변호인이 이의를 제기하지 않았다면 이를 적법한 공소제기로 볼 수 있는지 여부(소극)**
··· 공소장부본 송달 등의 절차 없이 공판기일에서 이 사건 변경신청서로 공소장을 갈음한다는 검사의 구두진술에 의한 것이라서 ··· 그 공소제기의 절차에는 법률의 규정에 위반하여 무효라고 볼 정도의 현저한 방식위반이 있다 ··· 피고인과 변호인이 그에 대하여 이의를 제기하지 않았다고 하여 그 하자가 치유된다고 볼 수는 없으므로 ··· 판결로써 공소기각의 선고를 하여야 한다(대판 2009.2.26, 2008도11813).

❹ **공소장의 제출이 없어 공소제기가 성립하지 않았다고 볼 경우에 추후 공소장이 법원에 제출되었다면 그 제출시에 공소제기가 있다고 볼 수 있는지 여부(적극)**
··· 소송행위로 성립되지 아니한 경우에는 소송행위가 성립되었으나 무효인 경우와는 달리 하자의 치유문제는 발생하지 않으나, 추후 당해 소송행위가 적법하게 이루어진 경우에는 그때부터 위 소송행위가 성립된 것 ··· 원래 공소제기가 없었음에도 피고인의 소환이 이루어지는 등 사실상의 소송계속이 발생한 상태에서 검사가 약식명령을 청구하는 공소장을 제1심법원에 제출하고 ··· 제1심법원으로서는 이에 기하여 유·무죄의 실체판단을 하여야 한다(대판 2003.11.14, 2003도2735).

❺ **검사가 공소사실의 일부인 범죄일람표를 전자문서로 작성한 다음 저장매체 자체를 서면인 공소장에 첨부하여 제출한 경우, 공소제기의 효력 범위(= 서면에 기재된 부분)**
··· 검사가 공소사실의 일부인 범죄일람표를 컴퓨터 프로그램을 통하여 열어보거나 출력할 수 있는 전자적 형태의 문서로 작성한 다음 그 저장매체 자체를 서면인 공소장에 첨부하여 제출한 경우 ··· 서면에 기재된 부분에 한하여 적법하게 공소가 제기된 것 ··· 전자문서나 저장매체를 이용한 공소제기를 허용하는 법규정이 없는 상태 ··· 피고인과 변호인이 이의를 제기하지 않고 변론에 응하였다고 하여 달리 볼 수 없다 ··· 검사가 전자문서나 저장매체를 이용하여 공소를 제기한 경우, 법원은 저장매체에 저장된 전자문서 부분을 제외하고 서면인 공소장에 기재된 부분만으로 공소사실을 판단 ··· 검사에게 석명을 구하여 특정을 요구하여야 하고, 그런데도 검사가 특정하지 않는다면 그 부분에 대해서는 공소를 기각할 수밖에 없다(대판 2017.2.15, 2016도19027).

2. 첨부서류

(1) **공소장의 부본** : 공소장부본은 제1회 공판기일 전 5일까지 피고인 또는 변호인에게 송달(제266조)

(2) **변호인선임서 등** : 공소제기 전에 변호인이 선임되거나 보조인의 신고가 있는 경우

(3) **기타 첨부서류** : 피고인이 구속되어 있거나 체포 또는 구속된 후 석방된 경우에는 체포영장, 긴급체포서, 구속영장 기타 구속에 관한 서류를 공소장에 첨부하여야 함(규칙 제118조 제1항)

Ⅱ 공소장의 기재사항

1. 필요적 기재사항

(1) 공소장의 필요적 기재사항

> **제254조(공소제기의 방식과 공소장)**
> ③ 공소장에는 다음 사항을 기재하여야 한다.
>   1. 피고인의 성명 기타 피고인을 특정할 수 있는 사항
>   2. 죄명
>   3. 공소사실
>   4. 적용법조
> ④ 공소사실의 기재는 범죄의 시일, 장소와 방법을 명시하여 사실을 특정할 수 있도록 하여야 한다.
>
> **규칙 제117조(공소장의 기재요건)**
> ① 공소장에는 법 제254조 제3항에 규정한 사항 외에 다음 각 호의 사항을 기재하여야 한다.
>   2. 피고인이 구속되어 있는지 여부

관련 판례

❶ **약식명령의 청구에 있어서 기재사항**
… 약식명령청구서에도 동조 제3항 제3호의 공소사실을 기재하여야 한다(대법원 1955.9.22, 4288형상212).

❷ **공소범죄사실 이외의 사실을 기재한 공소장의 적부**
… 제254조 제3항은 공소장에 동항 소정의 사항들을 필요적으로 기재하도록 한 규정에 불과하고 그 이외의 사항의 기재를 금지하고 있는 규정이 아니므로 공소시효가 완성된 범죄사실을 공소범죄 사실 이외의 사실로 기재한 공소장이 … 제254조 제3항의 규정에 위배된다고 볼 수 없다(대판 1983.11.8, 83도1979).

(2) 피고인의 성명 기타 피고인을 특정할 수 있는 사항
① 피고인을 특정할 수 있는 사항 : 인상·체격의 묘사, 사진의 첨부, 유치번호 등으로 특정할 수도 있음
② 피고인을 특정하지 않은 경우 : 공소기각판결사유(제327조 제2호)

(3) 죄명 : 보조적 기능

관련 판례

❶ **수개의 공소사실에 대하여 그 죄명을 일괄표시한 경우**
… 그 죄명과 적용법조를 알아차릴 수 있는 경우에는 … 특정되어 있지 않다 할 수 없고 … (대판 1969.9.23, 69도1219).

(4) 공소사실
① 공소사실의 의의 : 범죄의 특별구성요건을 충족하는 구체적 사실로서 공소장에 기재된 범죄사실
② 공소사실의 특정정도
㉠ 일반적인 특정의 정도

> **관련 판례**
>
> **● 공소사실의 특정정도에 관한 판례들**
> 1. … 심판의 대상을 명확히 함으로써 … 피고인의 방어권행사를 쉽게 해 주기 위한 것 … 다른 사실과의 식별이 가능하도록 … (대판 2006.6.15, 2005도3777).
> 2. … 공소장에 범죄의 일시, 장소 등이 구체적으로 적시되지 않았더라도 … 그 개괄적 표시가 부득이하며 그에 대한 피고인의 방어권행사에 지장이 없다면 그 공소내용이 특정되지 않았다고 볼 수 없다(대판 2006.6.2, 2006도48).
> 3. … 그 일부가 다소 불명확하더라도 그와 함께 적시된 다른 사항들에 의하여 그 공소사실을 특정할 수 있고 그리하여 피고인의 방어권행사에 지장이 없다면 공소제기의 효력에는 영향이 없다(대판 2006.4.14, 2005도9561).
> 4. … 범죄의 일시, 장소, 방법 등을 명시하도록 규정하고 있음 … 위와 같은 사실기재가 없다 하더라도 다른 기재사실 등과 종합하여 범죄사실을 특정할 수 있을 때에는 이를 부적법한 공소라 할 수 없다(대판 1985.3.12, 83도2197).
> 5. … 공소범죄의 특성에 비추어 개괄적인 기재가 불가피한 경우가 있다 하더라도, 사실상 피고인의 방어권 행사에 지장을 가져오는 경우에는 … 구체적인 범죄사실의 기재가 있는 공소장이라고 할 수 없다(대판 2012.1.27, 2011도14247).
> 6. … 범죄의 일시방법을 구체적으로 명시하지 않아서 특정할 수 없을 때는 공소기각판결을 선고하여야 한다(대법원 1960.10.28, 4293형상306).
> 7. 범죄의 일시·장소 등을 특정 일시나 상당한 범위 내로 특정할 수 없는 부득이한 사정이 존재하지 아니함에도 … 지나치게 개괄적으로 표시함으로써 사실상 피고인의 방어권 행사에 지장을 가져오는 경우에는 … 구체적인 범죄사실의 기재가 있는 공소장이라고 할 수 없다 … 법원은 검사에게 석명을 구하여 특정을 요구하여야 하고, 그럼에도 검사가 이를 특정하지 않는다면 그 부분에 대해서는 공소를 기각할 수밖에 없다(대판 2023.4.27, 2023도2102).

㉡ 구체적 고찰
ⓐ 범죄의 일시·장소와 방법

> **관련 판례**
>
> **● 범죄의 일시·장소와 방법과 관련된 공소사실의 특정정도에 관한 판례들**
> 1. **일반적인 경우**
>   ① … "시일"은 이중기소나 시효에 저촉되지 않는 정도 … "장소"는 토지관할을 가름할 수 있는 정도 … "방법"은 범죄의 구성요건을 밝히는 정도 … (대판 1994.12.9, 94도1680).
>   ② … 개괄적으로 기재하거나 초순경, 하순경, 일자불상경 … 공소사실은 특정되었다 … (대판 1979.8.21, 78도2118).
>   ③ … 범죄의 '일시'는 이중기소나 시효에 저촉되는지 식별할 수 있을 정도로 기재하여야 … 범죄의 '일시'가 공소시효 완성 여부를 판별할 수 없을 정도로 개괄적으로 기재되었다면 공소사실이 특정되었다고 볼 수 없다(대판 2022.11.17, 2022도8257).
> 2. **문서위조죄와 유가증권위조죄 등의 경우**
>   ① 문서위조죄 … 언제 어디에서 문서를 위조한 것인지 알기가 어려우며 … 부득이하게 개괄적으로 표시할 수밖에 없다고 보아 … '2000. 초경부터 2003. 3.경 사이에'로 비교적 장기간으로 기재하였으나 공소사실이 불특정된 것으로 볼 수 없다(대판 2006.6.2, 2006도48).
>   ② … 문서의 위조여부가 문제되는 사건에서 그 위조된 문서(박사학위기 사본)가 압수되어 현존하고 있는 이상, … 일시와 장소, 방법 등은 범죄의 동일성 인정과 이중기소의 방지, 시효저촉여부 등을 가름할 수 있는 범위에서 사문서의 위조사실을 뒷받침할 수 있는 정도로만 기재되어 있으면 충분 … (대판 2009.1.30, 2008도6950).

③ 당첨이 된 손님들에게 위조상품권을 직접 교부한 것이 아니라, 미리 오락기에 일련번호가 모두 같은 위조된 상품권을 여러 장 투입해 두고 … 위조유가증권을 행사한 죄에 있어서 … 이에 관한 공소사실은 상품권 사용일자의 범위와 장소, '경품용으로 지급'하였다는 용도 정도를 특정하는 것으로 족하다고 보아야 한다(대판 2007.4.12, 2007도796).

④ 사문서변조의 공소사실에 변조행위의 일시·장소와 방법, 변조의 실행행위자 등이 기재되지 않은 경우 … 범죄구성요건의 특정 요소에 관한 기재 자체가 누락된 것이므로 공소사실이 특정되지 않았다고 보아야 … (대판 2009.1.15, 2008도9327).

3. 마약류관리에 관한 법률 위반죄의 경우

① … 2006. 12. 18.경부터 2007. 3. 17.경까지 … 향정신성의약품인 메스암페타민 불상량을 불상의 방법으로 투약하였다."라는 공소사실의 기재는 특정한 구체적 사실의 기재에 해당한다고 볼 수 없어 … 제254조 제4항에 정해진 요건을 갖추지 못한 것이므로 공소제기의 절차가 법률의 규정에 위반하여 무효 … (대판 2008.5.15, 2008도2295).

② … 메스암페타민의 양성반응이 나온 소변 … 피고인이 체포될 당시까지 거주 또는 왕래한 장소에 대한 피고인의 진술 등 기소 당시의 증거들에 의하여 범죄일시를 '2009. 8. 10.부터 2009. 8. 19.까지 사이'로 열흘의 기간 내로 표시 … 범죄의 특성을 고려하여 합리적인 정도로 특정된 것 … (대판 2010.8.26, 2010도4671).

③ … 마약류취급자가 아니면서 2010년 1월에서 3월 사이 일자불상 03 : 00경 서산시 소재 상호불상의 모텔에서, 甲과 공모하여 여자 청소년 乙에게 메스암페타민(일명 필로폰)을 투약하였다고 하여 … 기소된 사안 … 위 공소사실은 투약 대상인 乙의 진술에 기초한 것이라는 점 … 공소사실이 특정되어 있는 것 … (대판 2014.10.30, 2014도6107).

4. 기타의 경우

① … 집시법상의 해산명령위반의 점으로 공소를 제기함에 있어서는 … 어느 사유로 해산명령을 받았는지를 특정할 수 있을 정도로 공소사실과 적용법조를 기재하여야 한다(대판 2011.10.13, 2009도5698).

② 뇌물수수의 점에 관하여 2억 원 상당으로 기재하였다고 하더라도 … 공소제기의 효력에 영향이 없다고 할 것이다(대판 2010.4.29, 2010도2556).

③ 조세범처벌법상 무거래 세금계산서 교부죄 … 각 세금계산서마다 그 공급가액이 기재되어야 공소사실이 특정된 것이다(대판 2007.6.29, 2007도2076).

④ … 공모가 공모공동정범에서의 '범죄 될 사실'인 이상, 범죄에 공동가공하여 범죄를 실현하려는 의사결합이 있었다는 것은, 실행행위에 직접 관여하지 아니한 자에게 다른 공범자의 행위에 대하여 공동정범으로서의 형사책임을 지울 수 있을 정도로 특정되어야 한다(대판 2016.4.29, 2016도2696).

⑤ … 특허권을 침해하였는지가 문제로 되는 특허법 위반 사건에서 … 침해의 대상과 관련하여 특허등록번호를 기재하는 방법 등에 의하여 침해의 대상이 된 특허발명을 특정할 수 있어야 하고, 침해의 태양과 관련하여서는 침해제품 등의 제품명, 제품번호 등을 기재하는 방법 등에 의하여 침해제품 등을 다른 것과 구별할 수 있을 정도로 특정할 수 있어야 한다(대판 2016.5.26, 2015도17674).

⑥ 저작재산권 침해행위에 관한 공소사실의 특정은 침해 대상인 저작물 및 침해 방법의 종류, 형태 등 침해행위의 내용이 명확하게 기재되어 있어 피고인의 방어권 행사에 지장이 없는 정도이면 된다 할 것 … 각 저작물의 저작재산권자가 누구인지 특정되어 있지 않다고 하여 공소사실이 특정되지 않았다고 볼 것은 아니다(대판 2016.12.15, 2014도1196).

⑦ … 제3자뇌물수수죄의 공소사실은 범죄의 일시, 장소를 비롯하여 구성요건사실이 다른 사실과 구별되어 공소사실의 동일성의 범위를 구분할 수 있고, 피고인의 방어권 행사에 지장이 없는 정도로 기재되면 특정이 되었다 … 부정한 청탁의 내용은 구체적으로 기재되어 있지 않더라도 공무원 또는 중재인의 직무와 제3자에게 제공되는 이익 사이의 대가관계를 인정할 수 있을 정도로 특정되면 충분 … (대판 2017.3.15, 2016도19659).

⑧ … '컴퓨터 등 장애 업무방해죄'는 피해자의 업무를 보호객체 … 불특정 다수인이 업무처리를 위하여 사용하는 컴퓨터 등 정보처리장치 등을 대상으로 위 조항에서 정한 범죄가 저질러진 경우에는 최소한 컴퓨터 등 정보처리장치 등을 이용한 업무 주체가 구체적으로 누구인지, 나아가 그 업무가 위 조항의 보호객체인 업무에 해당하는지를 심리·판단할 수 있을 정도로 특정되어야만 하고 … (대판 2011.5.13, 2008도10116).

⑨ 전자금융거래법 제6조 제3항 제3호에서 정한 '범죄'는 피고인이 목적으로 하거나 인식한 내용에 해당하므로 피고인의 방어권 보장 등을 위하여 공소사실에 특정될 필요 … 범죄 유형이나 종류가 개괄적으로라도 특정되어야 하나, 실행하려는 범죄의 내용이 구체적으로 특정되지 않았다고 하여 공소사실이 특정되지 않았다고 볼 것은 아니다(대판 2023.8.31, 2021도17151).

ⓑ 피해자와 피해액

> **관련 판례**
>
> ❶ **재산죄에 있어서 피해자와 피해액의 기재여부(적극)**
> 1. … 피해자별로 독립한 여러 개의 사기죄가 성립되고, … 그 공소사실은 각 피해자와 피해자별 피해액을 특정할 수 있도록 기재하여야 한다(대판 2003.4.8, 2003도382).
> 2. 특수절도에서 성명불상자의 품명불상의 재물을 절취하였다고 기재한 경우에는 공소사실이 특정된 것이라고 할 수 없다(대판 1982.12.14, 82도1362).
> 3. 피해자가 수인인 경우는 피해법익이 단일하다고 할 수 없으므로 포괄일죄의 성립을 인정하기 어렵고 … 횡령행위를 포괄하여 특정경제범죄 가중처벌 등에 관한 법률 위반(횡령)죄로 의율하려면 원칙적으로 피해자 및 피해자별 피해액에 관한 공소사실의 특정이 필요하다(대판 2011.2.24, 2010도13801).

ⓒ 죄수별 특정
  ⅰ 경합범 : 개개의 범죄사실이 특정되도록 기재할 것을 요함
  ⅱ 포괄일죄

> **관련 판례**
>
> ❶ **포괄일죄에 대한 공소사실의 특정방법**
> 1. … 개개의 행위에 대하여 구체적으로 특정되지 아니하더라도 그 전체 범행의 시기와 종기, 범행방법, 피해자나 상대방, 범행횟수나 피해액의 합계 등을 명시하면 … 그 범죄사실은 특정되는 것이라고 할 것이나 … 공소범죄의 특성에 비추어 개괄적인 기재가 불가피한 경우가 있다 하더라도, 사실상 피고인의 방어권행사에 지장을 가져오는 경우에는 … 구체적인 범죄사실의 기재가 있는 공소장이라고 할 수 없다(대판 2017.2.21, 2016도19186).
> 2. … 전체 범행의 시기와 종기, 범행방법, 범행횟수 등을 명시하면 … 범행의 모든 피해자들의 성명이 명시되지 않았다 하여 범죄사실이 특정되지 아니하였다고 볼 수 없다(대판 1990.6.26, 90도833).
> 3. 무면허 의료행위 … 포괄적으로 한개의 범죄 … 포괄적으로 기재하는 것으로 족하다(대판 1984.2.28, 83도3313).

ⓓ 교사범과 방조범 : 정범의 범죄사실도 기재할 것을 요함

> **관련 판례**
>
> ❶ **직무유기교사죄의 공소사실 특정 방법**
> … 직무유기교사죄는 피교사자인 공무원별로 1개의 죄가 성립되는 것 … 피교사자인 공무원별로 사실을 특정할 수 있도록 공소사실을 기재 … (대판 1997.8.22, 95도984). → … "전기협 회원들에 대하여 불법파업을 하여 직무유기할 것을 결의하게 하고, 전기협 회원 6,500여 명이 이에 따라 같은 해 6. 23. 04 : 00경부터 불법파업에 돌입하게 하여 직무유기를 교사하였다."는 것만으로는 피교사자인 공무원들의 숫자조차 특정되어 있지 아니하여 … 공소장에 구체적인 범죄사실의 기재가 없어 그 공소제기의 절차가 법률의 규정에 위반하여 무효인 때에 해당한다.
>
> ❷ **방조범에 대한 공소사실의 기재정도**
> … 그 전제가 되는 정범의 범죄구성을 충족하는 구체적 사실을 기재(대판 1988.4.27, 88도251).

③ 공소사실 불특정의 효과
  ㉠ 전부불명의 경우(전혀 특정되지 않은 경우) : 추완× → 제327조 제2호에 의한 공소기각판결
  ㉡ 일부불명의 경우(기재되었으나 불명확한 경우) : 추완○

> **관련 판례**
>
> ❶ **공소사실의 일부불명의 경우 법원에 석명권행사의 의무가 있는지 여부(적극)**
> 1. … 법원은 검사에게 석명을 구하여 만약 이를 명확하게 하지 아니한 경우에 … 공소기각의 판결을 하였음은 심리미진의 위법이 있다(대판 1983.6.14, 83도293).

2. … 검사에게 석명을 구한 다음, 그래도 검사가 이를 명확하게 하지 않은 때에야 공소사실의 불특정을 이유로 공소를 기각함이 상당하다(대판 2006.5.11, 2004도5972).
3. … 법원은 검사에게 석명을 구하여 특정을 요구하여야 하고 … 그럼에도 검사가 이를 특정하지 않는다면 그 부분에 대해서는 공소를 기각할 수밖에 … (대판 2019.12.24, 2019도10086).
4. … 공소장의 기재가 불분명한 경우에는 법원은 형사소송규칙 제141조에 따라 검사에게 석명을 한 다음 … 그래도 검사가 이를 명확하게 하지 않은 때에야 공소사실의 불특정을 이유로 공소를 기각 … (대판 2022.1.13, 2021도13108).

❷ 공소제기의 취지가 오해를 불러일으키거나 명료하지 못한 경우, 법원이 검사에 대하여 석명권을 행사하여 취지를 명확하게 하여야 하는지 여부(적극)
… 공소제기의 취지가 명료할 경우 법원이 이에 대하여 석명권을 행사할 필요는 없으나, 공소제기의 취지가 오해를 불러일으키거나 명료하지 못한 경우라면 법원은 형사소송규칙 제141조에 의하여 검사에 대하여 석명권을 행사하여 그 취지를 명확하게 하여야 … (대판 2017.6.15, 2017도3448).

(5) 적용법조 : 보조적 기능

> **관련 판례**
>
> ❷ 공소장에 적용법조의 오기나 누락이 있는 경우 공소제기의 효력(적극)
> … 적용법조의 기재에 오기나 누락이 있는 경우라 할지라도 이로 인하여 피고인의 방어에 실질적인 불이익을 주지 않는 한 공소제기의 효력에는 영향이 없고 … (대판 2006.4.14, 2005도9743).
>
> ❷ 법원이 검사의 공소장 기재 적용법조에 구속되는지 여부(소극)
> … 공소장에 적용법조를 기재하는 이유는 공소사실의 법률적 평가를 명확히 하여 공소의 범위를 확정하는 데 보조기능 … 법률의 해석 및 적용 문제는 법원의 전권 … 공소사실이 아닌 어느 처벌조항을 준용할지에 관한 해석 및 판단에 있어서는 법원은 검사의 공소장 기재 적용법조에 구속되지 않는다(대판 2018.7.24, 2018도3443).

2. 임의적 기재사항

(1) 제254조 제5항 : 수개의 범죄사실과 적용법조를 예비적 또는 택일적으로 기재할 수 있다.
① 예비적 기재 : 심판순서를 정하여 기재하는 것 → 법원은 본위적 공소사실(1차적)을 먼저 심판하여야 하고 본위적 공소사실이 인정되지 않을 경우에 비로소 예비적 공소사실(2차적)을 심판
② 택일적 기재 : 심판의 순서를 정하지 않고 어느 사실을 인정하여도 무방하다고 기재하는 것 → 어느 사실부터 먼저 심판하더라도 무방

(2) 예비적 또는 택일적 기재의 허용범위

> **관련 판례**
>
> ❷ 예비적·택일적 기재에 있어서 범죄사실 상호간에 범죄의 일시, 장소, 수단 및 객체 등이 달라도 무방하다는 판례
> … 그들 수개의 범죄사실간에 범죄사실의 동일성이 인정되는 범위 내에서 가능함은 물론 … 범죄의 일시, 장소, 수단 및 객체 등이 달라서 수개의 범죄사실로 인정되는 경우에도 역시 가능 … (대판 1966.3.24, 65도114).

(3) 예비적 또는 택일적 기재에 대한 법원의 심판
① 심판의 대상
 ㉠ 예비적 기재 : 본위적 공소사실뿐만 아니라 예비적 공소사실도 현실적 심판대상
 ㉡ 택일적 기재 : 공소장에 기재된 공소사실 전부가 현실적 심판대상
② 심판의 순서
 ㉠ 예비적 기재 : 검사의 기소순위에 구속되어, 본위적 공소사실부터 심판
 ㉡ 택일적 기재 : 공소사실 중 어느 사실을 먼저 심판하여도 무방

③ 판단의 방법
  ㉠ 예비적 기재 : 본위적 공소사실을 인정하는 경우에는 예비적 공소사실에 대하여는 판단할 필요가 없으며, 본위적 공소사실을 인정하지 않을 경우에 비로소 예비적 공소사실을 심판 → 모든 공소사실에 대하여 무죄를 선고하는 경우에는 모든 범죄사실과 적용법조에 대한 판단을 요함
  ㉡ 택일적 기재 : 어느 하나로 유죄를 선고하는 경우에는 판결주문에 유죄만을 선고하면 충분하고 다른 사실에 대한 판단은 요하지 않음 → 모든 공소사실에 대하여 무죄를 선고하는 경우에는 모든 범죄사실과 적용법조에 대한 판단을 요함

(4) 검사의 상소
  ① 예비적 기재 : 본위적 공소사실에 대해서 유죄를 인정한 경우에는 검사의 상소×, 본위적 공소사실을 배척하고 예비적 공소사실을 유죄로 인정한 경우에는 검사의 상소○
  ② 택일적 기재 : 어느 하나를 유죄로 인정한 경우에는 검사의 상소×

Ⅲ 공소장일본주의(公訴狀一本主義)

1. 공소장일본주의의 의의

(1) 의의 : 검사가 공소를 제기하는 경우 관할법원에 제출하는 것은 공소장 하나이어야 한다는 원칙 → 형사소송규칙에서 "법원에 예단이 생기게 할 수 있는 서류 기타 물건을 첨부하거나 그 내용을 인용하여서는 아니 된다."고 규정하여 공소장일본주의를 선언(규칙 제118조 제2항)

(2) 취지 : 당사자주의, 예단배제, 공판중심주의, 위법한 증거의 배제, 공정한 재판의 실현

2. 공소장일본주의의 내용

(1) 서류 또는 물건의 첨부금지 : 변호인선임서 또는 구속에 관한 서류 외에 법원에 예단이 생기게 할 수 있는 서류 기타 물건의 첨부를 하여서는 안 된다.

(2) 내용의 인용금지 : 다만, 문서를 수단으로 하는 협박·공갈·명예훼손 등의 사건에 있어서는 문서의 전부 또는 일부를 인용하는 것이 가능하다.

(3) 여사(餘事)기재의 금지
  ① 전과의 기재

  > **관련 판례**
  > ❶ 누범이나 상습범을 구성하지 않는 전과사실을 기재한 것이 피고인을 특정할 수 있는 사항에 속하는 것이라는 판례
  >   … 피고인을 특정할 수 있는 사항에 속한다 할 것으로서 … 적법하다 할 것이다(대판 1966.7.19, 66도793).
  > ❷ 소년부송치처분과 직업없음을 기재한 것이 피고인을 특정할 수 있는 사항에 속하는 것이라는 판례
  >   … 피고인을 특정할 수 있는 사항에 속하는 것 … 법률에 위반된 것이라고 할 수 없고 … (대판 1990.10.16, 90도1813).

  ② 악성격·악경력·악소행의 기재 : 기재 금지
  ③ 범죄의 동기

  > **관련 판례**
  > ❶ 살인, 방화 등의 경우, 범죄 동기의 공소장 기재의 적부(적극)
  >   살인, 방화 등의 경우 범죄의 직접적인 동기 또는 공소범죄사실과 밀접불가분의 관계에 있는 동기를 공소사실에 기재하는 것이 공소장일본주의 위반이 아님은 명백 … 설사 범죄의 직접적인 동기가 아닌 경우에도 동기의 기재는 공소장의 효력에 영향을 미치지 아니한다(대판 2007.5.11, 2007도748).

> **⊙ 공소장일본주의의 내용으로서 여사기재금지와 관련된 판례**
> … 공소장에 법령이 요구하는 사항 외의 사실로서 법원에 예단이 생기게 할 수 있는 사유를 나열하는 것이 허용되지 않는다는 것도 이른바 '기타 사실의 기재 금지'로서 공소장일본주의의 내용에 포함 … (대판 2015.1.29, 2012도2957).

3. 공소장일본주의의 적용범위

(1) **공소제기** : 공소제기에 한하여 인정 → 공판절차갱신 후의 절차×, 상소심 절차×, 파기환송 후의 절차×

(2) **약식절차 및 즉결심판절차** : 약식절차×, 즉결심판절차×, 즉결심판절차에 이은 정식재판의 청구의 경우× → 단, 약식절차에 이은 정식재판의 청구의 경우는○

> [관련 판례]
>
> **⊙ 검사가 약식명령의 청구와 동시에 증거서류와 증거물을 법원에 제출한 것이 공소장일본주의를 위반한 것인지 여부(소극) 및 정식재판청구 후 법원이 위 증거서류와 증거물을 검사에게 반환하지 않은 것이 위법한지 여부(소극)**
> … 약식절차가 서면심리에 의한 재판이어서 공소장일본주의의 예외를 인정한 것 … 그 후 약식명령에 대한 정식재판청구가 제기되었음에도 법원이 증거서류 및 증거물을 검사에게 반환하지 않고 보관하고 있다고 하여 그 이전에 이미 적법하게 제기된 공소제기의 절차가 위법하게 된다고 할 수도 없다(대판 2007.7.26, 2007도3906).
>
> **⊙ 즉결심판에 관한 절차법이 즉결심판의 청구와 동시에 판사에게 증거서류 및 증거물을 제출하도록 규정하여 공소장일본주의가 배제되도록 한 취지**
> 즉결심판에 관한 절차법이 즉결심판의 청구 … 공소장일본주의가 배제되도록 한 것 … 한편 즉결심판에 대한 정식재판청구로 제1회 공판기일 전에 사건기록 및 증거물이 … 관할 법원에 송부된다고 하여 그 이전에 이미 적법하게 제기된 경찰서장의 즉결심판청구의 절차가 위법하게 된다고 볼 수 없다(대판 2011.1.27, 2008도7375).

4. 공소장일본주의 위반의 효과 : 제327조 제2호에 의한 공소기각판결

> [관련 판례]
>
> **⊙ 공소장일본주의의 위배여부 및 그 효과**
> … 공소장일본주의에 위배된 공소제기라고 인정되는 때에는 그 절차가 법률의 규정에 위반하여 무효인 때에 해당하는 것으로 보아 공소기각의 판결을 선고하는 것이 원칙 … 그러나 … 피고인 측으로부터 아무런 이의가 제기되지 아니하였고 법원 역시 증거조사절차가 마무리되어 법관의 심증형성이 이루어진 단계에서는 더 이상 공소장일본주의 위배를 주장하여 이미 진행된 소송절차의 효력을 다툴 수는 없다(대판 2009.10.22, 2009노436).

04 공소제기의 효과

I 서설

수사절차에서 수소법원이 주재하는 공판절차로 전환, 피의자의 신분은 피고인신분으로 전환

> [관련 판례]
>
> **⊙ 공소제기의 효력발생 시점**
> … 공소장이 법원에 도달한 때 그 효력이 발생 … (대판 2002.4.12, 2002도690).

Ⅱ 공소제기에 따른 소송법상 효과

1. 소송계속

(1) 소송계속의 적극적 효과

(2) 소송계속의 소극적 효과(이중기소금지)
① 동일법원에 이중으로 기소된 경우(협의의 이중기소) : 공소기각판결(제327조 제3호)
② 수개의 법원에 대하여 이중으로 기소된 경우(중복기소) : 공소기각결정(제328조 제1항 제3호)

2. 심판범위의 한정(사건범위의 한정)

불고불리의 원칙 → 법원은 공소제기가 없는 사건을 심판할 수는 없음(대판 2001.12.27, 2001도5304)

> **관련 판례**
>
> ❶ **불고불리의 원칙과 법원의 심판범위 및 검사가 어떠한 행위를 기소한 것인지 판단하는 기준**
> 불고불리의 원칙상 검사의 공소제기가 없으면 법원이 심판할 수 없고, 법원은 검사가 공소제기한 사건에 한하여 심판… 검사가 어떠한 행위를 기소한 것인지는 공소장의 기재 자체를 기준으로 하되, 심리의 경과 및 검사의 주장내용 등도 고려하여 판단… (대판 2017.6.15, 2017도3448).
>
> ❷ **공소장 기재사실 중 공판심리의 대상이 아닌 경우**
> … 검사가 공소범죄사실로 기재한 것이 아니라는 점을 분명히 밝히고 있는 부분은 공판심리의 대상이 아니다(대판 1983.11.8, 83도1979).
>
> ❸ **공소가 제기되지 아니한 별개의 범죄사실을 법원이 인정하여 그에 관하여 몰수·추징을 선고할 수 있는지 여부(소극)**
> … 몰수·추징을 선고하려면 몰수·추징의 요건이 공소가 제기된 공소사실과 관련되어 있어야 하고, 공소가 제기되지 아니한 별개의 범죄사실을 법원이 인정하여 그에 관하여 몰수·추징을 선고하는 것은 불고불리의 원칙에 위배되어 허용되지 않는다… (대판 2022.12.29, 2022도8592).

3. 공소시효의 정지(제253조 제1항)

> **관련 판례**
>
> ❶ **공소제기의 효과로서 공소시효의 정지**
> … 제253조 제1항은 … 피고인의 신병이 확보되기 전에 공소가 제기되었다고 하더라도 그러한 사정만으로 공소제기가 부적법한 것이 아니고 … 공소시효의 진행이 정지 … (대판 2017.1.25, 2016도15526).

Ⅲ 공소제기의 효력이 미치는 범위

1. 공소제기의 효력범위

> **제248조(공소의 효력 범위)**
> ① 공소의 효력은 검사가 피고인으로 지정한 자에게만 미친다.
> ② 범죄사실의 일부에 대한 공소의 효력은 범죄사실 전부에 미친다.

2. 공소제기의 주관적(인적) 효력범위(제248조 제1항)

공소의 주관적 불가분의 원칙은 인정되지 않음 → 다만, 공소제기로 인한 공범의 1인에 대한 공소시효정지의 효과는 다른 공범자에 대하여도 그 효력이 미침(제253조 제2항)

> **제253조(시효의 정지와 효력)**
> ① 시효는 공소의 제기로 진행이 정지되고 공소기각 또는 관할위반의 재판이 확정된 때로부터 진행한다.
> ② 공범의 1인에 대한 전항의 시효정지는 다른 공범자에게 대하여 효력이 미치고 당해 사건의 재판이 확정된 때로부터 진행한다.

관련 판례

- **피고인과 공범관계에 있는 자가 같은 범죄사실로 공소제기된 후 유죄판결이 확정된 경우, 피고인에 대한 공소시효 진행의 정지여부**
  ⋯ 공범이 공소제기된 때부터 그 재판이 확정된 때까지의 기간 동안은 공소시효의 진행이 정지되었음이 명백하다(대판 1995.1.20, 94도2752).

- **공범 중 1인이 범죄의 증명이 없다는 이유로 무죄의 확정판결을 선고받은 경우, 그에 대하여 제기된 공소로써 진범에 대한 공소시효정지의 효력이 발생하는지 여부(소극)**
  ⋯ 공범의 1인으로 기소된 자가 구성요건에 해당하는 행위를 공동으로 하였다고 인정되기는 하나 책임조각을 이유로 무죄로 되는 경우와는 달리 범죄의 증명이 없다는 이유로 공범 중 1인이 무죄의 확정판결을 선고받은 경우에는 공범이라고 할 수 없어 그에게 제기된 공소로써는 진범에 대한 공소시효정지의 효력이 없다(대판 1999.3.9, 98도4621).

- **공범 중 1인에 대해 약식명령이 확정된 후 그에 대한 정식재판청구권회복결정이 있는 경우, 그 사이의 기간 동안 다른 공범자에 대한 공소시효 진행이 정지되는지 여부(소극)**
  ⋯ 공범 중 1인에 대한 공소의 제기로 다른 공범자에 대하여도 공소시효가 정지되도록 한 것은 공소제기 효력의 인적 범위를 확장하는 예외를 마련하여 놓은 것이므로 ⋯ 엄격하게 해석하여야 하고 피고인에게 불리한 방향으로 확장하거나 축소하여 해석해서는 아니 된다 ⋯ 공범 중 1인에 대해 약식명령이 확정된 후 그에 대한 정식재판청구권회복결정이 있었다고 하더라도 그 사이의 기간 동안에는 ⋯ 다른 공범자에 대한 공소시효는 정지함이 없이 계속 진행한다고 보아야 할 것 ⋯ (대판 2012.3.29, 2011도15137).

- **형사소송법 제253조 제2항의 '공범'에 뇌물공여죄와 뇌물수수죄 사이와 같은 대향범 관계에 있는 자가 포함되는지 여부(소극)**
  ⋯ 공범 사이의 처벌에 형평을 기하기 위하여 ⋯ 공소제기 효력의 인적 범위를 확장하는 예외를 마련하여 놓은 것이므로 원칙적으로 엄격하게 해석 ⋯ 불리한 방향으로 확장하여 해석해서는 아니 된다 ⋯ 제253조 제2항에서 말하는 '공범'에는 뇌물공여죄와 뇌물수수죄 사이와 같은 대향범 관계에 있는 자는 포함되지 않는다(대판 2015.2.12, 2012도4842).

3. 공소제기의 객관적(물적) 효력범위(제248조 제2항)

(1) **공소불가분의 원칙(공소사실의 동일성)** : 공소의 객관적 불가분의 원칙이 인정됨 → 공소사실과 동일성이 인정되는 사실전부에 미침

(2) **일죄의 일부에 대한 공소제기**

관련 판례

- **일죄의 일부에 대한 공소제기를 적극적으로 허용하고 있는 판례**
  1. 하나의 행위가 여러 범죄의 구성요건을 동시에 충족하는 경우 ⋯ 소추 재량을 현저히 벗어났다는 등의 특별한 사정이 없는 한 증명의 난이 등 여러 사정을 고려하여 그 중 일부 범죄에 관해서만 공소를 제기할 수도 있다(대판 2017.12.5, 2017도13458).
  2. 하나의 행위가 부작위범인 직무유기죄와 작위범인 범인도피죄의 구성요건을 동시에 충족하는 경우 ⋯ 부작위범인 직무유기죄로만 공소를 제기할 수도 있다(대판 1999.11.26, 99도1904).
  3. 하나의 행위가 부작위범인 직무유기죄와 작위범인 허위공문서작성·행사죄의 구성요건을 동시에 충족하는 경우 ⋯ 부작위범인 직무유기죄로만 공소를 제기할 수 있다(대판 2008.2.14, 2005도4202).

Ⅳ 관련문제

1. 포괄일죄의 일부에 대한 공소제기의 효력범위

> **관련 판례**
>
> ❶ 포괄일죄인 상습범에 있어서 공소제기의 효력이 미치는 범위
> … 검사가 일단 상습사기죄로 공소를 제기한 후 … 위 기준시까지의 사기행위 일부를 별개의 독립된 사기죄로 공소를 제기하는 것은 … 범행 이전이거나 이후인지 여부를 묻지 않고 공소가 제기된 동일사건에 대한 이중기소에 해당되어 허용될 수 없다(대판 2001.7.24, 2001도2196).

2. 포괄일죄(과형상 일죄)의 일부에 대하여 기소한 후 나머지 일부에 대하여 추가기소된 경우

> **관련 판례**
>
> ❶ 단순절도로 기소된 후 추가기소된 상습절도죄의 심리과정에서 전후의 범죄사실이 포괄하여 상습절도죄를 구성하는 것으로 밝혀진 경우, 검사가 취할 조치
> 검사가 단순일죄라고 하여 특수절도 범행을 먼저 기소하고 포괄일죄인 상습특수절도 범행을 추가기소하였으나 심리과정에서 전후에 기소된 범죄사실이 모두 포괄하여 상습특수절도인 … 일죄를 구성하는 것으로 밝혀진 경우에는, 검사로서는 … 먼저 기소한 사건의 범죄사실에 추가기소의 공소장에 기재한 범죄사실을 추가하여 전체를 상습범행으로 변경하고 … 공소장변경 신청을 하고, 추가기소한 사건에 대하여는 공소취소를 하는 것이 형사소송법의 규정에 충실한 온당한 처리 … (대판 1996.10.11, 96도1698).
>
> ❷ 포괄일죄의 일부가 추가기소된 경우의 법원의 조치
> 1. 검사가 단순일죄라고 하여 존속상해 범행을 먼저 기소하고 다시 포괄일죄인 폭처법 위반(상습존속상해) 범행을 추가로 기소 … 비록 폭처법 위반(상습존속상해)죄의 포괄일죄로 공소장을 변경하는 절차가 없었다거나 추가기소의 공소장의 제출이 포괄일죄를 구성하는 행위로서 먼저 기소된 공소장에 누락된 것을 추가·보충하는 취지의 것이라는 석명절차를 거치지 아니하였다 하더라도 … 실체판단을 할 수 있고 … 공소기각판결을 할 필요는 없다 … (대판 2012.1.26, 2011도15356).
> 2. 영업범의 경우 포괄적 일죄를 구성하는 행위의 일부에 관하여 추가기소하는 것은 일죄를 구성하는 행위 중 누락된 부분을 추가 보충하는 취지 … (대판 1993.10.22, 93도2178). → 공소장변경의제설
> 3. 상습범의 경우 일부 공소사실을 추가 기소한 경우 … 그 추가기소에 의하여 공소장변경이 이루어진 것으로 보아 … (대판 1996.10.11, 96도1698).
>
> ❸ 과형상 일죄의 관계에 있는 공소사실 중 일부가 먼저 기소된 후 나머지 공소사실이 추가기소된 경우의 법원의 조치
> 상상적 경합관계에 있는 공소사실 중 일부가 먼저 기소된 후 나머지 공소사실이 추가기소 … 추가기소에 의하여 공소장변경이 이루어진 것으로 보아 … 공소기각판결을 할 필요가 없다(대판 2012.6.28, 2012도2087).

05 기소강제절차(재정신청에 이은 공소제기절차)

Ⅰ 기소강제절차의 의의 및 기능

검사의 불기소처분에 불복하는 고소인 또는 고발인의 재정신청에 의하여 고등법원이 당해 사건에 대한 공소제기결정을 하고 지정받은 검사로 하여금 공소제기를 강제하도록 하는 제도 → 기소독점주의 내지 기소편의주의에 대한 규제수단○ → 기소독점주의에 대한 예외×

Ⅱ 재정신청절차

1. 재정신청

> **제260조(재정신청)**
> ① 고소권자로서 고소를 한 자(「형법」 제123조 부터 제126조까지의 죄에 대하여는 고발을 한 자를 포함한다. 이하 이 조에서 같다)는 검사로부터 공소를 제기하지 아니한다는 통지를 받은 때에는 그 검사 소속의 지방검찰청 소재지를 관할하는 고등법원(이하 "관할 고등법원"이라 한다)에 그 당부에 관한 재정을 신청할 수 있다. 다만, 「형법」 제126조의 죄에 대하여는 피공표자의 명시한 의사에 반하여 재정을 신청할 수 없다.
> ② 제1항에 따른 재정신청을 하려면 「검찰청법」 제10조에 따른 항고를 거쳐야 한다. 다만, 다음 각 호의 어느 하나에 해당하는 경우에는 그러하지 아니하다.
> 1. 항고 이후 재기수사가 이루어진 다음에 다시 공소를 제기하지 아니한다는 통지를 받은 경우
> 2. 항고 신청 후 항고에 대한 처분이 행하여지지 아니하고 3개월이 경과한 경우
> 3. 검사가 공소시효 만료일 30일 전까지 공소를 제기하지 아니하는 경우
> ③ 제1항에 따른 재정신청을 하려는 자는 항고기각 결정을 통지받은 날 또는 제2항 각 호의 사유가 발생한 날부터 10일 이내에 지방검찰청검사장 또는 지청장에게 재정신청서를 제출하여야 한다. 다만, 제2항 제3호의 경우에는 공소시효 만료일 전날까지 재정신청서를 제출할 수 있다.
> ④ 재정신청서에는 재정신청의 대상이 되는 사건의 범죄사실 및 증거 등 재정신청을 이유있게 하는 사유를 기재하여야 한다.

(1) 재정신청권자
① 고소인 또는 고발인 : 고소인(모든 고소사건) 또는 고발인(일정한 대상범죄에 한함)
② 대리인 : 재정신청은 대리인에 의하여 할 수 있음(제264조 제1항)

(2) 재정신청의 대상
① 재정신청의 대상범죄
  ㉠ 고소사건 : 모든 범죄
  ㉡ 고발사건 : 형법 제123조(직권남용), 제124조(불법체포·감금), 제125조(폭행·가혹행위), 제126조(피의사실공표)의 죄로 한정, 특별법상으로 허용되는 경우도 있음
  ㉢ 고위공직자범죄의 재정신청에 대한 특례 : 고소인이나 고발인은 고위공직자범죄수사처 설치 및 운영에 관한 법률상의 고위공직자범죄에 대한 불기소처분에 대하여 서울고등법원에 재정신청을 할 수 있음(고위공직자범죄수사처 설치 및 운영에 관한 법률 제29조)
② 재정신청의 대상 : 불기소처분○ → 협의의 불기소처분○, 기소유예처분○, 기소중지처분○(다수설), 내사종결처분×, 공소취소×

> **관련 판례**
> ● 진정사건에 대한 검사의 내사종결처리가 재정신청의 대상이 되는지 여부(소극)
> … 내사종결처리는 … 재정신청의 대상이 되지 아니한다(대법원 1991.11.5. 91모68).

(3) 재정신청의 방법
① 검찰항고전치주의 채택
  ㉠ 원칙적인 검찰항고전치주의(제260조 제2항 본문)
  ㉡ 검찰항고를 거치지 아니하고 재정신청을 할 수 있는 경우(제260조 제2항 단서) → 재, 3, 시

② 재정신청의 방식
　㉠ 재정신청기간
　　ⓐ 항고기각결정을 통지받은 날로부터 10일(제260조 제3항 본문) : '10일'의 기간은 불변기간
　　ⓑ 검찰항고를 거치지 아니하는 경우(제260조 제3항 단서)
　㉡ 고위공직자범죄의 재정신청에 대한 특례 : 고소인이나 고발인은 고위공직자범죄에 대하여 그 공소를 제기하지 않는다는 통지를 받은 날부터 30일 이내에 수사처의 처장에게 재정신청서를 제출하여야 함(고위공직자범죄수사처 설치 및 운영에 관한 법률 제29조)
　㉢ 재소자특칙이 적용되는지 여부

> **관련 판례**
> ❷ 제344조의 재소자특칙이 재정신청서의 제출에도 준용되는지 여부(소극)
> … 제344조와 같은 특례규정이 없으므로 … 기간 안에 … 지방검찰청의 검사장에게 도달 … (대법원 1998.12.14. 98모127).

(4) 재정신청의 효력
① 공소시효의 정지

> **제262조의4(공소시효의 정지 등)**
> ① 제260조에 따른 재정신청이 있으면 제262조에 따른 재정결정이 확정될 때까지 공소시효의 진행이 정지된다.
> ② 제262조 제2항 제2호의 결정이 있는 때에는 공소시효에 관하여 그 결정이 있는 날에 공소가 제기된 것으로 본다.

② 고소인 또는 고발인이 수인인 경우 : 1인의 신청은 전원을 위하여 그 효력이 발생함(제264조 제1항)

(5) 재정신청의 취소
① 재정신청취소의 시기 및 방식 : 재정신청은 고등법원에 의한 재정결정이 있을 때까지 취소할 수 있으며(제264조 제2항), 이러한 재정신청의 취소는 관할고등법원에 또는 검찰청 검사장에게 서면으로 함(규칙 제121조)
② 재정신청취소의 효력 : 재정신청을 취소한 자는 다시 재정신청을 할 수 없으며(제264조 제2항), 이러한 재정신청의 취소는 다른 공동신청권자에게는 그 효력이 미치지 않음(제264조 제3항)

2. 지방검찰청검사장 등의 처리
(1) 재정신청서를 제출받은 지방검찰청검사장의 처리

> **제261조(지방검찰청검사장 등의 처리)**
> 제260조 제3항에 따라 재정신청서를 제출받은 지방검찰청 검사장 또는 지청장은 재정신청서를 제출받은 날부터 7일 이내에 재정신청서·의견서·수사 관계 서류 및 증거물을 관할고등검찰청을 경유하여 관할고등법원에 송부하여야 한다. 다만, 제260조 제2항 각 호의 어느 하나에 해당하는 경우에는 지방검찰청 검사장 또는 지청장은 다음의 구분에 따른다.
> 1. 신청이 이유 있는 것으로 인정하는 때에는 즉시 공소를 제기하고 그 취지를 관할고등법원과 재정신청인에게 통지한다.
> 2. 신청이 이유없는 것으로 인정하는 때에는 30일 이내에 관할고등법원에 송부한다.

(2) **고위공직자범죄의 재정신청에 대한 특례** : 재정신청서를 제출받은 수사처의 처장은 재정신청서를 제출받은 날부터 7일 이내에 서울고등법원에 송부하여야 하며, 다만 그 신청이 이유 있는 것으로 인정하는 때에는 즉시 공소를 제기하고 그 취지를 서울고등법원과 재정신청인에게 통지함(고위공직자범죄수사처 설치 및 운영에 관한 법률 제29조)

III 고등법원에 의한 재정심리

1. 기소강제절차(고등법원에 의한 재정심리절차)의 구조

수사절차처럼 밀행성의 원칙과 직권주의가 지배하는 구조로 파악하는 형사소송유사설의 입장이 통설

2. 재정신청사건의 관할

(1) **고등법원** : 불기소처분을 한 검사소속의 지방검찰청 소재지를 관할하는 고등법원

(2) **고위공직자범죄에 대한 재정신청사건의 관할** : 서울고등법원(고위공직자범죄수사처 설치 및 운영에 관한 법률 제29조)

3. 재정신청사건의 심리

> **제262조(심리와 결정)**
> ① 법원은 재정신청서를 송부받은 때에는 송부받은 날부터 10일 이내에 피의자에게 그 사실을 통지하여야 한다.
> ② 법원은 재정신청서를 송부받은 날부터 3개월 이내에 항고의 절차에 준하여 다음 각 호의 구분에 따라 결정한다. 이 경우 필요한 때에는 증거를 조사할 수 있다.
>   1. 신청이 법률상의 방식에 위배되거나 이유없는 때에는 신청을 기각한다.
>   2. 신청이 이유 있는 때에는 사건에 대한 공소제기를 결정한다.
> ③ 재정신청사건의 심리는 특별한 사정이 없는 한 공개하지 아니한다.
> ④ 제2항 제1호의 결정에 대하여는 제415조에 따른 즉시항고를 할 수 있고, 제2항 제2호의 결정에 대하여는 불복할 수 없다. 제2항 제1호의 결정이 확정된 사건에 대하여는 다른 중요한 증거를 발견한 경우를 제외하고는 소추할 수 없다.
> ⑤ 법원은 제2항의 결정을 한 때에는 즉시 그 정본을 재정신청인·피의자와 관할지방검찰청 검사장 또는 지청장에게 송부하여야 한다. 이 경우 제2항 제2호의 결정을 한 때에는 관할지방검찰청 검사장 또는 지청장에게 사건기록을 함께 송부하여야 한다.
> ⑥ 제2항 제2호의 결정에 따른 재정결정서를 송부받은 관할지방검찰청 검사장 또는 지청장은 지체없이 담당검사를 지정하고 지정받은 검사는 공소를 제기하여야 한다.

(1) **피의자나 재정신청인 등에 대한 수리통지**

① **피의자에 대한 통지** : 재정신청서를 송부받은 때에는 송부받은 날부터 10일 이내

② **재정신청인에 대한 통지** : 재정신청서를 송부받은 때에는 송부받은 날부터 10일 이내

관련 판례

> ❸ 법원이 재정신청서를 송부받은 날부터 형사소송법 제262조 제1항에서 정한 기간 안에 피의자에게 그 사실을 통지하지 아니한 채 공소제기결정을 한 경우, 본안사건에서 위와 같은 잘못을 다툴 수 있는지 여부(소극)
> ··· 법원이 재정신청서를 송부받았음에도 송부받은 날부터 ··· 제262조 제1항에서 정한 기간 안에 피의자에게 그 사실을 통지하지 아니한 채 ··· 공소제기결정을 하였더라도, 그에 따른 공소가 제기되어 본안사건의 절차가 개시된 후에는 ··· 본안사건에서 위와 같은 잘못을 다툴 수 없다(대판 2017.3.9. 2013도16162).

(2) 재정심리기간 : 재정신청서를 송부받은 날부터 3개월 → 훈시규정으로 해석

> **관련 판례**
> ❶ 형사소송법 제262조 제2항 소정의 기간이 지난 후에 재정결정을 한 경우 그 결정 자체의 적법여부(적극)
> … 그 기간이 지난 후에 재정결정을 하였다 하여 재정결정 자체가 위법한 것은 아니다(대법원 1990.12.13. 90모58).

(3) 증거조사와 강제처분(제262조 제2항) : 구속·압수·수색·검증 등의 강제처분도 할 수 있음
(4) 재정신청사건 심리의 비공개(제262조 제3항)
(5) 재정신청사건기록에 대한 열람·등사의 제한

> **제262조의2(재정신청사건 기록의 열람·등사 제한)**
> 재정신청사건의 심리 중에는 관련 서류 및 증거물을 열람 또는 등사할 수 없다. 다만, 법원은 제262조 제2항 후단의 증거조사과정에서 작성된 서류의 전부 또는 일부의 열람 또는 등사를 허가할 수 있다.

> **관련 판례**
> ❶ 재정신청사건의 심리를 비공개원칙으로 하는 형사소송법 제262조 제3항 및 재정신청사건의 심리 중 관련서류 및 증거물의 열람 또는 등사를 불허하는 같은 법 제262조의2 본문이 재판청구권을 침해하는지 여부(소극)
> … 재판청구권을 침해한다고 볼 수 없다(헌재결 2011.11.24. 2008헌마578).

(6) 피의자의 기피신청권 : 형사소송유사 재판으로 본다면 피의자에게도 기피신청권을 인정할 수 있음

Ⅳ 고등법원에 의한 재정결정

1. **재정결정**
   (1) 재정신청기각결정
   ① 재정신청의 기각 : 재정신청이 법률상의 방식에 위배되거나 이유 없는 때(제262조 제2항 제1호)

   > **관련 판례**
   > ❶ 재정신청 제기기간 후에 재정신청 대상을 추가할 수 있는지 여부(소극)
   > … 법률상 방식에 어긋난 것으로서 부적법하다(대법원 1997.4.22. 97모30).

   ② 재정신청서를 직접 고등법원에 제출한 경우 : 바로 재정신청을 기각할 것이 아니라 재정신청서를 관할지방검찰청 검사장 또는 지청장에게 송부함이 타당
   ③ 검사의 무혐의불기소처분이 위법하지만 기소유예처분을 할 만한 사건인 경우 : 재정신청을 기각할 수 있다(대법원 1997.4.22. 97모30).
   ④ 검사의 불기소처분 당시 공소시효가 완성되어 공소권이 없는 경우 : 재정신청은 허용되지 않음
   ⑤ 재소추의 가능여부 : 재정신청기각결정이 확정된 사건에 대하여는 다른 중요한 증거를 발견한 경우를 제외하고는 소추하지 못함(제262조 제4항)

   > **관련 판례**
   > ❶ 재정신청기각결정이 확정된 사건에 대하여 다른 중요한 증거를 발견한 경우를 제외하고는 소추를 금지하는 형사소송법 제262조 제4항 후문이 재정신청인인 청구인의 형사피해자 재판절차진술권을 침해하는지 여부(소극)
   > … 재판절차진술권을 침해한다고 볼 수 없다 … 평등권을 침해한다고 볼 수 없다(헌재결 2011.10.25. 2010헌마243).

> **❸ 형사소송법 제262조 제4항 후문의 취지**
> … 검사의 공소제기를 제한 없이 허용할 경우 피의자를 지나치게 장기간 불안정한 상태에 두게 되고 유죄판결이 선고될 가능성이 낮은 사건에 사법인력과 예산을 낭비하게 되는 결과로 이어질 수 있음을 감안 … 피의사실을 유죄로 인정할 명백한 증거가 발견된 경우에도 재정신청 기각결정이 확정되었다는 이유만으로 검사의 공소제기를 전적으로 금지하는 것은 사법정의에 반하는 결과가 된다는 점을 고려 … (대판 2015.9.10, 2012도14755).
>
> **❸ 형사소송법 제262조 제4항 후문에서 말하는 '제2항 제1호의 결정이 확정된 사건'은 법원에서 심리와 판단이 현실적으로 이루어져 재정신청 기각결정의 대상이 된 사건만을 의미하는지 여부(적극)**
> … 재정신청 기각결정의 대상이 되지 않은 사건은 … 제262조 제4항 후문에서 말하는 '제2항 제1호의 결정이 확정된 사건'이라고 할 수 없고, 재정신청 기각결정의 대상이 되지 않은 사건이 고소인의 고소내용에 포함되어 있었다 하더라도 이와 달리 볼 수 없다(대판 2015.9.10, 2012도14755).
>
> **❸ 형사소송법 제262조 제4항 후문에서 정한 '다른 중요한 증거를 발견한 경우'의 의미**
> … '다른 중요한 증거를 발견한 경우'란 재정신청 기각결정 당시에 제출된 증거에 새로 발견된 증거를 추가하면 충분히 유죄의 확신을 가지게 될 정도의 증거가 있는 경우를 말하고, 단순히 재정신청 기각결정의 정당성에 의문이 제기되거나 범죄피해자의 권리를 보호하기 위하여 형사재판절차를 진행할 필요가 있는 정도의 증거가 있는 경우는 여기에 해당하지 않는다. 관련 민사판결에서의 사실인정 및 판단은, 그러한 사실인정 및 판단의 근거가 된 증거자료가 새로 발견된 증거에 해당할 수 있음은 별론으로 하고, 그 자체가 새로 발견된 증거라고 할 수는 없다(대판 2018.12.28, 2014도17182).

(2) 공소제기결정

① 예전의 논의 : 부심판결정 → 준기소절차 → 기소독점주의에 대한 예외 → 관할의 창설 → 공소유지 변호사제도와 공소제기의 의제조항

② 현행법의 내용 : 공소제기결정(제262조 제2항 제2호) → 지정받은 검사는 기소강제(제262조 제6항)

③ 공소제기결정과 이유의 기재 : 재정신청이 이유가 있어서 공소제기를 결정하는 때에는 죄명과 공소사실이 특정될 수 있도록 이유를 명시하여야 함(규칙 제122조)

④ 공소시효의 정지 : 전술함

2. 재정결정서의 송부(제262조 제5항)

3. 재정결정에 대한 불복

(1) 예전 대법원 판례의 입장 : 재정신청기각결정에 대해서는 제415조에 의한 재항고를 할 수 있지만 부심판결정에 대해서는 재항고를 할 수 없다는 이원설의 입장(대법원 1997.11.20, 96모119)

(2) 최근 판례의 입장과 현행법의 내용

① 2007년 개정법의 내용 : 재정결정에 대하여 불복할 수 없는 것으로 하고 있었음

② 대법원 판례의 입장

> **관련 판례**
>
> **❸ 재정결정의 불복에 관한 대법원의 입장**
> 1. … 제262조 제4항 … 불복할 수 없다 … 공소제기결정에 잘못이 있는 경우에는 그 공소제기에 따른 본안사건의 절차가 개시되어 본안사건 자체의 재판을 통하여 대법원의 최종적인 판단을 받는 길이 열려 있으므로 … 공소제기결정에 대하여는 제415조의 재항고가 허용되지 않는다 … (대법원 2012.10.29, 2012모1090).
> 2. 법원이 재정신청 대상사건이 아님에도 이를 간과한 채 … 공소제기결정을 하였더라도 … 본안사건의 절차가 개시된 후에는 … 본안사건에서 위와 같은 잘못을 다툴 수 없다(대판 2017.11.14, 2017도13465).
> 3. 법원이 재정신청서를 송부받았음에도 송부받은 날부터 … 제262조 제1항에서 정한 기간 안에 피의자에게 그 사실을 통지하지 아니한 채 … 공소제기결정을 하였더라도, 그에 따른 공소가 제기되어 본안사건의 절차가 개시된 후에는 … 본안사건에서 위와 같은 잘못을 다툴 수 없다(대판 2017.3.9, 2013도16162).

> 4. ··· 제262조 제4항은 ··· 불복할 수 없다고 규정 ··· 재정신청이 법률상의 방식을 준수하였음에도 법원이 방식위배의 신청이라고 잘못 보아 그 신청이유에 대한 실체 판단 없이 형식적인 사유로 기각한 경우에는 그 적용이 없다 할 것 ··· (대법원 2011.2.1. 2009모407).

③ 헌법재판소의 입장

> **[관련 판례]**
> ● 제262조 제4항의 "불복할 수 없다."는 부분이, 재정신청기각결정에 대한 '불복'에 형사소송법 제415조의 '재항고'가 포함되는 것으로 해석하는 한 재정신청인인 청구인들의 재판청구권 및 평등권을 침해하는지 여부(적극)
> 재정신청기각결정에 대하여 형사소송법 제415조의 재항고를 금지하는 것은 ··· 헌법 제107조 제2항의 취지에 반할 뿐 아니라 ··· 재정신청인의 재판청구권을 지나치게 제약하는 것 ··· (헌재결 2011.11.24. 2008헌마578).

④ 현행법의 내용 : 재정신청기각결정에 대하여는 재항고(제415조에 따른 즉시항고)를 할 수 있도록 하고, 공소제기결정에 대하여는 불복할 수 없는 것으로 하고 있음(제262조 제4항)

> **[관련 판례]**
> ● 재정신청 기각결정에 대한 재항고에 형사소송법 제344조 제1항의 '재소자 피고인에 대한 특칙'이 준용되는지 여부(소극)
> ··· 재정신청절차는 고소·고발인이 검찰의 불기소처분에 불복하여 법원에 그 당부에 관한 판단을 구하는 절차로서 검사가 공소를 제기하여 공판절차가 진행되는 형사재판절차와는 다르며 ··· 고소·고발인인 재정신청인은 검사에 의하여 공소가 제기되어 형사재판을 받는 피고인과는 그 지위가 본질적으로 다르다 ··· 재정신청 기각결정에 대한 재항고나 그 재항고 기각결정에 대한 즉시항고로서의 재항고에 대한 법정기간의 준수 여부는 도달주의 원칙에 따라 재항고장이나 즉시항고장이 법원에 도달한 시점을 기준으로 판단하여야 하고, 거기에 재소자 피고인 특칙은 준용되지 아니한다고 해석함이 타당 ··· 재정신청인이 자기 또는 대리인이 책임질 수 없는 사유로 인하여 재정신청 기각결정에 대한 재항고 제기기간을 준수하지 못한 경우에는 형사소송법 제345조에 따라 재항고권 회복을 청구할 수도 있다(대법원 2015.7.16. 2013모2347).

Ⅴ 재정신청인의 비용부담제도

> **제262조의3(비용부담 등)**
> ① 법원은 제262조 제2항 제1호의 결정 또는 제264조 제2항의 취소가 있는 경우에는 결정으로 재정신청인에게 신청절차에 의하여 생긴 비용의 전부 또는 일부를 부담하게 할 수 있다.
> ② 법원은 직권 또는 피의자의 신청에 따라 재정신청인에게 피의자가 재정신청절차에서 부담하였거나 부담할 변호인선임료 등 비용의 전부 또는 일부의 지급을 명할 수 있다.
> ③ 제1항 및 제2항의 결정에 대하여는 즉시항고를 할 수 있다.
> ④ 제1항 및 제2항에 따른 비용의 지급범위와 절차 등에 대하여는 대법원규칙으로 정한다.

Ⅵ 기소강제사건(공소제기결정에 따른 공판사건)의 공판절차

1. 지정검사에 의한 공소취소의 제한

> **제264조의2(공소취소의 제한)**
> 검사는 제262조 제2항 제2호의 결정에 따라 공소를 제기한 때에는 이를 취소할 수 없다.

2. **지정검사에 의한 공소장변경의 가능여부** : 공소장변경 가능(대판 1989.3.14. 88도2428)

3. **지정검사의 권한**
   통상의 사건과 마찬가지로 검사로서의 모든 직무를 행사할 수 있으며, 상소를 제기할 수도 있다.

06 공소시효

I 서설

1. **공소시효의 의의**
   검사가 일정기간 공소를 제기하지 않고 형사사건을 방치하는 경우에 국가의 소추권이 소멸되는 제도

2. **형(刑)의 시효와의 비교**

공소시효	형의 시효
형사소송법상의 제도(제249조)	형법상의 제도(형법 제77조 내지 제80조)
확정판결 전 시효제도	확정판결 후 시효제도
소추권 소멸	형벌권 소멸
면소판결(제326조 제3호)	형집행 면제(형법 제77조)

3. **공소시효제도의 본질**

   > [관련 판례]
   > ❸ 공소시효제도의 본질에 관한 헌법재판소의 입장
   > … 형벌권의 소멸이라는 점에서 형의 시효와 마찬가지로 실체법적 성격을 갖는 것 … (헌재결 1993.9.27. 92헌마284).

II 공소시효의 기간

1. **시효기간**
   (1) **공소시효기간**(제249조 제1항) : 단, 성폭력범죄나 아동·청소년에 대한 강간이나 강제추행죄는 디엔에이(DNA)증거 등 그 죄를 증명할 수 있는 과학적인 증거가 있는 때에는 공소시효가 10년 연장됨

   > **제249조(공소시효의 기간)**
   > ① 공소시효는 다음 기간의 경과로 완성한다.
   >   1. 사형에 해당하는 범죄에는 25년
   >   2. 무기징역 또는 무기금고에 해당하는 범죄에는 15년
   >   3. 장기 10년 이상의 징역 또는 금고에 해당하는 범죄에는 10년
   >   4. 장기 10년 미만의 징역 또는 금고에 해당하는 범죄에는 7년
   >   5. 장기 5년 미만의 징역 또는 금고, 장기 10년 이상의 자격정지 또는 벌금에 해당하는 범죄에는 5년

> 6. 장기 5년 이상의 자격정지에 해당하는 범죄에는 3년
> 7. 장기 5년 미만의 자격정지, 구류, 과료 또는 몰수에 해당하는 범죄에는 1년
> ② 공소가 제기된 범죄는 판결의 확정이 없이 공소를 제기한 때로부터 25년을 경과하면 공소시효가 완성한 것으로 간주한다.

(2) 의제공소시효(제249조 제2항)

관련 판례

❶ **의제공소시효가 완성된 경우 법원의 조치**
··· 면소의 판결을 하여야 한다(대판 1981.1.13, 79도1520).

❷ **2007년 개정 형사소송법 시행 전에 범한 죄에 대해서는 부칙조항에 따라 구 형사소송법 제249조 제2항이 적용되어 판결의 확정 없이 공소를 제기한 때로부터 15년이 경과하면 공소시효가 완성한 것으로 간주되는지 여부(적극)**
··· 2007년 형사소송법이 개정되면서 제249조 제1항 각 호에서 정한 시효의 기간이 연장되고, 제249조 제2항에서 정한 시효의 기간도 '15년'에서 '25년'으로 연장 ··· 개정된 형사소송법은 '공소시효에 관한 경과조치'라는 표제 아래 "이 법 시행 전에 범한 죄에 대하여는 종전의 규정을 적용한다."라고 규정 ··· 부칙조항에서 말하는 '종전의 규정'에는 '구 형사소송법 제249조 제1항'뿐만 아니라 '같은 조 제2항'도 포함된다고 봄이 타당 ··· 개정 형사소송법 시행 전에 범한 죄에 대해서는 부칙조항에 따라 구 형사소송법 제249조 제2항이 적용되어 판결의 확정 없이 공소를 제기한 때로부터 15년이 경과하면 공소시효가 완성한 것으로 간주 ··· (대판 2022.8.19, 2020도1153).

2. 공소시효기간의 기준

(1) 기간결정의 기준이 되는 형

① 법정형 기준

② 병과형이나 선택형의 경우

> **제250조(두 개 이상의 형과 시효기간)**
> 두 개 이상의 형을 병과(併科)하거나 두 개 이상의 형에서 한 개를 과(科)할 범죄에 대해서는 무거운 형에 의하여 제249조를 적용한다.

③ 형을 가중 또는 감경한 경우

> **제251조(형의 가중, 감경과 시효기간)**
> 「형법」에 의하여 형을 가중 또는 감경한 경우에는 가중 또는 감경하지 아니한 형에 의하여 제249조의 규정을 적용한다.

관련 판례

❶ **특별법에 의하여 형을 가중 또는 감경한 경우 공소시효기간의 기준**
··· 제251조는 형법 이외의 법률에 의하여 형을 가중, 감경할 경우에는 적용되지 않는다(대판 1973.3.13, 72도2976).

④ 교사범 또는 방조범의 경우 : 정범의 형이 그 기준

⑤ 법률의 개정으로 법정형의 변경이 있는 경우

관련 판례

❶ **범죄 후 법률 개정으로 형이 가벼워진 경우 공소시효기간의 기준(= 신법의 법정형)**
··· 가벼운 법정형(신법의 법정형)이 공소시효기간의 기준 ··· (대판 2008.12.11, 2008도4376).

(2) 법정형 판단의 기초인 범죄사실
  ① 공소장에 기재된 공소사실 기준
  ② 과형상의 일죄(상상적 경합)

  > **관련 판례**
  >
  > ❷ 상상적 경합의 관계에 있는 사기죄와 변호사법 위반죄 중 변호사법 위반죄의 공소시효가 완성된 경우 사기죄의 공소시효까지 완성된 것으로 볼 수 있는지 여부(소극)
  > 1개의 행위가 여러 개의 죄에 해당하는 경우 … 과형상 일죄로 처벌 … 공소시효를 적용함에 있어서는 각 죄마다 따로 따져야 할 것 … 공무원이 취급하는 사건에 관하여 청탁 또는 알선을 할 의사와 능력이 없음에도 청탁 또는 알선을 한다고 기망하여 금품을 교부받은 경우에 성립하는 사기죄와 변호사법 위반죄는 상상적 경합의 관계 … 변호사법 위반죄의 공소시효가 완성되었다고 하여 그 죄와 상상적 경합관계에 있는 사기죄의 공소시효까지 완성되는 것은 아니다(대판 2006.12.8, 2006도6356).

  ③ 공소장변경이 있는 경우

  > **관련 판례**
  >
  > ❷ 공소장변경과 공소시효
  > 1. … 변경된 공소사실에 대한 법정형이 공소시효기간의 기준이 된다(대판 2002.10.11, 2002도2939).
  > 2. … 공소시효의 완성여부는 당초의 공소제기가 있었던 시점을 기준으로 판단할 것이고 공소장변경시를 기준으로 삼을 것은 아니다(대판 2002.10.11, 2002도2939).
  > 3. … 변경된 공소사실에 대한 법정형을 기준으로 하면 공소제기 당시 이미 공소시효가 완성된 경우에는 공소시효의 완성을 이유로 면소판결을 선고 … 법원이 공소장을 변경하지 않고도 인정할 수 있는 사실에 대한 법정형을 기준으로 하면 공소제기 당시 이미 공소시효가 완성된 경우에도 마찬가지 … (대판 2013.7.26, 2013도6182).

3. 공소시효의 기산점

(1) 범죄행위 종료시
  ① 원칙 : 범죄행위가 종료한 때로부터 진행(제252조 제1항)
  ② 결과범이나 결과적 가중범 : 결과범의 경우 공소시효는 그 결과가 발생한 때부터 진행하며, 결과적 가중범의 경우에는 그 중한 결과가 발생한 때부터 진행
  ③ 거동범 : 행위시부터 진행
  ④ 포괄일죄 : 최종의 범죄행위가 종료된 때부터 진행
  ⑤ 계속범 : 법익침해가 종료된 때부터 진행
  ⑥ 미수범 : 미수범의 범죄행위는 행위를 종료하지 못하였거나 결과가 발생하지 않아 더 이상 범죄가 진행될 수 없는 때에 종료하므로 그때부터 진행
  ⑦ 미성년자에 대한 성폭력범죄, 아동·청소년대상 성범죄, 아동학대범죄 : 성년에 달한 날부터 진행

  > **관련 판례**
  >
  > ❷ 공소시효의 기산점에 관한 중요 판례들
  > 1. … 교량붕괴사고에 있어 업무상과실치사상죄 … 공소시효도 교량붕괴사고로 인하여 피해자들이 사상에 이른 결과가 발생함으로써 그 범죄행위가 종료한 때로부터 진행 … (대판 1997.11.28, 97도1740).
  > 2. 동일 죄명에 해당하는 수 개의 행위를 단일하고 계속된 범의로 일정 기간 계속하여 행하고 그 피해법익도 동일한 경우 … 포괄일죄로 처단 … 공소시효는 최종의 범죄행위가 종료한 때로부터 진행 … (대판 2021.3.11, 2020도12583).
  > 3. 포괄일죄의 공소시효는 최종 범죄행위가 종료한 때로부터 진행하므로, 거짓이나 그 밖의 부정한 방법으로 북한이탈주민의 보호 및 정착지원에 관한 법률에 따른 보호 및 지원을 받은 경우, 공소시효는 북한이탈주민법에 의한 보호 또는 지원을 최종적으로 받은 때로부터 진행 … (대판 2015.10.29, 2014도5939).

4. 허가를 받지 아니하고 시장을 개설하는 행위는 계속범의 성질 … 허가를 받지 않은 상태가 계속되는 한 … 공소시효는 진행하지 아니한다(대판 1981.10.13, 81도1244).
5. 공익법인이 주무관청의 승인을 받지 않은 채 수익사업을 하는 행위는 … 계속범에 해당 … 승인을 받지 않은 수익사업이 계속되고 있는 동안에는 아직 공소시효가 진행하지 않는다(대판 2006.9.22, 2004도4751).
6. … 공익근무요원의 복무이탈죄 … 복무이탈행위 전체가 하나의 범죄를 구성하는 것 … 전체의 복무이탈행위 중 최종의 복무이탈행위가 마쳐진 때부터 진행한다(대판 2007.3.29, 2005도7032).
7. 미수범은 범죄의 실행에 착수하여 행위를 종료하지 못하였거나 결과가 발생하지 아니한 때에 처벌 … 미수범의 범죄행위는 행위를 종료하지 못하였거나 결과가 발생하지 아니하여 더 이상 범죄가 진행될 수 없는 때에 종료 … 그때부터 미수범의 공소시효가 진행한다(대판 2017.7.11, 2016도14820).
8. 소송사기미수죄 … 소송이 종료된 때 … (대판 2000.2.11, 99도4459).
9. 공무원이 그 직무에 관하여 금전을 무이자로 차용한 경우에는 그 차용 당시에 금융이익 상당의 뇌물을 수수한 것으로 보아야 하므로 … 공소시효는 금전을 무이자로 차용한 때로부터 기산한다(대판 2012.2.23, 2011도7282).
10. … "건설업자가 다른 사람에게 자기의 성명 또는 상호를 사용하여 건설공사를 수급 또는 시공하게 하는 행위" … 건설공사를 수급하게 하거나 공사에 착수하게 한 때에 완성되어 기수 … (대판 2007.4.12, 2007도883).
11. … 회사의 대표이사가 회사 명의로 체결한 계약이 관련 법령이나 정관에 위배되어 법률상 효력이 없는 경우 … 계약의 체결행위만으로 회사에 현실적인 손해가 발생하거나 재산상 실해 발생의 위험이 초래되었다고 할 수 없어서, 그것만으로 … 범행이 기수에 이르렀거나 범행이 종료되었다고 볼 수 없고 따라서 그 계약을 체결한 시점으로부터 공소시효가 진행된다고 볼 수는 없다(대판 2011.11.24, 2010도11394).
12. 강제집행면탈죄 … 허위채무부담 내용의 채무변제계약 공정증서를 작성한 후 이에 기하여 채권압류 및 추심명령을 받은 때에 … 그 범죄행위가 종료되어 공소시효가 진행한다(대판 2009.5.28, 2009도875).
13. … 범죄단체조직죄는 범죄를 목적으로 하는 단체를 조직함으로써 성립 … 범죄를 목적으로 하는 단체를 구성한 때로부터 진행한다(대판 1975.9.23, 75도2321).
14. 부정수표단속법 … 예금부족으로 인하여 제시일에 지급되지 아니할 것이라는 결과 발생을 예견하고 발행인이 수표를 발행한 때에 바로 진행되는 것 … 발행일자를 보충기재하여 제시하고 그 제시일에 수표금의 지급이 거절된 때부터 진행되는 것은 아니다(대판 2003.9.26, 2003도3394).
15. 구 독점규제 및 공정거래에 관한 법률 … 부당한 공동행위가 종료한 날은 합의가 있었던 날이 아니라 합의에 기한 실행행위가 종료된 날을 의미 … 실행행위가 종료한 날부터 진행한다(대판 2012.9.13, 2010도16001).
16. 구 정당법 … 규정하는 공무원이나 사립학교의 교원이 정당의 당원이 된 죄 … 국가공무원법 … 규정하는 공무원이 정당 그 밖의 정치단체에 가입한 죄는 공무원이나 사립학교의 교원 등이 정당 등에 가입함으로써 즉시 성립하고 그와 동시에 완성되는 즉시범 … 그 범죄성립과 동시에 공소시효가 진행한다(대판 2014.5.16, 2012도12867).
17. 공직선거법 제268조 … "이 법에 규정한 죄의 공소시효는 당해 선거일 후 6개월(선거일 후에 행하여진 범죄는 그 행위가 있는 날부터 6개월)을 경과함으로써 완성한다."라고 규정 … '당해 선거일'이란 그 선거범죄와 직접 관련된 공직선거의 투표일을 의미 … 선거범죄가 당내경선운동에 관한 공직선거법 위반죄인 경우에도 마찬가지 … 당내경선의 투표일이 아니라 그 선거범죄와 직접 관련된 공직선거의 투표일 … (대판 2019.10.31, 2019도8815).
18. 수산업협동조합법 제178조 … "제1항 내지 제4항에 규정된 죄의 공소시효는 해당 선거일 후 6월(선거일 후에 행하여진 죄는 그 행위가 있는 날부터 6월)을 경과함으로써 완성한다."고 규정 … 여기서 선거일까지 발생한 범죄의 공소시효 기산일인 '선거일 후'는 '선거일 당일'이 아니라 '선거일 다음 날'을 의미 … (대판 2012.10.11, 2011도17404).
19. 허위사실이 기재된 귀화허가신청서를 담당공무원에게 제출하여 그에 따라 귀화허가업무를 담당하는 행정청이 그릇된 행위나 처분을 하여야만 위계에 의한 공무집행방해죄가 기수 및 종료에 이른다고 할 것 … 허위사실이 기재된 귀화허가신청서를 제출하여 접수한 때가 아니라 그에 따라 귀화허가업무를 담당하는 행정청이 그릇된 행위나 처분을 한 때로부터 진행 … (대판 2017.4.27, 2017도2583).
20. … 변호사법 제113조 제5호는 '공무원으로서 직무상 취급하거나 취급하게 된 사건'을 '수임'한 행위를 처벌하고 있다 … 변호사법 제113조 제5호 위반죄의 공소시효는 그 범죄행위인 '수임'행위가 종료한 때로부터 진행 … 수임에 따른 '수임사무의 수행'이 종료될 때까지 공소시효가 진행되지 않는다고 해석할 수는 없다(대판 2022.1.14, 2017도18693).
21. … 병역법은 제70조 제3항, 제94조 … 국외여행허가의무 위반으로 인한 병역법 위반죄는 … 정당한 사유 없이 허가된 기간 내에 귀국하지 않은 때에 성립함과 동시에 완성되는 이른바 즉시범으로서, 그 이후에 귀국하지 않은 상태가 계속되고 있더라도 위 규정이 정한 범행을 계속하고 있다고 볼 수 없다 … 공소시효는 범행종료일인 국외여행허가기간 만료일부터 진행 … (대판 2022.12.1, 2019도5925).

(2) 공범에 관한 특칙 : 최종행위의 종료한 때로부터 전 공범에 대한 시효기간을 기산함(제252조 제2항)

Ⅲ 공소시효의 정지

1. 공소시효정지의 의의
정지사유가 없어지면 나머지 기간이 다시 진행 → 시효의 중단(中斷)제도는 없음

2. 공소시효정지사유

(1) 범인의 국외도피

> **제253조(시효의 정지와 효력)**
> ③ 범인이 형사처분을 면할 목적으로 국외에 있는 경우 그 기간동안 공소시효는 정지된다.

관련 판례

❷ 공소시효 정지사유를 규정한 제253조 제3항에서 정한 '형사처분을 면할 목적'으로 국외에 있는 경우의 의미
1. … 위 규정이 정한 '형사처분을 면할 목적'은 국외 체류의 유일한 목적으로 되는 것에 한정되지 않고 범인이 가지는 여러 국외 체류 목적 중에 포함되어 있으면 족한다. … (대판 2008.12.11, 2008도4101).
2. … '형사처분을 면할 목적'과 양립할 수 없는 범인의 주관적 의사가 명백히 드러나는 객관적 사정이 존재하지 않는 한 국외 체류기간 동안 '형사처분을 면할 목적'은 계속 유지 … '형사처분을 면할 목적'이 유지되지 않았다고 볼 사정이 있는 경우 그럼에도 그러한 목적이 유지되고 있었다는 점은 검사가 증명하여야 한다(대판 2012.7.26, 2011도8462). → … 일본으로 밀항 … 피고인의 출국 자체가 형사처분을 면할 목적이 아니라 생업에 종사하기 위함이고, 실제 체류기간이 매우 장기인 점 … 형사처분을 면할 목적으로 일본에 있었다고 인정하기에 부족하여 공소시효 진행이 정지되지 않음
3. … 통상 범인이 외국에서 다른 범죄로 외국의 수감시설에 수감된 경우 … 범인이 수감기간 중에 생활근거지가 있는 우리나라로 돌아오려고 했을 것으로 넉넉잡아 인정할 수 있는 사정이 있다면, 그 수감기간에는 '형사처분을 면할 목적'이 유지되지 않았다 … (대판 2008.12.11, 2008도4101). → … 중국수감 … 수감기간 동안에는 형사소송법 제253조 제3항의 '형사처분을 면할 목적'을 인정할 수 없어 공소시효의 진행이 정지되지 않는다고 한 사례

❷ 형사소송법 제253조 제3항의 적용대상이 되는 범인에 '범인이 국외에서 범죄를 저지르고 형사처분을 면할 목적으로 국외에서 체류를 계속하는 경우'도 포함되는지 여부(적극)
… 국내에서 범죄를 저지르고 형사처분을 면할 목적으로 국외로 도피한 경우에 한정되지 아니하고, 범인이 국외에서 범죄를 저지르고 형사처분을 면할 목적으로 국외에서 체류를 계속하는 경우도 포함 … (대판 2015.6.24, 2015도5916).

❷ 당해 사건으로 처벌받을 가능성이 있음을 인지하였다고 보기 어려운 상황에서 다른 고소사건과 관련하여 형사처분을 면할 목적으로 국외에 있은 경우 당해 사건의 형사처분을 면할 목적으로 국외에 있었다고 볼 수 있는지(소극)
… 당해 사건의 형사처분을 면할 목적으로 국외에 있었다고 볼 수 없다(대판 2014.4.24, 2013도9162).

❷ 형사소송법 제253조 제3항에서 정지의 대상으로 규정한 '공소시효'의 의미 및 공소제기 후 피고인이 처벌을 면할 목적으로 국외에 있는 경우, 그 기간 동안 구 형사소송법 제249조 제2항에서 정한 기간의 진행이 정지되는지 여부(소극)
… 제253조 제3항에서 정지의 대상으로 규정한 '공소시효'는 형사소송법 제249조 제1항의 시효를 뜻하고 … 형사소송법 제249조 제2항에서 말하는 '공소시효'는 여기에 포함되지 않는다 … 공소제기 후 피고인이 처벌을 면할 목적으로 국외에 있는 경우에도, 그 기간 동안 구 형사소송법 제249조 제2항에서 정한 기간의 진행이 정지되지는 않는다(대판 2022.9.29, 2020도13547).

(2) 재정신청 : 전술함

관련 판례

❷ 헌법소원사건이 심판에 회부된 경우 공소시효가 정지되는지 여부(소극)
… 재정신청에 관한 규정을 유추적용하여 공소시효의 정지를 인정하는 것은 피의자의 법적 지위의 안정을 침해하는 것 … 헌법소원사건이 심판에 회부된 경우 … 공소시효는 정지되지 아니한다(헌재결 1993.9.27, 92헌마284).

(3) **공소의 제기** : 전술함

(4) **소년보호사건의 심리개시결정** : 심리개시결정이 있은 때로부터 그 사건에 대한 보호처분의 결정이 확정될 때까지 공소시효진행은 정지됨 → 가정폭력범죄에 대한 공소시효는 당해 가정보호사건이 법원에 송치된 때로부터 시효진행이 정지됨

(5) **미성년자에 대한 성폭력범죄 등** : 미성년자에 대한 성폭력범죄, 아동·청소년대상 성범죄, 아동학대범죄의 공소시효는 해당 피해자가 성년에 달한 날부터 진행하므로, 그 피해자가 성년에 달하기까지 공소시효가 정지되는 것으로 해석

> **관련 판례**
>
> ❶ 아동학대범죄의 처벌 등에 관한 특례법 제34조의 취지 및 같은 법 시행일 당시 범죄행위가 종료되었으나 아직 공소시효가 완성되지 아니한 아동학대범죄에 대하여 같은 법 제34조 제1항이 적용되는지 여부(적극)
> … 아동학대범죄의 처벌 등에 관한 특례법 제34조는 '공소시효의 정지와 효력'이라는 표제 밑에 제1항에서 "아동학대범죄의 공소시효는 형사소송법 제252조에도 불구하고 해당 아동학대범죄의 피해아동이 성년에 달한 날부터 진행한다."라고 규정 … 공소시효를 정지하는 특례조항의 신설·소급에 관한 법리에 비추어 보면 … 위 규정은 완성되지 아니한 공소시효의 진행을 일정한 요건 아래에서 장래를 향하여 정지시키는 것 … 시행일 … 당시 범죄행위가 종료되었으나 아직 공소시효가 완성되지 아니한 아동학대범죄에 대하여도 적용된다(대판 2016.9.28, 2016도7273).

(6) **대통령의 재직기간**

> **관련 판례**
>
> ❶ 재직 중인 대통령에 대한 공소권행사의 헌법상 장애사유를 규정한 헌법 제84조가 공소시효의 정지에 관한 규정인지 여부(적극)
> 헌법 제84조는 "대통령은 내란 또는 외환의 죄를 범한 경우를 제외하고는 재직 중 형사상의 소추를 받지 아니한다."라고 규정 … 공소시효가 정지된다고 명시하여 규정하지는 않았으나 공소시효의 진행에 대한 소극적 요건을 규정한 것이므로, 공소시효의 정지에 관한 규정이라고 보아야 … (대판 2020.10.29, 2020도3972).

(7) **헌정질서파괴범죄에 관한 특칙** : '5·18민주화운동 등에 관한 특별법'

Ⅳ 공소시효완성의 효과

1. **공소가 제기되기 전** : 공소권 없음의 협의의 불기소처분

2. **공소가 제기된 후** : 면소의 판결(제326조 제3호)

> **관련 판례**
>
> ❶ 공소사실이 인정되지 않거나 공소사실에 관하여 이미 공소시효가 완성되어 유죄의 선고를 할 수 없는 경우, 몰수나 추징만을 선고할 수 있는지 여부(소극)
> … 우리 법제상 공소의 제기 없이 별도로 몰수나 추징만을 선고할 수 있는 제도가 마련되어 있지 아니하므로 … 몰수나 추징을 선고하기 위하여서는 몰수나 추징의 요건이 공소가 제기된 공소사실과 관련되어 있어야 하고 … 공소사실이 인정되지 않는 경우에 이와 별개의 공소가 제기되지 아니한 범죄사실을 법원이 인정하여 그에 관하여 몰수나 추징을 선고하는 것은 불고불리의 원칙에 위반되어 불가능 … 몰수나 추징이 공소사실과 관련이 있다 하더라도 그 공소사실에 관하여 이미 공소시효가 완성되어 유죄의 선고를 할 수 없는 경우에는 몰수나 추징도 할 수 없다(대판 1992.7.28, 92도700).
>
> ❷ 공소시효가 완성된 이후에 제기된 검사의 불기소처분에 대한 헌법소원의 적법여부
> … 공소시효가 이미 완성되었으면 그에 대한 헌법소원심판청구는 권리보호의 이익이 없다(헌재결 1989.4.17, 88헌마3).
>
> ❸ 신고된 범죄사실이 이미 공소시효가 완성되어 무고죄가 성립하지 않는 경우인지 여부를 판단하기 위한 기준시점(= 신고시)
> … 그 신고시를 기준으로 하여 판단 … (대판 2008.3.27, 2007도11153).

Ⅴ 공소시효의 배제

1. 내란죄와 외환죄, 반란죄와 이적죄, 집단살해에 해당하는 범죄

2. 13세 미만의 사람 또는 신체적인 또는 정신적인 장애가 있는 사람에 대한 강간이나 강제추행

3. 일반인에 대한 강간 등 살인

4. 사람을 살해한 범죄(종범은 제외한다)로 사형에 해당하는 범죄(제253조의2)

관련 판례

➋ 공소시효를 정지·연장·배제하는 내용의 특례조항을 신설하면서 소급적용에 관한 명시적인 경과규정을 두지 아니한 경우, 그 조항을 소급하여 적용할 것인지 판단할 때 고려할 사항
··· 법적 안정성과 신뢰보호원칙을 포함한 법치주의 이념을 훼손하지 아니하도록 신중히 판단하여야 한다(대판 2015.5.28, 2015도1362).

이준현 교수 / **형사소송법**

CORE
SUMMARY

PART

04

공판

제1장 공판절차
제2장 증거
제3장 재판

CHAPTER 01 공판절차

CORE SUMMARY

01 공판절차의 기본원칙

Ⅰ 공판절차의 의의

Ⅱ 공판절차의 기본원칙

1. **공판중심주의**

   당해 피고사건에 대한 심리를 공개된 공판기일에서의 심리에 의하여만 진행

2. **공개주의**

   (1) 공개주의의 의의 : 일반국민에게 심리과정과 판결을 공개하고 방청을 허용하여야 한다는 원칙

   (2) 공개주의의 내용 : 누구나 방청인으로서 공판절차에 참여할 수 있다는 추상적 가능성의 보장

   > **관련 판례**
   >
   > ❷ **헌법 제109조가 공소제기절차에 적용되는지 여부(소극)**
   > 헌법 제109조는 재판공개의 원칙을 규정하고 있는 것으로서 검사의 공소제기절차에는 적용될 여지가 없다(대판 2008.12.24, 2006도1427).
   >
   > ❷ **헌법 제109조의 재판공개원칙이 판결 전 당사자에게 미리 그 내용을 알려줄 것을 의미하는지 여부(소극)**
   > … 법원이 판결하기 전에 … 미리 그 내용을 알려줄 것을 의미하는 것은 아니다(대판 2008.12.24, 2006도1427).

   (3) 공개주의의 제한

   ① 방청인의 제한

   > **관련 판례**
   >
   > ❷ **법원이 형사재판에 관하여 방청권을 발행하여 방청인의 수를 제한함이 공개재판주의에 반하는지 여부(소극)**
   > … 공개재판주의의 취지에 반하는 것은 아니다(대판 1990.6.8, 90도646).

   ② 특수사건의 비공개

   ㉠ 국가안전보장, 안녕질서, 선량한 풍속을 해할 염려가 있는 때에는 법원의 결정으로 심리는 공개하지 않을 수 있으며, 그러나 판결의 선고만은 반드시 공개하여야 함(헌법 제109조) → 심리의 비공개 결정은 이유를 개시하여 선고하며, 이 경우에도 재판장은 적당하다고 인정되는 자의 재정을 허가할 수 있음(법원조직법 제57조 제2항 및 제3항).

> [관련 판례]
>
> ❶ 공개금지사유가 없음에도 공개금지결정에 따라 비공개로 진행된 증인신문절차에 의하여 이루어진 증언의 증거능력 유무(소극)
> 1. … 공개금지사유가 없음에도 불구하고 재판의 심리에 관한 공개를 금지하기로 결정하였다면 그러한 공개금지결정은 피고인의 공개재판을 받을 권리를 침해한 것 … 그 절차에 의하여 이루어진 증인의 증언은 증거능력이 없고, 변호인의 반대신문권이 보장되었더라도 달리 볼 수 없으며 … 공개금지결정의 선고가 없는 등으로 공개금지결정의 사유를 알 수 없는 경우에도 마찬가지 … (대판 2013.7.26, 2013도2511).
> 2. … 공개금지사유를 찾아볼 수도 없다면, 그 공개금지결정은 피고인의 공개재판을 받을 권리를 침해한 것으로서 그 절차에 의하여 이루어진 증인의 증언은 증거능력이 없다(대판 2005.10.28, 2005도5854).

　　ⓛ 소년보호사건에 대한 심리는 원칙적으로 공개하지 않음(소년법 제24조)
　　ⓒ 성폭력범죄에 대한 심리는 그 피해자의 사생활을 보호하기 위하여 결정으로써 공개하지 않을 수 있음(성폭력범죄의 처벌 등에 관한 특례법 제27조) → 증인으로 소환받은 성폭력범죄의 피해자와 그 가족은 사생활보호 등의 사유로 증인신문의 비공개를 신청할 수 있음
　③ 입정금지 내지 퇴정명령 : 재판장은 법정의 존엄과 질서를 해할 우려가 있는 자의 입정금지 또는 퇴정을 명할 수 있음(법원조직법 제58조)

(4) **공판정에서의 사진촬영과 녹음** : 재판장의 허가 + 피고인의 동의 → 누구든지 법정 안에서는 재판장의 허가 없이 녹화·촬영·중계방송 등의 행위를 하지 못함(법원조직법 제59조) → 피고인의 동의가 있는 때에 한하여 녹화·촬영·중계방송 등의 허가를 할 수 있으며, 다만 녹화·촬영·중계방송 등을 허가함이 공공의 이익을 위하여 상당하다고 인정되는 경우에는 피고인의 동의 여부를 불문함

3. 구두변론주의

(1) **구두주의와 변론주의** : 당사자주의의 강화는 필연적으로 변론주의의 강화를 동반 → 공판정에서의 변론은 구체적이고 명료하게 하여야 함(규칙 제125조의2)

(2) **구두변론주의의 선언**

> **제275조의3(구두변론주의)**
> 공판정에서의 변론은 구두로 하여야 한다.

(3) **필요적 변론과 임의적 변론**

> **제37조(판결, 결정, 명령)**
> ① 판결은 법률에 다른 규정이 없으면 구두변론(口頭辯論)을 거쳐서 하여야 한다.
> ② 결정이나 명령은 구두변론을 거치지 아니할 수 있다.
> ③ 결정이나 명령을 할 때 필요하면 사실을 조사할 수 있다.
> ④ 제3항의 조사는 부원(部員)에게 명할 수 있고 다른 지방법원의 판사에게 촉탁할 수 있다.

4. 직접주의

공판정에서 직접 조사한 증거만을 재판의 기초로 삼을 수 있다는 원칙 → 판사의 경질이 있는 경우 공판절차의 갱신(제301조)이나 전문법칙(제310조의2) 등

> **관련 판례**
> ❶ 심리에 관여하지 않은 재판관이 재판에 관여한 것이 직접주의원칙에 위배되는지 여부(적극)
>   심리에 관여하지 않은 재판관이 재판에 관여함은 … 직접심리주의 원칙에 위배 … (대판 1964.9.8, 64도189).
> ❷ 형사소송법이 공판중심주의의 한 요소로서 채택하는 실질적 직접심리주의의 취지
>   … 법관의 면전에서 직접 조사한 증거만을 재판의 기초로 삼을 수 있고 증명대상이 되는 사실과 가장 가까운 원본 증거를 재판의 기초로 삼아야 하며 원본 증거의 대체물 사용은 원칙적으로 허용되어서는 안 된다는 실질적 직접심리주의를 채택 … (대판 2006.11.24, 2006도4994).

5. 집중심리주의

법원이 공판기일에 하나의 사건을 집중적으로 심리하고, 심리에 2일 이상이 필요한 사건은 매일 계속하여 심리하여야 한다는 원칙(계속심리주의라고도 함) → 한편 특정강력범죄사건의 심리에 2일 이상이 소요되는 때에는 매일 계속 개정하여 집중심리를 하여야 하며, 재판장은 특별한 사정이 없는 한 전의 공판기일로부터 7일 이내로 다음 공판기일을 지정하여야 함(특정강력범죄의 처벌에 관한 특례법 제10조)

> **제267조의2(집중심리)**
> ① 공판기일의 심리는 집중되어야 한다.
> ② 심리에 2일 이상이 필요한 경우에는 부득이한 사정이 없는 한 매일 계속 개정하여야 한다.
> ③ 재판장은 여러 공판기일을 일괄하여 지정할 수 있다.
> ④ 재판장은 부득이한 사정으로 매일 계속 개정하지 못하는 경우에도 특별한 사정이 없는 한 전회의 공판기일부터 14일 이내로 다음 공판기일을 지정하여야 한다.
> ⑤ 소송관계인은 기일을 준수하고 심리에 지장을 초래하지 아니하도록 하여야 하며, 재판장은 이에 필요한 조치를 할 수 있다.

02 공판준비절차

I 절차적 공판준비절차

1. 공소장부본의 송달

> **제266조(공소장부본의 송달)**
> 법원은 공소의 제기가 있는 때에는 지체없이 공소장의 부본을 피고인 또는 변호인에게 송달하여야 한다. 단, 제1회 공판기일 전 5일까지 송달하여야 한다.

> **관련 판례**
> ❶ 제1심이 공소장 부본을 피고인 또는 변호인에게 송달하지 아니한 채 공시송달의 방법으로 피고인을 소환하여 피고인이 공판기일에 출석하지 아니한 가운데 제1심 공판절차가 진행된 경우, 항소심이 취해야 할 조치
>   … 제1심이 공소장 부본을 피고인 또는 변호인에게 송달하지 아니한 채 공판절차를 진행하였다면 소송절차에 관한 법령을 위반한 경우에 해당 … 피고인이 제1심 법정에서 이의함이 없이 공소사실에 관하여 충분히 진술할 기회를 부여받았다면 판결에 영향을 미친 위법이 있다고 할 수 없으나 … 항소심은 공소장 부본을 송달하고 적법한 절차에 의하여 소송행위를 새로이 한 후 항소심에서의 진술과 증거조사 등 심리결과에 기초하여 다시 판결 … (대판 2014.4.24, 2013도9498).

2. **국선변호인 선정에 관한 고지** : 전술함

3. **제1회 공판기일의 지정과 변경**
   (1) 공판기일의 지정
   ① 직권으로 지정 : 공소장부본이 송달되고 국선변호인 선정절차가 완료되면 재판장은 공판기일을 지정 → 재판장이 직권으로 명령의 형식으로 지정 → 공판기일지정에 대한 신청권은 없음

   > **제267조(공판기일의 지정)**
   > ① 재판장은 공판기일을 정하여야 한다.
   > ② 공판기일에는 피고인, 대표자 또는 대리인을 소환하여야 한다.
   > ③ 공판기일은 검사, 변호인과 보조인에게 통지하여야 한다.

   ② 가능한 한 각 사건에 대한 공판개정시간을 구분하여 지정
   (2) 공판기일의 변경

   > **제270조(공판기일의 변경)**
   > ① 재판장은 직권 또는 검사·피고인이나 변호인의 신청에 의하여 공판기일을 변경할 수 있다.
   > ② 공판기일 변경신청을 기각한 명령은 송달하지 아니한다.

4. **피고인 등의 소환**
   (1) 피고인 소환의 의의 : 피고인으로 하여금 지정한 일시장소에 출석할 것을 명하는 강제처분(제68조)
   (2) 피고인 소환의 방식
   ① 소환장의 발부

   > **제74조(소환장의 방식)**
   > 소환장에는 피고인의 성명, 주기, 죄명, 출석일시 및 장소와 정당한 이유없이 출석하지 아니하는 때에는 도망할 염려가 있다고 인정하여 구속영장을 발부할 수 있음을 기재하고 재판장 또는 수명법관이 기명날인 또는 서명하여야 한다.

   ② 소환장의 송달
      ㉠ 원칙 : 소환장은 송달하여야 하며(제76조 제1항), 다만 피고인에 대한 제1회 공판기일소환장은 공소장부본의 송달 전에는 이를 송달하여서는 안 됨(규칙 제123조)

   > **제76조(소환장의 송달)**
   > ① 소환장은 송달하여야 한다.
   > ② 피고인이 기일에 출석한다는 서면을 제출하거나 출석한 피고인에 대하여 차회기일을 정하여 출석을 명한 때에는 소환장의 송달과 동일한 효력이 있다.
   > ③ 전항의 출석을 명한 때에는 그 요지를 조서에 기재하여야 한다.
   > ④ 구금된 피고인에 대하여는 교도관에게 통지하여 소환한다.
   > ⑤ 피고인이 교도관으로부터 소환통지를 받은 때에는 소환장의 송달과 동일한 효력이 있다.
   >
   > **제268조(소환장송달의 의제)**
   > 법원의 구내에 있는 피고인에 대하여 공판기일을 통지한 때에는 소환장송달의 효력이 있다.

> **관련 판례**
>
> ❶ 피고인에 대한 공판기일 소환은 형사소송법이 정한 소환장의 송달 또는 이와 동일한 효력이 있는 방법에 의하여야 하는지 여부(적극)
> … 그 밖의 방법에 의한 사실상의 기일의 고지 또는 통지 등은 적법한 피고인 소환이라고 할 수 없다(대판 2018. 11. 29, 2018도13377).

ⓒ 유예기간

> **제269조(제1회 공판기일의 유예기간)**
> ① 제1회 공판기일은 소환장이 송달 후 5일 이상의 유예기간을 두어야 한다.
> ② 피고인이 이의 없는 때에는 전항의 유예기간을 두지 아니할 수 있다.
>
> **규칙 제45조(소환의 유예기간)**
> 피고인에 대한 소환장은 법 제269조의 경우를 제외하고는 늦어도 출석할 일시 12시간 이전에 송달하여야 한다. 다만, 피고인이 이의를 하지 아니하는 때에는 그러하지 아니하다.

ⓒ 출석 또는 동행명령 : 법원은 지정한 장소에 피고인의 출석 또는 동행을 명할 수 있음(제79조)
㉣ 불출석사유나 자료의 제출 : 공판기일에 소환 또는 통지서를 받은 자가 질병 기타의 사유로 출석하지 못할 때에는 의사의 진단서 기타의 자료를 제출하여야 함(제271조)

5. **검사 및 변호인 등에 대한 공판기일의 통지**(제267조 제3항) : 소환이 아닌 통지의 방법에 의함

Ⅱ 실체적 공판준비절차

1. **의견서 제출제도**

> **제266조의2(의견서의 제출)**
> ① 피고인 또는 변호인은 공소장 부본을 송달받은 날부터 7일 이내에 공소사실에 대한 인정여부, 공판준비절차에 관한 의견 등을 기재한 의견서를 법원에 제출하여야 한다. 다만, 피고인이 진술을 거부하는 경우에는 그 취지를 기재한 의견서를 제출할 수 있다.
> ② 법원은 제1항의 의견서가 제출된 때에는 이를 검사에게 송부하여야 한다.

2. **공판 전 준비절차제도**(공판준비절차)

   (1) 공판 전 준비절차제도의 의의
   ① 임의적 절차로서의 공판 전 준비절차 : 국민참여재판에서는 필수적 절차
   ② 서면준비절차와 공판준비기일절차

> **제266조의5(공판준비절차)**
> ① 재판장은 효율적이고 집중적인 심리를 위하여 사건을 공판준비절차에 부칠 수 있다.
> ② 공판준비절차는 주장 및 입증계획 등을 서면으로 준비하게 하거나 공판준비기일을 열어 진행한다.
> ③ 검사·피고인 또는 변호인은 증거를 미리 수집·정리하는 등 공판준비절차가 원활하게 진행될 수 있도록 협력하여야 한다.

(2) 쟁점의 정리 및 심리계획의 수립
  ① **쟁점의 정리** : 사건이 공판준비절차에 부쳐진 때에는 ㉠ 검사는 증명하려는 사실을 밝히고 이를 증명하는 데 사용할 증거를 신청하여야 하며, ㉡ 피고인 또는 변호인은 검사의 증명사실과 증거신청에 대한 의견을 밝히고 공소사실에 관한 사실상·법률상 주장과 증거를 신청하여야 함(규칙 제123조의7)
  ② **심리계획의 수립** : ㉠ 법원은 사건을 공판준비절차에 부친 때에는 집중심리를 하는 데 필요한 심리계획을 수립하여야 하며, ㉡ 검사·피고인 또는 변호인은 필요한 증거를 공판준비절차에서 일괄하여 신청하여야 함(규칙 제123조의8)

(3) **서면준비절차**(공판준비를 위한 서면의 제출)

> **제266조의6(공판준비를 위한 서면의 제출)**
> ① 검사·피고인 또는 변호인은 법률상·사실상 주장의 요지 및 입증취지 등이 기재된 서면을 법원에 제출할 수 있다.
> ② 재판장은 검사·피고인 또는 변호인에 대하여 제1항에 따른 서면의 제출을 명할 수 있다.
> ③ 법원은 제1항 또는 제2항에 따라 서면이 제출된 때에는 그 부본을 상대방에게 송달하여야 한다.
> ④ 재판장은 검사·피고인 또는 변호인에게 공소장 등 법원에 제출된 서면에 대한 설명을 요구하거나 그 밖에 공판준비에 필요한 명령을 할 수 있다.

  ① **공판준비를 위한 서면의 제출** : 재판장은 기한을 정하여 서면의 제출을 명할 수도 있으며, 이러한 서면에는 증거로 할 수 없거나 증거로 신청할 의사가 없는 자료에 기초하여 법원에 사건에 대한 예단 또는 편견을 발생하게 할 염려가 있는 사항을 기재하여서는 안 됨(규칙 제123조의9 제2항 및 제3항)
  ② **공판준비에 관한 필요한 명령** : 재판장은 검사·피고인 또는 변호인에게 기한을 정하여 공판준비절차의 진행에 필요한 명령을 할 수 있음(규칙 제123조의9 제1항)

(4) **공판준비기일절차**
  ① **공판준비기일의 지정 및 변경, 공판준비기일의 공개**
    ㉠ 공판준비기일의 지정
    ㉡ **공판준비기일의 변경** : 검사·피고인 또는 변호인은 부득이한 사유로 공판준비기일을 변경할 필요가 있는 때에는 그 사유와 기간 등을 구체적으로 명시하여 공판준비기일의 변경을 신청할 수 있음(규칙 제123조의10)
    ㉢ 공판준비기일의 공개

> **제266조의7(공판준비기일)**
> ① 법원은 검사·피고인 또는 변호인의 의견을 들어 공판준비기일을 지정할 수 있다.
> ② 검사·피고인 또는 변호인은 법원에 대하여 공판준비기일의 지정을 신청할 수 있다. 이 경우 당해 신청에 관한 법원의 결정에 대하여는 불복할 수 없다.
> ③ 법원은 합의부원으로 하여금 공판준비기일을 진행하게 할 수 있다. 이 경우 수명법관은 공판준비기일에 관하여 법원 또는 재판장과 동일한 권한이 있다.
> ④ 공판준비기일은 공개한다. 다만, 공개하면 절차의 진행이 방해될 우려가 있는 때에는 공개하지 아니할 수 있다.

② 공판준비기일의 통지 및 출석, 국선변호인의 선정
  ㉠ 공판준비기일의 통지
  ㉡ 공판준비기일에의 출석 : 검사 및 변호인이 출석하여야 진행할 수 있으며, 피고인의 출석은 원칙적으로 공판준비기일 진행의 필수적인 요건은 아님
  ㉢ 국선변호인의 선정

> **제266조의8(검사 및 변호인 등의 출석)**
> ① 공판준비기일에는 검사 및 변호인이 출석하여야 한다.
> ② 공판준비기일에는 법원사무관 등이 참여한다.
> ③ 법원은 검사·피고인 및 변호인에게 공판준비기일을 통지하여야 한다.
> ④ 법원은 공판준비기일이 지정된 사건에 관하여 변호인이 없는 때에는 직권으로 변호인을 선정하여야 한다.
> ⑤ 법원은 필요하다고 인정하는 때에는 피고인을 소환할 수 있으며, 피고인은 법원의 소환이 없는 때에도 공판준비기일에 출석할 수 있다.
> ⑥ 재판장은 출석한 피고인에게 진술을 거부할 수 있음을 알려주어야 한다.

③ 공판준비기일에서의 열람·등사 : 검사·피고인 또는 변호인은 공판준비기일에서 법원의 허가를 얻어 구두로 상대방에게 서류 등의 열람 또는 등사를 신청할 수 있음(규칙 제123조의5)

(5) **공판준비를 위한 법원의 행위** : 법원은 서면 이외에 전화·모사전송·전자우편·휴대전화 문자전송 그 밖에 적당한 방법으로 검사·피고인 또는 변호인에게 공판준비와 관련된 의견을 요청하거나 결정을 고지할 수 있음(규칙 제123조의6) → 이의신청 할 수 있음(제266조의9 제2항)

> **제266조의9(공판준비에 관한 사항)**
> ① 법원은 공판준비절차에서 다음 행위를 할 수 있다.
>   1. 공소사실 또는 적용법조를 명확하게 하는 행위
>   2. 공소사실 또는 적용법조의 추가·철회 또는 변경을 허가하는 행위
>   3. 공소사실과 관련하여 주장할 내용을 명확히 하여 사건의 쟁점을 정리하는 행위
>   4. 계산이 어렵거나 그 밖에 복잡한 내용에 관하여 설명하도록 하는 행위
>   5. 증거신청을 하도록 하는 행위
>   6. 신청된 증거와 관련하여 입증 취지 및 내용 등을 명확하게 하는 행위
>   7. 증거신청에 관한 의견을 확인하는 행위
>   8. 증거 채부(採否)의 결정을 하는 행위
>   9. 증거조사의 순서 및 방법을 정하는 행위
>   10. 서류 등의 열람 또는 등사와 관련된 신청의 당부를 결정하는 행위
>   11. 공판기일을 지정 또는 변경하는 행위
>   12. 그 밖에 공판절차의 진행에 필요한 사항을 정하는 행위
> ② 제296조 및 제304조는 공판준비절차에 관하여 준용한다.

(6) **공판 전 준비절차의 종결**
  ① 공판 전 준비절차의 종결사유

> **제266조의12(공판준비절차의 종결사유)**
> 법원은 다음 각 호의 어느 하나에 해당하는 사유가 있는 때에는 공판준비절차를 종결하여야 한다. 다만, 제2호 또는 제3호에 해당하는 경우로서 공판의 준비를 계속하여야 할 상당한 이유가 있는 때에는 그러하지 아니하다.

1. 쟁점 및 증거의 정리가 완료된 때
2. 사건을 공판준비절차에 부친 뒤 3개월이 지난 때
3. 검사·변호인 또는 소환받은 피고인이 출석하지 아니한 때

② 공판준비기일의 종결

㉠ 공판준비기일 결과의 확인 및 공판준비기일조서의 작성 : 공판준비기일의 본안재판화를 방지하기 위하여 공판준비기일조서에 공판조서에 관한 규정을 준용하지 않고 공판준비기일절차에서 확인된 쟁점 및 증거에 관한 정리결과만을 공판준비기일조서에 기재하도록 하고 있음 → 참여한 법원사무관 등이 작성하고 재판장 또는 법관과 참여한 법원사무관 등이 기명날인 또는 서명(규칙 제123조의12)

> **제266조의10(공판준비기일 결과의 확인)**
> ① 법원은 공판준비기일을 종료하는 때에는 검사·피고인 또는 변호인에게 쟁점 및 증거에 관한 정리결과를 고지하고, 이에 대한 이의의 유무를 확인하여야 한다.
> ② 법원은 쟁점 및 증거에 관한 정리결과를 공판준비기일조서에 기재하여야 한다.

㉡ 공판준비기일 종결의 효과 : 이른바 '실권효의 제재'

> **제266조의13(공판준비기일 종결의 효과)**
> ① 공판준비기일에서 신청하지 못한 증거는 다음 각 호의 어느 하나에 해당하는 경우에 한하여 공판기일에 신청할 수 있다.
>   1. 그 신청으로 인하여 소송을 현저히 지연시키지 아니하는 때
>   2. 중대한 과실 없이 공판준비기일에 제출하지 못하는 등 부득이한 사유를 소명한 때
> ② 제1항에도 불구하고 법원은 직권으로 증거를 조사할 수 있다.

㉢ 공판준비기일의 재개

> **제266조의14(준용규정)**
> 제305조는 공판준비기일의 재개에 관하여 준용한다.

(7) 기일 간 공판준비절차

> **제266조의15(기일 간 공판준비절차)**
> 법원은 쟁점 및 증거의 정리를 위하여 필요한 경우에는 제1회 공판기일 후에도 사건을 공판준비절차에 부칠 수 있다. 이 경우 기일 전 공판준비절차에 관한 규정을 준용한다.

(8) 중계장치 등에 의한 공판준비기일

> **제266조의17(비디오 등 중계장치 등에 의한 공판준비기일)**
> ① 법원은 피고인이 출석하지 아니하는 경우 상당하다고 인정하는 때에는 검사와 변호인의 의견을 들어 비디오 등 중계장치에 의한 중계시설을 통하거나 인터넷 화상장치를 이용하여 공판준비기일을 열 수 있다.
> ② 제1항에 따른 기일은 검사와 변호인이 법정에 출석하여 이루어진 공판준비기일로 본다.
> ③ 제1항에 따른 기일의 절차와 방법, 그 밖에 필요한 사항은 대법원규칙으로 정한다.

3. 공무소 등에 대한 조회

> **제272조(공무소 등에 대한 조회)**
> ① 법원은 직권 또는 검사·피고인이나 변호인의 신청에 의하여 공무소 또는 공사단체에 조회하여 필요한 사항의 보고 또는 그 보관서류의 송부를 요구할 수 있다.
> ② 전항의 신청을 기각함에는 결정으로 하여야 한다.
>
> **규칙 제132조의4(보관서류에 대한 송부요구)**
> ① 법 제272조에 따른 보관서류의 송부요구신청은 법원, 검찰청, 수사처, 기타의 공무소 또는 공사단체(이하 "법원등"이라고 한다)가 보관하고 있는 서류의 일부에 대하여도 할 수 있다.
> ② 제1항의 신청을 받은 법원이 송부요구신청을 채택하는 경우에는 서류를 보관하고 있는 법원등에 대하여 그 서류 중 신청인 또는 변호인이 지정하는 부분의 인증등본을 송부하여 줄 것을 요구할 수 있다.
> ③ 제2항의 규정에 의한 요구를 받은 법원등은 당해서류를 보관하고 있지 아니하거나 기타 송부요구에 응할 수 없는 사정이 있는 경우를 제외하고는 신청인 또는 변호인에게 당해서류를 열람하게 하여 필요한 부분을 지정할 수 있도록 하여야 하며 정당한 이유없이 이에 대한 협력을 거절하지 못한다.
> ④ 서류의 송부요구를 받은 법원등이 당해서류를 보관하고 있지 아니하거나 기타 송부요구에 응할 수 없는 사정이 있는 때에는 그 사유를 요구법원에 통지하여야 한다.

관련 판례

❷ **제272조 제1항 등에서 법원이 공무소 등에 송부요구한 서류의 열람·지정을 거절할 수 있는 '정당한 이유'의 해석**
… 서류의 열람·지정을 거절할 수 있는 '정당한 이유'는 엄격하게 제한하여 해석 … "국가안보, 증인보호의 필요성, 증거인멸의 염려, 관련 사건의 수사에 장애를 가져올 것으로 예상되는 구체적인 사유"에 준하는 사유가 있어야만 그에 대한 열람·지정을 거절할 수 있는 정당한 이유가 인정될 수 있다(대판 2012.5.24, 2012도1284).

❷ **법원이 공무소 등에 송부요구한 서류에 대하여 정당한 이유 없이 피고인 등의 열람·지정 내지 법원의 송부요구를 거절하는 경우, 법원이 취해야 할 조치**
… 정당한 이유 없이 피고인 또는 변호인의 열람·지정 내지 법원의 송부요구를 거절하는 것은 … 신속·공정한 재판을 받을 권리와 변호인의 조력을 받을 권리를 중대하게 침해하는 것 … (대판 2012.5.24, 2012도1284).

4. 공판기일 전의 증거조사

(1) **공판기일 전의 증거조사** : 법원은 검사·피고인 또는 변호인의 신청에 의하여 공판준비에 필요하다고 인정한 때에는 공판기일전에 피고인 또는 증인을 신문할 수 있고 검증, 감정 또는 번역을 명할 수 있음 (제273조)

(2) **공판기일 전의 증거제출** : 검사·피고인 또는 변호인은 공판기일 전에 서류나 물건을 증거로 법원에 제출할 수 있음(제274조)

(3) **공소장일본주의와의 관계** : 공판기일 전의 증거조사에서 '공판기일'이란 제1회 공판기일 이후의 공판기일을 의미

03 증거개시제도(證據開示制度, discovery)

I 증거개시제도의 획기적 도입

1. 증거개시제도의 의의
소송의 당사자 상호간에 가지고 있는 증거 등을 전면적으로 공개하는 제도 → 상대방이 가지고 있는 증거 등에 대한 열람·등사를 허용하는 것으로 구체화

2. 현행법상 증거개시제도의 획기적 도입
공판의 효율적인 진행과 집중심리를 도모하고 피고인의 방어권을 최대한 보장하기 위함 → 공소제기 전, 즉 수사절차에서의 증거개시제도는 도입하고 있지 않음

II 증거개시의 범위

1. 검사의 증거개시 범위 : 전면적 증거개시제도

> **제266조의3(공소제기 후 검사가 보관하고 있는 서류 등의 열람·등사)**
> ① 피고인 또는 변호인은 검사에게 공소제기된 사건에 관한 서류 또는 물건(이하 "서류 등"이라 한다)의 목록과 공소사실의 인정 또는 양형에 영향을 미칠 수 있는 다음 서류 등의 열람·등사 또는 서면의 교부를 신청할 수 있다. 다만, 피고인에게 변호인이 있는 경우에는 피고인은 열람만을 신청할 수 있다.
>   1. 검사가 증거로 신청할 서류 등
>   2. 검사가 증인으로 신청할 사람의 성명·사건과의 관계 등을 기재한 서면 또는 그 사람이 공판기일 전에 행한 진술을 기재한 서류 등
>   3. 제1호 또는 제2호의 서류 등의 증명력에 관련된 서류 등
>   4. 피고인 또는 변호인이 행한 법률상·사실상 주장과 관련된 서류 등(관련 형사재판확정기록, 불기소처분기록 등을 포함한다)
> ⑥ 제1항의 서류 등은 도면·사진·녹음테이프·비디오테이프·컴퓨터용 디스크 그 밖에 정보를 담기 위하여 만들어진 물건으로서 문서가 아닌 특수매체를 포함한다. 이 경우 특수매체에 대한 등사는 필요 최소한의 범위에 한한다.
>
> **규칙 제123조의2(공소제기 후 검사가 보관하는 서류 등의 열람·등사)**
> 법 제266조의3 제1항의 신청은 다음 사항을 기재한 서면으로 하여야 한다.

관련 판례

➡ **검찰청이 보관하고 있는 불기소처분기록에 포함된 불기소결정서가 변호인의 열람·지정에 의한 공개의 대상이 되는지 여부(적극)**
검찰청이 보관하고 있는 불기소처분기록에 포함된 불기소결정서는 … 수사의 종결을 위한 검사의 처분 결과와 이유를 기재한 서류 … 수사기관 내부의 의사결정과정 또는 검토과정에 있는 사항에 관한 문서도 아니고 … 공개로써 수사에 관한 직무의 수행을 현저하게 곤란하게 하는 것도 아니므로 … 변호인의 열람·지정에 의한 공개의 대상이 된다(대판 2012.5.24, 2012도1284).

2. 피고인 또는 변호인의 증거개시 범위 → 제한적 증거개시제도

> **제266조의11(피고인 또는 변호인이 보관하고 있는 서류 등의 열람·등사)**
> ① 검사는 피고인 또는 변호인이 공판기일 또는 공판준비절차에서 현장부재·심신상실 또는 심신미약 등 법률상·사실상의 주장을 한 때에는 피고인 또는 변호인에게 다음 서류 등의 열람·등사 또는 서면의 교부를 요구할 수 있다.
>   1. 피고인 또는 변호인이 증거로 신청할 서류 등
>   2. 피고인 또는 변호인이 증인으로 신청할 사람의 성명·사건과의 관계 등을 기재한 서면
>   3. 제1호의 서류 등 또는 제2호의 서면의 증명력과 관련된 서류 등
>   4. 피고인 또는 변호인이 행한 법률상·사실상의 주장과 관련된 서류 등
> ⑤ 제1항에 따른 서류 등에 관하여는 제266조의3 제6항을 준용한다.

Ⅲ 증거개시의 제한

1. 검사에 의한 증거개시의 제한

> **제266조의3(공소제기 후 검사가 보관하고 있는 서류 등의 열람·등사)**
> ② 검사는 국가안보, 증인보호의 필요성, 증거인멸의 염려, 관련사건의 수사에 장애를 가져올 것으로 예상되는 구체적인 사유 등 열람·등사 또는 서면의 교부를 허용하지 아니할 상당한 이유가 있다고 인정하는 때에는 열람·등사 또는 서면의 교부를 거부하거나 그 범위를 제한할 수 있다.
> ③ 검사는 열람·등사 또는 서면의 교부를 거부하거나 그 범위를 제한하는 때에는 지체없이 그 이유를 서면으로 통지하여야 한다.
> ④ 피고인 또는 변호인은 검사가 48시간 이내에 제3항의 통지를 하지 아니하는 때에는 제266조의4 제1항의 신청을 할 수 있다.
> ⑤ 검사는 제2항에도 불구하고 서류 등의 목록에 대하여는 열람 또는 등사를 거부할 수 없다.

관련 판례

> ● 검사가 수사의 대상, 방법 등에 관하여 사법경찰관리에게 지휘한 내용을 기재한 수사지휘서의 기재 내용과 이에 관계된 수사상황이 수사기관 내부의 비밀에 해당하는지 여부(적극)
> 검사가 수사의 대상, 방법 등에 관하여 사법경찰관리에게 지휘한 내용을 기재한 수사지휘서는 … 수사의 내용뿐만 아니라 향후 수사의 진행방향까지 가늠할 수 있게 하는 수사기관의 내부문서 … 수사지휘서의 내용이 외부에 알려질 경우 피내사자나 피의자 등이 증거자료를 인멸하거나 수사기관에서 파악하고 있는 내용에 맞추어 증거를 준비하는 등 수사기관의 증거 수집 등 범죄수사 기능에 장애가 생길 위험 … 수사지휘서의 기재 내용과 이에 관계된 수사상황은 해당 사건에 대한 종국적인 결정을 하기 전까지는 외부에 누설되어서는 안 될 수사기관 내부의 비밀에 해당 … (대판 2018.2.13. 2014도11441).

2. 피고인 또는 변호인에 의한 증거개시의 제한

> **제266조의11(피고인 또는 변호인이 보관하고 있는 서류 등의 열람·등사)**
> ② 피고인 또는 변호인은 검사가 제266조의3 제1항에 따른 서류 등의 열람·등사 또는 서면의 교부를 거부한 때에는 제1항에 따른 서류 등의 열람·등사 또는 서면의 교부를 거부할 수 있다. 다만, 법원이 제266조의4 제1항에 따른 신청을 기각하는 결정을 한 때에는 그러하지 아니하다.
> ③ 검사는 피고인 또는 변호인이 제1항에 따른 요구를 거부한 때에는 법원에 그 서류 등의 열람·등사 또는 서면의 교부를 허용할 것을 신청할 수 있다.
> ④ 제266조의4 제2항부터 제5항까지의 규정은 제3항의 신청이 있는 경우에 준용한다.

Ⅳ 법원의 열람·등사에 관한 결정

> **제266조의4(법원의 열람·등사에 관한 결정)**
> ① 피고인 또는 변호인은 검사가 서류 등의 열람·등사 또는 서면의 교부를 거부하거나 그 범위를 제한한 때에는 법원에 그 서류 등의 열람·등사 또는 서면의 교부를 허용하도록 할 것을 신청할 수 있다.
> ② 법원은 제1항의 신청이 있는 때에는 열람·등사 또는 서면의 교부를 허용하는 경우에 생길 폐해의 유형·정도, 피고인의 방어 또는 재판의 신속한 진행을 위한 필요성 및 해당 서류 등의 중요성 등을 고려하여 검사에게 열람·등사 또는 서면의 교부를 허용할 것을 명할 수 있다. 이 경우 열람 또는 등사의 시기·방법을 지정하거나 조건·의무를 부과할 수 있다.
> ③ 법원은 제2항의 결정을 하는 때에는 검사에게 의견을 제시할 수 있는 기회를 부여하여야 한다.
> ④ 법원은 필요하다고 인정하는 때에는 검사에게 해당 서류 등의 제시를 요구할 수 있고, 피고인 그 밖의 이해관계인을 심문할 수 있다.
> ⑤ 검사는 제2항의 열람·등사 또는 서면의 교부에 관한 법원의 결정을 지체없이 이행하지 아니하는 때에는 해당 증인 및 서류 등에 대한 증거신청을 할 수 없다.
>
> **규칙 제123조의4(법원에 대한 열람·등사신청)**
> ① 법 제266조의4 제1항의 신청은 다음 사항을 기재한 서면으로 하여야 한다.

관련 판례

🔸 법원이 제266조의4에 따라 수사서류에 대한 열람·등사를 허용할 것을 명하는 결정을 하였는데도 검사가 일부 서류의 열람·등사를 거부한 경우, 당해 검사에게 직무상 의무를 위반한 과실이 있다고 볼 것인지 여부(적극)
··· 법에 기속되는 검사로서는 법원의 결정에 따라야 할 직무상 의무 ··· 검사가 관련 법령의 해석에 관하여 대법원판례 등의 선례가 없다는 이유 등으로 법원의 결정에 어긋나는 행위를 하였다면 ··· 당해 검사에게 직무상 의무를 위반한 과실이 있다 ··· (대판 2012. 11. 15. 2011다48452).

Ⅴ 열람·등사된 서류의 남용 금지

> **제266조의16(열람·등사된 서류 등의 남용금지)**
> ① 피고인 또는 변호인(피고인 또는 변호인이었던 자를 포함한다. 이하 이 조에서 같다)은 검사가 열람 또는 등사하도록 한 제266조의3 제1항에 따른 서류 등의 사본을 당해 사건 또는 관련 소송의 준비에 사용할 목적이 아닌 다른 목적으로 다른 사람에게 교부 또는 제시(전기통신설비를 이용하여 제공하는 것을 포함한다)하여서는 아니 된다.
> ② 피고인 또는 변호인이 제1항을 위반하는 때에는 1년 이하의 징역 또는 500만원 이하의 벌금에 처한다.

04 공판기일의 절차

I 모두(冒頭)절차

1. 진술거부권의 고지(제283조의2) : 전술함

2. 인정신문

> **제284조(인정신문)**
> 재판장은 피고인의 성명, 연령, 등록기준지, 주거와 직업을 물어서 피고인임에 틀림없음을 확인하여야 한다.

3. 검사의 모두진술 : 필수적 절차로 변경

> **제285조(검사의 모두진술)**
> 검사는 공소장에 의하여 공소사실·죄명 및 적용법조를 낭독하여야 한다. 다만, 재판장은 필요하다고 인정하는 때에는 검사에게 공소의 요지를 진술하게 할 수 있다.

4. 피고인의 모두진술

(1) 공소사실의 인정여부에 대한 진술

> **제286조(피고인의 모두진술)**
> ① 피고인은 검사의 모두진술이 끝난 뒤에 공소사실의 인정여부를 진술하여야 한다. 다만, 피고인이 진술거부권을 행사하는 경우에는 그러하지 아니하다.
> ② 피고인 및 변호인은 이익이 되는 사실 등을 진술할 수 있다.
>
> **규칙 제127조의2(피고인의 모두진술)**
> ① 재판장은 법 제285조에 따른 검사의 모두진술 절차를 마친 뒤에 피고인에게 공소사실을 인정하는지 여부에 관하여 물어야 한다.
> ② 피고인 및 변호인은 공소에 관한 의견 그 밖에 이익이 되는 사실 등을 진술할 수 있다.

(2) 이익이 되는 사실 등의 진술 : 피고인은 모두진술을 통하여 관할이전신청(제15조), 기피신청(제18조), 국선변호인선임신청(제33조), 공판기일변경신청(제270조), 변론의 병합·분리신청(제300조) 등을 할 수 있으며, 특히 토지관할의 위반신청(제320조 제2항), 공소장부본송달의 하자에 대한 이의신청(제266조), 제1회 공판기일의 유예기간에 대한 이의신청(제269조) 등은 피고인의 모두진술단계까지 이루어져야 함

5. 쟁점정리 등 절차

> **제287조(재판장의 쟁점정리 및 검사·변호인의 증거관계 등에 대한 진술)**
> ① 재판장은 피고인의 모두진술이 끝난 다음에 피고인 또는 변호인에게 쟁점의 정리를 위하여 필요한 질문을 할 수 있다.
> ② 재판장은 증거조사를 하기에 앞서 검사 및 변호인으로 하여금 공소사실 등의 증명과 관련된 주장 및 입증계획 등을 진술하게 할 수 있다. 다만, 증거로 할 수 없거나 증거로 신청할 의사가 없는 자료에 기초하여 법원에 사건에 대한 예단 또는 편견을 발생하게 할 염려가 있는 사항은 진술할 수 없다.

Ⅱ 사실심리절차(변론절차)

1. 증거조사절차

(1) **증거조사의 의의** : 수소법원이 공판기일에 공판정에서 행하는 것이 원칙

(2) **증거조사의 개시**

① **증거조사의 시기** : 쟁점정리 등 절차가 끝난 후에 실시함(제287조)

② **신청에 의한 증거조사**(제294조)

㉠ 당사자의 증거신청

> **제294조(당사자의 증거신청)**
> ① 검사·피고인 또는 변호인은 서류나 물건을 증거로 제출할 수 있고, 증인·감정인·통역인 또는 번역인의 신문을 신청할 수 있다.
> ② 법원은 검사·피고인 또는 변호인이 고의로 증거를 뒤늦게 신청함으로써 공판의 완결을 지연하는 것으로 인정할 때에는 직권 또는 상대방의 신청에 따라 결정으로 이를 각하할 수 있다.

㉡ **증거신청의 시기** : ⓐ 모두절차가 끝나고 재판장의 '쟁점정리 등의 절차(제287조)'를 마친 뒤에 하는 것이 원칙(제290조), ⓑ 예외적으로 공판기일 전에도 할 수 있는 경우도 있음(제273조), ⓒ 공판준비절차에서도 증거신청을 할 수 있음(제266조의9 제1항 제5호)

㉢ **증거신청의 순서** : 증거신청은 검사가 먼저 한 후, 다음에 피고인 또는 변호인이 함(규칙 제133조)

㉣ **증거신청의 방식**

ⓐ 서면 또는 구술로 → 증거와 증명하고자 하는 사실과의 관계를 구체적으로 명시 → 피고인의 자백을 보강하는 증거나 정상에 관한 증거는 보강증거 또는 정상에 관한 증거라는 취지를 특히 명시하여 그 조사를 신청하여야 하며, 서류나 물건의 일부에 대한 증거신청을 함에 있어서는 증거로 할 부분을 특정하여 명시하여야 함(규칙 제132조의2)

> **관련 판례**
> **❷ 증거신청시 그 입증취지를 명시하여 개별적으로 하도록 한 취지**
> … 증거신청은 그 입증취지를 명시하여 개별적으로 하도록 한 취지는 증거능력이 없거나 불필요한 증거에 대한 증거신청을 효율적으로 가려내고 쟁점을 명확히 하며 상대방의 반박준비 기회를 보장하기 위한 것… 증거동의를 거쳐 법원이 증거로 채택하는 결정을 하였다면 그 결정이 취소되지 않는 이상 단순히 입증취지를 명시하여 개별적으로 신청하지 않았다는 이유만을 내세워 그 증거에 대한 조사가 위법하다고 할 수는 없다(대판 2009.10.29, 2009도5945).

ⓑ 검사·피고인 또는 변호인은 특별한 사정이 없는 한 필요한 증거를 일괄하여 신청하여야 함(규칙 제132조)

ⓒ 증거로 할 수 있는 서류나 물건이 수사기록의 일부인 때에는 검사는 이를 특정하여 개별적으로 제출함으로써 그 조사를 신청하여야 함(규칙 제132조의3)

㉤ **영상녹화물의 조사신청** : 검사는 피의자신문(제244조의2)과 참고인조사(제221조)의 과정에서 피의자나 참고인의 진술을 영상녹화한 사건에서, 피고인이 아닌 피의자나 참고인이 그 조서에 기재된 내용이 그가 진술한 내용과 동일하게 기재되어 있음을 인정하지 아니하는 경우 그 부분의 성립의 진정을 증명하기 위하여 영상녹화물의 조사를 신청할 수 있음(규칙 제134조의2 및 제134조의3)

> **규칙 제134조의2(영상녹화물의 조사신청)**
> ① 검사는 피고인이 아닌 피의자의 진술을 영상녹화한 사건에서 피고인이 아닌 피의자가 그 조서에 기재된 내용이 자신이 진술한 내용과 동일하게 기재되어 있음을 인정하지 아니하는 경우 그 부분의 성립의 진정을 증명하기 위하여 영상녹화물의 조사를 신청할 수 있다.
> ② 〈삭제〉
> ③ 제1항의 영상녹화물은 조사가 개시된 시점부터 조사가 종료되어 피의자가 조서에 기명날인 또는 서명을 마치는 시점까지 전과정이 영상녹화된 것으로, 다음 각 호의 내용을 포함하는 것이어야 한다.
>   1. 피의자의 신문이 영상녹화되고 있다는 취지의 고지
>   2. 영상녹화를 시작하고 마친 시각 및 장소의 고지
>   3. 신문하는 검사와 참여한 자의 성명과 직급의 고지
>   4. 진술거부권·변호인의 참여를 요청할 수 있다는 점 등의 고지
>   5. 조사를 중단·재개하는 경우 중단 이유와 중단 시각, 중단 후 재개하는 시각
>   6. 조사를 종료하는 시각
> ④ 제1항의 영상녹화물은 조사가 행해지는 동안 조사실 전체를 확인할 수 있도록 녹화된 것으로 진술자의 얼굴을 식별할 수 있는 것이어야 한다.
> ⑤ 제1항의 영상녹화물의 재생 화면에는 녹화 당시의 날짜와 시간이 실시간으로 표시되어야 한다.
> ⑥ 〈삭제〉
>
> **규칙 제134조의3(제3자의 진술과 영상녹화물)**
> ① 검사는 피의자가 아닌 자가 공판준비 또는 공판기일에서 조서가 자신이 검사 또는 사법경찰관 앞에서 진술한 내용과 동일하게 기재되어 있음을 인정하지 아니하는 경우 그 부분의 성립의 진정을 증명하기 위하여 영상녹화물의 조사를 신청할 수 있다.
> ② 검사는 제1항에 따라 영상녹화물의 조사를 신청하는 때에는 피의자가 아닌 자가 영상녹화에 동의하였다는 취지로 기재하고 기명날인 또는 서명한 서면을 첨부하여야 한다.
>
> **규칙 제134조의4(영상녹화물의 조사)**
> ① 법원은 검사가 영상녹화물의 조사를 신청한 경우 이에 관한 결정을 함에 있어 원진술자와 함께 피고인 또는 변호인으로 하여금 그 영상녹화물이 적법한 절차와 방식에 따라 작성되어 봉인된 것인지 여부에 관한 의견을 진술하게 하여야 한다.
> ② 〈삭제〉
> ③ 법원은 공판준비 또는 공판기일에서 봉인을 해체하고 영상녹화물의 전부 또는 일부를 재생하는 방법으로 조사하여야 한다. 이 때 영상녹화물은 그 재생과 조사에 필요한 전자적 설비를 갖춘 법정 외의 장소에서 이를 재생할 수 있다.
> ④ 재판장은 조사를 마친 후 지체 없이 법원사무관 등으로 하여금 다시 원본을 봉인하도록 하고, 원진술자와 함께 피고인 또는 변호인에게 기명날인 또는 서명하도록 하여 검사에게 반환한다. 다만, 피고인의 출석 없이 개정하는 사건에서 변호인이 없는 때에는 피고인 또는 변호인의 기명날인 또는 서명을 요하지 아니한다.

③ 직권에 의한 증거조사 : 당사자의 신청에 의한 증거조사에 대하여 보충적인 것

> **제295조(증거신청에 대한 결정)**
> 법원은 제294조 및 제294조의2의 증거신청에 대하여 결정을 하여야 하며 직권으로 증거조사를 할 수 있다.

> **관련 판례**
>
> ❶ **직권증거조사에 관한 형사소송법 제295조 규정이 위헌인지 여부(소극)**
>   … 제295조 … 규정은 입법형성권 행사의 결과로서 헌법에 위배되지 않는다(대판 2008.12.24, 2006도1427).
>
> ❷ **직권에 의한 증거조사가 법원의 권한임과 동시에 의무라는 판례**
>   법원이 직권증거조사를 충분히 하지 아니한 경우에는 심리미진의 위법이 있다(대판 1974.1.15, 73도2522).
>
> ❸ **피고인이 철회한 증인을 법원이 직권으로 신문할 수 있는지 여부(적극)**
>   증인은 법원이 직권에 의하여 신문할 수도 있고 증거의 채부는 법원의 직권에 속하는 것 … 피고인이 철회한 증인을 법원이 직권신문하고 이를 채증하더라도 위법이 아니다(대판 1983.7.12, 82도3216).

(3) 법원에 의한 증거결정

① 증거결정

㉠ 증거신청에 대한 채부결정(채택결정과 기각결정), 직권증거조사결정

> **관련 판례**
>
> ❶ **증거신청의 채택 여부가 법원의 재량인지 여부(적극)**
>   … 법원이 필요하지 아니하다고 인정할 때에는 이를 조사하지 아니할 수 있다(대판 2003.10.10, 2003도3282).
>
> ❷ **제1심 공동피고인에 대한 증인채부의 결정없이 변론을 종결한 위법이 판결에 영향을 미친 것인지 여부**
>   … 위법이 있으나 위 증인은 제1심에서 공동피고인으로서 심판을 받은 바 있었을 뿐만 아니라 … 위와 같은 위법은 판결에 영향을 미친 것이라고 볼 수 없다(대판 1983.9.27, 82도2614).

㉡ 증거채부결정은 판결 전의 소송절차에 관한 결정이므로, 이의신청을 하는 외에는 달리 불복할 수 있는 방법이 없음

> **관련 판례**
>
> ❶ **증거신청채부결정에 대한 불복방법(이의신청)**
>   … 판결 전의 소송절차에 관한 결정으로서 이의신청을 하는 외에는 달리 불복할 수 있는 방법이 없고 … 그로 말미암아 사실을 오인하여 판결에 영향을 미치기에 이른 경우에만 이를 상소의 이유로 삼을 수 있을 뿐 … (대판 1990.6.8, 90도646).

② 증거결정의 절차

㉠ 법원은 증거결정을 함에 있어서 필요하다고 인정할 때에는 그 증거에 대한 검사·피고인 또는 변호인의 의견을 들을 수 있음(규칙 제134조)

㉡ 법원은 증거신청을 기각·각하하거나, 증거신청에 대한 결정을 보류하는 경우, 증거신청인으로부터 당해 증거서류 또는 증거물을 제출받아서는 안 됨(규칙 제134조 제4항)

(4) 증거조사의 실시

① 증거조사의 순서

㉠ 증거조사의 순서

> **제291조의2(증거조사의 순서)**
> ① 법원은 검사가 신청한 증거를 조사한 후 피고인 또는 변호인이 신청한 증거를 조사한다.
> ② 법원은 제1항에 따른 조사가 끝난 후 직권으로 결정한 증거를 조사한다.
> ③ 법원은 직권 또는 검사·피고인·변호인의 신청에 따라 제1항 및 제2항의 순서를 변경할 수 있다.

ⓒ **피고인 자백의 조사시기** : 제312조 및 제313조에 따라 증거로 할 수 있는 피고인 또는 피고인 아닌 자의 진술을 기재한 조서 또는 서류가 피고인의 자백 진술을 내용으로 하는 경우에는 범죄사실에 관한 다른 증거를 조사한 후에 이를 조사하여야 함(규칙 제135조)

② 증거서류에 대한 조사방식

> **제292조(증거서류에 대한 조사방식)**
> ① 검사·피고인 또는 변호인의 신청에 따라 증거서류를 조사하는 때에는 신청인이 이를 낭독하여야 한다.
> ② 법원이 직권으로 증거서류를 조사하는 때에는 소지인 또는 재판장이 이를 낭독하여야 한다.
> ③ 재판장은 필요하다고 인정하는 때에는 제1항 및 제2항에도 불구하고 내용을 고지하는 방법으로 조사할 수 있다.
> ④ 재판장은 법원사무관 등으로 하여금 제1항부터 제3항까지의 규정에 따른 낭독이나 고지를 하게 할 수 있다.
> ⑤ 재판장은 열람이 다른 방법보다 적절하다고 인정하는 때에는 증거서류를 제시하여 열람하게 하는 방법으로 조사할 수 있다.

③ 증거물에 대한 조사방식

> **제292조의2(증거물에 대한 조사방식)**
> ① 검사·피고인 또는 변호인의 신청에 따라 증거물을 조사하는 때에는 신청인이 이를 제시하여야 한다.
> ② 법원이 직권으로 증거물을 조사하는 때에는 소지인 또는 재판장이 이를 제시하여야 한다.
> ③ 재판장은 법원사무관 등으로 하여금 제1항 및 제2항에 따른 제시를 하게 할 수 있다.

관련 판례

🔹 **증거물인 서면의 증거조사 방식**
… '증거물인 서면'을 조사하기 위해서는 증거서류의 조사방식인 낭독·내용고지 또는 열람의 절차와 증거물의 조사방식인 제시의 절차가 함께 이루어져야 … (대판 2013.7.26, 2013도2511).

④ 기타 증거에 대한 조사방식

> **제292조의3(그 밖의 증거에 대한 조사방식)**
> 도면·사진·녹음테이프·비디오테이프·컴퓨터용디스크 그 밖에 정보를 담기 위하여 만들어진 물건으로서 문서가 아닌 증거의 조사에 관하여 필요한 사항은 대법원규칙으로 정한다.

ⓐ **컴퓨터용디스크 등의 조사방식** : 읽을 수 있도록 출력하여 인증한 등본을 낼 수 있으며, 증거조사를 신청한 당사자는 법원이 명하거나 상대방이 요구한 때에는 컴퓨터디스크 등에 입력한 사람과 입력한 일시, 출력한 사람과 출력한 일시를 밝혀야 함(규칙 제134조의7)

ⓑ **녹음·녹화매체 등의 조사방식** : 음성이나 영상이 녹음·녹화 등이 된 사람, 녹음·녹화 등을 한 사람 및 녹음·녹화 등을 한 일시·장소를 밝혀야 하며, 녹음·녹화매체 등에 대한 증거조사는 녹음·녹화매체 등을 재생하여 청취 또는 시청하는 방법으로 함(규칙 제134조의8)

관련 판례

🔹 **녹음·녹화테이프, 컴퓨터용디스크 등의 조사방식과 관련된 판례**
… 녹음·녹화테이프, 컴퓨터용디스크, 그 밖에 이와 비슷한 방법으로 음성이나 영상을 녹음 또는 녹화하여 재생할 수 있는 매체에 대한 증거조사는 … 재생하여 청취 또는 시청하는 방법으로 하여야 하는데(규칙 제134조의8) … 형사소송규칙에서 정한 증거조사절차를 거치지 아니한 채 절차의 편의상 위 수사보고서에 대하여만 증거조사를 하고 이를 유죄의 증거로 채택한 조치는 잘못 … (대판 2011.10.13, 2009도13846).

⑤ 소송관계인이 증거로 제출한 서류나 물건에 대한 조사 : 소송관계인이 증거로 제출한 서류나 물건은 검사, 변호인 또는 피고인이 공판정에서 개별적으로 지시설명하여 조사하여야 함(제291조)

(5) 증거조사결과와 피고인의 의견

> **제293조(증거조사 결과와 피고인의 의견)**
> 재판장은 피고인에게 각 증거조사의 결과에 대한 의견을 묻고 권리를 보호함에 필요한 증거조사를 신청할 수 있음을 고지하여야 한다.

(6) 증거조사에 대한 이의신청
① 이의신청

> **제296조(증거조사에 대한 이의신청)**
> ① 검사·피고인 또는 변호인은 증거조사에 관하여 이의신청을 할 수 있다.
> ② 법원은 전항의 신청에 대하여 결정을 하여야 한다.

② 이의신청의 사유 : 이의신청은 법령의 위반이 있거나 상당하지 아니함을 이유로 하여 이를 할 수 있으며, 다만 증거신청의 결정에 대한 이의신청만은 법령의 위반이 있음을 이유로 하여서만 이를 할 수 있음(규칙 제135조)
③ 이의신청의 방법 : 서면 또는 구술로 → 개개의 행위나 처분 또는 결정시마다 그 이유를 간결하게 명시하여 즉시 이를 하여야 함(규칙 제137조)
④ 이의신청에 대한 결정
  ㉠ 이의신청이 있은 후 즉시 이를 하여야 함(규칙 제138조)
  ㉡ 이의신청에 의하여 판단이 된 사항에 대하여는 다시 이의신청을 할 수 없음(규칙 제140조)
  ㉢ 시기에 늦은 이의신청, 소송지연만을 목적으로 하는 것임이 명백한 이의신청은 결정으로 이를 기각하여야 함 → 다만, 시기에 늦은 이의신청이 중요한 사항을 대상으로 하고 있는 경우에는 시기에 늦은 것만을 이유로 하여 기각하여서는 안 됨(규칙 제139조 제2항)
  ㉣ 이의신청이 이유없다고 인정되는 경우에는 결정으로 이를 기각하여야 함(규칙 제139조 제2항)
  ㉤ 이의신청이 이유있다고 인정되는 경우에는 결정으로 이의신청의 대상이 된 행위, 처분 또는 결정을 중지, 철회, 취소, 변경하는 등 그 이의신청에 상응하는 조치를 취하여야 함(규칙 제139조 제3항)
  ㉥ 증거조사를 마친 증거가 증거능력이 없음을 이유로 한 이의신청을 이유있다고 인정할 경우에는 그 증거의 전부 또는 일부를 배제한다는 취지의 결정을 하여야 함(규칙 제139조 제4항)
⑤ 이의신청에 대한 결정의 불복 : 이의신청에 대한 결정에 대해서는 다시 이의신청을 하거나 항고로서 불복할 수 없음

2. 피고인신문 절차

(1) 피고인신문의 의의 : 피고인신문제도 자체는 직권주의의 반영, 피고인신문의 순서나 방식은 당사자주의의 반영 → 피고인신문조서의 작성(제48조)

> **제296조의2(피고인신문)**
> ① 검사 또는 변호인은 증거조사 종료 후에 순차로 피고인에게 공소사실 및 정상에 관하여 필요한 사항을 신문할 수 있다. 다만, 재판장은 필요하다고 인정하는 때에는 증거조사가 완료되기 전이라도 이를 허가할 수 있다.
> ② 재판장은 필요하다고 인정하는 때에는 피고인을 신문할 수 있다.
> ③ 제161조의2 제1항부터 제3항까지 및 제5항은 제1항의 신문에 관하여 준용한다.

(2) 피고인신문의 순서 : 증인신문방식과 마찬가지로 검사와 변호인이 신문하고 재판장은 그 신문이 끝난 뒤에 신문하는 것을 원칙으로 하며, 다만 재판장은 필요하다고 인정하면 어느 때나 신문하거나 신분순서를 변경할 수 있음

관련 판례

> ❹ 변호인이 피고인을 신문하겠다는 의사를 표시하였음에도 변호인에게 일체의 피고인신문을 허용하지 않은 재판장의 조치가 소송절차의 법령위반으로서 상고이유에 해당하는지 여부(적극)
> 형사소송법 제370조, 제296조의2 … 변호인의 피고인신문권은 변호인의 소송법상 권리 … 검사 또는 변호인이 항소심에서 피고인신문을 실시하는 경우 제1심의 피고인신문과 중복되거나 항소이유의 당부를 판단하는 데 필요 없다고 인정하는 때에는 그 신문의 전부 또는 일부를 제한할 수 있으나 … 변호인의 본질적 권리를 해할 수는 없다 … 변호인이 피고인을 신문하겠다는 의사를 표시하였음에도 변호인에게 일체의 피고인신문을 허용하지 않은 것은 변호인의 피고인신문권에 관한 본질적 권리를 해하는 것으로서 소송절차의 법령위반에 해당 … (대판 2020.12.24. 2020도10778).

(3) 피고인신문의 방법
  ① 피고인신문의 범위 : 공소사실과 정상에 관한 필요사항 → 진술거부할 수 있음(제283조의2)
  ② 진술을 강요하거나 답변을 유도하거나 그 밖에 위압적·모욕적 신문을 하여서는 안 됨
  ③ 재판장은 피고인이 어떤 재정인의 앞에서 충분한 진술을 할 수 없다고 인정한 때에는 그 재정인을 퇴정하게 하고 진술하게 할 수 있음

(4) 신뢰관계에 있는 자의 동석제도 : 피고인과 동석할 수 있는 신뢰관계에 있는 자란 피고인의 배우자, 직계친족, 형제자매, 가족, 동거인, 고용주 기타 피고인의 심리적 안정과 원활한 의사소통에 도움을 줄 수 있는 자를 말함 → 피고인과 동석한 신뢰관계에 있는 자는 재판의 진행을 방해해서는 안 되며, 재판장은 동석한 신뢰관계 있는 자가 부당하게 재판의 진행을 방해하는 때에는 동석을 중지시킬 수 있음

> **제276조의2(장애인 등 특별히 보호를 요하는 자에 대한 특칙)**
> ① 재판장 또는 법관은 피고인을 신문하는 경우 다음 각 호의 어느 하나에 해당하는 때에는 직권 또는 피고인·법정대리인·검사의 신청에 의하여 피고인과 신뢰관계에 있는 자를 동석하게 할 수 있다.
>   1. 피고인이 신체적 또는 정신적 장애로 사물을 변별하거나 의사를 결정전달할 능력이 미약한 경우
>   2. 피고인의 연령·성별·국적 등의 사정을 고려하여 그 심리적 안정의 도모와 원활한 의사소통을 위하여 필요한 경우
> ② 제1항에 따라 동석할 수 있는 신뢰관계에 있는 자의 범위, 동석의 절차 및 방법 등에 관하여 필요한 사항은 대법원규칙으로 정한다.

3. 최후변론 절차

(1) 검사의 의견진술
  ① 검사의 논고(論告) : 본질적인 권리를 해치지 아니하는 범위 내에서 그 의견진술의 시간을 제한할 수 있음(규칙 제145조)

> **제302조(증거조사 후의 검사의 의견진술)**
> 피고인신문과 증거조사가 종료한 때에는 검사는 사실과 법률적용에 관하여 의견을 진술하여야 한다. 단, 제278조의 경우에는 공소장의 기재사항에 의하여 검사의 의견진술이 있는 것으로 간주한다.

② 검사의 구형(求刑) : → 법원은 검사의 구형에 구속되지 않음 → 검사가 양형에 관한 의견진술을 하지 않았다고 하더라도 의견진술의 기회를 주었다면 이로써 판결에 영향을 미친 법률위반이 있는 경우에 해당한다고 할 수 없음(대판 2001.11.30, 2001도5225)

관련 판례

❶ 검사의 구형에 법원이 구속되는지 여부(소극)
1. … 검사의 구형은 … 법원이 그 의견에 구속된다고 할 수 없다(대판 2001.11.30, 2001도5225).
2. … 검사의 구형에 포함되지 아니한 벌금형을 병과하였다 하여 위법이 될 수 없다(대판 1984.4.24, 83도1789).
3. … 법원은 … 검사의 구형 여부와 관계없이 … 벌금형의 병과 여부를 정할 수 있다(대판 2011.2.24, 2010도7404).

❷ 조사관에 의한 양형조사
… 조사관에게 양형의 조건이 되는 사항을 수집·조사하여 제출하게 하고, 이를 피고인에 대한 정상 관계 사실과 함께 참작하여 피고인에게 유죄를 선고한 것 … 양형조사가 위법하게 행하여졌다고 볼 수 없다(대판 2010.4.29, 2010도750).

❸ 대법원 양형위원회 제정 양형기준상 특별감경인자인 '처벌불원'의 의미
대법원 양형위원회 제정 양형기준상 특별감경인자인 '처벌불원'이란 … 피해자가 처벌불원의 법적·사회적 의미를 정확히 인식하면서 이를 받아들여 피고인의 처벌을 원하지 않는 경우를 의미 … (대판 2020.8.20, 2020도6965).

❹ 법원이 '양형기준'을 벗어난 판결을 하는 경우, 판결서에 양형의 이유를 기재하는 방법
대법원 양형위원회 … 법관은 양형을 할 때에 위와 같은 양형기준을 존중하여야 … 법원은 약식절차 또는 즉결심판절차에 의하여 심판하는 경우가 아닌 한, 양형기준을 벗어난 판결을 함에 따라 판결서에 양형의 이유를 기재하여야 하는 경우에는 … 양형을 하게 된 사유를 합리적이고 설득력 있게 표현하는 방식으로 그 이유를 기재하여야 … (대판 2010.12.9, 2010도7410).

(2) 피고인과 변호인의 의견진술

> **제303조(피고인의 최후진술)**
> 재판장은 검사의 의견을 들은 후 피고인과 변호인에게 최종의 의견을 진술할 기회를 주어야 한다.

관련 판례

❶ 피고인이나 변호인에게 최종의견 진술의 기회를 주지 아니한 채 변론을 종결하고 판결을 선고하는 경우, 소송절차의 법령위반에 해당하는지 여부(적극)
… 최종의견 진술의 기회는 피고인과 변호인 모두에게 주어져야 한다 … 이러한 최종의견 진술의 기회는 피고인과 변호인의 소송법상 권리로서 피고인과 변호인이 사실관계의 다툼이나 유리한 양형사유를 주장할 수 있는 마지막 기회 … 피고인이나 변호인에게 최종의견 진술의 기회를 주지 아니한 채 변론을 종결하고 판결을 선고하는 것은 소송절차의 법령위반에 해당 … (대판 2018.3.29, 2018도327).

Ⅲ 판결의 선고절차

1. 변론의 종결

피고인과 변호인의 최후진술이 끝나면 변론은 종결되고 판결선고절차만 남게 되는데, 이를 실무상 결심(結審)이라고 함 → 그러나 종결한 변론을 재개할 수 있음(제305조)

2. 판결내용의 합의

합의부로 구성된 경우에는 판결내용을 결정하기 위한 합의가 필요하며 이러한 합의는 공개하지 아니함

3. 판결의 선고

(1) 판결의 선고방법
① 판결은 공판정에서 재판서에 의하여 선고하는데(제42조 본문), 판결의 선고는 재판장이 하며 주문을 낭독하고 이유의 요지를 설명하여야 함(제43조)
② 형을 선고하는 경우 재판장은 피고인에게 상소할 기간과 상소할 법원을 고지하여야 함(제324조)
③ 판결의 선고에 의하여 당해 심급은 종료되며, 이로부터 상소기간이 진행됨(제343조)
④ 재판장은 판결을 선고함에 있어서 피고인에게 적절한 훈계를 할 수 있음(규칙 제147조)

(2) 피고인의 출석 : 판결선고기일에도 피고인이 출석하여야 함 → 다만, 허가 없이 퇴정하거나 퇴정명령을 받은 때에는 피고인의 출석없이 판결할 수 있음(제330조)

(3) 판결선고기일

> **제318조의4(판결선고기일)**
> ① 판결의 선고는 변론을 종결한 기일에 하여야 한다. 다만, 특별한 사정이 있는 때에는 따로 선고기일을 지정할 수 있다.
> ② 변론을 종결한 기일에 판결을 선고하는 경우에는 판결의 선고 후에 판결서를 작성할 수 있다.
> ③ 제1항 단서의 선고기일은 변론종결 후 14일 이내로 지정되어야 한다.
>
> **규칙 제146조(판결서의 작성)**
> 변론을 종결한 기일에 판결을 선고하는 경우에는 선고 후 5일 내에 판결서를 작성하여야 한다.

(4) 소송촉진 등에 관한 특례법상 판결선고기간 : 판결의 선고는 제1심에서는 공소가 제기된 날부터 6개월 이내에, 항소심 및 상고심에서는 기록을 송부받은 날부터 4개월 이내에 하여야 함(소송촉진 등에 관한 특례법 제21조)

4. 판결선고 후의 조치

법원은 피고인에 대하여 판결을 선고한 때에는 선고일부터 7일 이내에 피고인에게 그 판결서 등본을 송달하여야 하며, 피고인이 동의하는 경우에는 그 판결서 초본을 송달할 수도 있음(규칙 제148조 제1항) → 불구속 피고인과 구속영장의 효력이 상실된 구속 피고인에 대하여는 피고인이 송달을 신청하는 경우에 한하여 송달함(규칙 제148조 제2항) → 구속 피고인은 신청여부를 묻지 않고 송달하여야 함

[관련 판례]

❷ **형사소송규칙 제148조 소정 기간 경과 후에 판결서등본이 송부된 경우, 적법한 상고이유가 될 수 있는지 여부(소극)**
형사소송규칙 제148조 소정의 구속 피고인에 대한 판결서등본 송부기간은 강행규정이 아니라 훈시규정 ··· 판결등본 송부기간 후에 피고인에게 판결등본을 송부하였다는 사유만으로는 적법한 상고이유가 될 수 없다(대판 1995.6.13. 95도826).

05 공판정(公判廷)의 심리(審理)

I 공판정의 구성

1. 공판정의 심리

> **제275조(공판정의 심리)**
> ① 공판기일에는 공판정에서 심리한다.
> ② 공판정은 판사와 검사, 법원사무관 등이 출석하여 개정한다.
> ③ 검사의 좌석과 피고인 및 변호인의 좌석은 대등하며, 법대의 좌우측에 마주 보고 위치하고, 증인의 좌석은 법대의 정면에 위치한다. 다만, 피고인신문을 하는 때에는 피고인은 증인석에 좌석한다.

관련 판례

➋ 공판정 좌석배치에 관한 형사소송법 제275조 규정이 위헌인지 여부(소극)
… 입법형성권 행사의 결과로서 헌법에 위배되지 않는다(대판 2008.12.24. 2006도1427).

2. 공판정에서의 신체구속의 금지

공판정에서는 피고인의 신체를 구속하지 못하나, 재판장은 피고인이 폭력을 행사하거나 도망할 염려가 있다고 인정하는 때에는 피고인의 신체의 구속을 명하거나 기타 필요한 조치를 할 수 있음(제280조)

II 판사, 검사, 피고인, 변호인의 출석

1. 판사의 출석

공판개정의 요건 → 판사의 출석 없이 개정할 수 있는 예외는 있을 수 없음

2. 검사의 출석

(1) **원칙** : 공판개정의 요건 → 검사의 출석이 없는 한 공판을 개정하지 못함

(2) **예외** : 재판장은 공판정에서 소송관계인에게 그 취지를 고지하여야 함(규칙 제126조의6)

> **제278조(검사의 불출석)**
> 검사가 공판기일의 통지를 2회 이상 받고 출석하지 아니하거나 판결만을 선고하는 때에는 검사의 출석없이 개정할 수 있다.

관련 판례

➋ 검사의 출석에 관한 판례
1. 검사가 공판기일의 통지를 받고 2회나 출석하지 아니하여 검사의 출석없이 개정하였다고 하여 위법하다 할 수 없고 … (대판 1967.2.21. 66도1710).
2. '2회 이상'이란 검사가 2회에 걸쳐 출석하지 아니한 때에는 그 기일에 바로 개정할 수 있다는 뜻이고, 반드시 계속하여 2회 이상 불출석할 것을 요하는 것은 아니다(대판 1966.11.29. 66도1415).
3. 검사에게 공판기일통지를 하지 않았으나 검사가 그 기일에 출석한 경우에는 … 검사에게 공판참여의 권리를 박탈한 것이라고는 보기 곤란하다(대판 1967.12.5. 67도1080).

3. 피고인의 출석

(1) **공판개정의 요건으로서 피고인의 출석** : 피고인의 출석은 공판개정의 요건으로서 피고인의 권리인 동시에 의무가 되며 나아가 피고인은 재정의무까지 있음(제281조 제1항)

> **제276조(피고인의 출석권)**
> 피고인이 공판기일에 출석하지 아니한 때에는 특별한 규정이 없으면 개정하지 못한다. 단, 피고인이 법인인 경우에는 대리인을 출석하게 할 수 있다.
>
> **제281조(피고인의 재정의무, 법정경찰권)**
> ① 피고인은 재판장의 허가없이 퇴정하지 못한다.
> ② 재판장은 피고인의 퇴정을 제지하거나 법정의 질서를 유지하기 위하여 필요한 처분을 할 수 있다.

(2) **피고인의 출석(진술)없이 재판할 수 있는 경우**
  ① 피고인에게 유리한 재판을 하는 경우
    ㉠ 공소기각 또는 면소의 재판을 할 경우(제277조 제2호) : 대리인을 출석하게 할 때에는 대리권을 수여한 사실을 증명하는 서면을 법원에 제출하여야 함(규칙 제126조)

> **제277조(경미사건 등과 피고인의 불출석)**
> 다음 각 호의 어느 하나에 해당하는 사건에 관하여는 피고인의 출석을 요하지 아니한다. 이 경우 피고인은 대리인을 출석하게 할 수 있다.
> 1. 다액 500만원 이하의 벌금 또는 과료에 해당하는 사건
> 2. 공소기각 또는 면소의 재판을 할 것이 명백한 사건
> 3. 장기 3년 이하의 징역 또는 금고, 다액 500만원을 초과하는 벌금 또는 구류에 해당하는 사건에서 피고인의 불출석 허가신청이 있고 법원이 피고인의 불출석이 그의 권리를 보호함에 지장이 없다고 인정하여 이를 허가한 사건. 다만, 제284조에 따른 절차를 진행하거나 판결을 선고하는 공판기일에는 출석하여야 한다.
> 4. 제453조 제1항에 따라 피고인만이 정식재판의 청구를 하여 판결을 선고하는 사건

   ㉡ 심신상실 또는 질병으로 피고인이 출정할 수 없는 사건에서 무죄 등을 선고할 경우(제306조)

> **제306조(공판절차의 정지)**
> ① 피고인이 사물의 변별 또는 의사의 결정을 할 능력이 없는 상태에 있는 때에는 법원은 검사와 변호인의 의견을 들어서 결정으로 그 상태가 계속하는 기간 공판절차를 정지하여야 한다.
> ② 피고인이 질병으로 인하여 출정할 수 없는 때에는 법원은 검사와 변호인의 의견을 들어서 결정으로 출정할 수 있을 때까지 공판절차를 정지하여야 한다.
> ③ 전2항의 규정에 의하여 공판절차를 정지함에는 의사의 의견을 들어야 한다.
> ④ 피고사건에 대하여 무죄, 면소, 형의 면제 또는 공소기각의 재판을 할 것으로 명백한 때에는 제1항, 제2항의 사유있는 경우에도 피고인의 출정없이 재판할 수 있다.
> ⑤ 제277조의 규정에 의하여 대리인이 출정할 수 있는 경우에는 제1항 또는 제2항의 규정을 적용하지 아니한다.

  ② **증거조사기일의 경우** : 피고인이 증거조사기일에 참여하지 아니한다는 의사를 명시한 때에는 피고인의 참여 없이 증거조사를 할 수 있음(제163조 제2항)
  ③ **피고인의 불출석 허가신청(제277조 제3호)** : 불출석 허가신청은 공판기일에 출석하여 구술로 하거나 공판기일 외에서 서면으로 할 수 있으며, 법원은 피고인의 불출석 허가신청에 대한 허가 여부를 결정하여야 함

④ 피고인만이 약식명령에 대한 정식재판청구를 하여 판결을 선고하는 경우(제277조 제4호)
⑤ 피고인이 법인인 경우 : 피고인이 법인인 경우에는 그 대표자가 출석하여야 하는데, 이 경우 대표자가 반드시 출석할 것을 요하지 않고 대리인을 출석하게 할 수 있음(제276조 단서)
⑥ 피고인이 의사무능력자인 경우 : 법정대리인이 출석하면 피고인의 출석을 요하지 않음(제26조)
⑦ 상고심의 경우 : 상고심에서는 변호사인 변호인이 아니면 변론할 수 없기 때문에(제387조), 상고심의 공판기일에는 피고인의 소환을 요하지 않음(제389조의2)
⑧ 벌금 또는 과료에 해당하는 경미사건의 경우(제277조 제1호) : 피고인의 소환은 요함
⑨ 즉결심판사건 : 벌금 또는 과료를 선고하는 경우에는 피고인의 출석을 요하지 아니하며(즉결심판절차법 제8조의2), 다만 구류를 선고하는 경우에는 피고인의 출석을 요함(불출석 허가신청 가능)
⑩ 재심의 공판절차 : 재심의 공판절차에서 피고인이 사망하거나 회복할 수 없는 심신장애자로 된 때에는 피고인이 출정하지 아니하여도 심판을 할 수 있음(제438조 제3항)
⑪ 피고인이 무단퇴정하거나 퇴정명령을 받은 경우
  ㉠ 피고인의 진술없이 하는 판결

  > **제330조(피고인의 진술없이 하는 판결)**
  > 피고인이 진술하지 아니하거나 재판장의 허가없이 퇴정하거나 재판장의 질서유지를 위한 퇴정명령을 받은 때에는 피고인의 진술없이 판결할 수 있다.

  ⓐ 피고인이 허가 없이 무단퇴정한 경우 : 이는 방어권의 남용 내지 변호권의 포기로서 제330조에 의하여 피고인이나 변호인의 재정 없이도 심리와 판결을 할 수 있으며 더 나아가 증거동의까지 있는 것으로 간주함(대판 1991.6.28, 91도865)
  ⓑ 피고인이 퇴정명령을 받은 경우 : 이 경우에는 증거동의까지 의제해서는 안 된다는 것이 통설
  ㉡ 일시퇴정(제297조) : 자세한 것은 후술함
⑫ 피고인이 출석하지 않은 경우
  ㉠ 항소심에서의 특칙

  > **제365조(피고인의 출정)**
  > ① 피고인이 공판기일에 출정하지 아니한 때에는 다시 기일을 정하여야 한다.
  > ② 피고인이 정당한 사유없이 다시 정한 기일에 출정하지 아니한 때에는 피고인의 진술없이 판결을 할 수 있다.

  관련 판례

  ❷ 제365조에 따라 피고인의 진술없이 판결하기 위한 요건
  1. … 피고인이 불출석한 상태에서 그 진술 없이 판결할 수 있기 위해서는 피고인이 적법한 공판기일 통지를 받고서도 2회 연속으로 정당한 이유 없이 출정하지 아니한 경우에 해당하여야 … (대판 2012.6.28, 2011도16166).
  2. … 피고인이 불출석한 상태에서 그 진술 없이 판결하기 위해서는 피고인이 적법한 공판기일 통지를 받고서도 2회 연속으로 정당한 이유 없이 출정하지 않은 경우에 해당하여야 … 이때 '적법한 공판기일 통지'란 소환장의 송달(형사소송법 제76조) 및 소환장 송달의 의제(형사소송법 제268조)의 경우에 한정되는 것이 아니라 적어도 피고인의 이름·죄명·출석 일시·출석 장소가 명시된 공판기일 변경명령을 송달받은 경우(형사소송법 제270조)도 포함 … (대판 2022.11.10, 2022도7940).
  3. … 피고인의 출석 없이 개정하려면 불출석이 2회 이상 계속된 바가 있어야 한다(대판 2016. 4.29, 2016도2210).
  4. … 피고인이 불출석한 상태에서 그 진술 없이 판결할 수 있기 위해서는 피고인이 적법한 공판기일 통지를 받고서도 2회 연속으로 정당한 이유 없이 출정하지 않은 경우에 해당하여야 한다(대판 2019.10.31, 2019도5426).

→ 피고인이 … 제1회, 제2회 공판기일에 출석 … 제3회 공판기일에 변호인만이 출석하고 피고인은 건강상 이유를 들어 출석하지 않았으나, 제4회 공판기일에 변호인과 함께 출석 … 피고인과 변호인이 모두 제5회 공판기일에 출석하지 아니하자 원심이 피고인의 출석 없이 공판기일을 개정하여 피고인의 항소를 기각하는 판결을 선고한 경우 … 제365조를 위반한 잘못이 있다.
5. 피고인의 진술없이 판결할 수 있기 위하여는 피고인이 적법한 공판기일 소환장을 받고서 정당한 이유없이 출정하지 아니할 것을 필요로 한다(대판 1999.12.24, 99도3784).
6. 피고인의 주거가 변경된 사실이 기록상 분명히 나타나 있음에도 불구하고 … 송달불능이 되자 바로 공시송달의 방법에 의하여 피고인을 소환 … 정당한 사유없이 공판기일에 출정하지 아니한 때에는 해당하지 아니한다(대판 1988.11.8, 88도1642).
7. … 필요한 조치를 취하지 아니한 채 곧바로 공시송달의 방법에 의한 송달을 하고 피고인의 진술 없이 판결을 하는 것은 … 위반되어 허용되지 아니한다(대판 2015.2.12, 2014도16822).
8. … 피고인의 출석하에 심리를 종결하고 판결선고를 위한 공판기일을 … 고지하였으나 피고인은 기일에 출석하지 아니 … 새로 정한 … 공판기일 소환장을 받고서도 변호인 선임을 위한 연기신청서만을 제출한 채 기일에 출정하지 아니하여 항소심은 그대로 판결을 선고하였음 … 제365조에 따른 것 … 적법하다(대판 1995.12.22, 95도1289).

ⓛ 약식명령에 대한 정식재판청구사건의 공판기일 : 약식명령에 대한 정식재판절차의 공판기일에 피고인이 2회 출석하지 아니한 경우에는 피고인의 진술없이 판결할 수 있음(제458조 제2항)

  관련 판례
  ❶ 약식명령에 불복하여 정식재판을 청구한 피고인이 2회 불출정하여 피고인의 출정 없이 증거조사를 하는 경우, 형사소송법 제318조 제2항에 따른 증거동의가 간주되는지 여부(적극)
  … 제318조 제2항에 따른 피고인의 증거동의가 간주된다(대판 2010.7.15, 2007도5776).
  ❷ 약식명령에 대한 정식재판청구사건에서 '소송촉진 등에 관한 특례법' 제23조 및 같은 법 시행규칙 제19조가 정하는 '피고인에 대한 송달불능보고서가 접수된 때부터 6개월이 지나도록 피고인의 소재를 확인할 수 없는 경우'에 이르지 않아도 공시송달의 방법에 의하여 피고인의 진술 없이 재판할 수 있는지 여부(적극)
  약식명령에 대한 정식재판청구사건에 관하여는 … 피고인이 적법한 소환을 받고도 정당한 사유 없이 2회 이상 불출석하면 피고인의 진술 없이 판결을 할 수 있다 … 이르지 아니하더라도 공시송달의 방법에 의하여 피고인의 진술 없이 재판을 할 수 있다고 할 것이다(대판 2013.3.28, 2012도12843).

ⓒ 피고인의 소재불명
  ⓐ 제1심 공판절차에서 피고인에 대한 송달불능보고서가 접수된 때로부터 6월이 경과하도록 피고인의 소재를 확인할 수 없는 때에는 피고인에 대한 소환은 공시송달의 방법에 의하며 피고인이 공판기일의 소환을 2회 이상 받고도 출석하지 아니한 때에는 피고인의 진술없이 재판할 수 있음(소송촉진 등에 관한 특례법 제23조) → 이는 위헌결정이 있은 후에 개정된 내용임(헌재결 1998.7.16, 97헌마22)
  ⓑ 다만, 사형·무기 또는 장기 10년이 넘는 징역이나 금고에 해당하는 사건의 경우에는 피고인의 출석없이 또는 진술없이 재판할 수 없음
  ⓒ 피고인이 책임을 질 수 없는 사유로 공판절차에 출석할 수 없었던 경우에는 그 판결이 있었던 사실을 안 날부터 14일 이내에 제1심 법원에 재심을 청구할 수 있음(소송촉진 등에 관한 특례법 제23조의2)

    관련 판례
    ❶ 구속영장이 여러 차례에 걸쳐 집행불능되어 반환된 것을 '송달불능보고서의 접수'로 볼 수 있는지 여부(소극) 및 '소재탐지불능보고서의 접수'를 '송달불능보고서의 접수'로 볼 수 있는지 여부(적극)
    … 구속영장이 여러 차례에 걸쳐 집행불능되어 반환된 바 있었다고 하더라도 … '송달불능보고서의 접수'로 볼 수는 없다 … 소재탐지불능보고서의 접수는 … '송달불능보고서의 접수'로 볼 수 있다(대법원 2014.10.16, 2014모1557).

❸ 공시송달의 방법으로 소환한 피고인이 최초 공판기일에 불출석한 경우, 곧바로 피고인의 진술 없이 재판절차를 진행할 수 있는지 여부(소극)
… 공시송달의 방법으로 소환받은 피고인이 2회 이상 불출석할 것이 요구 … (대판 2011.5.13, 2011도1094).

❹ 헌법재판소의 위헌결정으로 효력을 상실한 소송촉진 등에 관한 특례법 제23조를 적용하여 진행한 소송절차에 따라 유죄를 선고한 제1심판결에 대하여 항소심이 취해야 할 조치
… 위헌결정 … 위 특례법 제23조를 적용하여 … 유죄판결을 선고한 제1심의 소송절차는 … 위법 … 항소심은 위법한 제1심판결을 파기하고 항소심에서의 새로운 심리결과에 따라 다시 판결하여야 한다(대판 1998.10.15, 98도1759).

② 구속피고인의 출석거부 : 교도소장은 즉시 그 취지를 법원에 통지하여야 하며(규칙 제126조의4), 법원이 이에 의하여 피고인의 출석없이 공판절차를 진행하고자 하는 경우에는 미리 위와 같은 사유가 존재하는가의 여부를 조사하여야 함(규칙 제126조의5)

> **제277조의2(피고인의 출석거부와 공판절차)**
> ① 피고인이 출석하지 아니하면 개정하지 못하는 경우에 구속된 피고인이 정당한 사유없이 출석을 거부하고, 교도관에 의한 인치가 불가능하거나 현저히 곤란하다고 인정되는 때에는 피고인의 출석없이 공판절차를 진행할 수 있다.

[관련 판례]
❶ 제277조의2에 의하여 피고인의 출석없이 공판절차를 진행하기 위하여 교도관에 의한 인치가 불가능하거나 현저히 곤란하였는지 여부까지 조사하여야 하는지 여부(적극)
… 단지 구속된 피고인이 정당한 사유없이 출석을 거부하였다는 것만으로는 부족하고 더 나아가 교도관리에 의한 인치가 불가능하거나 현저히 곤란하다고 인정되어야 하는 것 … (대판 2001.6.12, 2001도114).

4. 변호인의 출석

(1) 원칙 : 변호인의 출석은 공판개정의 요건이 아님

(2) 예외 : 필요적 변호사건

> **제282조(필요적 변호)**
> 제33조 제1항 각 호의 어느 하나에 해당하는 사건 및 같은 조 제2항·제3항의 규정에 따라 변호인이 선정된 사건에 관하여는 변호인없이 개정하지 못한다. 단, 판결만을 선고할 경우에는 예외로 한다.
>
> **제283조(국선변호인)**
> 제282조 본문의 경우 변호인이 출석하지 아니한 때에는 법원은 직권으로 변호인을 선정하여야 한다.

[관련 판례]
❶ 필요적 변호사건에서 피고인이 재판장의 허가없이 퇴정하고 변호인마저 이에 동조하여 퇴정해 버린 경우 피고인이나 변호인의 재정없이도 심리판결을 할 수 있는지의 여부(적극) 및 이 경우 증거동의가 간주되는지의 여부(적극)
… 방어권의 남용 내지 변호권의 포기 … 제330조에 의하여 피고인이나 변호인의 재정없이도 심리판결 할 수 있다 … 증거동의가 있는 것으로 간주하게 되어 있다(대판 1991.6.28, 91도865).

❷ 필요적 변호사건에서 변호인의 출석없이 이루어진 소송행위의 효력
1. … 필요적 변호사건 … 변호인 없이 … 심리가 이루어졌다면, 그와 같은 위법한 공판절차에서 이루어진 증거조사와 피해자에 대한 증인신문, 피고인신문 등 일체의 소송행위는 모두 무효 … (대판 2011.9.8, 2011도6325).
2. … 모두 무효 … 항소심으로서는 변호인이 있는 상태에서 소송행위를 새로이 한 후 위법한 제1심판결을 파기하고, 항소심에서의 증거조사 및 진술 등 심리결과에 기하여 다시 판결하여야 한다(대판 2011.9.8, 2011도6325).

3. … 이미 그 전에 적법하게 이루어진 소송행위까지 모두 무효로 된다고는 볼 수 없는 것이다(대판 1990.6.8, 90도646).
4. … 그 절차에서의 소송행위 외에 다른 절차에서 적법하게 이루어진 소송행위까지 모두 무효로 된다고 볼 수는 없다(대판 1999.4.23, 99도915).

❹ 필요적 변호사건과 관련된 기타의 판례들
1. … 선임된 사선변호인에 대한 기일통지를 하지 아니함으로써 사선변호인의 출석없이 제1회 공판기일을 진행하였더라도 … 국선변호인이 출석하였다면 변호인없이 재판한 잘못이 있다 할 수 없고, … (대판 1990.9.25, 90도1571).
2. 필요적 변호사건에서 변호인 없이 개정하여 심리를 진행하고 판결한 것은 소송절차의 법령위반에 해당하지만 … 그와 같은 법령위반은 무죄판결에 영향을 미친 것으로는 되지 아니한다(대판 20003.3.25, 2002도5748).
3. … 흉기휴대 상해의 폭력행위 등 처벌에 관한 법률 위반죄로 공소제기된 후 사기죄가 약식명령에 대한 정식재판청구 … 필요적 변호사건에 있어 변호인의 관여 없는 공판절차에서 이루어진 소송행위는 무효 … 두 사건을 병합하여 심리를 진행하여 하나의 판결을 선고한 이상 … 위와 같은 위법은 병합심리된 사기죄 부분에 대하여도 미친다고 할 것 … (대판 2011.4.28, 2011도2279).

Ⅲ 전문심리위원의 참여에 의한 재판의 충실화

1. 서설

제279조의2(전문심리위원의 참여)
① 법원은 소송관계를 분명하게 하거나 소송절차를 원활하게 진행하기 위하여 필요한 경우에는 직권으로 또는 검사, 피고인 또는 변호인의 신청에 의해 결정으로 전문심리위원을 지정하여 공판준비 및 공판기일 등 소송절차에 참여하게 할 수 있다.
② 전문심리위원은 전문적인 지식에 의한 설명 또는 의견을 기재한 서면을 제출하거나 기일에서 전문적인 지식에 의하여 설명이나 의견을 진술할 수 있다. 다만, 재판의 합의에는 참여할 수 없다.
③ 전문심리위원은 기일에서 재판장의 허가를 받아 피고인 또는 변호인, 증인 또는 감정인 등 소송관계인에게 소송관계를 분명하게 하기 위하여 필요한 사항에 관하여 직접 질문할 수 있다.
④ 법원은 제2항에 따라 전문심리위원이 제출한 서면이나 전문심리위원의 설명 또는 의견의 진술에 관하여 검사, 피고인 또는 변호인에게 구술 또는 서면에 의한 의견진술의 기회를 주어야 한다.

관련 판례

❹ **형사소송법과 형사소송규칙 등에서 전문심리위원의 형사소송절차 참여와 관련하여 상세한 규정을 마련한 취지**
… 제279조의2 … 전문심리위원의 전문적 지식이나 경험에 기초한 설명이나 의견이 법원의 심증형성에 상당한 영향을 미칠 가능성이 있음을 고려한 다음 … 전문심리위원이 지정되는 단계, 전문심리위원의 설명이나 의견의 대상 내지 범위를 정하는 과정, 그의 설명이나 의견을 듣는 절차에 피고인 등 당사자가 참여할 수 있도록 한 것 … 형사재판에 대한 당사자의 신뢰의 기초가 될 '형사재판의 절차적 공정성과 객관성'이 확보될 수 있기 때문 … 전문심리위원과 관련된 절차 진행 등에 관한 사항을 당사자에게 적절한 방법으로 적시에 통지하여 당사자의 참여 기회가 실질적으로 보장될 수 있도록 세심한 배려를 하여야 한다. 그렇지 않을 경우 … 적법절차조항을 위반 … 실질적으로 부여되는 재판을 받을 권리의 침해 … (대판 2019.5.30, 2018도19051).

2. 전문심리위원의 지정

제279조의4(전문심리위원의 지정 등)
① 제279조의2 제1항에 따라 전문심리위원을 소송절차에 참여시키는 경우 법원은 검사, 피고인 또는 변호인의 의견을 들어 각 사건마다 1인 이상의 전문심리위원을 지정한다.
② 전문심리위원에게는 대법원규칙이 정하는 바에 따라 수당을 지급하고, 필요한 경우에는 그 밖의 여비, 일당 및 숙박료를 지급할 수 있다.
③ 전문심리위원의 지정에 관하여 그 밖의 필요한 사항은 대법원규칙으로 정한다.

3. 전문심리위원의 권한 및 의무

(1) 전문심리위원의 권한

> **제279조의6(수명법관 등의 권한)**
> 수명법관 또는 수탁판사가 소송절차를 진행하는 경우에는 제279조의2 제2항부터 제4항까지의 규정에 따른 법원 및 재판장의 직무는 그 수명법관이나 수탁판사가 행한다.
>
> **규칙 제126조의12(조서의 기재)**
> ① 전문심리위원이 공판준비기일 또는 공판기일에 참여한 때에는 조서에 그 성명을 기재하여야 한다.
> ② 전문심리위원이 재판장, 수명법관 또는 수탁판사의 허가를 받아 소송관계인에게 질문을 한 때에는 조서에 그 취지를 기재하여야 한다.

(2) 전문심리위원에 대한 제척·기피

> **제279조의5(전문심리위원의 제척 및 기피)**
> ① 제17조 내지 제20조 및 제23조의 규정은 전문심리위원에게 준용한다.
> ② 제척 또는 기피신청이 있는 전문심리위원은 그 신청에 관한 결정이 확정될 때까지 그 신청이 있는 사건의 소송절차에 참여할 수 없다. 이 경우 전문심리위원은 당해 제척 또는 기피 신청에 대하여 의견을 진술할 수 있다.

(3) 전문심리위원의 비밀유지의무

> **제279조의7(비밀누설죄)**
> 전문심리위원 또는 전문심리위원이었던 자가 그 직무수행 중에 알게 된 다른 사람의 비밀을 누설한 때에는 2년 이하의 징역이나 금고 또는 1천만원 이하의 벌금에 처한다.

4. 전문심리위원의 지위

> **제279조의8(벌칙적용에 있어서의 공무원의제)**
> 전문심리위원은 「형법」 제129조부터 제132조까지의 규정의 적용에 있어서는 공무원으로 본다.

5. 전문심리위원 참여결정의 취소

> **제279조의3(전문심리위원 참여결정의 취소)**
> ① 법원은 상당하다고 인정하는 때에는 검사, 피고인 또는 변호인의 신청이나 직권으로 제279조의2 제1항에 따른 결정을 취소할 수 있다.
> ② 법원은 검사와 피고인 또는 변호인이 합의하여 제279조의2 제1항의 결정을 취소할 것을 신청한 때에는 그 결정을 취소하여야 한다.
>
> **규칙 제126조의13(전문심리위원 참여 결정의 취소 신청방식 등)**
> ① 법 제279조의2 제1항에 따른 결정의 취소 신청은 기일에서 하는 경우를 제외하고는 서면으로 하여야 한다.
> ② 제1항의 신청을 할 때에는 신청 이유를 밝혀야 한다. 다만, 검사와 피고인 또는 변호인이 동시에 신청할 때에는 그러하지 아니하다.

Ⅳ 소송지휘권

1. 소송지휘권의 의의

(1) 의의

> **제279조(재판장의 소송지휘권)**
> 공판기일의 소송지휘는 재판장이 한다.

(2) **법정경찰권과의 구별** : 소송지휘권은 피고사건의 실체심리와 직접 관계가 있는 재판작용 → 피고사건의 실체심리와 관계없이 법정의 질서유지만을 목적으로 하는 일종의 사법행정작용인 법정경찰권과는 구별

2. 소송지휘권의 내용

(1) 재판장의 소송지휘권
   ① 석명권(규칙 제141조)
   ② 인정신문(제284조), 증인신문 및 피고인신문순서의 변경(제161조의2, 제296조의2)
   ③ 피고인신문시 재정인의 퇴정명령(규칙 제140조의3)
   ④ 진술거부권의 고지(제283조의2 제2항)
   ⑤ 불필요한 변론의 제한(제299조)
   ⑥ 공판기일의 지정 및 변경(제267조, 제270조)

> **제299조(불필요한 변론 등의 제한)**
> 재판장은 소송관계인의 진술 또는 신문이 중복된 사항이거나 그 소송에 관계없는 사항인 때에는 소송관계인의 본질적 권리를 해하지 아니하는 한도에서 이를 제한할 수 있다.

> **규칙 제141조(석명권 등)**
> ① 재판장은 소송관계를 명료하게 하기 위하여 검사, 피고인 또는 변호인에게 사실상과 법률상의 사항에 관하여 석명을 구하거나 입증을 촉구할 수 있다.
> ② 합의부원은 재판장에게 고하고 제1항의 조치를 할 수 있다.
> ③ 검사, 피고인 또는 변호인은 재판장에 대하여 제1항의 석명을 위한 발문을 요구할 수 있다.

관련 판례

❷ 형사소송법 제279조 및 형사소송규칙 제141조에 따른 석명을 구한다는 것의 의미
… 석명을 구한다는 것은 … 질문을 하고 그 진술 내지 주장을 보충 또는 정정할 기회를 부여하는 것을 말한다(대판 2011.2.10, 2010도14391).

❷ 공소제기의 취지가 오해를 불러일으키거나 명료하지 못한 경우, 법원이 검사에 대하여 석명권을 행사하여 취지를 명확하게 하여야 하는지 여부(적극)
… 공소제기의 취지가 명료할 경우 법원이 이에 대하여 석명권을 행사할 필요는 없으나, 공소제기의 취지가 오해를 불러일으키거나 명료하지 못한 경우라면 법원은 형사소송규칙 제141조에 의하여 검사에 대하여 석명권을 행사하여 그 취지를 명확하게 하여야 … (대판 2017.6.15, 2017도3448).

(2) 법원의 소송지휘권
① 국선변호인의 선임(제33조)
② 증거신청에 대한 결정(제295조) 등

3. 소송지휘권의 행사

(1) 재판장의 소송지휘권 : 명령의 형식으로

(2) 법원의 소송지휘권 : 결정의 형식으로

4. 소송지휘권에 대한 불복

(1) 재판장의 소송지휘권

> **제304조(재판장의 처분에 대한 이의)**
> ① 검사, 피고인 또는 변호인은 재판장의 처분에 대하여 이의신청을 할 수 있다.
> ② 전항의 이의신청이 있는 때에는 법원은 결정을 하여야 한다.
>
> **규칙 제136조(재판장의 처분에 대한 이의신청의 사유)**
> 법 제304조 제1항의 규정에 의한 이의신청은 법령의 위반이 있음을 이유로 하여서만 이를 할 수 있다.

(2) 법원의 소송지휘권 : 불복방법은 없음(제403조 제1항 참조)

Ⅴ 법정경찰권

1. 법정경찰권의 의의

> **제281조(피고인의 재정의무, 법정경찰권)**
> ② 재판장은 피고인의 퇴정을 제지하거나 법정의 질서를 유지하기 위하여 필요한 처분을 할 수 있다.

2. 법정경찰권의 내용

(1) **예방작용** : 재판장은 법정의 존엄과 질서를 해할 우려가 있는 자의 입정의 금지 또는 퇴정을 명하며, 기타 법정의 질서유지에 필요한 명령을 발할 수 있음

(2) **방해배제작용** : 재판장은 법정의 존엄과 질서를 해할 우려가 있는 방청인에 대하여도 퇴정명령을 할 수 있음

(3) **제재작용** : 20일 이내의 감치 또는 100만원 이하의 과태료 → 사법행정상의 질서벌

06 공판심리의 범위

I 심판의 대상

공소장에 기재된 공소사실이 법원의 현실적 심판대상이고 공소사실과 동일성이 인정되는 사실은 법원의 잠재적 심판대상이라고 하는 견해가 통설 및 판례의 입장(이원설)

> **관련 판례**
>
> **⊙ 법원의 심판의 대상**
> … 잠재적으로는 공소사실과 동일성이 인정되는 한 그러한 사실의 전부에 미칠 것이나 현실적 심판의 대상은 공소장에 예비적 또는 택일적으로 기재되었거나 … 추가, 철회 또는 변경된 사실에 한한다 … (대판 1991.5.28, 90도2977).

II 공소장의 변경

1. 공소장변경의 의의

> **제298조(공소장의 변경)**
> ① 검사는 법원의 허가를 얻어 공소장에 기재한 공소사실 또는 적용법조의 추가, 철회 또는 변경을 할 수 있다. 이 경우에 법원은 공소사실의 동일성을 해하지 아니하는 한도에서 허가하여야 한다.
> ② 법원은 심리의 경과에 비추어 상당하다고 인정할 때에는 공소사실 또는 적용법조의 추가 또는 변경을 요구하여야 한다.
> ③ 법원은 공소사실 또는 적용법조의 추가, 철회 또는 변경이 있을 때에는 그 사유를 신속히 피고인 또는 변호인에게 고지하여야 한다.
> ④ 법원은 전3항의 규정에 의한 공소사실 또는 적용법조의 추가, 철회 또는 변경이 피고인의 불이익을 증가할 염려가 있다고 인정한 때에는 직권 또는 피고인이나 변호인의 청구에 의하여 피고인으로 하여금 필요한 방어의 준비를 하게 하기 위하여 결정으로 필요한 기간 공판절차를 정지할 수 있다.

(1) 공소장변경과 구별되는 개념
① 추가기소와의 구별 ⇔ 공소사실의 추가
② 공소취소와의 구별 ⇔ 공소사실의 철회
③ 공소장정정과의 구별 ⇔ 공소사실의 변경

> **관련 판례**
>
> **⊙ 공소장의 사소한 오류를 바로 잡기 위하여도 공소장변경 절차를 요하는지 여부(소극)**
> … 사소한 오류를 바로잡기 위하여는 공소장변경의 절차를 거칠 필요없이 정정하여 범죄사실을 인정 … (대판 1986.9.23, 86도1547).

(2) 공소장변경의 제도적 가치
① 피고인의 방어권 보장
② 적정한 형벌권의 실현

2. 공소장변경의 한계

(1) **문제점** : 공소사실의 동일성을 해하지 아니하는 범위에서만 허용 → 공소장변경의 한계로서 '공소사실의 동일성'은 공소제기의 객관적(물적) 효력범위, 법원의 심판대상의 문제, 기판력의 객관적 범위, 면소판결의 범위와도 관련

(2) **공소사실의 동일성의 의의**
   ① 동일성은 시간적 선후동일성, 단일성이란 객관적 자기동일성을 의미
   ② 공소사실의 동일성은 형법상 죄수론에 의하여 결정되는 것이 아니라 형사소송법상 별도로 결정되어지는 사건개념이므로 경합범이라 할지라도 동일성을 인정할 여지가 있음

(3) **공소사실의 동일성의 기준**
   ① 기본적 사실동일설 : 공소사실을 그 기초가 되는 사회적 사실로 환원하여 그러한 사실 사이에 다소의 차이가 있더라도 기본적인 점에서 동일하면 동일성을 인정해야 한다는 견해로서, 원칙적으로 순수한 사실적 측면에서만 접근하므로 규범적 요소는 배제하고 판단하게 됨 → 밀접한 관계(밀접관계)에 있거나 양립할 수 없는 관계(택일관계)에 있는 때
   ② 판례의 입장
      ㉠ 원칙적 판단기준 : 기본적 사실동일설의 입장 → 다만, 기본적 사실동일설의 입장을 취하면서도 규범적 요소를 전적으로 배제할 수 없다는 이유로 강도상해죄와 장물취득죄 사례부터 그 규범적 요소도 고려하여 공소사실의 동일성을 판단하기 시작하여(대판 1994.3.22, 93도2080), 이후의 판례에서는 계속해서 사회적 사실관계를 기본으로 하되 그 규범적 요소를 고려하여 공소사실의 동일성을 판단하고 있음
      ㉡ 공소사실의 동일성을 인정한 구체적 사례
         ⓐ 돈을 수령한 사실이 같은 이상 횡령의 공소사실을 사기로 변경하는 경우
         ⓑ 재물을 취득한 사실이 있는 이상 장물죄를 절도죄로 변경하는 경우
         ⓒ 목을 조르고 폭행한 사실이 있는 이상 살인미수를 강간치상으로 변경하는 경우
         ⓓ 흉기를 휴대한 사실이 있는 이상 강도예비를 폭력행위 등 처벌에 관한 법률 위반죄로 변경하는 경우
         ⓔ 협박한 사실이 있는 이상 협박죄를 범인도피죄로 변경하는 경우

> **관련 판례**
>
> **❶ 공소사실의 동일성에 대한 판단기준**
> 1. 공소사실의 동일성은 그 사실의 기초가 되는 사회적 사실관계가 기본적인 점에서 동일하면 그대로 유지 … (대판 1996.8.23, 96도88).
> 2. … 공소사실이나 범죄사실의 동일성이 있는지는 기본적 사실관계가 동일한지에 따라 판단 … 순수한 사실관계의 동일성이라는 관점에서만 파악할 수 없고 … 자연적·사회적 사실관계 이외에 규범적 요소를 고려하여 기본적 사실관계가 실질적으로 동일한지에 따라 결정 … (대판 2017.1.25, 2016도15526).
> 3. … 공소사실이나 범죄사실의 동일성 여부는 사실의 동일성이 갖는 법률적 기능을 염두에 두고 피고인의 행위와 그 사회적인 사실관계를 기본으로 하되 그 규범적 요소도 고려에 넣어 판단 … (대판 2006.3.23, 2005도9678).
>
> **❷ 공소사실의 동일성에 대한 판단에 규범적 요소를 고려하고 있는 판례들**
> 1. … 그 수단, 방법, 상대방 등 범죄사실의 내용이나 행위가 별개이고, 행위의 태양이나 피해법익도 다르고 죄질에도 현저한 차이가 있어, 위 장물취득죄와 이 사건 강도상해죄 사이에는 동일성이 있다고 보기 어렵고 … (대판 1994.3.22, 93도2080).

2. … '서울 용산구 이태원동에 있는 햄버거 가게 화장실에서 피해자 甲을 칼로 찔러 乙과 공모하여 甲을 살해하였다.'는 내용으로 기소 … 선행사건에서 … '정당한 이유 없이 범죄에 공용될 우려가 있는 위험한 물건인 휴대용 칼을 소지하였고 … 乙이 범행 후 햄버거 가게 화장실에 버린 칼을 집어들고 나와 용산 미8군영 내 하수구에 버려 타인의 형사사건에 관한 증거를 인멸하였다.'는 내용의 범죄사실로 유죄판결을 받아 확정된 사안 … 살인죄의 공소사실과 선행사건에서 유죄로 확정된 폭력행위 등 처벌에 관한 법률 위반(우범자)죄와 증거인멸죄의 범죄사실 사이에는 기본적 사실관계의 동일성이 없다(대판 2017.1.25, 2016도15526).
3. … '교통사고처리 특례법 위반죄'와 … '사기 및 사기미수죄'는 서로 행위 태양이 전혀 다르고, … 피해자 … 역시 서로 다르며 … 그 기본적 사실관계가 동일하다고 볼 수 없으므로 … (대판 2010.2.25, 2009도14263).
4. 유사수신행위의 규제에 관한 법률에서 금지하고 있는 유사수신행위 … 특정경제범죄 가중처벌 등에 관한 법률 위반(사기)죄는 … 행위의 태양이나 보호법익을 달리하고 있어 … 그 기본적 사실관계에 있어서도 동일하다고 볼 수 없다(대판 2008.2.29, 2007도10414).
5. … 경범죄처벌법 제1조(인근소란 등)의 범칙행위 … 폭력행위 등 처벌에 관한 법률 위반(집단·흉기 등 상해) … 피해법익이 다르고, 그 죄질에도 현저한 차이 … 동일한 것으로 평가할 수 없다 … (대판 2011.4.28, 2009도12249).
6. … 경범죄처벌법 제1조(음주소란등)의 범칙행위와 폭력행위 등 처벌에 관한 법률 위반 공소사실인 흉기휴대협박행위는 … 피해법익이 다르고, 죄질에도 현저한 차이가 있으며 … 기본적 사실관계가 동일한 것으로 평가할 수 없다(대판 2012.9.13, 2012도6612).
7. 상해의 공소사실에 폭력행위 등 처벌에 관한 법률 위반(집단·흉기 등 협박) … 행위태양이 다를 뿐만 아니라 죄질에도 현저한 차이가 있어 … 공소사실의 동일성을 인정할 수 없다 … (대판 2008.12.11, 2008도3656).
8. … 약식명령이 확정된 석유 및 석유대체연료 사업법 위반죄 … 관세법위반 … 그 행위의 태양이나 피해법익, 죄질에 현저한 차이가 난다 … 공소사실 사이에는 동일성이 인정되지 않아 … (대판 2009.3.12, 2008도7689).
9. … 약식명령이 확정된 '약사법 위반죄'의 범죄사실과 '보건범죄단속에 관한 특별조치법 위반(부정의약품제조 등)'의 … 행위의 태양과 보호법익 및 죄질이 전혀 다르고 … 동일성이 있다고 보기 어렵다(대판 2010.10.14, 2009도4785).
10. 확정된 사기죄 … 횡령하였다는 것 … 범행일시, 상대방 등 범죄사실의 내용이나 행위가 별개이고, 행위의 태양이나 피해법익도 달라 양자 사이에 동일성이 있다고 보기 어렵다(대판 2011.5.26, 2010도17349).
11. … 배임 공소사실로 기소 … 편취하였다는 사기 공소사실 … 범죄사실의 내용이나 행위 태양, 범죄의 결과가 다르고 죄질에도 현저히 차이가 있어 기본적 사실관계가 동일하다고 볼 수 없으므로 … (대판 2012.4.13, 2011도3469).
12. '공무원인 甲이 여행업자 乙과 공모하여 탐방행사의 여행경비를 부풀려 과다 청구하는 방법으로 학부모들을 기망하여 돈을 편취하였다.'라는 공소사실(사기) … '공무원인 피고인 甲은 위 교육원에서 주관하는 탐방행사 등 교육프로그램을 총괄하는 공무원으로서 탐방행사를 맡겨준 데 대한 사례금 명목으로 여행업자 乙으로부터 뇌물을 수수하였다.'는 공소사실(뇌물수수) … 그 시기(시기)와 행위 태양 및 피해법익이 다르고 죄질에도 현저한 차이 … 그 기본적인 사실관계가 동일하다고 보기 어려우므로 … (대판 2017.8.29, 2015도1968).
13. … '피고인 甲이 甲의 승용차 안에서 乙에게 필로폰 약 0.3g을 교부하였다.'고 하여 마약류관리에 관한 법률 위반(향정)으로 공소를 제기 … '피고인 甲이 乙에게 필로폰을 구해 주겠다고 속여 乙 등에게서 필로폰 대금 등을 편취하였다.'는 사기 범죄사실 … 행위의 태양 및 피해법익이 다르고 죄질에도 현저한 차이가 있어, 그 기본적인 사실관계가 동일하다고 볼 수 없다(대판 2012.4.13, 2010도16659).
14. 인터넷 성형쇼핑몰 형태의 통신판매 … '병원 시술상품을 판매하는 배너광고를 게시하면서 배너의 구매 개수와 시술후기를 허위로 게시하였다.'는 표시·광고의 공정화에 관한 법률 위반죄의 범죄사실 … '영리를 목적으로 병원 시술상품을 판매하는 배너광고를 게시하는 방법으로 병원에 환자들을 소개·유인·알선하고, 그 대가로 환자들이 지급한 진료비 중 일정 비율을 수수료로 의사들로부터 지급받았다.'는 의료법 위반 공소사실 … 동일성이 있다고 보기 어렵고 … 표시·광고의 공정화에 관한 법률 위반죄의 약식명령이 확정되었다고 하여 그 기판력이 공소사실에까지 미치는 것은 아니다(대판 2019.4.25, 2018도20928).
15. … 공공의 안녕질서에 직접적인 위협을 끼칠 것이 명백하다는 등의 이유로 금지통고된 집회를 주최하였다는 집회 및 시위에 관한 법률 위반 공소사실 … 위 집회와 그 이후 계속되는 폭력적인 시위에 참가하였다는 이른바 질서위협 집회 및 시위 참가로 인한 집시법 위반죄 등으로 유죄 확정판결을 받은 사안 … 집회의 '주최'와 '참가'라는 점에서 차이가 있으나, 같은 일시, 장소에서 있었던 위 집회를 대상으로 하는 점에서 범행일시와 장소가 동일한 점 … 기본적 사실관계가 동일한 것으로 평가 … (대판 2017.8.23, 2015도11679).

16. … '의사인 피고인 甲이 A병원의 실제 운영자인 乙에게 의사면허증을 대여하였다.'는 공소사실 … '의사인 피고인 甲이 의사면허 없는 乙과 공모하여 乙이 피고인 甲명의로 A병원을 개설하였다.'는 내용 … 모두 피고인이 단일한 범의 아래 저지른 일련의 행위로서 밀접한 관계에 있고 죄질 및 피해법익도 유사 … 서로 동일성이 인정된다고 보아 공소장변경을 허가한 조치는 정당 … (대판 2012.9.13, 2010도11338).
17. … '이에 속은 피해자들로부터 차용금 명목으로 합계 24억 7,100만 원을 교부받아 이를 편취하였다.'를 '이에 속은 피해자들로부터 투자금 명목으로 2007. 11. 27. 1억 3,000만 원을 교부받은 것을 비롯하여 그때부터 2008. 7. 31.경까지 47회에 걸쳐 합계 2,458,389,426원을 교부받아 이를 편취하였다.'로 변경하는 공소장변경 … 위 변경 전후의 공소사실은 모두 투자 권유를 통한 피고인의 일련의 편취행위를 대상으로 하는 것으로서 … '차용금'을 '투자금'으로 정정한 것일 뿐 … 상호 동일성이 인정된다 … (대판 2011.4.14, 2011도769).
18. 검사가 공소사실 중 임차권 양도계약 중개수수료 교부자를 甲에서 乙로 변경하는 공소장변경 신청을 하고 원심이 이를 허가한 경우 … 법정 수수료 상한을 초과한 중개수수료를 교부받았다는 사실에는 변함이 없으므로 공소사실의 동일성이 인정 … (대판 2010.6.24, 2009도9593).

❷ 포괄일죄에 있어서 공소사실의 동일성에 대한 판단기준과 관련된 판례들
1. … 그 공소장변경 허가 여부를 결정할 때는 포괄일죄를 구성하는 개개 공소사실별로 종전 것과의 동일성 여부를 따지기보다는 변경된 공소사실이 전체적으로 포괄일죄의 범주 내에 있는지 여부 … 단일하고 계속된 범의하에 동종의 범행을 반복하여 행하고 그 피해법익도 동일한 경우에 해당한다고 볼 수 있는지 여부에 초점을 맞추어야 … (대판 2018.10.25, 2018도9810).
2. … 포괄일죄인 영업범에서 공소제기의 효력은 공소가 제기된 범죄사실과 동일성이 인정되는 범죄사실의 전체에 미치므로, 공판심리 중에 그 범죄사실과 동일성이 인정되는 범죄사실이 추가로 발견된 경우 … 공소장변경 절차에 의하여 그 범죄사실을 공소사실로 추가할 수 있다. 그러나 … 그 범죄사실들과 동일성이 인정되는 또 다른 범죄사실에 대한 유죄의 확정판결이 있는 때에는, 추가로 발견된 확정판결 후의 범죄사실은 공소제기된 범죄사실과 분단되어 동일성이 없는 별개의 범죄가 된다 … 검사는 공소장변경절차에 의하여 확정판결 후의 범죄사실을 공소사실로 추가할 수는 없고 별개의 독립된 범죄로 공소를 제기하여야 … (대판 2017.4.28, 2016도21342).

3. 공소장변경의 필요성(要否)

(1) 공소장변경의 필요성을 결정하는 원칙적 기준

> **관련 판례**
>
> **❷ 공소장변경의 필요성을 결정하는 원칙적 기준**
> 1. 피고인의 방어권행사에 실질적인 불이익을 초래할 염려가 없는 경우 … 공소장변경 절차를 거치지 아니하고 다르게 사실을 인정 … (대판 2006.6.15, 2006도1667).
> 2. … 방어권행사에 있어서 실질적인 불이익 여부는 … 여러 요소를 종합하여 판단 … (대판 2007.12.27, 2007도4749).

(2) 판례에 따른 구체적 검토

① 공소장변경이 필요한지 여부에 관한 판례의 총정리

> **관련 판례**
>
> **❷ 공소장변경이 필요한지 여부에 관한 판례의 총정리**
> **1. 공소장변경을 요하지 않는 경우**
> ① 적용법조의 변경 : 공소사실의 동일성이 인정되는 범위 내로서 피고인의 방어에 실질적인 불이익을 주지 않는 한도에서 공소장 기재와 다른 법조를 적용하는 경우(대판 2015.11.12, 2015도12372)
> ② 축소사실의 인정(대판 1999.4.15, 96도1922 등)
> ③ 사기죄나 횡령죄에서 피해자를 달리 인정하는 경우(대판 2002.8.23, 2001도6876)
> ④ 상해죄에서 상해의 정도만을 달리하는 경우(대판 1984.10.23, 84도1803)
> ⑤ 공동정범의 공소사실을 방조범으로 인정하는데 있어서 피고인의 방어권행사에 실질적 불이익을 줄 우려가 없는 경우(대판 1982.6.8, 82도884)
> ⑥ 횡령죄를 배임죄로 변경(대판 2000.9.8, 2000도258), 배임죄를 횡령죄로 변경(대판 1999.11.26, 99도2651)

⑦ 단독정범의 공소사실을 공동정범으로 인정하는데 있어서 피고인의 방어권행사에 실질적 불이익을 줄 우려가 없는 경우(대판 1997.5.23, 96도1185)
⑧ 죄수에 대한 법적 평가만을 달리하는 경우 : 포괄일죄를 실체적 경합범으로 변경(대판 1997.12.26, 97도2249), 실체적 경합범을 포괄1죄로 변경(대판 1987.7.21, 87도546), 실체적 경합범을 상상적 경합범으로 변경(대판 1980.12.9, 80도2236)
⑨ 공소장의 사소한 오류를 바로 잡기 위한 경우(대판 1986.9.23, 86도1547)

2. 공소장변경이 필요한 경우
① 강간치상을 강제추행치상으로(대판 1968.9.29, 68도776) : 다만, 축소사실로서 공소장변경을 요하지 않는다고 본 판례도 있음(대판 2001.10.30, 2001도3867)
② 명예훼손죄를 모욕죄로(대판 1972.5.31, 70노1859)
③ 살인을 폭행치사로(대판 2001.6.29, 2001도1091)
④ 기수나 미수를 예비로 인정하는 경우(대판 1999.11.26, 99도2461)
⑤ 고의범을 과실범으로 인정하는 경우(대판 1981.12.8, 80도2824)
⑥ 특수절도죄를 장물운반죄로(대판 1965.1.26, 64도681)
⑦ 특수강도죄를 특수공갈죄로(대판 1968.9.19, 68도995)
⑧ 사기죄를 상습사기죄로(대판 2002.2.11, 99도4797)
⑨ 강도상해교사를 공갈교사로(대판 1993.4.27, 92도3156)
⑩ 강제집행면탈죄를 권리행사방해죄로(대판 1972.5.31, 72도1080)
⑪ 장물보관죄를 업무상과실 장물보관죄로(대판 1984.2.28, 83도3334)
⑫ 사실적시 명예훼손죄를 허위사실적시 명예훼손죄로 변경(대판 2001.11.27, 2001도5008)
⑬ 공무집행방해죄를 폭력행위등처벌에관한법률 위반죄로(대판 1991.12.10, 91도2395)
⑭ 폭행치상죄를 폭행죄로(대판 1971.1.12, 70도2216)
⑮ 업무상 과실치사죄를 단순과실치사죄로(대판 1968.11.19, 68도1998)
⑯ 비지정문화재수출미수죄를 비지정문화재수출예비·음모죄로(대판 1999.11.26, 99도2461)
⑰ 관세포탈미수죄를 관세포탈예비죄로(대판 1983.4.12, 82도2939)

② 공소장변경을 요하지 않는 경우
㉠ 적용법조의 변경

> **관련 판례**
> ❶ 공소장에 기재된 적용법조를 법원이 공소장 변경의 절차를 거침이 없이 직권으로 공소장 기재와 다른 법조를 적용할 수 있는지 여부에 관한 판례
> … 적용법조의 기재에 오기·누락이 있거나 또는 적용법조에 해당하는 구성요건이 충족되지 않을 때에는 공소사실의 동일성이 인정되는 범위 내로서 피고인의 방어에 실질적인 불이익을 주지 않는 한도에서 법원이 공소장 변경의 절차를 거침이 없이 직권으로 공소장 기재와 다른 법조를 적용할 수 있지만, 공소장에 기재된 적용법조를 단순한 오기나 누락으로 볼 수 없고 구성요건이 충족됨에도 법원이 공소장 변경의 절차를 거치지 아니하고 임의적으로 다른 법조를 적용하여 처단할 수는 없다(대판 2015.11.12, 2015도12372).

㉡ 축소사실의 인정

> **관련 판례**
> ❶ 축소사실의 인정으로서 공소장변경을 요하지 않는다고 본 판례들
> 1. 강제추행치상죄를 강제추행죄로 인정(대판 1999.4.15, 96도1922)
> 2. 강간치상죄를 강간죄로 인정(대판 1980.7.8, 80도1227)
> 3. 강간치사죄를 강간미수로 인정(대판 1969.2.18, 68도1601)
> 4. 강간치상죄를 강제추행치상죄로 인정(대판 2001.10.30, 2001도3867) : 다만, 공소장변경을 요한다고 본 판례도 있음(대판 1968.9.29, 68도776)
> 5. 강간치상죄를 준강제추행죄로 인정(대판 2008.5.29, 2007도7260)
> 6. 강도강간죄를 강간죄로 인정(대판 1987.5.12, 87도792)
> 7. 특수절도죄를 절도죄로 인정(대판 1973.7.24, 73도1256)

8. 강도상해죄를 절도죄 및 상해죄로 인정(대판 1969.10.26, 65도599)
9. 강도상해죄를 주거침입죄 및 상해죄로 인정(대판 1996.5.10, 96도755)
10. 강도상해죄를 특수강도죄로 인정(대판 1963.9.12, 63도215)
11. 수뢰 후 부정처사죄를 뇌물수수죄로 인정(대판 1999.11.9, 99도2530)
12. 특정범죄가중처벌 등에 관한 법률 위반(상습절도 등의 가중처벌)을 절도죄로 인정(대판 1984.2.28, 84도34)
13. 특정범죄가중처벌 등에 관한 법률 위반(제2조 제1항)을 뇌물수수죄로 인정(대판 1994.11.4, 94도129)
14. 허위사실적시 출판물에 의한 명예훼손죄를 사실적시 출판물에 의한 명예훼손죄로 인정(대판 1997.2.14, 96도2234)
15. 성폭력특별법 위반죄(특수강도강간미수)를 특수강도죄로 인정(대판 1996.6.28, 96도1232)
16. 뇌물수수죄를 뇌물수수약속죄로 인정(대판 1988.11.22, 86도1223)
17. 중실화죄를 실화죄로 인정(대판 1980.10.14, 79도305)
18. 장물취득죄를 장물보관죄로 인정(대판 2003.5.13, 2003도1366)
19. 폭행치사죄를 폭행죄로 인정(대판 1984.11.27, 84도2089)
20. 업무상과실치상죄를 과실치상죄로 인정(대판 2017.12.5, 2016도16738)
21. 기수를 미수로 인정(대판 1999.11.9, 99도3674)

❷ 강간치상으로 공소가 제기된 경우 공소장변경절차 없이 준강제추행죄로 인정할 수 있는지 여부(적극)
강간치상으로 공소가 제기되었다고 하더라도 준강제추행죄는 강간치상죄의 공소사실과 동일성이 인정되고 공소제기된 범죄사실에 포함되어 충분히 심리 … (대판 2008.5.29, 2007도7260).

❷ 강간치상으로 공소가 제기된 경우 공소장변경절차 없이 강제추행치상으로 인정할 수 있는지 여부(적극)
공소장에 기재된 강간치상의 범죄사실에는 강제추행치상의 범죄사실이 포함되어 있어 이미 충분히 심리 … (대판 2001.10.30, 2001도3867).

❷ 피고인이 성폭력범죄의 처벌 등에 관한 특례법 위반(장애인강간) 및 성폭력범죄의 처벌 등에 관한 특례법 위반(장애인강제추행)으로 기소된 경우, 공소장변경절차 없이 각각 성폭력범죄의 처벌 등에 관한 특례법 위반(장애인위계등간음)죄와 성폭력범죄의 처벌 등에 관한 특례법 위반(장애인위계등추행)죄로 인정할 수 있는지 여부(적극)
… 유형력을 행사한 것은 성폭력범죄의 처벌 등에 관한 특례법 위반(장애인위계등간음)죄와 성폭력범죄의 처벌 등에 관한 특례법 위반(장애인위계등추행)죄의 '위력'에 해당 … (대판 2014.10.15, 2014도9315).

❷ 업무상과실치상으로 공소가 제기된 경우 공소장변경절차 없이 과실치상으로 인정할 수 있는지 여부(적극)
업무상과실치상으로 기소된 사안 … 업무상과실치상의 공소사실을 이유에서 무죄로 판단하고 공소장변경 없이 축소사실인 과실치상 부분을 유죄로 인정한 원심판결은 정당 … (대판 2017.12.5, 2016도16738).

❷ 특정범죄가중처벌등에관한법률 위반(도주차량)의 공소사실에서 교통사고처리 특례법 위반죄를 인정함에 있어서 공소장변경을 요하는지 여부(소극)
… 교통사고처리 특례법 위반죄의 범죄사실이 기소된 특정범죄가중처벌등에관한법률 위반(도주차량)의 공소사실에 포함 … 피고인의 방어권의 행사에 실질적 불이익을 초래할 염려가 없다(대판 2007.4.12, 2007도828).

❷ 피고인과 공범자의 공동 범행 중 일부 행위에 관하여 피고인이 한 것이라고 기소된 것을 공소장변경 없이 둘 중 누군가가 한 것이라고 인정할 수 있는지 여부(한정 적극)
… 방어권의 행사에 실질적인 불이익을 줄 우려가 있지 않는 한 공소장변경을 필요로 한다고 볼 수 없다(대판 2000.5.12, 2000도745).

❷ 축소사실에 대한 법원의 유죄판결이 의무인지 여부(원칙적 재량, 예외적 의무)
1. 법원이 공소장변경 없이 공소사실과 다른 범죄사실을 유죄로 판단할 의무가 있는지 여부(소극) 및 예외적으로 다른 범죄사실을 유죄로 판단할 의무가 있는 경우
… 원칙적으로 공소장의 변경이 없는 한 공소사실과 다른 범죄사실을 유죄로 판단할 의무가 없고 … 피고인을 처벌하지 않는 것이 현저히 정의와 형평에 반하는 경우에만 예외적으로 다른 범죄사실을 유죄로 판단할 의무가 있다(대판 2015.9.10, 2014도12275).
2. 원칙적 재량 : … 사안이 중대하여 … 이를 처벌하지 않는다면 … 현저히 정의와 형평에 반하는 것으로 인정되는 경우가 아닌 한 법원이 그 범죄사실을 인정하지 아니하였다고 하여 위법한 것이라고까지 볼 수는 없다(대판 2004.12.10, 2004도5652).

3. 폭행치사죄로 기소된 사건에서 공소장변경이 없어 폭행죄로 인정하지 않는 것이 위법한 것인지 여부(소극) : … 피고인에게 폭행죄를 인정하지 않았다 하여 위법이라 할 수 없다(대판 1984.11.27, 84도2089).
4. 예외적 의무 : … 사안이 중대하여 … 이를 처벌하지 않는다면 … 현저히 정의와 형평에 반하는 것으로 인정되는 경우라면 법원으로서는 직권으로 그 범죄사실을 인정하여야 한다(대판 2006.4.13, 2005도9268).
5. 히로뽕 투약죄의 기수범으로 기소된 공소사실에 대하여 실행행위에 착수한 사실은 인정되나 기수에 이른 사실은 인정되지 않는 경우, 법원이 히로뽕 투약 미수의 범죄사실을 유죄로 인정하여야 하는지 여부(적극) : … 사안이 중대 … 법원은 공소사실에 포함된 히로뽕 투약 미수의 범죄사실을 유죄로 인정하여야 한다(대판 1999.11.9, 99도3674).

ⓒ 사기죄나 횡령죄에서 피해자를 달리 인정하는 경우

> **관련 판례**
> **❹ 사기죄나 횡령죄에서 피해자를 달리 인정하는 경우에 공소장변경을 요하지 않는다고 본 판례**
> 1. 기소된 공소사실의 재산상 피해자와 공소장에 기재된 피해자가 다른 것이 판명된 경우 … 피고인의 방어권 행사에 실질적 불이익을 주지 않는 한 공소장변경절차 없이 직권으로 공소장 기재의 피해자와 다른 실제의 피해자를 적시하여 이를 유죄로 인정 … 피고인의 방어권 행사에 불이익을 주지 않는 이상 피해자가 공소장에 기재된 甲이 아니라고 하여 곧바로 피고인에게 무죄를 선고할 것이 아니라 진정한 피해자를 가려내어 그 피해자에 대한 사기죄로 처벌하여야 하고 … 실제 피해자인 부동산 매수인 乙에 대한 관계에서 사기죄가 성립 … (대판 2017.6.19, 2013도564).
> 2. 공소장변경의 절차없이 공소장기재의 횡령피해자와 다른 피해자를 인정 … 피고인의 방어권행사에 실질적 불이익을 주지 않는 한 … (대판 1978.2.28, 77도3522).
> 3. 변제할 의사와 능력없이 피해자로부터 금원을 편취하였다고 기소된 사실을 공소장변경 절차없이 피해자에게 제3자를 소개케 하여 동액의 금원을 차용하고 피해자에게 그에 대한 보증채무를 부담케 하여 재산상의 이익을 취득하였다고 인정 … 위법이 있다 할 수 없다(대판 1984.9.25, 84도312).

ⓔ 상해죄에서 상해의 정도만을 달리하는 경우

> **관련 판례**
> **❹ 공소장변경 절차없이 법원이 상해의 정도를 달리 인정할 수 있는지 여부(적극)**
> … 약 4개월간의 치유를 요하는 상해라고 적시된 것을 법원이 공소장변경 절차없이 약 8개월간의 치료를 요하는 것으로 인정하였다 하여도 이는 불고불리의 원칙에 반한다고 할 수 없다(대판 1984.10.23, 84도1803).

ⓜ 공동정범의 공소사실을 방조범으로 인정하는 경우

> **관련 판례**
> **❹ 법원이 공소장변경 없이 직권으로 공동정범으로 기소된 범죄사실을 방조사실로 인정할 수 있는지 여부(적극)**
> 1. … 공소사실의 동일성이 인정되는 범위 내에서 공소가 제기된 범죄사실보다 가벼운 범죄사실이 인정되는 경우 … 피고인의 방어에 실질적인 불이익을 주는 것이 아니라면 공소장변경 없이 직권으로 가벼운 범죄사실을 인정할 수 있으므로, 공동정범으로 기소된 범죄사실을 방조사실로 인정할 수 있다(대판 2018.9.13, 2018도7658).
> 2. 공동정범으로 공소가 제기된 피고인에 대하여 법원이 공소장 변경 없이 직권으로 방조범으로 인정하여 처벌하기 위해서는 … 피고인의 방어에 실질적인 불이익을 주지 아니한 경우라야 가능할 것이다(대판 2011.11.24, 2009도7166).

ⓗ 횡령죄를 배임죄로 변경하는 경우나 배임죄를 횡령죄로 변경하는 경우

> **관련 판례**
> **❹ 배임죄로 기소된 공소사실에 대하여 공소장변경없이 횡령죄를 적용하여 처벌할 수 있는지 여부(적극)**
> 횡령죄와 배임죄는 다같이 신임관계를 기본으로 하고 있는 같은 죄질의 재산범죄 … 법원은 배임죄로 기소된 공소사실에 대하여 공소장변경없이도 횡령죄를 적용하여 처벌할 수 있다(대판 1999.11.26, 99도2651).

ⓢ 단독정범의 공소사실을 공동정범으로 인정하는 경우

> **관련 판례**
>
> ❶ 단독범으로 기소된 것을 공소장변경 없이 공동정범으로 인정할 수 있는지 여부(적극)
> 1. … 그 방어권의 행사에 실질적 불이익을 줄 우려가 있지 아니하는 경우에는 반드시 공소장변경을 필요로 한다고 할 수 없다(대판 2007.4.26, 2007도309).
> 2. 피고인의 방어권 행사에 실질적인 불이익을 초래할 염려가 없는 경우 … 공소장 변경절차를 거치지 않고 공소사실과 다르게 사실을 인정하더라도 불고불리의 원칙에 위배되지 않는다. 단독범으로 기소된 것을 다른 사람과 공모하여 동일한 내용의 범행을 한 것으로 인정하는 경우 … 방어권 행사에 실질적 불이익을 줄 우려가 없다면 공소장 변경이 필요한 것은 아니다(대판 2018.7.12, 2018도5909).

ⓞ 죄수에 대한 법적 평가만을 달리하는 경우 : 포괄일죄를 실체적 경합범으로 변경(대판 1997.12.26, 97도2249), 실체적 경합범을 포괄1죄로 변경(대판 1987.7.21, 87도546), 실체적 경합범을 상상적 경합범으로 변경(대판 1980.12.9, 80도2236)

ⓩ 공소장의 사소한 오류를 바로 잡기 위한 경우

> **관련 판례**
>
> ❶ 공소장의 사소한 오류를 바로 잡기 위하여도 공소장변경 절차를 요하는지 여부(소극)
> … 사소한 오류를 바로 잡기 위하여는 공소장변경의 절차를 거칠 필요없이 정정하여 범죄사실을 인정 … (대판 1986.9.23, 86도1547).

ⓒ 공소장변경을 요하지 않는 경우 법원의 조치

> **관련 판례**
>
> ❶ 법원이 공소장변경 없이 공소사실과 다른 범죄사실을 유죄로 판단할 의무가 있는지 여부(소극) 및 예외적으로 다른 범죄사실을 유죄로 판단할 의무가 있는 경우
> … 원칙적으로 공소장의 변경이 없는 한 공소사실과 다른 범죄사실을 유죄로 판단할 의무가 없고 … 피고인을 처벌하지 않는 것이 현저히 정의와 형평에 반하는 경우에만 예외적으로 다른 범죄사실을 유죄로 판단할 의무가 있다(대판 2015.9.10, 2014도12275).
>
> ❷ 공소장변경 절차 없이 공소사실의 범위 내에서 심리·판단할 수 있는 죄가 여러 개인 경우, 법원이 취하여야 할 조치
> 공소장변경 절차 없이도 법원이 심리·판단할 수 있는 죄가 한 개가 아니라 여러 개인 경우 … 법원으로서는 그 중 어느 하나를 임의로 선택할 수 있는 것이 아니라 검사에게 … 석명을 구하여 공소장을 보완하게 한 다음 이에 따라 심리·판단 … (대판 2005.7.8, 2005도279).
>
> ❸ 공소장변경절차를 거치지 않고서도 직권으로 당초 공소사실과 다른 공소사실에 대하여 유죄를 인정할 수 있는 예외적인 경우임에도 공소장변경절차를 거친 다음 변경된 공소사실을 유죄로 인정하는 것이 위법한지 여부(소극)
> … 공소장변경절차를 거쳐야 하는 경우임에도 이를 거치지 않은 채 직권으로 당초 공소사실과 다른 공소사실에 대하여 유죄를 인정하는 것은 … 허용될 수 없지만 … 공소장변경절차를 거치지 않고서도 직권으로 당초 공소사실과 다른 공소사실에 대하여 유죄를 인정할 수 있는 예외적인 경우임에도 공소장변경절차를 거친 다음 변경된 공소사실을 유죄로 인정하는 것은 … 위법하다고 볼 수 없다(대판 2022.12.15, 2022도10564).

③ 공소장변경이 필요한 경우

> **관련 판례**
>
> ❶ 폭행치상죄의 공소를 받고 공소장변경절차 없이 폭행죄로 단죄할 수 있는지의 여부(소극)
> 폭행치상죄의 공소를 받고 공소장변경절차 없이 폭행죄로 단죄할 수는 없다 … (대판 1971.1.12, 70도2216).
>
> ❷ 업무상 과실치사죄로 기소한 사건에 대하여 법원이 검사의 공소장변경절차 없이 단순과실치사죄로 인정하여 유죄의 선고를 할 수 있는지 여부(소극)
> 업무상 과실치사죄에 대해 … 공소장변경절차 없이 단순과실치사죄로 인정한 것은 … 위법(대판 1968.11.19, 68도1998).

- ❶ 법원이 성폭력범죄의 처벌 및 피해자보호 등에 관한 법률상 주거침입강간미수의 공소사실을 공소장변경 없이 직권으로 같은 법의 주거침입강제추행죄로 인정할 수 있는지 여부(소극)
  - ⋯ 피고인의 방어권행사에 실질적인 불이익을 초래할 염려가 있어 위법 ⋯ (대판 2008.9.11, 2008도2409).
- ❷ '미성년자 약취 후 재물취득 미수'에 의한 특가법위반죄로 공소가 제기된 사건을 법원이 공소장변경 없이 '미성년자 약취 후 재물요구 기수'에 의한 특가법위반죄로 인정할 수 있는지 여부(소극)
  - ⋯ 피고인의 방어권 행사에 실질적인 불이익을 초래할 염려가 있다(대판 2008.7.10, 2008도3747).
- ❸ 부동산실명법 제7조 제2항 위반죄의 간접정범으로 공소제기된 경우, 공소장의 변경없이 부동산 명의신탁행위의 방조범을 처벌하는 규정인 위 법률 제7조 제3항 위반죄로 처벌할 수 있는지 여부(소극)
  - ⋯ 방어권 행사에 실질적 불이익을 초래할 염려가 없다고 보기 어려울 뿐만 아니라 ⋯ (대판 2007.10.25, 2007도4663).
- ❹ 일반법과 특별법의 동일한 구성요건에 모두 해당하는 범죄사실에 대하여 검사가 형이 가벼운 일반법을 적용하여 기소한 경우, 법원이 공소장변경없이 특별법을 적용할 수 있는지 여부(소극)
  - ⋯ 피고인의 방어권행사에 실질적인 불이익을 초래한다고 보아야 하며 ⋯ (대판 2007.12.27, 2007도4749).
- ❺ 법원의 현실적 심판대상인 과실의 내용을 공소장변경 없이 다른 내용의 과실로 심판할 수 있는지 여부(소극)
  - ⋯ 피고인의 방어권행사에 불이익을 초래할 염려가 있는 경우이므로 ⋯ (대판 1989.10.10, 88도1691).
- ❻ 폭력행위 등 처벌에 관한 법률 위반(집단·흉기 등 폭행)죄로 기소된 것을 공소장변경절차를 거치지 않고 직권으로 폭력행위 등 처벌에 관한 법률 위반(집단·흉기 등 협박)죄로 인정할 수 있는지 여부(소극)
  - ⋯ 폭행과 협박은 그 보호법익과 행위태양도 서로 달라 그에 대응할 피고인의 방어행위 역시 달라질 수밖에 없다 ⋯ (대판 2008.3.27, 2007도8772).
- ❼ 피고인이 그 소속협회가 신문발전위원회로부터 지급받은 '보조금' 중 일부를 목적 외 용도로 사용하였다고 하여 보조금의 예산 및 관리에 관한 법률 위반으로 기소된 경우 공소장변경 없이 '간접보조금'으로 보아 처벌할 수 있는지 여부(소극)
  - ⋯ 공소장변경 없이 '간접보조금'으로 보아 구 보조금법 제41조, 제22조 제2항을 적용하여 처벌할 수 없다(대판 2012.8.23, 2010도12950).
- ❽ 검사가 피고인을 도로교통법 위반(음주운전)으로 기소하면서 적용법조를 '도로교통법 제148조의2 제2항 제2호, 제44조 제1항'으로 기재한 경우, 법원이 공소장변경 없이 직권으로 그보다 형이 무거운 '도로교통법 제148조의2 제1항 제1호, 제44조 제1항'을 적용하여 처벌하는 것이 가능한지 여부(소극)
  - ⋯ 피고인의 방어권 행사에 실질적인 불이익을 초래 ⋯ (대판 2019.6.13, 2019도4608).
- ❾ 상상적 경합관계에 있는 두 죄 중 어느 한 죄로만 공소가 제기된 경우, 법원이 공소장변경절차를 거치지 아니하고 다른 죄로 바꾸어 인정하거나 다른 죄를 추가로 인정할 수 있는지 여부(소극)
  - ⋯ 공무원이 취급하는 사건에 관하여 청탁 또는 알선을 할 의사와 능력이 없음에도 청탁 또는 알선을 한다고 기망하고 이에 속은 피해자로부터 이른바 청탁자금 명목으로 금품을 받았다면 ⋯ 사기죄와 변호사법 제111조 위반죄에 각 해당하고 위 두 죄는 상상적 경합의 관계 ⋯ 그 중 어느 한 죄로만 공소가 제기된 경우에 법원이 공소장변경절차를 거치지 아니하고 다른 죄로 바꾸어 인정하거나 다른 죄를 추가로 인정하는 것은 불고불리의 원칙에 위배 ⋯ (대판 2007.5.10, 2007도2372).
- ❿ 양벌규정에 터잡아 기소된 경우 공소장변경없이 실제 위반행위를 한 종업원을 공소사실과 달리 인정할 수 있는지 여부(소극)
  - ⋯ 공소장변경 절차를 거치지 않고 ⋯ 인정하는 것은 ⋯ 허용될 수 없다(대판 2007.1.26, 2006도4988).

4. 공소장변경의 절차

(1) 검사의 신청

① 검사에 의한 공소장변경의 신청 : 공소장변경신청서를 법원에 제출하여야 하며, 이러한 공소장변경 허가신청서에는 피고인의 수에 상응한 부본을 첨부하여야 함 → 다만, 법원은 피고인이 재정하는 공판정에서는 피고인에게 이익이 되거나 피고인이 동의하는 경우 구술에 의한 공소장변경을 허가할 수 있음

> [관련 판례]
>
> ❸ 법원이 검사의 구술에 의한 공소장변경신청에 대하여 명시적인 허가결정을 하지 아니한 채 변경된 공소사실에 대하여 심판한 경우 그 허가결정이 있었다고 볼 수 있는지의 여부(적극)
> … 그 허가결정이 있었다고 볼 수 있다(대판 2002.3.29, 2002도587).
>
> ❸ 검사가 구술로 공소장변경허가신청을 하면서 변경하려는 공소사실의 일부만 진술하고 나머지는 전자적 형태의 문서로 저장한 저장매체를 제출한 경우, 공소장변경허가신청의 범위(=공소사실의 내용을 구체적으로 진술한 부분)
> … 구체적으로 진술한 부분에 한하여 공소장변경허가신청이 된 것으로 볼 수 있을 뿐… 그 경우 저장매체에 저장된 전자적 형태의 문서는 공소장변경허가신청이 된 것이라고 할 수 없고, 법원이 그 부분에 대해서까지 공소장변경허가를 하였다고 하더라도 적법하게 공소장변경이 된 것으로 볼 수 없다(대판 2016.12.29, 2016도11138).
>
> ❸ 검사가 공소장변경허가신청서를 제출하지 않고 공소사실에 대한 검사의 의견을 기재한 서면을 제출한 경우, 이를 곧바로 공소장변경허가신청서를 제출한 것으로 볼 수 있는지 여부(소극)
> … 공소장변경허가신청서를 법원에 제출 … 피고인이 재정하는 공판정에서는 피고인에게 이익이 되거나 피고인이 동의하는 경우 구술에 의한 공소장변경 … 따라서 검사가 공소장변경허가신청서를 제출하지 않고 공소사실에 대한 검사의 의견을 기재한 서면을 제출하였더라도 이를 곧바로 공소장변경허가신청서를 제출한 것이라고 볼 수는 없다(대판 2022.1.13, 2021도13108).

② 피고인 등에 대한 고지의무 및 부본의 송달
  ㉠ 검사의 공소장변경허가신청이 있으면 법원은 신속히 그 사유를 피고인 또는 변호인에게 고지하여야 함(제298조 제3항)
  ㉡ 법원은 공소장변경허가신청서의 부본을 피고인 또는 변호인에게 즉시 송달하여야 함(규칙 제142조 제3항)

> [관련 판례]
>
> ❸ 공소장변경허가신청서부본의 송달이나 공소장변경사유의 고지와 관련된 판례들
> 1. … 공소장변경신청서부본을 피고인과 변호인 중 어느 한 쪽에 대해서만 송달하였다고 하여 절차상 잘못이 있다고 할 수 없다(대판 2013.7.12, 2013도5165).
> 2. 변호인 이외에 피고인에게 별도로 공소장변경사유의 고지나 공소장변경허가신청서부본을 송달하지 아니한 것만으로는 위법하지 않다(대판 2001.4.24, 2001도1052).
> 3. 피고인에 대하여 공소장변경의 부본이 공판정에서 교부되었다 하더라도 피고인이 그 법정에서 변경된 기소사실에 대하여 충분히 진술변론한 이상 판결결과에는 냉향이 없다고 힐 것이다(대판 1986.9.23, 85도1041).
> 4. … 이를 송달하지 아니한 채 공판절차를 진행한 원심의 조치에는 절차상의 법령위반이 있다 할 것이나 … 그로 인하여 피고인의 방어권, 변호인의 변호권이 본질적으로 침해되었다고 볼 정도에 이르지 아니하는 한, 그것 자체만으로는 판결에 영향을 미친 위법이라고 할 수 없을 것이다(대판 2009.6.11, 2009도1830).
> 5. … 공소장변경허가신청서 부본을 송달·교부하지 않은 채 공소장변경을 허가하고 공소장변경허가신청서에 기재된 공소사실에 관하여 유죄판결을 하였다면, 공소장변경허가신청서 부본을 송달·교부하지 않은 법원의 잘못은 판결에 영향을 미친 법령 위반에 해당 … 다만 … 피고인의 방어권과 변호인의 변호권 행사에 지장이 없는 것이거나 피고인과 변호인이 공판기일에서 변경된 공소사실에 대하여 충분히 변론할 기회를 부여받는 등 피고인의 방어권이나 변호인의 변호권이 본질적으로 침해되지 않았다고 볼 만한 특별한 사정이 있다면 판결에 영향을 미친 법령 위반이라고 할 수 없다(대판 2021.6.30, 2019도7217).

③ 공소장변경신청의 시기 : 제1회 공판기일 전○, 구두변론종결 전까지○ → 다만, 구두변론이 종결된 후에도 변론재개신청과 동시에 공소장변경신청 가능

> [관련 판례]
>
> ❸ 변론종결 후에 공소장변경신청이 있는 경우 공소장변경허가 여부는 법원의 재량이라는 판례
> 변론종결 후 검사가 공소장변경신청과 함께 변론재개신청을 한 경우 … 공소장변경을 허가하여야 할 의무가 없다(대판 1994.10.24, 94도1756).

(2) 법원의 공소장변경허가결정

> **관련 판례**
>
> ❶ **검사의 공소장변경 신청이 공소사실의 동일성을 해하지 아니하는 경우, 법원은 이를 허가하여야 하는지 여부(적극)**
> … 제298조 제1항의 규정에 의하면 … 검사의 공소장변경 신청이 공소사실의 동일성을 해하지 아니하는 한 법원은 이를 허가하여야 한다는 뜻으로 해석 … (대판 2018.10.25, 2018도9810).
>
> ❷ **공소사실의 동일성이 인정되지 않는 범죄사실을 공소사실로 추가하는 취지의 공소장변경신청이 있는 경우 법원이 취할 조치**
> … 공소장변경은 공소사실의 동일성이 인정되는 범위 내에서만 허용 … 공소사실의 동일성이 인정되지 않는 범죄사실을 공소사실로 추가하는 취지의 공소장변경신청이 있는 경우 법원은 그 변경신청을 기각 … (대판 2022.9.7, 2022도6993).
>
> ❸ **공소사실을 예비적으로 추가하는 공소장변경의 경우에도 공소사실의 동일성이 인정되는 범위 내에서만 허용되는지 여부(적극)**
> … 공소사실의 동일성이 인정되지 아니한 범죄사실을 공소사실로 추가하는 취지의 공소장변경신청이 있는 경우에는 법원은 그 변경신청을 기각 … 공소사실을 예비적으로 추가하는 내용의 공소장변경허가신청의 경우에도 마찬가지 … (대판 2017.8.29, 2015도1968).
>
> ❹ **법원이 공소장변경허가신청에 대한 결정을 공판정에서 고지한 경우, 그 사실은 공판조서의 필요적 기재사항인지 여부(적극)**
> 법원은 검사의 공소장변경허가신청에 대해 결정의 형식으로 이를 허가 또는 불허가 하고 … 법원의 허가 여부 결정은 공판정 외에서 별도의 결정서를 작성하여 고지하거나 공판정에서 구술로 하고 공판조서에 기재할 수도 있다 … 공소장변경허가 여부 결정을 공판정에서 고지하였다면 그 사실은 공판조서의 필요적 기재사항 … 공소장변경허가 여부 결정은 위와 같은 형식으로 명시적인 결정을 하는 것이 바람직 … (대판 2023.6.15, 2023도3038).
>
> ❺ **공소장변경허가결정을 취소할 수 있는지 여부(적극)**
> 공소사실의 동일성이 인정되지 않는 등 … 공소장변경허가결정에 위법사유가 있는 경우 … 법원이 스스로 이를 취소할 수 있다(대판 2001.3.27, 2001도116).
>
> ❻ **공소장변경의 허가에 관한 결정에 대한 불복방법**
> … 공소장변경의 허가에 관한 결정은 판결 전의 소송절차에 관한 결정이라 할 것 … 그 결정을 함에 있어서 저지른 위법이 판결에 영향을 미친 경우에 한하여 그 판결에 대하여 상소를 하여 다툼으로써 불복하는 외에는 … 독립하여 상소할 수 없다(대법원 1987.3.28, 87모17).
>
> ❼ **공소장변경을 허가하지 않은 것이 판결 결과에 영향을 미쳤다고 보기 어렵다고 한 판례**
> … 공소장변경을 허가하였다고 하더라도 … 변경된 공소사실을 인정할 증거 역시 부족하다고 보이며 달리 변경된 공소사실을 입증할 만한 증거가 보이지 않으므로 … 원심이 공소장변경을 허가하지 않은 것이 공소장변경에 관한 법리를 오해한 것이라고 하더라도 그러한 위법은 판결 결과에 영향을 미쳤다고 보기 어렵다(대판 2007.1.25, 2006도6912).

(3) 법원의 공소장변경요구

① 공소장변경요구의 의의 : 법원은 심리의 경과에 비추어 상당하다고 인정할 때에는 공소사실 또는 적용법조의 추가 또는 변경을 요구하여야 함(제298조 제2항)

② 공소장변경요구의 시기 : 제1회 공판기일 전×, 제1심○, 항소심○, 변론을 종결한 후에도 변론을 재개하여 그 요구가 가능○

③ 공소장변경요구의 법적 성질 : 소송지휘에 관한 결정의 성질을 가지므로 공판정에서 구두에 의하여 고지하는 것이 실무

④ 공소장변경요구의 의무성

> **관련 판례**
>
> ❶ **법원의 공소장변경요구는 법원의 재량이라는 판례들**
> 1. 법원이 검사에게 공소장의 변경을 요구할 것인지의 여부는 법원의 재량에 속하는 것 … 공소장의 변경을 요구하지 아니하였다고 하여 위법하다고 볼 수 없다(대판 1999.12.24, 99도3003).
> 2. … 공소장변경을 요구하지 아니하거나, 직권으로 위 부정경쟁방지 및 영업비밀보호에 관한 법률 위반죄의 성립 여부를 판단하지 않은 것은 위법하지 않다 … (대판 2011.1.13, 2010도5994).

⑤ 공소장변경요구의 효과 : 공소장변경요구의 형성력은× → 다만, 검사에 대하여 명령적 효력은 있음

(4) 공소장변경의 허용범위
  ① 제1심 : ○
  ② 항소심 : ○
  ③ 상고심 : ×
  ④ 간이공판절차 : ○
  ⑤ 재심의 공판절차 : ○
  ⑥ 약식절차 : ×
  ⑦ 기소강제사건의 공판절차 : ○

  > **관련 판례**
  >
  > ❸ **항소심의 구조 및 항소심에서의 공소장변경의 가부**
  > … 원칙적으로 속심적 성격을 가지므로, 항소심에서도 공소장변경이 가능 … (대판 1981.8.20, 81도698).
  >
  > ❸ **환송 후 항소심에서의 공소장변경의 적부(적극)**
  > … 피고인의 상고에 의하여 상고심에서 원심판결을 파기하고 사건을 항소심에 환송한 경우에도 공소사실의 동일성이 인정되면 공소장변경을 허용 … (대판 2004.7.22, 2003도8153).
  >
  > ❸ **약식명령에 대하여 피고인만이 정식재판을 청구한 사건에서 법정형에 유기징역형만 있는 범죄로 공소장변경이 가능한지 여부(적극)**
  > … 비록 사서명위조죄의 법정형에 유기징역형만 있다 하더라도 … 제457조의2에서 규정한 불이익변경금지 원칙이 적용되어 벌금형을 선고할 수 있는 것이므로, 위와 같은 불이익변경금지 원칙 등을 이유로 이 사건 공소장변경을 불허할 것은 아니다(대판 2013.2.28, 2011도14986).
  >
  > ❸ **재심심판절차에서 검사가 재심대상사건과 별개의 공소사실을 추가하는 내용으로 공소장을 변경하는 것은 허용되는지 여부(소극)**
  > … 재심심판절차에서는 특별한 사정이 없는 한 검사가 재심대상사건과 별개의 공소사실을 추가하는 내용으로 공소장을 변경하는 것은 허용되지 않고 … (대판 2019.6.20, 2018도20698).

(5) 공소장변경 후의 절차
  ① 공판절차의 정지(제298조 제4항) : 공판절차를 '정지할 수 있다'는 임의적 정지

  > **관련 판례**
  >
  > ❸ **공소장변경이 있음에도 공판절차를 정지하지 않았다고 하더라도 위법하다고 할 수 없는 경우**
  > … 공판절차를 정지하지 않았다고 하더라도 … 피고인의 방어권행사에 실질적 불이익을 주지 않는 것으로 인정될 때에는 이를 위법하다고 할 수 없다(대판 1995.1.12, 94도2687).

  ② 구속기간의 불산입(제92조 제3항)

5. 공소장변경의 효과

(1) 심판대상의 변경 : 잠재적 심판대상이 현실적 심판대상으로 변경

(2) 공소제기 무효의 치유 : 공소장변경에 의하여 그 무효원인이 치유되면 공소제기의 하자가 치유

  > **관련 판례**
  >
  > ❸ **친고죄에서 고소 없이 기소되었다가 그 후 비친고죄로 공소장변경이 된 경우 공소제기의 흠이 치유되는지 여부(적극)**
  > … 그 공소제기의 흠은 치유된다 … (대판 2011.5.13, 2011도2233).
  >
  > ❸ **검사가 고소 취소된 사건을 협박죄로 기소하였다가 공갈미수로 공소장변경을 신청하여 허가된 경우, 공소제기의 하자가 치유되는지 여부(적극)**
  > … 공갈죄에 대한 것 … 그 후 고소가 취소되었다 하여 공갈죄로 처벌하는 데에 아무런 장애가 되지 아니하며, 검사가 공소를 제기할 당시에는 그 범죄사실을 협박죄로 구성하여 기소하였다 하더라도, 그 후 공판 중에 … 공갈미수로 공소장 변경이 허용된 이상 그 공소제기의 하자는 치유 … (대판 1996.9.24, 96도2151).

(3) 사건의 이송 : 전술함

(4) 공소시효와의 관계 : 전술함

07 증인신문 및 감정과 검증

Ⅰ 증인신문

1. **증인신문의 의의**

    (1) 의의 : 증인이 경험한 사실을 내용으로 하는 진술을 얻어내는 증거조사

    (2) 증인신문의 유형

    ① 검사, 피고인 또는 변호인의 신청에 의한 증인신문(제294조)

    ② 직권증인신문(제295조)

    ③ 범죄로 인한 피해자 등의 신청에 의한 증인신문(제294조의2)

    ④ 공판준비절차로서 행하여지는 공판기일 전의 증인신문(제273조)

    ⑤ 증거보전절차나 증인신문절차에서 수임판사에 의한 증인신문(제184조, 제221조의2)

2. **증인의 의의 및 증인적격**

    (1) 증인의 의의

    ① 증인의 의의 : 법원 또는 법관에 대하여 자기가 과거에 경험한 사실을 진술하는 제3자

    ② 참고인과의 구별 : 전술함

    ③ 감정인과의 구별

증인	감정인
대체성×, 불응시 구인可	대체성○, 불응시 구인不可

    ④ 감정증인

    > **제179조(감정증인)**
    > 특별한 지식에 의하여 알게 된 과거의 사실을 신문하는 경우에는 본장(감정)의 규정에 의하지 아니하고 전장(증인신문)의 규정에 의한다.

    (2) 증인적격

    ① 증인적격의 의의

    > **제146조(증인의 자격)**
    > 법원은 법률에 다른 규정이 없으면 누구든지 증인으로 신문할 수 있다.

    ② 증인적격이 있는지 여부(증인적격이 없는 자에 대한 신문에서 나온 증언은 증거능력이 인정되지 않음)

    ㉠ 법관 및 법원사무관 등의 증인적격 : ×

ⓒ 검사 또는 검찰주사 및 사법경찰관의 증인적격
  ⓐ 공판검사 : ×
  ⓑ 수사검사 : ○
  ⓒ 검찰주사나 사법경찰관 : ○

> **관련 판례**
> ❷ 수사경찰관의 증인적격 유무(적극)
> 1. … 경찰공무원이라 하더라도 증인의 지위에 있을 수 있음을 부정할 수 없다(헌재결 2001.11.29, 2001헌바41).
> 2. … 사법경찰관사무취급자라 하더라도 … 증인으로서 증언할 수 있다(대판 1967.5.16, 67도437).
> 3. 현행범을 체포한 경찰관의 진술이라 하더라도 범행을 목격한 부분에 관하여는 여느 목격자의 진술과 다름없이 증거능력이 있다(대판 1995.5.9, 95도535).

ⓒ 변호인의 증인적격 : ×
ⓔ 공무원의 증인적격(증인거부권)

> **제147조(공무상비밀과 증인자격)**
> ① 공무원 또는 공무원이었던 자가 그 직무에 관하여 알게 된 사실에 관하여 본인 또는 당해 공무소가 직무상 비밀에 속한 사항임을 신고한 때에는 그 소속공무소 또는 감독관공서의 승낙없이는 증인으로 신문하지 못한다.
> ② 그 소속공무소 또는 당해감독관공서는 국가에 중대한 이익을 해하는 경우를 제외하고는 승낙을 거부하지 못한다.

ⓜ 피고인의 증인적격
  ⓐ 피고인의 증인적격 : ×
  ⓑ 피고인의 대리인 및 법인의 대표자의 증인적격 : ×
  ⓒ 공동피고인의 증인적격 : 판례는 공범 아닌 공동피고인은 증인적격이 있지만, 공범인 공동피고인의 경우에는 증인적격이 없다는 절충설의 입장

> **관련 판례**
> ❷ 공동피고인의 증인적격(절충설)
> 1. 공범인 공동피고인 … 피고인의 지위에 있으므로 … 증인이 될 수 없으나, 소송절차가 분리되어 피고인의 지위에서 벗어나게 되면 … 증인이 될 수 있다(대판 2008.6.26, 2008도3300).
> 2. 피고인의 지위에 있는 공동피고인은 … 증인이 될 수 없으나, 소송절차가 분리되어 피고인의 지위에서 벗어나게 되면 … 증인이 될 수 있고 이는 대향범인 공동피고인의 경우에도 다르지 않다(대판 2012.3.29, 2009도11249).
> 3. 공동피고인들에 관하여 변론을 분리하고 각각 증인으로 채택하여 심문한 것은 서로의 공소사실에 대한 증인으로 각각 채택한 취지 … (대판 1983.10.25, 83도2295).
> 4. 피고인과 별개의 범죄사실로 기소되어 병합심리 중인 공동피고인은 피고인 범죄사실에 관하여는 증인의 지위에 있다 할 것 … 선서없이 한 공동피고인의 법정진술 … 증거로 쓸 수 없다(대판 1982.9.14, 82도1000).

3. 증인의 의무와 권리

(1) 증인의 소송법상 의무
  ① 출석의무
    ㉠ 의의 : 증인거부권자(제147조)에게는×, 증언거부권자(제148조, 제149조)에게는○

ⓒ 증인의 소환
  ⓐ 증인에 대한 소환방법 : 피고인의 소환에 관한 규정이 준용(제153조) → 소환장은 급속을 요하는 경우를 제외하고는 늦어도 출석할 일시 24시간 이전에 송달(규칙 제70조) → 증인에 대한 소환장에는 그 성명, 피고인의 성명, 죄명, 출석일시 및 장소, 정당한 이유없이 출석하지 아니할 경우에는 과태료에 처하거나 출석하지 아니함으로써 생긴 비용의 배상을 명할 수 있고 또 구인할 수 있음을 기재하고 재판장이 기명날인하여야 함(규칙 제68조)
  ⓑ 현행법의 태도 : 소환장의 송달, 전화, 전자우편, 모사전송, 휴대전화 문자전송 그 밖에 적당한 방법으로 할 수 있음(규칙 제67조의2)

> **제150조의2(증인의 소환)**
> ① 법원은 소환장의 송달, 전화, 전자우편, 그 밖의 상당한 방법으로 증인을 소환한다.
> ② 증인을 신청한 자는 증인이 출석하도록 합리적인 노력을 할 의무가 있다.

ⓒ 불출석의 신고 : 증인이 출석요구를 받고 기일에 출석할 수 없을 경우에는 법원에 바로 그 사유를 밝혀 신고하여야 한다(규칙 제68조의2).
ⓓ 증인의 동행명령

> **제166조(동행명령과 구인)**
> ① 법원은 필요한 때에는 결정으로 지정한 장소에 증인의 동행을 명할 수 있다.
> ② 증인이 정당한 사유없이 동행을 거부하는 때에는 구인할 수 있다.

ⓔ 출석의무위반에 대한 제재
  ⓐ 소송비용부담 및 과태료, 감치결정제도의 도입 : 감치재판절차는 법원의 감치재판개시결정에 따라 개시되고 이 경우 감치사유가 발생한 날부터 20일이 지난 때에는 감치재판개시 결정을 할 수 없으며, 감치재판절차를 개시한 후 감치결정 전에 그 증인이 증언을 하거나 그 밖에 감치에 처하는 것이 상당하지 아니하다고 인정되는 때에는 법원은 불처벌결정을 하여야 함(규칙 제68조의4) → 불복할 수 없음

> **제151조(증인이 출석하지 아니한 경우의 과태료 등)**
> ① 법원은 소환장을 송달받은 증인이 정당한 사유없이 출석하지 아니한 때에는 결정으로 당해 불출석으로 인한 소송비용을 증인이 부담하도록 명하고, 500만원 이하의 과태료를 부과할 수 있다. 제153조 및 제76조 제2항·제5항에 따라 소환장의 송달과 동일한 효력이 있는 경우에도 또한 같다.
> ② 법원은 증인이 제1항에 따른 과태료의 재판을 받고도 정당한 사유없이 다시 출석하지 아니한 때에는 결정으로 증인을 7일 이내의 감치에 처한다.
> ③ 법원은 감치재판기일에 증인을 소환하여 제2항에 따른 정당한 사유가 있는지의 여부를 심리하여야 한다.
> ④ 감치는 그 재판을 한 법원의 재판장의 명령에 따라 사법경찰관리·교도관·법원경위 또는 법원사무관 등이 교도소·구치소 또는 경찰서유치장에 유치하여 집행한다.
> ⑤ 감치에 처하는 재판을 받은 증인이 제4항에 규정된 감치시설에 유치된 경우 당해 감치시설의 장은 즉시 그 사실을 법원에 통보하여야 한다.
> ⑥ 법원은 제5항의 통보를 받은 때에는 지체없이 증인신문기일을 열어야 한다.
> ⑦ 법원은 감치의 재판을 받은 증인이 감치의 집행 중에 증언을 한 때에는 즉시 감치결정을 취소하고 그 증인을 석방하도록 명하여야 한다.
> ⑧ 제1항과 제2항의 결정에 대하여는 즉시항고를 할 수 있다. 이 경우 제410조는 적용하지 아니한다.

ⓑ 구인 : 정당한 사유없이 소환에 응하지 아니하는 증인은 구인할 수 있음(제152조)
　　　ⓒ 동행명령을 거부한 경우 : 구인○, 과태료나 비용배상×, 감치결정×

> **관련 판례**
>
> ❶ 증인이 정당한 사유 없이 법정에 출석하지 아니하거나 소환에 응하지 아니하는 경우 또는 증인 소환장이 송달되지 아니한 경우, 법원이 증인의 법정 출석을 강제할 수 있는 조치 내용
> … 소송비용을 증인이 부담하도록 명하고, 500만 원 이하의 과태료를 부과 … 구인 … 법원은 증인 소환장이 송달되지 아니한 경우에는 공무소 등에 대한 조회의 방법으로 직권 또는 검사, 피고인, 변호인의 신청에 따라 소재탐지를 할 수도 있다(제272조 제1항). 이는 '특정범죄신고자 등 보호법'이 직접 적용되거나 준용되는 사건에 대해서도 마찬가지 … (대판 2020.12.10, 2020도2623).
>
> ❷ 다른 증거나 증인의 진술에 비추어 굳이 추가 증거조사를 할 필요가 없다는 등 특별한 사정이 없고, 소재탐지나 구인장 발부가 불가능한 것이 아님에도 불구하고, 불출석한 핵심 증인에 대하여 소재탐지나 구인장 발부 없이 증인채택 결정을 취소하는 법원의 조치가 위법한지 여부(적극)
> … 불출석한 핵심 증인에 대하여 소재탐지나 구인장 발부 없이 증인채택 결정을 취소하는 것은 법원의 재량을 벗어나는 것으로서 위법 … (대판 2020.12.10, 2020도2623).
>
> ❸ 증인소환장을 송달받은 적도 없고 법원에 출석하지도 아니한 공소외인을 구인할 수 있는지 여부(소극)
> … 증인의 구인은 증인이 정당한 사유 없이 소환에 불응하거나, 법원에 출석해 있는 증인이 정당한 사유 없이 동행명령에 따른 동행을 거부하는 때에 한하여 허용되므로 … 증인소환장을 송달받은 적이 없고 법원에 출석하지도 아니한 공소외인을 구인하여 달라는 검사의 신청을 기각한 원심의 조치는 정당 … (대판 2008.9.25, 2008도6985).

　② 선서의무
　　㉠ 의의 : 선서한 증인이 허위의 증언을 하면 형법상 위증죄로 처벌 → 선서능력 있는 증인이 선서 없이 증언을 하였다면 그 증언은 증거능력이 없음

> **제156조(증인의 선서)**
> 증인에게는 신문 전에 선서하게 하여야 한다. 단, 법률에 다른 규정이 있는 경우에는 예외로 한다.

　　㉡ 선서의 방식 : 선서는 각 증인마다 하여야 하고 대표선서는 허용되지 않으며, 동일심급에서 같은 증인에 대한 선서는 1회의 선서로 족함 → 한번 위증의 벌을 경고하지 아니하고 증인을 하게 한 경우에도 그 증언자체는 유효함

> **제157조(선서의 방식)**
> ① 선서는 선서서(宣誓書)에 따라 하여야 한다.
> ② 선서서에는 "양심에 따라 숨김과 보탬이 없이 사실 그대로 말하고 만일 거짓말이 있으면 위증의 벌을 받기로 맹세합니다."라고 기재하여야 한다.
> ③ 재판장은 증인에게 선서서를 낭독하고 기명날인하거나 서명하게 하여야 한다. 다만, 증인이 선서서를 낭독하지 못하거나 서명을 하지 못하는 경우에는 참여한 법원사무관등이 대행한다.
> ④ 선서는 일어서서 엄숙하게 하여야 한다.
>
> **제158조(선서한 증인에 대한 경고)**
> 재판장은 선서할 증인에 대하여 선서 전에 위증의 벌을 경고하여야 한다.

　　㉢ 선서무능력자 : 선서무능력자에게 선서를 시키고 증언하도록 한 경우 그 선서는 효력이 없어 위증죄는 성립하지 않으나, 그 증언자체는 유효함(대법원 1957.3.8, 4290형상23)

> **제159조(선서무능력)**
> 증인이 다음 각 호의 1에 해당한 때에는 선서하게 하지 아니하고 신문하여야 한다.
> 1. 16세 미만의 자
> 2. 선서의 취지를 이해하지 못하는 자

　　ⓔ 선서의무위반에 대한 제재

> **제161조(선서, 증언의 거부와 과태료)**
> ① 증인이 정당한 이유없이 선서나 증언을 거부한 때에는 결정으로 50만원 이하의 과태료에 처할 수 있다.
> ② 제1항의 결정에 대하여는 즉시항고를 할 수 있다.

　③ 증언의무
　　㉠ 의의 : 증인이 주신문에 대해서만 증언하고 반대신문에 대해서는 증언을 거부한 때에는 반대신문기회의 결여로 그 증거능력이 없음
　　㉡ 증언능력 : 증인이 증언능력이 없는 때에는 그 증언은 증거능력이 없음
　　㉢ 증언의무위반에 대한 제재(제161조) : 50만원 이하의 과태료 → 즉시항고

> [관련 판례]
> ❶ **유아의 증언능력 유무의 판단기준**
> … 단지 공술자의 연령만에 의할 것이 아니라 그의 지적 수준에 따라 개별적이고 구체적으로 결정 … → 사고 당시 만 3세 3개월 내지 만 3세 7개월 가량 … 증언능력 및 그 진술의 신빙성을 인정(대판 2006.4.14, 2005도9561)

(2) 증인의 소송법상 권리
　① 증언거부권
　　㉠ 증언거부권의 의의 : 헌법 제12조 제2항 → 증인거부권(제147조)과는 구별
　　㉡ 증언거부권의 내용
　　　ⓐ 자기나 근친자의 형사책임과 증언거부권

> **제148조(근친자의 형사책임과 증언거부)**
> 누구든지 자기나 다음 각 호의 어느 하나에 해당하는 자가 형사소추(刑事訴追) 또는 공소제기를 당하거나 유죄판결을 받을 사실이 드러날 염려가 있는 증언을 거부할 수 있다.
> 1. 친족이거나 친족이었던 사람
> 2. 법정대리인, 후견감독인

> [관련 판례]
> ❶ **이미 자신에 대한 유죄판결이 확정된 증인이 그 확정판결에 대하여 재심을 청구할 예정인 경우 공범에 대한 피고사건에서 형사소송법 제148조에 의한 증언거부권이 있는지 여부(소극)**
> … 이미 유죄의 확정판결을 받은 경우에는 일사부재리의 원칙에 의해 다시 처벌받지 아니하므로 자신에 대한 유죄판결이 확정된 증인은 공범에 대한 피고사건에서 증언을 거부할 수 없고 … (대판 2011.11.24, 2011도11994).
> ❷ **형사소송법 제148조에서 '형사소추'는 증인이 이미 저지른 범죄사실에 대한 것을 의미하는지 여부(적극) 및 증인의 증언에 의하여 비로소 범죄가 성립하는 경우 증언거부권 고지대상이 되는지 여부(소극)**
> … 제148조에서 '형사소추'는 증인이 이미 저지른 범죄사실에 대한 것을 의미 … 증인의 증언에 의하여 비로소 범죄가 성립하는 경우에는 … 제148조 소정의 증언거부권 고지대상이 된다고 할 수 없다(대판 2011.12.8, 2010도2816).

❸ 범행을 하지 아니한 자가 범인으로 공소제기되어 피고인의 지위에서 범행사실을 허위자백하고, 나아가 공범에 대한 증인의 자격에서 증언하면서 공범과 함께 범행하였다고 허위의 진술을 한 경우, 증언거부권의 대상이 되는지 여부(적극)
··· 자신이 범행을 한 사실뿐 아니라 범행을 한 것으로 오인되어 유죄판결을 받을 우려가 있는 사실 등도 포함 ··· 범행을 하지 아니한 자가 범인으로 공소제기가 되어 피고인의 지위에서 범행사실을 허위자백하고, 나아가 공범에 대한 증인의 자격에서 증언을 하면서 그 공범과 함께 범행하였다고 허위의 진술을 한 경우 ··· 자신에 대한 유죄판결의 우려를 증대시키는 것이므로 증언거부권의 대상은 된다 ··· (대판 2012.12.13, 2010도10028).

ⓑ 업무상 비밀과 증언거부권

> **제149조(업무상 비밀과 증언거부)**
> 변호사, 변리사, 공증인, 공인회계사, 세무사, 대서업자, 의사, 한의사, 치과의사, 약사, 약종상, 조산사, 간호사, 종교의 직에 있는 자 또는 이러한 직에 있던 자가 그 업무상 위탁을 받은 관계로 알게 된 사실로서 타인의 비밀에 관한 것은 증언을 거부할 수 있다. 단, 본인의 승낙이 있거나 중대한 공익상 필요있는 때에는 예외로 한다.

ⓒ 증언거부사유의 소명

> **제150조(증언거부사유의 소명)**
> 증언을 거부하는 자는 거부사유를 소명하여야 한다.

ⓓ 증언거부권의 고지

> **제160조(증언거부권의 고지)**
> 증인이 제148조, 제149조에 해당하는 경우에는 재판장은 신문 전에 증언을 거부할 수 있음을 설명하여야 한다.

관련 판례

❶ 증언거부권의 불고지와 증언의 효력
증인신문에 당하여 증언거부권 있음을 설명하지 아니한 경우라 할지라도 증인이 선서하고 증언한 이상 그 증언의 효력에 관하여는 역시 영향이 없고 유효하다고 해석함이 타당 ··· (대법원 1957.3.8, 4290형상23).

❷ 증언거부권이 있음에도 증언거부권을 고지받지 않은 증인이 허위진술을 하였을 경우 위증죄 성립여부
··· 증인이 침묵하지 아니하고 진술한 것이 자신의 진정한 의사에 의한 것인지 여부를 기준으로 위증죄의 성립여부를 판단하여야 한다 ··· 증언거부사유가 있음에도 증인이 증언거부권을 고지받지 못함으로 인하여 그 증언거부권을 행사하는 데 사실상 장애가 초래되었다고 볼 수 있는 경우에는 위증죄의 성립을 부정 ··· (대판 2010.1.21, 2008도942).

❸ 민사소송법상 재판장에게 증언거부권의 고지의무가 인정되는지 여부(소극) 및 민사소송절차에서 적법하게 선서한 증인이 증언거부권을 고지받지 아니한 상태에서 허위진술을 한 경우, 위증죄가 성립하는지 여부(적극)
형사소송법은 ··· 증언거부권 고지의무에 관하여도 규정하고 있는 반면(제160조), 민사소송법은 ··· 증언거부권 고지에 관한 규정을 따로 두고 있지 아니하다 ··· 민사소송절차에서 재판장이 증인에게 증언거부권을 고지하지 아니하였다 하여 절차위반의 위법이 있다고 할 수 없고 ··· 위증죄가 성립한다고 보아야 할 것이다(대판 2011.7.28, 2009도14928).

❹ 증언거부권의 고지를 규정한 형사소송법 제160조가 '국회에서의 증언·감정 등에 관한 법률'에도 유추적용되는지 여부(소극)
··· '국회에서의 증언·감정 등에 관한 법률'은 위와 같은 증언거부권의 고지에 관한 규정을 두고 있지 아니한데, 증언거부권을 고지받을 권리가 ··· 헌법 제12조 제2항에 의하여 바로 국민의 기본권으로 보장받아야 한다고 볼 수는 없고 ··· (대판 2012.10.25, 2009도13197).

> ❺ 공범인 공동피고인에게 증언거부권이 고지된 상태에서 그 자신의 범죄사실에 대하여 허위로 진술한 경우 위증죄가 성립되는지 여부(적극)
> … 증언거부권이 고지되었음에도 불구하고 위 피고인이 자기의 범죄사실에 대하여 증언거부권을 행사하지 아니한 채 허위로 진술하였다면 위증죄가 성립된다고 할 것이다(대판 2012.10.11, 2012도6848).

　　　㉣ 증언거부권의 행사와 포기 : 증언거부권자라도 증언거부권을 포기하고 증언을 할 수 있음 → 다만, 증인이 주신문에 대하여 증언을 한 후에는 반대신문에 대하여 증언을 거부할 수 없음
　　② 비용청구권 : 소환받은 증인은 법률의 규정한 바에 의하여 여비, 일당과 숙박료를 청구할 수 있음(제168조) → 다만, 재정증인 등 소환받지 아니한 증인이나 정당한 사유없이 선서 또는 증언을 거부한 자에게는 이러한 비용청구권이 인정되지 않음
　　③ 증인신문조서의 열람·등사권 : 증인은 자신에 대한 증인신문조서의 열람 또는 등사를 청구할 수 있음(규칙 제84조의2)

4. 증인신문의 절차

(1) 검사·피고인 또는 변호인의 참여권

> **제163조(당사자의 참여권, 신문권)**
> ① 검사, 피고인 또는 변호인은 증인신문에 참여할 수 있다.
> ② 증인신문의 시일과 장소는 전항의 규정에 의하여 참여할 수 있는 자에게 미리 통지하여야 한다. 단, 참여하지 아니한다는 의사를 명시한 때에는 예외로 한다.
>
> **제164조(신문의 청구)**
> ① 검사, 피고인 또는 변호인이 증인신문에 참여하지 아니할 경우에는 법원에 대하여 필요한 사항의 신문을 청구할 수 있다.
> ② 피고인 또는 변호인의 참여없이 증인을 신문한 경우에 피고인에게 예기하지 아니한 불이익의 증언이 진술된 때에는 반드시 그 진술내용을 피고인 또는 변호인에게 알려주어야 한다.

[관련 판례]

> ❺ 증인신문에 있어서 당사자의 참여권 관련 판례
> 1. 피고인이 참여하게 하여 달라고 신청한 때에는 변호인이 참여한 때에도 피고인이 참여없이 실시한 증인신문은 위법하다(대판 1969.7.25, 68도1481).
> 2. 소송관계인의 참여없이 법정 외에서 시행한 … 증인신문 조서는 증거능력이 있을 수 없다(대판 1967.7.4, 67도613).
> 3. … 피고인에게 증인신문의 시일과 장소를 미리 통지함이 없이 증인들의 신문을 시행하였음은 위법이나 … 피고인이나 변호인이 이의를 하지 않았다면 위의 하자는 책문권의 포기로 치유된다(대판 1974.1.15, 73도2967).

> ❺ 법원이 공판기일에 증인을 채택하여 다음 공판기일에 증인신문을 하기로 피고인에게 고지하였으나 피고인이 정당한 사유 없이 출석하지 아니한 경우, 이미 출석하여 있는 증인에 대하여 공판기일 외의 신문으로서 증인신문을 하고 다음 공판기일에 그 증인신문조서에 대한 서증조사를 하는 것이 증거조사절차로서 적법한지 여부(적극)
> … 공판기일에 증인은 출석하였으나 피고인이 정당한 사유 없이 출석하지 아니한 경우 … 제276조의 규정에 의하여 공판기일을 연기할 수밖에 없더라도, 이미 출석하여 있는 증인에 대하여 공판기일 외의 신문으로서 증인신문을 하고 다음 공판기일에 그 증인신문조서에 대한 서증조사를 하는 것은 증거조사절차로서 적법 … (대판 2000.10.13, 2000도3265).

(2) 증인진술시 피고인의 퇴정

> **제297조(피고인 등의 퇴정)**
> ① 재판장은 증인 또는 감정인이 피고인 또는 어떤 재정인의 면전에서 충분한 진술을 할 수 없다고 인정한 때에는 그를 퇴정하게 하고 진술하게 할 수 있다. 피고인이 다른 피고인의 면전에서 충분한 진술을 할 수 없다고 인정한 때에도 같다.
> ② 전항의 규정에 의하여 피고인을 퇴정하게 한 경우에 증인, 감정인 또는 공동피고인의 진술이 종료한 때에는 퇴정한 피고인을 입정하게 한 후 법원사무관 등으로 하여금 진술의 요지를 고지하게 하여야 한다.

관련 판례

❶ 형사소송법 제297조에 따라 피고인을 퇴정하게 하고 증인신문을 진행하는 경우 피고인의 반대신문권을 배제할 수 있는지 여부(소극)
… 피고인을 퇴정하게 하고 증인신문을 진행함으로써 피고인의 직접적인 증인대면을 제한할 수 있지만, 이러한 경우에도 피고인의 반대신문권을 배제하는 것은 허용될 수 없다 … 피고인에게 실질적인 반대신문의 기회를 부여하지 아니한 채 이루어진 증인의 법정진술은 위법한 증거로서 증거능력이 없다 … 피고인이 '변경할 점과 이의할 점이 없다.'고 진술하여 책문권 포기 의사를 명시함으로써 … 하자가 치유되었다고 볼 것이다(대판 2010.1.14, 2009도9344).

(3) 증인신문의 방법
① 개별신문(제162조 제1항, 제2항)

> **제162조(개별신문과 대질)**
> ① 증인신문은 각 증인에 대하여 신문하여야 한다.
> ② 신문하지 아니한 증인이 재정한 때에는 퇴정을 명하여야 한다.

관련 판례

❶ 증인을 퇴정시키는 것이 법원의 재량인지 여부(적극)
다른 증인을 퇴정시키느냐 않느냐는 법원의 자유재량 … 다른 증인의 면전에서 증인을 신문하게 하였다고 하여 증인신문이 위법인 것이 아니다(대법원 1961.3.15, 4292형상725).

② 대질신문(제162조 제3항)
③ 구술신문 : 증인신문은 원칙적으로 구술로 하여야 함 → 다만, 증인이 들을 수 없는 때에는 서면으로 묻고, 말할 수 없는 때에는 서면으로 답하게 할 수 있음(규칙 제73조) → 한편 증인에 대하여 서류 또는 물건의 성립, 동일성 기타 이에 준하는 사항에 관한 신문을 할 때에는 그 서류 또는 물건을 제시할 수 있으며(규칙 제82조), 증인의 기억이 명백하지 아니한 사항에 관하여 기억을 환기시켜야 할 필요가 있을 때에는 재판장의 허가를 얻어 서류 또는 물건을 제시하면서 신문할 수 있고(규칙 제83조), 증인의 진술을 명확히 할 필요가 있을 때에는 도면, 사진, 모형, 장치 등을 이용하여 신문할 수 있음(규칙 제84조)
④ 포괄신문의 금지 : 개별적이고 구체적인 내용을 진술하게 하여야 함
⑤ 신문의 제한 : 위협적이거나 모욕적인 신문, 전의 신문과 중복되는 신문, 의견을 묻거나 의논에 해당하는 신문, 증인이 직접 경험하지 아니한 사항에 해당하는 신문 등은 금지

(4) 교호신문(交互訊問) 제도(cross examination)
① 교호신문제도의 의의 : 영·미법상의 당사자주의적 증인신문방식으로서 형사소송법은 실체진실발견을 위하여 여기에 직권주의적 수정을 가하고 있음

> **제161조의2(증인신문의 방식)**
> ① 증인은 신청한 검사, 변호인 또는 피고인이 먼저 이를 신문하고 다음에 다른 검사, 변호인 또는 피고인이 신문한다.
> ② 재판장은 전항의 신문이 끝난 뒤에 신문할 수 있다.
> ③ 재판장은 필요하다고 인정하면 전2항의 규정에 불구하고 어느 때나 신문할 수 있으며 제1항의 신문순서를 변경할 수 있다.
> ④ 법원이 직권으로 신문할 증인이나 범죄로 인한 피해자의 신청에 의하여 신문할 증인의 신문방식은 재판장이 정하는 바에 의한다.
> ⑤ 합의부원은 재판장에게 고하고 신문할 수 있다.

② 교호신문의 방식

㉠ **증인의 동일성 확인** : 재판장은 증인으로부터 주민등록증 등 신분증을 제시받거나 그 밖의 적당한 방법으로 증인임이 틀림없음을 확인하여야 함(규칙 제71조)

㉡ **주신문**
  ⓐ 증인을 신청한 당사자가 하는 신문 → 증명할 사항과 이에 관련된 사항 및 증언의 증명력을 다투기 위하여 필요한 사항에 관하여 함(규칙 제75조 및 제77조)
  ⓑ 주신문에 있어서는 유도신문을 할 수 없음이 원칙 → 다만, 다툼이 없는 명백한 사항에 관한 신문의 경우나 적의 또는 반감을 보일 경우 또는 종전의 진술과 상반되는 진술을 하는 때에는 유도신문 가능

> **관련 판례**
> ❷ 검사가 증인신문 과정에서 증인에게 주신문을 하면서 형사소송규칙상 허용되지 않는 유도신문을 한 경우 그 주신문의 하자가 치유될 수 있는지 여부(적극)
> … 피고인과 변호인이 '변경할 점과 이의할 점이 없다.'고 진술 … 책문권 포기 의사를 명시함으로써 유도신문에 의하여 이루어진 주신문의 하자가 치유되었다 … (대판 2012.7.26, 2012도2937).

㉢ **반대신문**
  ⓐ 주신문을 한 뒤에 반대당사자가 하는 신문 → 주신문에서 나타난 사항과 이에 관련된 사항 및 증언의 증명력을 다투기 위하여 필요한 사항에 대하여 신문함(규칙 제76조 및 제77조)
  ⓑ 반대신문에 있어서 필요할 때에는 유도신문을 할 수 있음

> **관련 판례**
> ❷ 피고인에게 불리한 증거인 증인이 주신문의 경우와 달리 반대신문에 대하여는 답변을 하지 아니하는 등 진술 내용의 모순이나 불합리를 증인신문 과정에서 드러내어 이를 탄핵하는 것이 사실상 곤란하였고, 그것이 피고인 또는 변호인에게 책임 있는 사유에 기인한 것이 아닌 경우, 증인의 법정진술의 증거능력 유무(소극) 및 이때 피고인의 책문권 포기로 그 하자가 치유될 수 있는지 여부(적극) 및 책문권 포기의 의사는 명시적인 것이어야 하는지 여부(적극)
> … 피고인에 의한 반대신문의 기회가 부여되지 아니한 진술에 대하여는 원칙적으로 그 증거능력을 부여하지 아니함 … 피고인에게 불리한 증거에 대하여 반대신문할 수 있는 권리를 원칙적으로 보장 … 따라서 피고인에게 불리한 증거인 증인이 주신문의 경우와 달리 반대신문에 대하여는 답변을 하지 아니하는 등 진술 내용의 모순이나 불합리를 그 증인신문 과정에서 드러내어 이를 탄핵하는 것이 사실상 곤란하였고, 그것이 피고인 또는 변호인에게 책임 있는 사유에 기인한 것이 아닌 경우라면 … 실질적 반대신문권의 기회가 부여되지 아니한 채 이루어진 증인의 법정진술은 위법한 증거로서 증거능력을 인정하기 어렵다 … 피고인의 책문권 포기로 그 하자가 치유될 수 있으나, 책문권 포기의 의사는 명시적인 것이어야 … (대판 2022.3.17, 2016도17054).

㉢ 재주신문 : 반대신문을 한 뒤에 반대신문에 나타난 사항과 이와 관련된 사항에 관하여 주신문을 한 검사·피고인 또는 변호인이 행하는 신문으로서, 주신문의 예에 의함(규칙 제78조)
　　　㉣ 재반대신문 : 주신문, 반대신문 및 재주신문이 끝난 후에도 재판장의 허가를 얻어 다시 신문(규칙 제79조) → 재주신문 후에 반대당사자가 하는 재반대신문부터는 재판장의 허가가 있어야 하며, 재판장의 허가가 있을 때에는 재재주신문과 재재반대신문도 허용
　　　㉤ 보충신문 : 재판장은 원칙적으로 당사자의 신문이 끝난 뒤에 신문을 할 수 있으며(제161조의2 제2항), 합의부원은 재판장에게 고하고 신문할 수 있음(제161조의2 제5항)
　③ 교호신문제도의 직권주의적 수정
　　　㉠ 직권에 의한 증인신문(제295조) : 직권에 의한 증인을 신문하는 경우에 재판장이 신문한 후 검사, 피고인 또는 변호인이 신문하는 때에는 반대신문의 예에 의함(규칙 제81조)
　　　㉡ 직권적 보충신문 : 피고인이 신청한 증인에 대하여 재판장이 먼저 신문하였다 하여 잘못이라 할 수 없음(대판 1971.9.28, 71도1496)
　　　㉢ 간이공판절차의 경우 : 교호신문제도는 간이공판절차에서는 그 적용이 없음(제297조의2)
　④ 증인신문사항의 제출 : 재판장은 증인의 신문을 청구한 자에 대하여 사전에 신문사항을 기재한 서면의 제출을 명할 수 있음(규칙 제66조) → 증인신문사항의 제출명령을 받은 자가 신속히 그 서면을 제출하지 아니한 경우에는 증거결정을 취소할 수 있음(규칙 제67조)

(5) 비디오 등 중계장치에 의한 증인신문제도
　① 비디오 등 중계장치에 의한 증인신문제도의 도입 : 성폭력범죄의 처벌 등에 관한 특례법에 의한 '성폭력범죄의 피해자' 이외의 범죄피해자에게도 비디오 등 중계장치에 의한 증인신문제도를 도입함

> **제165조의2(비디오 등 중계장치 등에 의한 증인신문)**
> ① 법원은 다음 각 호의 어느 하나에 해당하는 사람을 증인으로 신문하는 경우 상당하다고 인정할 때에는 검사와 피고인 또는 변호인의 의견을 들어 비디오 등 중계장치에 의한 중계시설을 통하여 신문하거나 가림 시설 등을 설치하고 신문할 수 있다.
>   1. 「아동복지법」 제71조 제1항 제1호·제1호의2·제2호·제3호에 해당하는 죄의 피해자
>   2. 「아동·청소년의 성보호에 관한 법률」 제7조, 제8조, 제11조부터 제15조까지 및 제17조 제1항의 규정에 해당하는 죄의 대상이 되는 아동·청소년 또는 피해자
>   3. 범죄의 성질, 증인의 나이, 심신의 상태, 피고인과의 관계, 그 밖의 사정으로 인하여 피고인 등과 대면하여 진술할 경우 심리적인 부담으로 정신의 평온을 현저하게 잃을 우려가 있다고 인정되는 사람
> ② 법원은 증인이 멀리 떨어진 곳 또는 교통이 불편한 곳에 살고 있거나 건강상태 등 그 밖의 사정으로 말미암아 법정에 직접 출석하기 어렵다고 인정하는 때에는 검사와 피고인 또는 변호인의 의견을 들어 비디오 등 중계장치에 의한 중계시설을 통하여 신문할 수 있다.
> ③ 제1항과 제2항에 따른 증인신문은 증인이 법정에 출석하여 이루어진 증인신문으로 본다.
> ④ 제1항과 제2항에 따른 증인신문의 실시에 필요한 사항은 대법원규칙으로 정한다.

　② 비디오 등 중계장치에 의한 증인신문제도의 내용
　　　㉠ 법원은 신문할 증인이 위와 같은 자들에 해당한다고 인정될 경우, 비디오 등 중계장치에 의한 중계시설 또는 차폐시설을 통한 신문여부를 결정하여야 함(규칙 제84조의4)
　　　㉡ 비디오 등 중계장치에 의한 중계시설을 통하여 증인신문을 할 때 증인을 법정 외의 장소로서 비디오 등 중계장치가 설치된 증언실에 출석하게 하고, 이러한 증언실은 법원 내에 설치하고 필요한 경우 법원 외의 적당한 장소에 설치할 수 있음(규칙 제84조의5)

ⓒ 법원은 비디오 등 중계장치에 의한 중계시설 또는 차폐시설을 통하여 증인을 신문하는 경우, 결정으로 이를 공개하지 아니할 수 있으며, 증인으로 소환받은 증인과 그 가족은 증인보호 등의 사유로 증인신문의 비공개를 신청할 수 있음(규칙 제84조의6)

ⓔ 법원은 비디오 등 중계장치에 의한 중계시설을 통하여 증인신문을 하는 경우 신뢰관계에 있는 자를 동석하게 할 때에는 증언실에 동석하게 함(규칙 제84조의7)

ⓜ 증인은 증언을 보조할 수 있는 인형, 그림 등 그 밖에 적절한 도구를 사용할 수 있으며, 증언을 하는 동안 담요, 장난감, 인형 등 증인이 선택하는 물품을 소지할 수 있음(규칙 제84조의8)

ⓑ 법원은 차폐시설을 설치함에 있어 피고인과 증인이 서로의 모습을 볼 수 없도록 필요한 조치를 취하여야 함(규칙 제84조의9)

> **관련 판례**
>
> ❹ 피고인 외에 검사, 변호인, 방청인 등에 대하여도 차폐시설을 설치하는 방식으로 증인신문을 할 수 있는지 여부 (적극)
> … 피고인뿐만 아니라 검사, 변호인, 방청인 등에 대하여도 차폐시설 등을 설치하는 방식으로 증인신문을 할 수 있으며, … 규칙 제84조의9에서 피고인과 증인 사이의 차폐시설 설치만을 규정하고 있다고 하여 달리 볼 것이 아니다(대판 2015.5.28, 2014도18006).

(6) 공판정 외의 증인신문

① 증인의 법정 외 신문 : 법원은 증인의 연령, 직업, 건강상태 기타의 사정을 고려하여 검사, 피고인 또는 변호인의 의견을 묻고 법정 외에 소환하거나 현재지에서 신문할 수 있음(제165조)

② 수명법관·수탁판사에 의한 신문 : 법원은 합의부원에게 법정 외의 증인신문을 명할 수 있고 또는 증인현재지의 지방법원판사에게 그 신문을 촉탁할 수 있음(제167조 제1항) → 수탁판사는 증인이 관할구역 내에 현재하지 아니한 때에는 그 현재지의 지방법원판사에게 전촉할 수 있음(제167조 제2항)

5. 증인지원시설의 설치 및 운영

법원은 특별한 사정이 없는 한 예산의 범위 안에서 증인의 보호 및 지원에 필요한 시설을 설치함

6. 형사절차에서 범죄피해자의 지위강화

(1) 수사와 공소절차에서 범죄피해자의 지위강화 : 고소권(제223조), 압수장물의 환부(제134조), 구속 전 피의자심문절차에서의 의견진술권(규칙 제96조의16), 불기소처분의 이유고지(제259조) 등

(2) 공판절차에서 범죄피해자의 지위강화

① 증인으로서의 지위 : 특강법에서는 신변보호 등 일정한 조치를 취할 수 있도록 하고 있음 → 검사는 관할경찰서장에게 증인의 신변안전을 위하여 필요한 조치를 할 것을 요청하도록 하고 있으며, 증인이나 재판장도 검사에게 신변보호조치를 취하도록 청구할 수 있게 함

② 현행법상 범죄피해자 지위강화의 개요

ⓐ 범죄피해자의 공판절차진술권의 강화(제294조의2)

ⓑ 신뢰관계에 있는 자의 동석제도의 도입(제163조의2)

ⓒ 비디오 등 중계장치에 의한 증인신문제도의 도입(제165조의2)

ⓓ 범죄피해자에 대한 증인신문의 경우 '그 진술의 비공개' 제도 신설(제294조의3)

ⓔ 범죄피해자 등의 공판기록에 대한 열람·등사권의 신설(제294조의4)

③ 범죄피해자의 공판절차진술권
  ㉠ 의의 : 헌법상의 기본권이기도 함(헌법 제27조 제5항)

> **제294조의2(피해자등의 진술권)**
> ① 법원은 범죄로 인한 피해자 또는 그 법정대리인(피해자가 사망한 경우에는 배우자·직계친족·형제자매를 포함한다. 이하 이 조에서 "피해자 등"이라 한다)의 신청이 있는 때에는 그 피해자 등을 증인으로 신문하여야 한다. 다만, 다음 각 호의 어느 하나에 해당하는 경우에는 그러하지 아니하다.
>   1. 〈삭제〉
>   2. 피해자 등 이미 당해 사건에 관하여 공판절차에서 충분히 진술하여 다시 진술할 필요가 없다고 인정되는 경우
>   3. 피해자 등의 진술로 인하여 공판절차가 현저하게 지연될 우려가 있는 경우
> ② 법원은 제1항에 따라 피해자 등을 신문하는 경우 피해의 정도 및 결과, 피고인의 처벌에 관한 의견, 그 밖에 당해 사건에 관한 의견을 진술할 기회를 주어야 한다.
> ③ 법원은 동일한 범죄사실에서 제1항의 규정에 의한 신청인이 여러 명인 경우에는 진술할 자의 수를 제한할 수 있다.
> ④ 제1항의 규정에 의한 신청인이 출석통지를 받고도 정당한 이유없이 출석하지 아니한 때에는 그 신청을 철회한 것으로 본다.

관련 판례

❷ **피해자의 부모가 헌법 제27조 제5항의 재판절차진술권이 보장되는 피해자에 해당되는지 여부(적극)**
교통사고로 사망한 사람의 부모는 … 교통사고로 자녀가 사망함으로 인하여 극심한 정신적 고통을 받은 법률상 불이익을 입게 된 자 … 헌법상 재판절차진술권이 보장되는 형사피해자의 범주에 속한다(헌재결 1997.2.20, 96헌마76).

  ㉡ 피해자 등의 진술절차 : 증인신문절차에 의하므로, 진술신청에 대한 법원의 결정이 필요함
  ㉢ 피해자의 증인신문에 의하지 아니한 의견진술
    ⓐ 법원은 필요하다고 인정하는 경우에는 직권으로 또는 피해자 등의 신청에 따라 피해자등을 공판기일에 출석하게 하여 범죄사실의 인정에 해당하지 않는 사항에 관하여 증인신문에 의하지 아니하고 의견을 진술하게 할 수 있으며(규칙 제134조의10), 다만 이에 따른 진술은 범죄사실의 인정을 위한 증거로 할 수 없음(규칙 제134조의12)
    ⓑ 재판장은 재판의 진행상황, 그 밖의 사정을 고려하여 피해자등에게 위의 의견진술에 갈음하여 의견을 기재한 서면을 제출하게 할 수 있으며(규칙 제134조의11), 다만 이에 따른 서면은 범죄사실의 인정을 위한 증거로 할 수 없음(규칙 제134조의12)

④ 신뢰관계 있는 자의 동석제도

> **제163조의2(신뢰관계에 있는 자의 동석)**
> ① 법원은 범죄로 인한 피해자를 증인으로 신문하는 경우 증인의 연령, 심신의 상태, 그 밖의 사정을 고려하여 증인이 현저하게 불안 또는 긴장을 느낄 우려가 있다고 인정되는 때에는 직권 또는 피해자·법정대리인·검사의 신청에 따라 피해자와 신뢰관계에 있는 자를 동석하게 할 수 있다.
> ② 법원은 범죄로 인한 피해자가 13세 미만이거나 신체적 또는 정신적 장애로 사물을 변별하거나 의사를 결정할 능력이 미약한 경우에 재판에 지장을 초래할 우려가 있는 등 부득이한 경우가 아닌 한 피해자와 신뢰관계에 있는 자를 동석하게 하여야 한다.
> ③ 제1항 또는 제2항에 따라 동석한 자는 법원·소송관계인의 신문 또는 증인의 진술을 방해하거나 그 진술의 내용에 부당한 영향을 미칠 수 있는 행위를 하여서는 아니 된다.
> ④ 제1항 또는 제2항에 따라 동석할 수 있는 신뢰관계에 있는 자의 범위, 동석의 절차 및 방법 등에 관하여 필요한 사항은 대법원규칙으로 정한다.

- ㉠ 동석할 수 있는 신뢰관계에 있는 자 : 피해자의 배우자, 직계친족, 형제자매, 가족, 동거인, 고용주, 변호사 그 밖에 피해자의 심리적 안정과 원활한 의사소통에 도움을 줄 수 있는 자 → 동석신청에는 동석하고자 하는 자와 피해자 사이의 관계, 동석이 필요한 사유 등을 명시
- ㉡ 동석한 자가 부당하게 재판의 진행을 방해하는 때에는 동석을 중지시킬 수 있음
- ㉢ 성폭력범죄 등의 특칙
  - ⓐ 성폭력범죄의 피해자를 증인으로 신문하는 경우에 검사, 피해자 또는 법정대리인이 신청할 때에는 재판에 지장을 줄 우려가 있는 등 부득이한 경우가 아니면 피해자와 신뢰관계에 있는 사람을 동석하게 하여야 함(성폭력범죄의 처벌 등에 관한 특례법 제34조)
  - ⓑ 아동·청소년대상 성범죄의 피해자를 증인으로 신문하는 경우에 검사, 피해자 또는 법정대리인이 신청하는 경우에는 재판에 지장을 줄 우려가 있는 등 부득이한 경우가 아니면 피해자와 신뢰관계에 있는 사람을 동석하게 하여야 함(아동·청소년의 성보호에 관한 법률 제28조)
  - ⓒ 성매매행위 신고자 등을 증인으로 신문할 때 그가 청소년, 사물을 변별하거나 의사를 결정할 능력이 없거나 미약한 사람인 경우에는 재판에 지장을 줄 우려가 있는 등 특별한 사유가 없으면 신뢰관계에 있는 사람을 동석하게 하여야 함(성매매알선 등 행위의 처벌에 관한 법률 제8조)
- ㉣ 수사절차에 준용(제221조 제3항)

⑤ 비디오 등 중계장치에 의한 신문제도 : 전술함

⑥ 범죄피해자에 대한 증인신문의 경우 그 진술의 비공개

> **제294조의3(피해자 진술의 비공개)**
> ① 법원은 범죄로 인한 피해자를 증인으로 신문하는 경우 당해 피해자·법정대리인 또는 검사의 신청으로 피해자의 사생활의 비밀이나 신변보호를 위하여 필요하다고 인정하는 때에는 결정으로 심리를 공개하지 아니할 수 있다.
> ② 제1항의 결정은 이유를 붙여 고지한다.
> ③ 법원은 제1항의 결정을 한 경우에도 적당하다고 인정되는 자의 재정(在廷)을 허가할 수 있다.

⑦ 범죄피해자 등의 공판기록에 대한 열람·등사권

> **제294조의4(피해자 등의 공판기록 열람·등사)**
> ① 소송계속 중인 사건의 피해자(피해자가 사망하거나 그 심신에 중대한 장애가 있는 경우에는 그 배우자·직계친족 및 형제자매를 포함한다), 피해자 본인의 법정대리인 또는 이들로부터 위임을 받은 피해자 본인의 배우자·직계친족·형제자매·변호사는 소송기록의 열람 또는 등사를 재판장에게 신청할 수 있다.
> ② 재판장은 제1항의 신청이 있는 때에는 지체없이 검사, 피고인 또는 변호인에게 그 취지를 통지하여야 한다.
> ③ 재판장은 피해자 등의 권리구제를 위하여 필요하다고 인정되거나 그 밖에 정당한 이유가 있는 경우에 범죄의 성질, 심리의 상황 그 밖의 사정을 고려하여 상당하다고 인정하는 때에는 열람 또는 등사를 허가할 수 있다.
> ④ 재판장이 제3항에 따라 등사를 허가하는 경우에는 등사한 소송기록의 사용목적을 제한하거나 적당하다고 인정하는 조건을 붙일 수 있다.
> ⑤ 제1항에 따라 소송기록을 열람 또는 등사한 자는 열람 또는 등사에 의해 알게 된 사항을 사용함에 있어 부당히 관계인의 명예나 생활의 평온을 해하거나 수사와 재판에 지장을 주지 않도록 하여야 한다.
> ⑥ 제3항 및 제4항에 관한 재판에 대하여는 불복할 수 없다.

⑧ 압수장물의 환부 : 전술함

(3) 원상회복절차에서의 범죄피해자의 지위강화
  ① 배상명령제도(소송촉진 등에 관한 특례법 제25조) : 자세한 것은 후술함
  ② 범죄피해자구조제도(헌법 제30조 및 범죄피해자보호법) : 자세한 것은 후술함
  ③ 판결의 공시 : 피해자의 이익을 위하여 필요하다고 인정할 때에는 피해자의 청구가 있는 경우에 한하여 피고인의 부담으로 판결공시의 취지를 선고할 수 있음(형법 제58조 제1항)

(4) 성폭력범죄의 피해자 등을 보호하기 위한 특례
  ① 국선변호사 : 전술함
  ② 진술조력인 제도 : 전술함

Ⅱ 감정·통역·번역

1. 감정의 의의
특수한 전문지식 → 법원으로부터 감정의 명을 받은 자를 감정인 → 감정수탁자와 구별

2. 감정의 절차
(1) 감정의 방법
  ① 감정인

  > **제169조(감정)**
  > 법원은 학식경험있는 자에게 감정을 명할 수 있다.

  ② 감정인의 소환 : 증인소환 방법에 의하나, 감정인은 증인과 달리 대체성이 있으므로 감정인의 구인은 허용되지 아니하며, 과태료나 비용배상만 가능

  > **제177조(준용규정)**
  > 감정에 관하여는 제12장(구인에 관한 규정은 제외한다)을 준용한다.

  ③ 감정인의 선서

  > **제170조(선서)**
  > ① 감정인에게는 감정 전에 선서하게 하여야 한다.
  > ② 선서는 선서서에 의하여야 한다.
  > ③ 선서서에는 "양심에 따라 성실히 감정하고 만일 거짓이 있으면 허위감정의 벌을 받기로 맹서합니다."라고 기재하여야 한다.
  > ④ 제157조 제3항·제4항과 제158조의 규정은 감정인의 선서에 준용한다.

  ④ 법원 외에서 하는 감정과 물건의 교부 : 법원은 필요한 때에는 감정인으로 하여금 법원 외에서 감정하게 할 수 있다(제172조 제1항 및 제2항).
  ⑤ 여비, 감정료 등 청구권 : 여비, 일당, 숙박료, 감정료, 체당금의 변상을 청구할 수 있음(제178조)

(2) 감정에 필요한 처분

> **제173조(감정에 필요한 처분)**
> ① 감정인은 감정에 관하여 필요한 때에는 법원의 허가를 얻어 타인의 주거, 간수자 있는 가옥, 건조물, 항공기, 선차 내에 들어 갈 수 있고 신체의 검사, 사체의 해부, 분묘의 발굴, 물건의 파괴를 할 수 있다.
> ② 전항의 허가에는 피고인의 성명, 죄명, 들어갈 장소, 검사할 신체, 해부할 사체, 발굴할 분묘, 파괴할 물건, 감정인의 성명과 유효기간을 기재한 허가장을 발부하여야 한다.
> ③ 감정인은 제1항의 처분을 받는 자에게 허가장을 제시하여야 한다.
> ④ 전2항의 규정은 감정인이 공판정에서 행하는 제1항의 처분에는 적용하지 아니한다.
> ⑤ 제141조, 제143조의 규정은 제1항의 경우에 준용한다.
>
> **규칙 제89조(감정허가장의 기재사항)**
> ① 감정에 필요한 처분의 허가장에는 법 제173조 제2항에 규정한 사항 외에 감정인의 직업, 유효기간을 경과하면 허가된 처분에 착수하지 못하며 허가장을 반환하여야 한다는 취지 및 발부 연월일을 기재하고 재판장 또는 수명법관이 서명날인하여야 한다.

(3) 감정유치

> **제172조(법원 외의 감정)**
> ③ 피고인의 정신 또는 신체에 관한 감정에 필요한 때에는 법원은 기간을 정하여 병원 기타 적당한 장소에 피고인을 유치하게 할 수 있고 감정이 완료되면 즉시 유치를 해제하여야 한다.
> ④ 전항의 유치를 함에는 감정유치장을 발부하여야 한다.
> ⑤ 제3항의 유치를 함에 있어서 필요한 때에는 법원은 직권 또는 피고인을 수용할 병원 기타 장소의 관리자의 신청에 의하여 사법경찰관리에게 피고인의 간수를 명할 수 있다.
> ⑥ 법원은 필요한 때에는 유치기간을 연장하거나 단축할 수 있다.
> ⑦ 구속에 관한 규정은 이 법률에 특별한 규정이 없는 경우에는 제3항의 유치에 관하여 이를 준용한다. 단, 보석에 관한 규정은 그러하지 아니하다.
> ⑧ 제3항의 유치는 미결구금일수의 산입에 있어서는 이를 구속으로 간주한다.
>
> **규칙 제85조(감정유치장의 기재사항 등)**
> ① 감정유치장에는 피고인의 성명, 주민등록번호(주민등록번호가 없거나 이를 알 수 없는 경우에는 생년월일), 직업, 주거, 죄명, 범죄사실의 요지, 유치할 장소, 유치기간, 감정의 목적 및 유효기간과 그 기간 경과 후에는 집행에 착수하지 못하고 영장을 반환하여야 한다는 취지를 기재하고 재판장 또는 수명법관이 서명날인하여야 한다.

① 감정유치기간 : 재정기간
② 간수 : 간수의 신청은 피고인의 간수를 필요로 하는 사유를 명시하여 서면으로 하여야 함
③ 구속에 관한 규정의 준용(제172조 제7항, 제8항)
④ 구속기간의 불산입 : 구속 중인 피고인에 대하여 감정유치장이 집행되었을 때에는 피고인이 유치되어 있는 기간 구속은 그 집행이 정지된 것으로 간주한다(제172조의2 제1항). 따라서 감정유치기간은 구속기간에 산입되지 않는다.

(4) 감정인의 참여권 등과 당사자의 참여권

> **제174조(감정인의 참여권, 신문권)**
> ① 감정인은 감정에 관하여 필요한 경우에는 재판장의 허가를 얻어 서류와 증거물을 열람 또는 등사하고 피고인 또는 증인의 신문에 참여할 수 있다.
> ② 감정인은 피고인 또는 증인의 신문을 구하거나 재판장의 허가를 얻어 직접 발문할 수 있다.

> **제176조(당사자의 참여)**
> ① 검사, 피고인 또는 변호인은 감정에 참여할 수 있다.
> ② 제122조의 규정은 전항의 경우에 준용한다.

(5) 감정의 보고(제171조) : 법관은 이러한 감정의 결과에 구속되지 아니함

> **제171조(감정보고)**
> ① 감정의 경과와 결과는 감정인으로 하여금 서면으로 제출하게 하여야 한다.
> ② 감정인이 수인인 때에는 각각 또는 공동으로 제출하게 할 수 있다.
> ③ 감정의 결과에는 그 판단의 이유를 명시하여야 한다.
> ④ 필요한 때에는 감정인에게 설명하게 할 수 있다.

(6) 감정의 촉탁

> **제179조의2(감정의 촉탁)**
> ① 법원은 필요하다고 인정하는 때에는 공무소·학교·병원 기타 상당한 설비가 있는 단체 또는 기관에 대하여 감정을 촉탁할 수 있다. 이 경우 선서에 관한 규정은 이를 적용하지 아니한다.
> ② 제1항의 경우 법원은 당해 공무소·학교·병원·단체 또는 기관이 지정한 자로 하여금 감정서의 설명을 하게 할 수 있다.

3. 통역과 번역

(1) 통역 : 법정에서는 국어를 사용한다(법원조직법 제62조).

> **제180조(통역)**
> 국어에 통하지 아니하는 자의 진술에는 통역인으로 하여금 통역하게 하여야 한다.
> **제181조(청각 또는 언어장애인의 통역)**
> 듣거나 말하는 데 장애가 있는 사람의 진술에 대해서는 통역인으로 하여금 통역하게 할 수 있다.

관련 판례

> **● 제180조의 '국어에 통하지 아니하는 자'가 외국인을 의미하는지 여부(소극)**
> … 중국인이라 할지라도 한국어를 해득하는 경우에는 통역을 붙이지 않았다 하여 잘못이라 할 수 없다(대판 1966.12.27, 66도1535).

(2) 번역 : 국어 아닌 문자 또는 부호는 번역하게 하여야 한다(제182조).

(3) 감정에 관한 규정의 준용(제183조)

Ⅲ 검증

1. 검증의 의의 및 성질

(1) 검증의 의의 : 법원 또는 법관이 행하는 증거조사방법으로서의 검증(제139조 이하) 이외에도, 수사기관에 의한 강제수사로서의 검증이 있다(제215조).

(2) 검증의 법적 성질 : 법원 또는 법관이 행하는 검증은 증거조사의 일종으로서 영장이 필요하지 않으며, 수사기관에 의한 검증은 강제수사로서의 성질을 가지므로 원칙적으로 영장이 필요하다(제215조).

2. 검증의 주체와 대상

(1) 검증의 주체 : 원칙적으로 법원이 함 → 수명법관○, 수탁판사○, 증거보전청구를 받은 수임판사○

(2) 검증의 대상 : 사람의 신체나 물건 또는 기타 장소 등

3. 검증의 절차

(1) 검증의 준비절차

① 검증기일지정 : 공판기일의 검증에는 별도의 기일지정이 필요하지 않으나, 공판기일 이외에 일정한 장소에서 검증을 행하려면 별도의 검증기일을 지정하여야 한다.

② 검증기일의 통지 : 검사·피고인 또는 변호인은 검증에 참여할 권리를 가지므로(제145조, 제121조), 재판장은 검증의 일시·장소를 통지하여야 하며, 다만 참여권자가 참여하지 아니한다는 의사를 명시한 때 또는 긴급을 요하는 때에는 예외로 한다(제145조, 제122조).

> [관련 판례]
> ❸ 검증을 함에 있어서 피고인에게 증거조사기일을 통지하여 참여의 기회를 준 경우 피고인이 실제로 참여하지 않았을 때의 증거능력(적극)
> … 그 증거조사의 결과를 증거로 채택한 것이 위법이라고 할 수 없다(대판 1968.1.31, 67도1493).

(2) 검증절차

① 검증에 필요한 처분

> **제140조(검증과 필요한 처분)**
> 검증을 함에는 신체의 검사, 사체의 해부, 분묘의 발굴, 물건의 파괴 기타 필요한 처분을 할 수 있다.
>
> **제144조(검증의 보조)**
> 검증을 함에 필요한 때에는 사법경찰관리에게 보조를 명할 수 있다.

② 검증의 제한(제143조) : 전술함

③ 신체검사에 관한 특칙

㉠ 신체검사를 위한 소환

> **제142조(신체검사와 소환)**
> 법원은 신체를 검사하기 위하여 피고인 아닌 자를 법원 기타 지정한 장소에 소환할 수 있다.
>
> **규칙 제65조(피고인 아닌 자의 신체검사의 소환장의 기재사항)**
> 피고인이 아닌 자에 대한 신체검사를 하기 위한 소환장에는 그 성명 및 주거, 피고인의 성명, 죄명, 출석일시 및 장소와 신체검사를 하기 위하여 소환한다는 취지를 기재하고 재판장 또는 수명법관이 기명날인하여야 한다.
>
> **규칙 제64조(피고인의 신체검사 소환장의 기재사항)**
> 피고인에 대한 신체검사를 하기 위한 소환장에는 신체검사를 하기 위하여 소환한다는 취지를 기재하여야 한다.

㉡ 신체검사에 대한 주의(제141조) : 전술함

4. 검증조서의 작성

(1) 검증조서의 작성(제49조) : 다만, 공판정에서의 검증은 공판조서에 기재(제51조 제2항)

(2) 검증조서의 증거능력(제311조, 제312조 제6항)

08 공판절차의 특칙

I 간이공판절차

1. 간이공판절차의 의의

> **제286조의2(간이공판절차의 결정)**
> 피고인이 공판정에서 공소사실에 대하여 자백한 때에는 법원은 그 공소사실에 한하여 간이공판절차에 의하여 심판할 것을 결정할 수 있다.

2. 간이공판절차의 요건

(1) **제1심 관할사건**(대상사건) : 단독사건이든 합의부사건이든 불문하고 제1심의 관할사건에 대하여 인정 → 항소심×, 상고심×

(2) **피고인의 공판정에서의 자백**

① **자백의 주체** : 피고인의 자백에 한함 → 변호인의 자백만으로는×

② **공소사실의 자백**

> **관련 판례**
>
> ❷ **제286조의2가 규정하는 간이공판절차의 결정의 요건인 공소사실의 자백의 의미**
> … 공소장 기재사실을 인정하고 나아가 위법성이나 책임조각사유가 되는 사실을 진술하지 아니하는 것으로 충분 … 명시적으로 유죄를 자인하는 진술이 있어야 하는 것은 아니다(대판 1987.8.18, 87도1269).
>
> ❷ **간이공판절차에 의한 심판 여부**
> 1. 피고인이 범의를 부인한 경우에는 간이공판절차에 의하여 심판할 수 없다(대판 1995.12.12, 95도2297 ; 대판 2004.7.9, 2004도2116).
> 2. … 검사가 신문을 할 때에는 공소사실을 모두 사실과 다름없다고 진술하였으나 변호인이 신문을 할 때에는 범의나 공소사실을 부인하였다면 그 공소사실은 간이공판절차에 의하여 심판 대상이 아니다(대판 1998.2.27, 97도3421).
> 3. 피고인이 법정에서 "공소사실은 모두 사실과 다름없다."고 하면서 술에 만취되어 기억이 없다는 취지로 진술한 경우에 … 범의를 부인함과 동시에 그 범행 당시 심신상실 또는 심신미약의 상태에 있었다는 주장으로서 … 간이공판절차에 의하여 심판할 대상에 해당하지 아니한다(대판 2004.7.9, 2004도2116).

③ **자백의 장소** : 공판정에서 한 자백에 한함 → 수사절차×, 증거보전절차×, 공판준비절차×

④ **자백과 죄수문제** : 경합범 중 일부에 대하여만 자백하고 다른 부분에 대하여는 부인하는 경우에 그 자백한 공소사실에 대하여는 간이공판절차가 가능

⑤ **공범의 경우** : 공범 중 일부는 자백하고 나머지는 부인하는 경우 그 자백한 공범에 대해서만 간이공판절차가 가능

⑥ 자백의 신빙성 : 간이공판절차에서의 자백은 신빙성이 있어야 하며, 그 신빙성이 없는 때에는 간이공판절차의 취소사유에 해당(제286조의3)

3. 간이공판절차의 개시결정

(1) 개시결정절차 : 간이공판절차는 법원의 결정에 의하여 개시 → 간이공판절차의 개시결정을 하고자 할 때에는 재판장은 미리 피고인에게 간이공판절차의 취지를 설명하여야 함(규칙 제131조)

(2) 재량설의 입법화 : 간이공판절차에 의하여 심판할 것을 결정할 수 있음(제286조의2)

(3) 간이공판절차의 개시결정에 대한 불복 : 판결 전의 소송절차에 관한 결정이므로 항고할 수 없음

4. 간이공판절차의 특칙

(1) 증거능력 제한의 완화

① 증거동의의 의제(전문법칙의 완화)

> **제318조의3(간이공판절차에서의 증거능력에 관한 특례)**
> 제286조의2의 결정이 있는 사건의 증거에 관하여는 제310조의2, 제312조 내지 제314조 및 제316조의 규정에 의한 증거에 대하여 제318조 제1항의 동의가 있는 것으로 간주한다. 단, 검사, 피고인 또는 변호인이 증거로 함에 이의가 있는 때에는 그러하지 아니하다.

> [관련 판례]
> ❷ 제1심법원에서 간이공판절차에 의하여 심판하기로 하여 형사소송법 제318조의3 규정에 따라 증거능력이 있는 증거를 항소심에서 범행을 부인하는 경우 항소심에서도 계속 증거로 할 수 있는지 여부(적극)
> … 제1심에서 증거로 할 수 있었던 증거는 항소심에서도 증거로 할 수 있는 것이므로 제1심법원에서 이미 증거능력이 있었던 증거는 항소심에서도 증거능력이 그대로 유지 … 다시 증거조사를 할 필요가 없다(대판 1998.2.27, 97도3421).

② 전문법칙 이외의 증거법칙 : 증거능력 제한이 완화되는 것은 전문법칙에 한함 → 자백배제법칙이나 위법수집증거배제법칙 등은 통상의 공판절차와 마찬가지로 그대로 적용 → 증명력의 제한도 완화되는 것이 아니므로 자백의 보강법칙이나 자유심증주의도 그대로 적용

(2) 증거조사절차의 간이화

① 상당하다고 인정하는 방법으로 증거조사 : 증거조사자체를 생략할 수는 없음

> **제297조의2(간이공판절차에서의 증거조사)**
> 제286조의2의 결정이 있는 사건에 대하여는 제161조의2, 제290조 내지 제293조, 제297조의 규정을 적용하지 아니하며 법원이 상당하다고 인정하는 방법으로 증거조사를 할 수 있다.

> [관련 판례]
> ❷ 간이공판절차의 증거조사에 있어서 상당한 방법의 의미
> … 적어도 당사자나 방청인이 증거내용을 알 수 있을 정도로 행할 것 … (대판 1980.4.22, 80도333).
> ❷ 간이공판절차의 증거조사에서 증거조사 내용을 "증거조사함"이라고 한 경우가 상당한 증거조사 방법인지 여부(적극)
> … 법원이 인정채택한 상당한 증거방법이라고 인정할 수 있다(대판 1980.4.22, 80도333).

② 간이공판절차에서 적용되지 않는 규정(간이화되는 것) : 증인신문의 방식(제161조의2), 증거조사결과와 피고인의 의견(제293조), 증인신문시 피고인의 퇴정(제297조) 등

③ 간이공판절차에서도 그대로 적용되는 규정(간이화되지 않는 것) : 당사자의 증거신청권(제294조), 증인선서(제159조), 당사자의 증거조사 참여권(제163조), 증거조사에 대한 이의신청권(제296조) 등

(3) 통상의 공판절차에 관한 규정의 적용 : 증거능력 제한의 완화와 증거조사절차의 간이화에 관한 특례를 제외하고는 통상의 공판절차에 대한 일반규정이 그대로 적용됨 → 공소장변경도 가능, 유죄판결은 물론 공소기각이나 관할위반판결 또는 무죄판결의 선고도 가능

5. 간이공판절차의 취소

(1) 간이공판절차의 취소사유

> **제286조의3(결정의 취소)**
> 법원은 전조의 결정을 한 사건에 대하여 피고인의 자백이 신빙할 수 없다고 인정되거나 간이공판절차로 심판하는 것이 현저히 부당하다고 인정할 때에는 검사의 의견을 들어 그 결정을 취소하여야 한다.

(2) 간이공판절차의 취소절차와 효과
① 법원의 직권취소 : 의무적으로 반드시 취소하여야 함(제286조의3) → 검사의 의견을 들어야 함
② 공판절차의 갱신

> **제301조의2(간이공판절차결정의 취소와 공판절차의 갱신)**
> 제286조의2의 결정이 취소된 때에는 공판절차를 갱신하여야 한다. 단, 검사, 피고인 또는 변호인이 이의가 없는 때에는 그러하지 아니한다.

6. 간이공판절차의 적용배제

국민참여재판에는 간이공판절차 규정을 적용하지 않음(국민의 형사재판 참여에 관한 법률 제43조)

Ⅱ 공판절차의 정지와 갱신

1. 공판절차의 정지

(1) 공판절차정지의 사유
① 기피신청(제22조) : 전술함
② 관할에 관한 신청(규칙 제7조) : 전술함
③ 피고인의 심신상실과 질병 : 피고인이 사물변별이나 의사결정의 능력이 없는 경우와 질병으로 인하여 출정할 수 없는 경우에는 검사와 변호인의 의견을 들어서 공판절차를 정지하여야 함(제306조)
④ 위헌법률심판의 제청 : 법원이 법률의 위헌 여부에 관한 심판을 헌법재판소에 제청한 경우에는 헌법재판소의 그 위헌 여부에 관한 결정이 있을 때까지 소송절차의 진행을 정지하여야 함

> **관련 판례**
> ❷ 헌법소원이 제기된 경우에도 공판절차가 정지되는지 여부(소극)
> 헌법소원이 제기되어 … 재판의 진행을 정지하여야 하는 것이 아니다(대판 2002.6.25, 2002도45).

⑤ 공소장변경(제298조 제4항) : 전술함 → 임의적 정지
⑥ 재심청구의 경합(규칙 제169조) : 자세한 것은 후술함

(2) 공판절차정지의 절차와 효과
    ① 공판절차정지의 절차 : 직권에 의한 법원의 결정으로 하며, 다만 공소장변경의 경우만은 법원의 직권 또는 피고인·변호인의 청구에 의하여 할 수 있음
    ② 정지기간 : 법원의 결정주문에 기간이 명시된 경우에는 그 기간만료시까지, 기간이 명시되지 않은 경우에는 정지결정이 취소될 때까지 공판절차는 정지됨

2. 공판절차의 갱신

(1) 공판절차갱신의 사유
    ① 판사의 경질(제301조) : 검사가 교체된 경우에는 공판절차를 갱신할 필요가 없음

> **제301조(공판절차의 갱신)**
> 공판개정 후 판사의 경질이 있는 때에는 공판절차를 갱신하여야 한다. 단, 판결의 선고만을 하는 경우에는 예외로 한다.

    ② 간이공판절차결정의 취소(제301조의2) : 전술함
    ③ 국민참여재판에서 새로운 배심원이 참여하는 경우(국민의 형사재판 참여에 관한 법률 제45조) : 자세한 것은 후술함
    ④ 심신상실로 인한 공판절차정지의 경우 : 피고인이 사물변별이나 의사결정의 능력이 없는 상태에 있어 공판절차가 정지된 경우에는 공판절차를 갱신하여야 함(규칙 제143조) → 다만, 질병으로 인하여 출정할 수 없어 공판절차가 정지된 경우에는 공판절차를 갱신하지 않음

(2) 공판절차갱신의 절차와 효과 : 공판절차갱신이 있는 경우에는 재판장은 다시 피고인에게 진술거부권 등을 고지한 후 인정신문부터 다시 하여야 함(규칙 제144조)

> **규칙 제144조(공판절차의 갱신절차)**
> ① 법 제301조, 법 제301조의2 또는 제143조에 따른 공판절차의 갱신은 다음 각 호의 규정에 의한다.
>   1. 재판장은 제127조의 규정에 따라 피고인에게 진술거부권 등을 고지한 후 법 제284조에 따른 인정신문을 하여 피고인임에 틀림없음을 확인하여야 한다.
>   2. 재판장은 검사로 하여금 공소장 또는 공소장변경허가신청서에 의하여 공소사실, 죄명 및 적용법조를 낭독하게 하거나 그 요지를 진술하게 하여야 한다.
>   3. 재판장은 피고인에게 공소사실의 인정여부 및 정상에 관한 진술을 할 기회를 주어야 한다.
>   4. 재판장은 갱신 전의 공판기일에서의 피고인이나 피고인이 아닌 자의 진술 또는 법원의 검증결과를 기재한 조서에 관하여 증거조사를 하여야 한다.
>   5. 재판장은 갱신 전의 공판기일에서 증거조사된 서류 또는 물건에 관하여 다시 증거조사를 하여야 한다. 다만, 증거능력 없다고 인정되는 서류 또는 물건과 증거로 함이 상당하지 아니하다고 인정되고 검사, 피고인 및 변호인이 이의를 하지 아니하는 서류 또는 물건에 대하여는 그러하지 아니하다.
> ② 재판장은 제1항 제4호 및 제5호에 규정한 서류 또는 물건에 관하여 증거조사를 함에 있어서 검사, 피고인 및 변호인의 동의가 있는 때에는 그 전부 또는 일부에 관하여 법 제292조, 제292조의2, 제292조의3에 규정한 방법에 갈음하여 상당하다고 인정하는 방법으로 이를 할 수 있다.

Ⅲ 변론의 병합·분리·재개

1. 변론의 분리와 병합

> **제300조(변론의 분리와 병합)**
> 법원은 필요하다고 인정한 때에는 직권 또는 검사, 피고인이나 변호인의 신청에 의하여 결정으로 변론을 분리하거나 병합할 수 있다.

[관련 판례]

➋ 변론의 병합 여부가 법원의 재량이라는 판례
1. … 변론을 병합하느냐의 여부는 법원의 재량 … (대판 1987.6.23, 87도706).
2. … 반드시 병합심리 하여 동시에 판결을 선고하여야만 되는 것은 아니다(대판 1994.11.4, 94도2354).
3. … 변론을 병합하지 아니하였다고 하여 형사소송절차에서의 구두변론주의와 직접심리주의에 위반한 것이라고 볼 수 없다 (대판 1990.6.22, 90도764).

2. 변론의 재개

> **제305조(변론의 재개)**
> 법원은 필요하다고 인정한 때에는 직권 또는 검사, 피고인이나 변호인의 신청에 의하여 결정으로 종결한 변론을 재개할 수 있다.

[관련 판례]

➋ 변론의 재개여부가 법원의 재량이라는 판례
1. 종결한 변론을 재개하느냐의 여부는 법원의 재량에 속하는 사항 … 변호인의 변론재개신청을 들어주지 아니하였다 하여 심리미진의 위법이 있는 것은 아니다(대판 1986.6.10, 86도769).
2. 변론종결 후 검사가 공소장변경신청과 함께 변론재개신청을 한 경우에도 변론재개여부는 법원의 재량에 속하며 법원에 공소장변경을 허가하여야 할 의무가 없다(대판 1994.10.24, 94도1756).

09 국민참여재판의 공판절차

Ⅰ 국민의 형사재판 참여에 관한 법률의 제정

[관련 판례]

➋ 국민의 참여재판을 받을 권리가 헌법상 재판청구권으로서 보장되는지 여부(소극)
헌법상 헌법과 법률이 정한 법관에 의한 재판을 받을 권리는 직업법관에 의한 재판을 주된 내용으로 하는 것 … 국민참여재판을 받을 권리가 헌법상의 재판을 받을 권리의 보호범위에 속한다고 볼 수 없다(헌재결 2009.11.26, 2008헌바12).

Ⅱ 국민의 형사재판 참여에 관한 법률의 적용범위

1. 국민참여재판의 대상사건

합의부 관할 사건과 그 사건의 미수죄·교사죄·방조죄·예비죄·음모죄에 해당하는 사건 등

> **관련 판례**
>
> ❶ 국민참여재판의 대상사건을 제한하고 있는 국민의 형사재판 참여에 관한 법률 제5조 제1항이 청구인의 평등권을 침해하는지 여부(소극)
>   ⋯ 목적의 정당성이 인정 ⋯ 평등권을 침해하지 않는다(헌재결 2009.11.26, 2008헌바12).
> ❷ 합의부에서 심판하기로 하는 결정을 거친 사건이 2012. 1. 17. 법률 제11155호로 개정된 '국민의 형사재판 참여에 관한 법률' 시행일인 2012. 7. 1. 이전에 공소제기된 경우, 국민참여재판의 대상 사건에 포함되는지 여부(소극)
>   ⋯ 2012. 7. 1. 이전에 공소 제기된 사건은 국민참여재판의 대상 사건에 포함되지 않는다(대판 2014.6.12, 2014도1894).

2. 공소장변경의 경우

① 법원은 공소사실의 일부 철회 또는 변경으로 인하여 대상사건에 해당하지 아니하게 된 경우에도 동법에 따른 재판을 계속 진행함(동법 제6조 제1항 본문) → ② 다만, 법원은 심리의 상황이나 그 밖의 사정을 고려하여 국민참여재판으로 진행하는 것이 적당하지 아니하다고 인정하는 때에는 결정으로 당해 사건을 지방법원 본원 합의부가 국민참여재판에 의하지 아니하고 심판하게 할 수 있으며(동법 제6조 제1항 단서), 이러한 결정에 대하여는 불복할 수 없고(동법 제6조 제2항), 또한 이러한 결정 전에 행한 소송행위는 그 결정 이후에도 그 효력에 영향이 없음(동법 제6조 제4항)

3. 국민참여재판을 하지 아니하는 경우

피고인이 국민참여재판을 원하지 아니하거나 동법 제9조에 의한 국민참여재판의 배제결정이 있는 경우는 국민참여재판을 하지 아니함(동법 제5조 제2항)

Ⅲ 피고인이 국민참여재판을 원하는지 여부에 관한 의사확인

1. 국민참여재판을 원하는지 여부에 관한 의사의 의무적 확인

① 국민참여재판은 피고인의 의사에 반하여 진행할 수 없으며(대판 2013.1.31, 2012도13896), 법원이 직권으로 국민참여재판으로 진행할 수도 없음 → ② 법원은 대상사건의 피고인에 대하여 국민참여재판을 원하는지 여부에 관한 의사를 서면 등의 방법으로 반드시 확인하여야 함(동법 제8조 제1항) → ③ 이러한 피고인의 의사를 확인하기 위하여 법원은 대상사건에 대한 공소의 제기가 있는 때에 공소장부본과 함께 피고인 또는 변호인에게 국민참여재판의 절차 등이 기재된 국민참여재판에 관한 안내서를 송달하여야 함(동규칙 제3조)

> **관련 판례**
>
> ❶ 국민참여재판 대상사건의 피고인이 국민참여재판을 원하는지에 관한 의사 확인절차를 거치지 아니한 채 통상의 공판절차로 재판을 진행한 경우 그 절차의 위법 여부(적극) 및 위 공판절차에서 이루어진 소송행위의 효력(= 무효)
>   ⋯ 피고인의 국민참여재판을 받을 권리에 대한 중대한 침해로서 그 절차는 위법하고 이러한 위법한 공판절차에서 이루어진 소송행위도 무효 ⋯ (대판 2012.4.26, 2012도1225).
> ❷ 제1심법원이 국민참여재판 대상사건임을 간과하여 이에 관한 피고인의 의사를 확인하지 아니한 채 통상의 공판절차로 재판을 진행한 경우, 항소심에서 절차상 하자가 치유되기 위한 요건
>   ⋯ 피고인이 항소심에서 국민참여재판을 원하지 아니한다고 하면서 위와 같은 제1심의 절차적 위법을 문제삼지 아니할 의사를 명백히 표시하는 경우에는 하자가 치유되어 제1심 공판절차는 전체로서 적법하게 된다 ⋯ 피고인에게 국민참여재판절차 등에 관한 충분한 안내와⋯숙고할 수 있는 상당한 시간이 사전에 부여 ⋯ (대판 2012.4.26, 2012도1225).
> ❸ 국민참여재판의 대상사건에 해당하지 않는 경우, 법원이 피고인에게 국민참여재판 여부에 관한 의사를 확인하지 아니한 것이 위법한지 여부(소극)
>   ⋯ 피고인의 국민참여재판을 받을 권리를 침해한 위법이 있다고 볼 수 없다(대판 2012.2.23, 2011도15608).

2. 국민참여재판을 원하는지 여부에 관한 의사가 기재된 서면의 제출

① 피고인은 공소장 부본을 송달받은 날부터 7일 이내에 국민참여재판을 원하는지 여부에 관한 의사가 기재된 서면을 제출하여야 함(동법 제8조 제2항) → ② 피고인이 이 서면을 제출하지 아니한 때에는 국민참여재판을 원하지 아니하는 것으로 봄(동법 제8조 제3항) → ③ 피고인이 서면을 우편으로 발송한 때, 교도소 또는 구치소에 있는 피고인이 서면을 교도소장·구치소장 또는 그 직무를 대리하는 자에게 제출한 때에 법원에 제출한 것으로 봄

3. 국민참여재판을 원하는지 여부에 관한 의사의 번복금지

피고인은 국민참여재판의 배제결정이 있거나 공판준비기일이 종결되거나 제1회 공판기일이 열린 이후에는 종전의 의사를 바꿀 수 없음(동법 제8조 제4항)

> **관련 판례**
>
> ❷ 공소장 부본을 송달받은 날부터 7일 이내에 의사확인서를 제출하지 아니한 피고인이 제1회 공판기일이 열리기 전까지 국민참여재판신청을 할 수 있는지 여부(적극)
> … 제1회 공판기일이 열리기 전까지는 국민참여재판 신청을 할 수 있고 법원은 그 의사를 확인하여 국민참여재판으로 진행할 수 있다(대법원 2009.10.23. 2009모1032).
>
> ❷ 국민참여재판으로 진행하기로 하는 제1심 법원의 결정에 대하여 항고할 수 있는지 여부(소극)
> … 제1심 법원이 국민참여재판 대상사건을 피고인의 의사에 따라 국민참여재판으로 진행함에 있어 별도의 국민참여재판개시결정을 할 필요는 없고, 그에 관한 이의가 있어 제1심 법원이 국민참여재판으로 진행하기로 하는 결정에 이른 경우 이는 판결 전의 소송절차에 관한 결정에 해당… 항고할 수 없다고 할 것… (대법원 2009.10.23. 2009모1032).
>
> ❷ 국민참여재판 대상 사건의 피고인이 국민참여재판을 신청하였는데도 법원이 이에 대한 배제결정을 하지 않은 채 통상의 공판절차로 재판을 진행한 경우의 위법 여부(적극) 및 위 공판절차에서 이루어진 소송행위의 효력(= 무효)
> … 피고인의 국민참여재판을 받을 권리 및 법원의 배제결정에 대한 항고권 등의 중대한 절차적 권리를 침해한 것으로서 위법하다 할 것… 소송행위는 무효이다(대판 2011.9.8. 2011도7106).

Ⅳ 국민참여재판의 배제결정 및 통상절차에의 회부

1. 국민참여재판의 배제결정

(1) 의의 : 법원은 공소제기 후부터 공판준비기일이 종결된 다음날까지, ① 배심원·예비배심원·배심원후보자 또는 그 친족의 생명·신체·재산에 대한 침해 또는 침해의 우려가 있어서 출석의 어려움이 있거나 이 법에 따른 직무를 공정하게 수행하지 못할 염려가 있다고 인정되는 경우, ② 공범관계에 있는 피고인들 중 일부가 국민참여재판을 원하지 아니하여 국민참여재판의 진행에 어려움이 있다고 인정되는 경우, ③ 성폭력범죄의 처벌 등에 관한 특례법 제2조의 범죄로 인한 피해자 또는 법정대리인이 국민참여재판을 원하지 아니하는 경우, ④ 그 밖에 국민참여재판으로 진행하는 것이 적절하지 아니하다고 인정되는 경우에는 국민참여재판을 하지 아니하기로 하는 결정(국민참여재판의 배제결정)을 할 수 있음(동법 제9조)

(2) 즉시항고 : 법원은 이러한 결정을 하기 전에 검사·피고인 또는 변호인의 의견을 들어야 하며, 이 결정에 대하여는 즉시항고를 할 수 있음(동법 제9조)

2. 통상절차에의 회부결정

(1) 의의 : 법원은 ① 피고인의 질병 등으로 공판절차가 장기간 정지된 경우, ② 피고인에 대한 구속기간의 만료, ③ 성폭력범죄 피해자의 보호, ④ 그 밖에 심리의 제반 사정에 비추어 국민참여재판을 계속 진행

하는 것이 부적절하다고 인정하는 경우에는 직권 또는 검사·피고인·변호인이나 성폭력범죄 피해자 또는 법정대리인의 신청에 따라 결정으로 사건을 지방법원 본원 합의부가 국민참여재판에 의하지 아니하고 심판하게 할 수 있음(동법 제11조)

(2) **불복할 수 없음** : 법원은 이러한 결정을 하기 전에 검사·피고인 또는 변호인의 의견을 들어야 하며, 이 결정에 대하여는 불복할 수 없음(동법 제11조)

3. 지방법원지원 관할사건의 특례

피고인이 국민참여재판을 원하는 의사를 표시한 경우 지방법원지원 합의부가 국민참여재판의 배제결정을 하지 아니하는 경우에는 국민참여재판절차 회부결정을 하여 사건을 지방법원본원 합의부로 이송하여야 함(동법 제10조)

Ⅴ 국민참여재판에 참여하는 배심원

1. 배심원의 자격

(1) **배심원의 자격** : 대한민국 국민은 국민참여재판에 참여할 권리와 의무를 가지며(동법 제3조), 배심원은 만 20세 이상의 대한민국 국민 중에서 동법이 정하는 바에 따라 선정됨(동법 제16조)

(2) **배심원의 결격사유** : 피성년후견인 또는 피한정후견인, 파산선고를 받고 복권되지 아니한 사람, 금고 이상의 실형을 선고받고 그 집행이 종료되거나 집행이 면제된 후 5년을 경과하지 아니한 사람, 금고 이상의 형의 집행유예를 선고받고 그 기간이 완료된 날부터 2년을 경과하지 아니한 사람, 금고 이상의 형의 선고유예를 받고 그 선고유예기간 중에 있는 사람, 법원의 판결에 의하여 자격이 상실 또는 정지된 사람 등은 배심원으로 선정될 수 없음(동법 제17조)

(3) **직업 등에 따른 제외사유** : 대통령, 국회의원·지방자치단체의 장 및 지방의회의원, 입법부·사법부·행정부·헌법재판소·중앙선거관리위원회·감사원의 정무직 공무원, 법관·검사·변호사·법무사, 법원·검찰·경찰·교정·보호관찰 공무원, 군인·군무원·소방공무원, 동원되거나 교육훈련의무를 이행 중인 향토예비군 등은 배심원으로 선정하여서는 안 됨(동법 제18조)

(4) **배심원의 제척** : 법관에 대한 제척사유(형사소송법 제17조)와 같음(동법 제19조)

(5) **배심원의 선정에 있어서 기피**
① **불선정결정** : 배심원의 선정에 있어서 법원은 배심원후보자가 결격사유, 제외사유, 제척사유에 해당하거나 불공평한 판단을 할 우려가 있다고 인정되는 때에는 직권 또는 검사·피고인·변호인의 기피신청에 따라 당해 배심원후보자에 대하여 불선정결정을 하여야 함(동법 제28조 제3항)
② **무이유부기피신청** : 검사와 변호인은 각자 배심원후보자에 대하여 이유를 제시하지 아니하는 기피신청을 할 수 있으며, 이 경우 법원은 당해 배심원후보자를 배심원으로 선정할 수 없음(동법 제30조)
→ 배심원후보자에 대한 무이유부기피신청은 배심원이 9인인 경우에는 5인까지, 배심원이 7인인 경우에는 4인까지, 배심원이 5인인 경우에는 3인까지 할 수 있음

(6) **배심원 직무수행의 면제** : 법원은 직권 또는 신청에 따라 ① 만 70세 이상인 사람, ② 과거 5년 이내에 배심원후보자로서 선정기일에 출석한 사람, ③ 금고 이상의 형에 해당하는 죄로 기소되어 사건이 종결되

지 아니한 사람, ④ 법령에 따라 체포 또는 구금되어 있는 사람, ⑤ 배심원 직무의 수행이 자신이나 제3자에게 위해를 초래하거나 직업상 회복할 수 없는 손해를 입게 될 우려가 있는 사람, ⑥ 중병·상해 또는 장애로 인하여 법원에 출석하기 곤란한 사람 등에 대하여 배심원 직무의 수행을 면제할 수 있음(동법 제20조)

(7) 배심원의 해임 및 사임
① 해임 : 법원은 배심원 또는 예비배심원이 선서를 하지 아니하거나 출석의무에 위반하고 계속하여 그 직무를 행하는 것이 적당하지 아니한 때 또는 불공평한 판단을 할 우려가 있는 때에는 직권 또는 검사·피고인·변호인의 신청에 따라 검사·피고인 또는 변호인의 의견을 묻고 출석한 당해 배심원 또는 예비배심원에게 진술기회를 부여하여 배심원 또는 예비배심원을 해임하는 결정을 할 수 있으며, 이러한 결정에 대하여는 불복할 수 없음(동법 제32조)
② 사임 : 배심원과 예비배심원은 직무를 계속 수행하기 어려운 사정이 있는 때에는 법원에 사임을 신청할 수 있으며, 이에 대하여 법원은 검사·피고인 또는 변호인의 의견을 들어 당해 배심원 또는 예비배심원을 해임하는 결정을 할 수 있음(동법 제33조)

2. 배심원의 정수

(1) 배심원의 정수 : ① 사형·무기징역 또는 무기금고에 해당하는 대상사건에 대한 국민참여재판에는 9인의 배심원이 참여하고, ② 그 외의 대상사건에 대한 국민참여재판에는 7인의 배심원이 참여하되, ③ 피고인 또는 변호인이 공판준비절차에서 공소사실의 주요내용을 인정한 때에는 5인의 배심원을 참여하게 할 수 있으며, ④ 다만 법원은 사건의 내용에 비추어 특별한 사정이 있다고 인정되고 검사·피고인 또는 변호인의 동의가 있는 경우에 한하여 결정으로 배심원의 수를 7인과 9인 중에서 이와 달리 정할 수 있음(동법 제13조)

(2) 예비배심원 : 법원은 배심원의 결원 등에 대비하여 5인 이내의 예비배심원을 둘 수 있고(동법 제14조), 국민참여재판 도중 배심원이 부족하게 될 경우 예비배심원은 미리 정한 순서에 따라 배심원이 됨(동법 제34조)

3. 배심원의 선정

(1) 배심원후보예정자명부 : 지방법원장은 매년 주민등록자료를 활용하여 배심원후보예정자명부를 작성하며, 이 경우 지방법원장은 배심원후보예정자명부를 작성하기 위하여 행정안전부장관에게 주민등록정보를 추출하여 전자파일의 형태로 송부하여 줄 것을 요청할 수 있고, 이러한 요청을 받은 행정안전부장관은 30일 이내에 주민등록자료를 지방법원장에게 송부하여야 함(동법 제22조)

(2) 배심원의 선정 : 법원은 국민참여재판을 할 때에 배심원후보예정자 명부에서 배심원후보자를 무작위로 추출하며, 법원은 선정기일을 지정하여 결격사유나 제척사유 유무와 불공평한 판단을 할 우려가 있는 자를 배제한 후에 그 중에서 배심원 및 예비배심원을 무작위로 추출하여 선정함(동법 제23조)

(3) 배심원 선정기일
① 선정기일은 공개하지 아니함(동법 제24조)
② 법원은 검사·피고인 또는 변호인에게 선정기일을 통지하여야 하며, 검사와 변호인은 선정기일에 출석하여야 하고 피고인은 출석을 요하지 않음(동법 제27조 제1항 및 제2항) → 다만, 피고인은 법원의 허가를 받아 출석할 수 있음
③ 변호인이 선정기일에 출석하지 아니한 경우 국선변호인을 선정하여야 함(동법 제27조 제3항)

4. 배심원의 권한과 의무

배심원은 국민참여재판을 하는 사건에 관하여 사실의 인정, 법령의 적용 및 형의 양정에 관한 의견을 제시할 권한이 있으며(동법 제12조 제1항), 배심원은 직무상 알게 된 비밀을 누설하거나 재판의 공정을 해하는 행위를 하여서는 안 됨(동법 제12조 제2항 및 제3항) → 한편 배심원·예비배심원 및 배심원후보자는 대법원규칙이 정하는 바에 따라 여비·일당 등을 청구할 수 있음(동법 제15조)

Ⅵ 국민참여재판에 있어서 공판정의 심리

1. 필수적 공판 전 준비절차

(1) **필수적 준비**: 재판장은 피고인이 국민참여재판을 원하는 의사를 표시한 경우에 공판준비절차에 부치기 전에 국민참여재판의 배제결정이 있는 때를 제외하고는 사건을 반드시 공판 전 준비절차에 부쳐야 함(동법 제36조 제1항) → 지방법원본원 합의부가 지방법원지원 합의부로부터 이송받은 사건에 대하여는 이미 공판준비절차를 거친 경우에도 필요한 때에는 공판준비절차에 부칠 수 있음(동법 제36조 제3항)

(2) **공판준비기일**: 법원은 주장과 증거를 정리하고 심리계획을 수립하기 위하여 공판준비기일을 지정하여야 하며(동법 제37조 제1항), 이 공판준비기일은 공개하되 배심원은 참여하지 않음(동법 제37조 제4항)

2. 필요적 변호

피고인에게 변호인이 없는 때에는 법원은 직권으로 변호인을 선정하여야 함(동법 제7조)

3. 공판기일의 통지

검사와 변호인 이외에 배심원과 예비배심원에게도 공판기일을 통지하여야 함(동법 제38조)

4. 공판의 개정 및 공판정의 좌석배치

공판정은 판사·배심원·예비배심원·검사·변호인이 출석하여 개정하며, 검사와 피고인 및 변호인은 대등하게 마주보고 위치하고, 배심원과 예비배심원은 재판장과 검사·피고인 및 변호인의 사이 왼쪽에 위치하며, 증인석은 재판장과 검사·피고인 및 변호인의 사이 오른쪽에 배심원과 예비배심원을 마주 보고 위치함(동법 제39조)

5. 공판정에서의 속기·녹취

법원은 특별한 사정이 없는 한 공판정에서의 심리를 속기사로 하여금 속기하게 하거나 녹음장치 또는 영상녹화장치를 사용하여 녹음 또는 영상녹화하여야 하며, 이 경우 속기록·녹음테이프 또는 비디오테이프는 공판조서와는 별도로 보관되어야 함(동법 제40조)

6. 배심원의 선서 및 최초설명의무

(1) **배심원의 선서**: 배심원과 예비배심원은 법률에 따라 공정하게 그 직무를 수행할 것을 다짐하는 취지의 선서를 하여야 함(동법 제42조 제1항)

(2) **최초설명의무**: 재판장은 배심원과 예비배심원에 대하여 배심원과 예비배심원의 권한·의무·재판절차, 그 밖에 직무수행을 원활히 하는 데 필요한 사항을 설명하여야 함(동법 제42조 제2항)

> **관련 판례**
>
> ● 국민의 형사재판 참여에 관한 법률 제42조 제2항에 따라 재판장이 배심원과 예비배심원에게 최초로 설명할 대상에 검사가 아직 공소장에 의하여 낭독하지 아니한 공소사실 등이 포함되는지 여부(소극)
> … 재판장의 공판기일에서의 최초 설명의무를 규정 … 재판절차에 익숙하지 아니한 배심원과 예비배심원을 배려하는 차원 … 피고인에게 진술거부권을 고지하기 전에 이루어지는 것으로, 원칙적으로 설명의 대상에 검사가 아직 공소장에 의하여 낭독하지 아니한 공소사실 등이 포함된다고 볼 수 없다(대판 2014.11.13. 2014도8377).

7. 배심원의 절차상 권리와 의무

배심원과 예비배심원은 피고인·증인에 대하여 필요한 사항을 신문하여 줄 것을 재판장에게 요청하는 행위, 재판장의 허가를 받아 각자 필기를 하여 이를 평의에 사용하는 행위 등을 할 수 있으며(동법 제41조 제1항), 심리 도중에 법정을 떠나거나 평의·평결 또는 토의가 완결되기 전에 재판장의 허락 없이 평의·평결 또는 토의 장소를 떠나는 행위, 평의가 시작되기 전에 당해 사건에 관한 자신의 견해를 밝히거나 의논하는 행위, 비밀을 누설하는 행위 등을 하여서는 안 됨(동법 제41조 제2항)

8. 배심원의 증거능력 판단 배제

배심원 또는 예비배심원은 법원의 증거능력에 관한 심리에 관여할 수 없음(동법 제44조)

9. 간이공판절차 규정의 배제

국민참여재판에는 형사소송법 제286조의2에 의한 간이공판절차 규정을 적용하지 않음(동법 제43조)

10. 공판절차의 갱신

공판절차가 개시된 후 새로 재판에 참여하는 배심원 또는 예비배심원이 있는 때에는 공판절차를 갱신하여야 함(동법 제45조)

Ⅶ 배심원의 평결·평의·토의 등

1. 배심원의 평결·평의 절차

(1) **최종설명의무** : 재판장은 변론이 종결된 후 법정에서 배심원에게 공소사실의 요지와 적용법조, 피고인과 변호인 주장의 요지, 증거능력, 그 밖에 유의할 사항에 관하여 설명하여야 하며(동법 제46조 제1항), 심리에 관여한 배심원은 위의 설명을 들은 후 유·무죄에 관하여 평의하고 평결함(동법 제46조 제2항)

> **관련 판례**
>
> ● 국민의 형사재판 참여에 관한 법률 제46조 제1항에 따라 재판장이 최종 설명의무가 있는 사항을 배심원에게 설명하지 않는 것이 위법한 조치인지 여부(적극)
> … 이러한 재판장의 최종 설명은 배심원이 올바른 평결에 이를 수 있도록 지도하고 조력하는 기능을 담당하는 것 … 설명 의무가 있는 사항을 설명하지 않는 것은 원칙적으로 위법한 조치 … 그러나 재판장이 최종 설명 때 공소사실에 관한 설명을 일부 빠뜨렸거나 미흡하게 한 잘못이 있다고 하더라도, 이를 두고 그 전까지 절차상 아무런 하자가 없던 소송행위 전부를 무효로 할 정도로 판결에 영향을 미친 위법이라고 쉽게 단정할 것은 아니고 … (대판 2014.11.13. 2014도8377).

(2) 평의 및 평결

① 배심원은 유·무죄에 관하여 전원의 의견이 일치하지 아니하는 때에는 평결을 하기 전에 심리에 관여한 판사의 의견을 들어야 하며, 이 경우 유·무죄의 평결은 다수결의 방법으로 하되 심리에 관여한 판사는 평의에 참석하여 의견을 진술한 경우에도 평결에는 참여할 수 없음(동법 제46조 제3항)

② 배심원의 부담을 줄이고 공판중심주의를 최대한 실현하기 위하여 변론이 종결된 후 연속하여 평의·평결 및 양형토의가 진행되도록 하고, 재판장은 필요한 경우에는 변론종결일로부터 3일 이내의 범위에서 기일을 지정할 수 있도록 하며, 평의의 비밀을 보장하기 위하여 평의·평결 및 양형토의는 평의실에서 비공개로 진행함(동규칙 제39조)

③ 배심원 평의를 원활하게 진행하기 위하여 배심원이 평의를 진행하기에 앞서 호선으로 배심원 대표를 선출하도록 하고 호선이 되지 않을 경우 재판장이 지정함(동규칙 제40조)

2. 배심원의 평결이 유죄인 경우

배심원의 평결이 유죄인 경우 배심원은 심리에 관여한 판사와 함께 양형에 관하여 토의하고 그에 관한 의견을 개진함(동법 제46조 제4항)

3. 배심원의 평결결과와 의견

배심원의 평결결과와 의견을 집계한 서면은 소송기록에 편철하며(동법 제46조 제6항), 이러한 배심원의 평결과 의견은 법원을 기속하지 않음(동법 제46조 제5항)

> **관련 판례**
> ❶ 국민참여재판에서 배심원들이 전원일치로 무죄로 평결하고 제1심도 무죄를 선고한 경우, 항소심에서 증거재판주의나 자유심증주의에 위반하였다는 이유로 제1심의 무죄 판단을 뒤집을 수 있는지 여부(원칙적 소극)
> … 항소심에서의 새로운 증거조사를 통해 그에 명백히 반대되는 충분하고도 납득할 만한 현저한 사정이 나타나지 않는 한 한층 더 존중될 필요가 있다(대판 2010.3.25, 2009도14065).

4. 의견과 그 분포 등 누설금지

배심원은 평의·평결 및 토의과정에서 알게 된 판사 및 배심원 각자의 의견과 그 분포 등을 누설하여서는 안 됨(동법 제47조)

Ⅷ 판결의 선고

1. 판결선고기일

판결의 선고는 변론을 종결한 기일에 하여야 하며, 다만 특별한 사정이 있는 때에는 변론종결 후 14일 이내의 별도의 선고기일을 지정할 수 있음(동법 제48조 제1항 및 제3항)

2. 판결선고의 방법

재판장은 판결선고시 피고인에게 배심원의 평결결과를 고지하여야 하며, 배심원의 평결결과와 다른 판결을 선고하는 때에는 피고인에게 그 이유를 설명하여야 함(동법 제48조 제4항)

3. 판결서의 기재사항

판결서에는 배심원이 재판에 참여하였다는 취지를 기재하여야 하고 배심원의 의견을 기재할 수 있으며, 배심원의 평결결과와 다른 판결을 선고하는 때에는 판결서에 그 이유를 기재하여야 함(동법 제49조)

CHAPTER 02 증거

CORE SUMMARY

01 증거의 의의와 종류

I 증거의 의의

1. **증거의 의의** : 사실관계 확정의 근거가 되는 자료

2. **증명의 의의**

    (1) 증명과 소명

    ① **증명(證明)** : 법관으로 하여금 합리적인 의심의 여지가 없을 정도로 고도의 개연성 있는 확신을 갖게 하는 것 → 엄격한 증명과 자유로운 증명

    > **제307조(증거재판주의)**
    > ① 사실의 인정은 증거에 의하여야 한다.
    > ② 범죄사실의 인정은 합리적인 의심이 없는 정도의 증명에 이르러야 한다.

    관련 판례

    ❶ **범죄사실의 증명은 합리적인 의심의 여지없을 정도의 고도의 개연성에 대한 심증, 즉 확신을 요한다는 판례**
      1. … 합리적인 의심의 여지없을 정도의 고도의 개연성에 대한 심증 즉 이른바 확신을 요한다 할 것 … 단순한 개연성 정도의 것으로서는 아직 범죄의 증명이 있다고 할 수 없다(대판 1965.6.22, 65도370).
      2. … 합리적인 의심을 배제할 정도의 확신 … 단지 반대증거보다 우월한 정도의 증명력으로서는 부족하다(대판 1982.12.28, 82도263).
      3. … 검사의 증명이 위와 같은 확신을 가지게 하는 정도에 충분히 이르지 못한 경우 … 유죄의 의심이 간다고 하더라도 피고인의 이익으로 판단 … (대판 2012.6.28, 2012도231).

    ❷ **유죄 증거의 증명력 배척사유인 '합리적인 의심'의 의미**
      … 유죄로 인정하기 위한 증거의 증명력은 … 합리적인 의심을 배제할 정도의 확신을 가져 올 수 있는 것 … 여기에서 합리적인 의심이라 함은 … 논리와 경험칙에 기하여 요증사실과 양립할 수 없는 사실의 개연성에 대한 합리성 있는 의문을 의미 … (대판 1997.7.25, 97도974).

    ② **소명(疏明)** : 일응 '진실한 것이다' 내지 '대략 그럴 것이다' → 추측

    형사소송법상 소명사유로는 1. 증언거부사유의 소명(제150조), 2. 상소권회복사유의 소명(제346조), 3. 국선변호인선정청구(규칙 제17조의2), 4. 증인신문청구사유의 소명(제221조의2), 5. 증거보전청구사유의 소명(제184조), 6. 기피신청사유의 소명(제19조), 7. 체포영장유효기간의 연장(규칙 제96조의4) 등이 있다.

(2) 요증사실 : 증명의 대상이 되는 사실

(3) 입증취지 : 증거와 증명하고자 하는 사실과의 관계

II 증거의 종류

1. 직접증거와 간접(정황)증거

(1) 의의 : 법관의 자유심증주의 때문에 직접증거와 간접증거 사이에 증명력의 차이는 없음

(2) 직접증거 : 직접 요증사실의 증명에 이용되는 증거 → 증언이나 자백, 위조통화, 위조공문서 등

(3) 간접증거(정황증거) : 간접사실을 증명함에 의하여 요증사실의 증명에 이용되는 증거 → 범행현장에 남아 있는 피고인의 지문, 피고인의 옷에 묻은 혈흔, 상해사건에 있어서 피해자의 진단서, 피고인이 범행현장을 배회함을 목격하였다는 증인의 증언 등

> **관련 판례**
>
> **⊙ 간접증거의 증명력**
> 1. 형사재판에서 유죄의 인정은 … 그와 같은 심증이 반드시 직접증거에 의하여 형성되어야만 하는 것은 아니고, 경험칙과 논리법칙에 위반되지 아니하는 한 간접증거에 의하여 형성되어도 되는 것 … (대판 2000.11.10, 2000도2524).
> 2. 살인죄 등과 같이 법정형이 무거운 범죄의 경우에도 직접증거 없이 간접증거만에 의하여 유죄를 인정할 수 있고 … (대판 2012.9.27, 2012도2658).
> 3. … 법정형이 무거운 범죄의 경우에도 직접증거 없이 간접증거만으로 유죄를 인정할 수 있으나 … 공소사실에 대한 관련성이 깊은 간접증거들에 의하여 신중한 판단이 요구 … 증명이 합리적인 의심을 허용하지 않을 정도에 이르러야 하고 … 하나하나의 간접사실 사이에 모순, 저촉이 없어야 하는 것은 물론 간접사실이 논리와 경험칙, 과학법칙에 의하여 뒷받침되어야 … 범인으로 지목되고 있는 자에게 범행을 저지를 만한 동기가 발견되지 않는다면 … 간접증거의 증명력이 그만큼 떨어진다고 평가하는 것이 형사증거법의 이념에 부합 … (대판 2022.6.16, 2022도2236).
> 4. … 범죄사실의 인정은 법관으로 하여금 합리적인 의심을 할 여지가 없을 정도의 확신을 가지게 하는 증명력을 가진 엄격한 증거에 의하여야 … 살인죄와 같이 법정형이 무거운 범죄의 경우에도 직접증거 없이 간접증거만으로도 유죄를 인정할 수 있으나, 그 경우에도 주요사실의 전제가 되는 간접사실의 인정은 합리적 의심을 허용하지 않을 정도의 증명이 있어야 하고 … 여러 간접사실로 보아 피고인이 범행한 것으로 보기에 충분할 만큼 압도적으로 우월한 증명이 있어야 … (대판 2017.5.30, 2017도1549).
> 5. 강간죄에서 공소사실을 인정할 증거로 사실상 피해자의 진술이 유일한 경우 … 피고인의 진술이 경험칙상 합리성이 없고 그 자체로 모순되어 믿을 수 없다고 하여 그것이 공소사실을 인정하는 직접증거가 되는 것은 아니지만 … 법관의 자유판단에 따라 피해자 진술의 신빙성을 뒷받침하거나 직접증거인 피해자 진술과 결합하여 공소사실을 뒷받침하는 간접정황이 될 수 있다(대판 2018.10.25, 2018도7709).
> 6. … 범행을 저지를 만한 뚜렷한 동기가 발견되지 않는 경우 … 간접증거나 정황사실을 통한 유죄의 인정에 더욱 신중을 기하지 않을 수 없으며 … (대판 2012.6.28, 2012도231).
> 7. 간접증거가 개별적으로는 범죄사실에 대한 완전한 증명력을 가지지 못하더라도 전체 증거를 상호 관련하에 종합적으로 고찰할 경우 … 종합적 증명력이 있는 것으로 판단되면 그에 의하여도 범죄사실을 인정할 수 있다(대판 2001.11.27, 2001도4392).
> 8. … 증거능력이 없는 증거는 구성요건 사실을 추인하게 하는 간접사실이나 구성요건 사실을 입증하는 직접증거의 증명력을 보강하는 보조사실의 인정자료로도 사용할 수 없다(대판 2008.12.11, 2008도7112).
>
> **⊙ 상해진단서는 상해죄나 폭행죄의 직접증거가 아니라는 판례**
> 1. … 상해진단서 … 상해 사실 자체에 대한 직접적인 증거가 되는 것은 아니고 … (대판 1995.9.29, 95도852).
> 2. … 상해진단서 … 폭행으로 인한 공소사실 자체에 대한 직접증거라 할 수 없다(대판 1983.11.8, 83도2407).
> 3. … 상해진단서는 … 피고인의 범죄사실을 증명하는 유력한 증거가 될 수 있다 … 상해진단서의 객관성과 신빙성을 의심할 만한 사정이 있는 때에는 그 증명력을 판단하는 데 매우 신중하여야 … 등을 면밀히 살펴 논리와 경험법칙에 따라 그 증명력을 판단하여야 한다(대판 2016.11.25, 2016도15018).

> **❸ 법관의 심증형성이 간접증거에 의할 수 있는지 여부(적극)**
> … 간접증거는 이를 개별적·고립적으로 평가하여서는 아니 되고 모든 관점에서 빠짐없이 상호 관련시켜 종합적으로 평가하고, 치밀하고 모순 없는 논증을 거쳐야 한다 … 심증형성의 정도는 합리적인 의심을 할 여지가 없을 정도 … 모든 가능한 의심을 배제할 정도에 이를 것까지 요구하는 것은 아니다 … 합리적인 근거가 없는 의심을 일으켜 이를 배척하는 것은 자유심증주의의 한계를 벗어나는 것으로 허용되지 않는다. 여기서 합리적 의심이라 함은 … 피고인에게 유리한 정황을 사실인정과 관련하여 파악한 이성적 추론에 그 근거를 두어야 하는 것이므로 단순히 관념적인 의심이나 추상적인 가능성에 기초한 의심은 합리적 의심에 포함된다고 할 수 없다(대판 2004.6.25, 2004도2221).

2. 인적 증거와 물적 증거 및 서증

(1) 인적 증거 : 신문의 방식

(2) 물적 증거 : 제시의 방식

(3) 서증 : 증거서류에 대한 증거조사는 요지의 고지 또는 낭독의 방식에 의하며, 증거물인 서면에 대한 증거조사는 제시와 요지의 고지 또는 낭독의 방식에 의함

[증거서류와 증거물인 서면의 구별 – 증거조사방식에 차이가 있음 – 내용기준설]

증거서류	서면의 내용을 증거로 하는 것(보고적 문서) → 법원의 조서, 수사기관 작성의 조서, 의사의 진단서 등
증거물인 서면	서면의 내용과 그 존재 또는 상태가 증거로 되는 것(처분문서) → 협박죄의 협박편지, 무고죄의 허위고소장, 위조죄의 위조문서, 명예훼손 수단인 인쇄물 등

> [관련 판례]
> **❹ 증거물인 서면의 증거조사 방식**
> … '증거물인 서면'을 조사하기 위해서는 증거서류의 조사방식인 낭독·내용고지 또는 열람의 절차와 증거물의 조사방식인 제시의 절차가 함께 이루어져야 … (대판 2013.7.26, 2013도2511).

3. 본증과 반증

검사가 제출하는 증거가 본증이고 피고인이 제출하는 증거가 반증

4. 진술증거와 비진술증거

구분	진술증거	비진술증거
임의성의 필요 여부	임의성 필요(제309조 및 제317조)	임의성 불요
전문법칙의 적용 여부	전문법칙 적용됨(제310조의2)	전문법칙 적용 안 됨
증거동의의 대상 여부	증거동의 대상이 됨(제318조)	증거동의 대상이 안 됨(다수설)

5. 실질증거와 보조증거

(1) 실질증거 : 주요사실의 존부를 직접·간접으로 증명하기 위하여 사용되는 증거

(2) 보조증거 : 실질증거의 증명력을 다투기 위하여 사용되는 증거 → 증명력을 증강시키는 증강증거와 증명력을 감쇄시키는 탄핵증거

Ⅲ 증거능력과 증명력

1. **증거능력**

    (1) 증거능력의 의의

    ① 엄격한 증명의 자료로 사용될 수 있는 법률상의 자격

    ② 증거능력은 미리 법률에 의하여 객관적으로 법정화되어 있으므로 법관의 자유판단이 허용되지 않음

    (2) 증거능력과 관련된 법칙

    ① 증거재판주의(제307조)

    ② 자백배제법칙(제309조)

    ③ 위법수집증거배제법칙(제308조의2)

    ④ 전문법칙(제310조의2)

    ⑤ 증거동의(제318조)

    ⑥ 탄핵증거(제318조의2)

2. **증명력**

    (1) 증명력의 의의

    ① 증거의 실질적 가치

    ② 증명력의 판단은 법관의 자유심증에 맡겨져 있음(제308조)

    (2) 증명력과 관련된 법칙

    ① 자유심증주의(제308조)

    ② 자백의 보강법칙(제310조)

    ③ 공판조서의 배타적 증명력(제56조)

02 증거법의 기본원칙

Ⅰ 증거재판주의

1. **증거재판주의의 의의**

    (1) 형사소송법 제307조 제1항의 취지 : '사실'이란 범죄될 사실을 의미하며, '증거'란 증거능력 있고 적법한 증거조사를 거친 증거만 → 이른바 엄격한 증명을 의미함

    > **제307조(증거재판주의)**
    > ① 사실의 인정은 증거에 의하여야 한다.
    > ② 범죄사실의 인정은 합리적인 의심이 없는 정도의 증명에 이르러야 한다.

(2) **엄격한 증명과 자유로운 증명** : 엄격한 증명과 자유로운 증명은 증거능력의 유무와 증거조사의 방법에 차이가 있을 뿐이고, 모두 확신을 요한다는 점에서 심증의 정도에 차이가 있는 것은 아님

2. 엄격한 증명의 대상

(1) **엄격한 증명의 의의** : 법률상 증거능력 있고 적법한 증거조사를 거친 증거에 의한 증명 → 주로 형벌권의 존부와 그 범위에 관한 사실이 엄격한 증명의 대상

(2) **공소범죄사실**

① 구성요건해당사실 : 엄격한 증명을 요함

> **관련 판례**
>
> ❷ **구성요건에 해당하는 사실은 엄격한 증명에 의하여야 하는지 여부(적극)**
> 구성요건에 해당하는 사실은 엄격한 증명에 의하여 이를 인정 … 증거능력이 없는 증거는 구성요건 사실을 추인하게 하는 간접사실이나 구성요건 사실을 입증하는 직접증거의 증명력을 보강하는 보조사실의 인정자료로도 사용할 수 없다(대판 2008.12.11, 2008도7112).
>
> ❷ **고의나 불법영득의사, 목적 등 주관적 구성요건요소가 엄격한 증명을 요하는지 여부(적극)**
> 1. … 범의는 범죄사실을 구성하는 것으로서 이를 인정하기 위해서는 엄격한 증명이 요구 … 범의를 부인하는 경우에는 … 범의와 상당한 관련성이 있는 간접사실을 증명하는 방법에 의하여 이를 입증할 수밖에 없고 … 정상적인 경험칙에 바탕을 두고 치밀한 관찰력이나 분석력에 의하여 … (대판 2002.3.12, 2001도2064).
> 2. 피고인이 범죄구성요건의 주관적 요소인 고의를 부인하는 경우, 범의 자체를 객관적으로 증명할 수는 없으므로 … 범의와 관련성이 있는 간접사실 또는 정황사실을 증명하는 방법으로 이를 증명할 수밖에 없다 … 경험칙에 바탕을 두고 치밀한 관찰력이나 분석력으로 사실의 연결상태를 합리적으로 판단하는 방법에 의하여 판단 … (대판 2017.1.12, 2016도15470).
> 3. 뇌물수수죄에서 공무원의 직무에 관하여 수수하였다는 범의를 인정하기 위해서는 엄격한 증명이 요구 … 범의와 상당한 관련성이 있는 간접 사실을 증명하는 방법에 의하여 이를 입증할 수밖에 없는데 … 피고인이 미필적으로라도 인식하면서 묵인한 채 이를 수수한 것으로 볼 수 있다면 뇌물수수의 범의는 충분히 인정 … (대판 2017.12.22, 2017도11616).
> 4. 불법영득의 의사는 내심의 의사에 속하여 피고인이 이를 부인하는 경우 … 그와 상당한 관련이 있는 간접사실 또는 정황사실을 증명하는 방법에 의하여 증명할 수밖에 없다. 불법영득의사를 실현하는 행위로서의 횡령행위가 있다는 사실은 검사가 증명 … 엄격한 증거에 의하여야 … (대판 2017.2.15, 2013도14777).
> 5. 내란선동죄에서 국헌문란의 목적은 … 고의 외에 요구되는 초과주관적 위법요소로서 엄격한 증명사항에 속하나, 확정적 인식임을 요하지 아니하며 … 미필적 인식이 있으면 족하다(대판 2015.1.22, 2014도10978).
> 6. … 특정범죄 가중처벌 등에 관한 법률 제5조의9 제1항 위반의 죄의 행위자에게 보복의 목적이 있었다는 점 또한 검사가 증명 … 그러한 증명은 … 엄격한 증명에 의하여야 하며 … (대판 2014.9.26, 2014도9030).
> 7. 피고인이 범죄구성요건의 주관적 요소인 공동의사를 부인하는 경우, 공동의사 자체를 객관적으로 증명할 수는 없으므로 사물의 성질상 공동의사와 관련성이 있는 간접사실 또는 정황사실을 증명하는 방법으로 … 정상적인 경험칙에 바탕을 두고 치밀한 관찰력이나 분석력으로 사실의 연결상태를 합리적으로 판단하는 방법으로 … (대판 2021.10.14, 2018도10327).

② 위법성과 책임의 기초사실 : 엄격한 증명을 요함

> **관련 판례**
>
> ❷ **명예훼손죄에서 위법성조각사유의 증명**
> … 형법 제310조의 규정에 따라서 위법성이 조각 … 그것이 진실한 사실로서 오로지 공공의 이익에 관한 때에 해당된다는 점을 행위자가 증명 … 엄격한 증거에 의하여야 하는 것은 아니므로 … 전문증거에 대한 증거능력의 제한을 규정한 형사소송법 제310조의2는 적용될 여지가 없다(대판 1996.10.25, 95도1473).

③ 처벌조건 : 엄격한 증명을 요함

(3) 형벌권의 범위에 관한 사실
  ① 법률상 형의 가중·감면의 사유가 되는 사실 : 엄격한 증명을 요함

  > **관련 판례**
  > **⊙ 심신상실 또는 심신미약이었느냐의 문제에 대한 증명**
  >   1. … 심신상실이나 또는 심신미약이었느냐의 문제는 … 엄격한 증명의 대상은 아니다(대판 1971.3.31, 71도212).
  >   2. … 심신상실이었느냐 심신미약이었느냐는 자유로운 증명으로서 족하나 … (대법원 1961.10.26, 4294형상590).

  ② 몰수·추징에 관한 사실

  > **관련 판례**
  > **⊙ 몰수나 추징대상이 되는 여부에 대한 증명**
  >   몰수나 추징대상이 되는 여부 그리고 추징액은 자유로운 증명으로 족하다(대판 1993.6.22, 91도3346).

(4) 간접사실이나 경험법칙 및 법규
  ① 간접사실 : 엄격한 증명을 요함
  ② 경험법칙 : 증명을 요하지 않지만, 특별한 경험법칙은 엄격한 증명을 요함
  ③ 법규 : 증명을 요하지 않지만, 외국법·관습법·자치법규 등은 엄격한 증명을 요함

  > **관련 판례**
  > **⊙ 엄격한 증명에 관한 기타의 판례**
  >   1. 형법 제6조 … 행위지 법률에 의하여 범죄를 구성하는지는 엄격한 증명 … (대판 2011.8.25, 2011도6507).
  >   2. … 위드마크 공식의 경우 … 엄격한 증명이 필요 … (대판 2022.5.12, 2021도14074).
  >   3. … 과학적인 연구 결과는 … 엄격한 증명으로 증명 … (대판 2010.2.11, 2009도2338).
  >   4. 뇌물죄에서 수뢰액은 … 엄격한 증명의 대상 … (대판 2011.5.26, 2009도2453).
  >   5. 공모공동정범에 있어서 공모나 모의(대판 2003.1.24, 2002도6103).
  >   6. 교사자의 교사행위(대판 2000.2.25, 99도1252).
  >   7. 민간인이 군에 입대하여 군인신분을 취득하였는지 여부(대판 1970.10.30, 70도1936).
  >   8. 범죄단체의 구성·가입행위(대판 2005.9.9, 2005도3857).
  >   9. 횡령죄에서 목적과 용도를 정하여 금전을 위탁한 사실 및 그 목적과 용도가 무엇인지(대판 2013.11.14, 2013도8121).
  >   10. 선거여론조사결과 왜곡공표죄에서 공표의 요건으로서의 전파가능성(대판 2021.6.24, 2019도13687).
  >   11. 명예훼손죄의 구성요건으로서 공연성의 요건인 전파될 가능성(대판 2020.11.19, 2020도5813).

3. **자유로운 증명의 대상**

  (1) 자유로운 증명의 의의 : 증거능력의 제한이나 적법한 증거조사로부터 해방되어 증거조사가 법원의 재량에 의하여 행하여지는 증명

  (2) 양형의 기초가 되는 정상관계사실 : 자유로운 증명으로 족함

  (3) 소송법적 사실
    ① 순수한 소송법적 사실 : 자유로운 증명으로 족함 → 친고죄의 고소, 피고인의 구속기간, 공소제기 등
    ② 책임관련 소송법적 사실 : 자유로운 증명으로 족함 → 자백 내지 진술의 임의성, 특신상태 등

  > **관련 판례**
  > **⊙ 친고죄에서 적법한 고소가 있었는지가 자유로운 증명의 대상인지 여부(적극)**
  >   … 자유로운 증명의 대상 … (대판 2011.6.24, 2011도4451).
  > **⊙ 반의사불벌죄에서 '처벌불원의 의사표시' 또는 '처벌희망 의사표시 철회'의 유무나 그 효력에 관한 사실에 대한 증명**
  >   … 엄격한 증명의 대상이 아니라 … 자유로운 증명의 대상이다(대판 2010.10.14, 2010도5610).

> ❸ **자백의 임의성에 대한 증명**
> … 자유로운 증명으로 그 임의성 유무를 판단 … (대판 2001.2.9, 2000도1216).
>
> ❹ **증거능력의 인정요건으로서 '특히 신빙할 수 있는 상태'에 대한 증명**
> … 특신상태는 증거능력의 요건에 해당하므로 … 자유로운 증명으로 족하다(대판 2001.9.4, 2000도1743).
>
> ❺ **소송법적 사실로서 자유로운 증명의 대상이라는 기타의 판례들**
> 1. 재심청구 이유의 유무를 판단함에 … 공판절차에 적용되는 엄격한 증거조사 방식에 따라야만 하는 것은 아니다(대법원 2019.3.21, 2015모2229).
> 2. 교통사고로 인하여 업무상과실치상죄 또는 중과실치상죄를 범한 운전자에 대하여 피해자의 명시한 의사에 반하여 공소를 제기할 수 있는 교통사고처리 특례법 … 구성요건요소가 아니라 그 공소제기의 조건에 관한 사유 … 엄격한 증명이 아니라 자유로운 증명으로 족하다(대판 2008.12.11, 2008도9182).
> 3. … 공판조서에 기재되지 않은 소송절차의 존재가 공판조서에 기재된 다른 내용이나 공판조서 이외의 자료로 증명될 수 있고 … 이는 소송법적 사실이므로 자유로운 증명의 대상 … (대판 2023.6.15, 2023도3038).

(4) **보조사실** : 증거의 증명력을 탄핵하는 사실은 자유로운 증명으로 족함 → 증거의 증명력을 보강하는 사실은 엄격한 증명을 요함

관련 판례
> ❺ **탄핵증거에 대한 증명**
> 탄핵증거는 범죄사실을 인정하는 증거가 아니므로 엄격한 증거조사를 거쳐야 할 필요가 없으나 … (대판 1998.2.27, 97도1770).

4. 증명을 요하지 않는 사실(不要證事實)

(1) 공지(公知)의 사실

(2) 추정된 사실
  ① 법률상 추정된 사실 : 형사소송에서는 이를 인정할 수 없다.
  ② 사실상 추정된 사실 : 구성요건해당성이 인정되면 위법성과 책임은 사실상 추정

(3) 거증금지사실 : 공무원 또는 공무원이었던 자의 직무상의 비밀에 속하는 사실(제147조) 등

Ⅱ 거증책임

1. 거증책임의 의의

(1) **실질적 거증책임(객관적 거증책임)** : 요증사실의 존부에 대하여 증명이 불충분한 경우에 입게 되는 당사자의 불이익 → 소송의 종결시에 존재하는 위험부담으로서 언제나 고정되어 있음

(2) **형식적 거증책임(입증의 부담)** : 어느 사실이 증명되지 않을 경우 당사자가 그 불이익을 면하기 위하여 그 사실을 증명할 증거를 제출할 부담 → 소송의 발전에 따라 유동적임

2. 거증책임과 소송구조

직권주의나 당사자주의적 소송구조 모두 거증책임개념을 인정할 수 있음 → 그러나 입증의 부담과 증거제출책임은 당사자주의적 공판절차에서는 큰 의미가 있으나 직권주의적 공판절차에서는 큰 의미가 없음

3. 거증책임의 분배

(1) 검사의 거증책임 : in dubio pro reo(의심스러울 때에는 피고인의 이익으로)의 원리 내지 무죄추정의 원칙의 적용으로, 거증책임은 원칙적으로 검사가 부담

(2) 공소범죄사실과 처벌조건인 사실
  ① 공소범죄사실 : 검사가 거증책임 부담
  ② 처벌조건인 사실 : 검사가 거증책임 부담

> **관련 판례**
>
> ❶ 범죄구성요건을 이루는 사실에 대한 증명책임이 검사에게 있다는 판례
> … 범죄의 구성요건을 이루는 사실은 그것이 주관적 요건이든 객관적 요건이든 그 증명책임이 검사에게 있으므로 … (대판 2020.8.13, 2019도13404).

(3) 형의 가중·감면의 사유가 되는 사실 : 검사가 거증책임 부담

(4) 소송법적 사실
  ① 소송조건의 존재 : 검사가 거증책임 부담
  ② 증거능력의 전제되는 사실 : 증거를 제출한 당사자에게 그 거증책임이 있음

> **관련 판례**
>
> ❶ 제309조의 자백의 임의성에 대한 거증책임에 관한 판례
> 1. 예전 판례 : … 진술의 임의성을 잃게 하는 그와 같은 사정은 … 이례에 속한다 할 것이므로 진술의 임의성은 추정 … (대판 1997.10.10, 97도1720). → 피고인이 구체적 사실을 들어 그에 의하여 자백의 임의성에 합리적이고 상당한 정도의 의심이 있을 때에 비로소 검사에게 그에 대한 입증책임이 돌아간다(대판 1984.8.14, 84도1139).
> 2. 현재 판례 : … 피고인이 입증할 것이 아니고 검사가 그 임의성의 의문점을 해소하는 입증 … (대판 1998.4.10, 97도3234 ; 대판 1999.1.29, 98도3584).
>
> ❷ 증거능력의 전제되는 사실에 대한 기타의 판례
> 1. 사인인 의사가 작성한 진단서 … 당해 진단서의 진정성립의 증거책임은 검사에게 있다(대판 1969.3.31, 69도179).
> 2. 서증의 증거능력을 부여하기 위한 입증책임은 그 서증을 증거로 제출한 검사에게 있다(대판 1970.11.24, 70도2109).

4. 거증책임의 전환

(1) 거증책임전환의 의의 : 피고인에게 부담시키는 것

(2) 상해죄에 있어서 동시범의 특례(형법 제263조)

(3) 명예훼손죄의 위법성조각사유에 있어서 사실의 증명(형법 제310조)

> **관련 판례**
>
> ❶ 명예훼손죄에서 위법성조각사유의 증명
> … 그것이 진실한 사실로서 오로지 공공의 이익에 관한 때에 해당된다는 점을 행위자가 증명하여야 하는 것 … 엄격한 증거에 의하여야 하는 것은 아니므로 … (대판 1996.10.25, 95도1473).

Ⅲ 자유심증주의

1. 자유심증주의의 의의

> **제308조(자유심증주의)**
> 증거의 증명력은 법관의 자유판단에 의한다.

관련 판례

🔹 **자유심증주의의 취지**
… 증거재판주의와 자유심증주의 … 실체적 진실발견에 적합하기 때문 … (대판 2016.10.13, 2015도17869).

2. 자유심증주의의 내용

(1) **자유판단의 주체** : 개별 법관

(2) **자유판단의 대상** : 증거의 증명력(신용력과 협의의 증명력) → 증거의 증거능력은 형식적으로 법정화되어 있어 법관의 자유판단이 허용되지 않음에 유의

(3) **자유판단의 의미**
  ① **법관의 자유판단** : 법관이 법률적 제한을 받지 않고 → 증거의 취사선택은 법관의 자유판단에 맡겨져 있는 것 → 모순되는 증거가 있는 경우에 어느 증거를 믿는가도 법관의 자유
  ② **인적 증거**
    ㉠ 증인의 증언 : 선서한 증인의 증언을 배척할 수도 있음
    ㉡ 피고인의 진술 : 취사선택의 자유
    ㉢ 감정인의 의견 : 법관은 감정인의 감정결과에 반드시 구속되는 것은 아님
  ③ **서증** : 법관의 자유판단에 의함
  ④ **동일증거의 일부와 종합증거** : 동일증거의 일부만을 취사할 수 있고, 단독으로는 증명력이 없는 여러 개의 증거가 결합하여 증명력을 가지는 종합증거에 의한 사실의 인정도 가능

(4) **자유판단의 제한 내지 내재적 한계**
  ① 논리법칙에 의한 제한
  ② 경험법칙에 의한 제한
  ③ 자유심증주의와 상소
  ④ 유죄판결에 있어서 증거요지의 명시
  ⑤ 증거능력의 제한과 자유심증주의

(5) **자유심증주의의 보강** : 탄핵증거는 자유심증주의의 예외가 아니라 자유심증주의를 보강하는 의미

관련 판례

🔹 **법관이 감정인의 감정결과에 반드시 구속되는지 여부(소극)**
… 심신장애 유무와 그 정도를 판단 … 반드시 감정인의 의견에 따라야 하는 것은 아니다(대판 1990.11.27, 90도2210).

🔹 **사망원인에 관한 '부검의(剖檢醫) 소견'의 증명력**
… 부검의가 사체에 대한 부검을 실시한 후 어떤 것을 유력한 사망원인으로 지시한다고 하여 그 밖의 다른 사인이 존재할 가능성을 가볍게 배제하여서는 아니 되고 … 다른 가능한 사망원인을 모두 배제하기 위한 치밀한 논증의 과정을 거치지 않으면 아니 된다(대판 2012.6.28, 2012도231).

❺ 형사재판에 있어서 이미 확정된 형사판결이 동일한 사실관계에 관하여 인정한 사실의 증명력
1. 동일한 사실관계에 관하여 이미 확정된 형사판결이 인정한 사실은 유력한 증거자료 … 특별한 사정이 없는 한 이와 배치되는 사실은 인정할 수 없다 … (대판 2009.6.25. 2008도10096).
2. … 형사사건 확정판결의 사실판단을 그대로 채택하기 어렵다고 인정될 경우에는 이를 배척할 수 있다(대판 2012.6.14. 2011도15653).

❻ 공동피고인 중 1인이 한 자백의 증명력
공동피고인 중의 1인이 다른 공동피고인들과 공동하여 범행을 하였다고 자백한 경우 … 그 자백을 전부 믿어 공동피고인들 전부에 대하여 유죄를 인정하거나 그 전부를 배척하여야 하는 것은 아니고 … 자백한 피고인 자신의 범행에 관한 부분만을 취신하고, 다른 공동피고인들이 범행에 관여하였다는 부분을 배척할 수 있다(대판 1995.12.8. 95도2043).

❼ 자백의 신빙성 유무에 대한 판단기준
1. … 등을 고려하여 피고인의 자백에 … 제309조에 정한 사유 또는 자백의 동기나 과정에 합리적인 의심을 갖게 할 상황이 있었는지를 판단하여야 한다(대판 2010.7.22. 2009도1151).
2. 제1심 법정에서의 자백이 수사기관 또는 항소심에서의 법정진술과 다르다는 사유만으로는 그 자백의 증명력 내지 신빙성이 의심스럽다고 할 수는 없는 것 … 자백의 신빙성 유무를 판단함에 있어서는 자백의 진술내용이 객관적으로 합리성을 띠고 있는지, 자백의 동기나 이유가 무엇이며, 자백에 이르게 된 경위는 어떠한지 … 등을 고려하여 그 자백의 신빙성 유무를 판단하여야 할 것 … (대판 2015.5.29. 2015도1022).

❽ 과학적 증거방법의 증명력
1. 마약류 투약사실을 밝히기 위한 모발감정결과에 기초한 투약가능기간의 추정은 … 그와 같은 방법으로 추정한 투약가능기간을 공소제기된 범죄의 범행시기로 인정하는 것은, 피고인의 방어권 행사에 현저한 지장을 초래할 수 있고 … 이중기소 여부나 일사부재리의 효력이 미치는 범위를 판단하는 데에도 곤란한 문제가 생길 수 있다 … 모발감정결과만을 토대로 마약류 투약기간을 추정하고 유죄로 판단하는 것은 신중하여야 한다(대판 2017.3.15. 2017도44).
2. … 충분한 증명력이 있는 증거를 합리적인 근거 없이 배척하거나 반대로 객관적인 사실에 명백히 반하는 증거를 아무런 합리적인 근거 없이 채택·사용하는 등이 아닌 이상 … (대판 2015.8.20. 2013도11650).
3. 과학적 증거방법이 사실인정에 있어서 상당한 정도로 구속력을 갖기 위해서는 감정인이 전문적인 지식·기술·경험을 가지고 공인된 표준 검사기법으로 분석한 후 법원에 제출하였다는 것만으로는 부족 … 시료의 채취·보관·분석 등 모든 과정에서 시료의 동일성이 인정되고 인위적인 조작·훼손·첨가가 없었음이 담보되어야 … 각 단계에서 시료에 대한 정확한 인수·인계 절차를 확인할 수 있는 기록이 유지되어야 … (대판 2018.2.8. 2017도14222).
4. 유전자검사나 혈액형검사 등 과학적 증거방법은 … 오류의 가능성이 전무하거나 무시할 정도로 극소한 것으로 인정되는 경우에는 법관이 사실인정을 함에 있어 상당한 정도로 구속력을 가지므로 … (대판 2009.3.12. 2008도8486).
5. … 결과의 오류 가능성이 무시할 정도로 극소하다는 점이 검증된다면 공소사실을 뒷받침하는 1차적 증거방법만을 취신하더라도 그것이 자유심증주의의 한계를 벗어났다고 할 수는 없을 것 … 그에 이르지 못한 경우라면 … 섣불리 취신하거나 이와 상반되는 증거방법의 증명력을 가볍게 배척하여서는 아니 된다(대판 2014.2.13. 2013도9605).
6. 음주측정 결과는 … 잘못된 결과가 나오지 않도록 미리 필요한 조치를 취하는 등 그 측정결과의 정확성과 객관성이 담보될 수 있는 공정한 방법과 절차에 따라 이루어져야 하고, … 이러한 방법과 절차에 의하여 얻어진 것이 아니라면 이를 쉽사리 유죄의 증거로 삼아서는 아니 된다(대판 2008.8.21. 2008도5531).

❾ 자유심증주의와 관련된 기타의 판례들
1. … 개별적, 구체적인 사건에서 성폭행 등의 피해자가 처하여 있는 특별한 사정을 충분히 고려하지 않은 채 피해자 진술의 증명력을 가볍게 배척하는 것은 … 논리와 경험의 법칙에 따른 증거판단이라고 볼 수 없다 … 피고인의 친딸로 가족관계에 있던 피해자가 '마땅히 그러한 반응을 보여야만 하는 피해자'로 보이지 않는다는 이유만으로 피해자 진술의 신빙성을 함부로 배척할 수 없다 … 친족관계에 의한 성범죄를 당하였다는 피해자의 진술은 피고인에 대한 이중적인 감정, 가족들의 계속되는 회유와 압박 등으로 인하여 번복되거나 불분명해질 수 있는 특수성이 있다는 점을 고려 … (대판 2020.8.20. 2020도6965).
2. 미성년자인 피해자가 자신을 보호·감독하는 지위에 있는 친족으로부터 강간이나 강제추행 등 성범죄를 당하였다고 진술하는 경우에 그 진술의 신빙성을 판단함에 있어서 … 그 진술의 신빙성을 함부로 배척해서는 안 된다 … 특히 친족관계에 의한 성범죄를 당하였다는 미성년자 피해자의 진술은 … 피해자가 법정에서 수사기관에서의 진술을 번복하는 경우, 수사기관에서 한 진술 내용 자체의 신빙성 인정 여부와 함께 법정에서 진술을 번복하게 된 동기나 이유, 경위 등을 충분히 심리하여 어느 진술에 신빙성이 있는지를 신중하게 판단 … (대판 2020.5.14. 2020도2433).

3. … 증거의 취사선택과 증명력에 대한 판단은 자유심증주의의 한계를 벗어나지 않는 한 사실심 법원의 재량 … 인접한 시기에 같은 피해자를 상대로 저질러진 동종 범죄에 대해서도 각각의 범죄에 따라 피해자 진술의 신빙성이나 그 신빙성 유무를 기초로 한 범죄성립여부를 달리 판단할 수 있고 … (대판 2022.3.31. 2018도19472).
4. … 피고인이 양심적 병역거부를 주장할 경우 … 인간의 내면에 있는 양심을 직접 객관적으로 증명할 수는 없으므로 사물의 성질상 양심과 관련성이 있는 간접사실 또는 정황사실을 증명하는 방법으로 판단 … 정당한 사유가 없다는 사실은 범죄구성요건이므로 검사가 증명 … 검사는 제시된 자료의 신빙성을 탄핵하는 방법으로 진정한 양심의 부존재를 증명할 수 있다 … (대판 2020.9.3. 2020도8055).
5. … 양심에 따른 병역거부 … 진정한 양심에 따른 병역거부라면 … 병역법 제88조 제1항의 '정당한 사유'에 해당 … 인간의 내면에 있는 양심을 직접 객관적으로 증명할 수는 없으므로 사물의 성질상 양심과 관련성이 있는 간접사실 또는 정황사실을 증명하는 방법으로 … 정당한 사유가 없다는 사실은 범죄구성요건이므로 검사가 증명 … 검사는 제시된 자료의 신빙성을 탄핵하는 방법으로 진정한 양심의 부존재를 증명할 수 있다 … (대판 2021.1.28. 2018도4708).

❷ 사실심 법원이 자유심증주의의 한계를 벗어나거나 필요한 심리를 다하지 아니하는 등으로 판결 결과에 영향을 미친 경우, 상고심의 심판대상에 해당하는지 여부(적극)

… 충분한 증명력이 있는 증거를 합리적 이유 없이 배척하거나 반대로 객관적인 사실에 명백히 반하는 증거를 근거 없이 채택·사용하는 것은 자유심증주의의 한계를 벗어나는 것으로서 법률 위반에 해당 … 자유심증주의의 한계를 벗어나거나 필요한 심리를 다하지 아니하는 등으로 판결 결과에 영향을 미친 때에는 … 상고심의 심판대상에 해당 … (대판 2016.10.13. 2015도17869).

3. 자유심증주의의 예외

(1) 자백의 보강법칙(제310조)

(2) 공판조서의 배타적 증명력(제56조)

(3) 피고인의 진술거부권 및 증인의 증언거부권의 행사

03 자백배제법칙

I 자백의 의의

1. 자백의 개념

자신의 범죄사실의 전부 또는 일부를 인정하는 진술 → 자기의 형사책임을 인정하는 경우는 물론 구성요건에 해당하는 사실을 긍정하면서 위법성조각사유나 책임조각사유의 존재를 주장하는 경우도 포함 → 형사책임을 긍정하는 진술임을 요하지 않음

2. 자백의 형식

재판상의 자백과 재판 외의 자백을 모두 포함 → 수사상 자백(경찰자백과 검찰자백)도 포함 → 진술의 형식이나 상대방도 묻지 않으며(일기 등 상대방이 없는 경우도 포함), 구술에 의한 진술뿐만 아니라 서면에 의한 진술도 자백에 포함

3. 자백의 주체

피고인의 진술뿐만 아니라 피의자나 증인·참고인의 진술도 모두 자백에 포함

Ⅱ 자백배제법칙의 의의

> **제309조(강제 등 자백의 증거능력)**
> 피고인의 자백이 고문, 폭행, 협박, 신체구속의 부당한 장기화 또는 기망 기타의 방법으로 임의로 진술한 것이 아니라고 의심할 만한 이유가 있는 때에는 이를 유죄의 증거로 하지 못한다.

Ⅲ 자백배제법칙의 이론적 근거

1. **허위배제설** : 허위가 숨어들 위험성이 많고 진실발견을 저해하기 때문에 배제

2. **인권옹호설** : 묵비권을 중심으로 한 피고인의 기본적 인권을 보장 → 의사결정의 자유 보장

3. **절충설** : 허위배제설과 인권옹호설을 절충

4. **위법배제설** : 자백취득과정에서 그 적정절차(due-process)의 보장 → 위법수집증거배제법칙의 특칙

5. **종합설** : 허위배제설과 인권옹호설 및 위법배제설 모두를 종합

6. **대법원판례의 입장** : 대법원은 최근에 절충설의 입장을 취하고 있음

> [관련 판례]
> ❶ **임의성없는 진술의 증거능력을 부정하는 취지(절충설의 입장)**
> … 허위진술을 유발 또는 강요할 위험성 … 오판을 일으킬 소지 … 진술자의 기본적 인권을 침해하는 위법 부당한 압박이 가하여지는 것을 사전에 막기 위한 것 … (대판 2006.11.23, 2004도7900).

Ⅳ 자백배제법칙의 적용범위

1. **고문・폭행・협박・신체구속의 부당한 장기화로 인한 자백**

    (1) 고문・폭행・협박에 의한 자백
    ① 때리거나 차는 경우에 그에 의한 자백은 증거능력 부정
    ② 고문이나 폭행에 의하여 자백한 경우에는 증거능력 부정
    ③ 다른 피고인이 고문당하는 것을 보고 자백한 경우에는 증거능력 부정
    ④ 검사 이전의 수사기관의 조사과정에서 고문 등으로 임의성없는 진술을 하고 그 후 검사의 조사단계에서도 임의성없는 심리상태가 계속 → 증거능력 부정
    ⑤ 제1회 피의자신문조서가 사건의 송치를 받은 당일에 작성된 것 → 증거능력 부정할 수 없음

    (2) 신체구속의 부당한 장기화로 인한 자백
    ① 구속영장없이 13여 일간 불법으로 구속 → 증거능력 부정
    ② 별건으로 구속된 상태에서 10여 일 내지 수십여 일 동안 거의 매일 검사실로 소환 → 증거능력 부정

2. 기망 기타 방법에 의한 임의성에 의심있는 자백

(1) 기망(위계)에 의한 자백
① 단순히 착오를 이용하는 것으로는 족하지 않고 적극적인 사술이 있을 것을 요함
② 거짓말탐지기의 검사결과 피의자의 진술이 거짓임이 판명되었다고 기망하여 자백을 받은 경우에는 증거능력 부정
③ 증거가 발견되었다고 기망하여 자백을 받은 경우에는 증거능력 부정
④ 공범자가 자백하였다고 거짓말을 하여 자백을 받아낸 경우에는 증거능력 부정

(2) 이익의 약속(협상)에 의한 자백
① 약속된 이익이 자백에 대한 대가로 실제로 제공된 경우에만 이에 해당하고 이익이 제공되지 않은 경우는 기망에 의한 자백에 속함 → 일반적·세속적 이익도 포함되며 반드시 형사처벌과 관계가 있어야 할 필요는 없으나, 다만 담배나 커피의 제공 등 그 이익이 사소한 경우에는 이에 해당하지 않음
_(구체적이고 특수한 것임을 요함)
② 이익의 약속에 의한 자백에 해당하는 경우(증거능력 부정)
  ㉠ 검사가 기소유예처분을 약속하고 자백을 얻는 경우
  ㉡ 가벼운 수뢰죄로 처벌받게 해주겠다고 약속한 경우
  ㉢ 보호감호의 청구를 하지 않겠다는 각서를 작성하여 준 경우
  ㉣ 자백하면 보석으로 석방해 주겠다는 약속을 한 경우
③ 이익의 약속에 의한 자백에 해당하지 않는 경우(증거능력 인정)
  ㉠ 증거가 발견되면 자백하겠다는 약속
  ㉡ 거짓말탐지기 검사결과가 사실이라면 자백하겠다는 약속

(3) 기타 임의성에 의심있는 자백

> **관련 판례**
> ❶ **약 30시간 동안 잠을 재우지 아니한 상태에서 이루어진 자백에 대하여 임의성이 없다고 본 판례**
> … 검사 2명이 교대로 신문을 하면서 회유한 끝에 받아낸 것으로 … 증거능력이 없다(대판 1997.6.27, 95도1964).
>
> ❷ **제309조에 규정된 피고인의 진술의 자유를 침해하는 위법사유들이 예시적인 것인지 여부**
> 형사소송법 제309조는 … 위 법조에서 규정된 피고인의 진술의 자유를 침해하는 위법사유는 원칙적으로 예시사유로 보아야 한다(대판 1985.2.26, 82도2413).

Ⅴ 관련문제

1. 인과관계의 필요성 여부

> **관련 판례**
> ❶ **인과관계의 존재를 요하지만 인과관계는 추정된다는 판례**
> … 인과관계가 존재하지 않은 것이 명백할 때에는 그 자백은 임의성이 있는 것 … 그 인과관계의 존재가 추정되는 것 … (대판 1984.11.27, 84도2252).

2. 임의성의 입증
(1) 자백의 임의성에 대한 거증책임 : 전술함

(2) 자백의 임의성에 대한 증명방법 : 전술함

> **관련 판례**
> ❍ **자백의 증거능력 및 자백의 신빙성을 판단하는 방법**
> … 제309조에서 … 자백의 증거능력이 있는 경우 자백의 내용 자체가 객관적으로 합리성을 띠고 있는지, 자백의 동기나 이유가 무엇이며 자백에 이르게 된 경위는 어떠한지 … 고려하여 자백의 신빙성을 판단하여야 한다(대판 2017.12.28, 2017도17628).

Ⅵ 자백배제법칙의 효과

1. **증거능력의 절대적 배제** : 증거동의×, 탄핵증거×

2. **위법하게 취득된 자백에 의하여 수집된 파생증거의 증거능력(毒樹의 果實)** : 증거능력 부정

04 위법수집증거배제법칙

Ⅰ 위법수집증거배제법칙의 의의

> **제308조의2(위법수집증거의 배제)**
> 적법한 절차에 따르지 아니하고 수집한 증거는 증거로 할 수 없다.

> **관련 판례**
> ❍ **위법수집증거 배제 원칙을 명시한 형사소송법 제308조의2의 취지**
> … 제308조의2는 … 수사과정의 위법행위를 억제하고 재발을 방지함으로써 국민의 기본적 인권 보장이라는 헌법 이념을 실현 … (대판 2019.7.11, 2018도20504).

Ⅱ 위법수집증거배제법칙의 채택여부

1. **위법수집증거배제법칙 채택여부에 관한 일반론**
   현행법은 "적법한 절차에 따르지 아니하고 수집한 증거는 증거로 할 수 없다."고 규정(제308조의2)함으로써 위법수집증거배제법칙을 명문으로 선언 → 진술증거이든 비진술증거이든 모두 위법수집증거배제법칙이 적용되어, 위법한 절차에 의하여 수집한 증거는 진술증거이든 비진술증거이든 그 증거능력이 부정된다고 할 것

> **관련 판례**
> ❍ **적법한 절차에 따르지 아니하고 수집한 증거를 유죄 인정의 증거로 사용할 수 있는지 여부(소극) 및 예외적으로 유죄 인정의 증거로 사용할 수 있는 경우**
> 적법한 절차에 따르지 아니하고 수집한 증거는 증거로 할 수 없다(형사소송법 제308조의2). 다만 … 적법절차의 원칙과 실체적 진실 규명의 조화를 도모하고 이를 통하여 형사 사법 정의를 실현하려고 한 취지에 반하는 결과를 초래하는 것으로 평가되는 예외적인 경우라면 법원은 그 증거를 유죄 인정의 증거로 사용할 수 있다 … (대판 2022.4.28, 2021도17103).

2. 진술증거에 관한 판례들

> **관련 판례**
>
> ❶ **진술거부권을 고지하지 않은 상태에서 얻어낸 피의자진술의 증거능력**
> … 피의자에게 미리 진술거부권을 고지하지 않은 때에는 그 피의자의 진술은 위법하게 수집된 증거로써 진술의 임의성이 인정되는 경우라도 증거능력이 부인 … (대판 1992.6.23, 92도682).
>
> ❷ **선거관리위원회 위원·직원이 선거범죄를 조사하면서 관계인에게 진술이 녹음된다는 사실을 미리 알려 주지 아니하고 진술을 녹음한 경우, 그와 같은 조사절차에 의하여 수집한 녹음파일의 증거능력 유무(소극)**
> … 제308조의2에서 정하는 '적법한 절차에 따르지 아니하고 수집한 증거'에 해당하여 원칙적으로 유죄의 증거로 쓸 수 없다(대판 2014.10.15, 2011도3509).
>
> ❸ **수사기관 등이 통신제한조치허가서에 기재된 사항을 준수하지 아니하고 통신제한조치를 집행하여 취득한 전기통신의 내용 등은 위법하게 수집된 증거로서 증거능력이 부정되는지 여부(적극)**
> … 통신제한조치허가서에 기재된 사항을 준수하지 아니한 채 통신제한조치를 집행하였다면 … 적법한 절차를 따르지 아니하고 수집한 증거에 해당하므로(형사소송법 제308조의2), 이는 유죄 인정의 증거로 할 수 없다(대판 2016.10.13, 2016도8137).
>
> ❹ **피의자가 변호인 참여를 원하는 의사를 표시하였는데도 수사기관이 정당한 사유 없이 변호인을 참여하게 하지 아니한 채 피의자를 신문하여 작성한 피의자신문조서의 증거능력 유무(소극)**
> … 제308조의2에서 정한 '적법한 절차에 따르지 아니하고 수집한 증거'에 해당하므로 이를 증거로 할 수 없다(대판 2013.3.28, 2010도3359).
>
> ❺ **변호인과의 접견교통권을 침해한 상태에서 얻어낸 자백의 증거능력**
> … 위법절차에 의하여 얻은 자백으로서 증거능력을 부정하여야 한다(대판 1990.8.24, 90도1285).
>
> ❻ **위법한 긴급체포에 의한 유치 중에 작성된 피의자신문조서에 위법수집증거배제법칙을 채택한 판례**
> … 위법하게 수집된 증거로서 특별한 사정이 없는 한 이를 유죄의 증거로 할 수 없다(대판 2002.6.11, 200도5701).
>
> ❼ **검찰관이 피고인을 뇌물수수 혐의로 기소한 후, 형사사법공조절차를 거치지 아니한 채 외국에 현지출장하여 그곳에서 뇌물공여자 甲을 상대로 참고인진술조서를 작성한 경우 이 진술조서가 위법수집증거에 해당하는지 여부(소극)**
> … 위법수집증거배제법칙이 적용된다고 볼 수 없다(대판 2011.7.14, 2011도3809).
>
> ❽ **특별검사가 검찰을 통하여 또는 직접 청와대로부터 넘겨받아 법원에 제출한 '청와대 문건'의 증거능력이 인정되는지 여부(적극)**
> 대통령비서실장인 피고인이 대통령의 뜻에 따라 정무수석비서관실과 교육문화수석비서관실 등 수석비서관실과 문화체육관광부에 … 이른바 좌파 등에 대한 지원배제를 지시하였다는 직권남용권리행사방해의 공소사실로 기소 … '대통령기록물 관리에 관한 법률'을 위반하거나 공무상 비밀을 누설하여 수집된 것으로 볼 수 없어 위법수집증거가 아니므로 증거능력이 있다 … (대판 2020.1.30, 2018도2236).
>
> ❾ **수사기관이 '피고인 아닌 자'를 상대로 위법하게 수집한 증거를 '피고인'에 대한 유죄 인정의 증거로 삼을 수 있는지 여부(소극)**
> … 제308조의2 … 수사기관이 '피고인 아닌 자'를 상대로 적법한 절차에 따르지 아니하고 수집한 증거는 원칙적으로 '피고인'에 대한 유죄 인정의 증거로 삼을 수 없다 … (대판 2011.6.30, 2009도6717).

3. 비진술증거에 관한 판례들

> **관련 판례**
>
> ❶ **압수절차에 위반하여 수집한 증거의 증거능력 – 변경 전의 예전 판례 – 지금은 유지될 수 없는 판례임**
> 압수물은 압수절차가 위법하다 하더라도 그 물건 자체의 성질, 형태의 변경을 가져오는 것은 아니어서 그 형태 등에 관한 증거가치에는 변함이 없다할 것이므로 증거능력이 있다(대판 1987.6.23, 87도705).
>
> ❷ **헌법과 형사소송법이 정한 절차에 따르지 아니하고 수집된 압수물의 증거능력**
> … 원칙적으로 유죄 인정의 증거로 삼을 수 없다 할 것 … 다만, 법이 정한 절차에 따르지 아니하고 수집된 압수물의 증거능력 인정여부를 최종적으로 판단함에 있어서는 … 적법절차의 원칙과 실체적 진실규명의 조화를 도모하고 이를 통하여 형사 사법 정의를 실현하려 한 취지에 반하는 결과를 초래하는 것으로 평가되는 예외적인 경우라면 … 그 증거를 유죄 인정의 증거로 사용할 수 있다고 보아야 할 것 … (대판 2007.11.15, 2007도3061).

❷ 헌법과 형사소송법이 정한 절차를 위반하여 수집한 증거를 예외적으로 유죄의 증거로 사용할 수 있는 경우 및 그와 같은 특별한 사정에 대한 증명책임자(= 검사)
··· 그러한 예외적인 경우에 해당한다는 것은 검사가 입증 ··· (대판 2009.3.12, 2008도763).

❷ 긴급체포시 압수한 물건에 관하여 형사소송법 제217조 제2항, 제3항의 규정에 의한 압수수색영장을 발부받지 않고도 즉시 반환하지 않은 경우, 그 증거능력 유무 및 증거동의에 의하여 증거능력이 인정되는지 여부(소극)
··· 이를 유죄인정의 증거로 사용할 수 없는 것 ··· 피고인이나 변호인이 이를 증거로 함에 동의하였다고 하더라도 달리 볼 것은 아니다(대판 2009.12.24, 2009도11401).

❷ 제218조에 위반하여 소유자, 소지자 또는 보관자가 아닌 자로부터 제출받은 물건을 영장 없이 압수한 경우, 그 증거능력 유무 및 증거동의에 의하여 증거능력이 인정되는지 여부(소극)
··· 이를 유죄인정의 증거로 사용할 수 없는 것 ··· 피고인이나 변호인이 이를 증거로 함에 동의하였다고 하더라도 달리 볼 것은 아니다(대판 2010.1.28, 2009도10092).

❷ 수사기관이 피의자 甲의 공직선거법 위반 범행을 영장 범죄사실로 하여 발부받은 압수·수색영장의 집행 과정에서 乙, 丙 사이의 대화가 녹음된 녹음파일을 압수하여 乙, 丙의 공직선거법 위반 혐의사실을 발견한 경우, 별도의 압수·수색영장을 발부받지 않고 압수한 위 녹음파일이 증거능력이 있는지 여부(소극)
··· 제308조의2에서 정한 '적법한 절차에 따르지 아니하고 수집한 증거'로서 증거로 쓸 수 없고 ··· 예외적으로 증거능력을 인정할 수도 없다(대판 2014.1.16, 2013도7101).

❷ 검사 또는 사법경찰관이 영장 발부 사유로 된 범죄 혐의사실과 무관한 별개의 증거를 압수한 경우, 유죄 인정의 증거로 사용할 수 있는지 여부(소극)
1. ··· 압수·수색은 영장 발부의 사유로 된 범죄 혐의사실과 관련된 증거에 한하여 할 수 있으므로, 영장 발부의 사유로 된 범죄 혐의사실과 무관한 별개의 증거를 압수하였을 경우 ··· 유죄 인정의 증거로 사용할 수 없다(대판 2016.3.10, 2013도11233).
2. ··· 범죄수사의 필요성이 있고 피의자가 죄를 범하였다고 의심할 만한 정황이 있는 경우에도 해당 사건과 관계가 있다고 인정할 수 있는 것에 한하여 ··· 영장 발부의 사유로 된 범죄 혐의사실과 관련된 증거가 아니라면 적법한 압수·수색이 아니다 ··· 영장 발부의 사유로 된 범죄 혐의사실과 무관한 별개의 증거를 압수하였을 경우 ··· 유죄 인정의 증거로 사용할 수 없다(대판 2018.4.26, 2018도2624).

❷ 피고인의 동의 또는 영장 없이 혈액을 채취한 경우 그 혈액감정결과 의 증거능력 유무(소극)
··· 피고인이나 변호인의 증거동의 여부를 불문하고 ··· 유죄로 인정하는 증거로 사용할 수 없다 ··· (대판 2011.5.13, 2009도10871).

❷ 수사기관이 법관의 영장에 의하지 아니하고 금융회사 등으로부터 신용카드 매출전표의 거래명의자에 관한 정보를 획득한 경우, 그와 같이 수집된 증거의 증거능력 유무(소극)
··· 제308조의2에서 정하는 '적법한 절차에 따르지 아니하고 수집한 증거'에 해당하여 유죄의 증거로 삼을 수 없다(대판 2013.3.28, 2012도13607).

❷ 수사기관이 이른바 '미란다 원칙'을 고지하지 않은 채 피고인을 강제로 연행한 조치의 위법 여부(적극)
··· 제308조의2에 규정된 '적법한 절차에 따르지 아니하고 수집한 증거'에 해당하여 증거능력을 인정할 수 없다(대판 2013.3.14, 2010도2094).

❷ 위법한 강제연행 상태에서 1차적으로 호흡측정 방법에 의한 음주측정이 이루어진 후 강제연행 상태로부터 시간적·장소적으로 단절되었다고 볼 수 없는 상황에서 피의자의 요구에 의하여 2차적으로 수집된 혈액채취 방법에 의한 음주측정 결과의 증거능력 유무(소극)
··· 혈액채취에 의한 측정결과 역시 유죄 인정의 증거로 쓸 수 없다고 보아야 한다 ··· 피고인이나 변호인이 이를 증거로 함에 동의하였다고 하여도 달리 볼 것은 아니다(대판 2013.3.14, 2010도2094).

❷ 영장 없이 강제로 연행한 상태에서 마약투약여부의 확인을 위한 1차 채뇨절차 이후 법원이 발부한 압수영장에 기하여 이루어진 2차 채뇨절차에 의하여 수집된 소변감정서 등의 증거능력(적극)
··· 2차적 증거인 위 소변감정서 등의 증거능력이 인정된다(대판 2013.3.14, 2012도13611).

❷ 특별검사가 검찰을 통하여 또는 직접 청와대로부터 넘겨받아 법원에 제출한 '청와대 문건'의 증거능력이 인정되는지 여부(적극)
대통령비서실장인 피고인이 대통령의 뜻에 따라 ··· 수석비서관실과 문화체육관광부에 ··· 이른바 좌파 등에 대한 지원배제를 지시하였다는 직권남용권리행사방해의 공소사실로 기소되었는데, 특별검사가 검찰을 통하여 또는 직접 청와대로부터 넘겨받아 원심에 제출한 '청와대 문건'의 증거능력이 문제된 경우, 위 '청와대 문건'은 '대통령기록물 관리에 관한 법률'을 위반하거나 공무상 비밀을 누설하여 수집된 것으로 볼 수 없어 위법수집증거가 아니므로 증거능력이 있다 ··· (대판 2020.1.30, 2018도2236).

Ⅲ 위법수집증거배제법칙의 적용범위

사소한 위법× → '중대한 위법'이 있는 때에 한하여○ → 헌법정신이나 형사소송법의 효력규정에 반하여 수집한 증거

Ⅳ 관련문제

1. 독수(毒樹)의 과실(果實)이론

(1) 독수의 과실이론의 의의 : 위법하게 수집된 제1차 증거(毒樹)에 의하여 발견된 제2차 증거(果實)의 증거능력을 부정하는 이론

(2) 독수의 과실이론의 인정 여부 : 판례는 위법한 절차에 의하여 수집한 증거는 물론 이를 기초로 하여 획득한 2차적 증거에 대해서도 원칙적으로 유죄인정의 증거로 삼을 수 없다고 함

(3) 독수의 과실이론의 예외(독수의 과실이론이 적용되지 않는 경우)
   ① 오염순화(희석)에 의한 예외
   ② 불가피한 발견의 예외
   ③ 독립된 증거원의 예외

> **관련 판례**
>
> ◈ 헌법과 형사소송법이 정한 절차를 위반하여 수집한 증거를 기초로 획득한 2차적 증거의 증거능력 및 그 판단기준
>
> 1. … 헌법과 형사소송법이 정한 절차에 따르지 아니하고 수집한 증거는 물론, 이를 기초로 하여 획득한 2차적 증거 역시 유죄 인정의 증거로 삼을 수 없는 것이 원칙 … 다만 … 적법절차의 원칙과 실체적 진실 규명의 조화를 도모하고 이를 통하여 형사 사법 정의를 실현하려 한 취지에 반하는 결과를 초래하는 것으로 평가되는 예외적인 경우라면, 법원은 그 증거를 유죄 인정의 증거로 사용할 수 있다 … (대판 2009.3.12, 2008도11437).
>
> 2. … 제85조 제1항, 제209조에 반하여 사전에 영장을 제시하지 아니한 채 구속영장을 집행한 경우, 그 구속 중 수집한 2차적 증거들인 구속 피고인의 진술증거는 유죄 인정의 증거로 삼을 수 없는 것이 원칙 … 다만 … 적법절차의 원칙과 실체적 진실 규명의 조화를 도모하고, 이를 통하여 형사 사법 정의를 실현하려 한 취지에 반하는 결과를 초래하는 것으로 평가되는 예외적인 경우라면 … 유죄 인정의 증거로 사용할 수 있다(대판 2000.4.23, 2009도526).
>
> 3. … 2차적 증거의 증거능력 인정 여부를 최종적으로 판단할 때에는 먼저 절차에 따르지 않은 1차적 증거 수집과 관련된 모든 사정들 … 등을 살펴야 … 1차적 증거를 기초로 하여 다시 2차적 증거를 수집하는 과정에서 추가로 발생한 모든 사정들까지 … 주로 인과관계 희석 또는 단절 여부를 중심으로 전체적·종합적으로 고려 … (대판 2018.5.11, 2018도4075).
>
> 4. … 적법한 절차에 따르지 아니한 위법행위를 기초로 하여 증거가 수집된 경우에는 … 2차적 증거에 대해서도 증거능력은 부정 … 적법절차에 위배되는 행위의 영향이 차단되거나 소멸되었다고 볼 수 있는 상태에서 수집한 증거는 … 그 증거능력을 부정할 이유는 없다 … 당초의 적법절차 위반행위와 증거수집 행위의 중간에 그 행위의 위법 요소가 제거 내지 배제되었다고 볼 만한 다른 사정이 개입됨으로써 인과관계가 단절된 것으로 평가할 수 있는 예외적인 경우에는 이를 유죄 인정의 증거로 사용할 수 있다(대판 2013.3.14, 2010도2094).
>
> 5. 수사기관이 법관의 영장에 의하지 아니하고 매출전표의 거래명의자에 관한 정보를 획득한 경우, 이에 터 잡아 수집한 2차적 증거들 … 상당한 시간이 경과하였음에도 다시 동일한 내용의 자백 … 체포 상태에서 이루어진 자백 등으로부터 독립된 제3자의 진술에 의하여 이루어진 사정 등은 통상 2차적 증거의 증거능력을 인정할 만한 정황에 속한다고 볼 수 있다(대판 2013.3.28, 2012도13607).
>
> 6. … 진술거부권을 고지하지 않은 것이 단지 수사기관의 실수일 뿐 … 이후 이루어진 신문에서는 진술거부권을 고지하여 잘못이 시정 … 상당한 시간이 경과하였음에도 다시 자발적으로 계속하여 동일한 내용의 자백을 하였다 … 통상 2차적 증거의 증거능력을 인정할 만한 정황에 속한다 … 2차적 증거 중 피고인 및 피해자의 법정진술은 공개된 법정에서 임의로 이루어진 것이라는 점에서 유죄 인정의 증거로 사용할 수 있다(대판 2009.3.12, 2008도11437).

> ❸ 수사기관이 적법절차를 위반하여 지문채취 대상물을 압수한 경우, 그전에 이미 범행 현장에서 위 대상물에서 채취한 지문이 위법수집증거에 해당하는지 여부(소극)
> … 범행 현장에서 지문채취 대상물에 대한 지문채취가 먼저 이루어진 이상 … 그 이후에 지문채취 대상물을 적법한 절차에 의하지 아니한 채 압수하였다고 하더라도, 위와 같이 채취된 지문은 위법하게 압수한 지문채취 대상물로부터 획득한 2차적 증거에 해당하지 아니함이 분명하여, 이를 가리켜 위법수집증거라고 할 수 없다(대판 2008.10.23, 2008도7471).

2. 위법수집증거와 증거동의

(1) **원칙** : 칙적으로 위법수집증거는 증거동의의 대상이 될 수 없다는 것이 판례의 입장임(대판 2010.1.28, 2009도10092)

(2) **예외** : 판례는 예외적으로 ① 증거보전절차에서 증인신문을 하는 경우에 당사자에게 참여의 기회를 주지 아니한 경우(위법수집증거)라도 피고인과 변호인이 증거로 할 수 있음에 동의하여 별다른 이의없이 적법하게 증거조사를 거친 경우에는 위 증인신문조서는 증인신문절차가 위법하였는지의 여부에 관계없이 증거능력이 부여된다고 하고 있으며(대판 1988.11.8, 86도1646), ② 이미 법정에서 피고인에게 유리한 진술을 한 증인을 검사가 검찰청으로 소환하여 그 법정진술을 번복하는 방식으로 진행한 결과 작성된 증인진술조서의 증거능력(위법수집증거)에 대해 피고인이 증거로 할 수 있음에 동의하지 아니하는 한 증거능력이 없다고 판시하여(대판 2000.6.15, 99도1108), 비록 위법수집증거이지만 증거동의의 대상이 될 수 있음을 인정하고 있는 듯함

3. 위법수집증거와 탄핵증거 : 위법수집증거는 탄핵증거로도 사용할 수 없음

05 전문법칙

I 전문증거와 전문법칙

1. 전문증거의 의의
경험적 사실을 경험자 자신이 직접 법원에 진술하지 않고 다른 형태에 의하여 간접적으로 보고, 즉 중간매체인 서면이나 타인의 진술을 통하여 간접적으로 보고되는 경우 → 원본증거 내지 본래증거와 구별 → 전문진술과 전문서류, 전문서류는 다시 진술서와 진술조서로 나누어 볼 수 있음

2. 전문법칙의 의의와 연혁
전문증거는 증거가 아니며(hearsay is no evidence), 그 증거능력이 인정될 수 없다는 원칙

II 형사소송법상의 전문법칙

1. 전문법칙의 선언

> **제310조의2(전문증거와 증거능력의 제한)**
> 제311조 내지 제316조에 규정한 것 이외에는 공판준비 또는 공판기일에서의 진술에 대신하여 진술을 기재한 서류나 공판준비 또는 공판기일 외에서의 타인의 진술을 내용으로 하는 진술은 이를 증거로 할 수 없다.

2. 전문법칙의 이론적 근거
(1) 반대신문권의 보장

(2) 신용성의 결여

(3) 직접주의의 요청

3. 전문법칙의 적용요건과 적용범위
(1) 전문법칙의 적용요건
① 진술증거에 한함
② 요증사실과의 관계 : 원진술 내용에 의하여 범죄사실, 즉 요증사실을 증명하는 경우에 한함

> **관련 판례**
>
> ❶ 타인의 진술을 내용으로 하는 진술이 본래증거 또는 전문증거인지 판단하는 기준
> … 원진술의 내용인 사실이 요증사실인 경우에는 전문증거이나, 원진술의 존재 자체가 요증사실인 경우에는 본래증거이지 전문증거가 아니다(대판 2012.7.26, 2012도2937).

(2) 전문법칙의 적용이 없는 경우
① 비(非)진술증거
② 진술의 존재자체가 요증사실인 경우(대판 2012.7.26, 2012도2937)

> **관련 판례**
>
> ❶ 휴대전화기에 저장된 문자정보가 증거로 제출된 경우, 형사소송법 제310조의2의 전문법칙이 적용되는지 여부(소극)
> … 그 문자정보는 범행의 직접적인 수단이고 경험자의 진술에 갈음하는 대체물에 해당하지 않으므로, 형사소송법 제310조의2에서 정한 전문법칙이 적용되지 않는다(대판 2008.11.13, 2006도2556).
>
> ❷ 정보저장매체에 기억된 문자정보의 존재자체가 직접증거로 되는 경우에 전문법칙이 적용되는지 여부(소극)
> … 정보저장매체에 기억된 문자정보의 내용의 진실성이 아닌 그와 같은 내용의 문자정보의 존재 자체가 직접 증거로 되는 경우에는 전문법칙이 적용되지 아니한다(대판 2013.2.15, 2010도3504).
>
> ❸ 수표를 발행한 후 예금부족 등으로 지급되지 아니하게 하였다는 부정수표단속법위반 공소사실을 증명하기 위하여 제출되는 수표에 대하여 형사소송법 제310조의2의 전문법칙이 적용되는지 여부(소극)
> … 직접 경험한 사람의 진술에 갈음하는 대체물이 아니므로, 증거능력은 증거물의 예에 의하여 판단 … 제310조의2에서 정한 전문법칙이 적용될 여지가 없다 … (대판 2015.4.23, 2015도2275).
>
> ❹ 다른 사람의 진술을 내용으로 하는 진술이 전문증거인지 본래증거인지 판단하는 기준
> 1. 타인의 진술을 내용으로 하는 진술이 전문증거인지는 요증사실과 관계에서 정하여지는데, 원진술의 내용인 사실이 요증사실인 경우에는 전문증거 … 원진술의 존재 자체가 요증사실인 경우에는 본래증거이지 전문증거가 아니다(대판 2012.7.26, 2012도2937).
> 2. … 제310조의2에서 원칙적으로 전문증거의 증거능력을 인정하지 않고, 제311조부터 제316조까지 정한 요건을 충족하는 경우에만 예외적으로 증거능력을 인정 … 다른 사람의 진술을 내용으로 하는 진술이 전문증거인지는 요증사실이 무엇인지에 따라 … 원진술의 내용인 사실이 요증사실인 경우에는 전문증거 … 원진술의 존재 자체가 요증사실인 경우에는 본래증거이지 전문증거가 아니다(대판 2019.8.29, 2018도2738).

③ 증거동의 : 판례는 이를 전문법칙의 예외로 보고 있음(대판 1983.3.8, 82도2873)
④ 탄핵증거로 사용된 진술 : 전문법칙의 적용이 없는 경우라고 보아야 한다는데 견해 일치
⑤ 정황증거에 사용된 언어 : 전문진술이 원진술자의 심리적·정신적 상황을 증명하기 위한 정황증거로 사용되는 경우에는 전문증거가 아니므로 전문법칙의 적용이 없음

> [관련 판례]
>
> ❹ 어떤 진술이 기재된 서류가 그 내용의 진실성이 범죄사실에 대한 직접증거로 사용될 때 전문증거가 되는 경우, 그와 같은 진술을 하였다는 것 자체 또는 그 진술의 진실성과 관계없는 간접사실에 대한 정황증거로 사용될 때도 반드시 전문증거가 되는지 여부(소극)
> ··· 반드시 전문증거가 되는 것은 아니다(대판 2013.6.13, 2012도16001).
>
> ❹ 어떠한 내용의 진술을 하였다는 사실 자체에 대한 정황증거로 사용될 것이라는 이유로 서류의 증거능력을 인정한 다음 그 사실을 다시 진술내용이나 그 진실성을 증명하는 간접사실로 사용하는 경우, 그 서류는 전문증거에 해당하는지 여부(적극)
> 어떤 진술이 기재된 서류가 그 내용의 진실성이 범죄사실에 대한 직접증거로 사용될 때는 전문증거가 되지만 ··· 진술을 하였다는 것 자체 또는 진술의 진실성과 관계없는 간접사실에 대한 정황증거로 사용될 때는 반드시 전문증거가 되는 것이 아니다 ··· 어떠한 내용의 진술을 하였다는 사실 자체에 대한 정황증거로 사용될 것이라는 이유로 서류의 증거능력을 인정한 다음 그 사실을 다시 진술 내용이나 그 진실성을 증명하는 간접사실로 사용하는 경우에 그 서류는 전문증거에 해당 ··· (대판 2019.8.29, 2018도2738).

Ⅲ 형사소송법상 전문법칙의 예외

[형사소송법상 전문법칙의 예외 개관]

❶ 법원·법관 면전 조서(제311조) : 무조건 증거능력 있음
❷ 피의자신문조서 ─ 검사(제312조 제1항) ─ 적법절차와 방식
                                    └ 내용의 인정
                 └ 사경(제312조 제3항) ─ 적법절차와 방식
                                    └ 내용의 인정
❸ 참고인진술조서 ─ 검사 → 제312조 제4항 ─ 적법절차와 방식
                 └ 사경   ├ 실질적 진정성립
                                      ├ 특신상태
                                      └ 반대신문의 기회
❹ 피고인진술조서 ─ 검사 → 제313조 제1항 단서 ─ 성립의 진정(형식적 + 실질적)
                 └ 사경   └ 특신상태
❺ 진술서 ─ 수사과정(제312조 제5항) : 제312조 제1항에서 제4항까지 준용
          └ 수사과정 이외(제313조 제1항) : 성립의 진정(단, 피고인의 진술서는 특신상태까지)
❻ 감정서(제313조 제3항) : 제313조 제1항 및 제2항을 준용 → 성립의 진정
❼ 검증조서 ─ 검사 → 제312조 제6항 ─ 적법절차와 방식
            └ 사경   └ 성립의 진정(형식적 + 실질적)
❽ 제314조 ─ 제312조 ─ → 필요성 + 특신상태
           └ 제313조 ─
❾ 전문진술 ─ 피고인의 진술(제316조 제1항) : 특신상태
            └ 피고인 아닌 자의 진술(제316조 제2항) ─ 필요성
                                                 └ 특신상태

1. **법원 또는 법관의 면전조서**
   (1) 제311조의 취지 : 법원 또는 법관의 면전조서는 그 성립이 진정하고 신용성의 정황적 보장이 높기 때문에 무조건 증거능력을 인정

   > **제311조(법원 또는 법관의 조서)**
   > 공판준비 또는 공판기일에 피고인이나 피고인 아닌 자의 진술을 기재한 조서와 법원 또는 법관의 검증의 결과를 기재한 조서는 증거로 할 수 있다. 제184조 및 제221조의2의 규정에 의하여 작성한 조서도 또한 같다.

   (2) 피고인의 진술을 기재한 조서
   ① 공판준비 또는 공판기일에서의 피고인의 진술을 기재한 조서 : 당해 사건의 조서만
   ② 다른 사건의 공판준비조서 또는 공판조서 : 제315조 제3호의 '기타 특히 신용할 만한 정황에 의하여 작성된 문서'로서 당연히 증거능력이 인정

   (3) 피고인 아닌 자의 진술을 기재한 조서
   ① 공판준비 또는 공판기일에서의 피고인 아닌 자의 진술을 기재한 조서 : '피고인 아닌 자'에는 증인·감정인뿐만 아니라 공범자나 공동피고인도 포함 → 당해 사건의 조서만
   ② 다른 사건의 공판준비조서 또는 공판조서 : 다른 사건의 공판준비조서 또는 공판조서는 제315조 제3호의 '기타 특히 신용할 만한 정황에 의하여 작성된 문서'로서 당연히 증거능력이 인정
   ③ 공동피고인의 진술을 기재한 조서
      ㉠ 공범인 경우 : 피고인의 동의가 없더라도 그 증거능력이 인정된다는 것이 판례의 입장
      ㉡ 공범이 아닌 경우 : 피고인과 별개의 범죄사실로 기소되어 병합심리중인 공동피고인은 피고인 범죄사실에 관하여는 증인의 지위에 있다할 것이므로 선서 없이 한 그 공동피고인의 피고인으로서 한 공판정에서의 진술은 증거로 쓸 수 없다는 것이 판례의 입장

   (4) 증거보전절차·증인신문청구절차에서 작성한 조서 : 수임판사가 작성한 것이므로 제311조에 포함되어 무조건 증거능력이 인정

2. **피의자신문조서**
   (1) 피의자신문조서의 증거능력
   ① 피의자신문조서의 증거능력(제312조 제1항 내지 제3항)
   ② 피의자신문조서의 형식문제

   > **관련 판례**
   > ❶ 피의자의 진술을 기재한 서류 또는 문서가 수사기관에서의 조사 과정에서 작성된 경우, '진술조서, 진술서, 자술서'라는 형식을 취하였더라도 피의자신문조서와 달리 볼 수 있는지 여부(소극)
   >   … 피의자신문조서와 달리 볼 수 없다(대판 2015.10.29, 2014도5939).
   > ❷ 검사가 피의자인 갑과 대화하는 내용과 장면을 녹화한 비디오테이프에 대한 법원의 검증조서의 증거능력(피의자신문조서) → 신 20세기파 사건
   >   … 피의자신문조서와 실질적으로 같다 … 피의자신문조서에 준하여 그 증거능력을 가려야 … (대판 1992.6.23, 92도682).
   > ❸ 검사작성의 피의자신문조서의 일부를 발췌한 '초본'의 증거능력의 유무
   >   … 원본이 존재하거나 존재하였을 것 … 원본 제출이 불능 또는 곤란한 사정이 있을 것, 원본을 정확하게 전사하였을 것 등 3가지 요건을 전제로 … 피의자신문조서원본과 동일하게 취급할 수 있다(대판 2002.10.22, 2000도5461).
   > ❹ 공범이나 제3자에 대한 검사작성의 피의자신문조서 '등본'의 증거능력
   >   … 서류의 성립의 진정을 인정하여야 증거능력이 인정 … (대판 1999.10.8, 99도3063).

③ 피의자신문조서의 증거능력을 인정하기 위한 전제요건
  ㉠ 진술의 임의성 : 자백인 때에는 제309조, 자백 이외의 진술인 때에는 제317조에 의하여 임의성 요함
  ㉡ 피의자신문절차의 적법성 : 제308조의2에 의한 위법수집증거배제법칙에 의하여 적법성 요함

> **관련 판례**
>
> ❷ 피고인 또는 변호인이 검사가 작성한 피의자신문조서에 대하여 임의성을 인정하였다가 증거조사 완료 후 이를 다투는 경우, 임의성의 증명책임 부담자(= 검사) 및 법원이 취해야 할 조치
>   … 피고인이 증명할 것이 아니라 검사가 그 임의성의 의문점을 없애는 증명 … 피고인이 그 임의성을 인정하는 진술을 하였다가 이를 번복하는 경우에도 마찬가지로 적용 … (대판 2008.7.10, 2007도7760).

(2) 검사작성의 피의자신문조서
  ① 증거능력의 제한
    ㉠ 제312조 제1항 : 2020년 2월 형사소송법 일부개정을 통하여 검사와 사법경찰관리의 지휘·감독 관계를 상호협력관계로 바꾸면서, 그와 같은 맥락에서 검사가 작성한 피의자신문조서의 증거능력의 요건을 사법경찰관작성의 피의자신문조서의 그것과 같게 하였음

> **제312조(검사 또는 사법경찰관의 조서 등)**
> ① 검사가 작성한 피의자신문조서는 적법한 절차와 방식에 따라 작성된 것으로서 공판준비, 공판기일에 그 피의자였던 피고인 또는 변호인이 그 내용을 인정할 때에 한하여 증거로 할 수 있다.
> ② 〈삭제〉

  ㉡ 2020년 개정 전 : 적법한 절차와 방식, 실질적 진정성립, 특히 신빙할 수 있는 상태 등을 그 증거능력의 요건으로 규정하면서, 피고인이 실질적 진정성립을 인정하는 경우(개정 전 제312조 제1항)와 실질적 진정성립을 부인하는 경우(개정 전 제312조 제2항)로 나누고, 피고인이 실질적 진정성립을 부인하는 경우에는 영상녹화물 기타 객관적인 방법에 의하여 그 실질적 진정성립을 증명할 수 있는 내용을 두고 있었음 → 내용의 인정까지 요구하는 사법경찰관작성의 피의자신문조서(제312조 제3항)에 비해서 상대적으로 그 증거능력 인정의 요건을 완화하고 있었음

  ② 검사작성의 의미 : 당해 피의자신문조서가 실질적으로 검사에 의하여 작성된 것

> **관련 판례**
>
> ❷ 제312조 제1항 소정의 '검사작성의 피의자신문조서'로 볼 수 없다는 판례
>   1. … 검찰주사와 검찰주사보가 담당 검사가 임석하지 아니한 상태에서 … (대판 2003.10.9, 2002도4372).
>   2. 검찰주사가 검사의 지시에 따라 검사가 참석하지 않은 상태에서 … (대판 1990.9.28, 90도1483).
>
> ❷ 제312조 제1항 소정의 '검사작성의 피의자신문조서'로 볼 수 있다는 판례
>   1. 검사가 피의사실에 관하여 전반적이고 핵심적인 사항에 대하여 신문을 하고 이를 토대로 그 신문에 참여한 검찰주사가 직접 문답하여 … 검사가 그 자리에 있으면서 이를 지켜보았고 … (대판 1984.7.10, 84도846).
>   2. … 사법연수생인 검사직무대리 … 검사가 작성한 피의자신문조서와 마찬가지로 그 증거능력이 인정된다(대판 2010.4.15, 2010도1107).
>
> ❷ 검찰송치 전 검사작성의 피의자신문조서의 증거능력
>   … 이례에 속하는 것 … 송치 후에 작성된 피의자신문조서와 마찬가지로 취급하기는 어렵다(대판 1994.8.9, 94도1228).

  ③ 증거능력 인정의 요건
    ㉠ 적법한 절차와 방식에 따라 작성될 것 : 피의자신문절차에 규정되어 있는 여러 절차와 방식에 따라 피의자신문조서가 작성될 것을 요한다는 의미

관련 판례
❸ 검사작성 피의자신문조서의 증거능력을 인정하기 위한 요건에서 적법한 절차와 방식에 관한 판례
… 피고인의 기명만이 있고, 그 날인이나 무인이 없거나, 피고인의 서명, 날인 및 간인이 없는 검사작성의 피고인에 대한 피의자신문조서는 증거능력이 없다(대판 1992.6.23, 92도954).

ⓒ 내용을 인정할 것
ⓐ '내용의 인정'의 의미

관련 판례
❸ 형사소송법 제312조 제1항에서 '그 내용을 인정할 때'의 의미
1. … '그 내용을 인정할 때'라 함은 피의자신문조서의 기재 내용이 진술 내용대로 기재되어 있다는 의미가 아니고 그와 같이 진술한 내용이 실제 사실과 부합한다는 것을 의미 … 피고인이 공소사실을 부인하는 경우 검사가 작성한 피의자신문조서 중 공소사실을 인정하는 취지의 진술 부분은 그 내용을 인정하지 않았다고 보아야 … (대판 2023.4.27, 2023도2102).
2. … '그 내용을 인정할 때'라 함은 피의자신문조서의 기재 내용이 진술 내용대로 기재되어 있다는 의미가 아니고 그와 같이 진술한 내용이 실제 사실과 부합한다는 것을 의미 … (대판 2023.6.1, 2023도3741).

ⓑ 2020년 개정 전의 입장
㉮ 실질적 진정성립과 특히 신빙할 수 있는 상태 등을 그 요건으로 하고 있었음
㉯ '실질적 진정성립'이란 조서에 기재된 내용이 진술자의 진술내용과 일치함을 의미하는 것으로서, 피고인이 이를 부인하는 경우에는 '영상녹화물이나 그 밖의 객관적인 방법'에 의하여 그 실질적 진정성립을 증명할 수 있도록 하고 있었음
㉰ '특히 신빙할 수 있는 상태'라 함은 신용성의 정황적 보장을 의미하는 것으로서, 허위개입의 여지가 거의 없고 그 진술내용의 신빙성이나 임의성을 담보할 구체적이고 외부적인 정황이 있는 경우를 의미함

관련 판례
❸ 실질적 진정성립에 관한 판례들 → 2020년 개정으로 검사작성의 피의자신문조서에 대한 증거능력의 요건이 '내용의 인정'으로 바뀌었기 때문에 이제는 더 이상 유지되기 어려운 판례이지만, 후술할 제312조 제4항과 관련해서는 적용될 수 있는 판례임
1. … 피고인 본인의 진술에 의한 실질적 진정성립의 인정은 … 명시적인 진술에 의하여야 하고, 단지 피고인이 실질적 진정성립에 대하여 이의하지 않았다거나 조서 작성절차와 방식의 적법성을 인정하였다는 것만으로 실질적 진정성립까지 인정한 것으로 보아서는 아니 된다(대판 2013.3.14, 2011도8325).
2. … '영상녹화물이나 그 밖의 객관적인 방법'이란 … 영상녹화물 또는 그러한 영상녹화물에 준할 정도로 피고인의 진술을 과학적·기계적·객관적으로 재현해 낼수 있는 방법만을 의미하고, 그 외에 조사관 또는 조사 과정에 참여한 통역인 등의 증언은 이에 해당한다고 볼 수 없다(대판 2016.2.18, 2015도16586).
3. … 검사가 작성한 피의자신문조서의 실질적 진정성립을 증명할 수 있는 방법으로서 구 형사소송법 제312조 제2항에 예시된 영상녹화물은 위와 같은 형사소송법 등에 규정된 방식과 절차에 따라 제작되어 조사 신청된 영상녹화물을 의미 … (대판 2022.7.14, 2020도13957).
4. … 검사가 작성한 피고인이 된 피의자의 진술을 기재한 조서의 실질적 진정성립을 증명하려면 원칙적으로 봉인되어 피의자가 기명날인 또는 서명한 영상녹화물을 조사하는 방법으로 하여야 하고 … 봉인절차를 위반한 영상녹화물로는 이를 증명할 수 없다 … 다만, 형사소송법 등이 정한 봉인절차를 제대로 지키지 못했더라도 영상녹화물 자체에 원본으로서 동일성과 무결성을 담보할 수 있는 수단이나 장치가 있어 조작가능성에 대한 합리적 의심을 배제할 수 있는 경우에는 … 실질적 진정성립의 인정 여부를 판단할 수 있다고 보아야 한다 … (대판 2022.7.14, 2020도13957).
5. … 조서 중 일부에 관하여만 원진술자가 공판준비 또는 공판기일에서 실질적 진정성립을 인정하는 경우에는 법원은 … 구체적으로 심리한 다음 진술한 대로 기재되어 있다고 하는 부분에 한하여 증거능력을 인정하여야 하고 … 실질적 진정성립이 부정되는 부분에 대해서는 증거능력을 부정하여야 한다(대판 2013.5.23, 2010도15499).

> 6. … 성립의 진정함을 인정하는 진술을 하였다 하더라도 … 증거조사가 완료되기 전에는 그 진술을 번복함으로써 그 피의자신문조서를 유죄 인정의 자료로 사용할 수 없도록 할 수 있으나 … 증거조사가 완료된 뒤에는 그와 같은 번복의 의사표시에 의하여 이미 인정된 조서의 증거능력이 당연히 상실되는 것은 아니다 … (대판 2008.7.10, 2007도7760).
>
> ❷ 검사작성의 피의자신문조서에 관하여 특신상태가 인정되는 경우 그 진정성립이 인정되지 않는 경우에도 증거능력이 있는지 여부(소극) → 2020년 개정으로 검사작성의 피의자신문조서에 대한 증거능력의 요건이 '내용의 인정'으로 바뀌었기 때문에 이제는 더 이상 유지되기 어려운 판례이지만, 후술할 제312조 제4항과 관련해서는 적용될 수 있는 판례임
> … 이를 증거로 사용할 수 없다고 보아야 한다(대판 2007.1.25, 2006도7342).

④ 검사작성의 공범관계에 있는 공동피고인 중 1인에 대한 피의자신문조서가 다른 공동피고인에 대한 유죄의 증거가 될 수 있는지 여부
  ㉠ 형사소송법의 태도 : '공동피고인에 대한 검사작성의 피의자신문조서'는 형식적으로만 본다면 후술할 참고인진술조서와 마찬가지로 제312조 제4항에 따라 그 증거능력이 인정될 수 있을 것임 → 제312조 제4항에 따르면 적법절차와 방식, 실질적 진정성립, 특히 신빙할 수 있는 상태, 다른 공동피고인에 대한 반대신문권의 기회가 보장될 것이라는 요건이 필요
  ㉡ 판례의 입장

> [관련 판례]
> ❷ 절도범과 장물범이 함께 기소된 경우, 검사 작성의 공동피고인에 대한 피의자신문조서가 증거능력을 갖기 위한 요건 – 변경 전의 예전 판례임
> … 공동피고인에 대한 피의자신문조서는 공동피고인의 증언에 의하여 그 성립의 진정이 인정되지 아니하는 한 피고인의 공소 범죄사실을 인정하는 증거로 할 수 없다(대판 2006.1.12, 2005도7601).
>
> ❷ 형사소송법 제312조 제1항에서 정한 '검사가 작성한 피의자신문조서'에 당해 피고인과 공범관계에 있는 다른 피고인이나 피의자에 대하여 검사가 작성한 피의자신문조서도 포함되는지 여부(적극)
> … 당해 피고인에 대한 피의자신문조서만이 아니라 당해 피고인과 공범관계에 있는 다른 피고인이나 피의자에 대하여 검사가 작성한 피의자신문조서도 포함 … '공범'에는 형법 총칙의 공범 이외에도 … 필요적 공범 또는 대향범까지 포함 … 피고인이 자신과 공범관계에 있는 다른 피고인이나 피의자에 대하여 검사가 작성한 피의자신문조서의 내용을 부인하는 경우에는 … 제312조 제1항에 따라 유죄의 증거로 쓸 수 없다(대판 2023.6.1, 2023도3741).

⑤ 제314조의 적용
  ㉠ 검사작성의 당해 피고인에 대한 피의자신문조서에 대하여는 제314조가 적용×
  ㉡ 검사작성의 공동피고인에 대한 피의자신문조서에 대하여는 제314조가 적용○ → 그러나 2020년 개정으로 검사작성의 피의자신문조서에 대한 증거능력의 요건이 '내용의 인정'으로 바뀌었기 때문에, 후술할 사법경찰관작성의 피의자신문조서와 마찬가지로 제314조가 적용되지 않는다고 해석할 가능성도 있음

(3) 사법경찰관작성의 피의자신문조서
① 증거능력의 제한 : 검사작성의 피의자신문조서에 비하여 그 요건이 엄격함

> **제312조(검사 또는 사법경찰관의 조서 등)**
> ③ 검사 이외의 수사기관이 작성한 피의자신문조서는 적법한 절차와 방식에 따라 작성된 것으로서 공판준비 또는 공판기일에 그 피의자였던 피고인 또는 변호인이 그 내용을 인정할 때에 한하여 증거로 할 수 있다.

② '검사 이외의 수사기관'의 의미 : 사법경찰관 및 검찰수사기관, 검찰사무관, 국가정보원 직원 등이 포함됨, 미국 범죄수사대(CID), 연방수사국(FBI)의 수사관과 같은 외국의 권한 있는 수사기관도 포함됨

> **관련 판례**
> ❷ 외국의 권한 있는 수사기관이 형사소송법 제312조 제3항에 정한 '검사 이외의 수사기관'에 포함되는지 여부(적극) 및 미국 범죄수사대(CID), 연방수사국(FBI)의 수사관들이 작성한 수사보고서의 증거능력 인정의 요건
> … 제312조 제3항 … 외국의 권한 있는 수사기관도 포함된다(대판 2006.1.13, 2003도6548).

③ 증거능력 인정의 요건
  ㉠ 적법한 절차와 방식에 따라 작성될 것 : 피의자신문절차에 규정되어 있는 여러 절차와 방식에 따라 피의자신문조서가 작성될 것을 요한다는 의미

> **관련 판례**
> ❷ 사법경찰관 작성 피의자신문조서의 증거능력을 인정하기 위한 요건에서 적법한 절차와 방식에 관한 판례
> 1. … 제244조의3 제2항에 규정한 방식에 위반하여 진술거부권 행사 여부에 대한 피의자의 답변이 자필로 기재되어 있지 아니하거나 그 답변 부분에 피의자의 기명날인 또는 서명이 되어 있지 아니한 … 제312조 제3항에서 정한 '적법한 절차와 방식'에 따라 작성된 조서라 할 수 없으므로 그 증거능력을 인정할 수 없다(대판 2013. 3.28, 2010도3359).
> 2. … 제243조의2 … 수사기관이 정당한 사유 없이 변호인을 참여하게 하지 아니한 채 피의자를 신문하여 작성한 피의자신문조서는 … 제312조에 정한 '적법한 절차와 방식'에 위반된 증거일 뿐만 아니라, … 제308조의2에서 정한 '적법한 절차에 따르지 아니하고 수집한 증거'에 해당하므로 이를 증거로 할 수 없다(대판 2013.3.28, 2010도3359).

  ㉡ 내용을 인정할 것 : 피고인이 제1심 법정 이래 공소사실을 계속 부인하는 경우에는 증거목록에 피고인이 그 내용을 인정한 것으로 기재되었다고 하더라도 그 기재된 것은 착오 기재 등으로 보아 이 피의자신문조서의 증거능력을 부정하여야 할 것임(대판 2010.6.24, 2010도5040)

> **관련 판례**
> ❷ 검사 이외의 수사기관 작성 피의자신문조서의 증거능력을 인정하기 위한 요건인 피고인이나 변호인이 '그 내용을 인정할 때'의 의미
> 제312조 제3항 … 피고인이나 변호인이 그 내용을 인정할 때에 한하여 증거로 할 수 있다고 규정 … '그 내용을 인정할 때'라 함은 피의자신문조서의 기재내용이 진술 내용대로 기재되어 있다는 의미가 아니고 그와 같이 진술한 내용이 실제사실과 부합한다는 것 … (대판 2010.6.24, 2010도5040).

④ 피의자의 '진술서'의 경우 : 수사과정에서 작성된 피의자의 '진술서'의 경우도 수사기관이 작성한 '피의자신문조서'와 마찬가지로 취급(제312조 제5항)
⑤ 피고인이 내용을 부인할 경우 조사경찰관의 증언으로 제316조 제1항에 따라 증거능력을 인정할 수 있는지 여부
  ㉠ 예전의 논의

> **관련 판례**
> ❷ 피고인이 내용을 부인할 경우 수사경찰관이나 다른 경찰관의 증언으로 제316조 제1항에 따라 증거능력을 인정할 수 있는지 여부(소극) – 개정 전의 판례임(개정법상으로는 증거능력이 인정될 수 있음)
> 수사경찰관이나 다른 경찰관이 피고인의 자백하는 진술을 들었다는 증언은 제312조 제2항과의 관계에 비추어 피고인이 그 내용을 부인하는 때에는 증거로 할 수 없다(대판 1997.10.28, 97도2211).

  ㉡ 현행법의 태도 : 사법경찰관이 작성한 피의자신문조서에 대하여 피고인이 내용을 부인함으로써 그 증거능력이 없는 상태에서, 조사경찰관이나 수사과정을 지켜본 증인이 피고인의 진술을 내용으로 하는 경우 조서지 등이 증인으로 나와 위증죄의 부담을 안으면서 피고인측의 반대신문권이

보장되어 있는 상황에서 행한 증언이기 때문에, 이 증언에 대해서도 제316조 제1항에 따라 '특신상태'라는 요건을 갖추면 증거능력이 인정되도록 하고 있음 → 이른바 조사자 증언제도

⑥ 사법경찰관작성의 공범관계에 있는 공동피고인 중 1인에 대한 피의자신문조서를 다른 공동피고인에 대한 유죄의 증거로 사용하는 경우에도 제312조 제3항이 적용되는지 여부 : 제312조 제4항에 따르지 않고 제312조 제3항에 따라 피고인이 그 내용을 인정하여야만 증거능력이 인정됨

> **관련 판례**
>
> ❶ **형사소송법 제312조 제3항의 적용범위**
> … 제312조 제3항은 검사 이외의 수사기관이 작성한 당해 피고인에 대한 피의자신문조서를 유죄의 증거로 하는 경우뿐만 아니라 … 당해 피고인과 공범관계에 있는 다른 피고인이나 피의자에 대한 피의자신문조서를 당해 피고인에 대한 유죄의 증거로 채택할 경우에도 적용 … 당해 피고인이 공판기일에서 그 조서의 내용을 부인하면 증거능력이 부정 … (대판 2009.10.15, 2009도1889).
>
> ❷ **피고인과 공범관계에 있는 다른 피의자에 대한 검사 이외의 수사기관 작성의 피의자신문조서가 형사소송법 제312조 제4항의 요건을 갖추었더라도 피고인이 공판기일에 그 조서의 내용을 부인하는 경우, 그 증거능력의 유무(소극)**
> … 제312조 제4항의 요건을 갖춘 경우라고 하더라도 당해 피고인이 공판기일에서 그 조서의 내용을 부인한 이상 이를 유죄 인정의 증거로 사용할 수 없다(대판 2009.7.9, 2009도2865).

※ **참고사항 - 공동피고인의 소송관계**

1. **증인적격** : 판례는 공범 아닌 공동피고인(이해관계가 없이 우연히 심리만 병합된 경우나 이해관계가 상반된 경우)은 실질적으로 제3자이므로 증인적격이 있지만, 공범인 공동피고인(이해관계가 공통되는 경우)의 경우에는 진술거부권을 무의미하게 할 염려가 있으며 공범인 공동피고인의 법정진술에는 증거능력이 있으므로 증인적격을 인정할 필요가 없다는 절충설의 입장을 따르고 있다(대판 1982.9.14, 82도1000 ; 대판 2008.6.26, 2008도3300 등).
2. **공범인 공동피고인의 진술을 기재한 공판준비조서 또는 공판조서** : 공판정에서 공범인 공동피고인의 진술을 기재한 조서는 피고인의 동의가 없더라도 그 증거능력이 인정된다는 것이 판례의 입장이다(대판 1966.5.17, 66도316).
3. **검사작성의 공동피고인에 대한 피의자신문조서** : 예전 판례는 형사소송법 제312조 제4항에 따라 "공동피고인의 증언에 의하여 그 성립의 진정이 인정되지 아니하는 한 피고인의 공소범죄사실을 인정하는 증거로 할 수 없다."고 판시한 바 있었으나(대판 2006.1.12, 2005도7601), 최근 판례에 따르면 형사소송법 제312조 제1항에서 정한 '검사작성의 피의자신문조서'에는 당해 피고인에 대한 피의자신문조서만이 아니라 당해 피고인과 공범관계에 있는 다른 피고인이나 피의자에 대하여 검사가 작성한 피의자신문조서도 포함된다고 하면서, 피고인이 자신과 공범관계에 있는 다른 피고인이나 피의자에 대한 검사작성의 피의자신문조서에 대하여 그 내용을 부인하는 경우에는 형사소송법 제312조 제1항에 따라 유죄의 증거로 쓸 수 없다고 판시하고 있다(대판 2023.6.1, 2023도3741).
4. **사법경찰관작성의 공동피고인에 대한 피의자신문조서** : 甲과 乙이 공범인 공동피고인일 때 乙에 대한 피의자신문조서에 대하여 乙이 내용을 인정하더라도 甲이 그 내용을 인정하지 않으면 乙에 대한 피의자신문조서는 甲에 대하여는 증거능력이 없다(대판 2009.10.15, 2009도1889 ; 대판 2010.1.28, 2009도10139 등).
5. **보강증거의 요부와 보강증거의 자격** : 甲과 乙이 공범인 공동피고인일 때 乙의 자백은 甲에 대한 유죄의 인정에 있어서 보강증거를 요하지 않으며(대판 1992.7.28, 92도917), 한편 乙의 자백은 甲의 자백에 대한 보강증거가 될 수 있다(대판 1983.6.25, 83도1111).
6. **국민참여재판배제결정** : 공범 관계에 있는 피고인들 중 일부가 국민참여재판을 원하지 아니하여 국민참여재판의 진행에 어려움이 있다고 인정되는 경우에는 국민참여재판을 하지 아니하기로 하는 결정 즉 국민참여재판의 배제결정을 할 수 있다(국민의 형사재판 참여에 관한 법률 제9조).
7. **공동피고인을 위한 파기** : 피고인을 위하여 원심판결을 파기하는 경우에 파기의 이유가 항소한 공동피고인에게 공통되는 때에는 그 공동피고인에게 대하여도 원심판결을 파기하여야 한다(제364조의2).

⑦ 제314조의 적용여부

㉠ 사법경찰관작성의 당해 피고인에 대한 피의자신문조서에 대하여 제314조가 적용×

㉡ 당해 피고인과 공범관계에 있는 다른 피의자에 대한 사법경찰관작성의 피의자신문조서에 대해서도 제314조가 적용×

> **관련 판례**
>
> ❷ 피고인과 공범관계에 있는 다른 피의자에 대한 검사 이외의 수사기관 작성의 피의자신문조서의 증거능력과 형사소송법 제314조의 적용 여부(소극)
> … 제314조가 적용되지 않는다(대판 2009.11.26, 2009도6602).
>
> ❷ 피고인과 공범관계가 있는 다른 피의자에 대하여 검사 이외의 수사기관이 작성한 피의자신문조서의 증거능력이 인정되기 위한 요건 및 위 피의자신문조서에 형사소송법 제314조가 적용되는지 여부(소극)
> … 피고인과 공범관계가 있는 다른 피의자에 대하여 검사 이외의 수사기관이 작성한 피의자신문조서는 … 제312조 제4항의 요건을 갖춘 경우라도 해당 피고인이 공판기일에서 그 조서의 내용을 부인한 이상 이를 유죄 인정의 증거로 사용할 수 없고 … 제314조가 적용되지 아니한다 … 이러한 법리는 공동정범이나 교사범, 방조범 등 공범관계에 있는 자들 사이에서뿐만 아니라, 법인의 대표자나 법인 또는 개인의 대리인, 사용인, 그 밖의 종업원 등 행위자의 위반행위에 대하여 행위자가 아닌 법인 또는 개인이 양벌규정에 따라 기소된 경우, 이러한 법인 또는 개인과 행위자 사이의 관계에서도 마찬가지로 적용된다 … (대판 2020.6.11, 2016도9367).

(4) 관련문제
  ① 증거동의 대상 : 제318조의 증거동의의 대상이 됨
  ② 탄핵증거와의 관계 : 판례는 탄핵하기 위한 반대증거로는 사용할 수 있다는 긍정설의 입장

> **관련 판례**
>
> ❷ 성립의 진정이나 내용을 부인하는 피의자신문조서를 탄핵증거로 사용할 수 있는지 여부(적극)
> … 피고인의 법정에서의 진술을 탄핵하기 위한 반대증거로 사용할 수 있다(대판 1998.2.27, 97도1770).

3. 진술조서

(1) 진술조서의 의의 : 피의자 아닌 자(참고인·피해자·피고인)의 진술을 기재한 조서

(2) 참고인진술조서의 증거능력
  ① 증거능력인정의 요건

> **제312조(검사 또는 사법경찰관의 조서 등)**
> ④ 검사 또는 사법경찰관이 피고인이 아닌 자의 진술을 기재한 조서는 적법한 절차와 방식에 따라 작성된 것으로서 그 조서가 검사 또는 사법경찰관 앞에서 진술한 내용과 동일하게 기재되어 있음이 원진술자의 공판준비 또는 공판기일에서의 진술이나 영상녹화물 기타 객관적인 방법에 의하여 증명되고, 피고인 또는 변호인이 공판준비 또는 공판기일에 그 기재 내용에 관하여 원진술자를 신문할 수 있었던 때에는 증거로 할 수 있다. 다만, 그 진술이 특히 신빙할 수 있는 상태하에서 행하여졌음이 증명된 때에 한한다.

> **관련 판례**
>
> ❷ 형사소송법 제312조 제4항에서 피고인이 아닌 자의 진술조서를 '적법한 절차와 방식에 따라 작성한다.'는 것의 의미
> … 적법한 절차와 방식에 따라 작성한다는 것은 … 피고인 아닌 사람의 진술에 대한 조서 작성 과정에서 지켜야 한다고 정한 여러 절차를 준수하고 조서의 작성 방식에도 어긋나지 않아야 한다는 것을 의미 … (대판 2017.7.18, 2015도12981).
>
> ❷ 진술조서가 가명(假名)으로 작성되었다는 이유로 형사소송법 제312조 제4항이 정한 '적법한 절차와 방식에 따라 작성된 것'이 아니라고 보아 증거능력을 부정하여야 하는지 여부(소극)
> … 진술자의 성명을 가명으로 기재하여 조서를 작성하였다고 해서 그 이유만으로 그 조서가 '적법한 절차와 방식'에 따라 작성되지 않았다고 할 것은 아니다 … (대판 2012.5.24, 2011도7757).
>
> ❷ 사법경찰리 작성의 피해자에 대한 진술조서가 피해자의 화상으로 인한 서명불능이라는 이유로 입회인에 의해 서명날인된 경우, 그 진술조서의 증거능력 유무(소극)
> … 입회하고 있던 피해자의 동생에게 대신 읽어 주고 그 동생으로 하여금 서명날인하게 하는 방법으로 작성된 경우 … 제312조 제4항 소정의 요건을 결여한 서류로서 증거로 사용할 수 없다(대판 1997.4.11, 96도2865).

> ❸ **진술조서의 실질적 진정성립 인정과 관련된 판례**
> … '수사기관에서 사실대로 진술하고 진술한 대로 기재되어 있는지 확인하고 서명무인하였다.'는 취지로 증언하였을 뿐 … 진술조서의 진정성립을 인정하는 취지인지 분명하지 아니하고 … 증거능력이 없다 … (대판 2013.8.14. 2012도13665).
>
> ❹ **수사기관이 작성한 피고인 아닌 자의 진술을 기재한 조서에 대한 실질적 진정성립을 증명할 수 있는 수단으로서 형사소송법 제312조 제4항에 규정된 '영상녹화물'의 의미 및 형사소송법 및 형사소송규칙에 규정된 방식과 절차를 위반한 영상녹화물에 의하여 피고인 아닌 자의 진술을 기재한 조서의 실질적 진정성립을 증명할 수 있는지 여부(소극)**
> … 실질적 진정성립을 증명할 수 있는 수단으로서 형사소송법 제312조 제4항에 규정된 '영상녹화물'이라 함은 형사소송법 및 형사소송규칙에 규정된 방식과 절차에 따라 제작되어 조사 신청된 영상녹화물을 의미 … 영상녹화를 시작하기 전에 피고인 아닌 자의 동의를 받고 그에 관해서 피고인 아닌 자가 기명날인 또는 서명한 영상녹화 동의서를 첨부하여야 … 조사가 개시된 시점부터 조사가 종료되어 참고인이 조서에 기명날인 또는 서명을 마치는 시점까지 조사 전 과정이 영상녹화되어야 … 이를 위반한 영상녹화물에 의하여는 특별한 사정이 없는 한 피고인 아닌 자의 진술을 기재한 조서의 실질적 진정성립을 증명할 수 없다(대판 2022.6.16. 2022도364).
>
> ❺ **형사소송법 제312조 제4항에서 정한 '특히 신빙할 수 있는 상태'의 의미 및 그 증명책임 소재(= 검사)**
> … 허위개입의 여지가 거의 없고, 진술 내용의 신빙성이나 임의성을 담보할 구체적이고 외부적인 정황이 있는 것 … 검사가 … 증명 … 엄격한 증명을 요하지 아니하고 자유로운 증명으로 족하다(대판 2012.7.26. 2012도2937).

② 사법경찰관이 피의자의 진술을 진술조서의 형식으로 기재한 경우 : 피의자신문조서와 같음

(3) **제314조에 의한 증거능력의 인정** : 검사 또는 사법경찰관 작성의 진술조서에도 제314조가 적용○

> **관련 판례**
> ❶ **사법경찰리가 작성한 진술조서의 증거능력**
> … 제312조 제4항의 규정에 따라 … 제314조의 요건 … 에 해당하는 경우에 한하여 … (대판 2006.4.14. 2005도9561).

(4) **수사기관에 의한 공소제기 후 증인에 대한 번복진술조서** : 검사가 피고인에게 유리한 증언을 한 증인을 법정 외에서 다시 참고인으로 조사하여 공판정에서의 진술을 번복하게 하는 진술조서를 작성한 경우 피고인이 증거로 할 수 있음에 동의하지 아니하는 한 그 증거능력이 없음(대판 2000.6.15. 99도1108)

(5) **수사기관에 의한 피고인에 대한 진술조서** : 제313조 제1항 단서

> **제313조(진술서 등)**
> ① 전2조의 규정 이외에 피고인 또는 피고인이 아닌 자가 작성한 진술서나 그 진술을 기재한 서류로서 그 작성자 또는 진술자의 자필이거나 그 서명 또는 날인이 있는 것(피고인 또는 피고인 아닌 자가 작성하였거나 진술한 내용이 포함된 문자·사진·영상 등의 정보로서 컴퓨터용디스크, 그 밖에 이와 비슷한 정보저장매체에 저장된 것을 포함한다. 이하 이 조에서 같다)은 공판준비나 공판기일에서의 그 작성자 또는 진술자의 진술에 의하여 그 성립의 진정함이 증명된 때에는 증거로 할 수 있다. 단, 피고인의 진술을 기재한 서류는 공판준비 또는 공판기일에서의 그 작성자의 진술에 의하여 그 성립의 진정함이 증명되고 그 진술이 특히 신빙할 수 있는 상태하에서 행하여 진 때에 한하여 피고인의 공판준비 또는 공판기일에서의 진술에 불구하고 증거로 할 수 있다.
> ② 제1항 본문에도 불구하고 진술서의 작성자가 공판준비나 공판기일에서 그 성립의 진정을 부인하는 경우에는 과학적 분석결과에 기초한 디지털포렌식 자료, 감정 등 객관적 방법으로 성립의 진정함이 증명되는 때에는 증거로 할 수 있다. 다만, 피고인 아닌 자가 작성한 진술서는 피고인 또는 변호인이 공판준비 또는 공판기일에 그 기재 내용에 관하여 작성자를 신문할 수 있었을 것을 요한다.

> **관련 판례**
> ❶ **공소제기 후 검사가 작성한 피고인에 대한 진술조서의 증거능력**
> … 공소제기 후에 작성된 것이라는 이유만으로는 곧 그 증거능력이 없다고 할 수 없다(대판 1984.9.25. 84도1646).

(6) 수사기관이 아닌 공무원이 작성한 심문조서 : 제313조 제1항

> **관련 판례**
>
> ❸ 조세범칙조사를 담당하는 세무공무원이 피고인이 된 혐의자 또는 참고인에 대하여 심문한 내용을 기재한 조서에 증거능력이 인정되기 위한 요건(= 형사소송법 제313조 제1항)
> 조세범칙조사를 담당하는 세무공무원이 피고인이 된 혐의자 또는 참고인에 대하여 심문한 내용을 기재한 조서는 검사·사법경찰관 등 수사기관이 작성한 조서와 동일하게 볼 수 없으므로 … 제312조에 따라 증거능력의 존부를 판단할 수는 없고 … 제313조에 따라 공판준비 또는 공판기일에서 작성자·진술자의 진술에 따라 성립의 진정함이 증명되고 나아가 그 진술이 특히 신빙할 수 있는 상태 아래에서 행하여진 때에 한하여 증거능력이 인정 … (대판 2022.12.15, 2022도8824).

(7) 증거동의의 대상 : 제318조에 의한 증거동의의 대상이 됨

4. 진술서

(1) 진술서의 의의
  ① 진술서의 의의 : 피고인·피의자 또는 참고인이 스스로 자기의 의사 등을 기재한 서면
  ② 진술서의 형식 : 자술서·시말서 등 그 명칭 여하를 불문하며 작성장소도 불문 → 메모나 일기 또는 컴퓨터디스켓, 디지털 저장매체의 파일, 핸드폰 문자 등도 이에 포함

> **관련 판례**
>
> ❶ 컴퓨터디스켓의 증거능력
> … 컴퓨터디스켓은 그 기재의 매체가 다를 뿐, 실질에 있어서는 피고인 또는 피고인 아닌 자의 진술을 기재한 서류와 크게 다를 바 없고 … 제313조 제1항에 의하여 … (대판 1999.9.3, 99도2317).
>
> ❷ 정보저장매체에 기억된 문자정보 또는 그 출력물의 증거능력
> … 컴퓨터용디스크 그 밖에 이와 비슷한 정보저장매체에 입력하여 기억된 문자정보를 증거로 사용하는 경우 … 진술서나 그 진술을 기재한 서류와 크게 다를 바 없고 … 제313조 제1항에 의하여 … (대판 2013.2.15, 2010도3504).
>
> ❸ 디지털 저장매체로부터 출력한 문건의 증거능력
> … 디지털 저장매체로부터 출력한 문건을 진술증거로 사용하는 경우, 그 기재 내용의 진실성에 관하여는 전문법칙이 적용 … 제313조 제1항에 따라 … (대판 2013.6.13, 2012도16001).
>
> ❹ 피해자가 피고인으로부터 당한 공갈 등 피해 내용을 담아 자신의 남동생에게 보낸 문자메시지의 내용을 촬영한 사진은 증거서류 중 피해자의 진술서에 준하는 것으로 보아야 하는지 여부(적극)
> 피해자가 … 남동생에게 도움을 요청하면서 피고인이 협박한 말을 포함하여 공갈 등 피고인으로부터 피해를 입은 내용을 문자메시지로 보낸 것을 촬영한 사진은 … 피해자의 진술서에 준하는 것 … 진술서에 관한 형사소송법 제313조에 따라 그 진정성립이 인정되면 증거로 할 수 있다(대판 2010.11.25, 2010도8735).
>
> ❺ 변호사가 법률자문 과정에 작성하여 피고인에게 전송한 전자문서를 출력한 '법률의견서'의 증거능력
> … 제313조 제1항에 규정된 '피고인 아닌 자가 작성한 진술서나 그 진술을 기재한 서류'에 해당 … 작성자 또는 진술자인 변호사의 진술에 의하여 성립의 진정함이 증명되지 아니하였다면 … 그 증거능력을 인정할 수 없다(대판 2012.5.17, 2009도6788).

(2) 진술서의 증거능력
  ① 수사과정에서 작성한 진술서 : 제312조 제5항에 따라 '수사기관이 작성한 조서'와 마찬가지로 취급

> **제312조(검사 또는 사법경찰관의 조서 등)**
> ⑤ 제1항 내지 제4항은 피고인 또는 피고인이 아닌 자가 수사과정에서 작성한 진술서에 관하여 준용한다.

> **관련 판례**
>
> ❷ 피고인이 아닌 자가 수사과정에서 진술서를 작성하였으나 수사기관이 그에 대한 조사과정을 기록하지 아니하여 형사소송법 제244조의4 제3항, 제1항에서 정한 절차를 위반한 경우, 그 진술서의 증거능력 유무(소극)
> … '적법한 절차와 방식'에 따라 수사과정에서 진술서가 작성되었다 할 수 없으므로 증거능력을 인정할 수 없다(대판 2015.4.23, 2013도3790).
>
> ❸ 피고인이 아닌 자가 수사과정에서 진술서를 작성하였지만 수사기관이 조사과정의 진행경과를 확인하기 위하여 필요한 사항을 진술서에 기록하거나 별도의 서면에 기록한 후 수사기록에 편철하는 등 적절한 조치를 취하지 아니하여 형사소송법 제244조의4 제1항, 제3항에서 정한 절차를 위반한 경우, '적법한 절차와 방식'에 따라 수사과정에서 진술서가 작성되었다고 할 수 있는지 여부(소극) 및 형사소송법 제312조 제5항의 적용대상인 '수사과정에서 작성한 진술서'의 의미
> … 제312조 제5항의 적용대상인 '수사과정에서 작성한 진술서'란 수사가 시작된 이후에 수사기관의 관여 아래 작성된 것이거나, 개시된 수사와 관련하여 수사과정에 제출할 목적으로 작성한 것으로, 작성 시기와 경위 등 여러 사정에 비추어 그 실질이 이에 해당하는 이상 명칭이나 작성된 장소 여부를 불문… (대판 2022.10.27, 2022도9510).
>
> ❹ 피고인이 지하철역 에스컬레이터에서 휴대전화기의 카메라를 이용하여 성명불상 여성 피해자의 치마 속을 몰래 촬영하다가 현행범으로 체포되어 성폭력범죄의 처벌 등에 관한 특례법 위반(카메라등이용촬영)으로 기소된 경우, 체포 당시 임의제출 방식으로 압수된 피고인 소유 휴대전화기에 대한 압수조서 중 '압수경위'란에 기재된 내용은 피고인이 범행을 저지르는 현장을 직접 목격한 사람의 진술이 담긴 것으로서 형사소송법 제312조 제5항에서 정한 '피고인이 아닌 자가 수사과정에서 작성한 진술서'에 준하는 것으로 볼 수 있는지 여부(적극)
> … 체포 당시 임의제출 방식으로 압수된 피고인 소유 휴대전화기에 대한 압수조서의 '압수경위'란에 … '20대가량 남성이 짧은 치마를 입고 에스컬레이터를 올라가는 여성을 쫓아가 뒤에 밀착하여 치마 속으로 휴대폰을 집어넣는 등 해당 여성의 신체를 몰래 촬영하는 행동을 하였다.'는 내용이 포함 … 위 압수조서 중 '압수경위'란에 기재된 내용은 피고인이 범행을 저지르는 현장을 직접 목격한 사람의 진술이 담긴 것 … 제312조 제5항에서 정한 '피고인이 아닌 자가 수사과정에서 작성한 진술서'에 준하는 것으로 볼 수 있고 … 휴대전화기에 대한 임의제출절차가 적법하였는지에 영향을 받지 않는 별개의 독립적인 증거에 해당 … (대판 2019.11.14, 2019도13290).

② 수사가 아닌 과정에서 작성한 진술서 : 제313조 제1항이 적용됨

(3) 사법경찰관 수사단계에서 작성된 피의자의 진술서 : 전술함

(4) 제314조의 적용 여부 : 진술서에 대해서도 제314조가 적용됨

(5) 증거동의의 대상 : 제318조에 의한 증거동의의 대상이 됨

5. 검증조서

(1) 검증조서의 의의 : 법원 또는 수사기관이 검증의 결과를 기재한 서면

(2) 법원 또는 법관의 검증조서
① 검증조서 자체의 증거능력 : 무조건 증거로 할 수 있음(제311조 전단)
② 검증조서에 기재된 참여인진술의 증거능력 : 현장지시와 현장진술을 나누어 현장지시는 검증조서와 일체를 이루기 때문에 검증조서로서 증거능력을 인정하지만 현장진술은 진술조서로 취급하여야 함
③ 검증조서에 첨부된 사진·도화의 증거능력 : 검증조서와 일체

> **관련 판례**
>
> ❶ 녹음테이프에 대한 검증 내용이 진술자의 상태 등을 확인하기 위한 것인 경우 검증조서의 증거능력
> … 법원의 검증 결과를 기재한 조서로서 제311조에 의하여 당연히 증거로 할 수 있다(대판 2008.7.10, 2007도10755).

(3) 검사 또는 사법경찰관의 검증조서
　① 검증조서 자체의 증거능력

> **제312조(검사 또는 사법경찰관의 조서 등)**
> ⑥ 검사 또는 사법경찰관이 검증의 결과를 기재한 조서는 적법한 절차와 방식에 따라 작성된 것으로서 공판준비 또는 공판기일에서의 작성자의 진술에 따라 그 성립의 진정함이 증명된 때에는 이를 증거로 할 수 있다.

　　㉠ 적법한 절차와 방식에 따라 작성될 것
　　㉡ 작성자의 진술에 따라 그 성립의 진정함이 증명될 것 : 진정성립의 의미는 형식적 진정성립과 실질적 진정성립을 포함하는 개념이며, 작성자는 검사 또는 사법경찰관으로서 검증에 참여한 것에 불과한 자는 이에 포함되지 않음(대판 1976.4.13, 76도500)
　　㉢ 제312조 제6항이 적용되는 검증조서의 범위 : 수사기관이 강제수사(제215조)에 의하여 검증한 결과를 기재한 조서○, 승낙에 의하여 검증한 결과를 기재한 서면○, 실황조사서○
　② 검증조서에 기재된 참여인진술의 증거능력 : 현장지시는 검증조서와 일체를 이루기 때문에 제312조 제6항에 따라 증거능력을 판단하고, 현장진술의 경우는 진술증거로서 실질적으로는 참고인진술조서 또는 피의자신문조서이므로 검증조서의 작성주체와 진술자에 따라 제312조 내지 제313조 제1항을 적용함
　③ 검증조서에 첨부된 범행재연사진의 증거능력

> **관련 판례**
> ❶ 피고인이 사법경찰관작성의 검증조서 중 범행재연사진 부분을 부인하는 경우 그 부분의 증거능력 유무(소극)
> … 공판정에서 검증조서에 기재된 진술내용 및 범행을 재연한 부분에 대하여 … 이를 부인하고 있는 경우에는 그 증거능력을 인정할 수 없다(대판 1998.3.13, 98도159).
> ❷ 피고인의 자백진술과 이를 기초로 한 범행재연상황을 기재한 실황조사서와 피고인의 범행부인시의 그 증거능력(소극)
> 사법경찰관이 작성한 실황조사서에 … 피고인이 공판정에서 실황조사서에 기재된 진술내용 및 범행재연의 상황을 모두 부인하고 있다면 그 실황조사서는 증거능력이 없다 할 것이다(대판 1984.5.29, 84도378).

　④ 제314조의 적용 : 검사 또는 사법경찰관의 검증조서에도 제314조가 적용○

6. 감정서
(1) 감정서의 의의 : 감정인 또는 감정수탁자가 작성한 감정의 경과와 결과를 기재한 서류
(2) 증거능력의 제한
　① 감정서는 감정인의 자필이거나 그 서명 또는 날인이 있고 공판준비나 공판기일에서 감정인의 진술에 의하여 그 성립의 진정함이 증명된 때에 한하여 증거로 할 수 있음(제313조 제3항) → 법원 또는 법관의 명령에 의한 감정인의 감정보고서○, 수사기관에 의한 감정수탁자가 작성한 감정서○

> **제313조(진술서 등)**
> ③ 감정의 경과와 결과를 기재한 서류도 제1항 및 제2항 같다.

　② 사인(私人)인 의사가 작성한 진단서는 제313조 제1항에 의하여 그 증거능력이 인정됨
(3) 제314조의 적용 : 감정서에도 제314조가 적용○

7. 제314조에 의한 증거능력의 인정

(1) 제314조의 의의 : 필요성과 신용성의 정황적 보장을 요건으로, 전문법칙의 예외를 인정하여 증거능력을 부여하려는 규정 → 합헌(헌재결 1998.9.30, 97헌바51)

> **제314조(증거능력에 대한 예외)**
> 제312조 또는 제313조의 경우에 공판준비 또는 공판기일에 진술을 요하는 자가 사망·질병·외국거주·소재불명 그 밖에 이에 준하는 사유로 인하여 진술할 수 없는 때에는 그 조서 및 그 밖의 서류(피고인 또는 피고인 아닌 자가 작성하였거나 진술한 내용이 포함된 문자·사진·영상 등의 정보로서 컴퓨터용디스크, 그 밖에 이와 비슷한 정보저장매체에 저장된 것을 포함한다)를 증거로 할 수 있다. 다만, 그 진술 또는 작성이 특히 신빙할 수 있는 상태하에서 행하여졌음이 증명된 때에 한한다.

(2) 제314조의 적용요건

① 필요성(진술을 요할 자의 진술불능)

관련 판례

❶ 제314조에 해당한다고 본 판례들

1. … 증인으로 소환당할 당시부터 노인성 치매로 인한 기억력 장애, 분별력 상실 등으로 인하여 진술할 수 없는 상태 … 제314조에 의하여 증거능력 있는 증거라 할 것이다(대판 1992.3.13, 91도2281).
2. … 필요성의 요건 중 '질병'은 진술을 요할 자가 공판이 계속되는 동안 임상신문이나 출장신문도 불가능할 정도의 중병임을 요한다고 할 것 … '기타 사유'는 사망 또는 질병에 준하여 증인으로 소환될 당시부터 기억력이나 분별력의 상실 상태에 있다거나 … (대판 2006.5.25, 2004도3619).
3. … 유아가 공판정에서 진술을 하였더라도 증인신문 당시 일정한 사항에 관하여 기억이 나지 않는다는 취지로 진술하여 그 진술의 일부가 재현 불가능하게 된 경우 … 제314조에 … 해당한다(대판 2007.7.26, 2006도9294).
4. … 증인소환장이 송달되지 아니하여 그 소재탐지촉탁까지 하였으나 그 소재를 알지 못하게 되어 … 제314조에 해당한다(대판 2007.7.26, 2006도9294).
5. … 법원의 소환에 계속 불응하고 구인하여도 구인장이 집행되지 아니하는 등 법정에서의 신문이 불가능한 상태 … 제314조에 해당한다 … (대판 2000.6.9, 2000도1765).
6. … 형식적으로 구인장 집행이 불가능하다는 취지의 서면이 제출되었다는 것만으로는 부족 … 증인에 대한 구인장의 강제력에 기하여 증인의 법정출석을 위한 가능하고도 충분한 노력을 다하였음에도 불구하고 부득이 증인의 법정 출석이 불가능하게 되었다는 사정을 검사가 입증한 경우 … (대판 2007.1.11, 2006도7228).
7. … 증인의 법정 출석을 위한 가능하고도 충분한 노력을 다하였음에도 불구하고 부득이 증인의 법정 출석이 불가능하게 되었다는 사정을 검사가 증명한 경우여야 한다(대판 2013.4.11, 2013도1435).
8. 진술을 요할 자가 중풍·언어장애 등 … 장애로 인하여 법정에 출석할 수 없었고 … 제314조에 해당한다고 할 것이다(대판 1999.5.14, 99도202).
9. 일본에 거주하는 사람을 증인으로 채택 … 송달에 응하지 않고 있어 그 송달이 불가능하다는 취지의 회신을 받고 위 증인을 취소하였다면 … 제314조에 해당한다(대판 1987.9.8, 87도1446).
10. … 미국으로 출국하여 그곳에 거주하고 있음 … 장기간 귀국할 수 없음을 통보 … 그 증인이 외국거주 등 사유로 인하여 법정에서의 신문이 불가능한 상태의 경우에 해당된다고 할 것 … (대판 2007.6.14, 2004도5561).
11. '외국거주'라고 함은 진술을 요하는 자가 외국에 있다는 것만으로는 부족 … 그를 공판정에 출석시켜 진술하게 할 모든 수단을 강구하는 등 가능하고 상당한 수단을 다하더라도 그 진술을 요할 자를 법정에 출석하게 할 수 없는 사정이 있어야 … (대판 2016.2.18, 2015도17115).

❷ 제314조에 해당하지 않는다고 본 판례들

1. … 증인의 주소지가 아닌 곳으로 소환장을 보내 송달불능이 되자 그 곳을 중심으로 소재탐지를 한 끝에 소재탐지불능 회보를 받은 경우에는 이에 해당한다고 볼 수 없다(대판 2006.12.22, 2006도7479).
2. 공판기일에 증인으로 소환받고도 출산을 앞두고 있다는 이유로 출석하지 아니한 것은 … 기타 사유로 인하여 진술을 할 수 없는 때에 해당한다고 할 수 없어 … (대판 1999.4.23, 99도915).
3. 만 5세 무렵에 당한 성추행으로 인하여 외상 후 스트레스증후군을 앓고 있다 … 제314조에 정한 필요성의 요건과 신용성 정황적 보장의 요건을 모두 갖추지 못하여 증거능력이 없다 … (대판 2006.5.25, 2004도3619).

> 4. … 증언거부권을 행사하여 증언을 거부한 경우는 형사소송법 제314조의 '그 밖에 이에 준하는 사유로 인하여 진술할 수 없는 때'에 해당하지 아니한다고 할 것이다(대판 2012.5.17. 2009도6788).
> 5. … 참고인이 법정에서 증언을 거부하여 피고인이 반대신문을 하지 못한 경우에는 정당하게 증언거부권을 행사한 것이 아니라도 … 제314조의 '그 밖에 이에 준하는 사유로 인하여 진술할 수 없는 때'에 해당하지 않는다고 보아야 한다 … 증인이 정당하게 증언거부권을 행사하여 증언을 거부한 경우와 마찬가지로 수사기관에서 그 증인의 진술을 기재한 서류는 증거능력이 없다 … 피고인이 증인의 증언거부 상황을 초래하였다는 등의 특별한 사정이 있는 경우에는 형사소송법 제314조의 적용을 배제할 이유가 없다 … (대판 2019.11.21. 2018도13945).
> 6. … 진술거부권을 행사하여 진술을 거부한 경우는 형사소송법 제314조의 '그 밖에 이에 준하는 사유로 인하여 진술할 수 없는 때'에 해당하지 아니한다(대판 2013.6.13. 2012도16001).

② 신용성의 정황적 보장(특신상태)

관련 판례

> ❷ 형사소송법 제314조가 전문증거의 예외적 증거능력 부여 요건의 하나로 정하고 있는 '특히 신빙할 수 있는 상태에서 행하여졌음이 증명된 때'와 관련한 법원의 조치 및 그 증명의 정도
> 1. … 그 진술 내용이나 조서의 작성에 허위개입의 여지가 거의 없고, 그 진술 내용의 신빙성이나 임의성을 담보할 구체적이고 외부적인 정황이 있는 경우 … 단지 그러할 개연성이 있다는 정도로는 부족하며, 합리적 의심의 여지를 배제할 정도에 이르러야 … 반대신문의 기회조차도 없이 증거능력을 부여할 수 있도록 함으로써 보다 중대한 예외를 인정한 것이므로, 그 요건을 더욱 엄격하게 해석·적용 … (대판 2022.3.17. 2016도17054).
> 2. … 단순히 적법하고 진술의 임의성이 담보되는 정도를 넘어, 법정에서의 반대신문 등을 통한 검증을 굳이 거치지 않더라도 진술의 신빙성을 충분히 담보할 수 있어 전문법칙에 대한 예외로 평가할 수 있는 정도에 이르러야 할 것이다(대판 2011.11.10. 2010도12).
> 3. … 단순히 그 진술이나 조서의 작성과정에 뚜렷한 절차적 위법이 보이지 않는다거나 진술의 임의성을 의심할 만한 구체적 사정이 없다는 것만으로는 부족 … 반대신문 등을 통한 검증을 굳이 거치지 않더라도 진술의 신빙성과 임의성을 충분히 담보할 수 있는 구체적이고 외부적인 정황이 있어 그에 기초하여 법원이 유죄의 심증을 형성하더라도 증거재판주의의 원칙에 어긋나지 않는다고 평가할 수 있는 정도에 이르러야 한다(대판 2014.8.26. 2011도6035).

(3) 제314조의 적용범위

① 피의자신문조서 등 피고인 자신의 진술이 기재된 서류 : ×
② 검사작성의 공동피의자에 대한 피의자신문조서 : ○ → 변경될 가능성이 있음
③ 사법경찰관작성의 공동피의자에 대한 피의자신문조서 : ×
④ 진술조서와 진술서 : ○
⑤ 수사기관작성의 검증조서와 실황조사서 : ○
⑥ 외국수사기관작성의 조서나 서류 : ○

8. 당연히 증거능력이 있는 서류

> **제315조(당연히 증거능력이 있는 서류)**
> 다음에 게기한 서류는 증거로 할 수 있다.
> 1. 가족관계기록사항에 관한 증명서, 공정증서등본 기타 공무원 또는 외국공무원의 직무상 증명할 수 있는 사항에 관하여 작성한 문서
> 2. 상업장부, 항해일지 기타 업무상 필요로 작성한 통상문서
> 3. 기타 특히 신용할 만한 정황에 의하여 작성된 문서

(1) 공무원 또는 외국공무원의 직무상 증명할 수 있는 사항에 관하여 작성한 문서(제315조 제1호)
① 이에 해당하는 경우 : 등기부등본·초본○, 인감증명○, 복지부장관의 마약에 관한 시가보고서○, 세관공무원이 작성한 범칙물자에 대한 시가감정서○, 외국공무원이 직무상 작성한 문서로서 일본

하관 세관서 통괄심리관 작성의 범칙물건감정서등본과 분석의뢰서○, 법원의 판결서사본○, 전과조회회보○, 국립과학수사연구소장이 작성한 감정의뢰보고서○, 군의관 작성의 진단서○등
② 이에 해당되지 않는 경우 : 공소장과 같은 의사표시적 문서×, 외국수사기관이 수사결과 얻은 정보를 회답하여 온 문서×, 육군과학수사연구소 실험분석관이 작성한 감정서×

(2) 업무상 필요로 작성한 통상문서(제315조 제2호)
① 이에 해당하는 경우 : 금전출납부○, 의사의 진료부○ 등
② 이에 해당되지 않는 경우 : 사인인 의사의 상해진단서×, 피고인이 작성한 상업장부×

> **관련 판례**
>
> ❷ 성매매업소에서 영업에 참고하기 위하여 상대방에 관한 정보를 입력하여 작성한 메모리카드의 내용이 '영업상 필요로 작성한 통상문서'로서 당연히 증거능력이 있는 문서에 해당하는지 여부(적극)
> … 위 메모리카드의 내용은 형사소송법 제315조 제2호의 '영업상 필요로 작성한 통상문서'로서 당연히 증거능력 있는 문서에 해당한다 … (대판 2007.7.26, 2007도3219).

(3) 기타 특히 신용할 만한 정황에 의하여 작성된 문서(제315조 제3호)
① 이에 해당하는 경우 : 다른 피고사건의 공판조서○, 사법경찰관 작성의 새세대 16호에 대한 수사보고서○, 구속적부심문조서○ 등
② 이에 해당되지 않는 경우 : 주민들의 진정서사본×

> **관련 판례**
>
> ❷ 형사소송법 제315조 제2호 및 제3호의 문서에 해당하는지 여부를 판단하는 방법
> … 상업장부나 항해일지, 진료일지 등과 같이 범죄사실의 인정 여부와는 관계없이 자기에게 맡겨진 사무를 처리한 내역을 그때그때 계속적, 기계적으로 기재한 문서는 … 제315조 제2호에 의하여 당연히 증거능력이 인정 … 제315조 제3호에서 규정한 '기타 특히 신용할 만한 정황에 의하여 작성된 문서'는 … '굳이 반대신문의 기회 부여 여부가 문제 되지 않을 정도로 고도의 신용성의 정황적 보장이 있는 문서'를 의미한다고 할 것 … (대판 2015.7.16, 2015도2625).
>
> ❷ 다른 피고인에 대한 형사사건의 공판조서 중 일부인 증인신문조서의 증거능력 유무(적극)
> … 제315조 제3호에 정한 서류로서 당연히 증거능력이 있다고 보아야 할 것 … (대판 2005.4.28, 2004도4428).
>
> ❷ 사법경찰관작성의 수사보고서가 제315조 제3호 소정의 문서에 해당되어 당연히 증거능력이 인정되는지 여부(적극)
> 사법경찰관작성의 새세대 16호에 대한 수사보고서는 … 제315조 제3호 소정의 "기타 특히 신용할 만한 정황에 의하여 작성된 문서"에 해당되는 문서로서 당연히 증거능력이 인정된다(대판 1992.8.14, 92도1211).
>
> ❷ 수사보고서에 검증의 결과에 해당하는 기재가 있는 경우 그 기재부분의 증거능력 유무(소극)
> … 그 기재부분은 증거로 할 수 없다(대판 2001.5.29, 2000도2933).
>
> ❷ 대한민국 주중국 대사관 영사가 작성한 사실확인서 중 공인부분을 제외한 나머지 부분이 상급자 등에 대한 보고를 목적으로 작성된 것인 경우, 제315조 제1호 또는 제3호의 문서에 해당하는지 여부(소극)
> … 제315조 제1호의 '공무원의 직무상 증명할 수 있는 사항에 관하여 작성된 문서'라고 볼 수 없으므로 증거능력이 없다(대판 2007.12.13, 2007도7257).
>
> ❷ 체포·구속인접견부의 증거능력유무(소극)
> 체포·구속인접견부는 … 유치장의 안전과 질서를 위태롭게 하는 것을 방지하기 위한 목적으로 작성되는 서류로 보일 뿐 … 제315조 제2, 3호에 규정된 당연히 증거능력이 있는 서류로 볼 수는 없다(대판 2012.10.25, 2011도5459).
>
> ❷ 보험사기 사건에서 건강보험심사평가원이 수사기관의 의뢰에 따라 그 보내온 자료를 토대로 입원진료의 적정성에 대한 의견을 제시하는 내용의 '건강보험심사평가원의 입원진료 적정성 여부 등 검토의뢰에 대한 회신'이 제315조 제3호에 해당하는지 여부(소극)
> … 사무처리 내역을 계속적, 기계적으로 기재한 문서가 아니라 범죄사실의 인정 여부와 관련 있는 어떠한 의견을 제시하는 내용을 담고 있는 문서는 … 제315조 제3호에서 규정하는 당연히 증거능력이 있는 서류에 해당한다고 볼 수 없으므

로 … 보험사기 사건에서 건강보험심사평가원이 수사기관의 의뢰에 따라 그 보내온 자료를 토대로 입원진료의 적정성에 대한 의견을 제시하는 내용의 '건강보험심사평가원의 입원진료 적정성 여부 등 검토의뢰에 대한 회신'은 … 제315조 제3호의 '기타 특히 신용할 만한 정황에 의하여 작성된 문서'에 해당하지 않는다(대판 2017.12.5, 2017도12671).

9. 전문진술(傳聞陳述)

(1) **전문진술과 전문법칙**(제316조) : 다만, 전문진술을 증거로 함에 있어서는 전문진술자가 원진술자로부터 진술을 들을 당시 원진술자가 증언능력에 준하는 능력을 갖춘 상태에 있어야 함

> **제316조(전문의 진술)**
> ① 피고인이 아닌 자(공소제기 전에 피고인을 피의자로 조사하였거나 그 조사에 참여하였던 자를 포함한다. 이하 이 조에서 같다)의 공판준비 또는 공판기일에서의 진술이 피고인의 진술을 그 내용으로 하는 것인 때에는 그 진술이 특히 신빙할 수 있는 상태하에서 행하여졌음이 증명된 때에 한하여 이를 증거로 할 수 있다.
> ② 피고인 아닌 자의 공판준비 또는 공판기일에서의 진술이 피고인 아닌 타인의 진술을 그 내용으로 하는 것인 때에는 원진술자가 사망, 질병, 외국거주, 소재불명 그 밖에 이에 준하는 사유로 인하여 진술할 수 없고, 그 진술이 특히 신빙할 수 있는 상태하에서 행하여졌음이 증명된 때에 한하여 이를 증거로 할 수 있다.

(2) **피고인의 진술을 내용으로 하는 피고인 아닌 자의 진술**(제316조 제1항의 예외)
① '피고인 진술'의 의미 : 피고인의 지위뿐만 아니라 피의자·참고인 지위에서 행하여진 것도 포함
② 조사경찰관이나 수사과정을 지켜본 증인이 피고인의 진술을 내용으로 하는 경우 : 그 조사자 등이 증인으로 나와 위증죄의 부담을 안으면서 피고인측의 반대신문권이 보장되어 있는 상황에서 행한 증언이기 때문에, 제316조 제1항에 따라 '특신상태'라는 요건을 갖추면 증거능력이 인정됨

> **관련 판례**
> ● 형사소송법 제316조 제1항에서 정한 '피고인의 수사기관 진술이 특히 신빙할 수 있는 상태하에서 행하여졌음'의 의미 및 이러한 특신상태의 존재에 대한 주장·증명 책임의 소재(= 검사)
> … '그 진술이 특히 신빙할 수 있는 상태하에서 행하여졌음'이란 그 진술을 하였다는 것에 허위 개입의 여지가 거의 없고, 그 진술내용의 신빙성이나 임의성을 담보할 구체적이고 외부적인 정황이 있음을 의미 … 특신상태는 증거능력의 요건에 해당하므로 검사가 그 존재에 대하여 구체적으로 주장·증명 … 단지 그러할 개연성이 있다는 정도로는 부족하고 합리적인 의심의 여지를 배제할 정도에 이르러야 … (대판 2023.10.26, 2023도7301).

(3) **피고인 아닌 타인의 진술을 내용으로 하는 피고인 아닌 자의 진술**(제316조 제2항의 예외)

> **관련 판례**
> ● 형사소송법 제316조 제2항에서 말하는 '원진술자가 진술을 할 수 없는 때' 및 '특히 신빙할 수 있는 상태하에서 행하여진 때'의 의미
> … '원진술자가 진술을 할 수 없는 때'에는 사망, 질병 등 명시적으로 열거된 사유 외에도 원진술자가 공판정에서 진술을 한 경우라도 증인신문 당시 일정한 사항에 관하여 기억이 나지 않는다는 취지로 진술하여 그 진술의 일부가 재현 불가능하게 된 경우도 포함하는 것 … '그 진술 또는 작성이 특히 신빙할 수 있는 상태하에서 행하여진 때'라 함은 그 진술내용이나 조서 또는 서류의 작성에 허위개입의 여지가 거의 없고, 그 진술내용의 신빙성이나 임의성을 담보할 구체적이고 외부적인 정황이 있는 경우 … (대판 2006.4.14, 2005도9561).
> ● 형사소송법 제314조의 '특신상태'와 관련된 법리가 형사소송법 제316조 제2항의 '특신상태'에 관한 해석에 그대로 적용되는지 여부(적극)
> … 제314조의 '특신상태'와 관련된 법리는 … 제316조 제2항의 '특신상태'에 관한 해석에도 그대로 적용 … (대판 2014.4.30, 2012도725).

> ❷ 공소제기 전에 피고인 아닌 자를 조사한 자 등의 증언이 제316조 제2항에 따라 증거능력을 갖추기 위한 요건
> … 원진술자가 법정에 출석하여 수사기관에서 한 진술을 부인하는 취지로 증언한 이상 원진술자의 진술을 내용으로 하는 조사자의 증언은 증거능력이 없다(대판 2008.9.25, 2008도6985).

(4) 피고인의 전문진술 : 제316조 제2항을 유추적용

(5) 재전문의 증거능력

> 관련 판례
>
> ❷ 전문진술을 기재한 조서·서류의 증거능력
> … 제313조 내지 제314조의 규정에 의하여 각 그 증거능력이 인정될 수 있는 경우에 해당하여야 함은 물론, 나아가 … 제316조 제2항의 규정에 따른 위와 같은 요건을 갖추어야 예외적으로 증거능력이 있다(대판 2006.4.14, 2005도9561).
>
> ❷ 재전문진술이나 재전문진술을 기재한 조서의 증거능력 유무(소극)
> … 재전문진술이나 재전문진술을 기재한 조서 … 피고인이 증거로 하는 데 동의하지 아니하는 한 형사소송법 제310조의2의 규정에 의하여 이를 증거로 할 수 없다(대판 2000.3.10, 2000도159).

10. 진술의 임의성

(1) 형사소송법 제317조

> **제317조(진술의 임의성)**
> ① 피고인 또는 피고인 아닌 자의 진술이 임의로 된 것이 아닌 것은 증거로 할 수 없다.
> ② 전항의 서류는 그 작성 또는 내용인 진술이 임의로 되었다는 것이 증명된 것이 아니면 증거로 할 수 없다.
> ③ 검증조서의 일부가 피고인 또는 피고인 아닌 자의 진술을 기재한 것인 때에는 그 부분에 한하여 전2항의 예에 의한다.

(2) 제317조의 적용대상 : 자백의 임의성은 제309조에 의하여 판단하고, 자백 이외의 진술의 임의성은 제317조에 의하여 판단 → 제309조와 제317조는 임의성의 내용에 차이가 없음

Ⅳ 전문법칙의 관련문제

1. 사진의 증거능력

(1) 사본으로서의 사진의 증거능력 : 전문증거× → 원본증거를 공판정에 제출할 수 없음이 인정되고 원물의 존재와 이를 촬영한 사진인 것이 확인되면 증거로 할 수 있음

> 관련 판례
>
> ❷ 휴대전화기에 저장된 문자정보 및 이를 휴대전화기 화면에 띄워 촬영한 사진의 증거능력
> … 휴대전화기에 저장된 문자정보 그 자체가 범행의 직접적인 수단으로서 증거로 사용될 수 있다 … 그 문자정보를 읽을 수 있도록 한 휴대전화기의 화면을 촬영한 사진을 증거로 제출 … 이를 증거로 사용하려면 문자정보가 저장된 휴대전화기를 법정에 제출할 수 없거나 그 제출이 곤란한 사정이 있고, 그 사진의 영상이 휴대전화기의 화면에 표시된 문자정보와 정확하게 같다는 사실이 증명 … (대판 2008.11.13, 2006도2556).

(2) 진술의 일부인 사진의 증거능력 : 전문증거○ → 검증조서에 기재된 범행재연사진은 현장진술과 다를 바 없으므로 그 증거능력의 유무는 현장진술과 같이 취급함이 타당

(3) 현장사진의 증거능력 : 진술증거에 준해 전문법칙을 적용함

(4) 비밀촬영사진의 증거능력
　① 국가기관에 의한 비밀촬영사진 : 위법수집증거배제법칙에 따라 그 증거능력을 부정
　② 사인(私人)에 의한 비밀촬영사진 : 공익과 사익을 비교형량하여 그 허용여부를 결정함

> **관련 판례**
>
> ❶ 제3자가 공갈목적을 숨기고 피고인의 동의하에 나체사진을 찍은 경우, 피고인에 대한 범죄에 있어 위법수집증거로서 증거능력이 배제되는지 여부(소극) → 공갈목적 나체사진 사건
> … 형사소송에서의 진실발견이라는 공익과 개인의 사생활의 보호이익을 비교형량하여 그 허용여부를 결정 … 이는 피고인이 수인하여야 할 기본권의 제한에 해당된다(대판 1997.9.30, 97도1230).
>
> ❷ 소송사기의 피해자가 제3자로부터 대가를 지급하고 취득한, 절취된 업무일지를 사기죄에 대한 증거로 사용할 수 있는지 여부(적극)
> … 피고인을 형사소추하기 위해서는 이 사건 업무일지가 반드시 필요한 증거로 보이므로 … 그것이 제3자에 의하여 절취된 것으로서 위 소송사기 등의 피해자측이 이를 수사기관에 증거자료로 제출하기 위하여 대가를 지급하였다 하더라도 … 이 사건 업무일지를 범죄의 증거로 제출하는 것이 허용 … 피고인이 수인하여야 할 기본권의 제한에 해당 …(대판 2008.6.26, 2008도1584).
>
> ❸ 국민의 사생활 영역에 관계된 증거제출이 허용되는지 여부의 판단기준
> … 국민의 사생활 영역에 관계된 모든 증거의 제출이 곧바로 금지되는 것으로 볼 수는 없으므로 … 형사소송에서 진실발견이라는 공익과 개인의 인격적 이익 등 보호이익을 비교형량하여 그 허용 여부를 결정 …(대판 2013.11.28, 2010도12244).
>
> ❹ 수사기관이 촬영한 비디오테이프의 증거능력
> … 현재 범행이 행하여지고 있거나 행하여진 직후 … 증거보전의 필요성 및 긴급성 … 상당한 방법에 의하여 촬영을 한 경우라면 위 촬영이 영장없이 이루어졌다 하여 이를 위법하다고 단정할 수 없다(대판 1999.9.3, 99도2317).
>
> ❺ 사인이 촬영한 비디오테이프의 증거능력
> … 첫째, 비디오테이프가 원본이거나 원본으로부터 복사한 사본일 경우 … 인위적 개작없이 원본의 내용 그대로 복사한 사본일 것, 둘째 형사소송법 제313조 제1항에 따라 … 녹음된 각자의 진술내용이 자신이 진술한 대로 녹음된 것이라는 점이 인정되어야 한다(대판 2004.9.13, 2004도161).

2. 녹음테이프의 증거능력

(1) 진술녹음의 증거능력
　① 전문법칙의 적용

> **관련 판례**
>
> ❶ 진술녹음(녹음테이프)의 증거능력
> … 진술을 기재한 서류와 다를 바 없어서, 형사소송법 제311조 내지 제315조에 규정한 것이 아니면 이를 유죄의 증거로 할 수 없다(대판 1996.10.15, 96도1669).

　② 서명날인의 요부 : 판례에 따르면 녹음테이프는 본래 서명날인에 적합하지 않은 증거방법이므로 진술자 또는 녹음자의 진술에 의하여 진술자의 음성임이 인정되고 녹음의 정확성이 증명되면 서명날인이 필요없다고 함

> **관련 판례**
>
> ❶ 대화내용을 녹음한 녹음테이프 및 파일 등 전자매체의 증거능력을 인정하기 위한 요건
> 1. … 원본임이 증명되거나 … 복사한 사본일 경우에는 복사 과정에서 편집되는 등 인위적 개작 없이 원본의 내용 그대로 복사된 사본임이 증명되어야만 하고 … 증거로 제출된 전자문서 파일의 사본이나 출력물이 복사·출력 과정에서 편집되는 등 인위적 개작 없이 원본 내용을 그대로 복사·출력한 것이라는 사실은 … 등 제반 사정을 종합하여 판단 … 검사가 그 존재에 대하여 구체적으로 주장·증명해야 한다(대판 2018.2.8, 2017도13263).

> 2. … 그 대화내용을 녹음한 원본이거나 혹은 원본으로부터 복사한 사본일 경우에는 복사과정에서 편집되는 등의 인위적 개작 없이 원본의 내용 그대로 복사된 사본임이 증명 … 그러한 증명이 없는 경우에는 쉽게 증거능력을 인정할 수 없으며, 녹음테이프에 수록된 대화내용이 이를 풀어쓴 녹취록의 기재와 일치한다거나 녹음테이프의 대화내용이 중단되었다고 볼 만한 사정이 없다는 점만으로는 위의 증명이 있다고 할 수 없다(대판 2014.8.26, 2011도6035).
> 3. … 원본이거나 혹은 복사 과정에서 편집되는 등 인위적 개작 없이 원본 내용을 그대로 복사한 사본이라는 점은 … 등 제반 사정을 종합하여 판단할 수 있다(대판 2015.1.22, 2014도10978).
> 4. 피고인과 피해자 사이의 대화내용에 관한 녹취서가 공소사실의 증거로 제출 … 피고인의 진술을 기재한 서류와 다름없어 … 제313조 제1항 단서에 따라 … (대판 2008.3.13, 2007도10804).
> 5. 수사기관이 아닌 사인(私人)이 피고인 아닌 사람과의 대화내용을 녹음한 녹음테이프는 … 제313조 제1항에 따라 … (대판 2011.9.8, 2010도7497).
> 6. 피고인과 상대방 사이의 대화 내용에 관한 녹취서가 공소사실의 증거로 제출 … 증거자료가 되는 것은 녹음테이프에 녹음된 대화 내용 자체 … 제313조 제1항 단서에 따라 … (대판 2012.9.13, 2012도7461).
> 7. 피고인의 대화내용을 수록한 녹취록에 대하여 피고인이 증거로 함에 부동의한 경우 … 제313조 제1항에 따라 … (대판 2010.3.11, 2009도14525).
> 8. 피고인과의 대화내용을 녹음한 보이스펜 … 녹음테이프 등에 녹음된 대화내용과 녹취록의 기재가 일치하는 것으로 확인되고 그 진술이 특히 신빙할 수 있는 상태하에서 행하여진 것으로 인정된다면 이를 증거로 사용할 수 있다(대판 2008.3.13, 2007도10804).
> 9. … 컴퓨터용디스크 그 밖에 이와 비슷한 정보저장매체에 입력하여 기억된 문자정보 또는 그 출력물을 증거로 사용하는 경우 … 진술서나 그 진술을 기재한 서류와 크게 다를 바 없고 … 그 내용의 진실성에 관하여는 전문법칙이 적용 … 제313조 제1항에 의하여 … (대판 2013.2.15, 2010도3504).
> 10. 디지털 저장매체에 저장된 로그파일의 원본이 아니라 그 복사본의 일부 내용을 요약·정리하는 방식으로 새로운 문서파일이 작성된 경우 … 출력한 문서를 로그파일 원본의 내용을 증명하는 증거로 사용하기 위하여는 … 그 문서파일의 기초가 된 로그파일 복사본과 로그파일 원본의 동일성도 인정되어야 … 나아가 … 그 기재 내용의 진실성에 관하여는 전문법칙이 적용되므로 … 제313조 제1항에 따라 공판준비기일이나 공판기일에서 그 작성자 또는 진술자의 진술에 의하여 성립의 진정함이 증명된 때에 한하여 이를 증거로 사용할 수 있다(대판 2015.8.27, 2015도3467).
> 11. … 출력 문건의 동일성이 인정 … 무결성이 담보 … 자료의 동일성도 인정 … 전문적인 기술능력과 정확성이 담보 … (대판 2013.7.26, 2013도2511).
> 12. … 출력된 문건의 동일성이 인정 … 변경되지 않았음이 담보 … 자료의 동일성도 인정 … 동일성을 확인하는 과정에서 이용된 컴퓨터의 기계적 정확성 … 조작자의 전문적인 기술능력과 정확성이 담보 … (대판 2007.12.13, 2007도7257).

(2) 현장녹음의 증거능력 : 진술증거에 준하여 전문법칙을 적용함

(3) 비밀녹음의 증거능력 : 전술함

3. 거짓말탐지기 검사결과의 증거능력

(1) 거짓말탐지기 사용의 허용여부 : 피검사자의 자율적 의사에 의한 동의 또는 적극적인 요청이 있을 경우에는 임의수사의 일종으로 허용된다는 것이 통설의 입장

(2) 거짓말탐지기 검사결과의 증거능력

> **관련 판례**
> **거짓말탐지기 검사결과의 증거능력에 관한 판례**
> 1. 거짓말탐지기 검사결과의 증거능력을 인정하기 위해서는 거짓말을 하면 반드시 일정한 심리상태의 변동 … 심리상태의 변동은 반드시 일정한 생리적 반응 … 피검사자의 생리적 반응을 정확히 측정할 수 있는 장치 … 객관성 있고 정확하게 판독할 능력을 갖춘 경우라야만 그 정확성을 확보할 수 있다(대판 1986.11.25, 85도2208).
> 2. … 기구의 성능, 조작기술 등에 있어 신뢰도가 높다고 인정되고 그 검사자가 적격자이며, 검사를 받는 사람이 검사를 받음에 동의하였다는 등의 전제조건이 증거에 의하여 확인되었을 경우에만 증거로 할 수 있는 것 … 위와 같은 조건에 모두 충족되어 증거능력이 있는 경우에도 그 검사결과는 검사를 받는 사람의 진술의 신빙성을 가늠하는 정황증거로서의 기능을 하는데 그치는 것 … (대판 1987.7.21, 87도968).

(3) 거짓말탐지기 검사결과 얻어낸 자백의 증거능력 : 전술함

06 당사자의 증거동의와 증거능력

I 서설

증거능력이 없는 증거에 대하여 그 증거능력을 부여하기 위한 당사자의 소송행위 → 증거동의를 할 수 있는 것 그 자체는 당사자주의적 요소이나, 법원이 진정한 것으로 인정한 때에 한하여 비로소 증거능력을 인정하도록 한 것은 직권주의적 요소

> **제318조(당사자의 동의와 증거능력)**
> ① 검사와 피고인이 증거로 할 수 있음을 동의한 서류 또는 물건은 진정한 것으로 인정한 때에는 증거로 할 수 있다.

II 증거동의의 본질

1. 증거동의의 본질

관련 판례

🔾 **제318조 제1항의 증거동의의 본질**
반대신문권을 포기하겠다는 피고인의 의사표시에 의하여 … 증거능력을 부여하려는 규정 … (대판 1983.3.8, 82도2873).

2. 증거동의와 전문법칙과의 관계

관련 판례

🔾 **제318조 제1항의 증거동의와 전문법칙과의 관계**
… 전문증거금지의 원칙에 대한 예외 … (대판 1983.3.8, 82도2873).

III 증거동의의 방법

1. 증거동의의 주체와 상대방

(1) 증거동의의 주체
① 검사와 피고인 : 당사자가 신청한 증거에 대하여는 타방당사자의 동의가 있으면 그 효력이 발생하나, 직권으로 수집한 증거에 대하여는 쌍방당사자의 동의가 있어야 함
② 변호인의 증거동의

관련 판례

🔾 **변호인의 증거동의와 관련된 판례들**
1. … 변호인은 피고인의 명시한 의사에 반하지 아니하는 한 피고인을 대리하여 증거로 함에 동의할 수 있으므로 … 이 경우 변호인의 동의에 대하여 피고인이 즉시 이의하지 아니하는 경우에는 변호인의 동의로 증거능력이 인정 … (대판 2005.4.28, 2004도4428).

2. … 피고인이 출석한 공판기일에서 증거로 함에 부동의한다는 의견이 진술된 경우에는 그 후 피고인이 출석하지 아니한 공판기일에 변호인만이 출석하여 종전 의견을 번복하여 증거로 함에 동의하였다 하더라도 … 효력이 없다 … (대판 2013.3.28, 2013도3).

3. 피고인이 … 증거로 동의함에 있어서 그 동의가 법률적으로 어떠한 효과가 있는지를 모르고 한 것이었다고 주장하더라도 변호인이 그 동의시 공판정에 재정하고 있으면서 피고인이 하는 동의에 대하여 아무런 이의나 취소를 한 사실이 없다면 그 동의에 무슨 하자가 있다고 할 수 없다(대판 1983.6.28, 83도1019).

4. … 증거동의는 소송주체인 검사와 피고인이 하는 것 … 변호인은 피고인을 대리하여 증거 동의에 관한 의견을 낼 수 있을 뿐 … 피고인이 변호인과 함께 출석한 공판기일의 공판조서에 검사가 제출한 증거에 대하여 동의한다는 기재가 되어 있다면 이는 피고인이 증거동의를 한 것으로 보아야 … 그 기재는 절대적인 증명력 … (대판 2016.3.10, 2015도19139).

(2) 증거동의의 상대방 : 반대신문권을 포기하는 행위이므로 그 상대방은 법원이어야 함 → 검사×

2. 증거동의의 대상

(1) 서류 또는 물건
① 형사소송법 규정 : 제318조 제1항은 증거동의의 대상을 '서류 또는 물건'이라고 규정
② 서류 : ○
③ 진술 : ○
④ 물건 : 증거동의의 대상이 되지 않는다는 소극설이 통설

(2) 증거능력 없는 전문증거
① 이미 증거능력이 인정된 증거는 증거동의의 대상이 아님 → 피고인이 성립의 진정을 인정한 검사작성의 피의자신문조서는 증거동의의 대상이 되지 않음
② 피고인이 유죄의 증거에 대한 반대증거로 제출한 서류도 증거동의의 대상이 아님

> **관련 판례**
> **❹ 피고인이 무죄에 관한 자료로 제출한 증거를 유죄인정의 증거로 사용하기 위한 요건**
> 피고인이나 변호인이 무죄에 관한 자료로 제출한 서증 가운데 도리어 유죄임을 뒷받침하는 내용이 있다 하여도 … 그 서류의 진정성립 여부 등을 조사하고 아울러 그 서류에 대한 피고인이나 변호인의 의견과 변명의 기회를 준 다음이 아니면 그 서증을 유죄인정의 증거로 쓸 수 없다. 그러나 … 그것을 증거로 함에 동의하고 있음이 명백한 것이므로 상대방인 검사의 원용이 있으면 그 서증을 유죄의 증거로 사용할 수 있다(대판 2014.2.27, 2013도12155).

(3) 임의성 없는 자백 : 증거동의의 대상이 될 수 없음

(4) 위법수집증거과 증거동의 : 전술함

3. 증거동의의 시기와 방식

(1) 증거동의의 시기 : 원칙적으로 증거조사 전에 → 공판기일에서뿐만 아니라 공판준비기일에서도 가능 → 다만, 증거조사 후에 증거동의가 있는 경우에도 증거능력이 소급적으로 인정

(2) 증거동의의 방식
① 적극적 명시의 요부 : 적극적·명시적으로 이루어져야 할 것 → 다만, 판례는 "별 이견이 없다"고 진술하였다면 증거동의를 한 것으로 보고 있음

> **관련 판례**
>
> ❹ 피고인이 공판기일에서 그 조서의 내용을 모두 부인하고 있는 상황에서 검사가 신청한 증인의 법정진술이 전문증거로서 증거능력이 없음에도 그 법정증언이 전문증거로서 증거능력이 없다는 사정에 대하여 피고인 또는 변호인에게 의견을 묻는 등의 적절한 방법으로 고지가 이루어지지 않은 채 증인신문이 진행된 경우, 피고인이 그 증거조사결과에 대하여 별 의견이 없다고 진술하였다면 증인의 법정증언을 증거로 삼는 데에 동의한 것으로 볼 수 있는지 여부(소극) ⋯ 사법경찰관 작성의 甲에 대한 피의자신문조서 및 진술조서의 내용을 모두 부인한 점, 乙의 법정증언이 전문증거로서 증거능력이 없다는 사정에 대하여 피고인 또는 변호인에게 의견을 묻는 등의 적절한 방법으로 고지가 이루어지지 않은 채 증인신문이 진행된 다음 증거조사 결과에 대한 의견진술이 이루어진 점 ⋯ 등을 종합하면 피고인이 乙의 법정증언을 증거로 삼는 데에 동의하였다고 볼 여지는 없고, 乙의 증언에 따른 증거조사 결과에 대하여 별 의견이 없다고 진술하였더라도 달리 볼 수 없으므로 ⋯ 증거능력이 없다(대판 2019.11.14, 2019도11552).

② 포괄적 증거동의의 허용여부 : 판례는 "검사가 제시한 모든 증거"에 대한 증거동의를 인정함으로써 포괄적 증거동의도 허용하고 있음

4. 증거동의의 의제

(1) 피고인의 불출석

> **제318조(당사자의 동의와 증거능력)**
> ② 피고인의 출정없이 증거조사를 할 수 있는 경우에 피고인이 출정하지 아니한 때에는 전항의 동의가 있는 것으로 간주한다. 단, 대리인 또는 변호인이 출정한 때에는 예외로 한다.

(2) 피고인의 무단퇴정의 경우나 필요적 변호사건에서의 변호인의 무단퇴정의 경우 : 전술함

(3) 간이공판절차에서의 특칙 : 전술함

Ⅳ 증거동의의 효과

1. 전문증거의 증거능력 인정

증거동의의 본질이 반대신문권의 포기에 있으므로 당사자가 증거로 함에 동의하면 증거의 증명력을 다투기 위하여 원진술자를 증인으로 신청하거나 반대신문하는 것은 허용되지 않음

2. 증거동의의 효력이 미치는 범위

(1) 물적 범위

① 원칙 : 서류나 진술의 전부에 미침
② 예외 : 가분(可分)인 때에는 그 일부에 대한 동의도 가능

> **관련 판례**
>
> ❹ 증거동의의 물적 효력범위와 관련된 판례
> 1. ⋯ 제출한 증거 중 뇌물공여자 甲이 작성한 고발장에 대하여 피고인의 변호인이 증거 부동의 의견을 밝히고, 같은 고발장을 첨부문서로 포함하고 있는 검찰주사보 작성의 수사보고에 대하여는 증거에 동의하여 증거조사가 행해진 경우, 그 수사보고에 대한 증거동의의 효력이 첨부된 고발장에도 당연히 미친다고 볼 수는 없고, 따라서 위 고발장을 유죄의 증거로 삼을 수 없다(대판 2011.7.14, 2011도3809).
> 2. ⋯ 경찰의 검증조서 가운데 범행부분만 부동의하고 현장상황 부분에 대해서는 모두 증거로 함에 동의하였다면 ⋯ 검증조서 중 범행상황부분만을 증거로 채용한 제1심판결에 잘못이 없다(대판 1990.7.24, 90도1303).
>
> ❹ 검사작성의 진술조서에 대한 "공판정 진술과 배치부분 부동의"라는 피고인의 진술의 취지
> 검사작성의 피고인 아닌 자에 대한 진술조서에 관하여 피고인이 공판정 진술과 배치되는 부분은 부동의한다고 진술한 것은 ⋯ 그 조서를 증거로 함에 동의하지 아니한다는 취지로 해석하여야 ⋯ (대판 1984.10.10, 84도1552).

(2) **인적 범위** : 공동피고인 중 한 사람의 증거동의는 동의한 피고인에게만 미치고 다른 공동피고인에 대하여는 동의의 효력이 미치지 않음
(3) **시간적 범위** : 증거동의의 효력은 갱신이 있거나 심급을 달리 하는 경우에도 소멸되지 않음 → 제1심에서 피고인이 증거로 함에 동의하였다면 제2심에서 피고인이 이를 번복하여 증거로 함에 부동의하였더라도 이미 적법하게 부여된 위 조서들의 증거능력이 상실되지 않음

3. 진정성의 조사

소송법적 사실에 불과하므로 자유로운 증명으로 족함

> **관련 판례**
>
> ❶ **원진술자의 법정출석과 피고인에 의한 반대신문이 이루어지지 못한 경우 수사기관이 원진술자의 진술을 기재한 조서의 증거가치가 있는지 여부(소극)**
> 피고인이 조서내용을 부인하였음에도 불구하고, 원진술자의 법정출석과 피고인에 의한 반대신문이 이루어지지 못하였다면, … 그 조서는 진정한 증거가치를 가진 것으로 인정받을 수 없는 것 … 주된 증거로 하여 공소사실을 인정하는 것은 허용될 수 없다. … 증거로 함에 피고인이 동의한 경우에도 마찬가지이다(대판 2006.12.8, 2005도9730).

Ⅴ 증거동의의 철회와 취소

> **관련 판례**
>
> ❶ **증거조사완료 후에 한 증거동의의 철회 가부(소극)**
> 1. … 증거조사가 완료되기 전까지 취소 또는 철회할 수 있으나, 일단 증거조사가 완료된 뒤에는 취소 또는 철회가 인정되지 아니하므로 제1심에서 한 증거동의를 제2심에서 취소할 수 없고, … (대판 2005.4.28, 2004도4428).
> 2. … 항소심에 이르러 증거동의를 철회하였다고 하더라도 증거조사를 마친 후의 증거에 대하여는 동의의 철회로 인하여 적법하게 부여된 증거능력이 상실되는 것이 아니다(대판 1997.9.30, 97도1230).
> 3. … 증거조사가 완료되기 전까지 철회 또는 취소할 수 있으나 일단 증거조사를 완료한 뒤에는 취소 또는 철회가 인정되지 아니하는 점… 피고인이 항소심에 출석하여 공소사실을 부인하면서 간주된 증거동의를 철회 또는 취소한다는 의사표시를 하더라도 … 적법하게 부여된 증거능력이 상실되는 것이 아니다(대판 2010.7.15, 2007도5776).

07 탄핵증거

Ⅰ 탄핵증거의 의의

> **제318조의2(증명력을 다투기 위한 증거)**
> ① 제312조부터 제316조에 따라 증거로 할 수 없는 서류나 진술이라도 공판준비 또는 공판기일에의 피고인 또는 피고인이 아닌 자(공소제기 전에 피고인을 피의자로 조사하였거나 그 조사에 참여하였던 자를 포함한다. 이하 이 조에서 같다)의 진술의 증명력을 다투기 위하여 이를 증거로 할 수 있다.
> ② 제1항에도 불구하고 피고인 또는 피고인이 아닌 자의 진술을 내용으로 하는 영상녹화물은 공판준비 또는 공판기일에 피고인 또는 피고인이 아닌 자가 진술함에 있어 기억이 명백하지 아니한 사항에 관하여 기억을 환기시켜야 할 필요가 있다고 인정되는 때에 한하여 피고인 또는 피고인이 아닌 자에게 재생하여 시청하게 할 수 있다.

> **관련 판례**
> ② 탄핵증거의 의미
> 1. … 진술의 증명력을 감쇄하기 위하여 인정되는 것이고 범죄사실 또는 그 간접사실의 인정의 증거로서는 허용되지 않는다(대판 1996.9.6, 95도2945).
> 2. … 소송법상의 엄격한 증거능력을 요하지 아니한다(대판 1985.5.14, 85도441).

II 탄핵증거의 성질

1. 탄핵증거와 전문법칙
전문법칙의 적용이 없는 경우라고 보아야 함

2. 탄핵증거와 자유심증주의
자유심증주의의 예외가 아니라 자유심증주의를 보강하는 의미를 가진 제도

III 탄핵증거의 범위

진술자의 자기모순의 진술, 즉 동일인이 공판정에서 한 진술과 상이한 공판정 이전의 진술에 한정

IV 탄핵의 범위와 대상

1. 탄핵의 대상
(1) 진술의 증명력 : 피고인 또는 피고인 아닌 자(공소제기 전에 피고인을 피의자로 조사하였거나 그 조사에 참여하였던 자 포함)의 진술의 증명력 → 진술자체○, 진술을 기재한 서면○, 공판정 외에서의 진술○

(2) 피고인의 진술 ○ : 제318조의2에서 명문으로 '피고인의 진술'을 탄핵의 대상으로 규정하고 있음

> **관련 판례**
> ② 피고인이 내용을 부인하여 증거능력이 없는 사법경찰리 작성의 피의자신문조서를 탄핵증거로 사용할 수 있는지 여부(적극)
> … 피고인의 법정에서의 진술을 탄핵하기 위한 반대증거로 사용할 수 있다(대판 1998.2.27, 97도1770).
> ② 체포 · 구속인접견부 사본을 피고인의 진술의 증명력을 다투기 위한 탄핵증거로 볼 수 있는지 여부(소극)
> … 검사가 탄핵증거로 신청한 체포 · 구속인접견부 사본은 피고인의 부인진술을 탄핵한다는 것이므로 결국 검사에게 입증책임이 있는 공소사실 자체를 입증하기 위한 것에 불과 … 피고인의 진술의 증명력을 다투기 위한 탄핵증거로 볼 수 없다(대판 2012.10.25, 2011도5459).

(3) 공소제기 전에 피고인을 피의자로 조사하였거나 그 조사에 참여하였던 자의 진술○

(4) 자기측 증인(주신문)의 탄핵 ○

2. 탄핵증거의 자격
(1) 임의성 없는 자백 ×

(2) 위법수집증거 ×

(3) 증거능력이 없는 전문증거○ : 진정성립이 증명되지 아니하거나 전문증거로서 상대방이 증거로 함에 동의를 한 바 없었다고 하여도 증명력을 다투기 위한 자료로 삼을 수 있음
(4) 공판정에서의 진술 이후의 자기모순의 진술×
(5) 영상녹화물과 탄핵증거
　① 영상녹화물을 탄핵증거로 사용할 수 있는지 여부 : 영상녹화물은 원칙적으로 탄핵증거로 사용할 수 없으며, 다만 피고인 또는 피고인이 아닌 자가 진술함에 있어 기억이 명백하지 아니한 사항에 관하여 '기억을 환기시켜야 할 필요가 있다고 인정되는 때에 한하여' 피고인 또는 피고인 아닌 자에게 재생하여 시청하게 할 수 있음(제318조의2 제2항)
　② 기억 환기를 위한 영상녹화물의 조사 : 제318조의2 제2항에 따른 영상녹화물의 재생은 검사의 신청이 있는 경우에 한하고, 기억의 환기가 필요한 피고인 또는 피고인 아닌 자에게만 이를 재생하여 시청하게 하여야 함(규칙 제134조의5)

3. 탄핵증거의 조사방법

> **관련 판례**
>
> ❶ **법정에서 탄핵증거로 증거조사를 한바 없는 증거를 탄핵증거로 사용할 수 있는지 여부(소극)**
> 탄핵증거는 범죄사실을 인정하는 증거가 아니므로 엄격한 증거조사를 거쳐야 할 필요가 없음 … 법정에서 이에 대한 탄핵증거로서의 증거조사는 필요하다(대판 1998.2.27, 97도1770).
>
> ❷ **증거목록에 기재되지 않고 증거결정이 있지 아니한 서증들이 공판과정에서 그 입증취지가 구체적으로 명시되고 제시까지 된 경우, 탄핵증거로서의 증거조사가 이루어졌다고 볼 것인지 여부(적극)**
> 비록 증거목록에 기재되지 않았고 증거결정이 있지 아니하였다 하더라도 공판과정에서 그 입증취지가 구체적으로 명시되고 제시까지 된 이상 … 탄핵증거로서의 증거조사는 이루어졌다고 보아야 할 것 … (대판 2006.5.26, 2005도6271).
>
> ❸ **탄핵증거의 제출에 있어서 상대방에게 공격방어의 수단을 강구할 기회를 사전에 부여하여야 하는지 여부(적극)**
> 탄핵증거의 제출에 있어서도 상대방에게 이에 대한 공격방어의 수단을 강구할 기회를 사전에 부여하여야 한다 … 미리 구체적으로 명시하여야 할 것 … 증명력을 다투고자 하는 증거의 어느 부분에 의하여 진술의 어느 부분을 다투려고 한다는 것을 사전에 상대방에게 알려야 한다(대판 2005.8.19, 2005도2617).

08 자백의 보강법칙

I 서설

1. 자백보강법칙의 의의

피고인이 임의로 한 증거능력이 있고 신용성이 있는 자백에 의하여 법관이 유죄의 심증을 얻었다고 하더라도 그 자백에 대한 다른 보강증거가 없으면 유죄를 인정할 수 없다는 원칙

> **제310조(불이익한 자백의 증거능력)**
> 피고인의 자백이 그 피고인에게 불이익한 유일의 증거인 때에는 이를 유죄의 증거로 하지 못한다.

2. 자백보강법칙의 실정법적 근거

헌법 제12조 제7항, 형사소송법 제310조

3. 타제도와의 관계

(1) **자유심증주의와의 관계** : 자유심증주의에 대한 예외

(2) **자백배제법칙과의 관계** : 제309조의 자백배제법칙은 자백의 증거능력을 제한하는 법칙, 제310조의 자백의 보강법칙은 자백의 증명력을 제한하는 법칙임

4. 자백보강법칙의 적용범위

일반 형사소송절차○, 간이공판절차○, 약식명령절차○ → 즉결심판절차×, 소년보호사건×

Ⅱ 보강을 필요로 하는 자백

1. 피고인의 자백

(1) **자백의 범위** : 자신의 범죄사실의 전부 또는 일부를 인정하는 일체의 진술○, 위법성조각사유나 책임조각사유의 존재를 주장하는 경우○, 피고인의 지위에서 한 것에 한하지 않음○, 사인(私人)에 대하여 한 자백○, 서면에 기재된 자백○, 일기장에 기재된 자백○

(2) **자백의 요건** : 자백의 보강법칙은 모든 자백에 대하여 모두 적용되는 것이 아니라, 증거능력이 있고 신용성도 있는 자백을 전제로 하는 것임

2. 공판정의 자백 : 판례는 보강증거필요설의 입장

> **관련 판례**
>
> ❷ **제310조 소정의 피고인의 자백에 공판정에서의 자백이 포함되는지 여부(적극)**
> … 제310조에서의 자백은 공판정의 자백과 공판정 외의 자백을 불문한다(대판 1978.6.27, 78도743).

3. 공범자의 자백 : 판례는 보강증거불요설의 입장

> **관련 판례**
>
> ❷ **제310조 소정의 피고인의 자백에 공범인 공동피고인의 자백이 포함되는지 여부(소극)**
> … 제310조의 피고인의 자백에는 공범인 공동피고인의 진술이 포함되지 아니하므로 공범인 공동피고인의 진술은 다른 공동피고인에 대한 범죄사실을 인정하는데 있어서 증거로 쓸 수 있고 … (대판 1985.3.9, 85도951).
>
> ❷ **공범인 공동피고인의 자백의 증거능력**
> 공범인 공동피고인의 자백은 … 피고인의 반대신문권이 보장되어 있어 증인으로 신문한 경우와 다를 바 없으므로 독립한 증거능력이 있다(대판 1985.6.25, 85도691).

Ⅲ 보강증거의 성질(자격)

1. 증거능력 있는 독립한 별개의 증거

(1) **증거능력 있는 증거일 것** : 임의성 없는 자백×, 위법수집증거×, 전문증거도 전문법칙의 예외에 해당하지 않는 한×

(2) 피고인의 자백과는 독립한 별개의 증거일 것 : 자백은 아무리 반복되어도 보강증거가 될 수 없음

> **관련 판례**
>
> ❶ 제1심 공판정에서의 자백을 기재한 조서가 피고인의 자백에 대한 보강증거로 될 수 있는지 여부(소극)
> … 피고인의 자백에 대한 보강증거로 될 수는 없다(대법원 1960.10.31, 4293형상376).
>
> ❷ 피고인의 자백을 내용으로 하는 피고인 아닌 자의 진술이 보강증거가 될 수 있는지 여부(소극)
> … 이는 피고인의 자백의 보강증거로 될 수 없다(대판 2008.2.14, 2007도10937).

(3) 간접증거 내지 정황증거

> **관련 판례**
>
> ❶ 간접증거나 정황증거도 보강증거가 될 수 있다는 판례
> … 직접증거가 아닌 간접증거나 정황증거도 보강증거가 될 수 있다(대판 2002.1.8, 2001도1897).
>
> ❷ 보강증거와 관련된 기타의 판례들
> 1. … 압수한 압수조서와 압수물 사진은 위 자백에 대한 보강증거가 된다(대판 2008.5.29, 2008도2343).
> 2. … 압수조서의 기재는 … 면허 없이 운전하였다는 전체 범죄사실의 보강증거로 충분(대판 1994.9.30, 94도1146).
> 3. … 피고인의 소변에서 나온 필로폰 양성 반응 … 자백을 보강하는 증거가 된다(대판 2010.12.23, 2010도11272).
> 4. … 채취한 소변에 대한 검사결과 메스암페타민 성분이 검출 … 소변검사결과는 … 메스암페타민을 투약하였다는 자백에 대한 보강증거가 될 수 있음 … (대판 2002.1.8, 2001도1897).
> 5. … 히로뽕, 주사기 등에 대한 압수조서가 … 히로뽕 소지 및 매매사실에 관하여도 자백의 보강증거가 될 수 있다(대판 1997.4.11, 97도470).
> 6. 메스암페타민을 갑에게 매도하였다는 을의 진술은 메스암페타민 투약사실에 관한 피고인 갑의 자백에 대한 보강증거로서 충분 … (대판 2008.11.27, 2008도7883).
> 7. … 검문 당시 버린 주사기 … 메스암페타민 투약사실에 대한 … 자백에 대한 보강증거로서 충분 … (대판 1999.3.23, 99도338).
> 8. … 공사와 관련된 각종의 편의를 제공한 사실을 인정할 수 있는 증거들 … 자백에 대한 보강증거가 될 수 있다(대판 1998.12.22, 98도2890).
> 9. … 뇌물공여자를 만났던 사실 및 공무에 관한 청탁을 받기도 한 사실자체는 시인하였다면 … 뇌물을 공여하였다는 뇌물공여자의 자백에 대한 보강증거가 될 수 있다(대판 1995.6.30, 94도993).
> 10. 자동차등록증 … 무면허운전이라는 전체 범죄사실의 보강증거로 충분 … (대판 2000.9.26, 2000도2365).
> 11. … 갑의 진술은 피고인이 자백하고 있는 편취물품의 소재 내지 행방에 부합하는 진술로서 … 피고인의 자백의 진실성을 보강하는 증거가 될 수 있다(대판 1985.11.12, 85도1838).
> 12. … 피고인의 주거지에서 압수된 대마 잎은 피고인의 자백에 대한 보강증거가 된다(대판 2007.9.20, 2007도5845).
> 13. … 위조신분증을 제시행사한 사실을 자백하고 있고 … 위 신분증은 피고인의 위 자백사실의 진실성을 인정할 간접증거가 된다 … (대판 1983.2.22, 82도3107).
> 14. 피고인이 甲과 합동하여 乙의 재물을 절취하려다가 미수에 그쳤다는 내용의 공소사실을 자백한 사안 … 乙의 수사기관에서의 진술과 현장사진이 첨부된 수사보고서는 … 보강증거가 될 수 있다(대판 2011.9.29, 2011도8015).
>
> ❸ 검사 제출의 증거가 공소사실의 객관적 부분과 관련이 없는 것이어서 자백에 대한 보강증거가 될 수 없다고 본 판례
> … 공소사실의 객관적 부분인 주거침입, 절거사실과는 관련이 없는 범행의 침입동기에 관한 정황증거에 지나지 않으므로 … 자백에 대한 보강증거가 될 수 없다(대판 1990.12.7, 90도2010).

2. 범죄혐의와 관계없이 작성한 일기장, 수첩, 메모, 상업장부 등의 보강증거자격

> **관련 판례**
>
> ❶ 피고인이 범인으로 검거되기 전에 범죄혐의와 관계없이 작성한 수첩 등이 자백에 해당하여 보강증거가 될 수 없는지 여부(소극)
> … 상업장부나 항해일지, 진료일지 또는 이와 유사한 금전출납부 등과 같이 수첩의 경우도 범죄사실의 인정 여부와는 관계없이 자기에게 맡겨진 사무를 처리한 사무내역을 그때그때 계속적·기계적으로 기재한 경우 … 그 내용 중 공소사실에 일부 부합되는 사실의 기재가 있다고 하더라도 자백이라고 볼 수는 없으므로 … 별개의 증거로서 자백에 대한 보강증거가 될 수 있다(대판 1996.10.17, 94도2865).

3. 공범자의 자백의 보강증거자격

> **관련 판례**
>
> ❹ 공범인 공동피고인들의 각 진술이 상호간에 보강증거가 되는지 여부(적극)
> ··· 제310조 소정의 '피고인의 자백'에 공범인 공동피고인의 진술은 포함되지 아니하므로 ··· 공범인 공동피고인들의 각 진술은 상호간에 서로 보강증거가 될 수 있다(대판 1990.10.30, 90도1939).

Ⅳ 보강증거의 범위

1. 자백에 대하여 보강증거를 필요로 하는 범위

> **관련 판례**
>
> ❹ 자백에 대하여 보강증거를 필요로 하는 범위(진실성담보설)
> 1. ··· 범죄사실의 전부 또는 중요 부분을 인정할 수 있는 정도가 되지 않더라도 피고인의 자백이 가공적인 것이 아닌 진실한 것임을 인정할 수 있는 정도만 되면 충분 ··· 직접증거가 아닌 간접증거나 정황증거도 보강증거가 될 수 있다(대판 2017.12.28, 2017도17628).
> 2. ··· 범죄사실의 전부 또는 중요부분을 인정할 수 있는 정도가 되지 아니하더라도 ··· 가공적인 것이 아닌 진실한 것임을 인정할 수 있는 정도만 되면 족한 것 ··· 사람의 기억에는 한계가 있는 만큼 자백과 보강증거 사이에 어느 정도의 차이가 있어도 중요부분이 일치하고 그로써 진실성이 담보되면 보강증거로서의 자격이 있다(대판 2008.5.29, 2008도2343).

2. 보강증거범위의 구체적 고찰

(1) 범죄의 객관적 요소 : 필요

(2) 범죄의 주관적 요소 : 불요

> **관련 판례**
>
> ❹ 고의는 피고인의 자백만으로 이를 인정할 수 있는지 여부(적극)
> 범의는 피고인의 자백만으로 이를 인정할 수 있다(대법원 1961.8.16, 4294형상171).

(3) 범죄구성요건사실 이외의 사실 : 불요 → 처벌조건인 사실, 전과에 관한 사실, 성상참작사유, 확정판결의 존부 등에 대하여는 보강증거가 필요 없으며 피고인의 자백만으로도 이를 인정할 수 있음

> **관련 판례**
>
> ❹ 전과사실이 자백에 대하여 보강증거가 필요한지 여부(소극)
> 전과에 관한 사실은 ··· 피고인의 자백만으로서도 이를 인정할 수 있다(대판 1979.8.21, 79도1528).

(4) 죄수와 보강증거

① 경합범

> **관련 판례**
>
> ❹ 실체적 경합범과 자백의 보강증거
> ··· 각 범죄사실에 관하여 자백에 대한 보강증거가 있어야 ··· 필로폰 매수대금을 송금한 사실에 대한 증거가 필로폰 매수죄와 실체적 경합범 관계에 있는 필로폰 투약행위에 대한 보강증거가 될 수 없다(대판 2008.2.14, 2007도10937).

② 포괄일죄

> **관련 판례**
> ● 포괄일죄와 자백의 보강증거
> … 포괄일죄인 상습범에 있어서는 … 각 행위에 관하여 개별적으로 보강증거가 있어야 … (대판 1996.2.13, 95도1794).

V 보강증거의 증명력

> **관련 판례**
> ● 보강증거의 증명력(상대설)
> 자백과 보강증거가 서로 어울려서 전체로서 범죄사실을 인정할 수 있으면 유죄의 증거로 충분 … (대판 2017.12.28, 2017도17628).

VI 보강법칙위반의 효과

> **관련 판례**
> ● 보강증거 없이 피고인의 자백만을 근거로 유죄를 인정한 경우, 그 자체로 판결결과에 영향을 미친 위법이 있는지 여부(적극)
> … 보강증거가 없이 피고인의 자백만을 근거로 공소사실을 유죄로 판단한 경우에는 그 자체로 판결 결과에 영향을 미친 위법이 있는 것으로 보아야 한다(대판 2007.11.29, 2007도7835).

09 공판조서의 증명력

I 공판조서의 배타적 증명력

공판조서 이외에 다른 증거를 참작하거나 반증을 허용하지 않는다는 것 → 자유심증주의의 예외에 해당

> **제56조(공판조서의 증명력)**
> 공판기일의 소송절차로서 공판조서에 기재된 것은 그 조서만으로써 증명한다.

> **관련 판례**
> ● 공판조서의 배타적 증명력
> … 공판조서 이외의 자료에 의한 반증이 허용되지 않는 절대적인 것이다(대판 2002.7.12, 2002도2134).

II 배타적 증명력이 인정되는 범위

1. **공판기일의 소송절차**
   (1) 공판기일의 절차 : '공판기일의 절차'에 한함 → 공판기일 외에서의 증인신문·검증 등×
   (2) 소송절차 : '소송절차'에 한함 → 자백이나 증언 등 진술내용과 같은 실체면 ×

2. 공판조서에 기재된 소송절차

(1) 공판조서에 기재된 사항의 증명 : 당해 사건의 공판조서를 의미 → 다른 사건의 공판조서×

> [관련 판례]
> **공판조서의 기재에 절대적 증명력이 있다는 판례들**
> 1. … 피고인이 변호인과 함께 출석한 공판기일의 공판조서에 검사가 제출한 증거에 대하여 동의한다는 기재가 되어 있다면 이는 피고인이 증거동의를 한 것으로 보아야 … 그 기재는 절대적인 증명력 … (대판 2016.3.10, 2015도19139).
> 2. 공판조서의 기재가 명백한 오기인 경우를 제외하고는 공판기일의 소송절차로서 공판조서에 기재된 것은 조서만으로써 증명 … 검사가 제출한 증거에 관하여 동의 또는 진정성립 여부 등에 관한 피고인의 의견이 증거목록에 기재된 경우 … 그 증거목록의 기재는 공판조서의 일부로서 명백한 오기가 아닌 이상 절대적인 증명력 … (대판 2015.8.27, 2015도3467).
> 3. … 검사 제출의 증거서류에 대하여 공판기일에 공판정에서 증거조사가 실시된 것으로 증거목록에 기재된 경우에는 그 증거목록의 기재는 공판조서의 일부로서 명백한 오기가 아닌 이상 절대적인 증명력 … (대판 2010.7.22, 2007도3514).
> 4. 공판조서에 재판장이 판결서에 의하여 판결을 선고하였음이 기재되어 있다면 동 판결선고 절차는 적법하게 이루어졌음이 증명되었다고 할 것 … 다른 자료에 의한 반증을 허용하지 못하는 바 … 검찰서기의 판결서없이 판결선고되었다는 내용의 보고서로써 공판조서의 기재내용이 허위라고 판정할 수 없다(대판 1983.10.25, 82도571).
> 5. … 공판조서에 피고인에 대하여 인정신문을 한 기재가 없다 하여도 같은 조서에 피고인이 공판기일에 출석하여 공소사실신문에 대하여 이를 시정하고 있는 기재가 있으니 인정신문이 있었던 사실이 추정된다 할 것 … 다만 조서의 기재에 이 점에 관한 누락이 있었을 따름 … (대판 1972.12.26, 72도2421).

(2) 공판조서에 기재되지 않은 사항의 증명×

> [관련 판례]
> **공판조서에 기재되지 않은 소송절차의 존재가 공판조서에 기재된 다른 내용이나 공판조서 이외의 자료로 증명될 수 있는지 여부(적극)**
> 어떤 소송절차가 진행된 내용이 공판조서에 기재되지 않았다고 하여 당연히 그 소송절차가 당해 공판기일에 행하여지지 않은 것으로 추정되는 것은 아니고 … (대판 2023.6.15, 2023도3038).

(3) 기재가 불명확하거나 모순이 있는 경우×

> [관련 판례]
> **공판조서의 기재가 소송기록상 명백한 오기인 경우**
> 1. … 명백한 오기인 경우에는 공판조서는 그 올바른 내용에 따라 증명력을 가진다(대판 1995.4.14, 95도110).
> 2. … 명백한 오기인지 여부는, 원칙적으로는 공판조서만으로 판단하여야 할 것 … (대판 2010.7.22, 2007도3514).
>
> **서로 다른 내용이 기재된 공판조서가 병존하는 경우**
> 동일한 사항에 관하여 두개의 서로 다른 내용이 기재된 공판조서가 병존하는 경우 … 그 증명력에 우열이 있을 수 없다고 보아야 할 것이므로 그 중 어느 쪽이 진실한 것으로 볼 것인지는 … 법관의 자유로운 심증에 따를 수밖에 없다(대판 1988.11.8, 86도1646).

Ⅲ 배타적 증명력이 있는 공판조서

1. 유효한 공판조서
유효한 공판조서에 한함 → 공판조서가 무효인 경우에는×

2. 공판조서가 멸실되었거나 무효인 경우×

CHAPTER 03 재판

CORE SUMMARY

01 재판의 종류

I 재판의 기능에 의한 분류

구분	종국재판	종국 전의 재판(중간재판)
의의	소송을 당해 심급에서 완결시키는 재판	종국재판에 이르기까지의 절차에 관한 재판
상소의 허용여부	상소가 허용됨	원칙적으로 상소가 허용되지 않음
취소·변경의 가부	재판을 한 법원이 취소 또는 변경할 수 없음 (법적 안정성의 원리)	재판을 한 법원이 취소 또는 변경할 수 있음 (합목적성의 원리)

II 재판의 내용에 의한 분류

구분	실체재판(본안재판)	형식재판(본안 외 재판)
의의	사건의 실체적 법률관계를 판단하는 재판	사건의 실체에 관하여는 심리하지 않고 절차적·형식적 법률관계를 판단하는 재판
해당되는 경우	유죄·무죄판결, 약식명령이나 즉결심판	관할위반·공소기각 및 면소의 재판
기판력	기판력 발생함	기판력 발생하지 않음 (단, 면소판결만은 기판력 발생)

Ⅲ 재판의 형식에 의한 분류

구분	판결	결정	명령
의의	수소법원에 의한 종국재판의 원칙적 형식	수소법원에 의한 종국 전의 재판의 원칙적 형식	재판장, 수명법관, 수탁판사로서 법관이 하는 재판
변론 및 이유명시의 요부	① 구두변론에 의함(제37조 제1항) ② 이유를 명시하여야 함(제39조)	① 구두변론을 요하지 않으나 필요한 경우에는 사실조사를 할 수 있음(제37조 제2항·제3항) ② 상소를 불허하는 결정을 제외하고는 원칙적으로 결정에도 이유를 명시하여야 함(제39조)	① 구두변론을 요하지 않으나 필요한 경우에는 사실조사를 할 수 있음(제37조 제2항·제3항) ② 이유를 명시할 필요 없음(제39조 단서)
상소방법	항소와 상고	항고와 재항고	일반적인 상소방법은 없고, 다만 특별한 경우에 이의신청(제304조) 또는 준항고(제416조)가 허용됨

02 재판의 성립과 방식

Ⅰ 재판의 성립

1. 내부적 성립

(1) 내부적 성립의 시기

① 합의부의 재판 : 합의에 의하여 내부적으로 성립 → 합의는 공개하지 않음

② 단독판사의 재판 : 재판서의 작성시에 내부적으로 성립

(2) 내부적 성립의 효과 : 내부적 성립이 있는 때에는 그 후 법관이 경질되어도 공판절차를 갱신할 필요가 없음

2. 외부적 성립

(1) 외부적 성립의 시기 : 선고 또는 고지시

(2) 재판의 선고와 고지의 방법

> **제42조(재판의 선고, 고지의 방식)**
> 재판의 선고 또는 고지는 공판정에서는 재판서에 의하여야 하고 기타의 경우에는 재판서등본의 송달 또는 다른 적당한 방법으로 하여야 한다. 단, 법률에 다른 규정이 있는 때에는 예외로 한다.
>
> **제43조(동전)**
> 재판의 선고 또는 고지는 재판장이 한다. 판결을 선고함에는 주문을 낭독하고 이유의 요지를 설명하여야 한다.
>
> **제324조(상소에 대한 고지)**
> 형을 선고하는 경우에는 재판장은 피고인에게 상소할 기간과 상소할 법원을 고지하여야 한다.

> **규칙 제147조(판결의 선고)**
> ① 재판장은 판결을 선고할 때 피고인에게 이유의 요지를 말이나 판결서 등본 또는 판결서 초본의 교부 등 적절한 방법으로 설명한다.
> ② 재판장은 판결을 선고하면서 피고인에게 적절한 훈계를 할 수 있다.

관련 판례

❹ 판결선고의 종료시점 및 재판장이 주문을 낭독한 이후라도 선고가 종료되기 전까지는 일단 낭독한 주문의 내용을 정정하여 다시 선고할 수 있는지 여부(적극)
… 판결을 선고함에는 주문을 낭독하고 이유의 요지를 설명 … 피고인에게 상소할 기간과 상소할 법원을 고지하여야 … 피고인에게 이유의 요지를 말이나 판결서 등본 또는 판결서 초본의 교부 등 적절한 방법으로 설명 … 피고인에게 적절한 훈계 … 판결선고는 전체적으로 하나의 절차로서 재판장이 판결의 주문을 낭독하고 이유의 요지를 설명한 다음 피고인에게 상소기간 등을 고지하고, 필요한 경우 훈계, 보호관찰 등 관련 서면의 교부까지 마치는 등 선고절차를 마쳤을 때에 비로소 종료 … 재판장이 주문을 낭독한 이후라도 선고가 종료되기 전까지는 일단 낭독한 주문의 내용을 정정하여 다시 선고할 수 있다 … (대판 2022.5.13. 2017도3884).

(3) 판결선고기일 : 전술함

(4) 외부적 성립의 효력
  ① 재판의 구속력 발생
    ㉠ 재판을 한 법원 자신도 이에 구속되어 스스로 철회하거나 변경을 할 수 없음
    ㉡ 재판서에 잘못된 계산이나 기재, 그 밖에 이와 비슷한 잘못이 있음이 분명한 때에 법원은 직권으로 또는 당사자의 신청에 따라 경정결정을 할 수 있음(규칙 제25조)
    ㉢ 대법원의 판결내용에 오류가 있음을 발견한 때에는 대법원은 직권 또는 검사·상고인이나 변호인의 신청에 의하여 판결로써 정정할 수 있음(제400조 제1항)

관련 판례

❹ 이미 선고된 판결의 내용을 실질적으로 변경하는 판결서 경정이 허용되는지 여부(소극) 및 판결 주문에 기재하지 아니하고 판결 이유에만 기재한 경정결정의 효력(무효)
법원은 '재판서에 잘못된 계산이나 기재, 그 밖에 이와 비슷한 잘못이 있음이 분명한 때'에는 경정결정을 통하여 위와 같은 재판서의 잘못을 바로잡을 수 있다 … 규칙 제25조 제1항 … 이미 선고된 판결의 내용을 실질적으로 변경하는 것은 … 경정의 범위를 벗어나는 것으로서 허용되지 않는다 … 경정결정은 이를 주문에 기재하여야 하고, 판결 이유에만 기재한 경우 경정결정이 이루어졌다고 할 수 없다(대판 2021.1.28. 2017도18536).

  ② 구속영장의 실효 : 전술함
  ③ 상소기간의 진행 : 재판이 선고 또는 고지되면 그 다음날로부터 상소기간이 진행(제343조)

Ⅱ 재판의 구성과 방식

1. 재판의 구성

주문	재판의 대상이 된 사실에 대한 최종적 결론 → 선고형, 형의 집행유예, 노역장유치기간, 재산형의 가납명령 및 소송비용의 부담 등도 기재
이유	주문에 이르게 된 논리적 과정(재판의 공정성 담보와 상소권자의 정당한 판단을 위함) → 재판에는 이유를 명시하여야 하나, 다만 상소를 불허하는 결정 또는 명령은 예외(제39조)

2. 재판의 방식

(1) 재판서의 작성

> **제38조(재판서의 방식)**
> 재판은 법관이 작성한 재판서에 의하여야 한다. 단, 결정 또는 명령을 고지하는 경우에는 재판서를 작성하지 아니하고 조서에만 기재하여 할 수 있다.

(2) 재판서의 기재요건 : 수사검사실명제

> **제40조(재판서의 기재요건)**
> ① 재판서에는 법률에 다른 규정이 없으면 재판을 받는 자의 성명, 연령, 직업, 주거를 기재하여야 한다.
> ② 재판을 받는 자가 법인인 때에는 그 명칭과 사무소를 기재하여야 한다.
> ③ 판결서에는 기소한 검사와 공판에 관여한 검사의 관직, 성명과 변호인의 성명을 기재하여야 한다.

(3) 재판서의 서명 등

> **제41조(재판서의 서명 등)**
> ① 재판서에는 재판한 법관이 서명날인하여야 한다.
> ② 재판장이 서명날인할 수 없는 때에는 다른 법관이 그 사유를 부기하고 서명날인하여야 하며 다른 법관이 서명날인할 수 없는 때에는 재판장이 그 사유를 부기하고 서명날인하여야 한다.
> ③ 판결서 기타 대법원규칙이 정하는 재판서를 제외한 재판서에 대하여는 제1항 및 제2항의 서명날인에 갈음하여 기명날인할 수 있다.
>
> **규칙 제25조의2(기명날인할 수 없는 재판서)**
> 법 제41조 제3항에 따라 서명날인에 갈음하여 기명날인할 수 없는 재판서는 판결과 각종 영장(감정유치장 및 감정처분허가장을 포함한다)을 말한다.

> [관련 판례]
> **● 재판장의 서명날인이 누락되고 서명날인을 할 수 없는 사유의 부기도 없는 재판시에 의한 판결이 판결에 영향을 미친 법률위반으로서 파기사유가 되는지 여부(적극)**
> … 제38조의 규정에 의하면, 재판은 법관이 작성한 재판서에 의하여야 … 제41조의 규정에 의하면 재판서에는 재판한 법관이 서명날인을 하여야 하며 재판장이 서명날인할 수 없는 때에는 다른 법관이 그 사유를 부기하고 서명날인하도록 … 이러한 법관의 서명날인이 없는 재판서에 의한 판결은 … 제383조 제1호 소정의 판결에 영향을 미친 법률위반으로서 파기사유 … (대판 1990.2.27, 90도145).

(4) 재판서의 송부

> **제44조(검사의 집행지휘를 요하는 사건)**
> 검사의 집행지휘를 요하는 재판은 재판서 또는 재판을 기재한 조서의 등본 또는 초본을 재판의 선고 또는 고지한 때로부터 10일 이내에 검사에게 송부하여야 한다. 단, 법률에 다른 규정이 있는 때에는 예외로 한다.

(5) 소송관계인의 재판서의 등·초본 청구

> **제45조(재판서의 등본, 초본의 청구)**
> 피고인 기타의 소송관계인은 비용을 납입하고 재판서 또는 재판을 기재한 조서의 등본 또는 초본의 교부를 청구할 수 있다.

> 제46조(재판서의 등·초본의 작성)
> 재판서 또는 재판을 기재한 조서의 등본 또는 초본은 원본에 의하여 작성하여야 한다. 단, 부득이한 경우에는 등본에 의하여 작성할 수 있다.

03 유죄의 판결

I 유죄판결의 의의

1. 유죄판결의 의의
피고사건의 실체에 관하여 범죄의 증명이 있는 때에 선고하는 실체재판이며 종국재판
→ 형의 선고의 판결과 형의 면제의 판결, 형의 선고유예의 판결, 형의 집행유예의 판결 등이 포함

2. 유죄판결의 유형 및 주문의 형식
(1) 일죄의 일부에 대한 유죄판결 : 주문에는 원칙적으로 유죄부분만 표시하고 무죄부분은 판결이유에서 설시

(2) 형의 선고의 판결

> 제321조(형선고와 동시에 선고될 사항)
> ① 피고사건에 대하여 범죄의 증명이 있는 때에는 형의 면제 또는 선고유예의 경우 외에는 판결로써 형을 선고하여야 한다.
> ② 형의 집행유예, 판결 전 구금의 산입일수, 노역장의 유치기간은 형의 선고와 동시에 판결로써 선고하여야 한다.

(3) 형의 면제 또는 선고유예의 판결

> 제322조(형 면제 또는 형의 선고유예의 판결)
> 피고사건에 대하여 형의 면제 또는 선고유예를 하는 때에는 판결로써 선고하여야 한다.

II 유죄판결에 명시할 이유

1. 의의

> 제323조(유죄판결에 명시될 이유)
> ① 형의 선고를 하는 때에는 판결이유에 범죄될 **사실**, **증거**의 요지와 **법령**의 적용을 명시하여야 한다.
> ② 법률상 범죄의 성립을 **조**각하는 이유 또는 형의 **가중**, 감면의 이유되는 사실의 진술이 있은 때에는 이에 대한 판단을 명시하여야 한다.

2. 범죄될 사실

(1) 범죄될 사실의 범위

① 구성요건해당사실
- ㉠ **객관적 구성요건요소** : 객관적 구성요건요소에 해당하는 행위의 주체와 객체, 행위의 결과 및 인과관계 등은 이를 명시하여야 함 → 예컨대 공문서위조죄에서 위조의 수단과 방법, 뇌물죄에서 공무원의 직무범위, 상해죄에서 상해의 부위와 정도, 실행의 착수에 해당하는 사실, 장애미수와 중지미수의 구별 등은 유죄판결이유에 명시하여야 함
- ㉡ **주관적 구성요건요소** : 고의 내지 범의는 명시할 것을 요하지 않음 → 과실범에 있어서는 주의의무의 내용 등을 명시하여야 함
- ㉢ **범죄의 일시와 장소** : 범죄사실을 특정하기 위하여 필요한 범위에서만 명시하면 족함 → 판례도 범죄의 일시와 장소를 개괄적으로 명시하는 것은 적법하다고 함

② **위법성과 책임** : 특별한 판단을 요하지 않음(위법성과 책임은 사실상 추정되므로)

③ **처벌조건** : 명시하여야 함

④ **정상에 관한 사실** : 명시할 필요가 없음

(2) 명시의 정도

① 구체적 명시
- ㉠ **구체적인 명시를 요함** : 동일성을 인식할 수 있을 정도로 구체적으로 명시
- ㉡ **범죄의 일시와 장소** : 일시는 공소시효의 완성여부를 명확히 할 수 있는 정도로 명시하면 족함
- ㉢ **교사범과 방조범** : 정범의 구성요건사실도 명시하여야 함

② 죄수별 명시의 정도
- ㉠ **경합범** : 각개의 범죄될 사실을 구체적으로 특정하여 명시하여야 함
- ㉡ **포괄일죄** : 전체범행의 시기와 종기 · 범행방법 · 범행횟수 등을 명시하면 족함

3. 증거의 요지

(1) 증거적시를 요하는 범위

① **적극적 증거에 한함** : 범죄사실의 인정에 배치되는 소극적 증거까지 명시할 필요는 없음

② **고의** : 판례는 고의에 대하여 증거적시를 요하지 않는다고 함

(2) 증거적시의 방법

① **구체적 · 개별적 표시** : 진술은 각 사람별로, 서증은 각 서류별로, 물증은 각 물건별로 표시

② 증거의 중요부분 표시
- ㉠ 반드시 범죄사실을 인정하는 모든 증거를 표시할 필요는 없으며, 어떤 증거에 의하여 어떤 범죄사실을 인정하였는가를 알아볼 수 있을 정도로 증거의 중요한 부분을 표시하면 족함(대판 1971. 2. 23, 70도2529)
- ㉡ 판결에 범죄사실에 대한 증거를 설시함에 있어 어느 증거의 어느 부분에 의하여 어느 범죄사실을 인정한다고 구체적으로 설시하지 아니하였다 하더라도 그 적시한 증거들에 의하여 판시 범죄사실을 인정할 수 있으면 이를 위법한 증거설시라고 할 수 없음(대판 2001. 7. 27, 2000도4298)

ⓒ 피고인의 자백이 그 피고인에게 불이익한 유일의 증거인 때에는 이를 유죄의 증거로 하지 못하는 것이므로, "피고인의 법정 진술과 적법하게 채택되어 조사된 증거들로만 기재된 제1심판결의 증거의 요지를 그대로 인용한 항소심판결"은 증거 없이 그 범죄사실을 인정하였거나 형사소송법 제323조 제1항을 위반하여 위법함을 면할 수 없음(대판 2000.3.10, 99도5312)

③ 증거를 취사한 이유 내지 증거를 배척한 이유 : 증거를 취사한 이유는 설명할 필요가 없음

4. 법령의 적용

(1) 적시의 방법
① 형법각칙규정 : 명시하여야 함 → 다만, 각 본조의 항을 기재하지 않았다고 하여 그것만으로 위법하다고 할 수는 없음
② 형법총칙규정 : 명시하여야 함 → 다만, 피고인을 공동정범으로 인정하였음이 판결 이유설시 자체에 비추어 명백한 이상 법률적용에서 형법 제30조를 빠뜨려 명시하지 않았다고 하더라도 판결에 영향을 미친 위법은 없다고 보아야 함(대판 1992.10.27, 92도2196) → 어느 죄에 정한 형에 경합범가중을 한 것인지에 관하여 기재하지 아니하였다고 하더라도 특별한 사정이 없는 한 형사소송법 제323조 제1항의 법령의 적용을 명시하지 아니한 위법은 없다고 보아야 함(대판 1999.9.7, 99도3092)

(2) 몰수와 압수장물의 환부 : 몰수와 압수장물의 환부를 선고하면서 그 적용법률을 표시하지 않은 경우에도 위법이라고 할 수는 없음

5. 소송관계인의 주장에 대한 판단

(1) 법률상 범죄의 성립을 조각하는 이유되는 사실의 주장
① 법률상 범죄의 성립을 조각하는 이유되는 사실 : 위법성조각사유와 책임조각사유○
② 구성요건해당성조각사유가 포함되는지 여부
ⓐ 구성요건해당성조각사유의 진술은 범죄사실의 부인에 불과하므로, 법률상 범죄의 성립을 조각하는 이유되는 사실의 주장에 포함되지 않음(대판 1990.9.28, 90도427)
ⓑ 부동산에 관하여 경료된 소유권이전등기나 보존등기가 절차상 하자가 있거나 등기원인이 실제와 다르다 하더라도 그 등기가 실체적 권리관계에 부합하는 유효한 등기인 경우에는 공정증서원본불실기재, 동행사죄의 구성요건 해당성이 없게 되고, 이는 법률상 범죄의 성립을 조각하는 이유되는 사실의 주장에 포함되지 않음(대판 2000.3.24, 98도105)

(2) 법률상 형의 가중·감면의 이유되는 사실의 진술
① 필요적 가중·감면사유○, 임의적 감면사유인 자수나 정상관계사실×
② 피해회복에 관한 주장이 있었더라도 이는 작량감경 사유에 해당하여 형의 양정에 영향을 미칠 수 있을지언정 유죄판결에 반드시 명시하여야 하는 것은 아님(대판 2017.11.9, 2017도14769)

6. 위반의 효과 : 항소이유나 상고이유가 됨

> **관련 판례**
>
> ❶ 유죄판결을 선고하면서 판결이유에 명시하여야 할 내용 중 하나를 전부 누락한 경우 파기사유인지 여부(적극)
> … 제383조 제1호에 정한 판결에 영향을 미친 법률위반으로서 파기사유가 된다(대판 2009.6.25, 2009도3505).

04 무죄판결

I 무죄판결의 의의

> **제325조(무죄의 판결)**
> 피고사건이 범죄로 되지 아니하거나 범죄사실의 증명이 없는 때에는 판결로써 무죄를 선고하여야 한다.

II 무죄판결의 사유

1. 피고사건이 범죄로 되지 아니한 때

(1) 의의 : 실체심리를 거쳐 범죄를 구성하지 않음이 밝혀진 경우○ → 만일 범죄로 되지 아니함이 공소장의 기재 자체에 의하여 처음부터 명백한 경우에는 무죄판결을 할 것이 아니라 공소기각결정을 함

(2) 기소된 사건의 적용법조가 헌법재판소의 위헌결정 등으로 소급하여 실효된 경우

> **관련 판례**
>
> ◆ 기소된 사건의 적용법조가 헌법재판소의 위헌결정으로 소급하여 실효된 경우 행할 재판의 종류(무죄판결)
> 1. 기소된 사건의 적용법조가 헌법재판소의 위헌결정으로 소급하여 실효된 경우 행할 재판의 종류(무죄판결)
> ··· 피고사건이 범죄로 되지 아니한 때에 해당한다고 할 것 ··· (대판 1992.5.8, 91도2825).
> 2. 폐지 또는 실효된 형벌 관련 법령이 당초부터 위헌·무효인 경우 그 법령을 적용하여 공소가 제기된 피고사건에 대하여 법원이 취하여야 할 조치(무죄판결)
> ··· 제325조에 따라 무죄를 선고 ··· (대판 2010.12.16, 2010도5986).
> 3. 폐지된 형벌 관련 법령이 당초부터 위헌·무효인 경우 면소사유인지 무죄사유인지 여부(무죄사유)
> ··· 제325조에 따라 무죄를 선고 ··· (대판 2013.5.16, 2011도2631).
>
> ◆ 헌법재판소의 헌법불합치결정이 형벌에 관한 법률조항에 대한 위헌결정인지 여부(적극) 및 해당 조항이 적용되어 공소가 제기된 피고사건에 대하여 법원이 취하여야 할 조치(무죄판결)
> 1. 헌법재판소가 헌법불합치결정을 선고하면서 개정시한을 정하여 입법개선을 촉구하였는데도 위 시한까지 법률개정이 이루어지지 않은 경우, 당해 법률조항은 소급하여 효력을 상실하는지 여부(적극) 및 이를 적용하여 공소가 제기된 피고사건에 대한 법원의 조치(무죄판결)
> ··· 제325조 전단에 따라 무죄를 선고 ··· 헌법재판소가 이 사건 헌법불합치결정 ··· 개정시한까지 개선입법이 이루어지지 않는 경우 그 다음날부터 효력을 상실하도록 하였더라도, 이 사건 헌법불합치결정을 위헌결정으로 보는 이상 이와 달리 해석할 여지가 없다(대판 2011.6.23, 2008도7562).
> 2. 정치자금법 제6조 및 정치자금법 제45조 제1항에 대하여 선고된 헌법재판소의 헌법불합치결정이 형벌에 관한 법률조항에 대한 위헌결정인지 여부(적극) 및 이때 법원은 당해 조항을 적용하여 공소가 제기된 피고사건에 대하여 무죄를 선고하여야 하는지 여부(적극)
> ··· 헌법재판소의 헌법불합치결정은 헌법과 헌법재판소법이 규정하고 있지 않은 변형된 형태이지만 법률조항에 대한 위헌결정에 해당 ··· 위 조항들에 대하여 선고된 위 헌법불합치결정은 형벌에 관한 법률조항에 대한 위헌결정이라고 할 것 ··· 형벌에 관한 법률조항이 소급하여 효력을 상실한 경우에 당해 조항을 적용하여 공소가 제기된 피고사건은 범죄로 되지 않은 때에 해당 ··· 제325조 전단에 따라 무죄를 선고 ··· (대판 2018.10.25, 2015도17936).
> 3. 국무총리 공관 인근에서의 옥외집회·시위를 금지·처벌하거나 그러한 옥외집회·시위를 해산명령의 대상으로 삼아 해산명령불응죄로 처벌하는 집회 및 시위에 관한 법률 규정에 대한 헌법재판소의 헌법불합치결정이 형벌에 관한 법률조항에 대한 위헌결정인지 여부(적극) 및 형벌에 관한 법률조항에 대하여 위헌결정이 선고된 경우, 해당 조항이 적용되어 공소가 제기된 피고사건에 대하여 법원이 취할 조치(= 무죄의 선고)

> … 헌법재판소의 헌법불합치결정은 헌법과 헌법재판소법이 규정하고 있지 않은 변형된 형태이지만 법률조항에 대한 위헌결정에 해당 … 위 헌법불합치결정은 형벌에 관한 법률조항에 대한 위헌결정이라 할 것 … 형벌에 관한 법률조항에 대하여 위헌결정이 선고된 경우 그 조항은 소급하여 효력을 상실 … 제325조 전단에 따라 무죄를 선고 … (대판 2020.5.28, 2017도8610).

> ❸ 근로기준법 제35조 제3호에 대한 헌법재판소 위헌결정에 헌법재판소법 제47조 제3항에 따른 소급효가 인정되는지 여부(소극)
> … 근로기준법 제35조 제3호가 근무기간이 6개월 미만인 월급근로자의 근로의 권리를 침해하고, 평등원칙에도 위배된다는 이유로 위 조항이 헌법에 위반된다는 결정 … 그러나 근로기준법 위반죄의 구성요건해당성 배제 사유를 규정한 것이기 때문에, 위 조항에 대한 위헌결정의 소급효를 인정할 경우 오히려 그 조항이 적용되어 형사처벌을 받지 않았던 사람들에게 형사상 불이익이 미치게 되므로 … 근로기준법 제35조 제3호에 대한 위헌결정에는 … 소급효가 인정되지 아니하고 … 위헌결정이 있는 날부터 효력을 상실한다 … 근로자에게 30일 전에 해고의 예고를 하거나 30일분의 통상임금에 해당하는 해고예고수당을 지급할 의무 … (대판 2022.2.11, 2020도68).

> ❹ 법률조항의 개정이 자구만 형식적으로 변경된 데 불과하여 개정 전후 법률조항들의 동일성이 그대로 유지되는 경우, '개정 전 법률조항'에 대한 위헌결정의 효력이 '개정 법률조항'에 대하여도 미치는지 여부(적극) 및 '개정 법률조항'에 대한 위헌결정의 효력이 '개정 전 법률조항'에까지 그대로 미치는지 여부(소극)
> 어느 법률조항의 개정이 자구만 형식적으로 변경된 데 불과하여 … 양자의 동일성이 그대로 유지되고 있는 경우에는 '개정 전 법률조항'에 대한 위헌결정의 효력은 … '개정 법률조항'에 대하여도 미친다 … 그러나 이와 달리 '개정 법률조항'에 대한 위헌결정이 있는 경우에는 … '개정 법률조항'에 대한 위헌결정의 효력이 '개정 전 법률조항'에까지 그대로 미친다고 할 수는 없다 … (대법원 2020.2.21, 2015모2204).

2. 범죄사실의 증명이 없는 때

Ⅲ 무죄판결의 판시방법

1. 무죄판결의 주문

(1) **실체적 경합의 경우** : 수개의 범죄사실 중 일부의 범죄사실에 대하여 무죄를 선고하는 경우에는 주문에서 그 부분에 대하여 무죄를 선고

(2) **포괄일죄나 상상적 경합의 경우** : 수개의 범죄사실 중 일부가 무죄인 경우 주문에는 무죄로 판시할 수 없고, 유죄판결의 이유부분에서 무죄부분에 대하여 설시

> [관련 판례]
> ❶ 포괄일죄의 관계에 있는 공소사실 중 일부가 무죄로 판단되는 경우, 이를 판결주문에 표시한 잘못이 판결에 영향을 미칠 위법사유가 되는지 여부(소극)
> 포괄일죄의 관계에 있는 공소사실 중 일부가 무죄로 판단된다고 하더라도 주문에서 따로 무죄의 선고를 할 것이 아님 … 공소사실 일부에 대하여 무죄의 선고를 하고 이를 판결주문에 표시하였다고 하여 이러한 잘못이 판결에 영향을 미칠 위법사유가 되는 것은 아니다(대판 1995.3.24, 94도1112).

2. 무죄판결의 이유

무죄판결도 그 이유를 기재하여야 함 → 다만, 유죄판결의 경우보다 상세한 이유를 기재할 필요는 없음

> [관련 판례]
> ❶ 무죄판결의 경우에도 그 이유를 기재하여야 하는지 여부(적극)
> … 무죄판결을 선고하는 때에도 공소사실에 부합하는 증거를 배척하는 이유까지 일일이 설시할 필요는 없다고 하더라도, 그 증거들을 배척한 취지를 합리적인 범위 내에서 기재하여야 … 주문에서 무죄를 선고하고도 그 판결이유에는 이에 관한 아무런 판단도 기재하지 않았다면 재판의 누락 … (대판 2014.11.13, 2014도6341).

Ⅳ 무죄판결의 효력

1. 무죄판결의 선고에 따른 효력
구속력○ → 선고와 동시에 상소권이 발생 → 구속영장은 실효

2. 무죄판결의 확정에 따른 효력
형식적 확정력과 실체적 확정력 및 기판력○ → 다만, 집행력만×

3. 무죄판결에 대한 상소
검사는 상소할 수 있으나, 피고인은 상소할 수 없다(대판 1994.7.29, 93도1091).

4. 형사보상
형사피의자 또는 형사피고인으로서 구금되었던 자가 무죄판결을 받은 때

Ⅴ 무죄판결과 비용보상제도

1. 무죄판결과 비용보상제도의 도입 – 형사보상 및 명예훼손에 관한 법률을 준용함(제194조의5)

> **제194조의2(무죄판결과 비용보상)**
> ① 국가는 무죄판결이 확정된 경우에는 당해 사건의 피고인이었던 자에 대하여 그 재판에 소요된 비용을 보상하여야 한다.
> ② 다음 각 호의 어느 하나에 해당하는 경우에는 제1항에 따른 비용의 전부 또는 일부를 보상하지 아니할 수 있다.
>   1. 피고인이었던 자가 수사 또는 재판을 그르칠 목적으로 허위의 자백을 하거나 다른 유죄의 증거를 만들어 기소된 것으로 인정된 경우
>   2. 1개의 재판으로써 경합범의 일부에 대하여 무죄판결이 확정되고 다른 부분에 대하여 유죄판결이 확정된 경우
>   3. 「형법」제9조 및 제10조 제1항의 사유에 의한 무죄판결이 확정된 경우
>   4. 그 비용이 피고인이었던 자에게 책임지울 사유로 발생한 경우

관련 판례

◎ 판결 주문에서 무죄가 선고된 경우뿐만 아니라 판결 이유에서 무죄로 판단된 경우에도 재판에 소요된 비용 가운데 무죄로 판단된 부분의 방어권 행사에 필요하였다고 인정된 부분에 관하여 보상을 청구할 수 있는지 여부(적극) 및 이때 법원은 형사소송법 제194조의2 제2항 제2호를 유추적용하여 재량으로 보상청구의 전부 또는 일부를 기각할 수 있는지 여부(적극)
··· 제194조의2 제1항 ··· 비용보상제도는 국가의 잘못된 형사사법권의 행사로 인하여 피고인이 무죄를 선고받기 위하여 부득이 변호사 보수 등을 지출한 경우, 국가로 하여금 피고인에게 그 재판에 소요된 비용을 보상하도록 함 ··· 이러한 입법 취지와 규정의 내용 등에 비추어 볼 때 판결 주문에서 무죄가 선고된 경우뿐만 아니라 판결 이유에서 무죄로 판단된 경우에도 재판에 소요된 비용 가운데 무죄로 판단된 부분의 방어권 행사에 필요하였다고 인정된 부분에 관하여는 보상을 청구할 수 있다고 보아야 ··· 다만 법원은 이러한 경우 ··· 제194조의2 제2항 제2호를 유추적용하여 재량으로 보상청구의 전부 또는 일부를 기각할 수 있다(대법원 2019.7.5, 2018모906).

2. 비용보상의 절차

> **제194조의3(비용보상의 절차 등)**
> ① 제194조의2 제1항에 따른 비용의 보상은 피고인이었던 자의 청구에 따라 무죄판결을 선고한 법원의 합의부에서 결정으로 한다.
> ② 제1항에 따른 청구는 무죄판결이 확정된 사실을 안 날부터 3년, 무죄판결이 확정된 때부터 5년 이내에 하여야 한다.
> ③ 제1항의 결정에 대하여는 즉시항고를 할 수 있다.

3. 비용보상의 범위

> **제194조의4(비용보상의 범위)**
> ① 제194조의2에 따른 비용보상의 범위는 피고인이었던 자 또는 그 변호인이었던 자가 공판준비 및 공판기일에 출석하는데 소요된 여비·일당·숙박료와 변호인이었던 자에 대한 보수에 한한다. 이 경우 보상금액에 관하여는 「형사소송비용 등에 관한 법률」을 준용하되, 피고인이었던 자에 대하여는 증인에 관한 규정을, 변호인이었던 자에 대하여는 국선변호인에 관한 규정을 준용한다.
> ② 법원은 공판준비 또는 공판기일에 출석한 변호인이 2인 이상이었던 경우에는 사건의 성질, 심리 상황 그 밖의 사정을 고려하여 변호인이었던 자의 여비·일당 및 숙박료를 대표변호인 그 밖에 일부 변호인의 비용만으로 한정할 수 있다.

4. 형사보상 및 명예회복에 관한 법률의 준용

> **제194조의5(준용규정)**
> 비용보상청구, 비용보상절차, 비용보상과 다른 법률에 따른 손해배상과의 관계, 보상을 받을 권리의 양도·압류 또는 피고인이었던 자의 상속인에 대한 비용보상에 관하여 이 법에 규정한 것을 제외하고는 형사보상 및 명예회복에 관한 법률에 의한 보상의 예에 따른다.

05 관할위반의 판결

I 관할위반판결의 의의

> **제319조(관할위반의 판결)**
> 피고사건이 법원의 관할에 속하지 아니한 때에는 판결로써 관할위반의 선고를 하여야 한다.

II 관할위반판결의 사유

피고사건이 법원의 관할에 속하지 아니한 경우 → 법원은 관할 유무를 직권으로 조사 → 재판권이 없는 경우에는 제327조 제1호에 의하여 공소기각판결

Ⅲ 토지관할위반에 있어서의 특칙

> **제320조(토지관할위반)**
> ① 법원은 피고인의 신청이 없으면 토지관할에 관하여 관할위반의 선고를 하지 못한다.
> ② 관할위반의 신청은 피고사건에 대한 진술 전에 하여야 한다.

Ⅳ 관할위반판결의 효력

1. 판결의 구속력 등
구속력○, 기판력 내지 일사부재리의 효력×

2. 궐석재판 등의 특칙 적용여부
궐석재판의 특칙(제277조), 공판절차의 정지에 관한 특칙(제306조 제4항), 구속영장의 실효규정(제331조) 등은 그 적용이 없음

3. 관할위반판결에 대한 상소
검사는 상소를 할 수 있으나, 피고인은 상소를 할 수 없음

06 공소기각의 재판

Ⅰ 공소기각재판의 의의

관할권 이외의 형식적 소송조건이 결여된 경우에 실체심리를 하지 않고 소송을 종결시키는 형식재판이며 종국재판 → 공소기각재판의 사유는 제327조와 제328조에 한정적으로 열거

Ⅱ 공소기각의 결정

1. 공소기각결정사유

> **제328조(공소기각의 결정)**
> ① 다음 경우에는 결정으로 공소를 기각하여야 한다.
>   1. 공소가 취소되었을 때
>   2. 피고인이 사망하거나 피고인인 법인이 존속하지 아니하게 되었을 때
>   3. 제12조 또는 제13조의 규정에 의하여 재판할 수 없는 때
>   4. 공소장에 기재된 사실이 진실하다 하더라도 범죄가 될 만한 사실이 포함되지 아니하는 때
> ② 전항의 결정에 대하여는 즉시항고를 할 수 있다.

> [관련 판례]
> ❷ 제328조에 규정된 '공소장에 기재된 사실이 진실하다 하더라도 범죄가 될 만한 사실이 포함되지 아니한 때'의 의미
> … 공소장 기재사실 자체에 대한 판단으로 그 사실 자체가 죄가 되지 아니함이 명백한 경우 … (대판 2014.5.16, 2012도12867).
>
> ❷ 부정수표단속법위반 사건의 공소사실 중 수표가 그 제시기일에 제시되지 아니한 사실이 그 자체 명백하다면 공소기각결정을 하여야 하는지 여부(적극)
> … 범죄가 될 만한 사실이 포함되지 아니하는 때에 해당하므로 형사소송법 제328조 제1항 제4호에 의하여 공소기각의 재판을 하여야 한다(대판 1973.12.11, 73도2173).

2. 공소기각결정에 대한 불복 : 즉시항고를 할 수 있음

Ⅲ 공소기각의 판결

1. 공소기각판결사유

> **제327조(공소기각의 판결)**
> 다음 각 호의 경우에는 판결로써 공소기각의 선고를 하여야 한다.
> 1. 피고인에 대하여 재판권이 없을 때
> 2. 공소제기의 절차가 법률의 규정을 위반하여 무효일 때
> 3. 공소가 제기된 사건에 대하여 다시 공소가 제기되었을 때
> 4. 제329조를 위반하여 공소가 제기되었을 때
> 5. 고소가 있어야 공소를 제기할 수 있는 사건에서 고소가 취소되었을 때
> 6. 피해자의 명시한 의사에 반하여 공소를 제기할 수 없는 사건에서 처벌을 원하지 아니하는 의사표시를 하거나 처벌을 원하는 의사표시를 철회하였을 때

> [관련 판례]
> ❷ 소년법상의 보호처분을 받은 사건과 동일한 사건에 대하여 다시 공소제기가 된 경우 법원의 조치(공소기각판결)
> 소년법 … 보호처분은 확정판결이 아니고 따라서 기판력도 없으므로 … 면소판결을 할 것이 아니라 공소제기절차가 동법 제53조의 규정에 위배하여 무효인 때에 해당한 경우이므로 공소기각의 판결을 하여야 한다(대판 1985.5.28, 85도21).
>
> ❷ 종전 보호처분에서 심리가 결정된 사건이 아닌 사건에 대하여 공소를 제기하거나 소년부에 송치하는 것이 소년법 제53조에 위배되는지 여부(소극)
> … 보호처분을 받은 소년에 대하여는 그 심리가 결정된 사건은 다시 공소를 제기하거나 소년부에 송치할 수 없다(소년법 제53조) … 종전 보호처분에서 심리가 결정된 사건이 아닌 사건에 대하여 공소를 제기하거나 소년부에 송치하는 것은 소년법 제53조에 위배되지 않는다(대판 2019.5.10, 2018도3768).
>
> ❷ 가정폭력범죄의 처벌 등에 관한 특례법상 보호처분의 결정이 확정된 경우 그 보호처분을 받은 사건과 동일한 사건에 대하여 다시 공소제기가 된 경우 법원의 조치(공소기각판결)
> 가정폭력범죄의 처벌 등에 관한 특례법에 규정된 가정보호사건의 조사·심리는 검사의 관여 없이 가정법원이 직권으로 진행하는 형사처벌의 특례에 따른 절차 … 형사소송절차와는 내용과 성질을 달리 … 가정폭력처벌법에 따른 보호처분의 결정 또는 불처분결정에 확정된 형사판결에 준하는 효력을 인정할 수 없다. 가정폭력처벌법에 따른 보호처분의 결정이 확정된 경우 … 보호처분은 확정판결이 아니고 따라서 기판력도 없으므로, 보호처분을 받은 사건과 동일한 사건에 대하여 다시 공소제기가 되었다면 … 면소판결을 할 것이 아니라 공소제기의 절차가 법률의 규정에 위배하여 무효인 때에 해당한 경우 … 제327조 제2호의 규정에 의하여 공소기각의 판결을 하여야 한다(대판 2017.8.23, 2016도5423).
>
> ❷ 부정수표단속법 제2조 제4항에서 부정수표가 회수된 경우 공소를 제기할 수 없도록 하는 취지 및 제1심판결 선고 전에 공범에 의하여 부도수표가 회수된 경우 공소기각판결을 선고하여야 하는지 여부(적극)
> … 부도수표 회수나 수표소지인의 처벌을 희망하지 아니하는 의사의 표시가 제1심판결 선고 이전까지 이루어지는 경우에는 공소기각의 판결을 선고하여야 … 공범에 의하여 회수된 경우에도 마찬가지 … (대판 2009.12.10, 2009도9939).

> ❷ 교통사고처리 특례법 위반으로 공소가 제기된 사안에서 교통사고처리 특례법 제4조 제1항 본문 소정의 자동차종합보험에 가입되어 있는 경우 법원이 취하여야 할 조치(공소기각판결)
> … 교통사고처리 특례법 제4조 제1항 본문에 따라 공소를 제기할 수 없음에도 불구하고 이에 위반하여 공소를 제기한 경우에 해당 … 제327조 제2호 … 공소기각의 판결을 선고 … (대판 2004.11.26, 2004도4693).

2. 공소기각판결의 효력

(1) 구속력 등 : 구속력○, 일사부재리의 효력 내지 기판력× → 흠결된 소송조건을 보완하면 다시 공소를 제기할 수 있음

(2) 궐석재판의 특칙 및 구속영장의 실효 규정의 적용○

3. 공소기각판결에 대한 상소

검사는 상소할 수 있으나, 피고인이 상소하는 것은 허용되지 않음

> 관련 판례
> ❷ 공소기각판결에 대하여 피고인이 무죄를 주장하며 상소할 수 없다는 판례
> 공소기각판결에 대하여는 … 피고인이 무죄를 주장하여 상소할 수 없다(대판 1983.12.13, 82도3076).

Ⅳ 공소기각사유와 다른 사유와의 경합

공소기각결정사유 → 공소기각판결사유 → 관할위반판결사유 → 면소판결사유 → 무죄사유

07 면소판결(免訴判決)

Ⅰ 면소판결의 의의

실체적 소송조건이 결여된 경우에 실체에 대한 심리를 하지 않고 소송을 종결시키는 형식재판이며 종국재판 → 형식재판이면서도 기판력 내지 일사부재리의 효력이 발생한다는 점에 그 특징

Ⅱ 면소판결의 본질

> 관련 판례
> ❷ 면소판결의 본질(형식재판설)
> … 형식적 재판 … 실체적 심리를 할 필요없이 면소판결을 하여야 한다(대판 1964.3.31, 64도64).

Ⅲ 면소판결의 사유

> 제326조(면소의 판결)
> 다음 경우에는 판결로써 면소의 선고를 하여야 한다.
> 1. 확정판결이 있은 때
> 2. 사면이 있은 때
> 3. 공소의 시효가 완성되었을 때
> 4. 범죄 후의 법령개폐로 형이 폐지되었을 때

1. **확정판결이 있은 때**(제326조 제1호) : 자세한 내용은 후술함

   관련 판례
   - ❷ 형사소송법 제326조 제1호의 면소사유인 '확정판결이 있은 때'의 적용범위
     … 공소가 제기된 공소사실을 확정판결이 있는 종전 사건의 공소사실과 비교해서 그 사실의 기초가 되는 자연적·사회적 사실관계가 기본적인 점에서 동일한 경우도 포함된다(대판 2008.11.13, 2006도4885).

2. **사면이 있은 때**(제326조 제2호) : 일반사면○, 특별사면×

   관련 판례
   - ❷ 면소판결 사유인 형사소송법 제326조 제2호에서 말하는 '사면'의 의미(일반사면)
     … 일반사면을 의미할 뿐, 형을 선고받아 확정된 자를 상대로 이루어지는 특별사면은 여기에 해당하지 않으므로 … 특별사면이 있었다고 하더라도 … 특별사면이 있음을 들어 면소판결을 하여서는 아니 된다(대판 2015.5.21, 2011도1932).

3. **공소의 시효가 완성되었을 때**(제326조 제3호)

4. **범죄 후의 법령개폐로 형이 폐지되었을 때**(제326조 제4호) : 예전 판례는 종래의 처벌 자체가 부당하거나 또는 과중하다는 반성적 고려에서 법령이 개폐된 경우만을 말한다는 입장이었으나, 최근 판례는 해당 형벌법규에 따른 범죄의 성립 및 처벌에 관한 형사법적 관점의 변화가 인정된다면 종전 법령이 범죄로 정하여 처벌한 것이 부당하였다거나 과형이 과중하였다는 반성적 고려에 따라 변경된 것인지 여부를 따지지 않고 이에 해당한다고 보고 있음(대판 2022.12.22, 2020도16420)

   관련 판례
   - ❷ 구 직업안정법 제48조 제3호에서 벌금형에 처하도록 규정된 위반행위에 대하여 과태료를 부과하도록 법률이 개정된 경우 그것이 반성적 고려에 의한 것으로 면소사유에 해당하는지 여부(적극)
     … 1년 이하의 징역 또는 500만 원 이하의 벌금에 처하도록 규정하고 있던 구 직업안정법 … 1,000만 원 이하의 과태료를 부과하는 것으로 개정되었고 … 부당하다는 반성적 고려에서 이루어진 것으로서 형사소송법 제326조 제4호의 범죄 후의 법령개폐로 형이 폐지되었을 때에 해당한다(대판 2010.1.28, 2009도882).
   - ❷ 범죄의 성립과 처벌에 관하여 규정한 형벌법규 자체 또는 그로부터 수권 내지 위임을 받은 법령의 변경에 따라 범죄를 구성하지 아니하게 되거나 형이 가벼워진 경우, 종전 법령이 범죄로 정하여 처벌한 것이 부당하였다거나 과형이 과중하였다는 반성적 고려에 따라 변경된 것인지를 따지지 않고 원칙적으로 형법 제1조 제2항과 형사소송법 제326조 제4호가 적용되는지 여부(적극)
     … 제326조 제4호에서 말하는 '법령의 변경'은 해당 형벌법규에 따른 범죄의 성립 및 처벌에 관한 형사법적 관점의 변화를 전제로 하여야 … 형사법적 관점의 변화가 인정되면 … 종전 법령이 범죄로 정하여 처벌한 것이 부당하였다거나 과형이 과중하였다는 반성적 고려에 따라 변경된 것인지 여부를 따지지 않고 … 제326조 제4호가 적용 … (대판 2022.12.22, 2020도16420).

❸ 범죄의 성립과 처벌에 관하여 규정한 형벌법규 자체 또는 그로부터 수권 내지 위임을 받은 법령의 변경에 따라 범죄를 구성하지 아니하게 되거나 형이 가벼워진 경우, 원칙적으로 형법 제1조 제2항과 형사소송법 제326조 제4호가 적용되는지 여부(적극) 및 해당 형벌법규 자체 또는 그로부터 수권 내지 위임을 받은 법령이 아닌 다른 법령이 변경된 경우에 형법 제1조 제2항과 형사소송법 제326조 제4호를 적용하려면, 해당 형벌법규에 따른 범죄의 성립 및 처벌과 직접적으로 관련된 형사법적 관점의 변화를 주된 근거로 하는 법령의 변경에 해당하여야 하는지 여부(적극)
··· 범죄의 성립과 처벌에 관하여 규정한 형벌법규 자체 또는 그로부터 수권 내지 위임을 받은 법령의 변경에 따라 범죄를 구성하지 아니하게 되거나 형이 가벼워진 경우에는, 종전 법령이 범죄로 정하여 처벌한 것이 부당하였다거나 과형이 과중하였다는 반성적 고려에 따라 변경된 것인지 여부를 따지지 않고 ··· 제326조 제4호가 적용 ··· 법령의 변경이 해당 형벌법규에 따른 범죄의 성립 및 처벌과 직접적으로 관련된 형사법적 관점의 변화를 주된 근거로 한다고 해석할 수 있을 때 ··· 제326조 제4호를 적용 ··· (대판 2023.2.23. 2022도4610).

❹ 헌법재판소가 구 형법 제241조에 대하여 2008. 10. 30. 합헌결정을 하였다가 2015. 2. 26. 위헌결정을 하게 되자 종전 합헌결정일 이전의 간통행위에 대하여 간통죄로 유죄의 확정판결을 받은 피고인이 재심을 청구한 경우 법원의 조치(= 면소판결)
··· 종전 합헌결정일 이전의 범죄행위에 대하여 재심개시결정이 확정되었는데 그 범죄행위에 적용될 법률 또는 법률의 조항이 위헌결정으로 헌법재판소법 제47조 제3항 단서에 의하여 종전 합헌결정일의 다음 날로 소급하여 효력을 상실하였다면 범죄행위 당시 유효한 법률 또는 법률의 조항이 그 이후 폐지된 경우와 마찬가지 ··· 제326조 제4호에 해당하는 것으로 보아 면소판결을 선고 ··· (대판 2019.12.24. 2019도15167).

❺ 혼인빙자간음죄(위계간음죄)를 규정한 구 형법 제304조의 삭제가 범죄 후의 법령개폐로 범죄를 구성하지 않게 되어 형이 폐지되었을 때에 해당하는지 여부(적극)
구 형법 제304조는 ··· 2012. ··· 형법이 개정되면서 삭제 ··· 위 개정에 앞서 구 형법 제304조 중 혼인빙자간음죄 부분은 헌법재판소 2009. 11. 26. ··· 위헌으로 판단되었고 ··· 구 형법 제304조의 삭제는 법률이념의 변천에 따라 과거에 범죄로 본 음행의 상습없는 부녀에 대한 위계간음 행위에 관하여 현재의 평가가 달라짐에 따라 이를 처벌대상으로 삼는 것이 부당하다는 반성적 고려에서 비롯된 것으로 봄이 타당 ··· 범죄 후의 법령개폐로 범죄를 구성하지 않게 되어 형이 폐지되었을 때에 해당 ··· 제326조 제4호에 의하여 면소판결의 대상 ··· (대판 2014.4.24. 2012도14253).

Ⅳ 관련문제

1. 궐석재판 및 구속영장실효 규정의 적용○

2. 일죄의 일부에 면소사유가 있는 경우

   [관련 판례]
   ❺ 상상적 경합범의 관계에 있는 두 죄 중 하나의 죄는 사면되어 면소판결의 대상이고 나머지 죄는 무죄일 경우, 주문에서 따로 면소를 선고하는지 여부(소극)
   ··· 원심이 무죄를 선고하였으므로 ··· 따로 주문에서 면소의 선고를 하지 아니한다(대판 1996.4.12. 95도2312).

3. 면소판결의 부수적 효과

   면소판결이 선고된 때에는 구속영장은 효력을 상실하고, 피고인은 형사보상을 받을 수도 있음

4. 면소판결에 대한 피고인의 상소

   [관련 판례]
   ❺ 면소판결에 대하여 피고인이 무죄를 주장하며 상소할 수 없다는 판례
   1. 면소판결에 대하여는 ··· 피고인이 무죄를 주장하여 상소할 수 없다(대판 1984.12.17. 84도2106).
   2. 면소판결에 대하여는 무죄를 주장하며 실체판결을 구하는 상고를 할 수 없으나 ··· (대판 2004.9.24. 2004도3532).

08 종국재판의 부수효과

I 구속영장의 실효(제331조) – 전술함

II 압수물의 처분관계(제332조, 제333조) – 전술함

III 재산형의 가납판결

> **제334조(재산형의 가납판결)**
> ① 법원은 벌금, 과료 또는 추징의 선고를 하는 경우에 판결의 확정 후에는 집행할 수 없거나 집행하기 곤란할 염려가 있다고 인정한 때에는 직권 또는 검사의 청구에 의하여 피고인에게 벌금, 과료 또는 추징에 상당한 금액의 가납을 명할 수 있다.
> ② 전항의 재판은 형의 선고와 동시에 판결로써 선고하여야 한다.
> ③ 전항의 판결은 즉시로 집행할 수 있다.

IV 형의 집행유예취소의 절차

> **제335조(형의 집행유예취소의 절차)**
> ① 형의 집행유예를 취소할 경우에는 검사는 피고인의 현재지 또는 최후의 거주지를 관할하는 법원에 청구하여야 한다.
> ② 전항의 청구를 받은 법원은 피고인 또는 그 대리인의 의견을 물은 후에 결정을 하여야 한다.
> ③ 전항의 결정에 대하여는 즉시항고를 할 수 있다.
> ④ 전2항의 규정은 유예한 형을 선고할 경우에 준용한다.

관련 판례

◆ 형사소송법 제344조 제1항 재소자에 대한 특칙 규정이 집행유예취소결정에 대한 즉시항고권회복청구서의 제출에 적용되는지 여부(적극)
… 재소자에 대한 특칙(제344조 제1항)을 두고 이를 상소권회복의 청구에 준용(제355조) … 즉시항고도 상소의 일종이므로 위와 같은 특칙은 집행유예취소결정에 대한 즉시항고권회복청구서의 제출에도 마찬가지로 적용 … (대법원 2022.10.27. 2022모1004).

V 경합범 중 다시 형을 정하는 절차

경합범 중 다시 형을 정하는 절차에 의하여 형을 정할 경우에는 검사는 그 범죄사실에 대한 최종판결을 한 법원에 청구하여야 함(제336조).

VI 형의 소멸의 재판

형의 소멸의 재판에 의한 선고는 그 사건에 관한 기록이 보관되어 있는 검찰청에 대응하는 법원에 대하여 신청하여야 함(제337조).

09 재판의 확정

I 재판확정의 의의

통상의 불복방법에 의해서는 더 이상 다툴 수 없게 된 상태 → 재판의 확정력 발생

II 재판확정의 시기

1. 불복신청이 허용되지 않는 재판
(1) 확정시기 : 선고 또는 고지와 동시에 확정
(2) 불복신청이 허용되지 않는 재판에 해당되는 경우 : 법원의 관할 또는 판결 전의 소송절차에 관한 결정(제403조), 항고법원 또는 고등법원의 결정(제415조), 대법원의 결정
(3) 대법원의 판결

> **관련 판례**
>
> ❶ **대법원판결은 그 선고로써 확정되는 것이라는 판례**
> 대법원판결은 그 선고로써 확정되는 것 … 판결정정신청기간을 기다릴 필요가 없다 할 것 … (대법원 1967.6.2, 67초22).
>
> ❷ **상고심에서 상고이유 주장이 이유 없다고 판단되어 배척된 부분의 확정력이 발생하는 시기(상고심판결 선고시)**
> 상고심에서 상고이유의 주장이 이유 없다고 판단되어 배척된 부분은 그 판결의 선고와 동시에 확정력이 발생하여 이 부분에 대하여는 피고인은 더 이상 다툴 수 없고 … (대판 2011.10.13, 2011도8478).

2. 불복신청이 허용되는 재판
(1) 불복신청기간의 도과 : 불복신청기간이 도과한 때 확정
(2) 불복신청의 포기 등 : 불복신청기간이 경과하기 전에 불복신청의 포기 등이 있는 경우에는 그 불복신청을 포기한 때에 확정
(3) 불복신청을 기각하는 재판의 확정 : 불복신청을 기각하는 재판이 확정되면 원심의 재판은 확정

III 재판의 확정력

1. 형식적 확정력
(1) 의의 : 통상의 불복방법에 의해서는 더 이상 다툴 수 없게 된 상태 → 불가쟁적(不可爭的) 효력
(2) 범위 : 실체재판이든 형식재판이든 불문하고 모든 재판에 있어서 발생하는 효력임

2. 내용적 확정력
(1) 의의 : 재판이 형식적으로 확정되면 그 재판에 있어서의 의사표시적 내용도 확정 → 실체재판, 형식재판 불문하고 발생 → 특히 실체재판에 있어서의 내용적 확정력을 실체적 확정력
(2) 내용적 확정력의 효과
① 대내적 효과 : 집행력 발생 → 실체재판(유죄판결)이든 형식재판이든 불문하고 발생 → 다만, 무죄판결만은×

② 대외적 효과

㉠ 의의 : 뒤에 공소제기를 받은 법원으로 하여금 동일한 사정과 동일한 사항에 대하여 전소의 재판과 상이한 판단을 할 수 없도록 하게 하는 효과가 발생

㉡ 형식재판에 있어서 내용적 확정력의 대외적 효과○

㉢ 유·무죄판결 및 면소판결에 있어서 내용적 확정력의 대외적 효과 : 일사부재리의 효력 내지 기판력이 발생

Ⅳ 기판력(旣判力) 내지 일사부재리(一事不再理)의 효력

1. 기판력과 일사부재리의 효력과의 관계

일치설이 통설(기판력 = 일사부재리의 효력 = 실체적 확정력의 대외적 효과)

관련 판례

헌법 제13조 제1항에 규정된 이중처벌금지의 원칙 내지 일사부재리의 원칙의 의미
헌법은 제13조 제1항에서 "모든 국민은 … 동일한 범죄에 대하여 거듭 처벌받지 아니한다."라고 규정하여 이른바 이중처벌금지의 원칙 내지 일사부재리의 원칙을 선언 … 여기에서 '처벌'이란 원칙적으로 범죄에 대한 국가의 형벌권 실행으로서의 과벌을 의미하고, 국가가 행하는 일체의 제재나 불이익처분이 모두 여기에 포함되는 것은 아니다(대판 2017.8.23, 2016도5423).

2. 기판력 내지 일사부재리의 효력이 발생하는 재판

(1) 실체재판

① 유·무죄의 실체재판○, 약식명령○, 즉결심판○, 경범죄처벌법 또는 도로교통법상의 통고처분○

관련 판례

경범죄처벌법상 범칙금의 의의 및 범칙금의 납부에 따라 확정판결에 준하는 효력이 인정되는 범위
… 경찰서장 등의 통고처분에 의하여 … 범칙금의 납부에 따라 확정판결에 준하는 효력이 인정되는 범위는 … 당해 범칙행위 자체 및 그 범칙행위와 동일성이 인정되는 범칙행위에 한정 … 범칙행위와 같은 시간과 장소에서 이루어진 행위라 하더라도 범칙행위의 동일성을 벗어난 형사범죄행위에 대하여는 … 일사부재리의 효력이 미치지 아니한다(대판 2011.4.28, 2009도12249).

경찰서장이 경범죄처벌법상의 범칙행위에 대하여 통고처분을 하였는데 통고처분에서 정한 범칙금 납부기간이 경과하지 아니한 경우, 원칙적으로 즉결심판을 청구할 수 없고, 검사도 동일한 범칙행위에 대하여 공소를 제기할 수 없는지 여부(적극)
경범죄처벌법은 … 경찰서장으로부터 범칙금 통고처분을 받은 사람은 통고처분서를 받은 날부터 10일 이내에 범칙금을 납부 … 납부기간에 범칙금을 납부하지 않은 사람에 대하여 경찰서장은 지체 없이 즉결심판을 청구 … 통고받은 범칙금을 납부한 사람은 그 범칙행위에 대하여 다시 처벌받지 않는다 … 경찰서장이 범칙행위에 대하여 통고처분을 한 이상 … 통고처분에서 정한 범칙금 납부기간까지는 원칙적으로 경찰서장은 즉결심판을 청구할 수 없고, 검사도 동일한 범칙행위에 대하여 공소를 제기할 수 없다고 보아야 한다(대판 2020.4.29, 2017도13409).

지방국세청장 또는 세무서장이 조세범칙행위에 대하여 고발을 한 후에 동일한 조세범칙행위에 대하여 한 통고처분의 효력(무효) 및 조세범칙행위자가 이러한 통고처분을 이행한 경우, 조세범처벌절차법 제15조 제3항에서 정한 일사부재리의 원칙이 적용되는지 여부(소극)
… 세무서장이 조세범칙행위에 대하여 고발을 한 후에 동일한 조세범칙행위에 대하여 통고처분을 하였다 하더라도, 이는 법적 권한 소멸 후에 이루어진 것으로서 … 그 효력이 없고, 설령 조세범칙행위자가 이러한 통고처분을 이행하였다 하더라도 … 일사부재리의 원칙이 적용될 수 없다(대판 2016.9.28, 2014도10748).

② 행정법상의 징계처분이나 과태료처분×

> **관련 판례**
>
> ❶ 행형법상의 징벌을 받은 자에 대한 형사처벌이 일사부재리의 원칙에 위반되는지 여부(소극)
> … 행형법상의 징벌은 … 행정상의 질서벌의 일종으로서 … 형사책임과는 그 목적, 성격을 달리하는 것이므로 징벌을 받은 뒤에 형사처벌을 한다고 하여 일사부재리의 원칙에 반하는 것은 아니다(대판 2000.10.27, 2000도3874).

③ 소년법상의 보호처분, 가정폭력범죄의 처벌 등에 관한 특례법에 따른 보호처분에 대하여 판례는×

> **관련 판례**
>
> ❷ 가정폭력범죄의 처벌 등에 관한 특례법 제37조 제1항 제1호의 불처분결정이 확정된 후에 검사가 동일한 범죄사실에 대하여 다시 공소를 제기하였거나 법원이 이에 대하여 유죄판결을 선고한 경우, 이중처벌금지의 원칙 내지 일사부재리의 원칙에 위배되는지 여부(소극)
> … 가정폭력처벌법에 따른 보호처분은 확정판결이 아니고 따라서 기판력도 없으므로, 보호처분을 받은 사건과 동일한 사건에 대하여 다시 공소제기가 되었다면 … 면소판결을 할 것이 아니라 … 제327조 제2호의 규정에 의하여 공소기각의 판결 … (대판 2017.8.23, 2016도5423).

④ 외국판결×

> **관련 판례**
>
> ❸ 피고인이 외국에서 유죄의 확정판결을 받은 경우 그 외국판결에 기판력이 있는지 여부(소극)
> … 형사판결은 국가주권의 일부분인 형벌권 행사에 기초한 것 … 피고인이 외국에서 형사처벌을 과하는 확정판결을 받았더라도 그 외국판결은 우리나라 법원을 기속할 수 없고 우리나라에서는 기판력도 없어 일사부재리의 원칙이 적용되지 않는다(대판 2017.8.24, 2017도5977).

⑤ 관세법상의 통고처분은 견해대립

(2) 형식재판 : 공소기각의 재판×, 관할위반의 판결×, 다만, 면소판결만은○

(3) 무효인 판결 : 기판력 내지 일사부재리의 효력은 발생○, 집행력만은×

3. 기판력 내지 일사부재리의 효력이 미치는 범위

(1) 객관적 범위 : 법원의 현실적 심판대상인 당해 공소사실은 물론 그 공소사실과 동일성이 인정되는 사실의 전부에 미침 → 포괄일죄나 과형상 일죄의 일부분에 대한 기판력 내지 일사부재리의 효력은 그 현실적 심판대상으로 되지 아니한 부분까지 미침

> **관련 판례**
>
> ❷ 상습범 등 포괄일죄의 범행중간에 동종의 죄에 관한 확정판결이 있는 경우
> 甲이 포괄일죄에 해당하는 상습사기로서 1, 2, 3, 4.의 사기죄를 범하였고, 이 중에서 검사가 3, 4.의 사기죄에 대하여 "상습사기"로 공소를 제기하여 유죄판결을 선고받아 확정된 후에, 甲이 다시 포괄일죄에 해당하는 상습사기로서 5, 6.의 사기죄를 범하였다고 할 경우, 3, 4.의 사기죄에 대한 확정판결을 전후로 1, 2와 5, 6.을 분리하여 재판을 하여야 한다. 즉, 1, 2에 대하여는 기판력 내지 일사부재리의 효력이 미치므로 면소판결을 하여야 하며, 5, 6에 대하여는 기판력 내지 일사부재리의 효력이 미치지 않으므로 실체재판을 하여야 한다. → 상습사기 범행중간에 동종의 죄에 관한 확정판결이 있는 경우 확정판결 전후의 각 사건 사이에는 그 동일성이 인정되지 않는다(대판 2000.2.11, 99도4797).
>
> ❷ 상습범과 면소판결의 범위
> … 다만 위와 같은 법리가 적용되기 위해서는 … 상습범으로 기소되어 처단되었을 것을 필요로 하는 것 … 상습범 아닌 기본 구성요건의 범죄로 처단되는데 그친 경우에는 … 그 기판력이 그 사실심판결 선고 전의 나머지 범죄에 미친다고 보아서는 아니 된다(대판 2004.9.16, 2001도3206).
>
> ❸ 상습사기의 범행이 단순사기죄의 확정판결의 전후에 걸쳐서 행하여진 경우 그 죄가 두 죄로 분리되는지 여부(소극)
> 상습사기의 범행이 단순사기죄의 확정판결의 전후에 걸쳐서 행하여진 경우 … 두 죄로 분리되지 않고 확정판결 후인 최종의 범죄행위 시에 완성되는 것 … (대판 2010.7.8, 2010도1939).

- 병역법에서 정한 공익근무요원 복무이탈죄의 죄수관계 및 복무이탈행위 중간에 동종의 죄에 관한 확정판결이 있는 경우 일련의 복무이탈행위가 그 전후로 분리되는지 여부(적극)
  - … 복무이탈행위 중간에 동종의 죄에 관한 확정판결이 있는 경우에는 일련의 복무이탈행위는 그 확정판결 전후로 분리된다(대판 2011.3.10, 2010도9317).

- 포괄일죄인 영업범에서 공소제기된 범죄사실과 공판심리 중에 추가로 발견된 범죄사실 사이에 그 범죄사실들과 동일성이 인정되는 또 다른 범죄사실에 대한 유죄의 확정판결이 있는 경우, 추가로 발견된 확정판결 후의 범죄사실은 공소제기된 범죄사실과 분단되는지 여부(적극)
  - … 포괄일죄인 영업범에서 공소제기의 효력은 공소가 제기된 범죄사실과 동일성이 인정되는 범죄사실의 전체에 미치므로, 공판심리 중에 그 범죄사실과 동일성이 인정되는 범죄사실이 추가로 발견된 경우 … 공소장변경절차에 의하여 그 범죄사실을 공소사실로 추가할 수 있다. 그러나 … 그 범죄사실들과 동일성이 인정되는 또 다른 범죄사실에 대한 유죄의 확정판결이 있는 때에는, 추가로 발견된 확정판결 후의 범죄사실은 공소제기된 범죄사실과 분단되어 동일성이 없는 별개의 범죄가 된다 … 검사는 공소장변경절차에 의하여 확정판결 후의 범죄사실을 공소사실로 추가할 수는 없고 별개의 독립된 범죄로 공소를 제기하여야 … (대판 2017.4.28, 2016도21342).

- 상습범('선행범죄')으로 유죄의 확정판결을 받은 사람이 그 후 동일한 습벽에 의해 범행을 저질렀는데('후행범죄') 유죄의 확정판결에 대하여 재심이 개시된 경우, 동일한 습벽에 의한 후행범죄가 재심대상판결에 대한 재심판결 선고 전에 저지른 범죄라면 재심판결의 기판력이 후행범죄에 미치는지 여부(소극)
  - 상습범으로 유죄의 확정판결을 받은 사람이 그 후 동일한 습벽에 의해 범행을 저질렀는데 유죄의 확정판결에 대하여 재심이 개시된 경우 … 재심판결의 기판력이 후행범죄에 미치지 않는다 … 재심대상판결을 전후하여 범한 선행범죄와 후행범죄의 일죄성은 재심대상판결에 의하여 분단되어 동일성이 없는 별개의 상습범 … 선행범죄에 대한 공소제기의 효력은 후행범죄에 미치지 않고 선행범죄에 대한 재심판결의 기판력은 후행범죄에 미치지 않는다 … (대판 2019.6.20, 2018도20698).

- 상습범('선행범죄')으로 유죄의 확정판결을 받은 사람이 그 후 동일한 습벽에 의해 범행을 저질렀는데('후행범죄') 유죄의 확정판결에 대하여 재심이 개시된 경우, 선행범죄에 대한 재심판결을 선고하기 전에 후행범죄에 대한 판결이 먼저 선고되어 확정되었다면 후행범죄에 대한 판결의 기판력이 선행범죄에 미치는지 여부(소극)
  - … 동일한 습벽에 의한 후행범죄가 재심대상판결에 대한 재심판결 선고 전에 저지른 범죄라 하더라도 재심판결의 기판력이 후행범죄에 미치지 않는다 … 선행범죄에 대한 재심판결을 선고하기 전에 후행범죄에 대한 판결이 먼저 선고되어 확정된 경우에도 후행범죄에 대한 판결의 기판력은 선행범죄에 미치지 않는다(대판 2019.7.25, 2016도756).

- 포괄일죄의 중간에 별종의 죄의 확정판결이 끼어 있는 경우의 처벌례(= 확정판결 후의 범죄)
  - … 포괄일죄는 그 중간에 별종의 범죄에 대한 확정판결이 끼어 있어도 그 때문에 포괄적 범죄가 둘로 나뉘는 것은 아니라 할 것 … 이 경우에는 그 확정판결 후의 범죄로서 다루어야 한다(대판 2002.7.12, 2002도2029).

- 선서한 증인이 같은 기일에 여러 사실에 관하여 기억에 반하는 허위의 진술을 한 경우, 위증죄의 죄수(= 포괄일죄)
  - … 포괄하여 1개의 위증죄를 구성 … 당해 위증 사건의 허위진술 일자와 같은 날에 한 다른 허위진술로 인한 위증 사건에 관한 판결이 확정되었다면 … 확정판결의 기판력은 당해 사건에도 미치게 되어 … (대판 2007.3.15, 2006도9463).

- 영리를 목적으로 무면허 의료행위를 업으로 하는 자의 여러 개의 무면허 의료행위 중 일부에 대하여 '의료법위반죄'의 유죄판결이 확정된 경우, 그 확정판결의 기판력이 그 사실심 판결 선고 이전에 범한 '보건범죄 단속에 관한 특별조치법 제5조 제1호 위반죄'의 공소사실에도 미치는지 여부(적극)
  - … 포괄일죄의 관계에 있는 범행 일부에 대하여 판결이 확정된 경우에는 … 확정판결의 기판력이 미쳐 면소의 판결을 선고 … 그 확정판결의 범죄사실이 '보건범죄 단속에 관한 특별조치법' … 위반죄가 아니라 단순히 의료법 … 위반죄로 공소제기된 경우라고 하여 달리 볼 것이 아니다(대판 2014.1.16, 2013도11649).

- 포괄일죄의 관계에 있는 범행 일부에 대하여 판결이 확정된 경우 면소판결의 대상 및 포괄일죄와 실체적 경합범의 구별 기준
  - 포괄일죄의 관계에 있는 범행 일부에 대하여 판결이 확정된 경우 … 사실심 판결선고시를 기준으로 그 이전에 이루어진 범행에 대하여는 확정판결의 기판력이 미쳐 면소의 판결을 선고하여야 할 것 … 동일 죄명에 해당하는 여러 개의 행위 혹은 연속된 행위를 단일하고 계속된 범의하에 일정 기간 계속하여 행하고 피해법익도 동일한 경우에는 이들 각 행위를 통틀어 포괄일죄로 처단 … 범의의 단일성과 계속성이 인정되지 아니하거나 범행방법 및 장소가 동일하지 않은 경우에는 각 범행은 실체적 경합범에 해당 … (대판 2020.5.14, 2020도1355).

- 전의 확정판결에서 조세범처벌법 위반죄로 처벌된 경우에 그 확정된 사건 자체의 범죄사실이 뒤에 공소가 제기된 사건과 종합하여 특정범죄 가중처벌 등에 관한 법률 위반의 포괄일죄에 해당한다고 판단될 경우에 위 확정판결의 기판력이 뒤에 공소가 제기된 특정범죄 가중처벌 등에 관한 법률 위반의 범죄사실에 미치는지 여부(소극)

… 확정판결의 기판력이 미치는 범위는 그 확정된 사건 자체의 범죄사실과 죄명을 기준으로 정하는 것이 원칙 … 그 전의 확정판결에서 조세범처벌법 위반죄로 처단되는데 그친 경우 … 설령 이 사건 법률조항 위반의 포괄일죄에 해당하는 것으로 판단된다 하더라도 … 기판력이 그 사실심판결 선고 전의 특정범죄 가중처벌에 관한 법률조항 위반 범죄사실에 미친다고 볼 수 없다(대판 2015.6.23, 2015도2207).

❹ **상상적 경합관계의 경우, 그중 1죄에 대한 확정판결의 기판력이 다른 죄에 대하여도 미치는지 여부(적극)**
  1. … 업무방해죄와 이 사건 공소사실 중 명예훼손죄 … 상상적 경합 관계에 있으므로, 이 사건 확정판결의 기판력이 … 미친다고 할 것 … (대판 2007.2.23, 2005도10233).
  2. 동일인 대출한도 초과대출 행위로 인하여 상호저축은행에 손해를 가함으로써 상호저축은행법 위반죄와 업무상배임죄가 모두 성립한 경우 … 상상적 경합관계 … 그중 1죄에 대한 확정판결의 기판력은 다른 죄에 대하여도 미친다(대판 2012.6.28, 2012도2087).
  3. … '사무실에서 직원 6명가량이 있는 가운데 직원들에게 행패를 하면서 피해자 乙의 업무를 방해하였다.'는 공소사실로 기소 … '사무실에 찾아와 … 피해자들에게 욕설을 하는 등 큰소리를 지르고 돌아다니며 위력으로 업무를 방해하였다.' 는 등의 범죄사실로 이미 유죄판결을 받아 확정된 경우, 업무방해의 공소사실과 확정판결 중 업무방해죄의 범죄사실은 상상적 경합 관계 … 확정판결의 기판력이 업무방해의 공소사실에 미친다(대판 2017.9.21, 2017도11687).

❺ **포괄일죄 관계인 범행의 일부에 대하여 판결이 확정되거나 약식명령이 확정되었는데 그 사실심 판결선고 시 또는 약식명령 발령시를 기준으로 그 이전에 이루어진 범행이 포괄일죄의 일부에 해당할 뿐만 아니라 그와 상상적 경합관계에 있는 다른 죄에도 해당하는 경우, 확정된 판결 내지 약식명령의 기판력이 위와 같이 상상적 경합관계에 있는 다른 죄에 대하여도 미치는지 여부(적극)**
  포괄일죄 관계인 범행의 일부에 대하여 판결이 확정된 경우에는 사실심 판결선고 시를 기준으로, 약식명령이 확정된 경우에는 약식명령 발령시를 기준으로, 그 이전에 이루어진 범행에 대하여는 확정판결의 기판력이 미친다 … 또한 상상적 경합범 중 1죄에 대한 확정판결의 기판력은 다른 죄에 대하여도 미친다 … (대판 2023.6.29, 2020도3705).

❻ **회사의 대표이사가 회사 자금을 빼돌려 횡령한 다음 그중 일부를 배임증재에 공여한 사안에서, 횡령의 점에 대해 확정된 약식명령의 기판력이 배임증재의 점에 미치는지 여부(소극)**
  … 횡령의 범행과 배임증재의 범행은 … 행위의 태양과 보호법익을 달리하는 별개의 행위이므로 … 횡령의 점에 대하여 약식명령이 확정되었다고 하더라도 그 기판력이 배임증재의 점에는 미치지 아니한다(대판 2010.5.13, 2009도13463).

❼ **신호위반을 이유로 도로교통법에 따라 범칙금을 납부한 자를 교통사고처리 특례법에 따라 그 신호위반으로 인한 업무상 과실치상죄로 다시 처벌할 수 있는지 여부(적극)**
  … 도로교통법상 안전운전의무위반의 범칙행위와 교통사고처리 특례법 위반의 범죄행위 … 안전운전의무 불이행을 이유로 통고처분을 받아 범칙금을 납부한 사를 교통사고처리 특례법 위반죄로 처벌하더라도 이중처벌에 해당하지 않는다(대판 2007.4.12, 2006도4322).

(2) **주관적 범위** : 공소가 제기된 피고인에 대해서만 발생하는 것이며, 공동피고인의 경우라 할지라도 다른 피고인에게 미치지 않음 → 성명모용의 경우에는 모용자에게만 미침

(3) **시간적 범위** : 사실심리를 할 수 있는 최종시점인 사실심 판결선고시를 표준시점으로 하여야 한다는 것이 통설 및 판례의 입장 → 약식명령의 경우에는 약식명령의 발령시가 표준시점

> **관련 판례**
>
> ❶ **제1심판결에 대하여 항소가 된 경우 판결의 확정력이 미치는 시간적 한계(= 항소심 판결선고시)**
>   판결의 확정력은 사실심리의 가능성이 있는 최후의 시점인 판결선고 시를 기준으로 하여 그때까지 행하여진 행위에 대하여만 미치는 것 … 제1심판결에 대하여 항소가 된 경우 판결의 확정력이 미치는 시간적 한계는 … 항소심 판결선고시라고 보는 것이 상당 … (대판 2021.2.4, 2019도10999).
>
> ❷ **포괄일죄의 관계에 있는 범행의 일부에 대하여 판결이 확정된 경우, 확정판결의 기판력이 미치는 기준시점(= 사실심 판결선고시)**
>   … 사실심 판결선고시를 기준으로 그 이전에 이루어진 범행에 대하여는 확정판결의 기판력이 미쳐 면소의 판결을 선고하여야 할 것 … (대판 2006.5.11, 2006도1252).

> ❸ 약식명령의 경우 기판력의 표준시점(= 약식명령의 발령시)
> … 약식명령이 확정된 경우에는 그 약식명령의 발령시를 기준으로 하여 그 이전에 이루어진 범행에 대하여는 면소의 판결을 선고 … (대판 2013.6.13, 2013도4737).
> ❹ 항소이유서 미제출로 항소기각결정된 경우 제1심 판결의 기판력이 미치는 시간적 한계(= 항소기각결정시)
> 판결의 확정력은 사실심리의 가능성이 있는 최후의 시점인 판결선고시를 기준 … 항소이유서를 제출하지 아니하여 결정으로 항소가 기각된 경우 … 사실심리의 가능성이 있는 최후시점은 항소기각결정시 … (대판 1993.5.25, 93도836).

4. 기판력 내지 일사부재리의 효력이 배제되는 경우

상소권회복(제345조), 재심(제420조), 비상상고(제441조) 등이 있는 경우

5. 기판력 내지 일사부재리의 효력의 효과

면소판결(제326조 제1호)이나 공소권없음을 이유로 한 협의의 불기소처분

10 소송비용(訴訟費用)

I 소송비용의 의의

소송절차를 진행함으로 인하여 발생한 비용 → 사선변호인의 선임료는 이에 해당하지 않음 → 소송비용은 형벌은 아님(불변금과 연결)

II 소송비용의 부담자

1. 피고인의 소송비용부담

> **제186조(피고인의 소송비용부담)**
> ① 형의 선고를 하는 때에는 피고인에게 소송비용의 전부 또는 일부를 부담하게 하여야 한다. 다만, 피고인의 경제적 사정으로 소송비용을 납부할 수 없는 때에는 그러하지 아니하다.
> ② 피고인에게 책임지울 사유로 발생된 비용은 형의 선고를 하지 아니하는 경우에도 피고인에게 부담하게 할 수 있다.
>
> **제189조(검사의 상소취하와 소송비용부담)**
> 검사만이 상소 또는 재심청구를 한 경우에 상소 또는 재심의 청구가 기각되거나 취하된 때에는 그 소송비용을 피고인에게 부담하게 하지 못한다.

2. 공범의 소송비용

> **제187조(공범의 소송비용)**
> 공범의 소송비용은 공범인에게 연대부담하게 할 수 있다.

3. 고소인 등의 소송비용부담

> **제188조(고소인 등의 소송비용부담)**
> 고소 또는 고발에 의하여 공소를 제기한 사건에 관하여 피고인이 무죄 또는 면소의 판결을 받은 경우에 고소인 또는 고발인에게 고의 또는 중대한 과실이 있는 때에는 그 자에게 소송비용의 전부 또는 일부를 부담하게 할 수 있다.

4. 제3자의 소송비용부담

검사 아닌 자가 상소 또는 재심청구를 한 경우에 상소 또는 재심의 청구가 기각되거나 취하된 때에는 그 자에게 그 소송비용을 부담하게 할 수 있음(제190조)

Ⅲ 소송비용부담의 절차

1. 재판으로 소송절차가 종료되는 경우

> **제191조(소송비용부담의 재판)**
> ① 재판으로 소송절차가 종료되는 경우에 피고인에게 소송비용을 부담하게 하는 때에는 직권으로 재판하여야 한다.
> ② 전항의 재판에 대하여는 본안의 재판에 관하여 상소하는 경우에 한하여 불복할 수 있다.
>
> **제192조(제3자부담의 재판)**
> ① 재판으로 소송절차가 종료되는 경우에 피고인 아닌 자에게 소송비용을 부담하게 하는 때에는 직권으로 결정을 하여야 한다.
> ② 전항의 결정에 대하여는 즉시항고를 할 수 있다.

2. 재판에 의하지 아니하고 소송절차가 종료되는 경우

재판에 의하지 아니하고 소송절차가 종료되는 경우에 소송비용을 부담하게 하는 때에는 사건의 최종 계속 법원이 직권으로 결정을 하며, 이러한 결정에 대하여는 즉시항고를 할 수 있음(제193조)

3. 소송비용부담액의 산정

소송비용의 부담을 명하는 재판에 그 금액을 표시하지 아니한 때에는 집행을 지휘하는 검사가 산정함(제194조)

4. 듣거나 말하는 데 장애가 있는 사람을 위한 비용의 불산입

> **규칙 제92조의2(듣거나 말하는 데 장애가 있는 사람을 위한 비용 등)**
> 듣거나 말하는 데 장애가 있는 사람을 위한 통역·속기·녹음·녹화 등에 드는 비용은 국고에서 부담하고, 형사소송법 제186조부터 제194조까지에 따라 피고인 등에게 부담하게 할 소송비용에 산입하지 아니한다.

5. 소송비용부담재판의 집행

소송비용집행면제의 신청 및 그 취하는 서면으로 하여야 하며(규칙 제174조), 이에는 제344조의 재소자 특칙이 적용됨

> **제487조(소송비용의 집행면제의 신청)**
> 소송비용부담의 재판을 받은 자가 빈곤하여 이를 완납할 수 없는 때에는 그 재판의 확정 후 10일 이내에 재판을 선고한 법원에 소송비용의 전부 또는 일부에 대한 재판의 집행면제를 신청할 수 있다.

이준현 교수 / 형사소송법

CORE SUMMARY

PART 05

상소, 비상구제절차, 특별형사절차

제1장 상소

제2장 비상구제절차

제3장 재판의 집행과 형사보상

제4장 특별형사절차

CHAPTER 01

CORE SUMMARY

상소

01 상소 일반

I 상소의 의의와 종류

1. 상소의 의의

미확정의 재판에 대하여 상급법원에 그 구제를 구하는 불복신청제도
→ 확정판결에 대한 비상구제절차인 재심이나 비상상고와 구별
→ 당해 법원에 대한 이의신청이나 약식명령·즉결심판에 대한 정식재판청구와 구별

2. 상소의 종류

(1) 판결에 대한 상소 : 항소, 상고

(2) 결정에 대한 상소 : 항고

(3) 준항고 : 상급법원에 대한 불복신청이 아니므로 상소는 아니지만 항고에 관한 규정을 준용

> **관련 판례**
>
> ❷ 형사사법절차에서 재판에 대한 불복의 절차와 범위 및 방법 등의 문제가 입법정책에 속하는 사항인지 여부(적극)
> … 어느 재판에 대하여 심급제도를 통한 불복을 허용할 것인지의 여부 또는 어떤 불복방법을 허용할 것인지 등은 원칙적으로 입법자의 형성의 자유에 속하는 사항 … (대법원 2006.12.18. 2006모646).

II 상소권

1. 상소권자

(1) 고유의 상소권자

> **제338조(상소권자)**
> 검사 또는 피고인은 상소를 할 수 있다.
>
> **제339조(항고권자)**
> 검사 또는 피고인 아닌 자가 결정을 받은 때에는 항고할 수 있다.

(2) 당사자 이외의 상소권자
　① 법정대리인 : 고유권 → 피고인의 상소권이 소멸하여도 법정대리인은 상소할 수 있으며 피고인의 명시한 의사에 반해서도 상소할 수 있음

> **제340조(당사자 이외의 상소권자)**
> 피고인의 법정대리인은 피고인을 위하여 상소할 수 있다.

　② 피고인의 배우자·직계친족·형제자매 또는 원심의 대리인이나 변호인 : 독립대리권

> **제341조(동전)**
> ① 피고인의 배우자, 직계친족, 형제자매 또는 원심의 대리인이나 변호인은 피고인을 위하여 상소할 수 있다.
> ② 전항의 상소는 피고인의 명시한 의사에 반하여 하지 못한다.

[관련 판례]
❷ 피고인의 상소권 소멸 후의 변호인의 상소가 가능한지 여부(소극)
1. … 피고인의 상소권이 소멸된 후에는 변호인은 상소를 제기할 수 없다(대법원 1986.7.12. 86모24).
2. 변호인은 … 피고인의 상소권이 소멸한 후에는 상소를 제기할 수 없다 할 것이다(대판 1992.4.14. 92도10).

2. 상소권의 발생·소멸 및 상소권의 회복
(1) 상소권의 발생 : 재판의 선고 또는 고지에 의하여 발생
(2) 상소권의 소멸 : 상소기간의 도과, 상소의 포기와 취하, 피고인의 사망
(3) 상소권의 회복
　① 상소권회복의 의의

> **제345조(상소권회복청구권자)**
> 제338조부터 제341조까지의 규정에 따라 상소할 수 있는 자는 자기 또는 대리인이 책임질 수 없는 사유로 상소 제기기간 내에 상소를 하지 못한 경우에는 상소권회복의 청구를 할 수 있다.

　② 상소권회복의 사유 : 책임질 수 없는 사유
　　㉠ 상소권회복사유에 해당하는 경우

[관련 판례]
❷ 상소권회복사유에 해당하는 경우
1. 공시송달의 요건이 갖추어지지 않았음에도 … 공시송달의 방법으로 하고 피고인의 진술없이 공판절차를 진행하여 판결이 선고 … (대법원 1984.9.28. 83모55).
2. 제1심판결에 피고인의 주거의 번지를 틀리게 기재하고 항소심이 위 틀린 번지에 소송기록 수리통지를 발송한 까닭에 소재불명으로 송달불능이 된 경우 공시송달에 의하여 항소심소송절차를 진행 … (대법원 1973.10.20. 73모68).
3. … 피고인의 출석없이 재판을 하기 위하여는 공시송달의 방법으로 소환받은 피고인이 2회 이상 불출석할 것을 요구 … 위배되는 경우 … (대법원 1991.12.17. 91모23).
4. … 공시송달의 방법으로 공소장 등이 송달되고 피고인이 불출석한 상태에서 심리가 진행되고 판결이 선고되어 피고인은 유죄판결이 선고된 것조차 모른 채 이에 대한 상소기간이 도과 … (대법원 1985.2.23. 83모37,38).

5. 피고인이 … 거주지 변경 신고를 하지 않았다 하더라도, 잘못된 공시송달에 터 잡아 … 책임질 수 없는 사유로 상소제기기간 내에 상소를 하지 못한 것으로 봄이 타당 … (대법원 2014.10.16. 2014모1557).
6. 피고인이 … 새로운 주소지 등을 법원에 신고하는 등 조치를 하지 않아 소환장이 송달불능되었더라도 … 전화번호로 연락하여 송달받을 장소를 확인하여 보는 등의 시도를 해 보아야 하고, 그러한 조치 없이 곧바로 공시송달 방법으로 송달하는 것은 … 위배되어 허용되지 아니하는데 … 피고인은 자기 또는 대리인이 책임질 수 없는 사유로 상소 제기기간 내에 상소를 하지 못한 것으로 봄이 타당 … (대법원 2022.5.26. 2022모439).
7. … 제345조의 '대리인'이란 피고인을 대신하여 상소에 필요한 행위를 할 수 있는 지위에 있는 자를 말하는 것 … 교도소장이 결정정본을 송달받고 1주일이 지난 뒤에 그 사실을 피고인에게 알렸기 때문에 피고인이나 그 배우자가 소정 기간 내에 항고장을 제출할 수 없게 된 것 … (대법원 1991.5.6. 91모32).
8. 상소권을 포기한 후 상소제기기간이 도과한 다음에 상소포기의 효력을 다투는 한편, 상소를 제기함과 동시에 상소권회복청구를 할 수 있고 … 상소포기가 부존재 또는 무효라고 인정되지 아니하거나 자기 또는 대리인이 책임질 수 없는 사유로 인하여 상소제기기간을 준수하지 못하였다고 인정되지 아니한다면 … 상소권회복청구를 기각함과 동시에 상소기각결정을 하여야 … (대법원 2004.1.13. 2003모451).

ⓒ 상소권회복사유에 해당하지 아니하는 경우

관련 판례

❹ 상소권회복사유에 해당하지 않는 경우
1. … 재판이 계속 중인 사람은 공소제기 당시의 주소지나 그 후 신고한 주소지를 옮길 때 새로운 주소지를 법원에 신고 … 하여야 …이러한 조치를 하지 않았다면 … 공판기일에 출석하지 못하거나 판결 선고사실을 알지 못하여 상소제기기간을 도과하는 등 불이익을 면할 수 없다(대법원 2022.5.26. 2022모439).
2. 피고인으로서는 법원에 신고한 주거지를 옮길 때에는 자기의 신주거지를 법원에 제출 … 강구하여야 할 것인데도 이러한 조치를 취하지 아니한 탓으로 … (대법원 1991.8.27. 91모17).
3. … 이거하였음에도 법원에 새로운 주소를 신고하지 아니함 … (대법원 1994.11.29. 94모39).
4. … 교도소담당직원이 … 편의를 제공해 주지 아니하였다 하더라도 … (대법원 1986.9.27. 86모47).
5. … 제345조에서 말하는 책임질 수 없는 사유란 상소를 하지 못한 사유가 상소자 본인 또는 대리인의 고의 또는 과실에 기하지 아니함을 말한다 … 단순히 질병으로 입원하였다거나 기거불능 … (대법원 1986.9.17. 86모46).
6. 단순히 귀가 어두워서 … (대법원 1969.5.2. 69모31).
7. 법률의 부지로 인한 것 … (대법원 1983.11.24. 83모50).
8. 징역형의 실형 … 집행유예를 선고받은 것으로 잘못 전해 듣고 … (대법원 2000.6.15. 2000모85).
9. 법정소란으로 판결주문을 잘못 들었다는 것 … (대법원 1987.4.8. 87모19).
10. 징역형의 집행유예 판결의 선고일을 잘못 안 나머지 … (대법원 1996.7.16. 96모44).
11. … 상소권을 포기한 후 상소제기기간이 도과하기 전에 상소포기의 효력을 다투면서 상소를 제기한 자는 … 별도로 상소권회복청구를 할 여지는 없다고 할 것이다(대법원 2004.1.13. 2003모451).
12. … 책임질 수 없는 사유로 상소제기기간을 준수하지 못하여 소멸한 상소권을 회복하기 위한 것일 뿐, 상소의 포기로 인하여 소멸한 상소권까지 회복하는 것이라고 볼 수는 없다(대법원 2002.7.23. 2002모180).

③ 상소권회복의 청구
  ㉠ 상소권회복청구권자 : 고유의 상소권자와 상소권의 대리행사자
  ㉡ 상소권회복청구의 방식

제346조(상소권회복청구의 방식)
① 상소권회복을 청구할 때에는 제345조의 사유가 해소된 날부터 상소 제기기간에 해당하는 기간 내에 서면으로 원심법원에 제출하여야 한다.
② 상소권회복을 청구할 때에는 제345조의 책임질 수 없는 사유를 소명하여야 한다.
③ 상소권회복을 청구한 자는 그 청구와 동시에 상소를 제기하여야 한다.

제355조(재소자에 대한 특칙)
제344조의 규정은 교도소 또는 구치소에 있는 피고인이 상소권회복의 청구 또는 상소의 포기나 취하를 하는 경우에 준용한다.

> **관련 판례**
>
> ❷ 피고인 불출석하에 확정된 항소심판결의 집행으로서 한 교도소 수감과 상소권회복청구기간 도과
> ··· 3개월여 후에 제출된 상소권회복청구는 ··· 상당한 기간이 경과한 후에 제출된 것 ··· (대법원 1983.11.24, 83모50).

  ⓒ 상대방에 대한 통지 : 상소, 상소의 포기나 취하 또는 상소권회복의 청구가 있는 때에는 법원은 지체 없이 상대방에게 그 사유를 통지하여야 함(제356조)

  ⓓ 상소권회복청구와 임의적 집행정지

> **제348조(상소권회복청구와 집행정지)**
> ① 상소권회복의 청구가 있는 때에는 법원은 전조의 결정을 할 때까지 재판의 집행을 정지하는 결정을 할 수 있다.
> ② 전항의 집행정지의 결정을 한 경우에 피고인의 구금을 요하는 때에는 구속영장을 발부하여야 한다. 단, 제70조의 요건이 구비된 때에 한한다.

 ④ 상소권회복에 대한 결정과 즉시항고

> **제347조(상소권회복에 대한 결정과 즉시항고)**
> ① 상소권회복의 청구를 받은 법원은 청구의 허부에 관한 결정을 하여야 한다.
> ② 전항의 결정(인용결정이나 기각결정)에 대하여는 즉시항고를 할 수 있다.

> **관련 판례**
>
> ❷ 제1심판결에 대하여 검사의 항소에 의한 항소심판결이 선고된 후 피고인이 동일한 제1심판결에 대하여 항소권회복청구를 하는 경우, 법원이 취할 조치(= 기각결정)
> ··· 항소법원이 판결을 선고한 후에는 ··· 항소법원이 다시 항소심 소송절차를 진행하여 판결을 선고할 수 없다 ··· 항소심판결이 선고되면 제1심판결에 대한 항소권이 소멸되어 제1심판결에 대한 항소권회복청구와 항소는 적법하다고 볼 수 없다 ··· 제1심판결에 대하여 검사의 항소에 의한 항소심판결이 선고된 후 피고인이 동일한 제1심판결에 대하여 항소권회복청구를 하는 경우 이는 적법하다고 볼 수 없어 ··· 제347조 제1항에 따라 결정으로 이를 기각 ··· (대법원 2017.3.30, 2016모2874).
>
> ❷ 재판에 대하여 적법하게 상소를 제기한 경우, 다시 상소권회복을 청구할 수 있는지 여부(소극) 및 제1심판결에 대하여 항소심판결이 선고된 후 당초 항소하지 않았던 자가 항소권회복청구를 하는 경우, 이를 적법하다고 볼 수 있는지 여부(소극)
> ··· 재판에 대하여 적법하게 상소를 제기한 자는 다시 상소권회복을 청구할 수 없다 ··· 항소심판결이 선고되면 제1심판결에 대하여 당초 항소하지 않았던 자의 항소권회복청구도 적법하다고 볼 수 없다 ··· 항소심판결이 선고된 사건에 대하여 제기된 항소권회복청구는 ··· 제347조 제1항에 따라 결정으로 이를 기각 ··· (대법원 2023.4.27, 2023모350).

 ⑤ 재판의 확정력 배제 : 일단 발생한 재판의 확정력은 배제됨

Ⅲ 상소의 이익

1. 의의

명문의 규정은 없으나, 상소의 이익이 상소의 적법요건으로서 필요하다는 점에는 이견이 없음

2. 검사의 상소이익

 (1) 피고인에게 불이익한 상소 : 무죄판결에 대한 상소○, 유죄판결에 대하여 중한 죄나 중한 형을 구하는 상소○

(2) 피고인의 이익을 위한 상소 : 피고인의 이익을 위한 상소○ → 불이익변경금지의 원칙도 적용

> **관련 판례**
>
> ◎ 검사가 피고인의 이익을 위하여 상소할 수 있는지 여부(적극)
> 검사는 공익의 대표자로서 법령의 정당한 적용을 청구할 임무를 가지므로 … (대법원 1993.3.4. 92모21).

3. 피고인의 상소이익

(1) 상소이익의 판단기준 : 법익박탈의 대소라는 객관적 표준에 의하여 결정

(2) 상소이익의 구체적 내용

① 유죄판결에 대한 상소

㉠ 유죄판결에 대하여 무죄를 주장하거나 경한 형을 구하는 취지의 상소○
㉡ 형면제판결(유죄판결의 일종)에 대하여 무죄를 주장하는 상소○
㉢ 중한 죄나 중한 형을 구하는 취지의 상소×

② 무죄판결에 대한 상소

㉠ 무죄판결에 대하여 유죄판결을 구하는 상소×
㉡ 무죄판결에 대하여 형식재판을 구하는 상소×
㉢ 무죄판결의 이유에 대한 상소×

> **관련 판례**
>
> ◎ 무죄판결에 대한 피고인의 상소의 허용여부(소극)
> … 피고인에게 가장 유리한 판결인 무죄판결에 대한 피고인의 상고는 부적법하다(대판 1994.7.29. 93도1091).
>
> ◎ 검사가 판결의 이유만을 다투기 위하여 상소하는 것이 허용되는지 여부(소극)
> … 불복은 주문에 관한 것이어야 하고 … 이유만을 다투기 위하여 상소하는 것은 허용되지 않는다(대법원 1993. 3.4. 92모21).

③ 형식재판에 대한 상소

> **관련 판례**
>
> ◎ 형식재판에 대하여 피고인이 무죄를 주장하며 상소할 수 없다는 판례
> 1. 공소기각판결에 대하여는 … 피고인이 무죄를 주장하여 상소할 수 없다(대판 1983.12.13. 82도3076).
> 2. 면소판결에 대하여는 … 피고인이 무죄를 주장하여 상소할 수 없다(대판 1984.12.17. 84도2106).
> 3. 면소판결에 대하여는 무죄를 주장하며 실체판결을 구하는 상고를 할 수 없으나 … (대판 2004.9.24. 2004도3532).
>
> ◎ 폐지 또는 실효된 형벌 관련 법령이 위헌결정 등으로 당초부터 위헌·무효인 경우 그 법령을 적용하여 공소가 제기된 피고사건에 대하여 법원이 무죄판결을 하여야 함에도 면소를 선고한 판결에 대하여 상소가 가능한지 여부(적극)
> … 형벌에 관한 법령이 헌법재판소의 위헌결정으로 인하여 소급하여 그 효력을 상실하였거나 법원에서 위헌·무효로 선언된 경우 … 제325조에 따라 무죄를 선고하여야 한다 … 위와 같은 경우에는 면소를 할 수 없고 피고인에게 무죄의 선고를 하여야 하므로 면소를 선고한 판결에 대하여 상고가 가능하다(대판 2010.12.16. 2010도5986).

④ 항소기각판결에 대한 상고 : 항소기각판결에 대하여 항소인에게 그 상고의 이익이 있음은 당연함 → 다만, 제1심의 유죄판결에 대하여 검사만이 양형부당을 이유로 항소하였다가 이유없다고 기각된 항소심판결에 대하여 피고인은 상고의 이익이 없음

> **관련 판례**
>
> ◎ 검사만이 항소하여 항소기각된 판결에 대한 피고인의 상고가부(소극)
> … 검사만이 양형이 가볍다는 이유로 항소하였다가 이유없다고 기각된 항소심판결은 피고인에게는 불리한 것이라고 할 수 없어 이에 관하여는 피고인은 상소권이 없다(대판 1991.12.24. 91도1796).

> ❸ 검사만이 양형부당을 이유로 항소하여 선고된 항소심판결에 대하여 피고인이 사실오인, 법령위반 등을 이유로 상고할 수 있는지 여부(소극)
> 　　제1심판결에 대하여 검사만이 양형부당을 이유로 항소하였을 뿐 피고인은 항소하지 아니한 경우 … 피고인으로서는 … 사실오인, 채증법칙 위반 또는 법령위반 등의 사유를 들어 상고이유로 삼을 수 없다(대판 2009.5.28, 2009도579).

4. 상소의 이익이 없는 경우 법원의 조치
상소의 이익은 상소의 적법요건이므로 상소의 이익이 없는 경우에는 그 상소를 기각하여야 함

Ⅳ 상소의 제기와 포기·취하

1. 상소의 제기

(1) 상소제기의 방법

① 상소장의 제출

> **제343조(상소제기기간)**
> ① 상소의 제기는 그 기간 내에 서면으로 한다.
> ② 상소의 제기기간은 재판을 선고 또는 고지한 날로부터 진행된다.

관련 판례

> ❸ 형사소송에 있어서 상소기간의 기산일(= 판결 선고일)
> 　　… 제343조 제2항 … 판결등본이 당사자에게 송달되는 여부에 관계없이 공판정에서 판결이 선고된 날로부터 상소기간이 기산 … 이는 피고인이 불출석한 상태에서 재판을 하는 경우에도 마찬가지 … (대법원 2002.9.27, 2002모6).

② 상대방에 대한 통지 : 상소제기가 있는 때에는 지체없이 상대방에게 그 사유 통지(제356조)

③ 재소자에 대한 특칙

> **제344조(재소자에 대한 특칙)**
> ① 교도소 또는 구치소에 있는 피고인이 상소의 제기기간 내에 상소장을 교도소장 또는 구치소장 또는 그 직무를 대리하는 자에게 제출한 때에는 상소의 제기기간 내에 상소한 것으로 간주한다.
> ② 전항의 경우에 피고인이 상소장을 작성할 수 없는 때에는 교도소장 또는 구치소장은 소속공무원으로 하여금 대서하게 하여야 한다.
>
> **규칙 제152조(재소자의 상소장 등의 처리)**
> ① 교도소장, 구치소장 또는 그 직무를 대리하는 자가 법 제344조 제1항의 규정에 의하여 상소장을 제출받은 때에는 그 제출받은 연월일을 상소장에 부기하여 즉시 이를 원심법원에 송부하여야 한다.

관련 판례

> ❸ 정식재판청구서의 제출에 관하여도 상소장의 제출에 관한 재소자특칙 조항이 준용되는지 여부(적극)
> 　　… 정식재판청구서의 제출에 관하여도 위 재소자에 대한 특칙 규정이 준용 … (대법원 2006.10.13, 2005모552).
>
> ❸ 상소이유서의 제출에 관하여도 상소장의 제출에 관한 재소자특칙 조항이 준용되는지 여부(적극)
> 　　… 상소이유서 제출에 관하여도 위 재소자에 대한 특칙 규정이 준용 … (대판 2006.3.16, 2005도9729).
>
> ❸ 형사소송법 제344조 제1항 재소자에 대한 특칙 규정이 집행유예취소결정에 대한 즉시항고권회복청구서의 제출에 적용되는지 여부(적극)
> 　　…즉시항고도 상소의 일종이므로 위와 같은 특칙은 집행유예취소결정에 대한 즉시항고권회복청구서의 제출에도 마찬가지로 적용 … (대법원 2022.10.27, 2022모1004).

> ❹ 제344조의 재소자특칙이 재정신청서의 제출에도 준용되는지 여부(소극)
>   재정신청서에 대하여는 형사소송법 제344조 제1항과 같은 특례규정이 없으므로 … 제260조 제2항이 정하는 기간 안에 … 지방검찰청의 검사장 또는 지청장에게 도달 … (대법원 1998.12.14. 98모127).
>
> ❹ 재정신청 기각결정에 대한 재항고에 형소법 제344조 제1항의 '재소자 피고인에 대한 특칙'이 준용되는지 여부(소극)
>   … 재정신청 기각결정에 대한 재항고에 대한 법정기간의 준수 여부는 도달주의 원칙에 따라 재항고장이나 즉시항고장이 법원에 도달한 시점을 기준으로 판단하여야 하고 … 재소자 피고인 특칙은 준용되지 아니한다고 해석함이 타당 … (대법원 2015.7.16. 2013모2347).

(2) 상소제기의 효과
  ① 재판의 확정 및 집행의 정지
  ② 이심(移審)의 효력 : 기록송부시에 이심의 효력 발생

2. 상소의 포기 및 취하

(1) 의의
  ① 상소의 포기 : 상소권자가 상소제기기간 내에 상소권의 행사를 포기한다는 의사표시
  ② 상소의 취하 : 일단 제기한 상소를 철회하는 것

(2) 상소의 포기권자 및 취하권자
  ① 고유의 상소권자

> **제349조(상소의 포기, 취하)**
> 검사나 피고인 또는 제339조에 규정한 자는 상소의 포기 또는 취하를 할 수 있다. 단, 피고인 또는 제341조에 규정한 자는 사형 또는 무기징역이나 무기금고가 선고된 판결에 대하여는 상소의 포기를 할 수 없다.

  ② 법정대리인이 있는 피고인 : 법정대리인이 동의하는 취지의 서면을 제출하여야 함(규칙 제153조)

> **제350조(상소의 포기 등과 법정대리인의 동의)**
> 법정대리인이 있는 피고인이 상소의 포기 또는 취하를 함에는 법정대리인의 동의를 얻어야 한다. 단, 법정대리인의 사망 기타 사유로 인하여 그 동의를 얻을 수 없는 때에는 예외로 한다.

> [관련 판례]
> ❹ 미성년자인 피고인이 법정대리인의 동의를 얻지 않고 한 상소의 포기 또는 취하의 효력
>   미성년자인 피고인이 법정대리인의 동의를 얻지 않고 … 효력이 없다(대판 1983.9.13. 83도1774).

  ③ 법정대리인 또는 상소권의 대리행사자

> **제351조(상소의 취하와 피고인의 동의)**
> 피고인의 법정대리인 또는 제341조에 규정한 자는 피고인의 동의를 얻어 상소를 취하할 수 있다.

> [관련 판례]
> ❹ 변호인의 상소취하에 피고인의 동의가 없는 경우, 상소취하의 효력이 발생하는지 여부(소극) 및 변호인의 상소취하에 대한 피고인의 동의 방법 및 이때 피고인의 공판정에서의 구술동의는 명시적으로 이루어져야 하는지 여부(적극)
>   피고인은 공판정에서 구술로써 상소취하를 할 수 있으므로 … 변호인의 상소취하에 대한 피고인의 동의도 공판정에서 구술로 할 수 있다 … 상소취하에 대한 피고인의 구술동의는 명시적으로 이루어져야 … (대판 2015.9.10. 2015도7821).

(3) 상소의 포기 및 취하의 방법
① 방식

> **제352조(상소포기 등의 방식)**
> ① 상소의 포기 또는 취하는 서면으로 하여야 한다. 단, 공판정에서는 구술로써 할 수 있다.
> ② 구술로써 상소의 포기 또는 취하를 한 경우에는 그 사유를 조서에 기재하여야 한다.

② 시기 : 상소의 포기는 상소제기기간 내에는 상소제기 이전이라면 언제든지 할 수 있으며, 상소의 취하는 상소심의 종국판결이 있기 전까지 할 수 있음

> [관련 판례]
> ● 상소의 포기는 상소제기 이전에 한하여 할 수 있는 것이라는 판례
> 상소의 포기는 상소제기 이전에 한하여 할 수 있는 것 … 적법한 상소제기를 한 후에 그 상소를 포기한다 해도 상소포기의 효력은 발생할 수 없고 … (대법원 1969.7.26, 69모35).

③ 상소포기 및 취하의 관할

> **제353조(상소포기 등의 관할)**
> 상소의 포기는 원심법원에, 상소의 취하는 상소법원에 하여야 한다. 단, 소송기록이 상소법원에 송부되지 아니한 때에는 상소의 취하를 원심법원에 제출할 수 있다.

④ 재소자에 대한 특칙(제355조) 및 상대방에 대한 통지(제356조)

(4) 상소의 포기 및 취하의 효력
① 상소권의 소멸 및 재판의 확정 : 상소의 포기 또는 취하가 있으면 상소권은 소멸하고 재판은 확정됨

> [관련 판례]
> ● 교도관이 내어 주는 상소권포기서를 항소장으로 잘못 믿은 나머지 이를 확인하여 보지도 않고 서명 무인한 경우 항소포기가 유효하다는 판례
> 교도관이 내어 주는 상소권포기서를 항소장으로 잘못 믿은 나머지 이를 확인하여 보지도 않고 서명 무인한 경우에도 항소포기가 유효하다(대법원 1995.8.17, 95모49).
> ● 항소를 포기, 취하한 자가 상대방의 항소제기에 의한 항소심판결에 대해 상고할 수 있는지 여부(소극)
> … 항소를 포기·취하한 자는 상고할 수 없다(대판 1981.8.25, 81도2110).

② 상소포기 후의 재상소금지

> **제354조(상소포기 후의 재상소의 금지)**
> 상소를 취하한 자 또는 상소의 포기나 취하에 동의한 자는 그 사건에 대하여 다시 상소를 하지 못한다.

> [관련 판례]
> ● 상소의 포기나 취하 후의 재상소를 금지하는 제354조의 규정이 헌법상 재판청구권을 침해하는 것으로서 위헌인지 여부(소극)
> … 상소의 포기나 취하의 경우 그 사건에 관하여 다시 상소를 하지 못한다는 형사소송법 제354조의 규정이 헌법상 보장된 재판청구권을 침해하는 것으로서 헌법에 위반된다고 할 수는 없다(대법원 2001.10.16, 2001초428).
> ● 피고인이 상소를 포기·취하한 경우 변호인은 상소하지 못한다는 판례
> 1. 피고인이 상고를 취하한 후에는 그 원심변호인은 적법한 상고를 할 수 없는 것 … (대판 1974.4.23, 74도762).
> 2. … 변호인이 상소한 후에 피고인이 상소권을 포기하면 … 상소는 취하의 효력이 발생한다(대법원 1972.8.31, 72모55).
> 3. … 피고인의 상소권이 소멸된 후에는 변호인은 상소를 제기할 수 없다(대법원 1986.7.12, 86모24).

> **● 기망 또는 착각에 의한 상소포기의 경우에도 재상소가 금지된다는 판례**
> 1. 상소포기가 착각이라고 하더라도 … 다시 상소할 수 없다(대법원 1980.4.4, 80모11).
> 2. 상소권 포기가 비록 기망에 의한 것이라도 … 다시 상소를 할 수 없다(대법원 1984.7.11, 84모40).

③ 상소의 포기 또는 취하의 효력을 다투는 절차 : 상소의 포기나 취하가 부존재 또는 무효임을 주장하는 자는 포기나 취하 당시 소송기록이 있었던 법원에 절차속행의 신청을 할 수 있음(규칙 제154조)

Ⅴ 일부상소

1. 일부상소의 의의

> **제342조(일부상소)**
> ① 상소는 재판의 일부에 대하여 할 수 있다.
> ② 일부에 대한 상소는 그 일부와 불가분의 관계에 있는 부분에 대하여도 효력이 미친다.

2. 일부상소의 범위

(1) 일부상소와 상소불가분의 원칙

① 일부상소의 범위 : 원심재판의 내용이 가분적이고 독립된 판결이 가능할 경우에만 가능 → 일부상소가 허용되지 않는 경우에 만일 일부상소를 한 때에는 전부상소로 보아야 함

② 상소불가분의 원칙(제342조 제2항)

> [관련 판례]
> **● 불가분의 관계에 있는 재판의 일부만을 상소한 경우의 효력**
> … 그 상소의 효력은 상소불가분의 원칙상 피고사건 전부에 미쳐 그 전부가 상소심에 이심 … 이러한 경우로는 … 피고사건의 주위적 주문과 불가분적 관계에 있는 주문에 대한 것, 일죄의 일부에 대한 것, 경합범에 대하여 1개의 형이 선고된 경우 경합범의 일부 죄에 대한 것 등에 해당하는 경우 … (대판 2008.11.20, 2008도5596).

(2) 일부상소가 허용되는 경우

① 경합범의 각 부분별로 각각 다른 재판이 선고된 경우
② 확정판결 전후의 수개의 범죄에 대하여 수개의 형이 선고된 경우
③ 경합범관계에 있는 공소사실 전부에 대하여 무죄가 선고된 경우

> [관련 판례]
> **● 전부 무죄판결에 대하여 일부 공소사실만을 특정하여 상소할 수 있다는 판례**
> … 항소대상이 되지 아니한 부분은 심판할 수 없다(대판 1973.7.10, 73도142).

(3) 일부상소가 허용되지 않는 경우

① 일죄의 일부 : 경합범이 아닌 단순일죄·포괄일죄·과형상 일죄 등의 일부에 대한 상소는 허용되지 않으며, 이 경우에는 상소불가분원칙이 적용됨

> [관련 판례]
> **● 단순일죄의 관계에 있는 공소사실의 일부에 대하여 항소한 경우, 항소심의 심판대상**
> … 상소불가분의 원칙상 항소의 효력이 제1심판결의 유죄부분과 무죄부분을 전부에 대하여 미치는 것이므로, 무죄부분을 포함한 공소사실 전부가 항소심에 이심되어 그 심판대상 … (대판 1990.1.25, 89도478).

❸ 상상적 경합관계에 있는 공소사실의 일부에 대하여 상소한 경우, 상소심의 심판대상
1. 상상적 경합관계에 있는 두 죄에 대하여 … 검사만이 무죄부분에 대하여 상고하였다 하여도 유죄부분도 상고심의 심판대상이 되는 것이다(대판 2005.1.27, 2004도7488).
2. 유죄부분과 상상적 경합관계에 있는 다른 일부에 대하여는 이유에서 무죄임을 판시하고 주문에서는 별도로 무죄의 선고를 하지 않은 항소심판결에 대하여, 검사만이 무죄부분 전체에 대하여 상고한 경우 … 그 유죄부분도 함께 상고심의 판단대상이 된다(대판 2007.6.1, 2005도7523).
3. … 상상적 경합 관계에 있는 수죄에 대하여 모두 무죄가 선고되었고, 이에 검사가 무죄 부분 전부에 대하여 상고하였으나 그중 일부 무죄 부분(A)에 대하여는 이를 상고이유로 삼지 않은 경우 … 상고이유로 삼지 아니한 무죄 부분(A)도 상고심에 이심되지만 그 부분은 이미 당사자 간의 공격방어의 대상으로부터 벗어나 사실상 심판대상에서 이탈 … 상고심으로서도 그 무죄 부분에까지 나아가 판단할 수 없다 … 그 무죄 부분(A)에 대하여 다시 심리·판단하여 유죄를 선고할 수 없다(대판 2008.12.11, 2008도8922).

❹ 포괄일죄의 일부에 대하여만 상소한 경우, 상소심의 심판대상
1. … 검사는 위 무죄부분에 대하여 불복상고하고 피고인은 유죄부분에 대하여 상고하지 않은 경우, … 상고되지 않은 원심에서 유죄로 인정된 부분도 상고심에 이심되어 심판의 대상이 된다고 볼 것이다(대판 1985.11.12, 85도1998).
2. … 검사는 위 무죄부분에 대하여 상고하지 않고 피고인만이 유죄부분에 대해서만 상고한 경우 상소불가분원칙에 의해 무죄부분도 이심되기는 하나 … 상고심은 무죄부분에 대해 심판할 수 없다(대판 1991.3.12, 90도2820).
3. 피고인만이 유죄 부분에 대하여 항소하고 검사는 무죄로 판단된 부분에 대하여 항소하지 아니하였다면, 비록 … 전부가 피고인의 항소와 상소불가분의 원칙으로 인하여 항소심에 이심되었다고 하더라도 무죄 부분은 심판대상이 되지 않는다(대판 2008.9.25, 2008도4740).

② 경합범 전부에 대하여 1개의 형이 선고된 경우 : 일부상소가 허용되지 않음

[관련 판례]
❶ 주문이 단일한 경합범의 일부에 대한 상소가 있을 경우 상소불가분원칙
주문이 단일한 경합죄의 일부에 대한 상소가 있을 때에는 … 전부에 대한 상소가 있는 것으로 보아야 한다(대법원 1961.10.5, 4293형상403).

③ 주형과 일체인 부가형 : 주형과 일체가 되어 있는 부가형·환형처분·집행유예 등은 주형과 분리하여 일부상소를 할 수 없음 → 다만, 배상명령은 독립하여 즉시항고를 할 수 있음

[관련 판례]
❶ 필수적 몰수·추징 규정이 적용되는 피고사건의 재판 가운데 몰수 또는 추징 부분만에 대하여 상소한 경우의 효력
1. … 몰수 또는 추징은 … 징벌적인 성질을 가지는 처분으로 부가형으로서의 성격 … 본안에 관한 주형 등과 분리되어 이심되어서는 아니되는 것 … 주형부분을 파기하는 경우 부가형인 몰수 또는 추징부분도 함께 파기하여야 하고, 몰수 또는 추징을 제외한 나머지 주형부분만을 파기할 수는 없다(대판 2009.6.25, 2009도2807).
2. … 주위적 주문과 몰수 또는 추징에 관한 주문은 상호 불가분적 관계에 있어 상소불가분의 원칙이 적용 … 몰수 또는 추징에 관한 부분만을 불복대상으로 삼아 상소가 제기되었다 하더라도, 상소심으로서는 이를 적법한 상소제기로 다루어야 하고, 그 부분에 대한 상소의 효력은 … 그 전부가 상소심으로 이심 … (대판 2008.11.20, 2008도5596).
3. 추징의 선고는 본안종국판결에 부수되는 처분에 불과한 것 … 독립상고는 할 수 없다(대판 1984.12.11, 84도1502).

❷ 압수물을 피해자에게 환부한다는 선고에 대한 독립상소의 가부(소극)
… 본안종국판결에 부수되는 처분에 불과 … 독립상소는 할 수 없는 것이다(대법원 1959.10.16, 4292형상209).

❸ 위치추적 전자장치 부착명령이 보호관찰부 집행유예와 분리하여 독립하여 상소의 대상이 되는지 여부(소극)
보호관찰부 집행유예의 경우 그 보호관찰명령 부분만에 대한 일부상소는 허용되지 않는 점 … 위와 같은 부착명령은 보호관찰부 집행유예와 서로 불가분의 관계에 있는 것으로서 독립하여 상소의 대상이 될 수 없다고 할 것 … 보호관찰명령이나 부착명령이 관련 법령에서 정하고 있는 요건에 위반한 것이 아닌 한, 형의 집행유예를 선고하는 것과 마찬가지로 법원의 재량사항에 속한다고 봄이 타당하다(대판 2012.8.30, 2011도14257).

④ 소송비용부담의 재판 : 소송비용부담의 재판에 대하여는 독립하여 상소할 수는 없으며, 본안의 재판에 관하여 상소하는 경우에 한하여 불복할 수 있음(제191조 제2항)

3. 일부상소의 방식

일부상소를 한다는 취지를 명시하고 그 불복부분을 특정하여야 하며, 그 불복부분을 특정하지 않은 일부상소는 원칙적으로 전부상소로 보아야 함

> **관련 판례**
>
> ❶ 검사가 항소장에 불복의 범위를 기재하지 아니하고 재판의 일부를 기재하지 아니한 경우의 항소심의 심판범위
> 1. … 항소장의 불복의 범위란에 재판의 일부에 대하여서만 상소한다는 기재가 없는 한 … 판결전부에 대하여 상소한 것이라고 보아야 할 것 … (대판 1991.11.26, 91도1937).
> 2. … 일죄에 대한 형만을 기재하고 나머지 일죄에 대한 형을 기재하지 아니하였다 하더라도 항소이유서에서 그 나머지 일죄에 대하여도 항소이유를 개진한 경우에는 판결 전부에 대한 항소로 봄이 상당 … (대판 2004.12.10, 2004도3515).

4. 일부상소의 효력

상소를 제기하지 아니한 부분은 상소제기기간이 경과함으로써 확정되며, 상소가 제기된 부분만 상소심으로 이심되고 상소심은 일부상소가 제기된 부분만 심판할 수 있음

> **관련 판례**
>
> ❶ 경합범 중 일부에 대하여 무죄, 일부에 대하여 유죄를 선고한 판결에 대하여 검사만이 무죄부분에 대하여 상소를 제기한 경우 상소심에서의 파기범위
> 1. … 유죄 판결부분은 상고기간이 지남으로써 확정되어 상고심에 계속된 사건은 무죄판결부분에 대한 공소뿐이라 할 것이므로 상고심에서 이를 파기할 때에는 무죄부분만을 파기할 수밖에 없다(대판 1992.1.21, 91도1402).
> 2. … 항소하지 아니한 유죄판결부분은 항소기간이 지남으로써 확정되어 항소심에 계속된 사건은 무죄판결부분 … 항소심에서 이를 파기할 때에는 무죄부분만을 파기할 수밖에 없다(대판 2000.2.11, 99도4840).
> 3. … 형법 제37조 전단의 경합범 … 판결주문이 수 개일 때에는 그 1개의 주문에 포함된 부분을 다른 부분과 분리하여 일부상소를 할 수 있고 당사자 쌍방이 상소하지 않은 부분은 분리확정 … 상소심에 계속된 사건은 상소된 부분에 대한 공소뿐이고, 그에 따라 상소심에서 이를 파기할 때에는 그 부분만을 파기하여야 한다(대판 2022.1.13, 2021도13108).
> 4. … 경합범에서 확정판결 전의 공소사실과 확정판결 후의 공소사실에 대하여 따로 유죄를 선고하여 두 개의 형을 정한 제1심 판결에 대하여 피고인만이 확정판결 전의 유죄판결 부분에 대하여 항소한 경우 … 항소하지 아니한 확정판결 후의 유죄판결 부분은 항소기간이 지남으로써 확정되어 항소심에 계속된 사건은 확정판결 전의 유죄판결 부분뿐 … 항소심이 심리·판단하여야 할 범위는 확정판결 전의 유죄판결 부분에 한정된다(대판 2018.3.29, 2016도18553).
>
> ❷ 원심이 두개의 죄를 경합범으로 보고 한죄는 유죄, 다른 한죄는 무죄를 각 선고하자 검사가 무죄부분에 대하여 불복상고하였다고 하더라도 위 두죄가 상상적 경합관계에 있는 경우 상고심의 심판대상
> … 유죄부분도 상고심의 심판대상이 된다(대판 1980.12.9, 80도384).
>
> ❸ 경합범 중 일부에 대하여 무죄, 일부에 대하여 유죄를 선고한 판결에 대하여 피고인은 상소하지 아니하고 검사만이 무죄부분에 한정하지 아니하고 전체에 대하여 상소한 경우 상소심에서의 파기범위
> 1. … 상소심으로서는 원심판결전부를 파기하여야 한다(대판 2004.10.15, 2004도5035).
> 2. … 검사만이 항소하면서 무죄 부분에 대하여는 항소이유를 기재하고 유죄 부분에 대하여는 이를 기재하지 않았으나 항소범위는 '전부'로 표시한 사안 … 전부가 이심되어 원심의 심판대상 … 제1심판결 전부를 파기하고 경합범 관계에 있는 공소사실 전부에 대하여 하나의 형을 선고하여야 한다(대판 2011.3.10, 2010도17779).
> 3. 경합범 관계에 있는 공소사실 중 일부 유죄, 일부 무죄를 선고하여 판결주문이 수 개일 때 검사가 판결전부에 대하여 상소하였는데 상소심에서 이를 파기할 때에는 … 하나의 형이 선고되어야 하므로, 유죄부분과 파기되는 무죄부분을 함께 파기하여야 … 그러나 위와 같이 하나의 형을 선고하기 위해서 파기하는 경우를 제외하고는 … 개별적으로 파기되는 부분과 불가분의 관계에 있는 부분만을 파기하여야 한다(대판 2022.1.13, 2021도13108).
>
> ❹ 경합범 중 일부에 대하여 무죄, 일부에 대하여 유죄를 선고한 판결에 대하여 쌍방이 상소를 제기하였으나 검사의 상소만 이유 있는 경우 상소심에서의 파기범위
> 1. … 항소심판결의 유죄부분도 무죄부분과 함께 파기되어야 한다(대판 2002.7.26, 2001도4947).
> 2. … 무죄부분 뿐 아니라 유죄부분도 함께 파기되어야 한다(대판 2007.6.28, 2005도7473).

Ⅵ 불이익변경금지의 원칙

1. 불이익변경금지원칙의 의의

> **제368조(불이익변경의 금지)**
> 피고인이 항소한 사건과 피고인을 위하여 항소한 사건에 대해서는 원심판결의 형보다 무거운 형을 선고할 수 없다.

관련 판례

❶ '불이익변경의 금지'에 관한 형사소송법 제368조의 취지
… 상소심에서 원심판결의 형보다 중한 형을 선고받을 수 있다는 우려로 말미암아 피고인의 상소권 행사가 위축되는 것을 막기 위한 정책적 고려의 결과로 입법자가 채택 … (대판 2021.5.6, 2021도1282).

2. 불이익변경금지원칙의 적용범위

(1) 피고인이 상소한 사건

① '피고인이 상소한 사건'의 의미 : 피고인만이 상소한 사건을 의미

관련 판례

❶ 피고인과 검사가 모두 상소하였으나 검사의 상소만이 받아들여져 원심판결이 전부 파기된 경우, 불이익변경금지의 원칙이 적용되는지 여부(소극)
불이익변경금지의 원칙은 … 적용되지 아니하는 것 … 사건이 경합범에 해당한다고 하여 개개 범죄별로 불이익변경의 여부를 판단할 것은 아니다(대판 2007.6.28, 2005도7473).

② 검사와 피고인 쌍방이 상소하였으나 검사의 상소가 기각된 경우 ○

(2) 피고인을 위하여 상소한 사건

① 상소권의 대리행사자가 피고인을 위하여 상소한 사건 ○
② 검사가 피고인의 이익을 위하여 상소한 경우 ○

(3) 상소한 사건

① 항고사건 ×
② 약식명령에 대한 정식재판의 청구 – 형종 상향 금지의 원칙 ○

> **제457조의2(형종 상향의 금지 등)**
> ① 피고인이 정식재판을 청구한 사건에 대하여는 약식명령의 형보다 중한 종류의 형을 선고하지 못한다.
> ② 피고인이 정식재판을 청구한 사건에 대하여 약식명령의 형보다 중한 형을 선고하는 경우에는 판결서에 양형의 이유를 적어야 한다.

③ 즉결심판에 대한 정식재판의 청구 – 중형선고금지 ○ (대판 1999.1.15, 98도2550)
④ 파기환송이나 파기이송사건 ○

> 관련 판례
>
> ❹ 피고인만의 상고에 의하여 원심판결을 파기하고 사건을 항소심에 환송한 경우, 환송 전 원심판결과의 관계에서도 불이익변경금지원칙이 적용되는지 여부(적극)
> 1. … 이러한 법리는 환송 후의 원심에서 적법한 공소장변경이 있어 이에 따라 그 항소심이 새로운 범죄사실을 유죄로 인정하는 경우에도 마찬가지 … (대판 2014.8.20, 2014도6472).
> 2. … 불이익변경금지원칙은 환송 전 원심판결과의 관계에서도 적용되어 … 파기된 환송 전 원심판결보다 중한 형을 선고할 수 없다(대판 2021.5.6, 2021도1282).

⑤ 재심○ → 재심에는 원판결의 형보다 무거운 형을 선고하지 못함(제439조)

⑥ 병합사건의 경우 : 원칙적으로×

> 관련 판례
>
> ❹ 다른 사건이 병합된 경우 불이익변경금지원칙이 적용되지 않는다는 판례
> 1. 항소심이 사건을 병합심리하여 경합범으로 처단하면서 … 중한 형을 선고하는 경우, 불이익변경금지원칙에 위배되지 않는다(대판 2001.9.18, 2001도3448).
> 2. 피고인이 정식재판을 청구한 약식명령사건에 다른 사건이 병합된 경우 … 중한 형을 선고한 것이 불이익변경금지의 원칙에 어긋나지 않는다(대판 2003.5.13, 2001도3212).
> 3. 피고인이 약식명령에 대하여 정식재판을 청구한 사건과 공소가 제기된 다른 사건을 병합하여 심리한 결과 … 하나의 벌금형으로 처단하는 경우 … 불이익변경금지의 원칙에 어긋나는 것이 아니다(대판 2004.8.20, 2003도4732).
>
> ❹ 다른 사건이 병합된 경우에도 형사소송법 제457조의2 소정의 형종상향금지의 원칙은 그대로 적용된다는 판례들
> 1. … 제457조의2 … 형종상향금지의 원칙 … 피고인이 정식재판을 청구한 사건과 다른 사건이 병합·심리된 후 경합범으로 처단되는 경우에도 정식재판을 청구한 사건에 대하여 그대로 적용 … (대판 2020.3.26, 2020도355).
> 2. 피고인이 절도죄 등으로 벌금 300만 원의 약식명령을 발령받은 후 정식재판을 청구하였는데, 제1심법원이 위 정식재판청구 사건을 통상절차에 의해 공소가 제기된 다른 점유이탈물횡령 등 사건들과 병합한 후 각 죄에 대해 모두 징역형을 선택한 다음 경합범으로 처단하여 징역 1년 2월을 선고 … 제457조의2 … 형종상향금지의 원칙 … 피고인만이 정식재판을 청구한 사건인데도 약식명령의 벌금형보다 중한 종류의 형인 징역형을 선택하여 형을 선고하였으므로 … 제457조의2 제1항에서 정한 형종상향금지의 원칙을 위반한 잘못이 있고 … (대판 2020.1.9, 2019도15700).
> 3. … 벌금형의 약식명령을 고지받아 정식재판을 청구한 사건과 공소가 제기된 사건을 병합·심리한 후 … 징역형을 선고한 것은 불이익한 변경에 해당한다(대판 2004.11.11, 2004도6784).
>
> ❹ 약식명령을 고지받아 정식재판을 청구한 당해 사건과 공소가 제기된 다른 사건이 병합·심리되었으나 다른 사건에 대하여 무죄를 선고하는 경우, 불이익변경 여부의 판단방법
> … 원래대로 돌아가 당해 사건에 대하여 고지받은 약식명령의 형과 그 선고받은 형만 전체적으로 비교하여 피고인에게 실질적으로 불이익한 변경이 있었는지 여부를 판단하면 된다(대판 2009.12.24, 2009도10754). → 벌금 150만 원의 약식명령을 고지받고 정식재판을 청구한 '당해 사건'과 정식 기소된 '다른 사건'을 병합·심리한 후 두 사건을 경합범으로 처단하여 벌금 900만 원을 선고한 제1심판결에 대해, 피고인만이 항소한 원심에서 다른 사건의 공소사실 전부와 당해 사건의 공소사실 일부에 대하여 무죄를 선고하고 '당해 사건'의 나머지 공소사실은 유죄로 인정하면서 그에 대하여 벌금 300만 원을 선고한 사안에서, 형사소송법 제457조의2에서 규정한 불이익변경금지의 원칙을 위반한 위법이 있다고 한 사례 → 이제는 제457조의2에 의한 형종상향금지의 원칙에 위배되지 않음

3. 불이익변경금지원칙의 내용

(1) 불이익변경금지의 대상

① 중형(重刑)으로의 변경금지 : 판결주문에 선고된 형이 중하게 변경되지 않는 한 사실인정이나 법령적용 또는 죄명선택 등이 중하게 변경되더라도 불이익변경금지의 원칙에 반하지 않는다. 따라서 유기징역형을 선택한 1심보다 무거운 무기징역형을 선택하였으나 선고된 형이 중하게 변경되지 않는 한 불이익변경금지원칙에 반하지 않는다고 하여야 한다(대판 1999.2.5, 98도4534).

> **[관련 판례]**
>
> ❶ 형사소송법 제457조의2에서 정한 불이익변경금지원칙의 의미
>   … 그 죄명이나 적용법조가 약식명령의 경우보다 불이익하게 변경되었다고 하더라도 선고한 형이 약식명령과 같거나 약식명령보다 가벼운 경우에는 불이익변경금지의 원칙에 위배된 조치라고 할 수 없다(대판 2013.2.28, 2011도14986).
>
> ❷ 피고인만이 상소한 사건에서 상소심이 원심법원이 인정한 범죄사실의 일부를 무죄로 인정하면서도 피고인에 대하여 원심법원과 동일한 형을 선고한 것이 불이익변경금지원칙에 위배되는지 여부(소극)
>   1. … 제368조 법률조항의 문언이 '원심판결의 형보다 중한 형'으로의 변경만을 금지 … (대판 2021.5.6, 2021도1282).
>   2. … 제368조 소정의 불이익변경금지 원칙에 위배된다고 볼 수 없다(대판 2003.2.11, 2002도5679).

② 형(刑)의 범위 : 형법 제41조가 규정하고 있는 형(刑)에 한정되지 않고 미결구금일수의 산입·노역장 유치·보안처분 등 불이익한 처분도 이에 포함

> **[관련 판례]**
>
> ❶ 추징에 관하여도 형사소송법 제368조의 불이익변경금지의 원칙이 적용되는지 여부(적극)
>   추징도 몰수에 대신하는 처분으로서 몰수와 마찬가지로 형에 준하여 평가하여야 할 것 … 그에 관하여도 형사소송법 제368조의 불이익변경금지의 원칙이 적용된다(대판 2006.11.9, 2006도4888).
>
> ❷ 약식명령에 대해 피고인이 정식재판을 청구하자 제1심이 동일한 벌금형을 선고하면서 성폭력 치료프로그램 이수명령을 병과한 것이 불이익변경금지 원칙에 위반되는지 여부(적극)
>   … 이수명령은 이른바 범죄인에 대한 사회내 처우의 한 유형으로서 형벌 그 자체가 아니라 보안처분의 성격을 가지는 것 … 새로 이수명령을 병과한 것은 … 불이익하게 변경한 것이므로 허용되지 않는다(대판 2015.9.15, 2015도11362).
>
> ❸ 항소심이 제1심판결에서 정한 형과 동일한 형을 선고하면서 새로 수강명령 또는 이수명령을 병과하는 것이 불이익변경금지의 원칙상 허용되는지 여부(소극)
>   … 수강명령 또는 이수명령은 … 형벌 자체가 아니라 보안처분의 성격을 가지는 것 … 제1심에서 징역 1년에 집행유예 2년의 유죄판결을 선고한 것에 대하여 항소심이 징역 1년에 집행유예 2년을 선고하면서 40시간의 성폭력 치료강의 수강명령을 병과한 경우 … 피고인에게 불이익하게 변경한 것이어서 허용되지 않는다(대판 2018.10.4, 2016도15961).
>
> ❹ 제1심이 유죄를 인정하여 징역 5년과 성폭력치료프로그램 이수명령(40시간), 추징(18만 원)을 선고한 것에 대하여, 항소심이 개정된 아동·청소년의 성보호에 관한 법률에 따라 제1심판결을 직권으로 파기하고 유죄를 인정하여 제1심과 동일한 형(징역 5년, 40시간의 성폭력치료프로그램 이수명령, 18만 원의 추징)과 함께 5년간의 취업제한 명령을 선고한 것이 불이익변경금지원칙에 위배되는지 여부(소극)
>   … 이러한 특례 규정은 예외 없이 일률적으로 10년간 취업제한의 효력이 당연히 발생하는 종전 규정보다 피고인에게 유리하므로 … 피고인에게 제1심과 동일한 형을 선고하면서 동시에 5년간의 취업제한 명령을 선고하였지만 … 불이익변경금지원칙에 반하지 않는다(대판 2018.10.25, 2018도13367).
>
> ❺ 피고인만이 항소한 경우, 항소심이 제1심판결에서 정한 형과 동일한 형을 선고하면서 제1심에서 정한 취업제한기간보다 더 긴 취업제한명령을 부과하는 것이 허용되는지 여부(소극)
>   … 취업제한명령은 범죄인에 대한 사회내 처우의 한 유형으로서 형벌 그 자체가 아니라 보안처분의 성격을 가지는 것 … 피고인에게 불리하게 변경한 것이므로, 피고인만이 항소한 경우에는 허용되지 않는다(대판 2019.10.17, 2019도11540).
>
> ❻ 피고인만이 항소한 경우, 항소심이 제1심판결에서 정한 형과 동일한 형을 선고하면서 제1심에서 정한 아동·청소년 관련기관 등에 5년간의 취업제한명령과 함께 추가로 장애인복지시설에 5년간의 취업제한명령을 선고한 것이 불이익변경금지원칙에 위배되는지 여부(적극)
>   … 징역 1년과 120시간의 성폭력 치료프로그램 이수명령, 아동·청소년 관련기관 등에 5년간의 취업제한명령을 선고 … 원심이 … 제1심과 동일한 형 등과 함께 장애인복지시설에 5년간의 취업제한명령을 선고한 경우 … 불이익변경금지 원칙에 관한 법리오해의 잘못이 있다 … (대판 2019.10.17, 2019도11540).
>
> ❼ 피고인만이 항소한 경우, 항소심이 주형을 감축하면서 제1심에서 정한 아동·청소년 관련기관 등에 10년간의 취업제한명령과 함께 추가로 장애인복지시설에 10년간의 취업제한명령을 선고한 것이 불이익변경금지원칙에 위배되는지 여부(소극)
>   … 징역 7년과 80시간의 성폭력 치료프로그램 이수명령, 아동·청소년 관련기관 등에 10년간의 취업제한명령을 선고 … 원심이 … 제1심보다 가벼운 징역 6년과 80시간의 성폭력 치료프로그램 이수명령, 아동·청소년 관련기관 등에 1년간의 취업제한명령과 함께 … 장애인복지시설에 10년간의 취업제한명령을 선고한 경우 … 불이익변경금지원칙을 위반한 잘못이 없다 … (대판 2019.10.17, 2019도11609).

> **❹ 소송비용부담의 경우에도 불이익변경금지원칙이 적용되는지 여부(소극)**
> … 소송비용의 부담은 형이 아니고 실질적인 의미에서 형에 준하여 평가되어야 할 것도 아니므로 불이익변경금지원칙의 적용이 없다(대판 2001.4.24, 2001도872).

(2) 불이익변경여부에 대한 판단기준

> 관련 판례
> **❹ 불이익변경금지원칙의 의미 및 불이익변경 여부의 판단기준**
> … 피고인의 상소권 또는 약식명령에 대한 정식재판청구권을 보장 … 불이익하게 변경되었는지에 관한 판단은 … 주문 전체를 고려하여 피고인에게 실질적으로 불이익한가의 여부에 의하여 판단 … (대판 2005.10.28, 2005도5822).

(3) 형의 경중의 비교
  ① 형의 추가와 종류의 변경
    ㉠ 원심이 선고한 형 이외의 다른 형을 추가하는 경우 : 불이익변경에 해당○
    ㉡ 동종의 형을 과하면서 형량을 증가시키는 경우 : 불이익변경에 해당○
    ㉢ 자격정지를 병과하거나 유기징역을 무기징역으로 변경하는 경우 : 불이익변경에 해당○
    ㉣ 징역형을 금고형으로 변경하면서 형기를 인상하는 경우 : 불이익변경에 해당○
    ㉤ 금고형을 징역형으로 변경하면서 형기를 같게 하는 경우 : 불이익변경에 해당○
    ㉥ 금고형을 징역형으로 변경하면서 형기를 단축하는 경우 : 불이익변경에 해당×
    ㉦ 벌금형을 징역형으로 변경하는 경우 : 불이익변경에 해당○
    ㉧ 자유형을 벌금형으로 변경할 때 노역장유치기간이 자유형을 초과하는 경우 : 불이익변경에 해당×

> 관련 판례
> **❹ 벌금형에 대한 환형유치와 관련된 불이익변경금지의 판례들**
> 1. … 징역 1년에서 징역 10월로 단축 … 벌금형의 액수가 같고 벌금형에 대한 환형유치기간이 길어졌다 하더라도 형량이 불이익하게 변경되었다고 할 수 없다(대판 1994.1.11, 93도2894).
> 2. … 벌금형은 감경되었으나 그 환형유치기간만이 길어졌다고 하더라도 형이 불이익하게 변경되었다고 할 수 없다(대판 1981.10.24, 80도2325).
> 3. 벌금형의 환형유치기간이 징역형의 형기를 초과하더라도 벌금형이 징역형보다 경한 형이라고 보아야 한다(대판 1980.5.13, 80도765).

    ㉨ 부정기형을 정기형으로 변경하는 경우 : 단기표준설이 판례의 입장

> 관련 판례
> **❹ 예전 판례 : 불이익변경금지 규정을 적용함에 있어 부정기형과 정기형 사이에 그 경중을 가리는 기준**
> … 부정기형 중 최단기형과 정기형을 비교하여야 한다(대판 2006.4.14, 2006도734).
>
> **❹ 현재 판례 : 피고인이 제1심판결 선고 시 소년에 해당하여 부정기형을 선고받았고, 피고인만이 항소한 항소심에서 피고인이 성년에 이르러 항소심이 제1심의 부정기형을 정기형으로 변경해야 할 경우, 불이익변경금지원칙 위반 여부를 판단하는 기준(= 부정기형의 장기와 단기의 중간형)**
> … 부정기형의 장기와 단기 중 어느 하나를 택일적으로 선택하는 문제가 아니라 … '정도'의 문제 … 부정기형과 실질적으로 동등하다고 평가될 수 있는 정기형은 부정기형의 장기와 단기의 정중앙에 해당하는 형 … 불이익변경금지원칙 위반 여부를 판단하는 기준은 부정기형의 장기와 단기의 중간형이 되어야 … → 제1심이 당시 소년에 해당하는 피고인에 대하여 … 징역 장기 15년, 단기 7년의 부정기형을 선고 … 피고인만이 항소하였는데, 피고인이 … 성년에 도달하자 … 정기형을 선고하면서 … 제1심이 선고한 부정기형의 단기인 징역 7년을 초과하는 징역형을 선고할 수 없다는 이유로 피고인에게 징역 7년을 선고한 사안은 … 부정기형의 장기와 단기의 중간형, 즉 징역 11년이 되어야 한다는 이유로, 이와 달리 판단한 원심판결에 법리오해의 잘못이 있다(대판 2020.10.22, 2020도4140).

② 집행유예와 선고유예
  ㉠ 집행유예와 형의 경중
    ⓐ 집행유예를 붙인 자유형판결에 대하여 집행유예만을 없애거나 유예기간만을 연장한 경우 : 불이익변경에 해당○
    ⓑ 징역형 또는 금고형을 줄이면서 집행유예를 박탈한 경우 : 불이익변경에 해당○
    ⓒ 징역형을 늘리면서 집행유예를 붙인 경우 : 불이익변경에 해당○
    ⓓ 징역형에 집행유예를 붙이면서 벌금형을 병과하거나 벌금형을 늘린 경우 : 불이익변경에 해당○

    > **관련 판례**
    > ❷ 항소심이 제1심에서 선고한 실형을 집행유예하면서 벌금형을 추가하는 경우 불이익변경금지원칙의 위배여부 (적극)
    > … 불이익하게 변경되었는지의 여부는 일단 형법상 형의 경중을 기준으로 하되 … 더 나아가 병과형이나 부가형, 집행유예, 노역장 유치기간 등 주문 전체를 고려하여 피고인에게 실질적으로 불이익한가의 여부에 의하여 판단 … (대판 2013.12.12, 2012도7198). → 제1심은 … 피고인에게 징역 1년 6월 및 추징 26,150,000원을 선고 … 원심은 … 피고인에게 징역 1년 6월에 집행유예 3년, 벌금 50,000,000원(1일 50,000원으로 환산한 기간 노역장 유치) 및 추징 26,150,000원을 선고한 사건에서, 집행유예의 실효나 취소가능성, 벌금 미납시의 노역장 유치 가능성 및 그 기간 등을 전체적·실질적으로 고찰하면 원심이 선고한 형은 제1심이 선고한 형보다 무거워 피고인에게 불이익하다고 본 사안

    ⓔ 금고형을 징역형으로 바꾸면서 집행유예를 선고한 경우 : 불이익변경에 해당×

    > **관련 판례**
    > ❷ 금고형을 징역형으로 바꾸면서 집행유예를 선고한 경우 불이익변경금지원칙에 위배되는지 여부(소극)
    > 형기의 변경 없이 금고형을 징역형으로 바꾸어 집행유예를 선고한 경우에는 형기의 변경 없이 집행유예가 선고된 사정을 전체적·실질적으로 고찰하여 볼 때 불이익변경금지원칙에 위배되지 않는다(대판 2013.12.12, 2013도6608).

  ㉡ 집행유예 내지 선고유예와 벌금형
    ⓐ 자유형에 대한 집행유예를 벌금형으로 변경하는 경우 : 불이익변경에 해당×
    ⓑ 자유형에 대한 선고유예를 벌금형으로 변경하는 경우 : 불이익변경에 해당○
    ⓒ 형의 집행면제를 집행유예로 변경하는 경우 : 불이익변경에 해당×

③ 몰수·추징 및 미결구금일수산입
  ㉠ 주형(主刑)과 몰수·추징
    ⓐ 징역형을 그대로 두면서 새로이 몰수 또는 추징을 추가하는 경우 : 불이익변경에 해당○
    ⓑ 징역형을 줄이면서 몰수·추징을 일부 추가한 경우 : 불이익변경에 해당×
    ⓒ 징역형을 줄이면서 추징액이 크게 증가한 경우 : 불이익변경에 해당○

    > **관련 판례**
    > ❷ 주형을 감형하면서 추징액을 일부 증액한 경우 불이익변경금지원칙에 반하는지 여부(소극)
    > … (제1심의 형량인 징역 2년에 집행유예 3년 및 금 5억여 원 추징을 항소심에서 징역 1년에 집행유예 2년 및 금 6억여 원 추징으로 변경). 불이익변경금지원칙에 반하지 않는다(대판 1998.5.12, 96도2850).

ⓓ 추징을 몰수로 변경한 경우

> **관련 판례**
> ❷ 추징을 몰수로 변경하는 것이 불이익변경금지원칙에 위배되는지 여부(소극)
> … 불이익하게 변경되는 것이라고 보아서는 안 된다(대판 2005.10.28, 2005도5822).
> ❷ 피고인만이 항소한 사건에서 항소심법원이 제1심판결의 주형에서 그 형기를 감축하면서 압수장물의 피해자 환부를 추가한 것이 불이익변경금지의 원칙에 위배되는지 여부(소극)
> … 항소심법원이 제1심판결을 파기하고 새로운 형을 선고함에 있어 피고인에 대한 주형에서 그 형기를 감축하고 압수장물을 피해자에게 환부하는 선고를 추가하였더라도 … 불이익하게 변경되었다고 할 수 없다(대판 1990.4.10, 90도16).

ⓒ 판결서의 오류를 시정하는 경우

> **관련 판례**
> ❷ 판결서의 오류를 시정한 것에 불이익변경금지원칙이 적용되는지 여부(소극)
> … 판결서의 명백한 오류에 대하여 판결서의 경정을 통하여 그 오류를 시정하는 것은 … 불이익변경금지원칙이 적용될 여지는 없다(대판 2007.7.13, 2007도3448).

④ 치료감호만 선고된 것에 대하여 징역형을 선고하는 경우 : 불이익변경에 해당 ○
⑤ 위치추적 전자장치 부착명령을 선고하는 경우 : 불이익변경에 해당 ×

> **관련 판례**
> ❷ 위치추적 전자장치 부착명령과 관련된 판례들
> 1. … 법원이 항소심에서 처음 청구된 검사의 부착명령 청구에 기하여 부착명령을 선고하는 것이 불이익변경금지의 원칙에 저촉되지 아니한다고 봄이 상당 … (대판 2010.11.25, 2010도9013).
> 2. … '징역 15년 및 5년 동안의 위치추적 전자장치 부착명령' … '징역 9년, 5년 동안의 공개명령 및 6년 동안의 위치추적 전자장치 부착명령' … 불이익변경금지원칙에 위배되지 않는다(대판 2011.4.14, 2010도16939).
> 3. … '징역 장기 7년, 단기 5년 및 5년 동안의 위치추적 전자장치 부착명령' → '징역 장기 5년, 단기 3년 및 20년 동안의 위치추적 전자장치 부착명령' … 불이익변경금지원칙에 위배되지 않는다(대판 2010.11.11, 2010도7955).
> 4. … 다른 형은 동일하게 선고하면서 부착명령기간만을 제1심판결보다 장기의 기간으로 부과한 것은 … 제1심판결의 형을 피고인에게 불이익하게 변경한 것이라고 할 것 … (대판 2014.3.27, 2013도9666).

4. 불이익변경금지원칙의 위반 : 상고이유, 비상상고의 이유

Ⅶ 파기판결의 구속력

1. 의의

상소심에서 원심판결을 파기하여 환송 또는 이송하는 경우에 상급심의 판단이 환송 또는 이송받은 하급심을 구속하는 효력 → 심급제도의 본질에서 유래

2. 파기판결의 구속력이 미치는 범위

(1) 파기판결의 구속력이 미치는 법원
① 하급심법원 : ○
② 파기한 상급심 : ○
③ 상급법원 : ×

> 관련 판례
> ❶ 환송 후의 원심판결에 대한 상고법원이 환송판결의 파기이유에 기속되는지 여부(적극)
> 　파기환송을 받은 법원은 그 파기이유로 한 사실상 및 법률상의 판단에 기속 … (대판 1987.4.28, 87도294).

(2) 파기판결의 구속력이 미치는 판단
　① 법률판단○, 사실판단○

> 관련 판례
> ❷ 파기환송판결의 사실상 판단의 하급심법원에 대한 기속력
> 　… 상고법원이 파기이유로 한 사실상 및 법률상의 판단에 기속되는 것(대판 2003.2.26, 2001도1314).

　② 소극적 판단○, 적극적 판단×

> 관련 판례
> ❸ 파기판결의 구속력은 소극적인 부정판단에 한하여 생긴다는 판례
> 　… 파기판결의 기속력은 파기의 직접 이유가 된… 소극적인 부정판단에 한하여 생긴다(대판 2004.4.9, 2004도340).

(3) 파기판결의 구속력이 배제되는 경우

> 관련 판례
> ❶ 파기판결의 구속력이 사실관계에 변동이 있는 경우에는 배제된다는 판례
> 　1. … 환송 후의 심리과정에서 새로운 사실과 증거가 제시되어 기속적 판단의 기초가 된 사실관계에 변동이 있었다면 그 구속력은 이에 미치지 아니하고 … (대판 1984.11.27, 84도2252).
> 　2. … 환송 뒤 심리과정에서 새로운 증거가 제출되어 기속적 판단의 기초가 된 증거관계에 변동이 생기는 경우에는 … (대판 2003.2.26, 2001도1314).
> 　3. … 공소사실로 변경되었다면 환송 후 원심은 이에 대하여 새롭게 사실인정을 할 재량권을 가지게 되는 것 … (대판 2004.4.9, 2004도340).
> ❷ 환송 후 원심의 판단이 파기환송 판결의 기속력에 위반된다고 본 판례
> 　… 상고법원이 파기이유로 한 사실상 및 법률상의 판단에 대하여 … 새로운 증거가 제시되어 기속적 판단의 기초가 된 증거관계에 변동이 생기지 않는 한 이에 기속된다할 것 … (대판 2009.4.9, 2008도10572).

02 항소(抗訴)

I 항소의 의의

제1심판결에 대하여 불복하여 제2심법원에 제기하는 상소

II 형사소송법상 항소심의 구조

> 관련 판례
> ❶ 항소심의 구조에 관한 판례
> 　… 기본적으로 실체적 진실을 추구하는 면에서 속심적 기능이 강조 … 다만 사후심적 요소의 조문들은 남상소의 폐단을 억제 … (대판 1983.4.26, 82도2829).

> **❸ 항소심에서의 속심적 성격과 사후심적 성격**
> 1. 속심적 성격을 가지는 것(제1심의 심리절차 및 증거 등을 토대로 계속하여 심리를 속행하는 구조로 보는 입장)
>   ① 사실오인과 양형부당을 항소이유로 인정하고 있는 것(제361조의5 제14호, 제15호)
>   ② 재심청구사유를 항소이유로 인정하고 있는 것(제361조의5 제13호)
>   ③ 제1심 법원에서 증거로 할 수 있었던 증거는 항소법원에서도 증거로 할 수 있는 것(제364조 제3항)
>   ④ 판결에 영향을 미친 사유는 항소이유서에 포함되지 않은 경우에도 직권으로 심판할 수 있는 것(제364조 제2항)
>   ⑤ 항소가 이유 있다고 인정할 때에는 원심판결을 파기하고 다시 판결하는 것(제364조 제6항)
> 2. 사후심적 성격을 가지는 것(원심에 나타난 자료에 따라 원심판결시를 기준으로 하여 원판결이 당부를 사후적으로 심사하는 구조로 보는 입장)
>   ① 항소심의 심판대상은 피고사건의 실체가 아니라 원판결의 당부임
>   ② 항소이유가 제한될 수밖에 없음(제361조의5)
>   ③ 항소인은 항소이유를 제출하여야 함(제361조의3)
>   ④ 항소심의 심판범위도 항소이유서에 기재된 것에 제한됨(제364조 제1항)
>   ⑤ 항소가 이유 없음이 명백한 때에는 변론 없이 항소를 기각할 수 있음(제364조 제5항)

Ⅲ 항소이유

1. 법령위반과 법령위반 이외의 사유

(1) 법령위반을 이유로 하는 것

(2) 법령위반 이외의 사유를 이유로 하는 것 : 오, 양, 폐, 사, 재

2. 절대적 항소이유와 상대적 항소이유

(1) 절대적 항소이유(판결에 영향을 미쳤는지 여부를 불문하고 항소이유가 되는 것)

(2) 상대적 항소이유(판결에 구체적으로 영향을 미친 경우에 한하여 항소이유가 되는 것) : 오, 위

> **제361조의5(항소이유)**
> 다음 사유가 있을 경우에는 원심판결에 대한 항소이유로 할 수 있다.
> 1. 판결에 영향을 미친 헌법·법률·명령 또는 규칙의 **위**반이 있는 때
> 2. 판결 후 형의 **폐**지나 변경 또는 사면이 있는 때
> 3. **관**할 또는 관할위반의 인정이 법률에 위반한 때
> 4. 판결법원의 **구**성이 법률에 위반한 때
> 5. 삭제 〈1963.12.13〉
> 6. 삭제 〈1963.12.13〉
> 7. 법률상 그 재판에 관여하지 못할 판사가 그 사건의 심판에 **관**여한 때
> 8. 사건의 심리에 관여하지 아니한 판사가 그 사건의 판결에 **관**여한 때
> 9. 공판의 **공**개에 관한 규정에 위반한 때
> 10. 삭제 〈1963.12.13〉
> 11. 판결에 이유를 붙이지 아니하거나 이유에 **모**순이 있는 때
> 12. 삭제 〈1963.12.13〉
> 13. **재**심청구의 사유가 있는 때
> 14. 사실의 **오**인이 있어 판결에 영향을 미칠 때
> 15. 형의 **양**정이 부당하다고 인정할 사유가 있는 때

Ⅳ 항소심의 절차

1. 항소의 제기

(1) 항소제기의 방식

> **제358조(항소제기기간)**
> 항소의 제기기간은 7일로 한다.
>
> **제359조(항소제기의 방식)**
> 항소를 함에는 항소장을 원심법원에 제출하여야 한다.

(2) 원심법원과 항소법원의 조치

① 원심법원의 조치

> **제360조(원심법원의 항소기각결정)**
> ① 항소의 제기가 법률상의 방식에 위반하거나 항소권소멸 후인 것이 명백한 때에는 원심법원은 결정으로 항소를 기각하여야 한다.
> ② 전항의 결정에 대하여는 즉시항고를 할 수 있다.
>
> **제361조(소송기록과 증거물의 송부)**
> 제360조의 경우를 제외하고는 원심법원은 항소장을 받은 날로부터 14일 이내에 소송기록과 증거물을 항소법원에 송부하여야 한다.

② 항소법원의 조치

> **제361조의2(소송기록접수와 통지)**
> ① 항소법원이 기록의 송부를 받은 때에는 즉시 항소인과 상대방에게 그 사유를 통지하여야 한다.
> ② 전항의 통지 전에 변호인의 선임이 있는 때에는 변호인에게도 전항의 통지를 하여야 한다.
> ③ 피고인이 교도소 또는 구치소에 있는 경우에는 원심법원에 대응한 검찰청 검사는 제1항의 통지를 받은 날부터 14일 이내에 피고인을 항소법원 소재지의 교도소 또는 구치소에 이송하여야 한다.

관련 판례

➌ **형사소송법상 통지의 방법 및 효력 발생 시기(= 통지의 대상자에게 도달한 때) → 소송기록접수의 통지 사안**
··· 통지는··· 서면 이외에 구술·전화·모사전송·전자우편·휴대전화 문자전송 그 밖에 적당한 방법으로도 할 수 있고, 통지의 대상자에게 도달됨으로써 효력이 발생··· (대법원 2017.9.22, 2017모1680).

(3) 항소이유서와 답변서의 제출

① 항소이유서와 답변서의 제출

> **제361조의3(항소이유서와 답변서)**
> ① 항소인 또는 변호인은 전조의 통지를 받은 날로부터 20일 이내에 항소이유서를 항소법원에 제출하여야 한다. 이 경우 제344조를 준용한다.
> ② 항소이유서의 제출을 받은 항소법원은 지체없이 부본 또는 등본을 상대방에게 송달하여야 한다.
> ③ 상대방은 전항의 송달을 받은 날로부터 10일 이내에 답변서를 항소법원에 제출하여야 한다.
> ④ 답변서의 제출을 받은 항소법원은 지체없이 그 부본 또는 등본을 항소인 또는 변호인에게 송달하여야 한다.

규칙 제155조(항소이유서, 답변서의 기재)
항소이유서 또는 답변서에는 항소이유 또는 답변내용을 구체적으로 간결하게 명시하여야 한다.

규칙 제156조(항소이유서, 답변서의 부본제출)
항소이유서 또는 답변서에는 상대방의 수에 2를 더한 수의 부본을 첨부하여야 한다.

규칙 제156조의2(국선변호인의 선정 및 소송기록접수통지)
① 기록의 송부를 받은 항소법원은 법 제33조 제1항 제1호부터 제6호까지의 필요적 변호사건에 있어서 변호인이 없는 경우에는 지체없이 변호인을 선정한 후 그 변호인에게 소송기록접수통지를 하여야 한다. 법 제33조 제3항에 의하여 국선변호인을 선정한 경우에도 그러하다.
② 항소법원은 항소이유서 제출기간이 도과하기 전에 피고인으로부터 법 제33조 제2항의 규정에 따른 국선변호인 선정청구가 있는 경우에는 지체없이 그에 관한 결정을 하여야 하고, 이때 변호인을 선정한 경우에는 그 변호인에게 소송기록접수통지를 하여야 한다.
③ 제1항, 제2항의 규정에 따라 국선변호인 선정결정을 한 후 항소이유서 제출기간 내에 피고인이 책임질 수 없는 사유로 그 선정결정을 취소하고 새로운 국선변호인을 선정한 경우에도 그 변호인에게 소송기록접수통지를 하여야 한다.

[관련 판례]

❸ 항소이유서 제출기간의 기산일에 관한 판례
1. 피고인에게 소송기록접수통지를 함에 있어 … 공시송달을 한 후 … 항소이유서 제출기간의 기산일은 위 공시송달의 효력이 발생한 날로부터 … (대법원 1985.4.16, 84모72).
2. … 항소법원이 피고인에게 소송기록 접수통지를 함에 있어 2회에 걸쳐 그 통지서를 송달 … 항소이유서 제출기간의 기산일은 최초 송달의 효력이 발생한 날의 다음 날부터라고 보아야 한다(대판 2010.5.27, 2010도3377).
3. … 피고인에게 소송기록접수통지를 한 후에 사선변호인이 선임된 경우에는 변호인에게 다시 같은 통지를 할 필요가 없고 … 사선변호인에게 같은 통지를 하였다 하여도 항소이유서의 제출기간은 피고인이 그 통지를 받은 날부터 계산 … 피고인에게 소송기록접수통지가 되기 전에 변호인의 선임이 있는 때에는 변호인에게도 소송기록접수통지를 하여야 하고, 변호인의 항소이유서 제출기간은 변호인이 이 통지를 받은 날부터 계산 … (대법원 2011.5.13, 2010모1741).
4. … 항소법원이 항소인인 피고인에게 소송기록접수통지를 하기 전에 변호인의 선임이 있는 때에는 변호인에게도 소송기록접수통지를 하도록 … 피고인에게 소송기록접수통지를 한 다음에 변호인이 선임된 경우에는 변호인에게 다시 같은 통지를 할 필요가 없다. 이는 필요적 변호사건에서 항소법원이 국선변호인을 선정하고 피고인과 그 변호인에게 소송기록접수통지를 한 다음 피고인이 사선변호인을 선임함에 따라 항소법원이 국선변호인의 선정을 취소한 경우에도 마찬가지 … 필요적 변호사건에서 항소법원이 국선변호인을 선정하고 피고인과 국선변호인에게 소송기록접수통지를 한 다음 피고인이 사선변호인을 선임함에 따라 국선변호인의 선정을 취소한 경우 항소법원은 사선변호인에게 다시 소송기록접수통지를 할 의무가 없다 … 항소이유서 제출기간은 국선변호인 또는 피고인이 소송기록접수통지를 받은 날부터 계산 … (대판 2018.11.22, 2015도10651).
5. 국선변호인에게 소송기록 접수통지를 하지 아니함으로써 항소이유서 제출기회를 주지 아니한 채 판결을 선고하는 것은 위법 … 항소심에서 국선변호인이 선정된 이후 변호인이 없는 다른 사건이 병합된 경우 … 항소법원은 지체 없이 국선변호인에게 병합된 사건에 관한 소송기록 접수통지를 함으로써 국선변호인이 통지를 받은 날로부터 기산한 소정의 기간 내에 피고인을 위하여 항소이유서를 작성·제출할 수 있도록 하여 … (대판 2010.5.27, 2010도3377).
6. … 국선변호인 선정청구에 따라 변호인을 선정한 경우 그 변호인에게 소송기록 접수통지를 하여야 하며 … 그 국선변호인에게 소송기록 접수통지를 하지 아니한 채 판결을 선고하는 것은 위법하다(대판 2011.2.10, 2008도4558).
7. … 국선변호인을 선정한 경우에는 그 변호인에게 소송기록접수통지를 함으로써, 변호인이 통지를 받은 날로부터 소정의 기간 내에 … 항소이유서를 작성·제출할 수 있도록 … (대판 2014.8.28, 2014도4496).
8. … 필요적 변호사건이 아니고 … 피고인이 항소이유서 제출기간이 도과한 후에야 … 국선변호인 선정청구를 하고 법원이 국선변호인 선정결정을 한 경우에는 그 국선변호인에게 소송기록접수통지를 할 필요가 없고 … 설령 국선변호인에게 같은 통지를 하였다고 하더라도 국선변호인의 항소이유서 제출기간은 피고인이 소송기록접수통지를 받은 날로부터 계산된다고 할 것 … (대판 2013.6.27, 2013도4114).

9. 형사소송규칙 제156조의2 제3항은 항소이유서 제출기간 내에 피고인이 책임질 수 없는 사유로 국선변호인이 변경되면 그 국선변호인에게도 소송기록접수통지를 하여야 한다고 정하고 있는데 … 새로 선임된 사선변호인의 경우까지 확대해서 적용하거나 유추적용할 수는 없다(대판 2018.11.22. 2015도10651).
10. 피고인의 항소대리권자인 배우자가 피고인을 위하여 항소한 경우 … 소송기록접수통지는 항소인인 피고인에게 하여야 하는데 … 피고인이 적법하게 소송기록접수통지서를 받지 못하였다면 항소이유서 제출기간이 지났다는 이유로 항소기각결정을 하는 것은 위법 … (대법원 2018.3.29. 2018모642).

❷ 항소이유서에 항소이유를 구체적으로 간결하게 명시하도록 규정한 형사소송규칙 제155조가 형사소송법에 저촉되거나 항소권을 부당하게 제한하는 것인지 여부(소극)
… 형사소송법에 저촉되는 것이라거나 형사소송법의 효력을 부당하게 변경·제한하는 것이라거나 또는 항소권을 부당하게 제한하는 것이라고는 할 수 없다(대판 2003.12.12. 2003도2219).

❸ 적법한 항소이유의 기재라고 볼 수 있는지 여부에 관한 판례들
1. 검사가 제1심 무죄판결에 대한 항소장의 '항소의 이유'란에 '사실오인 및 법리오해'라고만 기재한 경우, 이를 적법한 항소이유의 기재라고 볼 수 있는지 여부(소극)
… 이를 적법한 항소이유의 기재가 있는 것으로 볼 수 없다(대판 2003.12.12. 2003도2219).
2. 항소장 '항소의 범위'란에 '양형부당'이라는 문구만 기재되어 있고 구체적인 이유의 기재가 없는 경우, 적법한 항소이유의 기재라고 볼 수 있는지 여부(소극)
… 이를 적법한 항소이유의 기재라고 볼 수는 없다(대판 2008.1.31. 2007도8117).
3. 검사가 제출한 항소이유서에 적법한 항소이유의 기재가 없다고 본 사례
… 항소이유를 구체적으로 명시하지 않고, 단지 항소심에서 공소장변경을 한다는 취지와 변경된 공소사실에 대하여 유죄의 증명이 충분하다는 취지의 주장만 한 경우, 적법한 항소이유의 기재라고 볼 수 없다(대법원 2006.3.30. 2005모564).
4. 항소이유서에 '위 사건에 대한 원심판결은 도저히 납득할 수 없는 억울한 판결이므로 항소를 한 것입니다.'라고 기재한 것을 적법한 항소이유의 기재라고 볼 수 있는지 여부(적극)
… 항소이유서에 '위 사건에 대한 원심판결은 도저히 납득할 수 없는 억울한 판결이므로 항소를 한 것입니다.'라고 기재하였다고 하더라도 … 제1심판결에 사실의 오인이 있거나 양형부당의 위법이 있다는 항소이유를 기재한 것으로 선해하여 그 항소이유에 대하여 심리를 하여야 한다(대법원 2002.12.3. 2002모265).

❹ 항소이유서 제출의 효력발생시기에 관한 판례
… 항소법원에 도달 … 그 도달은 항소법원의 지배권 안에 들어가 사회통념상 일반적으로 알 수 있는 상태에 있으면 되고 … 내부적인 업무처리에 따른 문서의 접수, 결재과정 등을 필요로 하는 것은 아니다(대판 1997.4.25. 96도3325).

② 항소이유서를 제출하지 않은 경우

> **제361조의4(항소기각의 결정)**
> ① 항소인이나 변호인이 전조 제1항의 기간 내에 항소이유서를 제출하지 아니한 때에는 결정으로 항소를 기각하여야 한다. 단, 직권조사사유가 있거나 항소장에 항소이유의 기재가 있는 때에는 예외로 한다.
> ② 전항의 결정에 대하여는 즉시항고를 할 수 있다.

관련 판례

❶ 항소이유서 부제출을 이유로 항소기각 결정을 하기 위한 요건
… 제361조의4 … 항소이유서 부제출을 이유로 항소기각의 결정을 하기 위해서는 항소인이 적법한 소송기록접수통지서를 받고서도 정당한 이유 없이 20일 이내에 항소이유서를 제출하지 아니하였어야 … (대법원 2017.11.7. 2017모2162).

❷ 국선변호인이 선정된 사건에서 피고인의 귀책사유 없이 국선변호인이 법정기간 내에 항소이유서를 제출하지 아니한 경우 법원이 취하여야 할 조치
… 종전 국선변호인의 선정을 취소하고 새로운 국선변호인을 선정하여 다시 소송기록접수통지를 함으로써 새로운 국선변호인으로 하여금 그 통지를 받은 때로부터 … 기간 내에 피고인을 위하여 항소이유서를 제출하도록 하여야 한다(대법원 2012.2.16. 2009모1044).

❸ 피고인과 국선변호인이 모두 법정기간 내에 항소이유서를 제출하지 아니하였으나 국선변호인이 항소이유서를 제출하지 아니한 데 대하여 피고인에게 귀책사유가 없는 경우, 항소법원이 취하여야 할 조치
  피고인과 국선변호인이 모두 법정기간 내에 항소이유서를 제출하지 아니하였더라도, 국선변호인이 항소이유서를 제출하지 아니한 데 대하여 피고인에게 귀책사유가 있음이 특별히 밝혀지지 않는 한 … 종전 국선변호인의 선정을 취소하고 새로운 국선변호인을 선정하여 다시 소송기록접수통지를 함으로써 새로운 변호인으로 하여금 그 통지를 받은 때로부터 … 피고인을 위하여 항소이유서를 제출하도록 하여야 한다 … 이러한 법리는 항소법원이 종전 국선변호인의 선정을 취소하고 새로운 국선변호인을 선정하여 소송기록접수통지를 하기 이전에 피고인 스스로 변호인을 선임한 경우 그 사선변호인에 대하여도 마찬가지로 적용 … (대판 2019.7.10, 2019도4221).

❹ 항소인 또는 변호인이 법정기간 내에 항소이유서를 제출하였으나 항소이유를 특정하여 구체적으로 명시하지 아니한 경우, 형사소송법 제361조의4 제1항에 의하여 결정으로 항소를 기각할 수 있는지 여부(소극)
  … 항소인이나 변호인이 항소이유서에 항소이유를 특정하여 구체적으로 명시하지 아니하였다고 하더라도 항소이유서가 법정의 기간 내에 적법하게 제출된 경우에는 … 항소이유서가 법정의 기간 내에 제출되지 아니한 것과 같이 보아 … 결정으로 항소를 기각할 수는 없다(대법원 2006.3.30, 2005모564).

❺ 필요적 변호사건에서 법원이 정당한 이유없이 국선변호인을 선정하지 않고 있는 사이에 피고인 스스로 사선변호인을 선임하였으나 이미 피고인에 대한 항소이유서 제출기간이 도과해버린 경우 법원의 조치
  … 그 사선변호인에게도 … 소송기록접수통지를 함으로써 그 변호인이 통지를 받은 날로부터 기산하여 소정의 기간 내에 피고인을 위하여 항소이유서를 작성·제출할 수 있는 기회를 주어야 한다(대판 2000.12.22, 2000도4694).

❻ 피고인의 빈곤 등을 이유로 한 국선변호인 선정청구에 대하여 법원이 정당한 이유없이 그 선정을 지연한 채 항소이유서 제출기간이 도과해 버린 경우 법원의 조치
  1. … 그 후 선정된 국선변호인에게도 별도로 소송기록접수통지를 하여 국선변호인이 그 통지를 받은 날로부터 기산하여 소정의 기간 내에 항소이유서를 제출할 수 있는 기회를 주어야 하며 … (대법원 2000.11.28, 2000모66).
  2. … 항소이유서 제출기간이 지난 후라도 국선변호인선정결정과 함께 변호인에게 소송기록접수통지를 하여 국선변호인이 통지를 받은 날로부터 기산하여 소정의 기간 내에 항소이유서를 제출할 기회 … (대법원 2003.10.27, 2003모306).

2. 항소심의 심리

(1) 항소법원의 심판범위

> **제364조(항소법원의 심판)**
> ① 항소법원은 항소이유에 포함된 사유에 관하여 심판하여야 한다.
> ② 항소법원은 판결에 영향을 미친 사유에 관하여는 항소이유서에 포함되지 아니한 경우에도 직권으로 심판할 수 있다.
> ③ 제1심법원에서 증거로 할 수 있었던 증거는 항소법원에서도 증거로 할 수 있다.
> ④ 항소이유 없다고 인정한 때에는 판결로써 항소를 기각하여야 한다.
> ⑤ 항소이유 없음이 명백한 때에는 항소장, 항소이유서 기타의 소송기록에 의하여 변론없이 판결로써 항소를 기각할 수 있다.
> ⑥ 항소이유가 있다고 인정한 때에는 원심판결을 파기하고 다시 판결을 하여야 한다.

[관련 판례]

❷ 항소법원의 심판범위에 관한 판례
  1. … 피고인 또는 변호인이 법정기간 내에 제출한 항소이유서에 의하여 심판되는 것 … 항소이유서 제출기간의 경과를 기다리지 않고는 항소사건을 심판할 수 없다 … (대판 2015.4.9, 2015도1466).
  2. … 항소심의 구조는 피고인 또는 변호인이 법정기간 내에 제출한 항소이유서에 의하여 심판하는 것 … 이미 항소이유서를 제출하였더라도 항소이유를 추가·변경·철회할 수 있으므로, 항소이유서 제출기간의 경과를 기다리지 않고는 항소사건을 심판할 수 없다 … 항소이유서 제출기간 내에 변론이 종결되었는데 그 후 위 제출기간 내에 항소이유서가 제출되었다면 … 항소심법원으로서는 변론을 재개하여 항소이유의 주장에 대해서도 심리를 해 보아야 한다(대판 2018.4.12, 2017도13748).

3. … 직권조사사유에 관하여는 … 항소이유서가 제출되었는지 여부나 항소이유서에 포함되었는지 여부를 가릴 필요없이 반드시 심판 … 직권조사사유가 아닌 것에 관하여는 그것이 항소장에 기재되었거나 … 항소이유서에 포함된 경우에 한하여 심판의 대상 … 다만 판결에 영향을 미친 사유에 한하여 예외적으로 항소이유서에 포함되지 아니하였다 하더라도 직권으로 심판 … (대판 2007.5.31, 2006도8488).
4. … 양형부당을 항소이유로 삼았다가 항소심 공판정에서 사실오인이나 법리오해를 주장하였다 하더라도 그 주장이 이유 없어 판결에 영향을 미치지 아니한 경우라면 … 사실오인이나 법리오해의 점에 대하여 따로 판단하지 아니하고 양형부당의 점에 관하여만 판단한 것은 정당하다(대판 2006.8.24, 2006도3039).
5. … 항소이유에는 '형의 양정이 부당하다고 인정할 사유가 있는 때'가 포함 … 판결에 영향을 미치는 사유는 항소이유서에 포함되지 아니한 것이라도 항소심의 심판의 대상 … 제1심의 형량이 너무 가벼워서 부당하다는 검사의 항소이유에 대한 판단에 앞서 직권으로 제1심판결에 양형이 부당하다고 인정할 사유가 있는지 여부를 심판할 수 있고 … 제1심판결을 파기하고 제1심의 양형보다 가벼운 형을 정하여 선고할 수 있다(대판 2010.12.9, 2008도1092).
6. … 검사가 공판정에서 구두변론을 통해 항소이유를 주장하지 않았고 … 검사의 항소이유가 실질적으로 구두변론을 거쳐 심리되지 않았다고 평가될 경우, 항소심법원이 검사의 항소이유 주장을 받아들여 피고인에게 불리하게 제1심판결을 변경하는 것은 허용되지 않는다(대판 2015.12.10, 2015도11696).

❸ **무죄의 제1심판결에 대하여 검사가 항소하였으나 공소기각 사유가 있다고 인정될 경우, 항소심법원이 직권으로 제1심판결을 파기하고 공소기각판결을 선고할 것인지의 여부**
… 공소기각 사유가 있다고 인정될 경우, 항소심법원은 직권으로 판단하여 제1심판결을 파기하고 … 무죄라는 판단을 하기에 앞서 공소기각의 판결을 선고하여야 … (대판 1994.10.14, 94도1818).

❹ **항소심이 직권으로 제1심판결을 파기하고 다시 판결하는 경우 항소이유에 관한 판단을 설시해야 하는지 여부**
… 항소심이 자판을 함에 있어서 이미 항소이유의 당부는 판단되었다고 보아야 하므로, 항소심이 그 판결에서 피고인의 항소이유에 대한 판단을 따로 설시하지 않았다고 하여 위법이라고 할 수 없다(대판 2008.7.24, 2007도6721).

(2) 항소심의 심리절차

① **항소이유의 진술과 쟁점의 정리**: 항소인은 그 항소이유를 구체적으로 진술하여야 하며, 상대방은 항소인의 항소이유 진술이 끝난 뒤에 항소이유에 대한 답변을 구체적으로 진술하여야 함

② **항소심과 증거조사**: 재판장은 증거조사절차에 들어가기에 앞서 제1심의 증거관계와 증거조사결과의 요지를 고지하여야 하며, 증인신문은 일정한 경우에만 할 수 있음

> **관련 판례**
>
> ❶ **제1심이 신빙성이 없다고 한 증인의 증언을 항소심에서 증인을 다시 신문하지 아니하고 그 신빙성이 있다고 할 수 있는지 여부(소극)**
> … 항소심으로서는 제1심 증인이 한 진술의 신빙성 유무에 대한 제1심의 판단이 항소심의 판단과 다르다는 이유만으로 이에 대한 제1심의 판단을 함부로 뒤집어서는 아니 되는 것 … (대판 2008.1.31, 2007도10869).
>
> ❷ **항소심이 심리과정에서 심증 형성에 영향을 미칠 만한 객관적 사유가 새로 드러난 것이 없음에도 제1심의 사실인정에 관한 판단을 재평가하여 사후심적으로 판단하여 뒤집을 수 있는지 여부(소극)**
> … 항소심이 심리과정에서 심증의 형성에 영향을 미칠 만한 객관적 사유가 새로 드러난 것이 없음에도 제1심의 판단을 재평가하여 사후심적으로 판단하여 뒤집고자 할 때에는, 제1심의 증거가치 판단이 명백히 잘못되었다거나 사실인정에 이르는 논증이 논리와 경험법칙에 어긋나는 등으로 그 판단을 그대로 유지하는 것이 현저히 부당하다고 볼 만한 합리적인 사정이 있어야 … 그러한 예외적 사정도 없이 제1심의 사실인정에 관한 판단을 함부로 뒤집어서는 안 된다(대판 2017.3.22, 2016도18031).

③ **항소심에서의 피고인신문**
㉠ 검사 또는 변호인은 항소심의 증거조사가 종료한 후 항소이유의 당부를 판단함에 필요한 사항에 한하여 피고인을 신문할 수 있으며, 재판장은 필요하다고 인정하는 때에는 피고인을 신문할 수 있음(규칙 제156조의6 제1항 및 제3항)

ⓒ 재판장은 검사 또는 변호인이 피고인 신문을 실시하는 경우에도 제1심의 피고인신문과 중복되거나 항소이유의 당부를 판단하는 데 필요 없다고 인정하는 때에는 그 신문의 전부 또는 일부를 제한할 수 있음(규칙 제156조의6 제2항)

> **관련 판례**
> ❷ 항소심에서 변호인이 피고인을 신문하겠다는 의사를 표시하였음에도 변호인에게 일체의 피고인신문을 허용하지 않은 재판장의 조치가 소송절차의 법령위반으로서 상고이유에 해당하는지 여부(적극)
> 형사소송법 제370조, 제296조의2 … 변호인의 피고인신문권은 변호인의 소송법상 권리 … 검사 또는 변호인이 항소심에서 피고인신문을 실시하는 경우 제1심의 피고인신문과 중복되거나 항소이유의 당부를 판단하는 데 필요 없다고 인정하는 때에는 그 신문의 전부 또는 일부를 제한할 수 있으나 … 변호인의 본질적 권리를 해할 수는 없다 … 재판장은 변호인이 피고인을 신문하겠다는 의사를 표시한 때에는 피고인을 신문할 수 있도록 조치 … 변호인이 피고인을 신문하겠다는 의사를 표시하였음에도 변호인에게 일체의 피고인신문을 허용하지 않은 것은 변호인의 피고인신문권에 관한 본질적 권리를 해하는 것으로서 소송절차의 법령위반에 해당 … (대판 2020.12.24, 2020도10778).

④ 항소심에서의 최후진술 : 항소심의 증거조사와 피고인 신문절차가 종료한 때에는 검사는 원심판결의 당부와 항소이유에 대한 의견을 구체적으로 진술하여야 하며, 재판장은 검사의 의견을 들은 후 피고인과 변호인에게도 의견을 진술할 기회를 주어야 함(규칙 제156조의7)

(3) 제1심 공판절차의 준용(제370조)

(4) 심리상의 특칙
① 궐석재판(제365조) : 전술함
② 증거에 대한 특칙 : 제1심법원에서 증거로 할 수 있었던 증거는 항소법원에서도 증거로 할 수 있음

> **관련 판례**
> ❷ 제1심법원에서 이미 증거능력이 있었던 증거는 항소심에서 다시 증거조사를 할 필요가 없이 증거능력이 그대로 유지되는지 여부(적극)
> … 제364조 제3항 … 제1심법원에서 이미 증거능력이 있었던 증거는 항소심에서도 증거능력이 그대로 유지되어 심판의 기초가 될 수 있고 … 다시 증거조사를 할 필요가 없다(대판 2018.8.1, 2018도8651).

3. 항소심의 재판

(1) 공소기각결정

> **제363조(공소기각의 결정)**
> ① 제328조 제1항 각 호의 규정에 해당한 사유가 있는 때에는 항소법원은 결정으로 공소를 기각하여야 한다.
> ② 전항의 결정에 대하여는 즉시항고를 할 수 있다.

(2) 항소기각의 재판
① 항소기각결정

> **제362조(항소기각의 결정)**
> ① 제360조의 규정에 해당한 경우에 원심법원이 항소기각의 결정을 하지 아니한 때에는 항소법원은 결정으로 항소를 기각하여야 한다.
> ② 전항의 결정에 대하여는 즉시항고를 할 수 있다.

② 항소기각판결
　㉠ 항소가 이유없다고 인정한 때에는 판결로써 항소를 기각(제364조 제4항)
　㉡ 항소가 이유없음이 명백한 때에는 변론없이 판결로써 항소를 기각할 수 있음(제364조 제5항)

> **관련 판례**
> ❶ 항소심이 이유에서만 항소가 이유없다고 판단하고 주문에서는 항소기각의 선고를 하지 않은 경우에 제364조 제4항을 위반한 위법이 있는지 여부(적극)
> … 그 판결이유에서는 검사의 항소가 이유없다고 판단하면서도 주문에서는 항소기각의 선고를 하지 아니하였다면 … 제364조 제4항을 위반한 위법이 있다(대판 2006.9.14, 2004도6432).
> ❷ 제1심 판결에 대하여 피고인 및 검사가 모두 양형부당을 이유로 항소하였는데, 검사의 항소이유에 대한 판단을 누락한 경우 위법한지 여부(적극)
> … 피고인의 항소에 대하여만 이유 없다고 판단하여 그 항소를 기각하면서 검사의 항소에 대하여는 아무런 판단을 하지 아니하였음을 알 수 있으므로 … 제364조 제4항을 위반한 위법 …(대판 2008.11.27, 2008도8567).

(3) 원심판결의 파기판결
① 파기자판(破棄自判) : 항소법원은 항소이유가 있다고 인정한 때에는 원심판결을 파기하고 다시 판결을 하여야 한다(제364조 제6항). 다만 변론을 거쳐서 판결하여야 하며 불이익변경금지원칙이 적용됨

> **관련 판례**
> ❶ 항소법원의 파기자판판결과 필요적 변론의 요부(적극)
> 항소법원이 … 파기하고 다시 판결을 함에 있어서는 … 변론을 거쳐서 판결하여야 한다(대판 1981.7.28, 81도1482).
> ❷ 검사와 피고인 양쪽이 상소를 제기하였는데, 어느 일방의 상소는 이유 없으나 다른 일방의 상소가 이유 있어 원판결을 파기하고 다시 판결하는 경우, 이유 없는 상소에 대하여도 주문에서 상소를 기각하는 표시를 하여야 하는지 여부(소극)
> … 이유 없는 상소에 대해서는 판결이유 중에서 그 이유가 없다는 점을 적으면 충분하고 주문에서 그 상소를 기각해야 하는 것은 아니다(대판 2020.6.25, 2019도17995).
> ❸ 항소심이 그 자신의 양형판단과 일치하지 아니한다고 하여 양형부당을 이유로 제1심판결을 파기한 경우에 이를 위법하다고 평가할 수 있는지 여부(소극)
> … 바람직하지 아니한 섬이 있다고 하더라도 이를 두고 양형심리 및 양형판단 방법이 위법하다고까지 할 수는 없다 …(대판 2015.7.23, 2015도3260).
> ❹ 제1심이 실체적 경합범 관계에 있는 공소사실 중 일부에 대하여 재판을 누락한 경우 항소심의 판단방법
> 제1심이 실체적 경합범 관계에 있는 공소사실 중 일부에 대하여 재판을 누락한 경우 … 당사자의 주장이 없더라도 직권으로 제1심의 누락부분을 파기하고 그 부분에 대하여 재판 …(대판 2009.2.12, 2008도7848).
> ❺ 검사와 피고인 양쪽이 상소를 제기하였는데, 어느 일방의 상소는 이유 없으나 다른 일방의 상소가 이유 있어 원판결을 파기하고 다시 판결하는 경우, 이유 없는 상소에 대하여도 주문에서 상소를 기각하는 표시를 하여야 하는지 여부(소극)
> … 이유 없는 상소에 대해서는 판결이유 중에서 그 이유가 없다는 점을 적으면 충분하고 주문에서 그 상소를 기각해야 하는 것은 아니다(대판 2020.6.25, 2019도17995).

② 파기환송

> **제366조(원심법원에의 환송)**
> 공소기각 또는 관할위반의 재판이 법률에 위반됨을 이유로 원심판결을 파기하는 때에는 판결로써 사건을 원심법원에 환송하여야 한다.

> **관련 판례**
> ❷ 제1심의 공소기각판결이 위법한 경우, 항소심이 취해야 할 조치(= 파기환송)
> … 제366조는 … 제1심의 공소기각판결이 법률에 위반된다고 판단한 이상 본안에 들어가 심리할 것이 아니라 제1심판결을 파기하고 사건을 제1심법원에 환송하여야 한다 … 제1심의 공소기각판결이 잘못이라고 하여 파기하면서도 사건을 제1심법원에 환송하지 아니하고 본안에 들어가 심리한 후 피고인에게 유죄를 선고한 것은 형사소송법 제366조를 위반한 것 … (대판 2020.1.30, 2019도15987).

③ 파기이송

> **제367조(관할법원에의 이송)**
> 관할인정이 법률에 위반됨을 이유로 원심판결을 파기하는 때에는 판결로써 사건을 관할법원에 이송하여야 한다. 단, 항소법원이 그 사건의 제1심관할권이 있는 때에는 제1심으로 심판하여야 한다.

④ 공동피고인을 위한 파기 : '항소한 공동피고인'이란 원심에서 공동피고인이었던 자로서 항소한 자를 말하며, 항소심에서의 병합심리여부는 불문

> **제364조의2(공동피고인을 위한 파기)**
> 피고인을 위하여 원심판결을 파기하는 경우에 파기의 이유가 항소한 공동피고인에게 공통되는 때에는 그 공동피고인에 대하여도 원심판결을 파기하여야 한다.

> **관련 판례**
> ❶ 제364조의2가 규정하는 공동파기의 취지
> … 공동피고인간의 재판의 공평을 도모하려는 취지 … 직권으로 … 판결을 파기하여야 … (대판 2003.2.26, 2002도6834).
>
> ❷ 형사소송법 제364조의2의 취지 및 위 규정은 공동피고인 사이에서 파기의 이유가 공통되는 해당 범죄사실이 동일한 소송절차에서 병합심리된 경우에만 적용되는지 여부(적극)
> … 제364조의2는 … 이는 공동피고인 상호 간의 재판의 공평을 도모하려는 취지 … 위 규정은 공동피고인 사이에서 파기의 이유가 공통되는 해당 범죄사실이 동일한 소송절차에서 병합심리된 경우에만 적용된다고 보는 것이 타당 … (대판 2019.8.29, 2018도14303).
>
> ❸ 형사소송법 제364조의2에서 정한 '항소한 공동피고인'에 제1심의 공동피고인으로서 자신이 항소한 경우 외에 그에 대하여 검사만 항소한 경우도 포함되는지 여부(적극)
> … 공동피고인 상호 간의 재판의 공평을 도모하려는 취지 … '항소한 공동피고인'은 제1심의 공동피고인으로서 자신이 항소한 경우는 물론 그에 대하여 검사만 항소한 경우까지도 포함 … (대판 2022.7.28, 2021도10579).

(4) 재판서의 기재사항

> **제369조(재판서의 기재방식)**
> 항소법원의 재판서에는 항소이유에 대한 판단을 기재하여야 하며 원심판결에 기재한 사실과 증거를 인용할 수 있다.

> **관련 판례**
> ❶ 항소심판결에서 제1심판결에 기재한 법령의 적용을 인용할 수 있는지 여부(소극)
> … 범죄될 사실과 증거의 요지는 인용할 수 있으나 법령의 적용은 인용할 수 없다(대판 2000.6.23, 2000도1660).
>
> ❷ 제1심판결을 파기하여 유죄의 판결을 하는 경우 이외에는 항소심판결의 판결이유에 범죄사실 및 증거의 요지를 기재할 필요가 있는지 여부(소극)
> … 범죄사실 및 증거의 요지를 기재할 필요가 없다(대판 1992.7.28, 92도371).

03 상고(上告)

Ⅰ 상고의 의의

제2심판결에 대하여 불복하여 대법원에 제기하는 상소

Ⅱ 상고심의 구조

1. 법률심이며 사후심(원칙)

(1) **법률심** : 상고심은 원칙적으로 법률심 → 파기환송이 원칙

(2) **사후심** : 상고심은 원칙적으로 원판결의 당부를 사후적으로 판단하는 사후심이므로, 그 판단의 기준은 상고심판결시를 기준으로 할 것이 아니라 원심판결 당시를 기준으로 하여야 함

> **관련 판례**
>
> ● **상고심의 구조 및 심판**
> … 상고법원은 원칙적으로 상고이유서에 포함된 사유에 관하여 심판 … 파기하는 경우에도 환송 또는 이송을 통해 항소심으로 하여금 사건을 다시 심리·판단하도록 함이 원칙이며 자판은 예외적으로만 허용 … 상고심은 항소심까지의 소송자료만을 기초로 하여 항소심판결 선고 시를 기준으로 그 당부를 판단 … 새로운 증거조사를 할 수 없을뿐더러 항소심판결 후에 나타난 사실이나 증거의 경우 비록 그것이 상고이유서 등에 첨부되어 있다 하더라도 사용할 수 없다(대판 2019. 3. 21. 2017도16593).
>
> ● **항소심판결 당시 미성년이었으나 상고심 계속 중 성년이 된 자에 대한 부정기형 선고의 적부(적극)**
> … 항소심판결 선고 당시 미성년이었던 피고인이 상고 이후에 성년이 되었다고 하여 … 부정기형의 선고가 위법이 되는 것은 아니다(대판 1998. 2. 27. 97도3421).

2. 사실심이며 속심(예외)

Ⅲ 상고이유

> **제383조(상고이유)**
> 다음 사유가 있을 경우에는 원심판결에 대한 상고이유로 할 수 있다.
> 1. 판결에 영향을 미친 헌법·법률·명령 또는 규칙의 **위**반이 있을 때
> 2. 판결 후 형의 **폐**지나 변경 또는 **사**면이 있을 때
> 3. **재**심청구의 사유가 있는 때
> 4. 사형, 무기 또는 10년 이상의 징역이나 금고가 선고된 사건에 있어서 중대한 사실의 **오**인이 있어 판결에 영향을 미친 때 또는 형의 **양**정이 심히 부당하다고 인정할 현저한 사유가 있는 때

> **관련 판례**
>
> ● **제383조 제1호의 상고이유 관련판례 : 유죄판결을 선고하면서 판결이유에 명시하여야 할 내용 중 하나를 전부 누락한 경우 파기사유인지 여부(적극)**
> … 유죄판결을 선고하면서 판결이유에 이 중 어느 하나를 전부 누락한 경우에는 형사소송법 제383조 제1호에 정한 판결에 영향을 미친 법률위반으로서 파기사유가 된다(대판 2009. 6. 25. 2009도3505).

- **제383조 제1호의 상고이유 관련판례 : 구체적인 논리법칙·경험법칙 위반을 지적하지 아니한 채 원심의 증거취사와 사실인정만을 다투는 주장이 형사소송법 제383조 제1호의 상고이유가 될 수 있는지 여부(소극)**
  ⋯ 사실오인의 주장에 불과 ⋯ (대판 2008.5.29, 2007도1755).

- **제383조 제4호의 상고이유 관련판례 : 검사만이 양형부당을 이유로 항소하여 선고된 항소심판결에 대하여 피고인이 사실오인, 법령위반 등을 이유로 상고할 수 있는지 여부(소극)**
  ⋯ 피고인으로서는 항소심판결에 대하여 사실오인, 법령위반 등의 사유를 들어 상고이유로 삼을 수 없다(대판 2009.5.28, 2009도579).

- **제383조 제4호의 상고이유 관련판례 : 양형부당을 상고이유로 할 수 없는 사건에서 정상에 관한 심리미진을 상고이유로 삼을 수 있는지 여부(소극)**
  ⋯ '사형·무기 또는 10년 이상의 징역이나 금고가 선고된 사건'으로 제한하고 있으므로, 이에 해당하지 않는 사건에 대한 양형부당의 상고이유는 부적법할 뿐만 아니라, 이러한 경우 ⋯ 양형조건이 되는 범행의 동기 및 수법이나 범행 전후의 정황 등의 제반 정상 ⋯ 상고이유로 삼을 수도 없다(대판 2010.2.11, 2009도12627).

- **제383조 제4호의 상고이유 관련판례 : 형사소송법 제383조 제4호에서 양형부당을 이유로 한 상고를 제한하고 있는 취지 및 하나의 사건에서 징역형이나 금고형이 여럿 선고된 경우의 상고이유의 판단**
  ⋯ 하나의 사건에서 징역형이나 금고형이 여럿 선고된 경우에는 이를 모두 합산한 형기가 10년 이상이면 위 규정에서 정하는 '10년 이상의 징역이나 금고의 형을 선고한 경우'에 해당한다고 할 것이다(대판 2010.1.28, 2009도13411).

- **제383조 제4호의 상고이유 관련판례 : 형사소송법 제383조 제4호의 해석상 검사가 항소심의 형의 양정이 가볍다는 사유로 상고할 수 있는지 여부(소극)**
  ⋯ 검사는 원심의 형의 양정이 가볍다는 사유를 상고이유로 주장할 수 없다(대판 2014.2.13, 2013도14914).

- **제383조 제4호의 상고이유 관련판례 : 형사소송법 제383조 제4호 후단에서 정한 양형부당의 상고이유는 10년 이상의 징역이나 금고 등의 형을 선고받은 피고인의 이익을 위한 것인지 여부(적극) 및 검사가 피고인에게 불리하게 원심의 양형이 가볍다거나 원심이 양형의 전제사실을 인정하는 데 자유심증주의의 한계를 벗어난 잘못이 있다는 사유를 상고이유로 주장할 수 있는지 여부(소극)**
  ⋯ 양형부당을 상고이유로 삼을 수 있도록 한 이유는 무거운 형이라고 할 수 있는 사형, 무기 또는 10년 이상의 징역이나 금고를 선고받은 피고인의 이익을 한층 두텁게 보호 ⋯ 양형부당의 상고이유는 10년 이상의 징역이나 금고 등의 형을 선고받은 피고인의 이익을 위한 것으로 볼 수 있다 ⋯ 검사는 피고인에게 불리하게 원심의 양형이 가볍다거나 원심이 양형의 전제사실을 인정하는 데 자유심증주의의 한계를 벗어난 잘못이 있다는 사유를 상고이유로 주장할 수 없다(대판 2022.4.28, 2021도16719).

- **제383조 제4호의 상고이유 관련판례 : 사실심법원이 피고인에게 공소가 제기된 범행을 기준으로 형법 제51조가 정한 양형조건으로 포섭되지 않는 별도의 범죄사실에 해당하는 사정에 관하여 합리적인 의심을 배제할 정도의 증명력을 갖춘 증거에 따라 증명되지 않았는데도 핵심적인 형벌가중적 양형조건으로 삼아 형의 양정을 함으로써 피고인에 대하여 사실상 공소가 제기되지 않은 범행을 추가로 처벌한 것과 같은 실질에 이른 경우, 그 부당성을 다투는 피고인의 주장이 적법한 상고이유에 해당하는지 여부(적극)**
  ⋯ 제383조 제4호에 따라 사형·무기 또는 10년 이상의 징역·금고가 선고된 사건에서 양형의 당부에 관한 상고이유를 심판하는 경우가 아닌 이상 ⋯ 양형의 기초 사실에 관하여 사실을 오인하였다거나 양형의 조건이 되는 정상에 관하여 심리를 제대로 하지 않았다는 주장은 적법한 상고이유가 아니다 ⋯ 그러나 사실심법원의 양형에 관한 재량도 ⋯ 내재적 한계 ⋯ (대판 2020.9.3, 2020도8358).

- **제383조 제4호의 상고이유 관련판례 : 피고인에 대하여 사형을 선고한 제1심의 판단을 그대로 유지한 원심 판결에 형의 양정이 심히 부당하다고 인정할 현저한 사유가 있다고 볼 수 있는지 여부(소극)**
  ⋯ 모든 양형의 조건들을 엄격하고도 철저히 심리하여 의문의 여지가 없을 정도로 사형의 선고가 정당화될 수 있을 때에만 비로소 그 사형의 선고가 허용된다는 것 ⋯ (대판 2016.2.19, 2015도12980).

- **성폭력범죄의 처벌 등에 관한 특례법상 등록대상 성범죄에 대한 제1심 또는 항소심의 신상정보 제출의무 고지와 관련하여 그 대상, 내용 및 절차 등에 관한 잘못을 다투는 취지의 상고이유가 적법한지 여부(소극)**
  ⋯ 신상정보 제출의무 등의 고지는 등록대상자에게 신상정보 제출의무가 있음을 알려 주는 것에 의미가 있을 뿐 ⋯ 설령 법원이 유죄판결을 선고하면서 고지를 누락하거나 고지한 신상정보 제출의무 대상이나 내용 등에 잘못이 있더라도, 그 법원은 적법한 내용으로 수정하여 다시 신상정보 제출의무를 고지할 수 있고 ⋯ 그 사유로 판결을 파기할 필요 없이 적법한 내용의 신상정보 제출의무 등을 새로 고지함으로써 잘못을 바로잡을 수 있으므로 ⋯ 신상정보 제출의무 고지와 관련하여 그 대상, 내용 및 절차 등에 관한 잘못을 다투는 취지의 상고이유는 판결에 영향을 미치지 않는 사항에 관한 것으로서 적법한 상고이유가 되지 못한다(대판 2014.11.13, 2014도3564).

Ⅳ 상고심의 절차

1. 상고의 제기

(1) **상고제기의 방식** : 상고의 제기기간은 7일로 하며(제374조), 상고를 함에는 상고장을 원심법원에 제출하여야 한다(제375조).

(2) **원심법원과 상고법원의 조치**

① 원심법원의 조치

> **제376조(원심법원에서의 상고기각결정)**
> ① 상고의 제기가 법률상의 방식에 위반하거나 상고권소멸 후인 것이 명백한 때에는 원심법원은 결정으로 상고를 기각하여야 한다.
> ② 전항의 결정에 대하여는 즉시항고를 할 수 있다.
>
> **제377조(소송기록과 증거물의 송부)**
> 제376조의 경우를 제외하고는 원심법원은 상고장을 받은 날부터 14일 이내에 소송기록과 증거물을 상고법원에 송부하여야 한다.

> [관련 판례]
> ● 형사소송법 제377조 제1항 소정 기간 경과 후에 소송기록이 송부된 경우, 적법한 상고이유가 될 수 있는지 여부(소극)
> 형사소송법 제377조 제1항 소정의 소송기록 송부기간은 강행규정이 아니라 훈시규정 … 소송기록 송부기간이 지난 후에 검찰청에 기록을 송부하였다는 사유만으로는 적법한 상고이유가 될 수 없다(대판 1995.6.13, 95도826).

② 상고법원의 조치

> **제378조(소송기록접수와 통지)**
> ① 상고법원이 소송기록의 송부를 받은 때에는 즉시 상고인과 상대방에 대하여 그 사유를 통지하여야 한다.
> ② 전항의 통지 전에 변호인의 선임이 있는 때에는 변호인에 대하여도 전항의 통지를 하여야 한다.

(3) **상고이유서와 답변서**

> **제379조(상고이유서와 답변서)**
> ① 상고인 또는 변호인이 전조의 통지를 받은 날로부터 20일 이내에 상고이유서를 상고법원에 제출하여야 한다. 이 경우 제344조를 준용한다.
> ② 상고이유서에는 소송기록과 원심법원의 증거조사에 표현된 사실을 인용하여 그 이유를 명시하여야 한다.
> ③ 상고이유서의 제출을 받은 상고법원은 지체없이 그 부본 또는 등본을 상대방에 송달하여야 한다.
> ④ 상대방은 전항의 송달을 받은 날로부터 10일 이내에 답변서를 상고법원에 제출할 수 있다.
> ⑤ 답변서의 제출을 받은 상고법원은 지체없이 그 부본 또는 등본을 상고인 또는 변호인에게 송달하여야 한다.

> [관련 판례]
> ● 검사가 상고한 경우, 상고이유서를 제출하여야 하는 자(= 상고법원에 대응하는 검찰청 소속 검사) 및 제출기간(= 소송기록접수통지를 받은 날로부터 20일 이내)
> 검사가 상고한 경우에는 상고법원에 대응하는 검찰청 소속 검사가 소송기록접수통지를 받은 날부터 20일 이내에 그 이름으로 상고이유서를 제출 … 다만 상고를 제기한 검찰청 소속 검사가 그 이름으로 상고이유서를 제출하여도 유효한 것으로 취급 … 상고를 제기한 검찰청이 있는 곳을 기준으로 법정기간인 상고이유서 제출기간이 형사소송법 제67조에 따라 연장될 수 없다 … (대판 2023.4.21, 2022도16568).

2. 상고심의 심리

(1) 상고심의 변론

① 상고심에서의 변호인 자격과 변론능력

> **제386조(변호인의 자격)**
> 상고심에는 변호사 아닌 자를 변호인으로 선임하지 못한다.
>
> **제387조(변론능력)**
> 상고심에는 변호인 아니면 피고인을 위하여 변론하지 못한다.

② **피고인의 소환여부** : 상고심에서는 피고인은 변론할 수 없으므로 상고심의 공판기일에는 피고인의 소환이나 출석을 요하지 아니한다(제389조의2). 다만, 법원사무관 등은 피고인에게 공판기일통지서를 송달하여 공판기일의 통지는 하여야 한다(규칙 제161조).

③ **변론방식** : 검사와 변호인은 상고이유서에 의하여 변론하여야 한다(제388조).

④ **변호인의 불출석**

> **제389조(변호인의 불출석 등)**
> ① 변호인의 선임이 없거나 변호인이 공판기일에 출정하지 아니한 때에는 검사의 진술을 듣고 판결을 할 수 있다. 단, 제283조의 규정에 해당한 경우에는 예외로 한다.
> ② 전항의 경우에 적법한 이유서의 제출이 있는 때에는 그 진술이 있는 것으로 간주한다.

(2) 상고심의 심판범위

> **제384조(심판범위)**
> 상고법원은 상고이유서에 포함된 사유에 관하여 심판하여야 한다. 그러나 전조 제1호 내지 제3호의 경우에는 상고이유서에 포함되지 아니한 때에도 직권으로 심판할 수 있다.

[관련 판례]

❶ **'상고이유 제한에 관한 법리'의 의의와 근거**
… 상고심은 항소심판결에 대한 사후심으로서 항소심에서 심판대상으로 되었던 사항에 한하여 상고이유의 범위 내에서 그 당부만을 심사 … 그 결과 항소인이 항소이유로 주장하거나 항소심이 직권으로 심판대상으로 삼아 판단한 사항 이외의 사유는 상고이유로 삼을 수 없고 이를 다시 상고심의 심판범위에 포함시키는 것은 상고심의 사후심 구조에 반한다 … 이른바 '상고이유 제한에 관한 법리'(이하 '상고이유 제한 법리'라고 한다)는 형사소송법이 상고심을 사후심으로 규정한 데에 따른 귀결 … (대판 2019.3.21. 2017도16593).

❷ **피고인이 유죄가 인정된 제1심판결에 대하여 항소하지 않거나 양형부당만을 이유로 항소하고 검사는 양형부당만을 이유로 항소하였는데, 항소심이 검사의 항소를 받아들여 제1심판결을 파기하고 그보다 높은 형을 선고한 경우, 피고인이 항소심의 심판대상이 되지 않았던 채증법칙위반, 심리미진 및 법리오해의 새로운 사유를 상고이유로 삼아 상고하는 것이 적법한지 여부(소극)**
… 피고인이 항소하지 않거나 양형부당만을 이유로 항소함으로써 항소심의 심판대상이 되지 않았던 법령위반 등 새로운 사항에 대해서는 피고인이 이를 상고이유로 삼아 상고하더라도 부적법한 것으로 취급함으로써 상고심의 심판대상을 제한 … 사후심제 및 법률심의 방식을 선택한 입법적 결단에 따른 결과 … (대판 2019.3.21. 2017도16593).

(3) 서면심리

> **제390조(서면심리에 의한 판결)**
> ① 상고법원은 상고장, 상고이유서 기타의 소송기록에 의하여 변론 없이 판결할 수 있다.
> ② 상고법원은 필요한 경우에는 특정한 사항에 관하여 변론을 열어 참고인의 진술을 들을 수 있다.

3. 상고심의 재판

(1) 공소기각결정

> **제382조(공소기각의 결정)**
> 제328조 제1항 각 호의 규정에 해당하는 사유가 있는 때에는 상고법원은 결정으로 공소를 기각하여야 한다.

(2) 상고기각의 재판

① 상고기각결정

> **제380조(상고기각 결정)**
> ① 상고인이나 변호인이 전조 제1항의 기간 내에 상고이유서를 제출하지 아니한 때에는 결정으로 상고를 기각하여야 한다. 단, 상고장에 이유의 기재가 있는 때에는 예외로 한다.
> ② 상고장 및 상고이유서에 기재된 상고이유의 주장이 제383조 각 호의 어느 하나의 사유에 해당하지 아니함이 명백한 때에는 결정으로 상고를 기각하여야 한다.
>
> **제381조(동전)**
> 제376조의 규정에 해당한 경우에 원심법원이 상고기각의 결정을 하지 아니한 때에는 상고법원은 결정으로 상고를 기각하여야 한다.

> **관련 판례**
> ◆ 형사소송법 제380조에서 말하는 상고이유서의 의미
> … 제380조에서 말하는 상고이유서라 함은 형사소송법 제383조 각 호에 규정한 상고이유를 포함하고 있는 서면을 의미하는 것 … 상고이유로 들고 있는 어느 하나에라도 해당하는 사유를 포함하고 있지 않은 때에는 적법한 상고이유서를 제출한 것이라고 할 수 없고 … 결정으로 상고를 기각할 수 있다고 할 것 … (대판 2010.4.20, 2010도759).

② 상고기각판결 : 상고이유가 없다고 인정되면 판결로써 상고를 기각하여야 하며, 상고이유 없음이 명백한 때에는 변론없이 상고를 기각할 수 있다(제399조, 제364조).

(3) 원심판결의 파기판결

① 원심판결의 파기 : 상고이유가 있는 때에는 판결로써 원심판결을 파기하여야 한다(제391조).

② 파기환송

> **제393조(공소기각과 환송의 판결)**
> 적법한 공소를 기각하였다는 이유로 원심판결 또는 제1심판결을 파기하는 경우에는 판결로써 사건을 원심법원 또는 제1심법원에 환송하여야 한다.
>
> **제395조(관할위반과 환송의 판결)**
> 관할위반의 인정이 법률에 위반됨을 이유로 원심판결 또는 제1심판결을 파기하는 경우에는 판결로써 사건을 원심법원 또는 제1심법원에 환송하여야 한다.

③ 파기이송

> **제394조(관할인정과 이송의 판결)**
> 관할의 인정이 법률에 위반됨을 이유로 원심판결 또는 제1심판결을 파기하는 경우에는 판결로써 사건을 관할있는 법원에 이송하여야 한다.
>
> **제397조(환송 또는 이송)**
> 제4조의 경우 외에 원심판결을 파기한 때에는 판결로써 사건을 원심법원에 환송하거나 그와 동등한 다른 법원에 이송하여야 한다.

> [관련 판례]
> ❶ 지방법원과 그 지원의 합의부가 제1심으로 심판하여야 할 사건을 지방법원 지원 단독판사가 제1심으로 심판하고, 그 제1심 사건에 대한 항소심 사건을 지방법원 본원 합의부가 실체에 들어가 심판한 경우, 항소심판결 및 제1판결을 파기하고 관할권이 있는 지방법원 지원 합의부에 이송하여야 하는지 여부(적극)
> … 이는 관할권이 없음에도 이를 간과하고 실체판결을 한 것으로서, 소송절차의 법령을 위반한 잘못 … 직권으로 원심판결 및 제1심판결을 파기하고, 사건을 관할권이 있는 지방법원 지원 합의부에 이송하여야 … (대판 1999.11.26, 99도4398).

④ 파기자판

> **제396조(파기자판)**
> ① 상고법원은 원심판결을 파기한 경우에 그 소송기록과 원심법원과 제1심법원이 조사한 증거에 의하여 판결하기 충분하다고 인정한 때에는 피고사건에 대하여 직접 판결을 할 수 있다.
> ② 제368조의 규정은 전항의 판결에 준용한다.

⑤ 공동피고인을 위한 파기

> **제392조(공동피고인을 위한 파기)**
> 피고인의 이익을 위하여 원심판결을 파기하는 경우에 파기의 이유가 상고한 공동피고인에 공통되는 때에는 그 공동피고인에 대하여도 원심판결을 파기하여야 한다.

(4) 재판서의 기재방법

> **제398조(재판서의 기재방식)**
> 재판서에는 상고의 이유에 관한 판단을 기재하여야 한다.
>
> **규칙 제162조(대법관 전원합의체 사건에 관하여 부에서 할 수 있는 재판)**
> 대법관 전원합의체에서 본안재판을 하는 사건에 관하여 구속, 구속기간의 갱신, 구속의 취소, 보석, 보석의 취소, 구속의 집행정지, 구속의 집행정지의 취소를 함에는 대법관 3인 이상으로써 구성된 부에서 재판할 수 있다.

Ⅴ 비약적 상고

1. 비약적 상고의 의의

제1심판결에 대하여 불복하면서 항소를 제기하지 않고 직접 대법원에 상고하는 것 → 확정판결에 대한 비상적 구제수단인 비상상고와 구별

> **제372조(비약적 상고)**
> 다음 경우에는 제1심판결에 대하여 항소를 제기하지 아니하고 상고를 할 수 있다.
> 1. 원심판결이 인정한 사실에 대하여 법령을 적용하지 아니하였거나 법령의 적용에 착오가 있는 때
> 2. 원심판결이 있은 후 형의 폐지나 변경 또는 사면이 있는 때

2. 비약적 상고의 대상 : 제1심판결○, 제1심법원의 결정×, 항소심법원의 판결×

> **관련 판례**
> ❹ 결정에 대한 비약적 상고의 적부(소극)
> 비약적 상고는 … 판결이 아닌 제1심법원의 결정에 대하여는 할 수 없다(대법원 1984.4.16, 84모18).

3. 비약적 상고의 이유

> **관련 판례**
> ❹ 비약적 상고이유를 규정한 형사소송법 제372조에서 말하는 '제1심판결이 인정한 사실에 대하여 법령을 적용하지 아니하거나 법령의 적용에 착오가 있는 때'의 의미
> … 제1심판결이 인정한 사실이 옳다는 것을 전제로 하여 볼 때 그에 대한 법령을 적용하지 아니하거나 법령의 적용을 잘못한 경우를 말하는 것 … (대판 2017.2.3, 2016도20069).
>
> ❹ 사실오인과 양형과중을 이유로 한 비약적 상고의 적부(소극)
> … 사실오인이나 양형과중이 있다는 것 … 적법한 비약적 상고이유로 볼 수 없다(대판 1984.2.14, 83도3236).

4. 항소와 비약적 상고

> **제373조(항소와 비약적 상고)**
> 제1심판결에 대한 상고는 그 사건에 대한 항소가 제기된 때에는 그 효력을 잃는다. 단, 항소의 취하 또는 항소기각의 결정이 있는 때에는 예외로 한다.

> **관련 판례**
> ❹ 피고인의 항소제기가 있으면 검사의 비약적 상고는 상고로서의 효력은 물론 항소로서의 효력도 유지할 수 없다는 판례
> … 상고로서의 효력뿐 아니라 항소로서의 효력도 유지되지 않는다(대판 1971.2.9, 71도28).
>
> ❹ 제1심판결에 대하여 피고인은 비약적 상고를, 검사는 항소를 각각 제기하여 이들이 경합한 경우, 피고인의 비약적 상고에 항소로서의 효력이 인정되는지 여부(적극)
> … 형사소송법은 피고인의 비약적 상고와 검사의 항소가 경합한 경우 피고인의 비약적 상고는 상고의 효력이 없다는 취지로 규정하고 있을 뿐(제373조) … 피고인의 비약적 상고에 항소로서의 효력을 인정할 수 있는지에 관해서는 명문의 규정을 두고 있지 않다 … 제1심판결에 대하여 피고인은 비약적 상고를, 검사는 항소를 각각 제기하여 이들이 경합한 경우 피고인의 비약적 상고에 상고의 효력이 인정되지는 않더라도 … 피고인의 비약적 상고에 항소로서의 효력이 인정 … (대판 2022.5.19, 2021도17131).

Ⅵ 상고심판결의 정정(訂正)

1. 의의

> **제400조(판결정정의 신청)**
> ① 상고법원은 그 판결의 내용에 오류가 있음을 발견한 때에는 직권 또는 검사, 상고인이나 변호인의 신청에 의하여 판결로써 정정할 수 있다.
> ② 전항의 신청은 판결의 선고가 있은 날로부터 10일 이내에 하여야 한다.
> ③ 제1항의 신청은 신청의 이유를 기재한 서면으로 하여야 한다.
>
> **제401조(정정의 판결)**
> ① 정정의 판결은 변론없이 할 수 있다.
> ② 정정할 필요가 없다고 인정한 때에는 지체없이 결정으로 신청을 기각하여야 한다.

[관련 판례]

❹ 항소심판결의 정정을 신청할 수 있는지의 여부(소극)
… 상고법원의 판결이 아닌 항소심인 원심판결의 정정을 구함은 부적법 … (대법원 1979.9.11, 79초54).

2. 판결정정의 사유

[관련 판례]

❹ 제400조에 의한 판결정정사유로서 '오류'의 의미
1. … 오류라 함은 명백한 것에 한한다고 할 것 … 채증법칙위배에 대한 판단을 잘못하였으니 무죄판결로 정정하여 달라는 사유는 이에 해당되지 아니한다(대법원 1987.7.31, 87초40).
2. … 판결의 내용에 위산, 오기 기타 이에 유사한 것 … 유죄확정판결(상고기각판결)을 무죄판결로 정정하여 달라는 판결정정 신청은 그 이유가 없다(대법원 1981.10.5, 81초60).
3. 상고장에 상고이유를 기재가 있음에도 불구하고 상고이유서의 제출이 없고, 또 상고장에 이유의 기재가 없다 하여 상고기각 결정을 한 것은 그 결정내용에 오류가 있음이 명백 … 판결정정을 할 수 있다(대판 1979.11.30, 79도952).

3. 판결정정의 절차

[관련 판례]

❹ 직권에 의한 판결정정의 경우에 신청기간의 제한을 받는지 여부(소극)
직권에 의하여 판결정정을 하는 경우에는 10일간의 신청기간의 제한을 받지 아니한다(대판 1979.11.30, 79도952).

04 항고(抗告)

I 항고의 의의 : 법원의 결정에 대한 상소제도

II 항고의 종류

1. 일반항고

(1) 보통항고

> **제402조(항고할 수 있는 재판)**
> 법원의 결정에 대하여 불복이 있으면 항고를 할 수 있다. 단, 이 법률에 특별한 규정이 있는 경우에는 예외로 한다.
>
> **제403조(판결 전의 결정에 대한 항고)**
> ① 법원의 관할 또는 판결 전의 소송절차에 관한 결정에 대하여는 특히 즉시항고를 할 수 있는 경우 외에는 항고하지 못한다.
> ② 전항의 규정은 구금, 보석, 압수나 압수물의 환부에 관한 결정 또는 감정하기 위한 피고인의 유치에 관한 결정에 적용하지 아니한다.

※ 판결 전의 소송절차에 관한 결정에 해당하는 경우
  증거신청에 대한 기각결정, 국선변호인선임신청에 대한 기각결정, 공소장변경허가결정 등

※ 기타 항고가 허용되지 않는 경우
  1. 구속적부심사청구에서의 기각결정이나 석방결정(제214조의2 제8항)
  2. 재정신청사건에 대한 공소제기결정(제262조 제4항)
  3. 대법원의 결정
  4. 항고법원 또는 고등법원의 결정(제415조)
  5. 수임판사의 결정(단, 증거보전청구기각결정만은 항고가 가능)

관련 판례

> ❹ 형사피고사건에 대한 법원의 소년부송치결정에 대한 항고의 가능여부(적극)
> 형사피고사건에 대한 법원의 소년부송치 결정은 ⋯ 제403조가 규정하는 판결전의 소송절차에 관한 결정에 해당하는 것이 아니므로 ⋯ 제402조에 의한 항고를 할 수 있다 ⋯ (대법원 1986.7.25, 86모9).

(2) 즉시항고

① 즉시항고와 보통항고의 구별

즉시항고	보통항고
㉠ 제기기간이 7일로 제한됨	㉠ 제기기간의 제한이 없음
㉡ 집행정지효력이 있음(단, 기피신청에 대한 간이기각결정, 증인불출석시 과태료나 감치결정은 집행정지효력 없음)	㉡ 집행정지효력이 없음
㉢ 명문규정이 있는 경우에만 허용	㉢ 명문규정이 없어도 원칙적으로 허용

② 형사소송법상 즉시항고를 할 수 있는 경우
  ㉠ 집행유예취소결정   ㉡ 공소기각결정
  ㉢ 기피신청기각결정   ㉣ 소송비용부담결정
  ㉤ 상소기각결정   ㉥ 구속취소결정
  ㉦ 국민참여재판배제결정   ㉧ 재판해석에 대한 의의신청에 대한 결정
  ㉨ 증인의 불출석으로 인한 감치결정

  ※ 유의할 점
  1. 즉시항고를 할 수 있는 집행유예취소결정에 선고유예실효결정도 포함(제335조 제4항)
  2. 즉시항고를 할 수 있는 상소기각결정에 상소권회복청구에 관한 결정(제347조), 항고기각결정(제407조), 재심청구기각결정(제437조), 정식재판청구기각결정(제455조)도 포함
  3. 즉시항고를 할 수 있는 소송비용부담결정에 증인의 불출석으로 인한 과태료나 비용배상결정(제151조), 증인의 선서나 증언거부로 인한 과태료결정(제161조), 소송비용의 집행면제신청에 대한 결정(제487조)도 포함
  4. 즉시항고를 할 수 있는 재판해석에 대한 의의신청에 대한 결정에 집행에 관한 검사의 처분에 대한 이의신청에 대한 결정(제489조)도 포함

2. 특별항고

> **제415조(재항고)**
> 항고법원 또는 고등법원의 결정에 대하여는 재판에 영향을 미친 헌법·법률·명령 또는 규칙의 위반이 있음을 이유로 하는 때에 한하여 대법원에 즉시항고를 할 수 있다.

관련 판례

● 항소법원의 결정에 대한 불복방법(= 대법원에 재항고)
  … 항소법원의 결정에 대하여도 대법원에 재항고하는 방법으로 다투어야 한다(대법원 2008.4.14, 2007모726).

● 고등법원이 한 보석취소결정에 대하여 집행정지의 효력을 인정할 수 있는지 여부(소극)
  … 보통항고의 경우에도 법원의 결정으로 집행정지가 가능한 점(제409조)을 고려하면, 집행정지의 효력이 즉시항고의 본질적인 속성에서 비롯된 것이라고 볼 수는 없다 … 제415조는 "고등법원의 결정에 대하여는 … 대법원에 즉시항고를 할 수 있다."라고 규정 … 이는 재항고이유를 제한함과 동시에 재항고 제기기간을 즉시항고 제기기간 내로 정함으로써 재항고심의 심리부담을 경감하고 항소심 재판절차의 조속한 안정을 위한 것 … 제415조가 고등법원의 결정에 대한 재항고를 즉시항고로 규정하고 있다고 하여 당연히 즉시항고가 가지는 집행정지의 효력이 인정된다고 볼 수는 없다 … (대법원 2020.10.29, 2020모633).

III 항고심의 절차

1. 항고의 제기

(1) 항고제기의 방식

> **제406조(항고의 절차)**
> 항고를 함에는 항고장을 원심법원에 제출하여야 한다.
>
> **제404조(보통항고의 시기)**
> 항고는 즉시항고 외에는 언제든지 할 수 있다. 단, 원심결정을 취소하여도 실익이 없게 된 때에는 예외로 한다.
>
> **제405조(즉시항고의 제기기간)**
> 즉시항고의 제기기간은 7일로 한다.

> [관련 판례]
> ❷ 즉시항고 제기기간을 3일로 제한하고 있는 형사소송법 제405조가 재판청구권을 침해하는지 여부(적극)
> … 3일이라는 지나치게 짧은 즉시항고 제기기간 … 나아가 민사소송, 민사집행, 행정소송, 형사보상절차 등의 즉시항고기간 1주와 비교하더라도 3일이라는 제기기간은 지나치게 짧다 … 재판청구권을 침해 … (헌재결 2018.12.27, 2015헌바77).

(2) 원심법원의 조치

① 항고기각결정

> **제407조(원심법원의 항고기각결정)**
> ① 항고의 제기가 법률상의 방식에 위반하거나 항고권소멸 후인 것이 명백한 때에는 원심법원은 결정으로 항고를 기각하여야 한다.
> ② 전항의 결정에 대하여는 즉시항고를 할 수 있다.

> [관련 판례]
> ❷ 가정폭력범죄의 처벌 등에 관한 특례법에 따른 가정보호처분 결정에 대한 항고에 형사소송법 제407조가 준용되는지 여부(소극)
> … 가정폭력처벌법이 가정보호처분 결정에 대한 항고에 관하여 따로 정하고 있는 이상, 가정보호처분 결정에 대한 항고에는 형사소송법 제407조의 원심법원의 항고기각 결정에 관한 규정이 준용될 여지가 없다(대법원 2022.2.18, 2022어3).

② 갱신결정

> **제408조(원심법원의 갱신결정)**
> ① 원심법원은 항고가 이유있다고 인정한 때에는 결정을 경정하여야 한다.
> ② 항고의 전부 또는 일부가 이유없다고 인정한 때에는 항고장을 받은 날로부터 3일 이내에 의견서를 첨부하여 항고법원에 송부하여야 한다.

③ 소송기록의 송부 및 통지

> **제411조(소송기록 등의 송부)**
> ① 원심법원이 필요하다고 인정한 때에는 소송기록과 증거물을 항고법원에 송부하여야 한다.
> ② 항고법원은 소송기록과 증거물의 송부를 요구할 수 있다.
> ③ 전2항의 경우에 항고법원이 소송기록과 증거물의 송부를 받은 날로부터 5일 이내에 당사자에게 그 사유를 통지하여야 한다.

> [관련 판례]
> ❶ 항고법원이 제1심법원으로부터 소송기록과 증거물을 받은 날부터 5일 이내에 당사자에게 그 사유를 통지하도록 규정한 형사소송법 제411조의 취지
> 1. … 비록 항고인이 항고이유서 제출의무를 부담하는 것은 아니지만 당사자에게 항고에 관하여 그 이유서를 제출하거나 의견을 진술하고 유리한 증거를 제출할 기회를 부여하려는 데 그 취지 … 소송기록을 송부받은 항고법원이 항고인에게 소송기록접수통지서를 송달한 날 곧바로 즉시항고를 기각한 것은 … 위법하다(대판 2008.1.2, 2007모601).
> 2. … 제411조 … 그 취지는 당사자에게 항고에 관하여 이유서를 제출하거나 의견을 진술하고 유리한 증거를 제출할 기회를 부여 … 집행유예의 취소 청구를 인용한 제1심결정에 대하여 즉시항고를 하고, 즉시항고장에 항고이유를 적지 않았는데, 항고심이 제1심법원으로부터 소송기록을 송부받은 당일에 항고를 기각하는 결정 … 재항고인에게 항고에 관하여 이유서를 제출하거나 의견을 진술하고 유리한 증거를 제출할 기회를 부여하였다고 할 수 없으므로 … 제411조에 관한 법리를 오해한 잘못 … (대법원 2018.6.22, 2018모1698).

(3) 항고제기의 효과

① 보통항고

> **제409조(보통항고와 집행정지)**
> 항고는 즉시항고 외에는 재판의 집행을 정지하는 효력이 없다. 단, 원심법원 또는 항고법원은 결정으로 항고에 대한 결정이 있을 때까지 집행을 정지할 수 있다.

② 즉시항고

> **제410조(즉시항고와 집행정지의 효력)**
> 즉시항고의 제기기간 내와 그 제기가 있는 때에는 재판의 집행은 정지된다.

2. 항고심의 심리 및 재판

(1) 항고심의 심리 : 항고심은 결정을 위한 심리절차이므로 구두변론에 의하지 않을 수 있음

> **제412조(검사의 의견진술)**
> 검사는 항고사건에 대하여 의견을 진술할 수 있다.

관련 판례

➊ 검사가 제1심 결정에 대해 항고하면서 항고이유서를 첨부하였는데 항고심인 원심법원이 검사에게 소송기록접수통지서를 송달한 다음날 항고를 기각한 경우, 이러한 항고기각결정에 당연히 위법이 있는지 여부(소극)
··· 검사가 항고장에 상세한 항고이유서를 첨부하여 제출함으로써 의견진술을 하였다면 ··· 제412조에 따라 별도로 의견을 진술하지 아니한 상태에서 원심이 항고를 기각하였더라도 그 결정에 위법이 없다 ··· (대법원 2012.4.20. 2012모459).

(2) 항고심의 재판

> **제413조(항고기각의 결정)**
> 제407조의 규정에 해당한 경우에 원심법원이 항고기각의 결정을 하지 아니한 때에는 항고법원은 결정으로 항고를 기각하여야 한다.
>
> **제414조(항고기각과 항고이유 인정)**
> ① 항고를 이유없다고 인정한 때에는 결정으로 항고를 기각하여야 한다.
> ② 항고를 이유있다고 인정한 때에는 결정으로 원심결정을 취소하고 필요한 경우에는 항고사건에 대하여 직접재판을 하여야 한다.

Ⅳ 준항고

1. 준항고의 의의 : 상급법원에 대한 불복신청이 아니므로 상소는 아니지만, 항고에 관한 규정을 준용함

2. 준항고의 대상

> **제416조(준항고)**
> ① 재판장 또는 수명법관이 다음 각 호의 1에 해당한 재판을 고지한 경우에 불복이 있으면 그 법관소속의 법원에 재판의 취소 또는 변경을 청구할 수 있다.

1. 기피신청을 기각한 재판
2. 구금, 보석, 압수 또는 압수물환부에 관한 재판
3. 감정하기 위하여 피고인의 유치를 명한 재판
4. 증인, 감정인, 통역인 또는 번역인에 대하여 과태료 또는 비용의 배상을 명한 재판

② 지방법원이 전항의 청구를 받은 때에는 합의부에서 결정을 하여야 한다.
③ 제1항의 청구는 재판의 고지있는 날로부터 7일 이내에 하여야 한다.
④ 제1항 제4호의 재판은 전항의 청구기간 내와 청구가 있는 때에는 그 재판의 집행은 정지된다.

제417조(동전)
검사 또는 사법경찰관의 구금, 압수 또는 압수물의 환부에 관한 처분과 제243조의2에 따른 변호인의 참여 등에 관한 처분에 대하여 불복이 있으면 그 직무집행지의 관할법원 또는 검사의 소속검찰청에 대응한 법원에 그 처분의 취소 또는 변경을 청구할 수 있다.

> **관련 판례**
>
> ❶ 수사기관 등이 부당하게 법무법인 소속 변호사의 피의자에 대한 접견, 피의자신문 참여를 제한, 거부하는 처분을 한 경우, 법무법인 소속 담당변호사 개인에게 그 처분의 취소·변경을 청구할 수 있는 준항고인 적격이 있는지 여부(소극)
> … 제417조 … 처분의 취소나 변경을 청구할 수 있는 자는 당해 법무법인이라고 할 것 … (대법원 2010.1.7, 2009모796).
>
> ❷ 형사소송법 제417조에서 규정한 준항고 절차의 취지와 내용 및 피압수자는 준항고인의 지위에서 불복의 대상이 되는 압수 등에 관한 처분을 특정하고 준항고 취지를 명확히 하여 청구의 내용을 서면으로 기재한 다음 관할법원에 제출하여야 하는지 여부(적극)
> … 수사기관의 압수·수색영장 집행에 대한 사후적 통제수단 … 준항고 절차를 마련 … 피압수자는 준항고인의 지위에서 불복의 대상이 되는 압수 등에 관한 처분을 특정하고 준항고취지를 명확히 하여 청구의 내용을 서면으로 기재한 다음 관할법원에 제출 … (대법원 2023.1.12, 2022모1566).
>
> ❸ 형사소송법 제417조에 따른 준항고 절차의 법적 성격(= 항고소송의 일종) 및 준항고인이 불복의 대상이 되는 압수 등에 관한 처분을 한 수사기관을 제대로 특정하지 못하거나 준항고인이 특정한 수사기관이 해당 처분을 한 사실을 인정하기 어렵다는 이유만으로 준항고를 배척할 수 있는지 여부(소극)
> … 제417조에 따른 준항고 절차는 항고소송의 일종 … 준항고인이 불복의 대상이 되는 압수 등에 관한 처분을 한 수사기관을 제대로 특정하지 못하거나 준항고인이 특정한 수사기관이 해당 처분을 한 사실을 인정하기 어렵다는 이유만으로 준항고를 쉽사리 배척할 것은 아니다(대법원 2023.1.12, 2022모1566).

3. 준항고의 절차

(1) **준항고의 방식**: 서면으로 관할법원에 제출하여야 함(제418조)
(2) **준항고의 제기기간**: 재판장 또는 수명법관의 재판에 대한 준항고는 7일 이내에(제416조 제3항), 검사 또는 사법경찰관의 처분에 대한 준항고는 그 제기기간에 관한 특별한 규정은 없음
(3) **재판의 집행정지**: 준항고에는 원칙적으로 재판의 집행을 정지하는 효력이 없으나, 다만 증인·감정인·통역인 또는 번역인에 대하여 과태료 또는 비용의 배상을 명한 재판에 대한 준항고가 있는 때에는 그 재판의 집행은 정지됨(제416조 제4항)

4. 준항고의 재판 : 항고에 관한 규정이 준용됨(제419조) → 구두변론에 의할 필요가 없음

> **관련 판례**
>
> ❶ 수사기관의 압수물 환부에 관한 처분의 취소를 구하는 준항고의 법적 성격(= 항고소송) 및 소송 계속 중 준항고로써 달성하고자 하는 목적이 이미 이루어졌거나 이익이 상실된 경우, 준항고가 부적법하게 되는지 여부(적극)
> 수사기관의 압수물의 환부에 관한 처분의 취소를 구하는 준항고는 일종의 항고소송 … 통상의 항고소송에서와 마찬가지로 그 이익이 있어야 하고 … 준항고로써 달성하고자 하는 목적이 이미 이루어졌거나 시일의 경과 또는 그 밖의 사정으로 인하여 그 이익이 상실된 경우에는 준항고는 그 이익이 없어 부적법 … (대법원 2015.10.15, 2013모1970).
>
> ❷ 준항고에 관한 결정에 대한 불복방법(재항고)
> … 제416조, 제417조의 준항고에 관한 결정에 대하여는 … 제415조에 의한 재항고 가능 … (대법원 1983.5.12, 83모12).

CHAPTER 02 비상구제절차

CORE SUMMARY

01 재심(再審)

I 재심의 의의

1. 재심의 의의

'유죄'의 '확정판결'에 '중대한 사실오인'이 있는 경우에 그 오류를 시정하는 비상구제절차
→ 미확정의 재판에 대한 불복제도인 상소와 구별
→ 법령위반만을 이유로 하여 검찰총장이 청구하는 비상상고와 구별

> **제420조(재심이유)**
> 재심은 다음 각 호의 어느 하나에 해당하는 이유가 있는 경우에 유죄의 확정판결에 대하여 그 선고를 받은 자의 이익을 위하여 청구할 수 있다.
> 1. 원판결의 증거가 된 서류 또는 증거물이 확정판결에 의하여 위조되거나 변조된 것임이 증명된 때
> 2. 원판결의 증거가 된 증언, 감정, 통역 또는 번역이 확정판결에 의하여 허위임이 증명된 때
> 3. 무고(誣告)로 인하여 유죄를 선고받은 경우에 그 무고의 죄가 확정판결에 의하여 증명된 때
> 4. 원판결의 증거가 된 재판이 확정재판에 의하여 변경된 때
> 5. 유죄를 선고받은 자에 대하여 무죄 또는 면소를, 형의 선고를 받은 자에 대하여 형의 면제 또는 원판결이 인정한 죄보다 가벼운 죄를 인정할 명백한 증거가 새로 발견된 때
> 6. 저작권, 특허권, 실용신안권, 디자인권 또는 상표권을 침해한 죄로 유죄의 선고를 받은 사건에 관하여 그 권리에 대한 무효의 심결 또는 무효의 판결이 확정된 때
> 7. 원판결, 전심판결 또는 그 판결의 기초가 된 조사에 관여한 법관, 공소의 제기 또는 그 공소의 기초가 된 수사에 관여한 검사나 사법경찰관이 그 직무에 관한 죄를 지은 것이 확정판결에 의하여 증명된 때. 다만, 원판결의 선고 전에 법관, 검사 또는 사법경찰관에 대하여 공소가 제기되었을 경우에는 원판결의 법원이 그 사유를 알지 못한 때로 한정한다.

2. 재심절차의 구조 : 재심개시절차와 재심심판절차의 2단계로 구성

Ⅱ 재심의 대상

1. 유죄의 확정판결

(1) '유죄'의 확정판결 : 피고인의 이익을 위한 이익재심만을 인정 → '유죄'의 확정판결○, 확정된 약식명령○, 확정된 즉결심판○ → 무죄판결×, 면소판결×, 공소기각판결×, 관할위반판결×

> **관련 판례**
>
> ❶ **무죄선고를 받은 자의 재심청구의 가부(소극)**
> … 무죄의 선고를 받은 자가 유죄의 선고를 받기 위하여는 허용되지 아니한다(대법원 1983.3.24, 83모5).
>
> ❷ **면소판결을 대상으로 한 재심청구가 적법한지 여부(소극)**
> 형사재판에서 재심은 … 유죄 확정판결 및 유죄판결에 대한 항소 또는 상고를 기각한 확정판결에 대하여만 허용 … 면소판결은 유죄 확정판결이라 할 수 없으므로 면소판결을 대상으로 한 재심청구는 부적법 … (대법원 2018.5.2, 2015모3243).
>
> ❸ **항소심의 유죄판결에 대한 상고심 재판 계속 중 피고인이 사망하여 공소기각결정이 확정된 경우, 재심절차의 전제가 되는 '유죄의 확정판결'이 존재하는지 여부(소극)**
> … 상고심 재판이 계속되던 중 피고인이 사망하여 … 공소기각결정이 확정되었다면 항소심의 유죄판결은 당연히 그 효력을 상실하게 되므로 … '유죄의 확정판결'이 존재하는 경우에 해당한다고 할 수 없다(대판 2013.6.27, 2011도7931).
>
> ❹ **환송판결을 대상으로 한 재심청구의 적법 여부(소극)**
> 환송판결은 유죄의 확정판결이라 할 수 없으므로 … 부적법 … (대판 2006.6.27, 2005재도18).

(2) 유죄의 '확정'판결

> **관련 판례**
>
> ❶ **상고심에 계속 중인 미확정판결에 대한 재심청구의 적부(소극)**
> … 미확정판결에 대한 재심청구는 법률상의 방식에 위배된 부적법한 것이다(대법원 1983.6.8, 83모28).

(3) 유죄의 확정'판결'

> **관련 판례**
>
> ❶ **결정에 대한 재심청구의 가부(소극)**
> … 결정에 대하여는 재심청구가 허용되지 않는다(대법원 1986.10.29, 86모38).
>
> ❷ **약식명령에 대한 정식재판 절차에서 유죄판결이 선고되어 확정된 경우, 재심청구의 대상(= 유죄의 확정판결)**
> … 약식명령에 대하여 정식재판 청구가 이루어지고 그 후 진행된 정식재판 절차에서 유죄판결이 확정된 경우 … 효력을 잃은 약식명령이 아니라 유죄의 확정판결을 대상으로 재심을 청구하여야 한다(대판 2013.4.11, 2011도10626).
>
> ❸ **항소심에서 파기된 제1심판결을 대상으로 하는 재심청구의 적부(소극)**
> … 항소심에서 파기되어버린 제1심판결에 대해서는 재심을 청구할 수 없는 것 … (대법원 2004.2.13, 2003모464).
>
> ❹ **특별사면으로 형 선고의 효력이 상실된 유죄의 확정판결이 형사소송법 제420조의 '유죄의 확정판결'에 해당하여 재심청구의 대상이 될 수 있는지 여부(적극)**
> … 특별사면이 있었다고 하더라도, 형 선고의 법률적 효과만 장래를 향하여 소멸될 뿐이고 … 유죄판결은 형 선고의 효력만 상실된 채로 여전히 존재하는 것 … 특별사면으로 형 선고의 효력이 상실된 유죄의 확정판결도 형사소송법 제420조의 '유죄의 확정판결'에 해당하여 재심청구의 대상이 될 수 있다(대판 2015.5.21, 2011도1932).
>
> ❺ **'여순사건' 당시 내란 및 국권문란 혐의로 군법회의에 회부되어 사형을 선고받고 그 판결에 따라 사형이 집행된 피고인들의 유족들이 위 판결에 대해 재심을 청구한 경우, 유죄의 확정판결로서 재심의 대상이 되는 재심대상판결이 존재하는지 여부(적극)**
> … 재심대상판결의 판결서는 발견되지 않았으나 판결의 존재와 판결서의 존재는 구별되는 것 … 재심대상판결의 존재, 즉 판결의 선고와 확정 사실은 … 다른 자료를 통하여 인정할 수 있는 점 … 설령 처음부터 판결서가 작성되지 않았더라도 판결이 선고되고 확정되어 집행된 사실이 인정되는 이상 … 유죄의 확정판결로서 재심의 대상이 되는 재심대상판결이 존재한다고 보아야 한다(대법원 2019.3.21, 2015모2229).

2. 항소 또는 상고의 기각판결

> **제421조(동전)**
> ① 항소 또는 상고의 기각판결에 대하여는 전조 제1호, 제2호, 제7호의 사유있는 경우에 한하여 그 선고를 받은 자의 이익을 위하여 재심을 청구할 수 있다.
> ② 제1심 확정판결에 대한 재심청구사건의 판결이 있은 후에는 항소기각판결에 대하여 다시 재심을 청구하지 못한다.
> ③ 제1심 또는 제2심의 확정판결에 대한 재심청구사건의 판결이 있은 후에는 상고기각판결에 대하여 다시 재심을 청구하지 못한다.

관련 판례

🔷 **제421조 제1항 소정의 '항소 또는 상고의 기각판결'의 의미**
… 상고기각판결에 의하여 확정된 제1심 또는 항소판결을 의미하는 것이 아니고 항소기각 또는 상고기각판결 자체를 의미 … (대법원 1984.7.27. 84모48).

🔷 **제1심 유죄판결이 항소 또는 상고기각판결로 확정된 경우, 형벌조항에 대한 헌법재판소의 위헌결정에 따라 헌법재판소법 제47조에 의한 재심을 청구할 때 재심대상이 되는 판결(= 제1심판결)**
… 형벌조항에 대하여 헌법재판소의 위헌결정이 있는 경우 헌법재판소법 제47조에 의한 재심은 원칙적인 재심대상판결인 제1심 유죄판결 또는 파기자판한 상급심판결에 대하여 청구하여야 … 제1심이 유죄판결을 선고하고, 그에 대하여 불복하였으나, 항소 또는 상고기각판결이 있었던 경우에 헌법재판소법 제47조를 이유로 재심을 청구하려면 재심대상판결은 제1심판결이 되어야 하고, 항소 또는 상고기각판결을 재심대상으로 삼은 재심청구는 법률상의 방식을 위반한 것으로 부적법 … (대법원 2022. 6.16, 2022모509).

Ⅲ 재심의 이유

1. 유죄의 확정판결에 대한 재심이유(제420조)

(1) 허위의 증거에 의한 재심이유(falsa형의 재심이유)

관련 판례

🔷 **형사소송법 제420조 제2호의 재심사유 관련 판례**
1. … 제420조 제2호의 재심사유 … 여기에서 말하는 '원판결의 증거된 증언'이란 원판결의 이유 중에서 증거로 채택되어 죄로 되는 사실(범죄사실)을 인정하는 데 인용된 증언을 뜻하므로, 원판결의 이유에서 증거로 인용된 증언이 '죄로 되는 사실'과 직접 혹은 간접적으로 관련된 내용이라면 … '원판결의 증거된 증언'에 해당하고, 그 증언이 나중에 확정판결에 의하여 허위인 것이 증명된 이상 허위증언 부분을 제외하고도 다른 증거에 의하여 '죄로 되는 사실'이 유죄로 인정될 것인지에 관계없이 형사소송법 제420조 제2호의 재심사유가 있다 … (대판 2012.4.13, 2011도8529).
2. … 제420조 제2호 … '원판결의 증거된 증언'이라 함은 원판결의 증거로 채택되어 범죄사실을 인정하는 데 사용된 증언을 뜻하는 것 … 단순히 증거 조사의 대상이 되었을 뿐 범죄사실을 인정하는 증거로 사용되지 않은 증언은 위 '증거된 증언'에 포함되지 않는 것 … '원판결의 증거된 증언이 확정판결에 의하여 허위인 것이 증명된 때'라 함은 그 증인이 위증을 하여 그 죄에 의하여 처벌되어 그 판결이 확정된 경우를 말하는 것이고, 원판결의 증거된 증언을 한 자가 그 재판 과정에서 자신의 증언과 반대되는 취지의 증언을 한 다른 증인을 위증죄로 고소하였다가 … 무고죄로 유죄의 확정판결을 받은 경우는 위 재심사유에 포함되지 아니한다(대판 2005.4.14, 2003도1080).

🔷 **형사소송법 제420조 제7호의 재심사유 관련 판례**
1. … 사법경찰관 등이 범한 직무에 관한 죄가 사건의 실체관계에 관계된 것인지 여부나 당해 사법경찰관이 직접 피의자에 대한 조사를 담당하였는지 여부는 고려할 사정이 아니다(대법원 2008.4.24, 2008모77).
2. 재심제도의 목적과 이념 … 등 제반 사정을 종합하여 보면, 수사기관이 영장주의를 배제하는 위헌적 법령에 따라 영장 없는 체포·구금을 한 경우 … 불법체포·감금의 직무범죄가 인정되는 경우에 준하는 것 … 제420조 제7호의 재심사유가 있다고 보아야 한다(대법원 2018.5.2, 2015모3243).

3. '여순사건' 당시 내란 및 국권문란 혐의로 군법회의에 회부되어 사형을 선고받고 그 판결에 따라 사형이 집행된 피고인들의 유족들이 그 후 재심을 청구 … 피고인들은 여순사건 당시 진압군이 순천지역을 회복한 후 군경에 의하여 반란군에 가담하거나 협조하였다는 혐의로 체포되어 감금되었다가 내란죄와 국권문란죄로 군법회의에 회부되어 유죄판결을 받았고, 피고인들을 체포·감금한 군경이 법원으로부터 구속영장을 발부받았어야 하는데도 이러한 구속영장 발부 없이 불법 체포·감금하였다고 인정되므로 … 제420조 제7호의 재심사유가 있다고 보아야 한다 … (대법원 2019.3.21. 2015모2229).

(2) 새로운 증거에 의한 재심이유(nova형의 재심이유)

① **적용범위** : ㉠ 유죄의 선고를 받은 자에 대하여 무죄 또는 면소(공소기각재판은 ×)를, ㉡ 형의 선고를 받은 자에 대하여 형의 면제(형의 임의적 면제는 ×) 또는 원판결이 인정한 죄보다 경한 죄를 인정(양형자료의 변동만을 가져오는 경우는 ×)할 명백한 증거가 새로 발견된 때

> **관련 판례**
>
> ❷ 동일한 죄에 대하여 공소기각을 선고받을 수 있는 경우가 형사소송법 제420조 제5호 소정의 '원판결이 인정한 죄보다 경한 죄'에 해당하는지 여부(소극)
> … 동일한 죄에 대하여 공소기각을 선고받을 수 있는 경우는 … 해당하지 않는다 … (대법원 1997.1.13. 96모51).
>
> ❷ 형의 감경사유를 주장하는 경우가 제420조 제5호에 정한 '원판결이 인정한 죄보다 경한 죄'에 해당하는지 여부(소극)
> … 필요적이건 임의적이건 형의 감경사유를 주장하는 것은 포함하지 않는다(대판 2007.7.12. 2007도3496).
>
> ❷ 형사소송법 제420조 제5호에서 정한 '원판결이 인정한 죄보다 경한 죄를 인정할 경우'의 의미 및 원판결에서 인정한 죄 자체에는 변함이 없고 양형상 자료에 변동을 가져올 사유에 불과한 것이 여기에 해당하는지 여부(소극)
> … 제420조 제5호의 '원판결이 인정한 죄보다 경한 죄를 인정할 경우'란 원판결에서 인정한 죄와는 별개의 경한 죄를 말하고 … 죄 자체에는 변함이 없고 다만 양형상의 자료에 변동을 가져올 사유에 불과한 것은 여기에 해당하지 않는다(대판 2017.11.9. 2017도14769).

② **증거의 신규성**

> **관련 판례**
>
> ❷ 제420조 제5호에 정한 재심사유인 '증거가 새로 발견된 때'와 관련하여 그 증거가 법원뿐만 아니라 재심을 청구한 피고인에게도 새로워야 하는지 여부(적극) - 절충설의 입장
> … 확정판결의 소송절차에서 발견되지 못하였거나 또는 발견되었다 하더라도 제출할 수 없었던 증거를 새로 발견하였거나 비로소 제출할 수 있게 된 때를 말한다. … 그러한 증거를 제출하지 못한 데 과실이 있는 경우에는 그 증거는 위 조항에서의 '증거가 새로 발견된 때'에서 제외 … (대법원 2009.7.16. 2005모472).
>
> ❷ 형벌에 관한 법령이 당초부터 헌법에 위배되어 법원에서 위헌·무효라고 선언한 경우도 형사소송법 제420조 제5호의 재심사유인 '무죄 등을 인정할 증거가 새로 발견된 때'에 해당하는지 여부(적극)
> … 형벌에 관한 법령이 당초부터 헌법에 위배되어 법원에서 위헌·무효라고 선언한 때에도 역시 이에 해당한다(대법원 2013.4.18. 2010모363).
>
> ❷ '종전의 합헌결정이 있는 날의 다음 날' 전에 범죄행위가 있고 그 후에 유죄 판결이 선고되어 확정된 다음 헌법재판소의 위헌결정이 선고된 경우, 그 유죄의 확정판결에 헌법재판소법 제47조 제4항의 재심이유가 있는지 여부(적극)
> … 헌법재판소법 제47조 제4항에 따라 재심을 청구할 수 있는 '위헌으로 결정된 법률 또는 법률의 조항에 근거한 유죄의 확정판결'이란 … 위헌결정으로 인하여 … 소급하여 효력을 상실하는 법률을 적용한 유죄의 확정판결 … 종전의 합헌결정이 있는 날의 다음 날로 소급하여 효력을 상실하는 경우 그 합헌결정이 있는 날의 다음 날 이후에 유죄 판결이 선고되어 확정되었다면, 비록 범죄행위가 그 이전에 행하여졌다 하더라도 그 판결은 위헌결정으로 인하여 소급하여 효력을 상실한 법률 또는 법률의 조항을 적용한 것으로서 … 재심을 청구할 수 있다 … (대법원 2016.11.10. 2015모1475).

③ 증거의 명백성
  ㉠ 증거의 명백성에 대한 판단

> **관련 판례**
>
> ❶ 제420조 제5호에 정한 '무죄 등을 인정할 명백한 증거'에 해당하는지 여부를 판단할 때 함께 평가하여야 할 기존 증거의 범위 – 종합평가설의 입장
>   … 새로 발견된 증거만을 독립적·고립적으로 고찰하여 그 증거가치만으로 재심의 개시 여부를 판단할 것이 아니라, 재심대상이 되는 확정판결을 선고한 법원이 사실인정의 기초로 삼은 증거들 가운데 새로 발견된 증거와 유기적으로 밀접하게 관련되고 모순되는 것들은 함께 고려하여 평가 … (대법원 2009.7.16, 2005모472).
>
> ❷ 조세의 부과처분을 취소하는 행정판결이 확정된 경우, 확정된 행정판결이 조세포탈에 대한 무죄 내지 원심판결이 인정한 죄보다 경한 죄를 인정할 명백한 증거에 해당하는지 여부(적극)
>   … 조세의 부과처분을 취소하는 행정판결이 확정된 경우 부과처분의 효력은 처분 시에 소급하여 효력을 잃게 되어 그에 따른 납세의무가 없으므로 확정된 행정판결은 조세포탈에 대한 무죄 내지 원심판결이 인정한 죄보다 경한 죄를 인정할 명백한 증거에 해당 … (대판 2015.10.29, 2013도14716).

  ㉡ 유죄판결을 받은 공범자가 다른 공범자의 무죄판결을 가지고 무죄를 인정할 명백한 증거로 삼을 수 있는지 여부 : 판례는 "무죄확정판결의 증거자료를 자기의 증거자료로 하지 못하였고 또 새로 발견된 것이 아닌 한 무죄확정판결 자체만으로는 유죄확정판결에 대한 새로운 증거로서의 재심사유에 해당한다고 할 수 없다."고 하여 절충설의 입장임(대법원 1984.4.13, 84모14)

2. 항소 또는 상고의 기각판결에 대한 재심이유(제421조) : 허, 위, 직

3. 소송촉진 등에 관한 특례법상의 재심이유

소송촉진 등에 관한 특례법 제23조에 의한 궐석재판에 의하여 유죄판결을 받고 그 판결이 확정된 자가 책임을 질 수 없는 사유로 공판절차에 출석할 수 없었던 경우 그 판결이 있었던 사실을 안 날부터 14일 이내에 제1심 법원에 재심을 청구할 수 있음(소송촉진 등에 관한 특례법 제23조의2)

> **관련 판례**
>
> ❶ 소송촉진 등에 관한 특례법 제23조에 의한 제1심의 불출석 재판에 대하여 검사가 항소하고, 이에 항소심이 다시 불출석 재판으로 진행한 후 제1심판결을 파기하고 다시 유죄판결을 선고하여 그 판결이 확정된 경우, 귀책사유 없이 공판절차에 출석할 수 없었던 피고인은 소송촉진 등에 관한 특례법 제23조의2 제1항을 유추적용하여 재심을 청구할 수 있는지 여부(적극)
>   … 귀책사유 없이 제1심과 항소심의 공판절차에 출석할 수 없었던 피고인은 이 사건 재심 규정이 정한 기간 내에 항소심 법원에 그 유죄판결에 대한 재심을 청구할 수 있다고 해석함이 타당 … (대판 2015.6.25, 2014도17252).
>
> ❷ 소송촉진 등에 관한 특례법 제23조에 따라 피고인의 진술 없이 유죄를 선고하여 확정된 제1심판결에 대하여, 피고인이 책임을 질 수 없는 사유로 공판절차에 출석할 수 없었던 사정이 포함되어 있는 경우, 형사소송법 제361조의5 제13호에서 정한 '재심청구의 사유가 있는 때'에 해당하는 항소이유를 주장한 것인지 여부(적극)
>   … 피고인이 책임을 질 수 없는 사유로 공판절차에 출석할 수 없었던 경우 … 소송촉진법 제23조의2 … 재심을 청구할 수 있으며 … 제361조의5 제13호에서 정한 '재심청구의 사유가 있는 때'에 해당하는 항소이유를 주장한 것으로 봄이 타당 … (대판 2015.11.26, 2015도8243).
>
> ❸ 제1심 법원이 반의사불벌죄로 기소된 피고인에 대하여 소송촉진 등에 관한 특례법 제23조에 따라 피고인의 진술 없이 유죄를 선고하여 판결이 확정되었는데, 피고인이 제1심 법원에 같은 법 제23조의2에 따른 재심을 청구하는 대신 항소권회복청구를 하여 항소심 재판을 받게 된 경우, 항소심 절차에서 처벌을 희망하는 의사표시를 철회할 수 있는지 여부(소극)
>   … 피고인이 책임을 질 수 없는 사유로 공판절차에 출석할 수 없었음을 이유로 소송촉진법 제23조의2에 따라 제1심 법원에 재심을 청구하여 재심개시결정이 내려졌다면 피해자는 재심의 제1심 판결 선고 전까지 처벌을 희망하는 의사표시를 철회할 수 있다. 그러나 피고인이 제1심 법원에 … 재심을 청구하는 대신 항소권회복청구를 함으로써 항소심 재판을 받게 되었다면 항소심을 제1심이라고 할 수 없는 이상 항소심 절차에서는 처벌을 희망하는 의사표시를 철회할 수 없다(대판 2016.11.25, 2016도94700).

4. 확정판결에 대신하는 증명

확정판결로써 범죄가 증명됨을 재심청구의 이유로 할 경우에 그 확정판결을 얻을 수 없는 때에는 그 사실을 증명하여 재심의 청구를 할 수 있음(제422조)

Ⅳ 재심개시절차

1. 재심의 관할

대법원이 제2심판결을 파기하고 자판한 경우에는 원판결법원인 대법원이 관할함 → 한편 관할은 재판권을 전제로 하는 것이므로 군법회의판결이 확정된 후 군에서 제적되어 군법회의에 재판권이 없는 경우에는 재심사건이라 할지라도 그 관할은 원판결을 한 군법회의가 아니라 같은 심급의 일반법원에 있다는 것이 판례의 입장임(대판 1985.9.24, 84도2972)

> **제423조(재심의 관할)**
> 재심의 청구는 원판결의 법원이 관할한다.

관련 판례

❶ 군사법원의 판결이 확정된 후 피고인에 대한 재판권이 더 이상 군사법원에 없게 된 경우, 군사법원의 판결에 대한 재심사건의 관할법원(= 원판결을 한 군사법원과 같은 심급의 일반법원)
… 여기에서 '군사법원과 같은 심급의 일반법원'은 법원조직법과 형사소송법에 규정된 추상적 기준에 따라 획일적으로 결정 … (대법원 2020.6.26, 2019모3197).

❷ 재심청구를 받은 군사법원이 재판권이 없음에도 재심개시결정을 한 후에 사건을 일반법원으로 이송한 경우, 사건을 이송받은 일반법원은 군사법원의 재심개시결정을 유효한 것으로 보아 후속 절차를 진행할 수 있는지 여부(적극)
… 사건을 이송받은 일반법원으로서는 다시 처음부터 재심개시절차를 진행할 필요는 없고 군사법원의 재심개시결정을 유효한 것으로 보아 후속 절차를 진행할 수 있다(대판 2015.5.21, 2011도1932).

❸ 제주4·3사건진상규명및희생자명예회복위원회로부터 희생자 결정을 받지 않은 상태에서 형사소송법에 따른 재심을 청구하는 사건의 경우, 형사소송법 제423조가 적용되는지 여부(적극)
제주4·3사건 진상규명 및 희생자 명예회복에 관한 특별법상 … 제주지방법원에 전속관할권을 인정한 사건은 제5조 제2항 제2호에 따라 위원회로부터 제주4·3사건의 희생자로 결정된 경우에 청구하는 제14조 제1항의 특별재심사건에 한정 … 따라서 위원회로부터 희생자 결정을 받지 않은 상태에서 형사소송법에 따른 재심을 청구하는 사건에는 형사소송법 제423조가 적용되어 원판결의 법원이 관할권 … (대법원 2023.7.14, 2023모1121).

2. 재심의 청구

(1) 재심청구권자

① 유죄의 선고를 받은 자

> **제424조(재심청구권자)**
> 다음 각 호의 1에 해당하는 자는 재심의 청구를 할 수 있다.
> 1. 검사
> 2. 유죄의 선고를 받은 자
> 3. 유죄의 선고를 받은 자의 법정대리인
> 4. 유죄의 선고를 받은 자가 사망하거나 심신장애가 있는 경우에는 그 배우자, 직계친족 또는 형제자매

② 검사(객관의무)

> **제425조(검사만이 청구할 수 있는 재심)**
> 제420조 제7호의 사유에 의한 재심의 청구는 유죄의 선고를 받은 자가 그 죄를 범하게 한 경우에는 검사가 아니면 하지 못한다.

③ **변호인** : 검사 이외의 자가 재심의 청구를 하는 경우에는 변호인을 선임할 수 있음(제426조)

(2) **재심청구의 시기** : 재심청구의 시기에 제한이 없음 → 형의 집행을 종료하거나 형의 집행을 받지 아니하게 된 때○, 유죄의 선고를 받은 자가 사망한 경우○, 형 면제판결이나 집행유예기간의 경과에 따라 형의 선고가 효력을 잃은 경우○

(3) **재심청구의 방식**

> **규칙 제166조(재심청구의 방식)**
> 재심의 청구를 함에는 재심청구의 취지 및 재심청구의 이유를 구체적으로 기재한 재심청구서에 원판결의 등본 및 증거자료를 첨부하여 관할법원에 제출하여야 한다.
>
> **제430조(재소자에 대한 특칙)**
> 제344조의 규정은 재심의 청구와 그 취하에 준용한다.

(4) **재심청구의 효과**

> **제428조(재심과 집행정지의 효력)**
> 재심의 청구는 형의 집행을 정지하는 효력이 없다. 단, 관할법원에 대응한 검찰청 검사는 재심청구에 대한 재판이 있을 때까지 형의 집행을 정지할 수 있다.

(5) **재심청구의 취하** : 재소자 특칙 적용, 재심청구취하의 시기는 재심사건의 제1심판결 선고시까지

> **제429조(재심청구의 취하)**
> ① 재심의 청구는 취하할 수 있다.
> ② 재심의 청구를 취하한 자는 동일한 이유로써 다시 재심을 청구하지 못한다.
>
> **규칙 제167조(재심청구취하의 방식)**
> ① 재심청구의 취하는 서면으로 하여야 한다. 다만, 공판정에서는 구술로 할 수 있다.
> ② 구술로 재심청구의 취하를 한 경우에는 그 사유를 조서에 기재하여야 한다.

3. 재심청구에 대한 심판

(1) **재심청구에 대한 심리**

① **사실조사** : 판결절차는 아니므로, 구두변론에 의할 필요가 없으며 공개할 필요도 없음

> **제431조(사실조사)**
> ① 재심의 청구를 받은 법원은 필요하다고 인정한 때에는 합의부원에게 재심청구의 이유에 대한 사실조사를 명하거나 다른 법원판사에게 이를 촉탁할 수 있다.
> ② 전항의 경우에는 수명법관 또는 수탁판사는 법원 또는 재판장과 동일한 권한이 있다.

> **관련 판례**
>
> ❹ 재심의 청구를 받은 법원은 당사자가 재심청구의 이유에 관하여 한 사실조사신청에 대하여 재판을 하여야 하는지 여부(소극)
> 재심의 청구를 받은 법원은 필요하다고 인정한 때에는 … 제431조에 의하여 직권으로 재심청구의 이유에 대한 사실조사를 할 수 있으나, 소송당사자에게 사실조사신청권이 있는 것이 아니다 … 당사자가 재심청구의 이유에 관한 사실조사신청을 한 경우에도 이는 단지 법원의 직권발동을 촉구하는 의미밖에 없는 것 … 법원은 이 신청에 대하여는 재판을 할 필요가 없고 설령 법원이 이 신청을 배척하였다고 하여도 당사자에게 이를 고지할 필요가 없다(대법원 2021.3.12, 2019모3554).

② **당사자의 의견** : 의견진술의 기회를 주면 되지 반드시 의견진술이 있을 것을 요하지는 않음

> **제432조(재심에 대한 결정과 당사자의 의견)**
> 재심의 청구에 대하여 결정을 함에는 청구한 자와 상대방의 의견을 들어야 한다. 단, 유죄의 선고를 받은 자의 법정대리인이 청구한 경우에는 유죄의 선고를 받은 자의 의견을 들어야 한다.

(2) 재심청구에 대한 재판

① **재심청구기각결정**

> **제433조(청구기각결정)**
> 재심의 청구가 법률상의 방식에 위반하거나 청구권의 소멸 후인 것이 명백한 때에는 결정으로 기각하여야 한다.
>
> **제434조(동전)**
> ① 재심의 청구가 이유 없다고 인정한 때에는 결정으로 기각하여야 한다.
> ② 전항의 결정이 있는 때에는 누구든지 동일한 이유로써 다시 재심을 청구하지 못한다.
>
> **제436조(청구의 경합과 청구기각의 결정)**
> ① 항소기각의 확정판결과 그 판결에 의하여 확정된 제1심판결에 대하여 재심의 청구가 있는 경우에 제1심법원이 재심의 판결을 한 때에는 항소법원은 결정으로 재심의 청구를 기각하여야 한다.
> ② 제1심 또는 제2심판결에 대한 상고기각의 판결과 그 판결에 의하여 확정된 제1심 또는 제2심의 판결에 대하여 재심의 청구가 있는 경우에 제1심법원 또는 항소법원이 재심의 판결을 한 때에는 상고법원은 결정으로 재심의 청구를 기각하여야 한다.
>
> **규칙 제169조(청구의 경합과 공판절차의 정지)**
> ① 항소기각의 확정판결과 그 판결에 의하여 확정된 제1심판결에 대하여 각각 재심의 청구가 있는 경우에 항소법원은 결정으로 제1심법원의 소송절차가 종료할 때까지 소송절차를 정지하여야 한다.

> **관련 판례**
>
> ❹ 형사재판에서 법률상의 방식을 위반한 재심청구라는 이유로 기각결정을 한 경우, 청구인이 이를 보정하여 다시 동일한 이유로 재심청구를 할 수 있는지 여부(적극)
> … 법률상의 방식을 위반한 재심청구라는 이유로 기각결정이 있더라도, 청구인이 이를 보정한다면 다시 동일한 이유로 재심청구를 할 수 있다(대법원 2022.6.16, 2022모509).

② **재심개시결정** : 재심개시결정이 있다고 하여 바로 원판결이 효력을 잃는 것은 아니고, 재심사건에 대한 판결이 확정된 때에 비로소 원판결은 그 효력을 잃음

> **제435조(재심개시의 결정)**
> ① 재심의 청구가 이유있다고 인정한 때에는 재심개시의 결정을 하여야 한다.
> ② 재심개시의 결정을 할 때에는 결정으로 형의 집행을 정지할 수 있다.

> 관련 판례
>
> ❺ **재심개시결정 확정의 효력**
> … 설령 재심개시결정이 부당하더라도 이미 확정되었다면 법원은 더 이상 재심사유의 존부에 대하여 살펴볼 필요 없이 … 그 심급에 따라 다시 심판 … (대판 2004.9.24, 2004도2154).
>
> ❺ **재심개시절차에서 재심사유가 재심대상판결에 영향을 미칠 가능성이 있는지 여부를 고려할 수 있는지 여부(소극)**
> … 재심개시절차에서는 … 재심사유가 있는지 여부만을 판단 … 재심사유가 재심대상판결에 영향을 미칠 가능성이 있는가의 실체적 사유는 고려하여서는 아니 된다(대법원 2008.4.24, 2008모77).
>
> ❺ **경합범 관계에 있는 수개의 범죄사실에 대하여 1개의 형을 선고한 확정판결 중 일부에 재심사유가 있는 경우의 재심개시의 범위(= 확정판결의 전부)**
> … 그 판결 전부에 대하여 재심개시의 결정을 하지 않으면 안 된다(대판 2010.10.29, 2008재도11).
>
> ❺ **경합범 관계에 있는 수 개의 범죄사실을 유죄로 인정하여 1개의 형을 선고한 불가분의 확정판결 중 일부 범죄사실에 재심청구의 이유가 있으나 판결 전부에 대하여 재심개시결정을 한 경우, 재심법원이 재심사유가 없는 범죄에 대해 새로이 양형을 하는 것이 헌법상 이중처벌금지원칙에 반하는지 여부(소극)**
> … 판결 전부에 대하여 재심개시의 결정을 한 경우, 재심법원은 재심사유가 없는 범죄에 대하여는 새로이 양형을 하여야 하는 것이므로 이를 헌법상 이중처벌금지의 원칙을 위반한 것이라고 할 수 없고 … (대판 2014.11.13, 2014도10193).
>
> ❺ **경합범 관계에 있는 수 개의 범죄사실을 유죄로 인정하여 1개의 형을 선고한 불가분의 확정판결 중 일부 범죄사실에 대하여만 재심청구의 이유가 있는 것으로 인정된 경우, 재심법원의 심판 범위**
> 경합범 관계에 있는 수개의 범죄사실을 유죄로 인정하여 한 개의 형을 선고한 불가분의 확정판결에서 그중 일부의 범죄사실에 대하여만 재심청구의 이유가 있는 것으로 인정된 경우 … 그 판결 전부에 대하여 재심개시의 결정을 할 수밖에 없지만 … 재심사유가 없는 범죄사실에 대하여는 재심개시결정의 효력이 그 부분을 형식적으로 심판의 대상에 포함시키는 데 그치므로 재심법원은 그 부분에 대하여는 이를 다시 심리하여 유죄인정을 파기할 수 없고 … 그 부분에 관하여 새로이 양형을 하여야 하므로 양형을 위하여 필요한 범위에 한하여만 심리를 할 수 있을 뿐 … (대판 2017.3.22, 2016도9032).
>
> ❺ **재심청구인이 재심청구한 후 청구에 대한 결정이 확정되기 전에 사망한 경우, 재심청구절차가 종료하는지 여부(적극)**
> … 재심청구절차는 재심청구인의 사망으로 당연히 종료 … (대법원 2014.5.30, 2014모739).
>
> ❺ **재심대상판결 당시 법령이 변경된 경우, 법원이 범죄사실에 대하여 적용하여야 할 법령(재심판결 당시의 법령)**
> … 재심대상판결 당시의 법령이 변경된 경우 법원은 범죄사실에 대하여 재심판결 당시의 법령을 적용하여야 하며, 법령을 해석할 때에도 재심판결 당시를 기준으로 하여야 … (대판 2011.10.27, 2009도1603).

Ⅴ 재심사건의 공판절차

1. 재심사건의 공판절차

> **제438조(재심의 심판)**
> ① 재심개시의 결정이 확정한 사건에 대하여는 제436조의 경우 외에는 법원은 그 심급에 따라 다시 심판을 하여야 한다.
> ② 다음 경우에는 제306조 제1항, 제328조 제1항 제2호의 규정은 전항의 심판에 적용하지 아니한다.
>   1. 사망자 또는 회복할 수 없는 심신장애인을 위하여 재심의 청구가 있는 때
>   2. 유죄의 선고를 받은 자가 재심의 판결 전에 사망하거나 회복할 수 없는 심신장애인으로 된 때
> ③ 전항의 경우에는 피고인이 출정하지 아니하여도 심판을 할 수 있다. 단, 변호인이 출정하지 아니하면 개정하지 못한다.
> ④ 전2항의 경우에 재심을 청구한 자가 변호인을 선임하지 아니한 때에는 재판장은 직권으로 변호인을 선임하여야 한다.

> **관련 판례**
>
> ❷ 재심개시결정 확정 사건에 대하여 법원이 심급에 따라 다시 심판하도록 규정한 형사소송법 제438조 제1항에서 '다시' 심판한다는 것의 의미
> … '다시' 심판한다는 것은 재심대상판결의 당부를 심사하는 것이 아니라 피고 사건 자체를 처음부터 새로 심판하는 것을 의미 … (대판 2015.5.14. 2014도2946).
>
> ❷ 재심대상사건의 기록이 폐기된 경우 재심심판절차에서 법원이 취할 조치
> 재심대상사건의 기록이 보존기간의 만료로 이미 폐기되었다 하더라도 가능한 노력을 다하여 그 기록을 복구 … 부득이 기록의 완전한 복구가 불가능한 경우 … 종합적으로 평가하여 … 당부를 새로이 판단 … (대판 2004.9.24. 2004도2154).

2. 재심심판절차의 특칙

(1) **공소의 취소** : 재심사건의 공판에서는 공소취소가 허용되지 않음

(2) **공소장변경** : 공소장변경 허용

> **관련 판례**
>
> ❷ 재심심판절차에서 검사가 재심대상사건과 별개의 공소사실을 추가하는 내용으로 공소장을 변경하는 것은 허용되는지 여부(소극)
> … 형사소송법의 이익재심 원칙과 재심심판절차에 관한 특칙 등에 비추어 보면, 재심심판절차에서는 특별한 사정이 없는 한 검사가 재심대상사건과 별개의 공소사실을 추가하는 내용으로 공소장을 변경하는 것은 허용되지 않고 … 일반 절차로 진행 중인 별개의 형사사건을 병합하여 심리하는 것도 허용되지 않는다(대판 2019.6.20. 2018도20698).

3. 재심사건에 대한 재판

(1) **불이익변경의 금지**

> **제439조(불이익변경의 금지)**
> 재심에는 원판결의 형보다 무거운 형을 선고할 수 없다.

> **관련 판례**
>
> ❷ 형사소송법 제439조에서 '재심에는 원판결의 형보다 중한 형을 선고하지 못한다.'고 규정한 취지
> … 피고인에게 이익이 되는 이른바 이익재심만을 허용 … 그러한 이익재심의 원칙을 반영하여 제439조에서 "재심에는 원판결의 형보다 중한 형을 선고하지 못한다."라고 규정 … 단순히 원판결보다 무거운 형을 선고할 수 없다는 원칙만을 의미하는 것이 아니라 실체적 정의를 실현하기 위하여 재심을 허용하지만 피고인의 법적 안정성을 해치지 않는 범위 내에서 재심이 이루어져야 한다는 취지 … (대판 2018.2.28. 2015도15782).
>
> ❷ 특별사면으로 형 선고의 효력이 상실된 유죄의 확정판결에 대하여 재심개시결정이 이루어져 다시 심판한 결과 유죄로 인정되는 경우, 재심심판법원이 선고할 주문(= 피고인에 대하여 형을 선고하지 아니한다)
> … 심급에 따라 다시 심판한 결과 무죄로 인정되는 경우라면 무죄를 선고 … 유죄로 인정되는 경우에는 … 형 선고의 효력을 상실하게 하는 특별사면을 받은 피고인의 법적 지위를 해치는 결과가 되어 불이익변경금지의 원칙에 반하게 되므로 … '피고인에 대하여 형을 선고하지 아니한다.'는 주문을 선고할 수밖에 없다(대판 2015.10.29. 2012도2938).
>
> ❷ 원판결이 선고한 집행유예가 실효 또는 취소됨이 없이 유예기간이 지난 후에 새로운 형을 정한 재심판결이 선고되고, 재심판결의 확정에 따라 원판결이 효력을 잃게 되는 결과 집행유예의 법률적 효과까지 없어졌으나 재심판결의 형이 원판결의 형보다 중하지 않은 경우, 불이익변경금지 원칙이나 이익재심 원칙에 반하는지 여부(소극)
> 원판결이 선고한 집행유예가 실효 또는 취소됨이 없이 유예기간이 지난 후에 새로운 형을 정한 재심판결이 선고되는 경우 … 그 유예기간 경과로 인하여 원판결의 형 선고 효력이 상실되는 것은 원판결이 선고한 집행유예 자체의 법률적 효과로서 재심판결이 확정되면 당연히 실효될 원판결 본래의 효력일 뿐 … (대판 2018.2.28. 2015도15782).

❸ 피고인이 재심대상판결에서 정한 집행유예의 기간 중 특정범죄 가중처벌 등에 관한 법률 위반죄로 징역 6개월을 선고받아 그 판결이 확정됨으로써 위 집행유예가 실효되고 피고인에 대하여 유예된 형이 집행된 후 재심판결인 원심판결에서 새로이 형을 정하고 원심판결 확정일을 기산일로 하는 집행유예를 다시 선고하였으나 재심판결에서 정한 형이 재심대상판결의 형보다 중하지 않은 경우, 불이익변경금지 원칙이나 이익재심 원칙에 반하는지 여부(소극)
··· 그 집행유예 기간의 시기는 재심대상판결의 확정일이 아니라 재심판결의 확정일로 보아야 ··· 재심판결이 확정되면 재심대상판결은 효력을 잃게 되는 재심의 본질상 당연한 결과 ··· (대판 2019.2.28, 2018도13382).

(2) 무죄판결의 공시

> **제440조(무죄판결의 공시)**
> 재심에서 무죄의 선고를 한 때에는 그 판결을 관보와 그 법원소재지의 신문지에 기재하여 공고하여야 한다. 다만, 다음 각 호의 어느 하나에 해당하는 사람이 이를 원하지 아니하는 의사를 표시한 경우에는 그러하지 아니하다.
> 1. 제424조 제1호부터 제3호까지의 어느 하나에 해당하는 사람이 재심을 청구한 때에는 재심에서 무죄의 선고를 받은 사람
> 2. 제424조 제4호에 해당하는 사람이 재심을 청구한 때에는 재심을 청구한 그 사람

(3) 재심판결과 원판결의 효력 : 재심사건에 대한 판결이 확정된 경우 원판결은 당연히 그 효력을 잃음

관련 판례

❶ 유죄의 확정판결에 대한 재심개시결정이 확정되어 법원이 그 사건에 대하여 다시 심판을 한 후 재심판결을 선고하여 확정된 경우, 종전의 확정판결은 당연히 효력을 상실하는지 여부(적극)
··· 유죄의 확정판결에 대하여 재심개시결정이 확정되어 법원이 그 사건에 대하여 다시 심판을 한 후 재심의 판결을 선고하고 그 재심판결이 확정된 때 ··· 종전의 확정판결은 당연히 효력을 상실 ··· (대판 2017.9.21, 2017도4019).

❷ 재심심판절차의 성격 및 재심판결이 확정되면 원판결은 당연히 효력을 잃는지 여부(적극)
재심심판절차는 원판결의 당부를 심사하는 종전 소송절차의 후속절차가 아니라 사건 자체를 처음부터 다시 심판하는 완전히 새로운 소송절차 ··· 재심판결이 확정되면 원판결은 당연히 효력을 잃는다 ··· 재심판결이 확정됨에 따라 원판결이나 그 부수처분의 법률적 효과가 상실되고 형 선고가 있었다는 기왕의 사실 자체의 효과가 소멸하는 것은 재심의 본질상 당연한 것 ··· (대판 2018.2.28, 2015도15782) ··· 유죄의 확정판결 등에 대해 재심개시결정이 확정된 후 재심심판절차가 진행 중이라는 것만으로는 확정판결의 존재 내지 효력을 부정할 수 없고 ··· 법원이 그 사건에 대해 다시 심리를 한 후 재심의 판결을 선고하고 그 재심판결이 확정된 때에 종전의 확정판결이 효력을 상실한다(대판 2019.6.20, 2018도20698).

02 비상상고(非常上告)

I 비상상고의 의의

> **제441조(비상상고이유)**
> 검찰총장은 판결이 확정한 후 그 사건의 심판이 법령에 위반한 것을 발견한 때에는 대법원에 비상상고를 할 수 있다.

Ⅱ 비상상고의 대상

1. 모든 확정판결

확정된 유·무죄의 실체판결○, 확정된 공소기각판결○, 확정된 관할위반판결○, 확정된 면소판결○, 확정된 약식명령과 즉결심판○, 경범죄처벌법 및 도로교통법상의 범칙금납부○

> **관련 판례**
>
> ❺ 상급심의 파기판결에 의해 효력을 상실한 재판도 형사소송법 제441조에 따른 비상상고의 대상이 될 수 있는지 여부(소극) → 형제복지원 비상상고 사건
> ··· 제441조는 ··· 상급심의 파기판결에 의해 효력을 상실한 재판의 법령위반 여부를 다시 심사하는 것은 무익 ··· 법령의 해석·적용의 통일을 도모하려는 비상상고 제도의 주된 목적과도 부합하지 않는다 ··· 상급심의 파기판결에 의해 효력을 상실한 재판은 위 조항에 따른 비상상고의 대상이 될 수 없다(대판 2021.3.11, 2019오1).

2. 당연무효인 판결 ○

3. 공소기각결정이나 상소기각결정 ○

Ⅲ 비상상고의 이유

1. 법령위반 : 판결의 법령위반과 소송절차의 법령위반

> **관련 판례**
>
> ❺ 형사소송법 제441조에서 정한 '그 사건의 심판이 법령에 위반한 때'의 의미 및 단순히 법령 적용의 전제사실을 오인함에 따라 법령위반의 결과를 초래한 것과 같은 경우가 여기에 해당하는지 여부(소극) → 형제복지원 비상상고 사건
> '그 사건의 심판이 법령에 위반한 때'란 확정판결에서 인정한 사실을 변경하지 아니하고 이를 전제로 한 실체법의 적용에 관한 위법 또는 그 사건에서의 절차법상의 위배가 있는 경우를 의미 ··· 단순히 그 법령을 적용하는 과정에서 전제가 되는 사실을 오인함에 따라 법령위반의 결과를 초래한 것과 같은 경우에는 ··· '그 사건의 심판이 법령에 위반한 때'에 해당하지 않는다 ··· (대판 2021.3.11, 2018오2). → 피고인의 특수감금 행위의 위법성이 조각된다고 판단하면서 적용한 법령은 이 사건 훈령이 아니라 정당행위에 관한 형법 제20조 ··· 이 사건 훈령의 존재는 그중 위 형법 제20조를 적용하기로 하면서 그 석명의 견지로 삼은 여러 사실 중 하나일 뿐이므로, 비상상고 신청인이 비상상고이유로 들고 있는 사정은 형법 제20조의 적용에 관한 전제사실을 오인하였다는 것에 해당 ··· 비상상고이유가 인정되지 않음
>
> ❺ 법원이 원판결의 선고 전에 피고인의 사망 사실을 알지 못하여 공소기각의 결정을 하지 않고 실체판결에 나아간 경우, 비상상고의 이유가 될 수 있는지 여부(소극)
> ··· 제441조에 정한 '그 심판이 법령에 위반한 것'에 해당한다고 볼 수 없다(대판 2005.3.11, 2004오2).
>
> ❺ 만 19세 미만인 소년에 대하여 선고한 정기형과 비상상고이유
> ··· 소년에 대하여 정기형을 선고한 것은 법령에 위반한 것으로서 비상상고의 대상 ··· (대판 1963.4.4, 63오1).
>
> ❺ 공소시효가 완성된 사실을 간과한 채 약식명령을 발령한 원판결에 대하여 비상상고가 허용되는지 여부(적극)
> 공소시효가 완성된 사실을 간과한 채 피고인에 대하여 약식명령을 발령한 원판결은 법령을 위반한 잘못 ··· 비상상고는 이유가 있다 ··· (대법원 2006.10.13, 2006오2).

2. '사실오인'이 비상상고의 이유가 되는지 여부 ×

Ⅳ 비상상고의 절차

1. **비상상고의 신청**
   (1) 비상상고의 신청권자와 관할법원 : 신청권자는 검찰총장, 그 관할법원은 대법원
   (2) 비상상고의 방식 : 그 이유를 기재한 신청서를 대법원에 제출(제442조) → 신청의 시기에는 제한이 없으며, 집행정지의 효력이 발생하지 않음

2. **비상상고의 심리**
   (1) 심리를 위한 공판 : 공판기일을 열어야 하며, 공판기일에 검사는 신청서에 의하여 진술하여야 함 → 피고인이었던 자의 출석은 요구되지 아니하므로 그를 소환할 필요는 없음
   (2) 조사범위와 사실조사 : 대법원은 신청서에 포함된 이유에 한하여 조사하여야 함(제444조)

3. **비상상고의 판결**
   (1) 기각의 판결 : 비상상고가 이유없다고 인정한 때(제445조)
   (2) 파기의 판결

   > **제446조(파기의 판결)**
   > 비상상고가 이유있다고 인정한 때에는 다음의 구별에 따라 판결을 하여야 한다.
   > 1. 원판결이 법령에 위반한 때에는 그 위반된 부분을 파기하여야 한다. 단, 원판결이 피고인에게 불이익한 때에는 원판결을 파기하고 피고사건에 대하여 다시 판결을 한다.
   > 2. 원심소송절차가 법령에 위반한 때에는 그 위반된 절차를 파기한다.

   (3) 판결의 효력

   > **제447조(판결의 효력)**
   > 비상상고의 판결은 전조 제1호 단행의 규정에 의한 판결 외에는 그 효력이 피고인에게 미치지 아니한다.

[재심과 비상상고의 비교]

구분	재심	비상상고
취지	확정된 유죄판결을 받은 자의 구제	법령해석의 통일이 주된 목적
청구권자	유죄의 선고를 받은 자, 대, 배, 친, 형, 검사	검찰총장에 한함
관할법원	원판결의 법원	대법원
이유	주로 확정판결의 사실오인	사건의 심판에 법령위반이 있는 경우
대상	확정된 유죄판결에 한함	모든 확정판결 즉 무죄·면소·공소기각·관할위반의 확정판결
재판의 효력	재심의 공판절차에서 피고인에게 선고한 판결은 그 효력이 피고인에게 미친다.	원판결을 파기자판하는 경우 외에는 피고인에게 효력이 미치지 않는다.

CHAPTER 03 재판의 집행과 형사보상

CORE SUMMARY

01 재판의 집행

Ⅰ 재판집행의 의의

가장 중요한 것은 유죄판결의 집행인 형의 집행이며 특히 자유형의 집행을 행형(行刑)이라고 함

Ⅱ 재판집행의 기본원칙

1. **재판집행의 시기**

   (1) 확정된 후 집행 원칙(제459조)

   > **관련 판례**
   > ⓐ 집행유예를 할 때 집행유예 기간의 시기(始期)(= 집행유예를 선고한 판결 확정일)
   > 우리 형법이 집행유예 기간의 시기에 관하여 명문의 규정을 두고 있지는 않지만 … 형사소송법 제459조가 "재판은 이 법률에 특별한 규정이 없으면 확정한 후에 집행한다."라고 규정 … 집행유예를 함에 있어 그 집행유예 기간의 시기는 집행유예를 선고한 판결 확정일로 하여야 한다(대판 2019.2.28, 2018도13382).

   (2) 확정되기 전의 집행 : 결정이나 명령(즉시항고를 하는 경우를 제외), 가납명령이 있는 경우

   (3) 확정 후 일정기간 경과 후의 집행
   ① 소송비용부담의 재판 : 소송비용집행면제의 신청기간 내와 그 신청이 있는 때에는 신청에 대한 재판이 확정될 때까지 그 집행이 정지
   ② 노역장유치의 집행 : 벌금·과료의 재판이 확정된 후 30일 이내에는 집행할 수 없음
   ③ 사형 : 법무부장관의 명령이 있을 때까지는 집행할 수 없음
   ④ 보석허가결정 : 보, 약, 공, 출, 서는 이를 이행한 후가 아니면 집행하지 못함

2. **재판집행의 지휘**

   (1) 검사가 지휘함 : 재판의 집행은 그 재판을 한 법원에 대응한 검찰청 검사가 지휘하며, 단 상소의 재판 또는 상소의 취하로 인하여 하급법원의 재판을 집행할 경우에는 상소법원에 대응한 검찰청 검사가 지휘함(제460조)

(2) **고위공직자범죄의 경우**: 고위공직자범죄수사처의 검사가 공소를 제기하는 고위공직자범죄 등 사건에 관한 재판이 확정된 경우 제1심 관할지방법원에 대응하는 검찰청 소속검사가 그 형을 집행함(고위공직자범죄수사처 설치 및 운영에 관한 법률 제28조)

3. 집행지휘의 방식

재판의 집행지휘는 재판서 또는 재판을 기재한 조서의 등본 또는 초본을 첨부한 서면으로 하여야 함(제461조)

4. 형집행을 위한 소환

(1) 소환 및 구인

> **제473조(집행하기 위한 소환)**
> ① 사형, 징역, 금고 또는 구류의 선고를 받은 자가 구금되지 아니한 때에는 검사는 형을 집행하기 위하여 이를 소환하여야 한다.
> ② 소환에 응하지 아니한 때에는 검사는 형집행장을 발부하여 구인하여야 한다.
> ③ 제1항의 경우에 형의 선고를 받은 자가 도망할 염려가 있는 때 또는 현재지를 알 수 없는 때에는 소환함이 없이 형집행장을 발부하여 구인할 수 있다.

(2) **형집행장**: 형집행장에는 형의 선고를 받은 자의 성명, 주거, 연령, 형명, 형기 기타 필요한 사항을 기재하여야 하며, 형집행장은 구속영장과 동일한 효력이 있음(제474조) → 한편 형집행장의 집행에는 피고인의 구속에 관한 규정을 준용함(제475조)

Ⅲ 형(刑)의 집행

1. 형집행의 순서

2 이상의 형의 집행은 자격상실, 자격정지, 벌금, 과료와 몰수 외에는 그 무거운 형을 먼저 집행하며, 다만 검사는 소속장관의 허가를 얻어 무거운 형의 집행을 정지하고 다른 형의 집행을 할 수 있음(제462조) → 한편 자유형과 벌금형은 동시 집행이 가능

2. 사형의 집행

(1) 사형집행의 절차

> **제464조(사형판결확정과 소송기록의 제출)**
> 사형을 선고한 판결이 확정한 때에는 검사는 지체없이 소송기록을 법무부장관에게 제출하여야 한다.
>
> **제463조(사형의 집행)**
> 사형은 법무부장관의 명령에 의하여 집행한다.
>
> **제465조(사형집행명령의 시기)**
> ① 사형집행의 명령은 판결이 확정된 날로부터 6월 이내에 하여야 한다.
> ② 상소권회복의 청구, 재심의 청구 또는 비상상고의 신청이 있는 때에는 그 절차가 종료할 때까지의 기간은 전항의 기간에 산입하지 아니한다.
>
> **제466조(사형집행의 기간)**
> 법무부장관이 사형의 집행을 명한 때에는 5일 이내에 집행하여야 한다.

(2) **사형집행의 방법**(교수형)
① **사형집행의 참여** : 사형의 집행에는 검사와 검찰청서기관과 교도소장 또는 구치소장이나 그 대리자가 참여하여야 함(제467조)
② **사형집행조서** : 사형의 집행에 참여한 검찰청서기관은 집행조서를 작성하고 검사와 교도소장 또는 구치소장이나 그 대리자와 함께 기명날인 또는 서명하여야 함(제468조)

(3) **사형집행의 정지**

> **제469조(사형집행의 정지)**
> ① 사형선고를 받은 사람이 심신의 장애로 의사능력이 없는 상태이거나 임신 중인 여자인 때에는 법무부장관의 명령으로 집행을 정지한다.
> ② 제1항에 따라 형의 집행을 정지한 경우에는 심신장애의 회복 또는 출산 후에 법무부장관의 명령에 의하여 형을 집행한다.

3. 자유형의 집행

(1) **자유형집행의 방법** : 검사가 형집행지휘서에 의하여 교도소에 구치하여 집행

(2) **미결구금일수의 산입**
① **미결구금일수(未決拘禁日數)의 의의** : 구금당한 날로부터 판결확정 전일까지 실제로 구금된 일수
② **미결구금의 성격** : 재판확정 전의 강제처분이어서 형의 집행은 아니지만, 자유를 박탈하는 점이 실질적으로 자유형의 집행과 유사함
③ **기존의 미결구금일수 산입제도**(헌법재판소의 위헌결정 前)
  ㉠ **재정통산** : 법원의 재량에 따라 형의 선고와 동시에 판결주문에 미결구금일수의 전부 또는 일부를 본형에 산입하는 것을 말함(예전 형법 제57조 제1항) → 즉 미결구금일수를 형기에 산입하되 그 산입범위가 법원의 재량에 맡겨져 있는 것
  ㉡ **법정통산** : 자유형을 집행함에 있어 법률규정에 의하여 그 미결구금일수 전부가 당연히 본형에 산입되는 것
④ **기존 형법 제57조 제1항에 의한 재정통산제도에 대한 헌법재판소의 위헌결정** : 헌법재판소는 이러한 형법 제57조 제1항(재정통산)에 대하여, 형법 제57조 제1항 중 "또는 일부" 부분은 헌법에 위반된다고 하면서 위헌결정을 내린바 있음(헌재결 2009.6.25, 2007헌바25)
⑤ 형법 제57조 제1항(재정통산)에 대한 위헌결정 이후의 미결구금일수 산입

> **관련 판례**
> ❷ 형법 제57조 제1항의 일부에 대한 헌법재판소의 위헌결정에 따라 판결에서 별도로 '판결선고 전 미결구금일수 산입에 관한 사항'을 판단할 필요가 없어졌는지 여부(적극)
> … 판결선고 전 미결구금일수는 그 전부가 법률상 당연히 본형에 산입 … (대판 2009.12.10, 2009도11448).

⑥ **법정통산** : 자유형을 집행함에 있어 법률규정에 의하여 그 미결구금일수 전부를 당연히 본형에 산입하는 것 → 이 경우 구금일수 통산에 관하여는 검사가 형집행시 당연히 통산할 것이고 판결주문에서 통산할 것이 아님 → 주문에 기재할 필요도 없으며 선고를 요하지 않음

제482조(판결확정 전 구금일수 등의 산입)
① 판결선고 후 판결확정 전 구금일수(판결선고 당일의 구금일수를 포함한다)는 전부를 본형에 산입한다.
② 상소기각결정시에 송달기간이나 즉시항고기간 중의 미결구금일수는 전부를 본형에 삽입한다.
③ 제1항부터 제2항까지의 경우에는 구금일수의 1일을 형기의 1일 또는 벌금이나 과료에 관한 유치기간의 1일로 계산한다.

[관련 판례]

◈ 피고인·검사 쌍방 상소의 경우, 미결구금일수 산입
피고인이 검사와 같이 상소한 경우 … 미결구금일수는 전부가 당연히 산입 … (대판 1995.2.28, 94도2880).

◈ 형사소송법 제482조에 의한 법정통산관련 중요판례
1. 형사소송법 제482조의 규정에 의하여 미결구금일수가 법정통산되는 경우에 항소심이 그 법정통산될 일수보다 적은 일수를 산입한다는 판단을 주문에서 선고하였다 하더라도 이는 법률상 의미없는 조치에 불과 … 위와 같은 사유만으로 원심판결을 파기할 수는 없다(대판 1996.1.26, 95도2263).
2. 미결구금일수의 전부가 당연히 본형에 통산되는 이른바 법정통산의 경우 … 미결구금일수의 본형에의 산입을 주문에서 선고할 필요가 없는 것 … 판결선고 전의 구금일수를 본형에 산입한 것은 잘못이라고 할 것이나 주문에서 그 산입을 선고하였다 하더라도 이는 법률상 의미없는 조치에 불과 … (대판 2001.3.9, 2000도5590).

◈ 경합범관계에 있는 공소사실 중 일부에 대하여 유죄, 일부에 대하여 무죄의 각 판결이 선고되어 유죄부분에 대하여는 피고인이, 무죄부분에 대하여는 검사가 각 상고를 제기한 경우, 쌍방의 상고를 모두 기각하는 때의 상고제기 후의 미결구금일수 산입방법
… 그 전부가 본형에 산입되는 것이라 할 것 … (대판 2002.6.20, 2002도87).

◈ SOFA 합의의사록 제22조 소정의 '대한민국이나 미합중국의 구금시설에서의 판결선고 전의 구금기간을 구금형에 산입받을 권리'의 의미
… 미결구금일수의 전부가 당연히 본형에 통산되는 법정통산을 규정한 것 … (대판 2008.3.14, 2007도10435).

◈ 구속 피고인이 상소를 제기한 후 상소를 취하한 경우 상소제기 후 상소취하한 때까지의 구금일수의 전부가 본형에 산입되어야 하는지 여부(적극)
… 전부를 본형에 산입하여야 한다고 봄이 상당하다(대법원 2010.4.16, 2010모179).

◈ 형의 집행과 구속영장의 집행이 경합하고 있는 경우 미결구금일수를 본형에 산입할 수 있는지 여부(소극)
형의 집행과 구속영장의 집행이 경합하고 있는 경우 … 사실상은 형의 집행에 의한 구금만이 존재하는 것에 불과 … 이러한 경우의 미결구금은 본형에 통산하여서는 아니 된다(대판 2001.10.26, 2001도4583).

◈ 미합중국정부와의 범죄인인도조약에 따라 미국에서 체포된 후 국내에 송환되어 구속되기까지 사실상 구금되어 있던 기간이 미결구금일수에 해당하는지 여부(소극)
… 피고인이 범행 후 미국으로 도주하였다가 … 범죄인인도조약에 따라 체포된 후 인도절차를 밟기 위한 기간에 불과하여 본형에 산입될 미결구금일수에 해당한다고 볼 수 없다(대판 2009.5.28, 2009도1446).

◈ 외국에서 미결구금되었다가 무죄판결을 받은 사람의 미결구금일수를 형법 제7조의 유추적용에 의하여 그가 국내에서 같은 행위로 인하여 선고받는 형에 산입할 수 있는지 여부(소극)
… 형법 제7조는 "죄를 지어 외국에서 형의 전부 또는 일부가 집행된 사람에 대해서는 그 집행된 형의 전부 또는 일부를 선고하는 형에 산입한다."라고 규정 … 형사사건으로 외국 법원에 기소되었다가 무죄판결을 받은 사람은, 설령 그가 무죄판결을 받기까지 상당 기간 미결구금되었더라도 … '외국에서 형의 전부 또는 일부가 집행된 사람'에 해당한다고 볼 수 없고, 그 미결구금 기간은 형법 제7조에 의한 산입의 대상이 될 수 없다 … 외국에서 무죄판결을 받고 석방되기까지의 미결구금은 … 우리나라 형벌법규에 따른 공소의 목적을 달성하기 위하여 필수불가결하게 이루어진 강제처분으로 볼 수 없고 … 외국에서 이루어진 미결구금을 형법 제57조 제1항에서 규정한 '본형에 당연히 산입되는 미결구금'과 같다고 볼 수 없다 … (대판 2017.8.24, 2017도5977).

(3) 자유형집행의 정지
① **필요적 집행정지** : 징역, 금고 또는 구류의 선고를 받은 자가 심신의 장애로 의사능력이 없는 상태에 있는 때에는 형을 선고한 법원에 대응한 검찰청 검사 또는 형의 선고를 받은 자의 현재지를 관할하는 검찰청 검사의 지휘에 의하여 심신장애가 회복될 때까지 형의 집행을 정지함(제470조 제1항)
② **임의적 집행정지** : 이 경우 제471조 제1항 제1호의 형집행정지 및 그 연장에 관한 사항을 심의하기 위하여 각 지방검찰청에 위원장 1명을 포함한 10명 이내의 위원으로 구성된 형집행정지 심의위원회를 둠(제471조의2)

> **제471조(동전)**
> ① 징역, 금고 또는 구류의 선고를 받은 자에 대하여 다음 각 호의 1에 해당한 사유가 있는 때에는 형을 선고한 법원에 대응한 검찰청 검사 또는 형의 선고를 받은 자의 현재지를 관할하는 검찰청 검사의 지휘에 의하여 형의 집행을 정지할 수 있다.
>   1. 형의 집행으로 인하여 현저히 건강을 해하거나 생명을 보전할 수 없을 염려가 있는 때
>   2. 연령 70세 이상인 때
>   3. 잉태 후 6월 이상인 때
>   4. 출산 후 60일을 경과하지 아니한 때
>   5. 직계존속이 연령 70세 이상 또는 중병이나 장애인으로 보호할 다른 친족이 없는 때
>   6. 직계비속이 유년으로 보호할 다른 친족이 없는 때
>   7. 기타 중대한 사유가 있는 때
> ② 검사가 전항의 지휘를 함에는 소속 고등검찰청검사장 또는 지방검찰청검사장의 허가를 얻어야 한다.

관련 판례

❹ 형사소송법 제471조 제1항 제1호에서 정한 형집행정지 요건인 '형의 집행으로 인하여 현저히 건강을 해할 염려가 있는 때'에 해당하는지에 대한 판단 주체(= 검사) 및 판단 방법
… 제471조 제1항 제1호에서 정하고 있는 형집행정지의 요건인 '형의 집행으로 인하여 현저히 건강을 해할 염려가 있는 때'에 해당하는지에 대한 판단은 검사가 직권으로 하는 것 … 판단 과정에 의사가 진단서 등으로 어떠한 의견을 제시하였더라도 검사는 그 의견에 구애받지 아니하며, 검사의 책임하에 규범적으로 형집행정지 여부의 판단이 이루어진다(대판 2017.11.9, 2014도15129).

4. 자격형의 집행
자격상실 또는 자격정지의 선고를 받은 자에 대하여는 이를 수형자원부에 기재하고 지체 없이 그 등본을 형의 선고를 받은 자의 등록기준지와 주거지의 시장 등에게 송부하여야 함(제476조)

5. 재산형의 집행
(1) 가납집행의 집행조정

> **제480조(가납집행의 조정)**
> 제1심 가납의 재판을 집행한 후에 제2심 가납의 재판이 있는 때에는 제1심재판의 집행은 제2심 가납금액의 한도에서 제2심재판의 집행으로 간주한다.
>
> **제481조(가납집행과 본형의 집행)**
> 가납의 재판을 집행한 후 벌금, 과료 또는 추징의 재판이 확정한 때에는 그 금액의 한도에서 형의 집행이 된 것으로 간주한다.

(2) 재산형의 집행명령

> **제477조(재산형 등의 집행)**
> ① 벌금, 과료, 몰수, 추징, 과태료, 소송비용, 비용배상 또는 가납의 재판은 검사의 명령에 의하여 집행한다.
> ② 전항의 명령은 집행력 있는 채무명의와 동일한 효력이 있다.
> ③ 제1항의 재판의 집행에는 「민사집행법」의 집행에 관한 규정을 준용한다. 단, 집행 전에 재판의 송달을 요하지 아니한다.
> ④ 제3항에도 불구하고 제1항의 재판은 「국세징수법」에 따른 국세체납처분의 예에 따라 집행할 수 있다.
> ⑤ 검사는 제1항의 재판을 집행하기 위하여 필요한 조사를 할 수 있다. 이 경우 제199조 제2항을 준용한다.
> ⑥ 벌금, 과료, 추징, 과태료, 소송비용 또는 비용배상의 분할납부, 납부연기 및 납부대행기관을 통한 납부 등 납부방법에 필요한 사항은 법무부령으로 정한다.

(3) 재산형의 집행대상

> **제478조(상속재산에 대한 집행)**
> 몰수 또는 조세, 전매 기타 공과에 관한 법령에 의하여 재판한 벌금 또는 추징은 그 재판을 받은 자가 재판확정 후 사망한 경우에는 그 상속재산에 대하여 집행할 수 있다.
>
> **제479조(합병 후 법인에 대한 집행)**
> 법인에 대하여 벌금, 과료, 몰수, 추징, 소송비용 또는 비용배상을 명한 경우에 법인이 그 재판확정 후 합병에 의하여 소멸한 때에는 합병 후 존속한 법인 또는 합병에 의하여 설립된 법인에 대하여 집행할 수 있다.

(4) 노역장유치의 집행
한편, 대통령령으로 정한 금액 범위 내의 벌금형이 확정된 벌금 미납자는 검사의 납부명령일부터 30일 이내에 주거지를 관할하는 지방검찰청의 검사에게 사회봉사를 신청할 수 있음(벌금 미납자의 사회봉사 집행에 관한 특례법 제4조 제1항) → 다만, 이 경우 그 벌금형의 금액은 500만원으로 함(벌금 미납자의 사회봉사 집행에 관한 특례법 시행령 제2조)

> **제492조(노역장유치의 집행)**
> 벌금 또는 과료를 완납하지 못한 자에 대한 노역장유치의 집행에는 형의 집행에 관한 규정을 준용한다.

관련 판례

➊ 사법경찰관리가 벌금형에 따르는 노역장 유치의 집행을 위하여 구인하는 경우, 검사로부터 발부받은 형집행장을 그 상대방에게 제시하여야 하는지 여부(적극)
  … 형집행장의 집행에 관하여는 … 피고인의 구속에 관한 규정이 준용된다(제475조) … 노역장 유치의 집행을 위하여 구인하려면, 검사로부터 발부받은 형집행장을 그 상대방에게 제시하여야 한다 … (대판 2010.10.14, 2010도8591).

➋ 벌금미납자에 대한 노역장유치 집행을 위하여 검사의 지휘를 받아 형집행장을 집행하는 경우, 벌금미납자 검거가 사법경찰관리의 직무범위에 속하는지 여부(적극)
  … 구속영장과 동일한 효력이 있는 형집행장은 검사의 지휘에 의하여 사법경찰관리가 집행 … 형의 집행에 관한 규정은 … 제492조에 의하여 벌금미납자에 대한 노역장유치의 집행에 준용 … 벌금미납자에 대한 검거는 사법경찰관리의 직무범위에 속한다 … (대판 2011.9.8, 2009도13371).

➌ 벌금형에 따르는 노역장유치의 집행을 위하여 형집행장을 발부하여 구인하는 경우, 구속사유에 관한 형사소송법 제70조나 구속이유의 고지에 관한 형사소송법 제72조가 준용되는지 여부(소극)
  … 제475조는 이 경우 형집행장의 집행에 관하여 … 피고인의 구속에 관한 규정을 준용 … 여기서 '피고인의 구속에 관한 규정'은 '피고인의 구속영장의 집행에 관한 규정'을 의미한다고 할 것 … 형집행장의 집행에 관하여는 구속의 사유에 관한 … 제70조나 구속이유의 고지에 관한 … 제72조가 준용되지 아니한다(대판 2013.9.12, 2012도2349).

❷ 사법경찰관리가 벌금 미납으로 인한 노역장 유치의 집행의 상대방에게 형집행 사유와 더불어 벌금 미납으로 인한 지명수배 사실을 고지한 경우, 형집행장이 발부되어 있는 사실도 고지한 것이라거나 형집행장이 발부되어 있는 사실까지도 포함하여 고지한 것이라고 볼 수 있는지 여부(소극)
사법경찰관리가 벌금 미납으로 인한 노역장 유치의 집행의 상대방에게 형집행 사유와 더불어 벌금 미납으로 인한 지명수배 사실을 고지하였더라도 … 그러한 고지를 형집행장이 발부되어 있는 사실도 고지한 것이라거나 형집행장이 발부되어 있는 사실까지도 포함하여 고지한 것이라고 볼 수 없으므로 … 적법한 직무집행에 해당한다고 할 수 없다(대판 2017.9.26, 2017도9458).

6. 몰수물의 처분·교부와 압수물의 처분

(1) **몰수물의 집행** : 몰수물은 검사가 처분하여야 하며(제483조), 몰수를 집행한 후 3월 이내에 그 몰수물에 대하여 정당한 권리있는 자가 몰수물의 교부를 청구한 때에는 검사는 파괴 또는 폐기할 것이 아니면 이를 교부하여야 함(제484조)

(2) **압수물의 처분**

> **제485조(위조등의 표시)**
> ① 위조 또는 변조한 물건을 환부하는 경우에는 그 물건의 전부 또는 일부에 위조나 변조인 것을 표시하여야 한다.
> ② 위조 또는 변조한 물건이 압수되지 아니한 경우에는 그 물건을 제출하게 하여 전항의 처분을 하여야 한다. 단, 그 물건이 공무소에 속한 것인 때에는 위조나 변조의 사유를 공무소에 통지하여 적당한 처분을 하게 하여야 한다.

Ⅳ 재판집행에 대한 의의신청 등

1. 재판해석에 대한 의의신청(疑義申請) : 즉시항고 가능(제491조)

> **제488조(의의신청)**
> 형의 선고를 받은 자는 집행에 관하여 재판의 해석에 대한 의의가 있는 때에는 재판을 선고한 법원에 의의신청을 할 수 있다.

2. 재판집행에 대한 이의신청(異議申請) : 즉시항고 가능(제491조)

> **제489조(이의신청)**
> 재판의 집행을 받은 자 또는 그 법정대리인이나 배우자는 집행에 관한 검사의 처분이 부당함을 이유로 재판을 선고한 법원에 이의신청을 할 수 있다.

02 형사보상(刑事補償)

I 형사보상의 의의

형사피의자 또는 형사피고인으로서 구금되었던 자가 법률이 정하는 불기소처분을 받거나 무죄판결을 받은 때에는 법률이 정하는 바에 의하여 국가에 정당한 보상을 청구할 수 있음(헌법 제28조) → 헌법은 이러한 형사보상청구권을 헌법상 기본권의 하나로 규정하고 있으며, 헌법이 보장하고 있는 형사보상청구권을 구체화하기 위하여 형사보상 및 명예회복에 관한 법률을 제정하여 시행하고 있음

II 형사보상의 법적 성질

공무원의 고의·과실을 요하지 않는 무과실손해배상책임 → 국가배상법에 의한 국가배상청구 또는 민법에 의한 손해배상의 청구도 가능

III 형사보상의 요건

1. **피의자에 대한 보상**(피의자보상)
   (1) 적극적 요건 : 피의자로서 구금되었던 자 중 검사로부터 불기소 처분을 받은 자 → 다만 처분이 종국적인 것이 아니거나 기소유예처분에 의한 것일 경우×
   (2) 소극적 요건 : 본인이 수사 또는 재판을 그르칠 목적으로 허위의 자백을 하는 등의 경우에는 피의자보상의 전부 또는 일부를 하지 아니할 수 있음

2. **무죄재판을 받은 자에 대한 보상**(피고인보상)
   (1) 적극적 요건
   ① 무죄재판 : 일반절차 또는 재심이나 비상상고절차에서 무죄재판을 받은 자가 미결구금 당하였을 때
   ② 면소 또는 공소기각의 재판 : 면소 또는 공소기각의 재판을 받은 자도 면소 또는 공소기각의 재판을 할 만한 사유가 없더라면 무죄의 재판을 받을 만한 현저한 사유가 있었을 때○
   ③ 치료감호청구기각의 재판 : 치료감호법 제7조에 따라 공소가 제기되지 않고 치료감호만 청구된 자가 범죄로 되지 않거나 범죄사실의 증명이 없어 청구기각의 판결을 받아 확정된 경우에 국가에 대하여 구금에 대한 보상을 청구할 수 있음

   > **관련 판례**
   >
   > ❷ 판결 주문에서 경합범의 일부에 대하여 유죄가 선고되고 다른 부분에 대하여 무죄가 선고된 경우, 형사보상을 청구할 수 있는지 여부(적극)
   > … 판결 주문에서 경합범의 일부에 대하여 유죄가 선고되더라도 다른 부분에 대하여 무죄가 선고되었다면 형사보상을 청구할 수 있다 … 그 경우라도 미결구금 일수의 전부 또는 일부가 유죄에 대한 본형에 산입되는 것으로 확정되었다면, 그 본형이 실형이든 집행유예가 부가된 형이든 불문하고 그 산입된 미결구금 일수는 형사보상의 대상이 되지 않는다 … (대법원 2017.11.28, 2017모1990).
   >
   > ❷ 판결 이유에서만 무죄로 판단된 경우, 미결구금 가운데 무죄로 판단된 부분의 수사와 심리에 필요하였다고 인정된 부분에 관하여 보상을 청구할 수 있는지 여부(적극)
   > 판결 주문에서 무죄가 선고되지 아니하고 판결 이유에서만 무죄로 판단된 경우에도 … 무죄로 판단된 부분의 수사와 심리에 필요하였다고 인정된 부분에 관하여는 … 보상을 청구할 수 있다 … 미결구금 일수의 전부 또는 일부가 선고된 형에 산입되는 것으로 확정되었다면, 그 산입된 미결구금 일수는 형사보상의 대상이 되지 않는다(대법원 2017.11.28, 2017모1990).

- ❸ 판결 이유에서 무죄로 판단된 경우, 미결구금 가운데 무죄로 판단된 부분의 수사와 심리에 필요하였다고 인정된 부분에 관하여 보상을 청구할 수 있는지 여부(적극)
  - ··· 판결 주문에서 무죄가 선고된 경우뿐만 아니라 판결 이유에서 무죄로 판단된 경우에도 미결구금 가운데 무죄로 판단된 부분의 수사와 심리에 필요하였다고 인정된 부분에 관하여는 보상을 청구할 수 있고, ··· (대법원 2016.3.11, 2014모2521).
- ❹ 대통령 긴급조치 제9호가 해제됨에 따라 면소판결을 받은 자가 '형사보상 및 명예회복에 관한 법률'의 '피고인이 면소의 재판을 할 만한 사유가 없었더라면 무죄재판을 받을 만한 현저한 사유가 있었을 경우'에 해당하는지 여부(적극)
  - ··· 긴급조치 제9호의 위헌·무효를 선언함으로써 비로소 면소의 재판을 할 만한 사유가 없었더라면 무죄재판을 받을 만한 현저한 사유가 피고인에게 생겼다고 할 것 ··· 보상을 청구할 수 있다(대법원 2013.4.18, 2011초기689).
- ❺ 위헌·무효인 긴급조치에 근거하여 유죄판결을 받은 후 형사소송법 제325조 전단에 의한 재심무죄판결이 확정된 경우, 국가의 손해배상책임이 인정되는지 여부(소극)
  - 형벌에 관한 법령이 헌법재판소의 위헌결정으로 소급하여 효력을 상실하였거나 법원에서 위헌·무효로 선언된 경우 ··· 위헌으로 선언되기 전에 그 법령에 기초하여 수사가 개시되어 공소가 제기되고 유죄판결이 선고되었더라도, 그러한 사정만으로 ··· 공무원의 고의 또는 과실에 의한 불법행위에 해당하여 국가의 손해배상책임이 발생한다고 볼 수는 없다(대판 2014.10.27, 2013다217962).

(2) **소극적 요건** : 책임무능력 사유에 의하여 무죄재판을 받은 경우, 본인이 수사 또는 심판을 그르칠 목적으로 허위의 자백을 하는 등의 경우에는 보상청구의 전부 또는 일부를 기각할 수 있음

> **관련 판례**
> - ❶ 형사보상청구의 기각 요건인 '수사 또는 심판을 그르칠 목적'의 증명책임 및 판단방법
>   - ··· 본인이 범행을 부인하여도 형사처벌을 면하기 어려울 것이라는 생각으로 부득이 자백에 이르게 된 것이라면 '수사 또는 심판을 그르칠 목적'이 있었다고 섣불리 단정할 수 없다(대법원 2008.10.28, 2008모577).

Ⅳ 형사보상의 내용

1. 구금에 대한 보상

구금에 대한 보상을 할 때에는 그 구금일수에 따라 1일당 보상청구의 원인이 발생한 연도의 최저임금법에 따른 일급 최저임금액 이상 대통령령으로 정하는 금액 이하의 비율에 의한 보상금을 지급함

2. 형의 집행에 대한 보상

(1) **사형집행에 대한 보상** : 집행 전 구금에 대한 보상금 외에 3천만원 이내에서 가산 보상

(2) **벌금 또는 과료의 집행에 대한 보상** : 이미 징수한 벌금 또는 과료의 액에 민법 제379조의 법정이율(연 5푼)에 의한 금액을 가산

(3) **몰수집행에 대한 보상** : 몰수물을 반환하고 민법 제379조의 법정이율(연5푼)에 의한 금액을 가산한 액을 보상

Ⅴ 형사보상의 절차

1. 형사보상의 청구

(1) **형사보상의 청구권자** : 무죄재판이나 면소 및 공소기각의 재판을 받은 자 피고인 본인 또는 기소유예처분 이외의 불기소처분을 받은 피의자 본인 → 양도 또는 압류×, 상속○

(2) 형사보상청구의 시기
   ① 피고인보상 : 종전의 형사보상법에 따르면 무죄재판을 받은 자에 대한 보상의 청구는 무죄재판 등이 확정된 때로부터 1년 이내에 하여야 하는 것으로 하고 있었음 → 헌법재판소에 의한 헌법불합치결정(헌재결 2010.7.29, 2008헌가4) → 무죄재판을 받은 자에 대한 보상의 청구는 무죄재판이 확정된 사실을 안 날부터 3년, 무죄재판이 확정된 때부터 5년 이내에 하여야 함
   ② 피의자보상 : 피의자보상의 청구는 검사로부터 공소를 제기하지 아니하는 처분의 고지 또는 통지를 받은 날부터 3년 이내에 하여야 함

> **관련 판례**
> ❸ 면소 또는 공소기각의 재판을 받아 확정되었으나 그 면소 또는 공소기각의 사유가 없었더라면 무죄재판을 받을 만한 현저한 사유가 있음을 이유로 구금에 대한 보상을 청구하는 경우, 보상청구의 기간(= 면소 또는 공소기각의 재판이 확정된 사실을 안 날부터 3년, 면소 또는 공소기각의 재판이 확정된 때부터 5년 이내)
> … 면소 또는 공소기각의 재판을 받아 확정되었으나, 그 면소 또는 공소기각의 사유가 없었더라면 무죄재판을 받을 만한 현저한 사유가 있음을 이유로 구금에 대한 보상을 청구하는 경우, 보상청구는 면소 또는 공소기각의 재판이 확정된 사실을 안 날부터 3년, 면소 또는 공소기각의 재판이 확정된 때부터 5년 이내에 하는 것이 원칙… (대법원 2022.12.20, 2020모627).

(3) 형사보상청구의 상대방 : 피고인보상은 무죄재판을 한 법원에, 피의자보상은 지방검찰청의 심의회에 청구함

(4) 형사보상청구의 방식 : 형사보상의 청구는 대리인에 의하여도 할 수 있음

2. 피고인보상의 절차

(1) 보상청구에 대한 재판 : 법원합의부에서 재판 → 검사와 청구인의 의견을 들은 후 결정

(2) 보상결정에 대한 불복
   ① 보상의 결정 : 종전의 형사보상법에 따르면 보상의 결정에 대하여는 불복을 신청할 수 없는 것으로 하고 있었음 → 헌법재판소의 위헌결정(헌재결 2010.10.28, 2008헌마514) → 개정된 현행 형사보상 및 명예회복에 관한 법률에 따르면 보상의 결정에 대하여 1주일 이내에 즉시항고를 할 수 있도록 하고 있음
   ② 보상청구의 기각결정 : 보상청구를 기각하는 결정에 대해서는 즉시항고를 할 수 있음 → 보상청구의 각하결정에 대해서도 즉시항고를 할 수 있다는 것이 판례의 입장임

3. 피의자보상의 절차

지방검찰청의 피의자보상심의회 → 심의회의 결정에 대하여는 행정소송을 제기할 수 있음

4. 보상금지급의 청구

보상의 지급을 청구하고자 하는 자는 보상을 결정한 법원에 대응한 검찰청에 보상지급청구서를 제출하여야 하며, 보상결정이 송달된 후 2년 이내에 보상금 지급청구를 하지 아니할 때에는 그 권리를 상실함

Ⅵ 명예회복(무죄재판서 등의 게재)

무죄재판을 받아 확정된 사건의 피고인은 무죄재판이 확정된 때부터 3년 이내에 확정된 무죄재판사건의 재판서를 법무부 인터넷 홈페이지에 게재하도록 해당 사건을 기소한 검사가 소속된 지방검찰청에 청구할 수 있음 → 무죄재판서의 게재 청구가 있는 때에는 그 청구를 받은 날부터 1개월 이내에 무죄재판서를 법무부 인터넷 홈페이지에 게재하여야 하며, 이 경우 무죄재판서의 게재기간은 1년으로 함

CHAPTER 04

CORE SUMMARY

특별형사절차

01 약식절차

I 서설

검사의 청구가 있는 때에 통상의 공판절차를 거치지 않고 검사가 제출한 자료만을 가지고 서면심리를 하여 피고인에게 벌금·과료 또는 몰수의 형을 부과하는 간이재판절차

> **제448조(약식명령을 할 수 있는 사건)**
> ① 지방법원은 그 관할에 속한 사건에 대하여 검사의 청구가 있는 때에는 공판절차없이 약식명령으로 피고인을 벌금, 과료 또는 몰수에 처할 수 있다.
> ② 전항의 경우에는 추징 기타 부수의 처분을 할 수 있다.

II 약식명령의 청구

1. 약식명령청구의 대상

벌금·과료 또는 몰수○ → 합의부의 관할에 속하는 사건일지라도 벌금·과료·몰수의 형을 선택적으로 선고할 수 있으면○, 징역·금고 등과 벌금·과료 또는 몰수를 병과하여야 하는 사건×

2. 약식명령청구의 방식

(1) **약식명령의 청구** : 약식명령의 청구는 공소의 제기와 동시에 서면으로 하여야 한다(제449조). → 기소독점주의의 예외가 아니라 기소독점주의의 한 내용 → 약식명령청구서에도 제254조에 의한 공소사실을 기재

(2) **서류 등의 제출** : 검사는 약식명령의 청구와 동시에 약식명령을 하는데 필요한 증거서류 및 증거물을 법원에 제출하여야 함 → 약식절차에서는 공소장일본주의가 적용되지 않음 → 다만, 약식명령에 대하여 정식재판을 청구하는 경우에는 공소장일본주의가 적용됨

(3) **부본첨부의 요부(要否)** : 피고인에게 약식명령청구서나 공소장부본을 송달하지 않으므로, 부본을 첨부할 필요 없음

Ⅲ 약식절차의 심판

1. 법원의 심리
(1) 서면심리의 원칙

(2) 제한적 사실조사 : 약식절차의 본질을 해하지 않는 범위 내에서 사실조사와 증거조사 가능

(3) 공판기일의 심판절차에 관한 규정 적용배제 : 서면심리가 원칙이므로 공개주의나 직접주의가 배제, 공소장변경 및 전문법칙도 적용 배제 → 다만 자백배제법칙이나 자백의 보강법칙은 그대로 적용됨

2. 공판절차로의 이행
(1) 공판절차로의 이행사유 : 약식명령의 청구가 있는 경우에 그 사건이 약식명령으로 할 수 없거나 약식명령으로 하는 것이 적당하지 않다고 인정한 때에는 공판절차에 의하여 심판하여야 함(제450조)

(2) 공판절차로 이행 후 절차
① 통상의 공판절차에서와 마찬가지로 피고인의 방어권을 보장하기 위하여 피고인에게 공소장부본을 송달해 주어야 함
② 법원은 공판절차에 의하여 심판하기로 한 때에는 즉시 그 취지를 검사에게 통지 → 통지를 받은 검사는 5일 이내에 피고인 수에 상응한 공소장부본을 법원에 제출 → 법원은 그 공소장부본을 지체없이 피고인 또는 변호인에게 송달
③ 법원은 검사가 제출한 서류와 증거물 등을 다시 검사에게 반환하여야 함

3. 약식명령
(1) 약식명령의 발부 및 방식
① 약식명령의 발부와 고지

> **제452조(약식명령의 고지)**
> 약식명령의 고지는 검사와 피고인에 대한 재판서의 송달에 의하여 한다.
>
> **규칙 제171조(약식명령의 시기)**
> 약식명령은 그 청구가 있는 날로부터 14일 이내에 이를 하여야 한다.

② 약식명령의 방식
㉠ 증거의 요지를 명시할 필요는 없음 → 부수처분에는 추징, 환부, 가납명령이 포함

> **제451조(약식명령의 방식)**
> 약식명령에는 범죄사실, 적용법령, 주형, 부수처분과 약식명령의 고지를 받은 날로부터 7일 이내에 정식재판의 청구를 할 수 있음을 명시하여야 한다.

㉡ 벌금・과료・몰수에 한함 → 무죄・면소・공소기각 또는 관할위반의 재판은 ×

(2) 약식명령의 확정과 효력 : 약식명령의 발령시가 기판력의 표준, 재심과 비상상고의 대상 ○

> **제457조(약식명령의 효력)**
> 약식명령은 정식재판의 청구기간이 경과하거나 그 청구의 취하 또는 청구기각의 결정이 확정한 때에는 확정판결과 동일한 효력이 있다.

Ⅳ 정식재판의 청구

1. **정식재판청구의 의의**

   심급을 달리하는 것이 아니라 같은 심급의 법원에 대하여 그 시정을 구한다는 점에서 상소와 다름

2. **정식재판청구의 절차**

   (1) 정식재판의 청구권자

   ① 검사와 피고인

   > **제453조(정식재판의 청구)**
   > ① 검사 또는 피고인은 약식명령의 고지를 받은 날로부터 7일 이내에 정식재판의 청구를 할 수 있다. 단, 피고인은 정식재판의 청구를 포기할 수 없다.
   > ② 정식재판의 청구는 약식명령을 한 법원에 서면으로 제출하여야 한다.
   > ③ 정식재판의 청구가 있는 때에는 법원은 지체없이 검사 또는 피고인에게 그 사유를 통지하여야 한다.

   ② 정식재판청구권의 대리행사자 : 상소권자와 동일

   > **관련 판례**
   > ◆ 약식명령에 대한 정식재판청구와 관련된 판례들
   > 1. 변호인이 정식재판청구서를 제출할 것으로 믿고 피고인이 스스로 적법한 정식재판의 청구기간 내에 정식재판청구서를 제출하지 못하였더라도 … 피고인 또는 대리인이 책임질 수 없는 사유로 인하여 정식재판의 청구기간 내에 정식재판을 청구하지 못한 때에 해당하지 않는다(대법원 2017.7.27. 2017모1557).
   > 2. … 약식명령은 그 재판서를 피고인에게 송달함으로써 효력이 발생하고, 변호인이 있는 경우라도 반드시 변호인에게 약식명령 등본을 송달해야 하는 것은 아니다 … 정식재판 청구기간은 피고인에 대한 약식명령 고지일을 기준으로 하여 기산 …(대법원 2016.12.2. 2016모2711).

   (2) **정식재판청구의 방법** : 정식재판의 청구는 약식명령의 고지를 받은 날로부터 7일 이내에 약식명령을 한 법원에 서면으로 제출하여야 하며, 정식재판의 청구가 있는 때에는 법원은 지체없이 검사 또는 피고인에게 그 사유를 통지하여야 함 → 다시 공소장부본을 송달할 필요는 없음

   (3) **정식재판청구의 취하** : 정식재판의 청구를 취하한 자는 다시 정식재판을 청구하지 못함

   > **제454조(정식재판청구의 취하)**
   > 정식재판의 청구는 제1심판결 선고 전까지 취하할 수 있다.

3. **정식재판청구에 대한 재판**

   (1) 정식재판청구기각결정

   > **제455조(기각의 결정)**
   > ① 정식재판의 청구가 법령상의 방식에 위반하거나 청구권의 소멸 후인 것이 명백한 때에는 결정으로 기각하여야 한다.
   > ② 전항의 결정에 대하여는 즉시항고를 할 수 있다.
   > ③ 정식재판의 청구가 적법한 때에는 공판절차에 의하여 심판하여야 한다.

> **관련 판례**
>
> ❸ 청구인의 기명날인이 없는 정식재판청구서를 적법하다고 오인하여 접수한 경우, 법원이 취해야 할 조치(= 기각결정)
> … 정식재판청구서에 청구인의 기명날인이 없는 경우에는 정식재판의 청구가 법령상의 방식을 위반한 것으로서 그 청구를 결정으로 기각 … 적법한 청구가 있는 것으로 오인하여 청구서를 접수한 경우에도 마찬가지 … 정식재판청구권의 회복을 구할 수 있을 뿐이다(대법원 2008.7.11, 2008모605).

(2) 통상의 공판절차에 의한 심판(제455조 제3항)
  ① 정식재판의 청구가 적법한 때에는 공판절차에 의하여 심판 → 공소취소나 공소장변경이 가능
  ② 형종 상향 금지(제457조의2) : 전술함
  ③ 약식명령을 발부한 법관이 정식재판절차의 제1심판결에 관여하였어도 제척 ×
    → 약식명령을 발부한 법관이 정식재판절차의 제2심판결에 관여하였어도 제척 ○
  ④ 정식재판을 청구한 피고인이 정식재판절차의 공판기일에 2회 이상 출석하지 않으면 피고인의 진술 없이 판결을 할 수 있음(제458조 제2항, 제365조)

(3) 약식명령의 실효 : 약식명령은 정식재판청구에 의한 판결이 있는 때에는 효력을 잃는다(제456조).

02 즉결심판절차

I 서설

20만원 이하의 벌금·구류 또는 과료에 처할 경미한 범죄에 대하여 지방법원 판사가 통상의 공판절차에 의하지 아니하고 '즉결심판에 관한 절차법'에 의하여 신속하게 처리하는 심판절차

II 즉결심판의 청구

1. **즉결심판의 청구권자** : 경찰서장 또는 해양경찰서장 → 기소독점주의에 대한 예외

2. **즉결심판의 대상** : 20만원 이하의 벌금, 구류 또는 과료

3. **즉결심판의 관할법원**
   지방법원·지원 또는 시·군법원의 판사 → 지방법원 또는 그 지원의 판사는 소속지방법원장의 명령을 받아 소속법원의 관할사무와 관계없이 즉결심판청구사건을 심판할 수 있음

4. **즉결심판청구의 방식**
   즉결심판청구서를 제출 → 경찰서장은 즉결심판의 청구와 동시에 즉결심판을 함에 필요한 서류 또는 증거물을 판사에게 제출하여야 함 → 공소장일본주의가 적용되지 않음

Ⅲ 즉결심판청구사건의 심리

1. 즉결심판청구기각결정과 경찰서장의 송치
(1) **즉결심판청구기각결정** : 판사는 사건이 즉결심판을 할 수 없거나 즉결심판절차에 의하여 심판함이 적당하지 아니하다고 인정할 때에는 결정으로 즉결심판의 청구를 기각
(2) **경찰서장의 송치** : 즉결심판청구기각결정이 있는 때에는 경찰서장은 지체없이 사건을 관할지방검찰청 또는 지청의 장에게 송치 → 검사가 공소제기

> **관련 판례**
> ❷ 판사가 즉결심판청구를 기각하자 경찰서장이 사건을 관할지방검찰청으로 송치하였으나 검사가 이를 즉결심판에 대한 피고인의 정식재판청구가 있은 사건으로 오인하여 그 사건기록을 법원에 송부한 경우 공소제기의 성립여부(소극)
> … 공소제기가 성립되었다고 볼 수 없다(대판 2003.11.14, 2003도2735).

2. 즉결심판절차에 있어서 심리상의 특칙
(1) 기일에서의 심리상 특칙
① **심판의 시기** : 즉시 심판 → 통상의 공판절차에서 진행되는 준비절차들은 생략
② **심판의 장소** : 공개된 법정에서 행하되, 그 법정은 경찰관서 외의 장소에 설치
③ **개정없는 심판** : 벌금·과료는 개정없이 심판할 수 있으며, 다만 구류는 개정없이 심판할 수 없음
④ **피고인의 출석** : 벌금·과료를 선고하는 경우에는 피고인이 출석하지 아니하더라도 심판할 수 있으며, 구류라도 피고인이 법원에 불출석 심판을 청구하여 법원이 이를 허가한 때에는 피고인이 출석하지 아니하더라도 심판할 수 있음 → 경찰서장의 출석은 요하지 않음
⑤ **기일이 심리** : 판사는 피고인에게 진술거부권이 있음을 알리고 변명할 기회를 주어야 함
(2) 증거에 있어서의 특칙
① **증거조사의 대상** : 경찰서장이 제출한 서류와 증거물이나 재정하는 증거에 한정
② **전문법칙의 제한적 적용배제** : 사법경찰관작성의 피의자신문조서나 진술조서에 관한 전문법칙인 형사소송법 제312조 제3항과 제313조의 규정은 적용되지 않음 → 사법경찰관작성의 피의자신문조서는 피고인이 그 내용을 부인하더라도 증거로 할 수 있음
③ **자백보강법칙의 적용배제** : 자백의 보강법칙이 적용되지 않으므로, 보강증거가 없더라도 피고인의 자백만으로 유죄판결을 선고할 수 있음 → 자백배제법칙과 위법수집증거배제법칙은 그대로 적용됨

3. 형사소송법의 준용 : 그 성질에 반하지 아니한 것은 형사소송법의 규정을 준용함

Ⅳ 즉결심판의 선고와 효력

1. 즉결심판의 선고
(1) **선고할 수 있는 형** : 20만원 이하의 벌금, 구류 또는 과료○, 무죄·면소 또는 공소기각도○
(2) **선고의 방식** : 형, 범죄사실과 적용법조를 명시하고 피고인은 7일 이내에 정식재판을 청구할 수 있다는 것을 고지하여야 함

(3) 유치명령과 가납명령
① 유치명령 : 구류의 선고를 받은 피고인이 주소가 없거나 또는 도망할 염려가 있을 때에는 5일을 초과하지 아니하는 기간 경찰서유치장에 유치할 것을 명령할 수 있음
② 가납명령 : 벌금 또는 과료를 선고하였을 때에는 노역장유치기간을 선고하여야 하고 가납명령을 할 수 있음

2. 즉결심판의 효력

즉결심판은 정식재판의 청구기간이 경과한 경우, 정식재판청구권의 포기 또는 그 청구의 취하가 있는 경우, 정식재판청구를 기각하는 재판이 확정된 경우에는 확정판결과 동일한 효력 → 기판력과 집행력이 발생 → 즉결심판의 판결이 확정된 때에는 즉결심판서 및 관계서류와 증거는 관할경찰서 또는 해양경찰서에서 이를 보존

3. 형의 집행

(1) 경찰서장의 집행 : 형의 집행은 경찰서장이 하고 그 집행결과를 지체없이 검사에게 보고
(2) 구류의 집행 : 구류는 경찰서유치장·구치소 또는 교도소에서 집행
(3) 집행종료시의 조치 : 벌금·과료·몰수는 그 집행을 종료하면 지체없이 이를 검사에게 인계

V 정식재판의 청구

1. 정식재판청구의 절차

(1) 청구권자
① 피고인 : 즉결심판의 선고·고지를 받은 날로부터 7일 이내에 정식재판청구서를 경찰서장에게 제출하여야 하며, 정식재판청구서를 받은 경찰서장은 지체없이 판사에게 이를 송부하여야 함
② 경찰서장 : 선고·고지를 한 날로부터 7일 이내에 정식재판을 청구할 수 있으며, 정식재판청구서를 판사에게 제출하여야 함

(2) 정식재판청구 후의 절차 : 판사는 정식재판청구서를 받은 7일 이내에 경찰서장에게 정식재판청구서를 첨부한 사건기록과 증거물을 송부하고, 경찰서장은 지체없이 관할지방검찰청 또는 지청의 장에게 이를 송부하여야 하며, 그 검찰청 또는 지청의 장은 지체없이 관할법원에 이를 송부하여야 함

(3) 정식재판청구의 포기 또는 취하 : 정식재판의 청구권자는 그 정식재판청구권을 포기하거나 그 정식재판청구를 취하할 수 있음 → 정식재판청구의 취하는 제1심판결 선고 전까지 할 수 있으며, 정식재판청구권을 포기한 자와 정식재판청구를 취하한 자는 다시 정식재판을 청구할 수 없음

(4) 정식재판청구에 대한 심판 : 법령상의 방식에 위반된 경우나 그 청구권의 소멸 후임이 명백한 경우에는 기각결정, 정식재판의 청구가 적법한 때에는 공판절차에 의하여 심판 → 즉시항고

2. 공판절차에 의한 심판

(1) 공판절차의 진행 : 정식재판의 청구가 적법한 때에는 공판절차에 의하여 심판
(2) 불이익변경금지원칙의 적용여부 : 불이익변경금지의 원칙이 적용됨

(3) 즉결심판의 효력 : 즉결심판은 정식재판의 청구에 의한 판결이 있는 때에는 그 효력을 잃음

> **관련 판례**
>
> ❶ 경찰서장의 청구에 의해 즉결심판을 받은 피고인으로부터 적법한 정식재판의 청구가 있는 경우, 별도의 공소제기 없이 공판절차에 의하여 심판하여야 하는지 여부(적극)
> 1. … 즉결심판에 대하여 피고인의 정식재판 청구가 있는 경우 … 검사의 별도의 공소제기는 필요하지 아니한데도 검사가 … 법원에 사건기록과 증거물을 그대로 송부하지 아니하고 … 동일성 있는 범죄사실에 대하여 약식명령을 청구하였다면 … 공소제기절차는 법률의 규정에 위반하여 무효인 때에 해당하거나 공소가 제기된 사건에 대하여 다시 공소가 제기되었을 때에 해당하여 공소를 기각 … (대판 2017.10.12, 2017도10368).
> 2. … 경찰서장의 즉결심판청구는 공소제기와 동일한 소송행위이므로 … 피고인이 즉결심판에 대하여 정식재판청구를 한 경우 검사가 법원에 사건기록과 증거물을 그대로 송부하지 않고 즉결심판이 청구된 위반 내용과 동일성 있는 범죄사실에 대하여 약식명령을 청구하면 … 다시 공소가 제기되었을 때에 해당한다는 이유로 공소기각판결을 선고 … (대법원 2019.11.29, 2017모3458).

03 소년에 대한 형사절차

I 소년형사범의 의의

1. 소년형사사건
14세 이상 19세 미만의 소년으로서 금고 이상의 형에 해당하는 범죄를 범하였고 그 동기와 죄질이 형사처분을 할 필요가 있다고 인정되는 사건

2. 소년보호사건
14세 이상 19세 미만의 소년으로서 죄를 범하였거나(벌금 이하의 형에 해당하는 범죄), 10세 이상 14세 미만인 소년으로서 촉법행위나 우범행위를 한 자에 대하여 보호처분을 할 필요가 있다고 인정되는 사건 → 소년부 단독판사가 담당

II 사건의 송치

1. 소년부로의 사건송치
(1) **검사에 의한 필요적 송치** : 검사는 소년에 대한 피의사건을 수사한 결과 보호처분에 해당하는 사유가 있다고 인정한 경우에는 사건을 관할 소년부에 송치하여야 함(소년법 제49조 제1항)

(2) **법원에 의한 필요적 송치** : 법원은 소년에 대한 피고사건을 심리한 결과 보호처분에 해당할 사유가 있다고 인정하면 결정으로써 사건을 관할 소년부에 송치하여야 함(소년법 제50조)

2. 소년부에서 검사로의 사건송치(送檢)
(1) **필요적 송치** : 소년부는 조사 또는 심리한 결과 금고 이상의 형에 해당하는 범죄사실이 발견된 경우 그 동기와 죄질이 형사처분을 할 필요가 있다고 인정한 경우나 사건의 본인이 19세 이상인 것으로 밝혀진 경우에는 당해 사건을 관할 지방법원에 대응한 검찰청 검사에게 송치하여야 함

(2) 임의적 송치 : 소년부는 그 동기와 죄질이 금고 이상의 형사처분을 할 필요가 있다고 인정할 때에는 결정으로 당해 검찰청 검사에게 송치할 수 있음

Ⅲ 소년형사절차의 특칙

1. 소송조건에 있어서의 특칙
(1) 이중기소의 금지 : 보호처분을 받은 소년에 대하여는 그 심리가 결정된 사건은 다시 공소를 제기하거나 소년부에 송치할 수 없음 → 위반시 공소기각판결을 하여야 한다는 것이 판례의 입장임
(2) 공소시효의 정지 : 소년보호절차에 의한 심리개시의 결정이 있는 때로부터 그 사건에 대한 보호처분의 결정이 확정될 때까지 공소시효는 그 진행이 정지

2. 구속영장발부의 제한과 분리수용
소년에 대한 구속영장은 부득이한 경우가 아니면 발부하지 못하며, 소년을 구속하는 경우에는 특별한 사정이 없으면 다른 피의자나 피고인과 분리하여 수용하여야 함(소년법 제55조)

3. 공소제기에 있어서의 특칙
(1) 검사의 처분결정 전 사전 조사제 : 소년사건의 처리의 전문성 향상 및 내실화
(2) 조건부 기소유예 : 검사는 소년범에 대하여 범죄예방자원봉사위원의 선도, 소년의 선도·교육과 관련된 단체·시설에서의 상담·교육·활동 등에 해당하는 선도 등을 받게 하고 피의사건에 대한 공소를 제기하지 아니할 수 있음(소년법 제49조의3) → 다만, 이 경우 소년과 소년의 친권자·후견인 등 법정대리인의 동의를 받아야 함

4. 심리에 있어서의 특칙
(1) 조사의 위촉 : 소년에 대한 형사사건에 관하여 필요한 사항을 위촉할 수 있음
(2) 심리의 분리 : 다른 피의사건과 관련된 경우에도 심리에 지장이 없으면 그 절차를 분리하여야 함
(3) 심리의 방식 : 친절하고 온화하게 → 공개하지 않음이 원칙

5. 재판에 있어서의 특칙
(1) 사형이나 무기형의 완화
① 18세 미만인 소년 : 죄를 범할 당시 18세 미만인 소년에 대하여 사형 또는 무기형으로 처할 경우에는 15년의 유기징역으로 함(소년법 제59조). → 이러한 특칙은 '범죄시'를 기준으로 하는 것이므로, '재판시'에 18세 이상이 되었더라도 이 특칙은 적용
② 특정강력범죄 : 특정강력범죄의 처벌에 관한 특례법에 의하면 특정강력범죄를 범한 때 18세 미만인 소년에 대하여 사형 또는 무기형으로 처할 것인 때에는 20년의 유기징역으로 함(동법 제4조 제1항).
(2) 부정기형제도
① 19세 미만인 소년 : 소년이 법정형으로 장기 2년 이상의 유기형에 해당하는 죄를 범한 경우에는 그 형의 범위에서 장기는 10년, 단기는 5년을 초과하지 아니하는 범위 내에서 장기와 단기를 정하여 선고함(소년법 제60조 제1항) → 여기에서 부정기형을 선고할 수 있는 소년으로서 '19세 미만인 자'의 여부는 범죄시가 아니라 '재판시(사실심판결선고시)'를 그 기준으로 함

② **특정강력범죄** : 특정강력범죄의 처벌에 관한 특례법에 의하면 특정강력범죄를 범한 소년에 대하여 부정기형을 선고할 때에는 장기는 15년, 단기는 7년을 초과하지 못함(동법 제4조 제2항)

③ **집행유예나 선고유예의 경우** : 형의 집행유예나 형의 선고유예를 선고할 때에는 부정기형을 선고하지 못함

> **관련 판례**
>
> ❶ 제1심에서 부정기형을 선고한 판결에 대한 항소심 계속 중 개정 소년법이 시행되었고 항소심 판결선고시에는 이미 신법상 소년에 해당하지 않게 된 경우, 법원이 취하여야 할 조치(= 정기형 선고)
> … 항소심판결 선고일에 피고인이 이미 19세에 달하여 개정 소년법상 소년에 해당하지 않게 되었다면, 항소심법원은 피고인에 대하여 정기형을 선고 … (대판 2008.10.23, 2008도8090).
>
> ❷ 항소심판결 당시 미성년이었으나 상고심 계속 중 성년이 된 자에 대한 부정기형 선고의 적부(적극)
> … 항소심판결 선고 당시 미성년이었던 피고인이 상고 이후에 성년이 되었다고 하여 … 부정기형의 선고가 위법이 되는 것은 아니다(대판 1998.2.27, 97도3421).
>
> ❸ 소년범 감경에 관한 소년법 제60조 제2항 등의 적용대상인 '소년'인지 여부를 판단하는 시기(= 사실심판결 선고시)
> … 19세 미만 … 심판시, 즉 사실심판결 선고시를 기준으로 판단 … (대판 2009.5.28, 2009도2682).
>
> ❹ 항소심에서 부정기형이 선고된 후 성년이 된 것이 상고심에서의 파기사유가 되는지 여부(소극)
> 항소법원이 판결을 할 당시에 피고인이 미성년자였기 때문에 부정기형이 선고되었다면 그 후 상고심에서 피고인이 성년이 되었다고 하더라도 원심판결을 파기하고 정기형을 선고할 수 없다(대판 1986.1.28, 85도2500).

(3) **불이익변경금지의 판단기준** : 예전에는 단기표준설의 입장이었으나 현재는 부정기형의 장기와 단기의 중간형을 그 기준으로 하여야 한다는 것이 판례의 입장임(대판 2020.10.22, 2020도4140)

(4) **환형처분의 금지** : 18세 미만인 소년에 대하여 벌금 또는 과료를 선고하는 경우에는 노역장유치의 선고를 하지 못함(소년법 제62조 본문) → 다만, 판결선고 전 구속되었거나 소년분류심사원에 위탁의 조치가 있었을 때에는 그 구속 또는 위탁의 기간에 해당하는 기간은 노역장에 유치된 것으로 보아 미결구금일수의 산입에 관한 형법 제57조를 적용할 수 있음(소년법 제62조 단서)

(5) **성폭력범죄를 범한 소년의 경우** : 성폭력범죄를 범한 소년법 제2조에 따른 소년에 대하여 형의 선고를 유예하는 경우에는 반드시 보호관찰을 명하여야 함(성폭력범죄의 처벌 등에 관한 특례법 제16조 제1항) → 한편 법원은 아동·청소년대상 성범죄를 범한 소년에 대하여 형의 선고를 유예하는 경우에도 반드시 보호관찰을 명하여야 함(아동·청소년의 성보호에 관한 법률 제21조 제1항)

6. 형집행에 있어서의 특칙

(1) **형의 집행** : 징역 또는 금고를 선고받은 소년에 대하여는 특별히 설치된 교도소 또는 일반 교도소 안에 특별히 분리된 장소에서 그 형을 집행하며, 다만 소년이 형의 집행 중에 23세가 되면 일반 교도소에서 집행할 수 있음(소년법 제63조) → 한편 보호처분이 계속 중일 때에 징역, 금고 또는 구류를 선고받은 소년에 대하여는 먼저 그 형을 집행함(소년법 제64조)

(2) **가석방요건의 완화** : 징역 또는 금고를 선고받은 소년에 대하여는 무기형에는 5년, 15년의 유기형에는 3년, 부정기형에는 단기의 3분의 1의 기간이 지나면 가석방을 허가할 수 있음(소년법 제65조)

(3) **자격에 관한 법령의 적용** : 소년이었을 때 범한 죄에 의하여 형을 선고받은 자가 그 집행을 종료하거나 면제받은 경우 자격에 관한 법령을 적용할 때에는 장래에 향하여 형의 선고를 받지 아니한 것으로 봄(소년법 제67조)

04 배상명령절차

I 배상명령절차의 의의

공소가 제기된 범죄로 인하여 범죄피해자에게 손해가 발생한 경우에 법원의 직권 또는 피해자의 신청에 의하여 가해자인 피고인에게 그 손해의 배상을 명하는 절차(소송촉진 등에 관한 특례법 제25조)

> **관련 판례**
>
> ◎ 소송촉진 등에 관한 특례법 제25조 제1항에 따른 배상명령제도의 취지 및 같은 법 제26조 제7항에서 정한 '다른 절차에 따른 손해배상청구'의 의미
> … 배상명령은 피고인의 범죄행위로 피해자가 입은 직접적인 재산상 손해에 대하여 피해금액이 특정되고 피고인의 배상책임 범위가 명백한 경우에 한하여 피고인에게 배상을 명함으로써 간편하고 신속하게 피해자의 피해회복을 도모하고자 하는 제도 … 다른 절차에 따른 손해배상청구가 법원에 계속 중일 때에는 배상신청을 할 수 없다 … 여기에서 '다른 절차에 따른 손해배상청구'는 피고사건의 범죄행위로 인하여 발생한 피해에 관하여 불법행위를 원인으로 손해배상청구를 하는 경우 … (대판 2022.7.28, 2020도12279).

II 배상명령의 요건

1. 배상명령의 대상

(1) 대상범죄 : 배상명령절차는 상해죄, 중상해, 상해치사죄, 폭행치사상죄(단, 존속폭행치사상죄는 제외), 과실치사상의 죄, 강간과 추행의 죄, 절도와 강도의 죄(단, 장물죄는 제외), 사기와 공갈의 죄, 횡령과 배임의 죄, 손괴의 죄에 관하여 유죄판결을 선고할 경우에 한함

(2) 유죄판결을 선고할 경우에 한함 : 무죄나 면소 또는 공소기각의 재판을 하는 경우에는×

2. 배상명령의 범위

직접적인 물적 피해○, 치료비손해○, 위자료○, 간접적인 손해×, 기대이익의 상실액× → 한편 배상명령을 할 수 있는 채권은 금전채권에 한정됨

3. 배상명령의 불허사유

피해자의 성명·주소가 분명하지 아니한 때, 피해금액이 특정되지 아니한 때, 피고인의 배상책임의 유무 또는 그 범위가 명백하지 아니한 때, 공판절차가 현저히 지연될 우려가 있거나 배상명령을 함이 상당하지 아니하다고 인정한 때 등의 경우에는 그 배상명령을 해서는 안 됨

III 배상명령의 절차

1. 배상명령의 신청

(1) 배상명령신청권자 : 법원의 직권 또는 피해자나 그 상속인의 신청

(2) 배상명령신청의 시기 : 피해자는 제1심 또는 제2심 공판의 변론종결시까지 사건이 계속된 법원에 피해배상을 신청할 수 있으며, 이 경우 인지의 첨부는 요하지 않음 → 상고심×, 즉결심판절차×

(3) 배상명령신청의 방식 : 신청서 제출, 다만 피해자가 증인으로 법정에 출석한 때에는 구술로 신청할 수 있음

(4) 배상명령신청의 효과 : 배상신청은 민사소송에 있어서의 소의 제기와 동일한 효력이 있으며, 신청인은 배상명령이 확정되기까지는 언제든지 배상신청을 취하할 수 있음

2. 배상신청 사건의 심리

(1) 공판기일의 통지 : 배상신청이 있는 때에는 신청인에게 공판기일을 통지하여야 하며, 신청인이 공판기일의 통지를 받고도 출석하지 아니한 때에는 그 진술없이 재판할 수 있음

(2) 배상신청사건의 심리 : 공판정에서 배상신청인 등의 좌석은 법관의 정면에 위치함 → 재판장은 공판을 개정한 때에는 배상신청인 및 그 대리인을 호명하여 출석여부와 배상신청인의 성명, 연령, 주거 및 직업 등을 확인하여야 함

(3) 기록의 열람과 증거조사
① 기록의 열람 : 신청인 및 그 대리인은 공판절차를 현저히 지연시키지 않는 범위 안에서 재판장의 허가를 받아 소송기록을 열람할 수 있고 공판기일에 피고인 또는 증인을 신문할 수 있으며 그 밖에 필요한 증거를 제출할 수 있음 → 이를 허가하지 아니한 재판에 대하여는 불복을 신청하지 못함
② 증거조사 : 법원은 필요한 때에는 언제든지 피고인의 배상책임 유무와 그 범위를 인정함에 필요한 증거를 조사할 수 있으며, 피고사건의 범죄사실을 인정할 증거는 피고인의 배상책임 유무와 그 범위를 인정할 증거로 할 수 있음

(4) 공판조서의 기재요건 : 공판조서에는 배상신청인의 성명, 출석여부 및 신청서의 진술에 관한 사항을 기재하여야 함

3. 배상명령의 재판

(1) 신청의 각하 : 배상신청이 부적법한 때 또는 그 신청이 이유없거나 배상명령을 함이 상당하지 아니하다고 인정될 때 → 신청을 각하하거나 그 일부를 인용한 재판에 대하여, 신청인은 불복을 신청하지 못하며 또한 다시는 동일한 배상명령을 신청할 수 없음

(2) 배상명령의 선고
① 배상명령은 유죄판결의 선고와 동시에 하여야 하며, 배상명령은 가집행할 수 있음을 선고할 수 있음
② 배상명령은 배상의 대상과 금액을 유죄판결의 주문에 표시하여야 하며, 다만 배상명령의 이유는 이를 기재하지 않음
③ 배상명령을 한 때에는 유죄판결서의 정본을 피고인과 피해자에게 지체없이 송달

(3) 배상명령에 대한 불복
① 유죄판결에 대한 상소의 제기가 있는 때에는 배상명령은 피고사건과 함께 상소심에 이심
② 상소심에서 원심의 유죄판결을 파기하고 피고사건에 대하여 무죄·면소 또는 공소기각의 재판을 할 때에는 원심의 배상명령을 취소하여야 하며, 이 경우 상소심에서 원심의 배상명령을 취소하지 아니한 때에는 이를 취소한 것으로 봄
③ 상소심에서 원심판결을 유지하는 경우에도 배상명령에 대하여 이를 취소·변경할 수 있음
④ 피고인은 유죄판결에 대하여 상소를 제기함이 없이 배상명령에 대하여만 상소제기기간(7일) 내에 즉시항고를 할 수 있음

(4) 배상명령의 효력 : 집행력 있는 민사판결정본과 동일한 효력 → 배상명령이 확정된 때에는 그 인용금액 범위안에서 피해자는 다른 절차에 의한 손해배상을 청구할 수 없음

05 국가에 의한 범죄피해자구조제도

I 범죄피해자구조의 의의 : 헌법 제30조 → 범죄피해자 보호법

II 범죄피해자구조의 요건

1. **적극적 요건** : 사람의 생명 또는 신체를 해하는 범죄행위로 인하여 사망한 자의 유족이나 장해 또는 중상해를 당한 피해자가 피해의 전부 또는 일부를 배상받지 못한 경우

2. **소극적 요건**
   (1) 피해자와 가해자 사이에 친족관계가 있는 경우
   (2) 피해자가 범죄행위를 유발했거나 당해 범죄피해의 발생에 관하여 피해자에게 귀책사유가 있는 경우
   (3) 구조금의 전부 또는 일부를 지급하는 것이 사회통념에 위배된다고 인정될 경우
   (4) 다른 법령에 따른 급여 등을 받을 수 있는 경우
   (5) 해당 구조대상 범죄피해를 원인으로 하여 손해배상을 받은 경우

   > **관련 판례**
   > ① 범죄피해자 보호법 제17조 제2항에 규정한 유족구조금의 법적 성격 및 국가배상법에 따른 손해배상 급여와 범죄피해자 보호법에서 정한 유족구조금과의 관계
   > 범죄피해자 보호법에 의한 … 유족구조금은 사람의 생명 또는 신체를 해치는 죄에 해당하는 행위로 인하여 사망한 피해자 또는 그 유족들에 대한 손실보상을 목적으로 하는 것 … 불법행위로 인한 소극적 손해의 배상과 같은 종류의 금원이라고 봄이 타당 … 한편 범죄피해자 보호법 제20조는 … 국가배상법이나 그 밖의 법령에 따른 급여 등을 받을 수 있는 경우에는 … 구조금을 지급하지 아니한다."라고 규정 … 급여가 중복하여 지급되는 것을 방지하기 위한 조정조항이라 할 것 … 사망한 구조피해자의 유족들이 국가배상법에 의하여 국가 또는 지방자치단체로부터 사망한 구조피해자의 소극적 손해에 대한 손해배상금을 지급받았다면 … 유족구조금에서 그 상당액을 공제한 잔액만을 지급하면 되고 … (대판 2017.11.9, 2017다228083).

III 범죄피해자구조금의 지급

1. **구조금의 종류** : 유족구조금, 장해구조금, 중상해구조금

2. **범죄피해구조심의회** : 구조금 지급에 관한 사항을 심의·결정하기 위하여 각 지방검찰청에 범죄피해구조심의회를 두고 법무부에 범죄피해구조본부심의회를 두며, 이 심의회는 법무부장관의 지휘·감독을 받음

3. **구조금의 지급신청** : 구조금을 받으려는 사람은 법무부령으로 정하는 바에 따라 그 주소지, 거주지 또는 범죄발생지를 관할하는 지구심의회에 신청하여야 하며, 이러한 신청은 해당 구조대상 범죄피해의 발생을 안 날부터 3년이 지나거나 해당 구조대상 범죄피해가 발생한 날부터 10년이 지나면 할 수 없음

4. **구조금을 받을 권리** : 구조금을 받을 권리는 그 구조결정이 해당 신청인에게 송달된 날부터 2년간 행사하지 아니하면 시효로 인하여 소멸됨 → 구조금을 받을 권리는 양도하거나 담보로 제공하거나 압류할 수 없음

저자 이준현

고려대학교 법과대학 법학과 졸업
법학박사 및 법학석사

현) • 숭실대학교 법과대학 법학과 초빙교수
   • 노량진 박문각 에듀스파 법원·등기직, 검찰·교정직 대표교수
   • 노량진 박문각 에듀스파 법원직, 검찰·교정직 형사소송법 강의
   • 노량진 박문각 에듀스파 법원·등기직 민법 강의
   • 신림동 서울법학원 법무사 대비 민법 강의
   • 사단법인 민사법학회 고문, 토지법학회 총무이사

전) • 웅지세무대학교 부동산금융평가과 교수
   • 한국생산성본부(KPC) 법무관리 및 노무관리팀 지도위원
   • 노량진 KG에듀원 법원·검찰·경찰직 원장 및 대표교수
   • 노량진 이그잼 고시학원 법원·검찰·경찰직 대표교수
   • 노량진 JUSTICE 법원·검찰·경찰직 공안학원 대표교수
   • 노량진 남부행정고시학원 법원·검찰직 강의
   • 신림동 한림법학원 사법시험 2차 강의
   • 서울시 공무원교육원 사무관 승진 강의
   • 우정사업본부 천안연수원 강의
   • 조선대 등 대학 특강

카페주소: 이준현 Eagle 법률 카페 cafe.daum.net/eaglelaw

[논문 및 저서]
• 채권자대위권에 관한 연구 – 박사학위논문
• 채권자취소권에 관한 연구 – 석사학위논문
• 채권자대위권의 전용현상에 대한 검토
• 등기청구권의 소멸시효에 관한 유형별 고찰
• 총유물의 관리·처분행위에 관한 검토
• 과실상계에 관한 판례의 동향
• 사해행위에 대한 고찰
• 민법상 대위에 관한 소고
• 채권자대위권의 기능과 법적 성질
• 관습법상의 법정지상권에 관한 고찰
• 부진정연대채무에 관한 소고

• LOGOS 형사소송법 이론서 1,2(미래가치)
• LOGOS 형사소송법 조문판례집(미래가치)
• LOGOS 형사소송법 기출문제집(미래가치)
• LOGOS 형사소송법 법원관련 전용문제집(미래가치)
• LOGOS 형사소송법 검찰·경찰·교정직 전용문제집(미래가치)
• LOGOS 형사소송법 전직렬 기출문제집(미래가치)
• LOGOS 형사소송법 강의노트(미래가치)
• LOGOS 형사소송법 및 민사소송법 조문비교특강(미래가치)
• LOGOS 형사소송법 이·봐·100 특강(미래가치)
• LOGOS 형사소송법 이·봐·100 요약정리(미래가치)
• LOGOS 형사소송법 OX 판례문제(미래가치)
• LOGOS 객관식 형사소송법(미래가치)
• LOGOS 형사소송법전(미래가치)
• LOGOS 형사법전(공저)

• LOGOS CIVIL LAW 1. 민법총칙(미래가치)
• LOGOS CIVIL LAW 2. 물권법(미래가치)
• LOGOS CIVIL LAW 3. 채권법(미래가치)
• LOGOS CIVIL LAW 4. 친족상속법(미래가치)
• LOGOS CIVIL LAW 5. 민법 조문 판례를 중심으로(미래가치)
• LOGOS 민법 기출문제집(미래가치)
• LOGOS CIVIL LAW 민법 필기노트(미래가치)

[핵심요약정리] 형사소송법

인 쇄 : 2024년 2월 13일
발 행 : 2024년 2월 20일

편저자 : 이준현
발행인 : 강명임 · 박종윤

발행처 : (주) 도서출판 미래가치
등 록 : 제2011-000049호
주 소 : 서울시 영등포구 선유로130 에이스하이테크시티3 511호
전 화 : 02-6956-1510
팩 스 : 02-6956-2265

ⓒ 이준현, 2024 / ISBN 979-11-6773-408-2 13360
• 낙장이나 파본은 교환해 드립니다.
• 이 책의 무단전재 또는 복제행위는 저작권법 제136조에 의거하여 처벌을 받게 됩니다.

정가 22,000원